Lógica informática

Alianza Informática

José Cuena

Lógica informática

Alianza
Editorial

Calle Milán, 38; teléf. 200 00 45
ISBN: 84-206-8601-8
Depósito legal: M. 39.053-1985
Fotocomposición: EFCA, S. A.
Impreso en Hijos de E. Minuesa, S. L., Ronda de Toledo, 24. 28005 Madrid
Printed in Spain

A Pilar

PREFACIO

En el desarrollo histórico de la lógica podrían diferenciarse tres etapas en su aplicación a las actividades humanas:

—una primera etapa de aplicación a la filosofía (hasta Leibniz),
—una segunda de extensión de su aplicación a las matemáticas (desde el siglo XIX),
—una actual, de extensión a la tecnología vía la informática (desde 1960).

En efecto, la lógica, se inició como ciencia dedicada a la identificación de las formas humanas de razonamiento, con el objetivo de crear criterio para discernir las discusiones filosóficas de los antiguos griegos. Con ese mismo objetivo se utilizó en el renacimiento por Santo Tomás de Aquino como vehículo de transparencia de las discusiones teológicas.

Es Leibniz el primero que se plantea el objetivo de realizar una formulación de la lógica como cálculo de razones para servir de base matemática a las propias teorías matemáticas.

La idea de Leibniz se comenzó a realizar a mediados del siglo XIX, con los trabajos de De Morgan y con la publicación de «The laws of thought» por G. Boole que proponía un cálculo algebráico de significados proposicionales bivalentes, y recibió un impulso decisivo con la aportación de G. Fregge y su formulación del cálculo de predicados.

A principios del siglo XIX se publican los «Principia Mathematica» por Whitehead y Russel, seguidamente se plantea por Hilbert la axiomatización de las matemáticas, Herbrand y Tarski en los años treinta fundamentan el enfoque semántico y Gödel en 1936 presenta su famoso teorema de incompletud del enfoque axiomático que limita las posibilidades del objetivo perseguido por Hilbert de formulación axiomática de cualquier tipo de las teorías matemáticas. No obstante este fracaso parcial, durante el primer tercio del siglo se había construido una base teórica de gran importancia tanto en la línea axiomática como semántica.

La limitación del enfoque axiomático produjo un cierto desencanto en el área de las matemáticas respecto de la lógica. Sin embargo a primeros de los años sesenta la aparición de los ordenadores de la tercera generación revitalizó la actividad en la lógica, ahora no con objetivos de formulación universal de la matemática sino como vehículo al servicio de la informática en el área de técnicas de resolución de problemas en inteligencia artificial. En efecto ya en 1956 se había producido la célebre conferencia de Darmouth College en la que un conjunto de investigadores (Mc Carthy, Samuels, Shortliffe, Minsky, Newell...) habían planteado los objetivos de una clase de aplicaciones de programación que incorporaran modelizadas capacidades de resolución de problemas, clásicamente asignados a las personas (en Darmouth presentó Samuels un sistema para jugar a las Damas, Newell presentó otro sistema para demostrar teoremas en cálculo proposicional, Mc Carthy presentaba las bases de un lenguaje de proceso de listas, capaz de permitir la autoprogramación en un sistema, antecedente de LISP, etc.).

La década de los sesenta permitió fundamentar las dos técnicas de apoyo de la inteligencia artificial: la búsqueda heurística y la deducción automática. Esta última línea tenía como objetivo la utilización y extensión de las teorías lógicas disponibles de forma que pudiera formularse en ellas la resolución de problemas dentro del límite de indecibilidad que tiene la lógica de primer orden. Como consecuencia se produjo un nuevo impulso de estudio de la lógica que ha dado lugar incluso a extensiones teóricas tales como la regla universal de resolución con unificación obtenida por Robinson en 1965.

Esta nueva época de la lógica produjo además de este resultado una línea de creación de procedimentos (estrategias) de optimización computacional de los procesos de resolución; al propio tiempo a partir de la tesis doctoral de Green en 1969 se puso de relieve la forma de extracción de respuestas a problemas a partir del proceso de resolución y unificación de manera que ya en 1972 Colmerauer produjo el sistema *Q* dentro de esta línea cuya evolución produjo la primera versión del lenguaje Prolog en 1975.

En paralelo con este proceso se había producido a finales de los sesenta la crisis del software en donde se puso de relieve la falta de fiabilidad de los programas producidos en aquellas fechas con los lenguajes existentes y los nuevos previstos PL1 Algol 68, versiones complejas del mecanismo de computación de la máquina Von Neuman en los que se ofrecían la capacidad de formular operaciones y estructuras de niveles importantes de complejidad pero en los que no era sencillo definir una forma ordenada para que el programador pudiera pasar de la forma de *entender* un problema a la forma de *computar* sus soluciones, factor clave en la eficacia del binomio programador-lenguaje, y por ende de la fiabilidad del software.

Como consecuencia surgió a primeros de los setenta la línea de programación estructurada, metodología de la programación y verificación de programas; esta última incorpora los métodos de comprobar que el conjunto de instrucciones de un programa es consistente con el conjunto de declaraciones en cálculo de predicados que representan la forma de entender el problema, intercaladas entre los pasos sucesivos del programa. Paralelamente, durante la década de los setenta, debido a la crisis económica, se produjo un movimiento en los laboratorios de investigación en Inteligencia Artificial de orientación hacia proyectos que pudieran aplicarse socialmente, lo que dio lugar a la presentación de los sistemas expertos como modelos computables del conocimiento no totalmente sistematizado, constituidos por entramados de conjeturas razonables de personas expertas en determinados temas. Este concepto ha producido un impacto general en la concepción de las aplicaciones de informática por significar la posibilidad de incorporar un tipo de conocimiento tradicionalmente exterior a la informática muy útil y abundante en diversas áreas y por tanto con importante valor añadido.

La construcción de sistemas expertos requiere modelizar la forma de razonamiento denominado de «sentido común» por Mc Carthy. Para ello se están desarrollando líneas de extensión teórica de la lógica principalmente las lógicas probabilistas y posibilistas basadas en la asignación de significados continuos a las afirmaciones lógicas, estas ideas procedentes de Zadeh prometen un desarrollo importante en los años inmediatos dada la atención creciente a las aplicaciones de los sistemas expertos, ya que las realizaciones existentes hasta el momento de este tipo de sistemas se basan en este tipo de modelización. Otra línea de representación del razonamiento de sentido común, incipiente actualmente, está constituida por las lógicas no monótonas, sistemas de razonamiento en lógica de predicados pero que modifican dinámicamente sus supuestos para asegurar su consistencia.

Cabe por tanto señalar que a primeros de los ochenta la lógica constituye una base del desarrollo de las técnicas informáticas en tres líneas fundamentales:

—Las lógicas de Hoare, como soporte de las técnicas de verificación de programas procedurales.
—Los lenguajes de programación lógica nuevo enfoque conceptual de la programación capaz de formular tanto los algoritmos de la programación clásica como las bases de conocimiento para sistemas expertos.
—La modelización del razonamiento de «sentido común» para los sistemas expertos, tanto en sus vertientes clásica, lógica difusa o no monótona.

Todo esto, junto con la necesidad de competir con la industria americana de computadores, indujo en 1980 a la industria japonesa a lanzar el proyecto de computadores de la quinta generación cuya idea fundamental es producir máquinas adaptadas tanto a procesar datos como conocimiento por lo que se plantean basadas en una instrumentación hadware de un lenguaje de programación lógica.

Las razones anteriores ponen de relieve el interés para el técnico y estudioso de informática del conocimiento de la lógica y sus posibles líneas de aplicación.

En este contexto se inscribe el presente libro, cuyo objetivo es proporcionar a los estudiantes y profesionales de la informática primeramente una base conceptual sobre la lógica matemática y seguidamente un panorama de los desarrollos específicos orientados a las líneas de aplicación antedescritas.

De acuerdo con ello se ha organizado el texto en:

—Un primer bloque (capítulos 1 a 7) que trata la lógica de primer orden dividida por razones didácticas en dos niveles:

—cálculo proposicional (capítulos 1 a 4),
—cálculo de predicados (capítulos 5 a 7).

El tratamiento en ambos niveles se realiza por la doble vía axiomática y

semántica precedidas de una presentación de la sintaxis y ejemplos de formas de representación de las estructuras de frases del lenguaje usual.
Se ha prestado atención a la formulación axiomática en deducción natural, siguiendo a Kleene, por entender que es un esquema adaptado a la formulación de procesos de decisión parcial que puede servir de base para posibles sistemas de programación lógica y por haberse utilizado como paradigma por Hoare, para la formulación de sus lógicas de verificación de programas.

—Un tercer bloque en el que se tratan las técnicas de deducción automática base de la programación lógica (teorema de Herbrand, principio de resolución y estrategia de resolución lineal).
—Un bloque final de aplicaciones en el que se tratan las técnicas de Green para extracción de respuestas de las refutaciones por resolución, la programación lógica, planificación automática (se presta atención al proyecto STRIPS por lo que tiene de paradigma de robótica inteligente) y razonamiento aproximado en sistemas expertos.

El lenguaje expositivo utilizado es un compromiso entre el matemático y el natural que se piensa puede ser aceptable por una mayoría de los lectores (estudiantes y profesionales de la informática) a quienes está dirigido. El contenido del libro puede explicarse en dos cursos de tres horas semanales (en la Facultad de Informática de Madrid el autor explica la mayor parte de su contenido en segundo y cuarto cursos del plan de estudios actual).

En el apartado de agradecimientos no puedo olvidar la colaboración de mis compañeros en la explicación de esta asignatura en la Facultad de Informática de Madrid, Ana M.ª García Serrano y José Arteche que además de aportar juicios sobre el texto han aportado los ejemplos y problemas (los ejercicios del Prólog del capítulo 13 han sido desarrollados y probados por la profesora G. Serrano).

Asimismo quiero agradecer a Ramón López de Mántaras de la Facultad de Informática de Barcelona su tiempo en crítica y discusión sobre los temas de lógica difusa en el capítulo 15.

Este libro es la versión evolucionada de una edición preliminar realizada por el Departamento de Publicaciones de la Facultad de Informática de Madrid, al que agradezco tanto el trabajo desarrollado para construcción de la edición preliminar como su colaboración para hacer factible la presente edición.

El capítulo 15 constituye una versión parcial, en algunos aspectos modificada y extendida en otros, del contenido de mi colaboración en el cuaderno 17 del Centro de Desarrollo Tecnológico e Industrial (CDTI) a quien agradezco su permiso para inclusión en este texto.

Finalmente quiero dejar constancia de mi recuerdo y agradecimiento a Emilio Pérez Carranza, matemático, profesor de mis años de bachillerato, recientemente fallecido, a quien debo mi formación inicial en matemáticas y sin cuyo apoyo en aquellas fechas no habría alcanzado la posibilidad de escribir este libro.

Madrid, noviembre, 1985
EL AUTOR

INDICE

Capítulo 1
CONCEPTOS GENERALES

1. Introducción

El lenguaje, como instrumento de comunicación del conocimiento humano, está constituido por frases de tipo interrogativo, de tipo imperativo y de tipo declarativo. Estas últimas constituyen el elemento básico de la descripción del conocimiento.

El conocimiento puede producirse bien por constataciones de hechos o ideas, que tienen su reflejo en frases de tipo declarativo, como por deducción, a partir de una serie de declaraciones, de otras nuevas cuya afirmación se sigue necesariamente de las declaraciones previas.

La deducción, como proceso mental capaz de generar elementos de conocimiento a partir de otros, es el objeto de estudio de la lógica formal, cuya estructura, planteada como una enumeración de formas deductivas correctas por Aristóteles, se mantuvo prácticamente invariable hasta el siglo XIX en que Boole y Fregge realizan su formulación matemática que culmina en los «Principia Mathematica» de Whitehead y Russel (1913), que a su vez sirven de base a los desarrollos de Hilbert y Gentzen en los años treinta.

El objeto de este capítulo y los cinco siguientes, es la presentación de las formulaciones matemáticas de la lógica más usuales. Todas tienen en común una etapa previa de simbolización de las formas de lenguaje usual que puede hacerse a dos niveles según el grado de complejidad del análisis: Cálculo proposicional y Cálculo de predicados.

—Cálculo proposicional:

Representación del lenguaje usual tomando como elemento básico de la formulación una representación matemática de las frases declarativas simples (proposiciones).

—Cálculo de predicados:

Representación del lenguaje usual tomando como base los componentes de algunos tipos de proposición: términos y predicados.

Para cada uno de estos niveles de representación matemática del lenguaje, la forma de presentar las estructuras deductivas correctas tiene dos líneas principales:

—Definición axiomática de una serie de estructuras deductivas correctas, y de las reglas para obtención de nuevas estructuras deductivas correctas a partir de aquellas.
—Definición de un conjunto de significados (normalmente: verdadero o falso) atribuible a las proposiciones, y definición de las estructuras deductivas correctas en términos de relación entre significados de los elementos de la deducción.

En la primera línea están los métodos de teoría de la demostración y deducción natural y en la segunda línea la teoría interpretativa o de modelos.

Primeramente, se presentan para el cálculo proposicional tres métodos en las líneas antedichas, a continuación se presentarán los mismos desarrollos para el cálculo de predicados de primer orden. Previamente, en ambos casos, se presenta la simbolización del lenguaje que sirve de base a cada desarrollo.

2. Cálculo proposicional

En este nivel de simbolización, se considera el lenguaje constituido por:

—Enunciados simples, también llamados proposiciones atómicas.
—Conectivas.

Por su simplicidad no es posible dar una definición del concepto de proposición atómica sin hacer referencia a conceptos en cuya definición quizá entren otros a su vez basados en la idea de proposición. Para acotarlo de una manera intuitiva, un enunciado simple podría considerarse como la unidad mínima de lenguaje con un contenido de información, sobre cuyo significado es posible pronunciarse. Pueden ser de los tipos siguientes:

—Enunciados de acción, con sujeto no determinado como, por ejemplo: llueve, nieva, hace frío, es invierno.
—Enunciados de atribución de propiedades a sujetos determinados:

- Juan es negro
- Pepe es estudioso.

Sujetos: «Juan» y «Pepe», propiedades: «es negro», «es estudioso».

—Enunciados de relación entre sujetos:

- Juan es amigo de Pepe.
- La ciudad de Zaragoza está a medio camino entre Madrid y Barcelona.

La primera es una relación binaria (existen dos sujetos, Juan y Pepe, relacionados) y la segunda es una relación ternaria (los sujetos en este caso son Zaragoza, Madrid y Barcelona).

Los elementos de lenguaje «Juan» o «Zaragoza» no tienen contenido propio de información si no se integran en elementos más complejos, no son, por tanto, proposiciones. Por ello, a efectos de representación matemática en el cálculo proposicional, no aparecerán simbolizados explícitamente, sí, en cambio, serán objeto de representación individualizada en el cálculo de predicados.

En los ejemplos anteriores no es posible subdividir ningún enunciado en elementos de lenguaje con contenido propio de información, en efecto, decir «es negro» sin definir a quien se le atribuye la propiedad no aporta ninguna información.

En cambio la frase:

Llueve y me mojo

es descomponible en las dos partes, separadas por la palabra «y»:

llueve
me mojo

Cada una de las cuales tienen un contenido de información propio, la palabra «y» es un elemento del lenguaje que permite construir una nueva frase, mediante dos proposiciones, cuyo contenido de información es el de cada frase aislada pero añadiendo la característica de simultaneidad de ambas. En el lenguaje usual existen otras palabras que permiten yuxtaponer frases («pero», «sin embargo», «a pesar de», «no obstante», etc.) todas ellas desde el punto de vista de contenido de información tienen el mismo papel que «y», sin embargo aportan la posibilidad de introducir por parte de quien habla, una valoración de unas frases con relación a otras. En el cálculo proposicional no se tendrán en cuenta estos aspectos, y a efectos de representación matemática serán asimilables a «y».

En el ejemplo anterior, «y» es un caso de conectiva, entendiendo por éstas, las clases de elementos de lenguaje que permiten construir frases nuevas a partir de otras, aportando matices nuevos a los contenidos de información de las frases conectadas. Como ya se ha comprobado, en el caso de la palabra «y» la misma función conectiva desde el punto de vista de contenido de información y significado, puede concretarse en una variedad de palabras del lenguaje usual.

Las clases de conectivas, base del cálculo proposicional, son:

—negación,
—conjunción,
—disyunción,
—condicional (también llamada implicación material).

De acuerdo con el planteamiento anterior la simbolización matemática del cálculo proposicional se apoya en las proposiciones y conectivas de la forma siguiente. Se consideran dos tipos de símbolos:

—Letras de variable p, q, r, s, etc. para representar las proposiciones atómicas.
—Símbolos para representar las conectivas:

- negación $\sim$
- conjunción $\wedge$
- disyunción $\vee$
- condicional $\rightarrow$

De acuerdo con estas definiciones *la estructura* de las frases:

A la vez llueve y me mojo
Llueve y me mojo
Llueve, pero me mojo
Llueve, sin embargo me mojo
Llueve, no obstante me mojo

se simboliza por $p \wedge q$.

Se insiste en que $p \wedge q$ es una representación de la «forma» o «estructura» de las frases y no una manera de «escribir» la misma frase, la lógica se ocupa del estudio de estas formas sin tener en cuenta el contenido concreto de información, aunque sea la existencia o carencia de este contenido, el criterio para definir los elementos a los que es aplicable la teoría.

A continuación se definen las distintas conectivas:

* Negación: $\sim p$

representa los elementos de lenguaje que permiten construir una frase a partir de otra p del tipo:

no p
es falso que p
no es cierto p
etc.

* Conjunción: $p \wedge q$

representa a los elementos de lenguaje que permiten unir dos frases p, q como ya se ha indicado anteriormente, del tipo:

p y q
p pero q
p sin embargo q
p no obstante q
p a pesar de q
etc.

* Disyunción: $p \vee q$

representa la clase de elementos del lenguaje:

o p o q o ambas cosas
al menos p o q
como mínimo p o q

* Condicional: $p \rightarrow q$

representa la relación de causa a efecto que puede construirse en el lenguaje usual de muchas formas:

si p entonces q
p sólo si q
q si p
q necesario para p
p suficiente para q
no p a menos que q
etc.

Existe una conectiva utilizada comunmente en matemáticas que puede representarse con las conectivas $\wedge$, $\rightarrow$, corresponde a frases del tipo:

p necesario y suficiente para q
p si y sólo si q

Según la propia estructura de la frase, la simbolización de acuerdo con las definiciones anteriores sería:

$$(p \rightarrow q) \wedge (q \rightarrow p) \tag{1}$$

Dada la frecuencia de este tipo de teoremas en matemáticas, se utiliza el símbolo $\leftrightarrow$ para representar esta proposición compuesta llamada bicondicional o de equivalencia material. Por tanto $p \leftrightarrow q$ deberá entenderse como una forma abreviada de la fórmula (1).

3. Sintaxis de las fórmulas proposicionales

Los criterios de abstracción utilizados en el apartado anterior han permitido una simbolización de la estructura de las frases, si bien se han estudiado estructuras con conectiva única entre proposiciones atómicas. Sin embargo las frases pueden ser más complejas, así por ejemplo:

Si llueve y me mojo, entonces, o toco el piano y llamo a Juan, o me voy al cine.

En casos como este, aparecen conectivas entre proposiciones moleculares, la simbolización de su estructura sería:

$$p \wedge q \rightarrow (r \wedge s) \vee t$$

En el lenguaje usual las proposiciones afectadas por cada conectiva se sobreentienden por el contenido de las frases o se explicitan por la utilización de comas. En el lenguaje formalizado es preciso el uso de paréntesis para acotar las proposiciones moleculares afectadas por cada conectiva. Asimismo en el lenguaje usual se da el hecho de que dos conectivas del tipo antedescrito no aparecen sucesivamente.

En resumen, es preciso definir unas reglas de escritura correcta de estas «formas» a partir de las reglas usualmente admitidas para construir frases en el lenguaje real.

Es preciso por tanto definir como etapa final del proceso de formulación, una sintaxis de las «formas» de frases, que en adelante se denominarán fórmulas, que tenga en cuenta los hechos anteriores:

—No deben aparecer conectivas adyacentes.
—Es preciso definir la relación conectivas-proposiciones, cuando hay más de una conectiva.

Una fórmula sintácticamente correcta se define de acuerdo con las siguientes reglas:

- A efectos de cumplimiento del primer aspecto se definen las reglas siguientes:

a) Las letras proposicionales p, q, r, s, t, son fórmulas correctamente formadas.
b) Si A y B son fórmulas correctas, también son fórmulas correctas:

$$\sim A$$
$$\sim B$$
$$A \wedge B$$
$$A \vee B$$
$$A \rightarrow B$$
$$A \leftrightarrow B$$

c) Sólo son fórmulas correctas las que cumplen las condiciones *a* y *b*.

- A efectos de interpretación de la relación entre conectivas y letras proposicionales, cuando hay más de una conectiva se definen las reglas siguientes:

d) Una conectiva afecta a las letras proposicionales inmediatas o a los conjuntos de letras y símbolos inmediatos a ella entre paréntesis.
e) Para evitar el exceso de paréntesis se define una jerarquía entre conectivas.

—nivel 1 $\sim$
—nivel 2 $\wedge$, $\vee$
—nivel 3 $\rightarrow$, $\leftrightarrow$

Las conectivas del primer nivel obedecen exclusivamente a la regla d), para las de los otros niveles puede presuponerse el paréntesis cuando están entre fórmulas afectadas por las conectivas de niveles inferiores.

Así por ejemplo:

$$(\sim p) \vee (\sim q)$$

puede escribirse:

$$\sim p \vee \sim q$$

ya que por ser $\vee$ de nivel superior a $\sim$ se sobreentienden los paréntesis $(\sim p)$ y $(\sim q)$

$$(p \wedge q) \rightarrow (r \vee s)$$

puede escribirse:

$$p \wedge q \rightarrow r \vee s$$

ya que al ser $\rightarrow$ de nivel 3 puede presuponerse paréntesis en las dos fórmulas previas conectadas por $\wedge$ y $\vee$. Por igual razón:

$$[(r \wedge s) \vee p] \rightarrow [(\sim p) \wedge q)]$$

puede escribirse de la forma:

$$(r \wedge s) \vee p \rightarrow \sim p \wedge q$$

4. Ejemplos de formalización de frases

a) Si una sustancia orgánica se descompone, sus componentes se transforman en abono y fertilizan el suelo.
Las proposiciones atómicas son:

—Una sustancia orgánica se descompone.
—Sus componentes se transforman en abono.
—Sus componentes fertilizan el suelo.

La frase, formalmente, es una implicación con antecedente la primera proposición y consecuente la conjunción de las dos últimas; la estructura de la frase en lógica proposicional se representa por la fórmula:

$$p \rightarrow q \wedge r$$

Esta fórmula representa también frases como: «una sustancia orgánica no se descompone a menos que sus componentes se transformen en abono y fertilicen el suelo».

b) Yo soy malayo o pigmeo sólo si tú eres capaz de beberte esa cerveza.
Las proposiciones atómicas son:

Yo soy malayo.
Yo soy pigmeo.
Tú eres capaz de beberte esa cerveza.

La estructura de la frase se representa en cálculo proposicional por la fórmula:

$$p \lor q \to r$$

Esta misma fórmula correspondería a la frase:

Para que yo sea malayo o pigmeo es necesario que tú seas capaz de beber esa cerveza.

c) La estructura lógica habitual en programación:

if p then q else r

Significa:

si p entonces q, y si no p entonces r

Su modelización en cálculo proposicional es:

$$(p \to q) \land (\sim p \to r)$$

Manna (1974) desarrolló un sistema lógico en donde esta frase se maneja como una conectiva triple.

Capítulo 2
TEORIA DE LA DEMOSTRACION

1. Planteamiento general

Una vez formalizada la estructura de las frases, es preciso representar matemáticamente las estructuras deductivas. Una estructura deductiva es una representación formal de un proceso de razonamiento para obtener una conclusión a partir de unas premisas. La primera formalización de estas estructuras data de la lógica clásica que sin apoyarse en una simbolización matemática del lenguaje usual enumeraba una serie de estructuras deductivas correctas.

La formalización de las estructuras deductivas en teoría de la demostración tiene como elementos principales:

—Un sistema de fórmulas válidas construido rigurosamente a partir de:

- Una serie de «formas o esquemas de fórmulas» que se asumen como válidas por hipótesis (axiomas del sistema).
- Unas reglas de demostración o inferencia que permiten obtener nuevas fórmulas válidas a partir de los axiomas.

—Una definición de deducción que permite, aplicando las reglas del sistema, representar cualquier deducción correcta por una fórmula válida en el sistema formal.

El sistema de axiomas y reglas de demostración debe ser no contradictorio (consistente), es decir, no debe poder demostrarse en el mismo una fórmula y su negación; en el capítulo 4, se estudiarán las propiedades de los sistemas formales y se comprobará que los sistemas aquí presentados cumplen esta condición.

A continuación se desarrolla el sistema formal de Kleene (1953) en teoría de la demostración como ejemplo de esta clase de sistemas.

2. Sistema de Kleene

2.1. *Definición*

Los axiomas, son los siguientes:

A.1 $\vdash A \rightarrow (B \rightarrow A)$ ($\vdash$, símbolo de fórmula válida)
A.2 $\vdash (A \rightarrow B) \rightarrow ((A \rightarrow (B \rightarrow C)) \rightarrow (A \rightarrow C))$
A.3 $\vdash A \rightarrow (B \rightarrow A \wedge B)$
A.4 $\vdash A \wedge B \rightarrow A$ $\qquad \vdash A \wedge B \rightarrow B$
A.5 $\vdash A \rightarrow A \vee B$ $\qquad \vdash B \rightarrow A \vee B$
A.6 $\vdash (A \rightarrow C) \rightarrow ((B \rightarrow C) \rightarrow (A \vee B \rightarrow C))$
A.7 $\vdash (A \rightarrow B) \rightarrow ((A \rightarrow \sim B) \rightarrow \sim A))$
A.8 $\vdash \sim \sim A \rightarrow A$

La regla de demostración es la denominada en lógica clásica «modus ponens»:

$$\frac{\vdash A, \vdash A \rightarrow B}{\vdash B}$$

Las letras mayúsculas, y en particular las empleadas en la formulación A, B, C, simbolizan fórmulas cualesquiera sintácticamente correctas, de forma que los axiomas y reglas de inferencia son realmente formatos o esquemas de fórmulas estructuralmente asumidos como correctos. Así, por ejemplo:

$$p \wedge q \rightarrow (r \rightarrow p \wedge q)$$

$$\sim s \vee p \rightarrow (a \vee r \rightarrow \sim s \vee p)$$

son dos fórmulas con estructura de axioma A.1 que, por tanto, se asumen como válidas.

- Concepto de demostración.

Una demostración de una fórmula A en el sistema, es una sucesión de fórmulas p_1, p_2, p_3, ..., p_n tales que:

—Cada fórmula p_i, elemento de la sucesión es:

* un axioma;
* una fórmula obtenida a partir de las anteriores, aplicando la regla de demostración.

—El último elemento de la sucesión, p_n, es precisamente la fórmula a demostrar, A.

- Concepto de deducción.

Una deducción o estructura deductiva se describe mediante dos sucesiones separadas por el signo $\Rightarrow$

$$p_1, p_2, p_3, ..., p_n \Rightarrow q_1, q_2, ..., q_m$$

La sucesión p_i es el antecedente de la deducción y sus elementos se llaman premisas. La sucesión q_i es el consecuente de la deducción y sus elementos se llaman conclusiones.

Una estructura deductiva se define como correcta cuando la sucesión consecuente se obtiene de acuerdo con alguna de las reglas siguientes:

a) q_i es una de las premisas.
b) q_i es una fórmula válida en el sistema, es decir, q_i es un axioma o un teorema.
c) q_i se deduce de alguna premisa o alguna conclusión previa aplicando la regla de modus ponens.

2.2. *Teorema de identidad:* $\vdash A \rightarrow A$

Constituye un ejemplo del concepto de demostración:

1	$\vdash A \rightarrow (A \rightarrow A)$	Axioma 1 definiendo: $B \rightleftharpoons A$
2	$\vdash (A \rightarrow (A \rightarrow A)) \rightarrow$ $\rightarrow ((A \rightarrow ((A \rightarrow A) \rightarrow A)) \rightarrow (A \rightarrow A))$	Axioma 2 definiendo: $B \rightleftharpoons A \rightarrow A$ $C \rightleftharpoons A$ $A \rightleftharpoons A$
3	$\vdash (A \rightarrow ((A \rightarrow A) \rightarrow A)) \rightarrow (A \rightarrow A)$	Modus ponens 1, 2
4	$\vdash A \rightarrow ((A \rightarrow A) \rightarrow A)$	Axioma 1 definiendo: $B \rightleftharpoons A \rightarrow A$
5	$\vdash A \rightarrow A$	Modus ponens 4, 3

2.3. *Teorema de la deducción*

Este teorema es fundamental en teoría de la demostración ya que permite definir una relación entre las estructuras deductivas correctas y las fórmulas válidas. Su enunciado es el siguiente:

Si $p_1, p_2, ..., p_n \Rightarrow q_1, q_2, ..., q_i$, es una deducción correcta existe una deducción correcta de $p_n \rightarrow q_m$ con premisas $p_1, p_2, ..., p_{n-1}$.

La demostración se realiza por inducción, sobre el número m de elementos en la secuencia deducida; para ello se demuestran dos lemas:

Lema 1: Base de inducción ($i = 1$):
Existe una deducción correcta de $p_n \rightarrow q_1$ con $p_1, p_2, \dots p_{n-1}$ como premisas.

Lema 2: Paso de inducción:
Si existe una deducción correcta de $p_n \rightarrow q_j$ para cualquier j menor que i, entonces existe una deducción correcta de $p_n \rightarrow q_i$ con premisas $p_1, p_2, p_3, \dots, p_{n-1}$ cualquiera que sea $i > 1$.

Utilizando estos dos lemas puede demostrarse el teorema por inducción; a continuación se prueban ambos lemas.

Lema 1:

Si $p_1, p_2, \dots, p_n \Rightarrow q_1$ es una deducción correcta, existe una deducción correcta de $p_n \rightarrow q_1$ con $p_1, p_2, \dots, p_{n-1}$ como premisas.

Demostración:

Por definición de deducción correcta sólo pueden presentarse los casos siguientes:

a) q_1 es una premisa, caben dos alternativas:

a.1) q_1 es precisamente p_n; en este caso $p_n \rightarrow p_n$ es deducible de $p_1, \dots, p_{n-1}$, de acuerdo con el concepto de deducción, por ser ésta una fórmula válida, teorema de identidad demostrada en 2.2.

a.2) q_1 es una premisa p_j, $j \neq n$
La secuencia deductiva que permite obtener $p_n \rightarrow p_j$ es la siguiente:

1	$p_1, p_2, \dots, p_{n-1}$	premisas
2	p_j	premisa
3	$\vdash p_j \rightarrow (p_n \rightarrow p_j)$	Axioma 1 definiendo: $A \rightleftharpoons p_j$ $B \rightleftharpoons p_n$
4	$p_n \rightarrow p_j$	Modus ponens 2, 3

b) q_1 es una fórmula válida.

La secuencia deductiva sería:

1	$p_1, p_2, \dots, p_{n-1}$	premisas
2	$\vdash q_1$	fórmula válida por hipótesis.
3	$\vdash q_1 \rightarrow (p_n \rightarrow q_1)$	Axioma 1 definiendo: $A \rightleftharpoons q_1$ $B \rightleftharpoons p_n$
4	$\vdash p_n \rightarrow q_1$	Deducido por modus ponens 2, 3.

c) q_1 se obtiene aplicando la regla de demostración de modus ponens, ello implica que alguna premisa p_k tiene la estructura $p_r \rightarrow q_1$ siendo p_r otra premisa. Pueden distinguirse dos casos:

c.1) p_r es p_n; en este caso:

$p_1, p_2, ..., p_{n-1} \Rightarrow p_n \rightarrow q_1$ es una deducción correcta de acuerdo con el concepto de deducción ya que $p_n \rightarrow q_1$, por hipótesis, es una premisa p_k.

c.2) $r \neq n$, la secuencia deductiva en este caso es:

1 $p_1, p_2, ..., p_k, ..., p_{n-1}$ premisas
2 $p_n \rightarrow p_r$ Deducción correcta por ser p_r una premisa (ver caso a) de esta demostración).
3 $p_n \rightarrow (p_r \rightarrow q_1)$ Lo mismo anterior por ser $p_k \rightleftharpoons p_r \rightarrow q_1$ otra premisa.
4 $(p_n \rightarrow p_r) \rightarrow [(p_n \rightarrow (p_r \rightarrow q_1)) \rightarrow$
$\rightarrow (p_n \rightarrow q_1)]$ Axioma 2
definiendo:
$A \rightleftharpoons p_n$
$B \rightleftharpoons p_r$
$C \rightleftharpoons q_1$
5 $(p_n \rightarrow (p_r \rightarrow q_1)) \rightarrow (p_n \rightarrow q_1)$ Modus ponens 2, 4.
6 $p_n \rightarrow q_1$ Modus ponens 3, 5.

Por tanto para todos los casos que definen correcta la deducción de q_1, se obtiene una deducción correcta de $p_n \rightarrow q_1$, luego queda demostrado el *lema 1*.

Lema 2:

Si $p_1, p_2, ..., p_n \Rightarrow q_1, q_2, ..., q_i$ (2), es una deducción correcta y para cualquier $j < i$ existe una deducción correcta de $p_n \rightarrow q_j$ a partir de $p_1, p_2, p_3, ..., p_{n-1}$, entonces existe una deducción correcta de $p_n \rightarrow q_i$ a partir de $p_1, p_2, ..., p_{n-1}$.

Si (2) es una deducción correcta por definición sólo pueden presentarse los casos siguientes:

a) q_i es una premisa. Se comprueba el lema en forma análoga al lema 1 en este caso a).
b) q_i es una fórmula válida. Se comprueba en forma análoga al lema 1.
c) q_i se ha deducido por modus ponens. En este caso alguna premisa o algún q_j $(j < i)$ tienen la forma $p_1 \rightarrow q_i$ ó $q_n \rightarrow q_i$ $(n < i)$.
A continuación se estudian los distintos casos:

c.1) Una premisa tiene la forma $p_l \rightarrow q_i$ siendo p_1 otra premisa. La secuencia deductiva sería similar a la realizada en c) para el lema 1.

c.2) Una premisa tiene la forma $q_h \rightarrow q_i$ $(h < i)$. La secuencia deductiva sería:

1 $p_1, p_2, p_3, ..., p_{n-1}$ premisas
2 $p_n \rightarrow q_h$ ya que por hipótesis del lema se supone que existe una deducción correcta de $p_n \rightarrow q_j$ para cualquier $j < i$ y por tanto para $j = h$.

3 $p_n \rightarrow (q_h \rightarrow q_i)$ por ser $q_h \rightarrow q_i$ premisa
4 $\vdash (p_n \rightarrow q_n) \rightarrow [(p_n \rightarrow (q_h \rightarrow q_i)) \rightarrow$
$\rightarrow (p_n \rightarrow q_i)]$ Axioma 2
5 $(p_n \rightarrow (q_h \rightarrow q_i)) \rightarrow (p_n \rightarrow q_i)$ Modus ponens 2, 4
6 $p_n \rightarrow q_i$ Modus ponens 3, 5

c.3) Algún q_p ($p < i$) tiene la forma $p_k \rightarrow q_i$ (p_k premisa). La secuencia deductiva será en este caso:

1 $p_1, p_2, ..., p_{n-1}$ premisas
2 $p_n \rightarrow p_k$ por ser p_k premisa
3 $p_n \rightarrow (p_k \rightarrow q_i)$ por ser $q_p = p_k \rightarrow q_i$ y suponerse por hipótesis en este lema que existe una deducción correcta de $p_n \rightarrow q_j$ para cualquier $j < i$.
4 $\vdash (p_n \rightarrow p_k) \rightarrow [(p_n \rightarrow (p_k \rightarrow q_i)) \rightarrow$
$\rightarrow (p_n \rightarrow q_i)]$ Axioma 2
5 $(p_n \rightarrow (p_k \rightarrow q_i)) \rightarrow (p_n \rightarrow q_i)$ Modus ponens 2, 4
6 $p_n \rightarrow q_i$ Modus ponens 3, 5

c.4) Algún q_p ($p < i$) tiene la forma $q_j \rightarrow q_i$ ($j < i$). Análogamente la secuencia deductiva sería:

1 $p_1, p_2, ..., p_{n-1}$ premisas
2 $p_n \rightarrow q_j$ por hipótesis en este lema
3 $p_n \rightarrow (q_j \rightarrow q_i)$ idem
4 $\vdash (p_n \rightarrow q_j) \rightarrow [(p_n \rightarrow (q_j \rightarrow q_i)) \rightarrow$
$\rightarrow (p_n \rightarrow q_i)]$ Axioma 2
5 $(p_n \rightarrow (q_j \rightarrow q_i)) \rightarrow (p_n \rightarrow q_i)$ Modus ponens 2, 4
6 $p_n \rightarrow q_i$ Modus ponens 3, 5

Queda por tanto demostrado el *lema 2*.

Para demostrar el teorema de la deducción se utiliza el método de inducción de la forma iterativa siguiente:

1. Si $p_1, p_2, ..., p_n \Rightarrow q_1, ..., q_m$ (3) es una deducción correcta, existe una deducción correcta de q_1, primer elemento de la sucesión consecuente en la deducción, luego por el lema 1 también existe una deducción correcta de $p_n \rightarrow q_1$ a partir de $p_1, p_2, ..., p_{n-1}$.
2. Como (3) es una deducción correcta de q_2 y existe una deducción de $p_n \rightarrow q_1$ a partir de $p_1, ..., p_{n-1}$ según el punto anterior, por el lema 2, existe también una deducción correcta de $p_n \rightarrow q_2$ a partir de $p_1, ..., p_{n-1}$.
3. Análogamente como q_3 es deducible correctamente según (3) y existe una deducción de $p_n \rightarrow q_1$ y $p_n \rightarrow q_2$ a partir de $p_1, p_2, ..., p_{n-1}$, por el lema 2, existe también una deducción de $p_n \rightarrow q_3$ a partir de $p_1, ..., p_{n-1}$.
4. ...

...

m. Finalmente como q_m es deducible y existen deducciones correctas de $p_n \to q_1$, $p_n \to q_2$, ..., $p_n \to q_{m-1}$ a partir de p_1, p_2, ..., p_{n-1}, por el lema 2, existe una deducción correcta de $P_n \to q_m$ a partir de p_1, p_2, ..., p_{n-1}.

El teorema recíproco también se verifica: es decir, si existe una deducción de $p_n \to q$ a partir de las premisas p_1, p_2, ..., p_{n-1}, entonces q puede deducirse de p_1, p_2, ..., p_n.

En efecto la secuencia deductiva sería:

1	$p_1, p_2, ..., p_{n-1}, p_n$	premisas
2	$p_n \to q$	Deducible por hipótesis de las $n - 1$ primeras premisas.
3	p_n	Deducible por ser p_n una premisa
4	q	Modus ponens 2, 3

Obsérvese que si se consideran teoremas de un sistema formal aquéllas fórmulas obtenidas a partir de los axiomas mediante las reglas de inferencia con que se define el sistema, no puede considerarse como tal el teorema de la deducción ya que en su demostración se ha utilizado la inferencia por inducción que no pertenece al sistema formal. Estos teoremas demostrados por una lógica externa al sistema pero con la que es posible razonar sobre el sistema se denominan metateoremas.

Corolario: Dada una estructura deductiva siempre es posible encontrar una fórmula válida que la representa.

Basta aplicar el teorema de la deducción de forma sucesiva hasta que desaparezca la secuencia antecedente. Ejemplo:

$$p_1, p_2, p_3 \Rightarrow q$$

por el teorema de la deducción aplicado sucesivamente, son correctas las siguientes deducciones:

$$p_1, p_2 \Rightarrow p_3 \to q$$

y

$$p_1 \Rightarrow p_2 \to (p_3 \to q)$$

$$\Rightarrow p_1 \to (p_2 \to (p_3 \to q))$$

La fórmula $p_1 \to (p_2 \to (p_3 \to q))$ debe ser un teorema del sistema ya que es deducible a partir de una secuencia antecedente vacía:

En efecto, de acuerdo con la definición de deducción, si $\Rightarrow p_1 \to (p_2 \to (p_3 \to q))$ es una deducción correcta, la fórmula $p_1 \to (p_2 \to (p_3 \to q))$ única en la secuencia consecuente sólo puede ser:

a) Una premisa.
b) Una deducción por modus ponens de alguna premisa o fórmula anterior en la secuencia consecuente.
c) Una fórmula válida (axioma o teorema).

Los dos primeros casos no pueden darse por no existir premisas y ser la fórmula única en la secuencia consecuente, por tanto necesariamente debe tratarse de la opción c). Luego de manera general si $\Rightarrow A$ es una deducción correcta, se verifica $\vdash A$.

2.4. *Métodos de demostración y deducción*

El teorema de la deducción, como se ha indicado, permite referir estructuras deductivas a fórmulas válidas y recíprocamente, así, por ejemplo, los axiomas tienen las siguientes versiones como estructuras deductivas correctas:

A.1 $A \Rightarrow B \rightarrow A$; $A, B \Rightarrow A$
A.2 $A \rightarrow B, A \rightarrow (B \rightarrow C) \Rightarrow A \rightarrow C$; $A \rightarrow B, A \rightarrow (B \rightarrow C), A \Rightarrow C$
A.3 $A \Rightarrow B \rightarrow A \wedge B$; $A, B \Rightarrow A \wedge B$ (regla de producto)
A.4 $A \wedge B \Rightarrow B$; $A \wedge B \Rightarrow A$ (regla de simplificación)
A.5 $A \Rightarrow A \vee B$; $B \Rightarrow A \vee B$ (regla de adición)
A.6 $A \rightarrow C, B \rightarrow C \Rightarrow A \vee B \rightarrow C$; $A \rightarrow C, B \rightarrow C, A \vee B \Rightarrow C$ (regla de prueba por casos)
A.7 $A \rightarrow B, A \rightarrow \sim B \Rightarrow \sim A$ (regla de reducción al absurdo)
A.8 $\sim\sim A \Rightarrow A$

Por otro lado, una estructura deductiva correcta es también una regla de demostración sin más que asumir como fórmulas válidas las premisas, así por ejemplo:

$$\frac{\vdash A, \vdash B}{\vdash A \wedge B}$$

Se obtiene inmediatamente, aplicando dos veces modus ponens, de los antecedentes de la regla con el axioma 3.

Los axiomas, por tanto, representan también formas de deducir y demostrar. La formulación de un sistema axiomático puede plantearse con la finalidad puramente matemática de limitar el número de axiomas y reglas de inferencia o con la finalidad más operativa de servir, además de para definición implícita del conjunto de fórmulas válidas, como vehículo de métodos sistemáticos de búsqueda de demostraciones. Este último enfoque, típicamente informático, origen de la programación lógica, hace que determinadas formulaciones de sistemas sean más interesantes que otras, notablemente la formulación de Kleene en línea con la que se presentará posteriormente en deducción natural tiene una estructura orientadora de la búsqueda de procesos de demostración, aunque su formulación no permite un planteamiento de métodos sistemáticos.

Así, por ejemplo, pueden hacerse las siguientes interpretaciones metodológicas de los axiomas:

- Para demostrar una implicación $(B \rightarrow A)$ basta demostrar el consecuente (Axioma 1).
- Para demostrar una implicación $(A \rightarrow C)$ basta comprobar si su antecedente

implica los elementos de un modus ponens que permita demostrar C: $A \rightarrow B$ y $A \rightarrow (B \rightarrow C)$ (Axioma 2).

- Para demostrar una conjunción $(A \wedge B)$ basta demostrar sus componentes A, B (Axioma 3).
- Si está demostrada una conjunción de fórmulas, están demostradas cada una de las fórmulas (Axioma 4).
- Para demostrar una disyunción basta demostrar alguno de sus componentes (Axioma 5).
- El axioma 6 es una formulación de la clásica estructura de dilema: Si se conocen una serie de implicantes de una fórmula y necesariamente se verifica alguno de los antecedentes, se verifica la fórmula implicada.
- El axioma 7 es también otra estructura clásica, la de reducción al absurdo: Si una fórmula (A) implica otra (B) y también su negación ($\sim B$), es deducible la negación A ($\sim A$). Por tanto, para demostrar la negación de una fórmula basta demostrar que implica otra y su negación.
- La regla de doble negación es otro concepto clásico en lógica.
- La regla de modus ponens establece un criterio clásico de búsqueda de demostraciones en forma transitiva: para demostrar B, si está demostrado $A \rightarrow B$ intentar demostrar A.
- Finalmente el teorema de la deducción en su versión directa y recíproca constituye una base para remodelar la formulación de un problema, simplificando las conclusiones a obtener.

Los comentarios anteriores muestran cómo en base a las formas de razonamiento formuladas puede sustituirse unos objetivos a demostrar por otros más simples. Por ejemplo, para demostrar:

$$\vdash (A \rightarrow B) \rightarrow (\sim B \rightarrow \sim A)$$

puede razonarse de la forma siguiente:

- Por el teorema de la deducción sería suficiente comprobar que es correcta la estructura deductiva

$$A \rightarrow B, \quad \sim B \Rightarrow \sim A \tag{2}$$

- $\sim A$ podría obtenerse por reducción al absurdo si se tuviera como premisa dos implicaciones con A como antecedente y consecuentes contradictorios. Como ya existe $A \rightarrow B$ podría plantearse como objetivo obtener $A \rightarrow \sim B$.
- Como existe $\sim B$ como premisa de acuerdo con el axioma 1 es factible obtener $A \rightarrow \sim B$.

De acuerdo con las consideraciones anteriores, la deducción sería la siguiente:

1	$A \rightarrow B$	premisa
2	$\sim B$	premisa
3	$A \rightarrow \sim B$	Introducción de antecedente (I.A.) en 2
4	$\sim A$	Absurdo 1, 3

De una forma similar se demuestra

$$(A \rightarrow \sim B) \rightarrow (B \rightarrow \sim A)$$

demostrando que es correcta

$$A \rightarrow \sim B, B \Rightarrow \sim A$$

1	$A \rightarrow \sim B$	premisa
2	B	premisa
3	$A \rightarrow B$	I.A. en 2
4	$\sim A$	Abs 1, 3

Ambos teoremas se denominan de contraposición (CP), que como reglas de inferencia se escriben:

$$\frac{\vdash A \rightarrow B}{\vdash \sim B \rightarrow \sim A} \qquad \frac{\vdash A \rightarrow \sim B}{\vdash B \rightarrow \sim A}$$

análogamente se comprueba:

$$\frac{\vdash \sim A \rightarrow B}{\vdash \sim B \rightarrow A}$$

Otra regla de inferencia sobre implicación que se obtiene directamente del teorema de la deducción es la regla de permutación

$$[A \rightarrow (B \rightarrow C)] \rightarrow [B \rightarrow (A \rightarrow C)]$$

Para demostrarlo bastaría demostrar que es correcta

$$A \rightarrow (B \rightarrow C), B, A \Rightarrow C$$

1	$A \rightarrow (B \rightarrow C)$	premisa
2	B	premisa
3	A	premisa
4	$B \rightarrow C$	Modus ponens 3, 1
5	C	Modus ponens 2, 4

Otras reglas de implicación demostrables mediante el teorema de la deducción son las de importación-exportación:

$$[A \rightarrow (B \rightarrow C)] \rightarrow [A \wedge B \rightarrow C] \qquad \text{(Imp.)}$$
$$[A \wedge B \rightarrow C] \rightarrow [A \rightarrow (B \rightarrow C)] \qquad \text{(Exp.)}$$

cuya comprobación es inmediata.

Una generalización de la regla de producto es la de producto condicional

$$(A \to B) \to [(A \to C) \to (A \to B \wedge C)]$$

cuya forma como deducción es:

$$A \to B \ , \ A \to C \ , \ A \Rightarrow B \wedge C$$

Tomando esta última formulación una forma de razonar para encontrar la demostración podría ser la siguiente:

- Para obtener $B \wedge C$ basta obtener independientemente B y C y aplicar posteriormente la regla de producto no condicional.
- Para obtener B, dado que se cuenta con $A \to B$, por modus ponens bastaría tener deducido A, lo que ocurre. Para obtener C puede razonarse en forma similar.

De acuerdo con las consideraciones anteriores, el proceso deductivo sería el siguiente:

1	$A \to B$	premisa
2	$A \to C$	premisa
3	A	premisa
4	B	Modus ponens 3, 1
5	C	Modus ponens 3, 2
6	$\vdash B \to (C \to B \wedge C)$	Axioma 3
7	$C \to B \wedge C$	Modus ponens 4, 6
8	$B \wedge C$	Modus ponens 5, 7

Como regla de inferencia esta deducción puede formularse:

$$\frac{\vdash A \to B, \vdash A \to C}{\vdash A \to B \wedge C}$$

Que metodológicamente puede interpretarse como: para demostrar una implicación con conjunción en el consecuente basta demostrar las implicaciones aisladas con el mismo antecedente y cada consecuente de la deducción.

Un ejemplo de aplicación de las consideraciones anteriores puede ser una de las fórmulas de De Morgan:

$$\sim (A \wedge B) \to \sim A \vee \sim B$$

Para lo que podría razonarse en la forma siguiente:

- La fórmula podría obtenerse por contraposición a partir de

$$\sim (\sim A \vee \sim B) \to A \wedge B$$

- Que a su vez podría obtenerse por producto condicional a partir de

$$\sim(\sim A \vee \sim B) \rightarrow A$$
$$\sim(\sim A \vee \sim B) \rightarrow B$$

- Cada una de ellas podría obtenerse por contraposición respectivamente a partir de

$$\sim A \rightarrow \sim A \vee \sim B$$
$$\sim A \rightarrow \sim A \vee \sim B$$

que son ya versiones de axioma 5.

Por tanto la demostración sería:

1	$\vdash \sim A \rightarrow \sim A \vee \sim B$	Axioma 5
2	$\vdash \sim B \rightarrow \sim A \vee \sim B$	Axioma 5
3	$\vdash \sim(\sim A \vee \sim B) \rightarrow A$	CP 1
4	$\vdash \sim(\sim A \vee \sim B) \rightarrow B$	CP 2
5	$\vdash \sim(\sim A \vee \sim B) \rightarrow A \wedge B$	Prod. condicional 3, 4
6	$\vdash \sim(A \wedge B) \rightarrow \sim A \vee \sim B$	CP 5

En el epígrafe siguiente se obtienen otros teoremas a título ilustrativo.

2.5. *Otros teoremas*

2.5.1. Estructura «Ex contradictione quodlibet» (ECQ)

$$\vdash A \rightarrow (\sim A \rightarrow C), \vdash \sim A \rightarrow (A \rightarrow C)$$

Por el teorema de la deducción, basta comprobar, en ambos casos, que es correcta:

$$A, \sim A \Rightarrow C$$

Demostración:

1	A	premisa
2	$\sim A$	premisa
3	$\vdash A \rightarrow (\sim C \rightarrow A)$	Axioma 1
4	$\sim C \rightarrow A$	Modus ponens 1, 3
5	$\vdash \sim A \rightarrow (\sim C \rightarrow \sim A)$	Axioma 1
6	$\sim C \rightarrow \sim A$	Modus ponens 2, 5
7	$\vdash (\sim C \rightarrow A) \rightarrow [(\sim C \rightarrow \sim A) \rightarrow \sim\sim C]$	Axioma 7
8	$(\sim C \rightarrow \sim A) \rightarrow \sim\sim C]$	Modus ponens 4, 7
9	$\sim\sim C$	Modus ponens 6, 8
10	$\vdash \sim\sim C \rightarrow C$	Axioma 8
11	C	Modus ponens 9, 10

2.5.2. Teoremas de interdefinición de conectivas

—Definición de implicación en función de conjunción y recíproca.

$\vdash (A \to B) \to \sim (A \wedge \sim B)$ directa
$\vdash \sim (A \wedge \sim B) \to (A \to B)$ recíproca

Directa: basta demostrar, por el teorema de la deducción, que es correcta:

$A \to B \Rightarrow \sim (A \wedge \sim B)$

Demostración:

1	$A \to B$	premisa
2	$\vdash (A \wedge \sim B \to B) \to$ $\to [(A \wedge \sim B \to \sim B) \to \sim (A \wedge \sim B)]$	Axioma 7
7	$\sim (A \wedge \sim B)$	definiendo: $A \rightleftharpoons A \wedge \sim B$, $B \rightleftharpoons B$
3	$\vdash A \wedge \sim B \to A$	Axioma 4
4	$A \wedge \sim B \to B$	Sil. 1, 3
5	$(A \wedge \sim B \to \sim B) \to \sim (A \wedge \sim B)$	Modus ponens 4, 2
6	$\vdash A \wedge \sim B \to \sim B$	Axioma 4
7	$\sim A \wedge \sim B$	Modus ponens 6, 5

Recíproca: la comprobación de la fórmula recíproca equivale a demostrar que es correcta la deducción:

$\sim (A \wedge \sim B) \Rightarrow A \to B$ o también (por el TD):
$\sim (A \wedge \sim B), A \Rightarrow B$

Se utiliza esta última como objetivo a demostrar:

1	$\sim (A \wedge \sim B)$	premisa
2	A	premisa
3	$\vdash (\sim B \to A \wedge \sim B) \to$ $\to [(\sim B \to \sim (A \wedge \sim B)) \to \sim \sim B]$	Axioma 7 definiendo: $A \rightleftharpoons \sim B$, $B \rightleftharpoons A \wedge \sim B$
4	$\vdash A \to (\sim B \to A \wedge \sim B)$	Axioma 3
5	$\sim B \to A \wedge \sim B$	Modus ponens 2, 3
6	$(\sim B \to \sim (A \wedge \sim B)) \to \sim\sim B$	Modus ponens 5, 3
7	$\vdash \sim (A \wedge \sim B) \to (\sim B \to \sim (A \wedge \sim B))$	Axioma 1 definiendo: $A \rightleftharpoons \sim (A \wedge \sim B)$, $B \rightleftharpoons \sim B$
8	$\sim B \to \sim (A \wedge \sim B)$	Modus ponens 7, 1
9	$\sim\sim B$	Modus ponens 8, 6
10	$\vdash \sim\sim B \to B$	Axioma 8
11	B	premisa

—Reglas de interdefinición de conjunción y disyunción (Leyes de De Morgan).

Directa:

$\vdash \sim (A \vee B) \rightarrow \sim A \wedge \sim B$

Equivale a demostrar que es correcta:

$\sim (A \vee B) \Rightarrow \sim A \wedge \sim B$

Demostración:

1	$\sim (A \vee B)$	premisa
2	$\vdash (A \rightarrow A \vee B) \rightarrow$ $\rightarrow ((A \rightarrow \sim (A \vee B)) \rightarrow \sim A)$	Axioma 7 definiendo: $B \rightleftharpoons A \vee B$
3	$\vdash A \rightarrow A \vee B$	Axioma 5
4	$\vdash (A \rightarrow \sim (A \vee B)) \rightarrow \sim A$	Modus ponens 2, 3
5	$\vdash \sim (A \vee B) \rightarrow (A \rightarrow \sim (A \vee B))$	Axioma 1 definiendo: $A \rightleftharpoons \sim (A \vee B)$ $B \rightleftharpoons A$
6	$A \rightarrow \sim (A \vee B)$	Modus ponens 1, 5
7	$\sim A$	Modus ponens 4, 6
8	$\vdash (B \rightarrow A \vee B) \rightarrow$ $\rightarrow ((B \rightarrow \sim (A \vee B)) \rightarrow \sim B)$	Axioma 7
9	$\vdash B \rightarrow A \vee B$	Axioma 5
10	$\vdash (B \rightarrow \sim (A \vee B)) \rightarrow \sim B$	Modus ponens 8, 9
11	$\vdash \sim (A \vee B) \rightarrow (B \rightarrow \sim (A \vee B))$	Axioma 1
12	$B \rightarrow \sim (A \vee B)$	Modus ponens 1, 11
13	$\sim B$	Modus ponens 10, 12
14	$\vdash \sim A \rightarrow (\sim B \rightarrow \sim A \wedge \sim B)$	Axioma 3
15	$\sim B \rightarrow \sim A \wedge \sim B$	Modus ponens 7, 14
16	$\sim A \wedge \sim B$	Modus ponens 13, 15

Recíproca:

$\vdash \sim A \wedge \sim B \rightarrow \sim (A \vee B)$

Se comprueba que es correcta:

$\sim A \wedge \sim B \Rightarrow \sim (A \vee B)$

1	$\sim A \wedge \sim B$	premisa
2	$\vdash \sim A \wedge \sim B \rightarrow \sim A$	Axioma 4
3	$\sim A$	Modus ponens 1, 2
4	$\vdash \sim A \wedge \sim B \rightarrow \sim B$	Axioma 4
5	$\sim B$	Modus ponens 1, 4
6	$\vdash \sim A \rightarrow (A \rightarrow C)$	ECQ

7	$A \to C$	Modus ponens 3, 6
8	$\vdash \sim B \to (B \to C)$	ECQ
9	$B \to C$	Modus ponens 5, 8
10	$\vdash (A \to C) \to ((B \to C) \to$ $\to ((A \vee B) \to C))$	Axioma 6
11	$(B \to C) \to ((A \vee B) \to C)$	Modus ponens 7, 10
12	$A \vee B \to C$	Modus ponens 9, 11
13	$\sim A \to (A \to \sim C)$	ECQ
14	$\sim B \to (B \to \sim C)$	ECQ
15	$A \to \sim C$	Modus ponens 3, 13
16	$B \to \sim C$	Modus ponens 5, 14
17	$\vdash (A \to \sim C) \to ((B \to \sim C) \to$ $\to (A \vee B \to \sim C))$	Axioma 6
18	$(B \to \sim C) \to ((A \vee B) \to \sim C)$	Modus ponens 15, 17
19	$A \vee B \to \sim C$	Modus ponens 16, 18
20	$\vdash (A \vee B \to C) \to$ $\to ((A \vee B \to \sim C) \to \sim (A \vee B))$	Axioma 7
21	$(A \vee B \to \sim C) \to \sim (A \vee B)$	Modus ponens 12, 20
22	$\sim (A \vee B)$	Modus ponens 19, 21

De manera similar se demuestra

$\vdash \sim (A \wedge B) \to \sim A \vee \sim B$ (Tratada en 2.4)
$\vdash \sim A \vee \sim B \to \sim (A \wedge B)$

—Definición de la implicación respecto a la disyunción.

Directa:

$\vdash (A \to B) \to \sim A \vee B$

Demostración:

1	$\vdash \sim A \to \sim A \vee B$	Axioma 5
2	$\vdash B \to \sim A \vee B$	Axioma 5
3	$\vdash \sim \sim B \to B$	Axioma 8
4	$\vdash \sim \sim B \to \sim A \vee B$	Sil. 3, 2
5	$\vdash (\sim A \to \sim A \vee B) \to$ $\to [(\sim \sim B \to \sim A \vee B) \to$ $\to (\sim A \vee \sim \sim B \to \sim A \vee B)]$	Axioma 6
6	$\vdash (\sim \sim B \to \sim A \vee B) \to$ $\to (\sim A \vee \sim \sim B \to \sim A \vee B)$	Modus ponens 1, 5
7	$\vdash \sim A \vee \sim \sim B \to \sim A \vee B$	Modus ponens 4, 6
8	$\vdash \sim (A \wedge \sim B) \to \sim A \vee \sim \sim B$	Teorema ya demostrado
9	$\sim (A \wedge \sim B) \to \sim A \vee B$	Sil. 8, 7
10	$\vdash (A \to B) \to \sim (A \wedge \sim B)$	Teorema ya demostrado
11	$\vdash (A \to B) \to \sim A \vee B$	Sil. 10, 9

Recíproca:

$\vdash \sim A \vee B \to (A \to B)$

Por el T.D., equivale a demostrar que es correcta la deducción:

$\sim A \vee B, A \Rightarrow B$

Demostración:

1	$\sim A \vee B$	premisa
2	A	premisa
3	$\vdash A \to (\sim A \to B)$	ECQ
4	$\vdash \sim A \to B$	Modus ponens 2, 3
5	$\vdash B \to B$	Teorema de identidad
6	$\vdash (\sim A \to B) \to ((B \to B) \to$ $\to (\sim A \vee B \to B))$	Axioma 6
7	$(B \to B) \to (\sim A \vee B \to B)$	Modus ponens 4, 6
8	$\sim A \vee B \to B$	Modus ponens 5, 7
9	B	Modus ponens 1, 8

2.5.3. Teoremas de la conectiva conjunción

—Conmutatividad.

Directa:

$\vdash A \wedge B \to B \wedge A$

Equivale, por el teorema de la deducción a demostrar que es correcta:

$A \wedge B \Rightarrow B \wedge A$

Demostración:

1	$A \wedge B$	premisa
2	$\vdash A \wedge B \to A$	Axioma 4
3	$\vdash A \wedge B \to B$	Axioma 4
4	A	Modus ponens 1, 2
5	B	Modus ponens 1, 3
6	$\vdash B \to (A \to B \wedge A)$	Axioma 3
7	$A \to B \wedge A$	Modus ponens 5, 6
8	$B \wedge A$	Modus ponens 4, 7

La recíproca $B \wedge A \to A \wedge B$, se demuestra de forma similar.

—Asociatividad.

$A \wedge (B \wedge C) \to (A \wedge B) \wedge C$	directa
$(A \wedge B) \wedge C \to A \wedge (B \wedge C)$	recíproca

Demostración:

Directa: Equivale a comprobar que $A \wedge (B \wedge C) \Rightarrow (A \wedge B) \wedge C$, es una deducción correcta.

1	$A \wedge (B \wedge C)$	premisa
2	$\vdash A \wedge (B \wedge C) \rightarrow A$	Axioma 4
3	A	Modus ponens 1, 2
4	$\vdash A \wedge (B \wedge C) \rightarrow B \wedge C$	Axioma 4
5	$B \wedge C$	Axioma 4
6	$\vdash B \wedge C \rightarrow B$	Axioma 4
7	B	Modus ponens 5, 6
8	$\vdash B \wedge C \rightarrow C$	Axioma 4
9	C	Modus ponens 5, 8
10	$\vdash A \rightarrow (B \rightarrow A \wedge B)$	Axioma 3
11	$B \rightarrow A \wedge B$	Modus ponens 3, 10
12	$A \wedge B$	Modus ponens 7, 11
13	$\vdash A \wedge B \rightarrow (C \rightarrow (A \wedge B) \wedge C)$	Axioma 3
14	$C \rightarrow (A \wedge B) \wedge C$	Modus ponens 12, 13
15	$(A \wedge B) \wedge C$	Modus ponens 9, 14

Análogamente se demuestra la propiedad recíproca.

1	$(A \wedge B) \wedge C$	premisa
2	$\vdash (A \wedge B) \wedge C \rightarrow A \wedge B$	Axioma 4
3	$A \wedge B$	Modus ponens 1, 2
4	$\vdash (A \wedge B) \wedge C \rightarrow C$	Axioma 4
5	C	Modus ponens 1, 4
6	$\vdash A \wedge B \rightarrow A$	Axioma 4
7	A	Modus ponens 3, 6
8	$\vdash A \wedge B \rightarrow B$	Axioma 4
9	B	Modus ponens 3, 8
10	$\vdash B \rightarrow (C \rightarrow B \wedge C)$	Axioma 3
11	$C \rightarrow B \wedge C$	Modus ponens 9, 10
12	$B \wedge C$	Modus ponens 5, 11
13	$A \rightarrow (B \wedge C \rightarrow A \wedge (B \wedge C))$	Axioma 3
14	$B \wedge C \rightarrow A \wedge (B \wedge C)$	Modus ponens 7, 13
15	$A \wedge (B \wedge C)$	

—Distributividad respecto de la disyunción.

Directa:

$\vdash A \wedge (B \vee C) \rightarrow (A \wedge B) \vee (A \wedge C)$

Demostración:

Directa: $A \wedge (B \vee C) \Rightarrow (A \wedge B) \vee (A \wedge C)$ es una deducción correcta.

1	$A \wedge (B \vee C)$	premisa
2	$\vdash A \wedge (B \vee C) \rightarrow A$	Axioma 4
3	A	Modus ponens 1, 2
4	$\vdash A \wedge (B \vee C) \rightarrow B \vee C$	Axioma 4
5	$B \vee C$	Modus ponens 1, 4
6	$\vdash A \rightarrow (B \rightarrow A \wedge B)$	Axioma 3
7	$B \rightarrow A \wedge B$	Modus ponens 3, 6

8 $\vdash A \wedge B \rightarrow (A \wedge B) \vee (A \wedge C)$ — Axioma 5 definiendo:
$A \rightleftharpoons A \wedge B$
$B \rightleftharpoons A \wedge C$

9 $B \rightarrow (A \wedge B) \vee (A \wedge C)$ — Sil. 7, 8

10 $\vdash A \rightarrow (C \rightarrow A \wedge C)$ — Axioma 3

11 $C \rightarrow A \wedge C$

12 $\vdash A \wedge C \rightarrow (A \wedge B) \vee (A \vee C)$ — Axioma 5

13 $C \rightarrow (A \wedge B) \vee (A \wedge C)$ — Sil. 11, 12

14 $(B \rightarrow (A \wedge B) \vee (A \wedge C)) \rightarrow ((C \rightarrow$
$\rightarrow (A \wedge B) \vee (A \wedge C)) \rightarrow ((B \vee C) \rightarrow$
$\rightarrow (A \wedge B) \vee (A \wedge C)))$ — Axioma 6 definiendo:
$A \rightleftharpoons B$
$B \rightleftharpoons C$
$C \rightleftharpoons (A \wedge B) \vee (A \wedge C)$

15 $(C \rightarrow ((A \wedge B) \vee (A \wedge C)) \rightarrow$
$\rightarrow ((B \vee C) \rightarrow (A \wedge B) \vee (A \wedge C))$ — Modus ponens 9, 14

16 $B \vee C \rightarrow (A \wedge B) \vee (A \wedge C)$ — Modus ponens 13, 15

17 $(A \wedge B) \vee (A \wedge C)$ — Modus ponens 5, 16

Recíproca: $\vdash (A \wedge B) \vee (A \wedge C) \rightarrow A \wedge (B \vee C)$. Basta demostrar que es correcta la deducción:

$(A \wedge B) \vee (A \wedge C) \Rightarrow A \wedge (B \vee C)$

1 $(A \wedge B) \vee (A \wedge C)$ — premisa

2 $\vdash A \wedge B \rightarrow A$ — Axioma 4

3 $\vdash A \wedge B \rightarrow B$ — Axioma 4

4 $\vdash B \rightarrow B \vee C$ — Axioma 5

5 $\vdash A \wedge B \rightarrow B \vee C$ — Sil. 3, 4

6 $(A \wedge B \rightarrow A) \rightarrow ((A \wedge B \rightarrow B \vee C) \rightarrow$
$\rightarrow (A \wedge B \rightarrow A \wedge (B \vee C))$ — Producto condicional definiendo:
$A \rightleftharpoons A \wedge B$
$B \rightleftharpoons A$
$C \rightleftharpoons B \vee C$

7 $(A \wedge B \rightarrow B \vee C) \rightarrow$
$(A \wedge B \rightarrow A \wedge (B \vee C))$ — Modus ponens 2, 6

8 $A \wedge B \rightarrow A \wedge (B \vee C)$ — Modus ponens 5, 7

9 $\vdash A \wedge C \rightarrow A$ — Axioma 4

10 $\vdash A \wedge C \rightarrow C$ — Axioma 4

11 $\vdash C \rightarrow B \vee C$ — Axioma 5

12 $A \wedge C \rightarrow B \vee C$ — Sil. 10, 11

13 $\vdash (A \wedge C \rightarrow A) \rightarrow ((A \wedge C \rightarrow B \vee C) \rightarrow$
$\rightarrow (A \wedge C \rightarrow A \wedge (B \vee C))$ — Producto condicional

14 $(A \wedge C \rightarrow B \vee C) \rightarrow (A \wedge C \rightarrow A \wedge (B \vee C))$ — Modus ponens 9, 13

15 $A \wedge C \rightarrow A \wedge (B \vee C)$ — Modus ponens 12, 14

16 $(A \wedge B \rightarrow A \wedge (B \vee C)) \rightarrow ((A \wedge C \rightarrow$
$\rightarrow A \wedge (B \vee C)) \rightarrow ((A \wedge B) \vee (A \wedge C) \rightarrow$
$\rightarrow A \wedge (B \vee C))$ — Axioma 6

17 $(A \wedge C \rightarrow A \wedge (B \vee C)) \rightarrow ((A \wedge B) \vee (A \wedge C) \rightarrow$
$A \wedge (B \vee C))$ — Modus ponens 8, 16
18 $((A \wedge B) \vee (A \wedge C)) \rightarrow A \wedge (B \vee C)$ — Modus ponens 15, 17
19 $A \wedge (B \vee C)$ — Modus ponens 1, 18

—Propiedad de absorción.

$\vdash A \wedge (A \vee B) \rightarrow A \qquad \vdash A \rightarrow A \wedge (A \vee B)$

Directa: Basta demostrar que es correcta la deducción:

$A \wedge (A \vee B) \Rightarrow A$

1 $A \wedge (A \vee B)$ — premisa
2 $\vdash A \wedge (A \vee B) \rightarrow A$ — Axioma 4
3 A — Modus ponens 1, 3

Recíproca: Hay que comprobar que es correcta:

$A \Rightarrow A \wedge (A \vee B)$

1 A — premisa
2 $\vdash A \rightarrow A \vee B$ — Axioma 5
3 $A \vee B$ — Modus ponens 1, 3
4 $\vdash A \rightarrow (A \vee B \rightarrow A \wedge (A \vee B)$ — Axioma 3
5 $A \vee B \rightarrow A \wedge (A \vee B)$ — Modus ponens 1, 4
6 $A \wedge (A \vee B)$ — Modus ponens 3, 5

—Propiedad de idempotencia.

$\vdash A \wedge A \rightarrow A \qquad \vdash A \rightarrow A \wedge A$

La directa tiene la estructura del axioma 4.

Recíproca:

1 $\vdash A \rightarrow A$ — Teorema 1
2 $\vdash (A \rightarrow A) \rightarrow (A \rightarrow A) \rightarrow (A \rightarrow A \wedge A))$ — producto condicional
(especificando A, B, C como A)
3 $\vdash (A \rightarrow A) \rightarrow (A \rightarrow A \wedge A)$ — Modus ponens 1, 2
4 $\vdash A \rightarrow A \wedge A$ — Modus ponens 1, 3

2.5.4. Teoremas de la conectiva disyunción

—Conmutatividad.

$\vdash A \vee B \rightarrow B \vee A \quad$ y $\quad \vdash B \vee A \rightarrow A \vee B$

1 $\vdash A \rightarrow B \vee A$ — Axioma 5
2 $\vdash B \rightarrow B \vee A$ — Axioma 5

3	$\vdash (A \to B \vee A) \to ((B \to B \vee A) \to$ $\to (A \vee B \to B \vee A))$	Axioma 6
4	$\vdash (B \to B \vee A) \to (A \vee B \to B \vee A)$	Modus ponens 1, 3
5	$\vdash A \vee B \to B \vee A$	Modus ponens 2, 4

Análogamente se demuestra la recíproca.

—Asociatividad.

$\vdash A \vee (B \vee C) \to (A \vee B) \vee C$ y $\vdash (A \vee B) \vee C \to A \vee (B \vee C)$

Directa: se demuestra que es correcta la deducción.

$A \vee (B \vee C) \Rightarrow (A \vee B) \vee C$

1	$A \vee (B \vee C)$	premisa
2	$\vdash A \to A \vee B$	Axioma 5
3	$\vdash A \vee B \to (A \vee B) \vee C$	Axioma 5
4	$\vdash A \to (A \vee B) \vee C$	Sil. 2, 3
5	$\vdash B \to A \vee B$	Axioma 5
6	$\vdash B \to (A \vee B) \vee C$	Sil. 5, 3
7	$\vdash C \to (A \vee B) \vee C$	Axioma 5
8	$(B \to (A \vee B) \vee C) \to ((C \to$ $\to (A \vee B) \vee C) \to (B \vee C \to$ $\to (A \vee B) \vee C))$	Axioma 6
9	$\vdash (C \to (A \vee B) \vee C) \to (B \vee C \to$ $\to (A \wedge B) \vee C)$	Modus ponens 6, 8
10	$\vdash B \vee C \to (A \vee B) \vee C$	Modus ponens 7, 9
11	$\vdash (A \to (A \vee B) \vee C) \to ((B \vee C \to$ $\to (A \vee B) \vee C) \to (A \vee (B \vee C) \to$ $\to (A \vee B) \vee C))$	Axioma 6
12	$(B \vee C \to (A \vee B) \vee C) \to (A \vee (B \vee C) \to$ $\to (A \vee B) \vee C)$	Modus ponens 4, 11
13	$A \vee (B \vee C) \to (A \vee B) \vee C$	Modus ponens 12, 10
14	$(A \vee B) \vee C$	Modus ponens 1, 13

La recíproca se demuestra de manera similar.

—Distributividad respecto de la conjunción.

$\vdash A \vee (B \wedge C) \to (A \vee B) \wedge (A \vee C)$ y $\vdash (A \vee B) \wedge (A \vee C) \to A \vee (B \wedge C)$

Directa: Basta demostrar que es correcta la deducción.

$A \vee (B \wedge C \Rightarrow (A \vee B) \wedge (A \vee C)$

1	$A \vee (B \wedge C)$	premisa
2	$\vdash A \to A \vee B$	Axioma 5
3	$\vdash B \wedge C \to B$	Axioma 4
4	$\vdash B \to A \vee B$	Axioma 5

5	$B \wedge C \rightarrow A \vee B$	Sil. 3, 4
6	$(A \rightarrow A \vee B) \rightarrow ((B \wedge C \rightarrow A \vee B) \rightarrow$	
	$\rightarrow (A \vee (B \wedge C) \rightarrow A \vee B))$	Axioma 6
7	$(B \wedge C \rightarrow A \vee B) \rightarrow (A \vee (B \wedge C) \rightarrow$	
	$\rightarrow A \vee B)$	Modus ponens 2, 6
8	$A \vee (B \wedge C) \rightarrow A \vee B$	Modus ponens 5, 7
9	$\vdash A \rightarrow A \vee C$	Axioma 5
10	$\vdash B \wedge C \rightarrow C$	Axioma 4
11	$\vdash C \rightarrow A \vee C$	Axioma 5
12	$\vdash B \wedge C \rightarrow A \vee C$	Sil. 10, 11
13	$\vdash (A \rightarrow A \vee C) \rightarrow ((B \wedge C \rightarrow A \vee C) \rightarrow$	
	$\rightarrow (A \vee (B \wedge C) \rightarrow A \vee C)$	Axioma 6
14	$\vdash (B \wedge C \rightarrow A \vee C) \rightarrow$	
	$\rightarrow (A \vee (B \wedge C) \rightarrow A \vee C)$	Modus ponens 9, 13
15	$\vdash A \vee (B \wedge C) \rightarrow A \vee C$	Modus ponens 12, 14
16	$\vdash (A \vee (B \wedge C) \rightarrow A \vee B) \rightarrow$	
	$\rightarrow ((A \vee (B \wedge C) \rightarrow (A \vee C)) \rightarrow$	
	$\rightarrow (A \vee (B \wedge C) \rightarrow (A \vee B) \wedge (A \vee C))$	Producto condicional definiendo: $A \rightleftharpoons A \vee (B \wedge C)$, $B \rightleftharpoons A \vee B$, $C \rightleftharpoons A \vee C$
17	$(A \vee (B \wedge C) \rightarrow A \vee C) \rightarrow (A \vee (B \wedge C) \rightarrow$	
	$\rightarrow (A \vee B) \wedge (A \vee C))$	Modus ponens 8, 16
18	$\vdash A \vee (B \wedge C) \rightarrow (A \vee B) \wedge (A \vee C)$	Modus ponens 15, 17
19	$(A \vee B) \wedge (A \vee C)$	Modus ponens 1, 18

Recíproca: Se requiere demostrar dos lemas previos.

1.° $A \rightarrow (A \vee C \rightarrow A \vee (B \wedge C))$

Por el T.D. basta demostrar que es correcta:

$A, A \vee C \Rightarrow A \vee (B \wedge C)$

Demostración:

1	A	premisa
2	$A \vee C$	premisa
3	$\vdash A \rightarrow A \vee (B \wedge C)$	Axioma 5
4	$A \vee (B \wedge C)$	Modus ponens 1, 3

2.° $\vdash B \rightarrow (A \vee C \rightarrow A \vee (B \wedge C))$

Por el teorema de la deducción basta demostrar que es correcta la deducción:

$B, A \vee C \Rightarrow A \vee (B \wedge C)$

1	B	premisa
2	$A \vee C$	premisa

3	$\vdash A \to A \vee (B \wedge C)$	Axioma 5
4	$\vdash B \to (C \to B \wedge C)$	Axioma 3
5	$C \to B \wedge C$	Modus ponens 1, 4
6	$\vdash B \wedge C \to A \vee (B \wedge C)$	Axioma 5
7	$C \to A \vee (B \wedge C)$	Sil. 5, 6
8	$(A \to A \vee (B \wedge C)) \to$ $\to ((C \to A \vee (B \wedge C)) \to (A \vee C \to$ $\to A \vee (B \wedge C))$	Axioma 6
9	$(C \to A \vee (B \wedge C)) \to$ $\to (A \vee C \to A \vee (B \wedge C))$	Modus ponens 3, 8
10	$A \vee C \to A \vee (B \wedge C)$	Modus ponens 7, 9
11	$A \vee (B \wedge C)$	Modus ponens 2, 10

A partir de estos lemas puede demostrarse el teorema de la forma siguiente:

1	$\vdash A \to (A \vee C \to A \vee (B \wedge C))$	Lema 1.°
2	$\vdash B \to (A \vee C \to A \vee (B \wedge C))$	Lema 2.°
3	$\vdash (A \to M) \to ((B \to M) \to$ $\to (A \vee B \to M))$	Axioma 6, definiéndose para abreviar: $M \rightleftharpoons A \vee C \to A \vee (B \wedge C)$
4	$\vdash (B \to M) \to (A \vee B \to M)$	Modus ponens 1, 3
5	$\vdash A \vee B \to (A \vee C \to A \vee (B \wedge C))$	Modus ponens 2, 4
6	$\vdash (A \vee B \to (A \vee C \to A \vee (B \wedge C))) \to$ $\to ((A \vee B) \wedge (A \wedge C) \to A \vee (B \wedge C))$	regla importación
7	$\vdash (A \vee B) \wedge (A \vee C) \to A \vee (B \wedge C)$	Modus ponens 5, 6

—Propiedad de absorción.

$$\vdash A \to A \vee (A \wedge B) \ , \ \vdash A \vee (A \wedge B) \to A$$

La directa es precisamente el axioma 5, la recíproca se demuestra de la forma siguiente:

1	$\vdash A \to A$	Teorema de identidad
2	$\vdash A \wedge B \to A$	Axioma 4
3	$\vdash (A \to A) \to ((A \wedge B \to A) \to$ $\to (A \vee (A \wedge B) \to A))$	Axioma 6
4	$\vdash (A \wedge B \to A) \to (A \vee (A \wedge B) \to A)$	Modus ponens 1, 3
5	$\vdash A \vee (A \wedge B) \to A$	Modus ponens 2, 4

—Propiedad de idempotencia.

$$\vdash A \to A \vee A \qquad \vdash A \vee A \to A$$

La directa es el axioma 5, la recíproca se demuestra de la forma siguiente:

1	$\vdash A \to A$	Teorema de identidad
2	$\vdash (A \to A) \to ((A \to A) \to (A \vee A \to A))$	Axioma 6 especificando todas las variables de la fórmula para A
3	$(A \to A) \to (A \vee A \to A)$	Modus ponens 1, 2
4	$A \vee A \to A$	Modus ponens 1, 3

2.5.5. Teoremas de equivalencia

La conectiva de equivalencia material se difinió como la conjunción de dos implicaciones:

$A \leftrightarrow B \rightleftharpoons (A \rightarrow B) \wedge (B \rightarrow A)$

De acuerdo con esta definición se pueden demostrar las siguientes propiedades en fórmulas con esta conectiva.

$\vdash (A \rightarrow B) \rightarrow ((B \rightarrow A) \rightarrow (A \leftrightarrow B))$

Este teorema es una forma de escribir el axioma 3 para $A \rightleftharpoons A \rightarrow B \quad B \rightleftharpoons B \rightarrow A$.

$\vdash (A \leftrightarrow B) \rightarrow (A \rightarrow B)$ y $(A \leftrightarrow B) \rightarrow (B \rightarrow A)$

Estas dos propiedades son dos formas de escribir el axioma 4.

$\vdash A \leftrightarrow A$ (propiedad reflexiva de $\leftrightarrow$)

En efecto:

1	$\vdash A \rightarrow A$	Teorema 1
2	$\vdash (A \rightarrow A) \rightarrow (A \rightarrow A) \wedge (A \rightarrow A)$	(idempotencia de $A \rightarrow A$)
3	$\vdash (A \rightarrow A) \rightarrow A \leftrightarrow A$	por definición de $\leftrightarrow$ en 2
4	$\vdash A \leftrightarrow A$	Modus ponens 1, 3

$(A \leftrightarrow B) \rightarrow ((B \leftrightarrow C) \rightarrow (A \leftrightarrow C))$ propiedad transitiva

Basta demostrar que es correcta la deducción:

$A \leftrightarrow B, B \leftrightarrow C \Rightarrow A \leftrightarrow C$

1	$A \leftrightarrow B$	premisa
2	$\vdash (A \leftrightarrow B) \rightarrow (A \rightarrow B)$	Axioma 4
3	$\vdash (A \leftrightarrow B) \rightarrow (B \rightarrow A)$	Axioma 4
4	$(B \leftrightarrow C) \rightarrow (B \rightarrow C)$	Axioma 4
5	$(B \leftrightarrow C) \rightarrow (C \rightarrow B)$	Axioma 4
6	$B \leftrightarrow C$	premisa
7	$A \rightarrow B$	Modus ponens 1, 2
8	$B \rightarrow C$	Modus ponens 6, 4
9	$A \rightarrow C$	Sil. 7, 8
10	$B \rightarrow A)$	Modus ponens 1, 3
11	$C \rightarrow B$	Modus ponens, 6, 5
12	$C \rightarrow A$	Sil. 11, 12
13	$A \leftrightarrow C$	Producto 9, 12

$\vdash (A \leftrightarrow B) \rightarrow (B \leftrightarrow A)$ Propiedad de simetría

Esta propiedad es una forma de escribir la propiedad conmutativa de la conjunción. En efecto. Si se sustituye el símbolo $\leftrightarrow$ por su formulación, se obtiene:

$$(A \rightarrow B) \wedge (B \rightarrow A) \rightarrow (B \rightarrow A) \wedge (A \rightarrow B)$$

2.6. *Regla de intercambio o reemplazamiento*

Teorema de intercambio:

Sea F_A la notación correspondiente a una fórmula del cálculo proposicional en la que aparece la fórmula A. El enunciado del teorema es:

Si $\vdash A \leftrightarrow B$ entonces $\vdash F_A \leftrightarrow F_B$.

Siendo F_B la fórmula resultante de sustituir la ocurrencia de A en F_A por B.
La demostración tiene dos etapas:

—Demostración para fórmulas con una conectiva.
—Aplicación inductiva de la demostración anterior para fórmulas con varias conectivas.

Se trata por tanto como en el caso del teorema de la deducción, de un metateorema, ya que se utiliza para su demostración, una regla de inferencia, la inducción, que no forma parte de la definición formal del sistema.

* Demostración para fórmulas con una conectiva.

F_A puede ser de los tipos siguientes:

$\sim A,\ A \wedge C,\ A \vee C,\ A \rightarrow C,\ C \rightarrow A$

A continuación se estudia cada uno de estos casos.

a) Hipótesis: $\vdash A \leftrightarrow B$. Tesis: $\sim A \leftrightarrow \sim B$

Demostración:

1	$\vdash A \leftrightarrow B$	Válida por hipótesis
2	$\vdash (A \leftrightarrow B) \rightarrow (A \rightarrow B)$	Axioma 4
3	$\vdash (A \rightarrow B) \rightarrow (\sim B \rightarrow \sim A)$	Contraposición
4	$\vdash A \rightarrow B$	Modus ponens 1, 2
5	$\vdash \sim B \rightarrow \sim A$	Modus ponens 4, 3
6	$\vdash (A \leftrightarrow B) \rightarrow (B \rightarrow A)$	Axioma 4
7	$\vdash (B \rightarrow A) \rightarrow (\sim A \rightarrow \sim B)$	Contraposición
8	$\vdash B \rightarrow A$	Modus ponens 1, 6
9	$\vdash \sim A \rightarrow \sim B$	Modus ponens 8, 7
10	$\vdash \sim A \leftrightarrow \sim B$	Producto 5, 9

b) Hipótesis: $\vdash A \leftrightarrow B$. Tesis: $A \wedge C \leftrightarrow B \wedge C$

Demostración:

La tesis $A \wedge C \leftrightarrow B \wedge C$ es consecuencia de dos lemas previos:

$\vdash A \wedge C \rightarrow B \wedge C$ y $\vdash B \wedge C \rightarrow A \wedge C$

El primero equivale a demostrar que la deducción $A \wedge C \Rightarrow B \wedge C$ es correcta, admitiendo como fórmula válida $A \leftrightarrow B$.

1	$\vdash A \leftrightarrow B$	fórmula válida por hipótesis
2	$A \wedge C$	premisa
3	$\vdash A \wedge C \rightarrow A$	Axioma 4
4	$\vdash A \wedge C \rightarrow C$	Axioma 4
5	A	Modus ponens 2, 3
6	C	Modus ponens 2, 4
7	$(A \leftrightarrow B) \rightarrow (A \rightarrow B)$	Axioma 4
8	$A \rightarrow B$	Modus ponens 1, 7
9	B	Modus ponens 5, 7
10	$\vdash B \rightarrow (C \rightarrow B \wedge C)$	Axioma 3
11	$C \rightarrow B \wedge C$	Modus ponens 9, 10
12	$B \wedge C$	Modus ponens 6, 11

La demostración de $\vdash B \wedge C \rightarrow A \wedge C$ es similar.
La obtención de $\vdash A \wedge C \leftrightarrow B \wedge C$ se produce por la regla de producto de la forma siguiente:

1	$\vdash A \wedge C \rightarrow B \wedge C$	
2	$\vdash B \wedge C \rightarrow A \wedge C$	
3	$\vdash A \wedge C \leftrightarrow B \wedge C$	Producto 1, 2

c) Hipótesis $\vdash A \leftrightarrow B$. Tesis: $\vdash A \vee C \leftrightarrow B \vee C$

Demostración:

Como en el caso anterior se demuestra:

$\vdash A \vee C \rightarrow B \vee C$ y $\vdash B \vee C \rightarrow A \vee C$

y se obtiene la tesis por producto de ambas.
Se demuestra $\vdash A \vee C \rightarrow B \vee C$, admitiendo como fórmula válida: $\vdash A \leftrightarrow B$.

1	$\vdash A \leftrightarrow B$	fórmula válida por hipótesis
2	$\vdash (A \leftrightarrow B) \rightarrow (A \rightarrow B)$	Axioma 4
3	$\vdash A \rightarrow B$	Modus ponens 1, 2

4	$\vdash B \to B \vee C$	Axioma 5
5	$\vdash A \to B \vee C$	Sil. 3, 4
6	$\vdash C \to B \vee C$	Axioma 5
7	$\vdash (A \to B \vee C) \to ((C \to B \vee C) \to$ $\to (A \vee C \to B \vee C))$	Axioma 6
8	$\vdash (C \to B \vee C) \to (A \vee C \to B \vee C)$	Modus ponens 5, 7
9	$\vdash A \vee C \to B \vee C$	Modus ponens 6, 8

Análogamente se demuestra $\vdash B \vee C \to A \vee C$ y por producto de ambas $\vdash A \vee C \leftrightarrow B \vee C$.

d) $\vdash (A \to C) \leftrightarrow (B \to C)$ Si $\vdash A \leftrightarrow B$

Se demuestra que es correcta $A \to C \Rightarrow B \to C$

1	$\vdash A \leftrightarrow B$	fórmula válida por hipótesis
2	$A \to C$	premisa
3	$\vdash (A \leftrightarrow B) \to (B \to A)$	Axioma 4
4	$\vdash B \to A$	Modus ponens 1, 3
5	$B \to C$	Sil. 4, 2

Análogamente se obtiene $(B \to C) \Rightarrow (A \to C)$ y por producto la fórmula a demostrar.

e) $\vdash (C \to A) \leftrightarrow (C \to B)$ Si $\vdash A \leftrightarrow B$

Se demuestra solamente que es correcta:

$C \to A \Rightarrow C \to B$, el resto es similar a los otros apartados.

1	$\vdash A \leftrightarrow B$	fórmula válida por hipótesis
2	$C \to A$	premisa
3	$\vdash (A \leftrightarrow B) \to (A \to B)$	Axioma 4
4	$\vdash A \to B$	Modus ponens 1, 3
5	$C \to B$	Sil. 2, 4

Por tanto de acuerdo con el análisis anterior si F_A es una fórmula con una sola conectiva y $\vdash A \leftrightarrow B$ es válida también lo es $F_A \leftrightarrow F_B$.

—Paso de inducción.

Supuesto que el teorema de intercambio se cumple para fórmulas de n o menos conectivas, se cumple para fórmulas de $n + 1$ conectivas.

Demostración:

Si F_A^{n+1} es una fórmula con $n + 1$ conectivas, de acuerdo con la sintaxis definida para el cálculo proposicional, debe ocurrir:

$$F_A^{n+1} = F^p \square F_A^r$$

Siendo $p \leqslant n$ y $r \leqslant n$ necesariamente y:

- $\square$ símbolo genérico de una conectiva ($\wedge$, $\vee$, $\rightarrow$, $\sim$)
- F^p es una fórmula con p conectivas pudiendo estar vacía en el caso en que $\square$ representa la negación
- F_A^r es otra fórmula con r conectivas que contiene la ocurrencia de A.

Por hipótesis de inducción:

$$\text{si} \vdash A \leftrightarrow B \qquad \vdash F_A^r \leftrightarrow F_B^r \qquad (1)$$

y tener $F^p \square F^r$ una conectiva con relación a F_A^r se verifica teniendo en cuenta (1):

$$F^p \square F_A^r \leftrightarrow F^p \square F_B^r$$

es decir: $F_{A+1}^n \leftrightarrow F_B^{n+1}$ c.q.d.

Aplicando la regla de inducción con la base y paso de inducción demostradas, se obtiene el teorema que puede escribirse como regla de inferencia:

$$\frac{\vdash A \leftrightarrow B}{\vdash F_A \leftrightarrow F_B}$$

cualquiera que sea el número de conectivas de F_A.

La regla de intercambio se formula también

$$\frac{\vdash F_A \vdash A \leftrightarrow B}{\vdash F_B}$$

que se obtiene, obviamente a partir del teorema.

Este teorema permite plantear el cálculo deductivo por intercambio, basado en un conjunto de equivalencias que se aplican a partes de las fórmulas y permiten su reescritura por otras equivalentes.

Las reglas básicas de este cálculo por reescritura son las equivalencias demostradas para cada conectiva:

1. Reglas de conjunción:

1.1. $\vdash A \wedge A \leftrightarrow A$
1.2. $\vdash A \wedge (B \wedge C) \leftrightarrow (A \wedge B) \wedge C$

1.3. $\vdash A \wedge (B \vee C) \leftrightarrow (A \wedge B) \vee (A \wedge C)$

2. Reglas de disyunción:

2.1. $\vdash A \vee A \leftrightarrow A$
2.2. $\vdash A \vee (B \vee C) \leftrightarrow (A \vee B) \vee C$
2.3. $\vdash A \vee (B \wedge C) \leftrightarrow (A \vee B) \wedge (A \vee C)$

3. Reglas de negación:

3.1. $\vdash \sim \sim A \leftrightarrow A$

4. Reglas de interdefinición:

4.1. $\vdash \sim A \vee B \leftrightarrow (A \rightarrow B)$
4.2. $\vdash \sim (A \wedge B) \leftrightarrow \sim A \vee \sim B$
4.3. $\vdash \sim (A \vee B) \leftrightarrow \sim A \wedge \sim B$
4.4. $\vdash \sim (A \wedge \sim B) \leftrightarrow (A \rightarrow B)$

La obtención de estas equivalencias como fórmulas válidas es inmediata ya que están demostradas como válidas las implicaciones correspondientes. En efecto:

1	$\vdash A \rightarrow B$	Demostrada por hipótesis
2	$\vdash B \rightarrow A$	Demostrada por hipótesis
3	$\vdash (A \rightarrow B) \rightarrow [(B \rightarrow A) \rightarrow$ $\rightarrow (A \leftrightarrow B)]$	Axioma 3
4	$\vdash (B \rightarrow A) \rightarrow (A \leftrightarrow B)$	
5	$\vdash A \leftrightarrow B$	

De esta forma puede obtenerse, por ejemplo,

$$A \wedge (B \vee C) \leftrightarrow (A \wedge B) \vee (A \wedge C)$$

a partir de las implicaciones demostradas en 2.5.3.

La aplicación de este conjunto de reglas a una fórmula puede hacerse mediante un ciclo con las siguientes etapas:

- Recorrido de las reglas e identificación de aquellas aplicables, es decir, en las que algunas de las fórmulas en algún lado de la regla se corresponden con la estructura de alguna de las partes de la fórmula inicial.
- Selección de aquella equivalencia de entre las aplicables acorde con una estrategia definida por prioridades entre reglas.
- Aplicación de la regla y obtención de la fórmula resultante del intercambio.

Este proceso se repite hasta conseguir una fórmula que cumpla las especificaciones previstas. Si se llega a una fórmula en que no se cumplen estas especificaciones y no es aplicable ninguna regla, se hace vuelta atrás a una etapa previa en que se haya optado por una entre varias y se aplica la siguiente, entre las aplicables, a la últimamente aplicada.

Ejemplo:

Sea la fórmula: $\sim (A \rightarrow \sim B) \wedge (B \rightarrow \sim (C \vee D))$

Si se plantea obtener una formulación equivalente cuya estructura se formule en base a las conectivas de $\wedge$, $\vee$ y $\sim$, con el signo de $\sim$ aplicado a las fórmulas básicas (A, B, C, D) y con la conectiva $\vee$ sólo entre fórmulas básicas afirmadas y negadas, puede aplicarse una estrategia de reglas de reescritura con las prioridades siguientes:

1. Reglas de interdefinición de $\rightarrow$ y $\sim$.
2. Reglas de De Morgan.
3. Reglas distributivas de disyunción respecto de conjunción.
4. Reglas de negación.

y con la condición adicional de que sólo se apliquen estos cuatro tipos de reglas. A continuación se muestra la sucesión de transformaciones por reescritura (se indica entre paréntesis la regla aplicada).

1	$\sim (A \rightarrow \sim B) \wedge (B \rightarrow \sim (C \vee D))$	Fórmula inicial
2	$\sim (\sim A \vee \sim B) \wedge (B \rightarrow \sim (C \vee D))$	(R.4.1.)
3	$\sim (\sim A \vee \sim B) \wedge (\sim B \vee \sim (C \vee D))$	(R.4.1.)
4	$(\sim \sim A \wedge \sim \sim B) \wedge (\sim B \vee \sim (C \vee D))$	(R.4.2.)
5	$(\sim \sim A \wedge \sim \sim B) \wedge (\sim B \vee (\sim C \wedge \sim D))$	(R.4.2.)
6	$(\sim \sim A \wedge \sim \sim B) \wedge ((\sim B \vee \sim C) \wedge (\sim B \vee \sim D))$	(R.2.3.)
7	$A \wedge B \wedge (\sim B \vee \sim C) \wedge (\sim B \vee \sim D)$	(R.3.1.)

Capítulo 3
DEDUCCION NATURAL

1. Introducción

Gentzen en 1930 planteó una nueva descripción axiomática de las estructuras deductivas en la línea de la lógica clásica, apoyándose en simbología matemática, que llamó método de deducción natural, por consistir, fundamentalmente, en asumir una serie de reglas de paso de unas estructuras deductivas correctas, a otras, lo que permitía, partiendo de una estructura correcta, por aplicación combinada de las reglas, obtener todas las demás estructuras correctas. Estos sistemas se diferencian de los clásicos en teoría de la demostración en que en ellos no se demuestran las deducciones fórmula a fórmula sino toda la deducción como si fuera una fórmula.

A continuación se describen los elementos de un cálculo deductivo de este tipo.

2. Formulación del sistema en deducción natural

Una estructura deductiva se representa de la forma:

$$P_1, P_2, P_3, \ldots, P_i \Rightarrow Q \qquad (1)$$

P_i y Q son fórmulas de cálculo proposicional.

Como ya se indicó en el capítulo anterior el signo $\Rightarrow$ (no tiene nada que ver con el signo de implicación) debe entenderse como «se sigue» o «se deduce»; así la fórmula (1) es una simbolización de Q «se sigue» o «se deduce» de P_1, P_2, ..., P_n.

El método de deducción natural tiene como elemento básico formas de tipo (1) y se construye a partir de una serie de reglas que permiten pasar de unas estructuras deductivas a otras partiendo de una estructura deductiva única cuya corrección se asume axiomáticamente. A continuación se describen unas y otra:

A) Axioma: Se supone correcta la estructura deductiva:

$A \Rightarrow A$
A representa una fórmula cualquiera.

B) Reglas inferencia:

B.1. Reglas de implicación:

a) $\dfrac{\Gamma \Rightarrow A\ ,,\ \Lambda, B \Rightarrow C}{\Lambda, \Gamma, A \rightarrow B \Rightarrow C}$

b) $\dfrac{\Gamma, A \Rightarrow B}{\Gamma \Rightarrow A \rightarrow B}$ (teorema de la deducción)

B.2. Reglas de conjunción:

c) $\dfrac{\Gamma, A \Rightarrow B}{\Gamma, A \wedge C \Rightarrow B}$ (inclusión)

d) $\dfrac{\Gamma \Rightarrow A\ ,,\ \Gamma \Rightarrow B}{\Gamma \Rightarrow A \wedge B}$ (producto)

B.3. Reglas de disyunción:

e) $\dfrac{\Gamma, A \Rightarrow C\ ,,\ \Gamma, B \Rightarrow C}{\Gamma, A \vee B \Rightarrow C}$ (prueba por casos)

f) $\dfrac{\Gamma \Rightarrow A}{\Gamma \Rightarrow A \vee B}$ (adición)

$\dfrac{\Gamma \Rightarrow B}{\Gamma \Rightarrow A \vee B}$

B.4. Reglas de negación:

g) $\dfrac{\Gamma \Rightarrow \sim \sim A}{\Gamma \Rightarrow A}$ (doble negación)

h) $\dfrac{\Gamma, A \Rightarrow B\ \Gamma, A \Rightarrow \sim B}{\Gamma \Rightarrow \sim A}$ (absurdo)

B.5. Reglas estructurales:

—De una estructura deductiva puede pasarse a otra con una o más fórmulas añadidas en el antecedente.

$\dfrac{\Gamma \Rightarrow B}{\Gamma, C \Rightarrow B}$ (regla de atenuación)

En efecto si de Γ se deduce B, ésta se deducirá de cualquier conjunto de fórmulas que contenga Γ.

—Las premisas pueden permutarse.

$\dfrac{\Gamma, B, C \Rightarrow D}{\Gamma, C, B \Rightarrow D}$ (regla de permutación)

—Si alguna premisa aparece repetida puede prescindirse de ella tanto en la secuencia antecedente como consecuente.

$$\frac{\Gamma, B, B \Rightarrow C}{\Gamma, B \Rightarrow C} \quad \text{(regla de contracción)}$$

—Una fórmula puede sustituirse en una deducción por las premisas de las que es deducible en otra estructura.

$$\frac{\Gamma \Rightarrow B,, \Lambda, B \Rightarrow C}{\Gamma, \Lambda \Rightarrow C} \quad \text{(regla de corte)}$$

siendo Γ y Λ secuencias de fórmulas.

El proceso de deducción tal como se define en teoría de la demostración produce las deducciones correctas fórmula a fórmula en la secuencia deductiva, utilizando reglas de inferencia aplicadas a premisas y/o a fórmulas deducidas previamente en la secuencia. La variante que introduce el método de deducción natural es el manejo de las estructuras deductivas como un todo, definiendo reglas que permiten obtener estructuras deductivas correctas, pasando de unas estructuras a otras partiendo de la única estructura correcta por hipótesis $A \Rightarrow A$. Este planteamiento ofrece la ventaja de poder producir las deducciones de una forma menos secuencial, que en el método de teoría de la demostración. En efecto, por deducción natural puede obtenerse una estructura deductiva a partir de otras que incluyen premisas adicionales a las existentes en la estructura a obtener, y que, por aplicación de las reglas básicas, pueden eliminarse; tal ocurre con las reglas a), b), c), e) y h); en cambio en teoría de la demostración solamente puede modificarse la secuencia de premisas trasvasando de la secuencia antecedente a la consecuente por aplicación del teorema de la deducción que coincide con la regla b).

Desde el punto de vista matemático la definición de un sistema axiomático se considera tradicionalmente más elegante cuando menor es su número de axiomas y reglas de inferencia. Sin embargo, desde la aparición de la informática, en que los sistemas axiomáticos constituyen la base para automatizar demostraciones, el juicio sobre estos sistemas debe hacerse teniendo además en cuenta su mayor o menor capacidad para admitir la definición de procedimientos eficientes de búsqueda sistemática de demostraciones.

En este aspecto la definición de los sistemas en deducción natural con axioma único y dos reglas de inferencia para cada tipo de conectiva permite una investigación ordenada de las demostraciones posibles de una estructura deductiva. En el capítulo 7 se presenta una formalización rigurosa orientada en este sentido que permite la búsqueda sistemática de una demostración y decidir, cuando la fórmula lo permite, si una estructura es incorrecta, en cálculo proposicional y cálculo de predicados.

La axiomatización que se acaba de presentar no cumple estas condiciones de idoneidad algorítmica pero a pesar de ello permite la búsqueda de demostraciones aunque de manera informal. A continuación se ilustra este método con algunos ejemplos.

Ejemplo 1:

$$A \wedge (B \vee C) \Rightarrow (A \wedge B) \vee (A \wedge C)$$

Se construye un árbol de búsqueda de demostración aplicando las reglas en sentido contrario. El descendiente en el árbol indica que para demostrar la estructura es preciso demostrar antes sus descendientes. Según el tipo de regla será necesario demostrar todos o alguno. En el primer caso el vértice del árbol se denomina conjuntivo y en el segundo disyuntivo. Así en el caso del ejemplo basta demostrar $A \Rightarrow (A \wedge B) \vee (A \wedge C)$ o bien $B \vee C \Rightarrow (A \wedge B) \vee (A \wedge C)$ ya que en ambos casos la fórmula inicial se demuestra por inclusión. Se trataría en este caso de una descomposición disyuntiva del proceso demostración.

Dada una estructura deductiva pueden ser aplicables varios criterios para referir su demostración a otras, por ello la necesidad de búsqueda sistemática de alternativas de demostración y la necesidad de un sistema de reglas que garantice que si existe demostración la encuentre. En este y otros ejemplos se ofrecen procesos elegidos omitiendo el tanteo exhaustivo de opciones (la descomposición conjuntiva se indica con un arco de unión entre las dos ramas, la regla utilizada se expresa en forma abreviada en cada nivel):

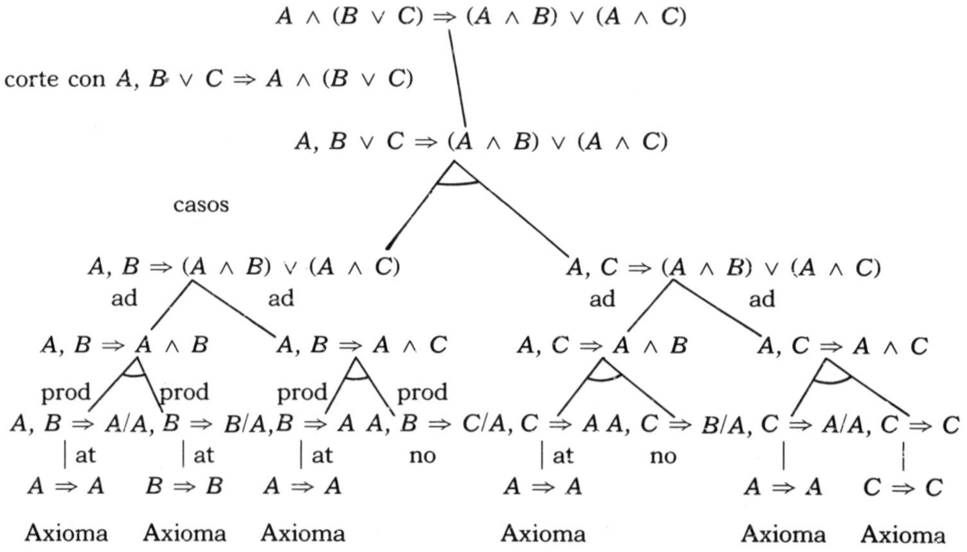

La demostración se obtiene recorriendo el árbol en dirección de abajo arriba a partir de los axiomas.

Otro ejemplo puede ser la estructura de reducción al absurdo:

$$A \rightarrow B, A \rightarrow \sim B \Rightarrow \sim A$$

En este caso en que se pretende demostrar una negación puede ser de interés aplicar la regla de inferencia de reducción al absurdo, para ello sería preciso encontrar un R tal que

$$A, A \rightarrow B, A \rightarrow \sim B \Rightarrow R$$

y

$$A, A \rightarrow B, A \rightarrow \sim B \Rightarrow \sim R$$

R, habida cuenta que de A pueden demostrarse por modus ponens B y $\sim B$, se toma como B. En cuyo caso el árbol de descomposición para encontrar una demostración sería:

$$A \rightarrow B, A \rightarrow \sim B \Rightarrow \sim A$$

absurdo

$A, A \rightarrow B, A \rightarrow \sim B \Rightarrow B$ | at $(A \rightarrow \sim B)$

$A, A \rightarrow B, A \rightarrow \sim B \Rightarrow \sim B$ | at $(A \rightarrow B)$

regla a) $A, A \rightarrow B \Rightarrow B$: $A \Rightarrow A$, $B \rightarrow B$ Axioma

$A, A \rightarrow \sim B \Rightarrow \sim B$ regla a): $A \Rightarrow A$, $\sim B \Rightarrow \sim B$ Axioma

Obsérvese que la estructura de modus ponens, se obtiene directamente de la utilización de la regla de inferencia correspondiente a implicación en antecedente.

Como último ejemplo se propone la demostración de una de las reglas de De Morgan

$$\sim A \vee \sim B, \Rightarrow \sim (A \wedge B)$$

casos

$\sim A \Rightarrow \sim (A \wedge B)$ $\sim B \Rightarrow \sim (A \wedge B)$

absurdo

$\sim A, A \wedge B \Rightarrow A$	$\sim A, A \wedge B \Rightarrow \sim A$	$\sim B, A \wedge B \Rightarrow B$	$\sim B, A \wedge B \Rightarrow \sim B$
| inclusión	| inclusión	| inclusión	| inclusión
$\sim A, A \Rightarrow A$	$\sim A, A \Rightarrow \sim A$	$\sim B, B \Rightarrow B$	$\sim B, B \Rightarrow \sim B$
| at	| at	| at	| at
$A \Rightarrow A$	$\sim A \Rightarrow \sim A$	$B \Rightarrow B$	$\sim B \Rightarrow \sim B$
Axioma	Axioma	Axioma	Axioma

La obtención de la demostración de la recíproca de esta estructura es menos sencilla debido a la falta de simetría de las reglas de inferencia de negación ya que no existe ninguna para demostrar la negación en el antecedente.

A continuación se demuestran algunas estructuras deductivas aplicando el método de deducción natural en secuencias de derivación cuyos elementos son estructuras deductivas completas. Posteriormente se presenta una variante del cálculo secuencial deductivo fórmula a fórmula ya planteado en teoría de la demostración, incluyendo y suprimiendo premisas como supuestos cuyas reglas de inclusión y cancelación en la secuencia de fórmulas, se justifican por las reglas básicas entre estructuras deductivas completas, antes descritas; este procedimiento de aplicación del método de deducción natural puede verse en Garrido (1974) y Deaño (1976).

3. Reglas derivadas de implicación

—Modus ponens.

$P, P \to Q \Rightarrow Q$

1	$P \Rightarrow P$	Axioma
2	$Q \Rightarrow Q$	Axioma
3	$P, P \to Q \Rightarrow Q$	Aplicación de la regla a) a 1, 2 con $\Gamma \rightleftharpoons P$ y Λ vacía

—Silogismo.

$P \to Q, Q \to R \Rightarrow P \to R$

1	$P, P \to Q \Rightarrow Q$	Modus ponens, estructura correcta
2	$Q, Q \to R \Rightarrow R$	Modus ponens, estructura correcta
3	$P, P \to Q, Q \to R \Rightarrow R$	Regla de corte en Q 1, 2
4	$P \to Q, Q \to R \Rightarrow P \to R$	Teorema de la deducción, 3

—Mutación de premisas.

$A \to (B \to C) \Rightarrow B \to (A \to C)$

1	$A \to (B \to C), A \Rightarrow B \to C$	Modus ponens
2	$B, B \to C \Rightarrow C$	Modus ponens
3	$A \to (B \to C), A, B \Rightarrow C$	Corte 1, 2 sobre $B \to C$
4	$A \to (B \to C), B \Rightarrow A \to C$	Teorema deducción, 3
5	$A \to (B \to C) \Rightarrow B \to (A \to C)$	Teorema deducción, 4

—Introducción de antecedente.

$A \Rightarrow B \to A$

1	$A \Rightarrow A$	Axioma
2	$B, A \Rightarrow A$	Atenuación 1
3	$A \Rightarrow B \to A$	Teorema deducción, 2

4. Reglas de conjunción

—Propiedad conmutativa.

$A \wedge B \Rightarrow B \wedge A$ y $B \wedge A \Rightarrow A \wedge B$

1	$A \Rightarrow A$	Axioma
2	$A \wedge B \Rightarrow A$	Regla c), inclusión en 1
3	$B \Rightarrow B$	Axioma
4	$A \wedge B \Rightarrow B$	Regla c), inclusión en 3
5	$A \wedge B \Rightarrow B \wedge A$	Producto 4, 3 con $\Gamma \rightleftarrows A \wedge B$

Análogamente se demuestra el recíproco.

—Regla de simplificación (simp.).

$A \wedge B \Rightarrow A$ $A \wedge B \Rightarrow B$

Demostración:

1	$A \Rightarrow A$	Axioma
2	$A \wedge B \Rightarrow A$	Inclusión de B en 1 (regla C)

$A \wedge B \Rightarrow B$ se demuestra de forma similar.

—Propiedad asociativa.

$(A \wedge B) \wedge C \Rightarrow A \wedge (B \wedge C)$
$A \wedge (B \wedge C) \Rightarrow (A \wedge B) \wedge C$

Directa:

1	$A \wedge B \Rightarrow A \wedge B$	Axioma
2	$(A \wedge B) \wedge C \Rightarrow A \wedge B$	Regla c) (inclusión de C en 1)
3	$A \Rightarrow A$	Axioma
4	$A \wedge B \Rightarrow A$	Regla c) (inclusión en 3)
5	$(A \wedge B) \wedge C \Rightarrow A$	Corte 2, 4
6	$(A \wedge B) \wedge C \Rightarrow B$	Análogo al proceso 3-5
7	$(A \wedge B) \wedge C \Rightarrow C$	Análogo al proceso 3-5
8	$(A \wedge B) \wedge C \Rightarrow B \wedge C$	Regla d) producto 6, 7 $\Gamma \rightleftarrows (A \wedge B) \wedge C$
9	$(A \wedge B) \wedge C \Rightarrow A \wedge (B \wedge C)$	Producto 5, 8 A B C

Inversa:

1	$A \Rightarrow A$	Axioma
2	$A \wedge (B \wedge C) \Rightarrow A$	Inclusión de $B \wedge C$ en 1
3	$B \wedge C \Rightarrow B \wedge C$	Axioma
4	$A \wedge (B \wedge C) \Rightarrow B \wedge C$	Inclusión de A en 3
5	$B \Rightarrow B$	Axioma

6	$B \wedge C \Rightarrow B$	Inclusión de C en 5
7	$C \Rightarrow C$	Axioma
8	$B \wedge C \Rightarrow C$	Regla de inclusión en 7
9	$A \wedge (B \wedge C) \Rightarrow B$	Corte 4, 6
10	$A \wedge (B \wedge C) \Rightarrow C$	Corte 4, 8
11	$A \wedge (B \wedge C) \Rightarrow A \wedge B$	Regla de producto 2, 9
12	$A \wedge (B \wedge C) \Rightarrow (A \wedge B) \wedge C$	Producto 10, 11

—Propiedad distributiva.

$A \wedge (B \vee C) \Rightarrow (A \wedge B) \vee (A \wedge C)$
$(A \wedge B) \vee (A \wedge C) \Rightarrow A \wedge (B \vee C)$

Directa:

1	$A \Rightarrow A$	Axioma
2	$A \wedge (B \vee C) \Rightarrow A$	Inclusión de $B \vee C$ en 1
3	$B \vee C \Rightarrow B \vee C$	Axioma
4	$A \wedge (B \vee C) \Rightarrow B \vee C$	Inclusión en 3
5	$A, B \Rightarrow A$	Atenuación 1
6	$B \Rightarrow B$	Axioma
7	$A, B \Rightarrow B$	Atenuación 6
8	$A, B \Rightarrow A \wedge B$	Producto 5, 7
9	$A, B \Rightarrow (A \wedge B) \vee (A \wedge C)$	Adición 8
10	$C \Rightarrow C$	Axioma
11	$A, C \Rightarrow C$	Atenuación 10
12	$A, C \Rightarrow A$	Atenuación 1
13	$A, C \Rightarrow A \wedge C$	Producto 11, 12
14	$A, C \Rightarrow (A \wedge B) \vee (A \wedge C)$	Adición 13*
15	$A, B \vee C \Rightarrow (A \wedge B) \vee (A \wedge C)$	Casos 9, 15
16	$A \wedge (\vee \mathrm{B} \vee C), B \vee C \Rightarrow$ $\Rightarrow (A \wedge B) \vee (A \wedge C)$	Corte 2, 16
17	$A \wedge (B \vee C), A \wedge (B \vee C) \Rightarrow$ $\Rightarrow (A \wedge B) \vee (A \wedge C)$	Corte 4, 16
18	$A \wedge (B \vee C) \Rightarrow (A \wedge B) \vee (A \wedge C)$	Contracción 17

Inversa:

1	$A \Rightarrow A$	Axioma
2	$A \wedge B \Rightarrow A$	Regla c) (inclusión de B en 1)
3	$B \Rightarrow B$	Axioma
4	$A \wedge B \Rightarrow B$	Regla c) (inclusión de A en 3)
5	$A \wedge B \Rightarrow B \vee C$	Adición 4*
6	$A \wedge B \Rightarrow A \wedge (B \vee C)$	Producto 2, 5
7	$C \Rightarrow C$	Axioma
8	$A \wedge C \Rightarrow C$	Inclusión de A en 7
9	$A \wedge C \Rightarrow B \vee C$	Adición en 8

* En ambos casos está implícita una aplicación de la regla de corte. Así por ejemplo en la demostración de la inversa, 5 se obtiene por corte con $B \Rightarrow B \vee C$ de 4.

10	$A \wedge C \Rightarrow A$	Inclusión de C en 1
11	$A \wedge C \Rightarrow A \wedge (B \vee C)$	Producto 9, 10
12	$(A \wedge B) \vee (A \wedge C) \Rightarrow A \wedge (B \vee C)$	Casos 6, 12

—Idempotencia.

$A \wedge A \rightarrow A$
$A \Rightarrow A \wedge A$

Directa:

1	$A \Rightarrow A$	Axioma
2	$A \wedge A \Rightarrow A$	Inclusión de A en 1

Inversa:

1	$A \Rightarrow A$	Axioma
2	$A \Rightarrow A$	Axioma
3	$A \Rightarrow A \wedge A$	Producto 1-2

—Absorción.

$A \wedge (A \vee B) \Rightarrow A$
$A \Rightarrow A \wedge (A \vee B)$

Directa:

1	$A \Rightarrow A$	Axioma
2	$A \wedge (A \vee B) \Rightarrow A$	Inclusión en 1

Inversa:

1	$A \Rightarrow A$	Axioma
2	$A \Rightarrow A \vee B$	Adición 1
3	$A \Rightarrow A \wedge (A \vee B)$	Producto 1, 2

5. Reglas derivadas de disyunción

—Conmutatividad.

$A \vee B \Rightarrow B \vee A$
$B \vee A \Rightarrow A \vee B$

Basta demostrar una de ellas ya que la otra es similar.

1	$A \Rightarrow A$	Axioma
2	$A \Rightarrow B \vee A$	Adición a 1

3	$B \Rightarrow B$	Axioma
4	$B \Rightarrow B \vee A$	Adición a 3
5	$A \vee B \Rightarrow B \vee A$	Prueba por casos 2-4

—Asociatividad.

$A \vee (B \vee C) \Rightarrow (A \vee B) \vee C$
$(A \vee B) \vee C \wedge A \vee (B \vee C)$

Directa:

1	$A \Rightarrow A$	Axioma
2	$A \Rightarrow A \vee B$	Adición a 1
3	$A \Rightarrow (A \vee B) \vee C$	Adición a 2
4	$B \Rightarrow B$	Axioma
5	$B \Rightarrow A \vee B$	Adición a 4
6	$B \Rightarrow (A \vee B) \vee C$	Adición a 5
7	$C \Rightarrow C$	Axioma
8	$C \Rightarrow (A \vee B) \vee C$	Adición a 7
9	$B \vee C \Rightarrow (A \vee B) \vee C$	Prueba por casos 6-8
10	$A \vee (B \vee C) \Rightarrow (\vee A \vee B) \Rightarrow C$	Prueba por casos 3-9

La demostración de la inversa es similar.

—Distributividad.

$A \vee (B \wedge C) \Rightarrow (A \vee B) \wedge (A \vee C)$
$(A \vee B) \wedge (A \vee C) \Rightarrow A \vee (B \wedge C)$

Directa:

1	$A \Rightarrow A$	Axioma
2	$A \Rightarrow A \vee B$	Adición a 1
3	$A \Rightarrow A \vee C$	Adición a 1
4	$A \Rightarrow (A \vee B) \wedge (A \vee C)$	Producto 2, 3
5	$B \Rightarrow B$	Axioma
6	$B \wedge C \Rightarrow B$	Inclusión de C en 5
7	$3 \wedge C \Rightarrow A \vee B$	Adición a 6
8	$C \Rightarrow C$	Axioma
9	$B \wedge C \Rightarrow C$	Inclusión de B en 8
10	$B \wedge C \Rightarrow A \vee C$	Adición a 6
11	$B \wedge C \Rightarrow (A \vee B) \wedge (A \vee C)$	Producto 7, 10
12	$A \vee (B \wedge C) \Rightarrow (A \vee B) \wedge (A \vee C)$	Casos 4-11

Inversa:

1	$A \Rightarrow A$	Axioma
2	$A \Rightarrow A \vee (B \wedge C)$	Adición a 1
3	$A, A \Rightarrow A \vee (B \wedge C)$	Regla de atenuación 2
4	$A, C \Rightarrow A \vee (B \wedge C)$	Regla de atenuación 2

5	$B, A \Rightarrow A \vee (B \wedge C)$	Regla de atenuación 2
6	$B \Rightarrow B$	Axioma
7	$B, C \Rightarrow B$	Atenuación 6
8	$C \Rightarrow C$	Axioma
9	$B, C \Rightarrow C$	Atenuación 8
10	$B, C \Rightarrow B \wedge C$	Producto 8, 7
11	$B, C \Rightarrow A \vee (B \wedge C)$	Disyunción 10
12	$A, A \vee C \Rightarrow A \vee (B \wedge C)$	Casos 3-4
13	$B, A \vee C \Rightarrow A \vee (B \wedge C)$	Casos 5-11
14	$A \vee B, A \vee C \Rightarrow A \vee (B \wedge C)$	Casos 12-13
15	$A \vee B \Rightarrow A \vee B$	Axioma
16	$(A \vee B) \wedge (A \vee C) \Rightarrow A \vee B$	Inclusión en 15
17	$(A \vee B) \wedge (A \vee C), A \vee C \Rightarrow A \vee (B \wedge C)$	Corte 16-14
18	$A \vee C \Rightarrow A \vee C$	Axioma
19	$(A \vee B) \wedge (A \vee C) \Rightarrow A \vee C$	Inclusión en 18
20	$(A \vee B) \wedge (A \vee C), (A \vee B) \wedge (A \vee C) \Rightarrow$ $\Rightarrow A \vee (B \wedge C)$	Corte 19-17
21	$(A \vee B) \wedge (A \vee C) \Rightarrow A \vee (B \wedge C)$	Contracción 20

—Idempotencia.

$A \vee A \Rightarrow A$
$A \Rightarrow A \vee A$

Directa:

1	$A \Rightarrow A$	Axioma
2	$A \Rightarrow A$	Axioma
3	$A \vee A \Rightarrow A$	Casos 1-2

Inversa:

1	$A \Rightarrow A$	Axioma
2	$A \Rightarrow A \vee A$	Adición a 1

—Absorción.

$A \vee (A \wedge B) \Rightarrow A$
$A \Rightarrow A \vee (A \wedge B)$

Directa:

1	$A \Rightarrow A$	Axioma
2	$A \wedge B \Rightarrow A$	Inclusión de B en 1
3	$A \vee (A \wedge B) \Rightarrow A$	Casos 1, 2

Inversa:

1	$A \Rightarrow A$	Axioma
2	$A \Rightarrow A \vee (A \wedge B)$	Adición en 1

6. Reglas derivadas de negación

—Contraposición en implicación (CP)

$A \to B \Rightarrow \sim B \to \sim A$

1	$A \to B, A \Rightarrow B$	Modus ponens
2	$A \to B, \sim B, A \Rightarrow B$	Atenuación 1
3	$\sim B \Rightarrow \sim B$	Axioma
4	$A \to B, A, \sim B \Rightarrow \sim B$	Atenuación 3
5	$A \to B, \sim B \Rightarrow \sim A$	Absurdo, 2, 4
6	$A \to B \Rightarrow \sim B \to \sim A$	Teorema deducción 5

—Modus Tollens.

$A \to B, \sim B \Rightarrow \sim A$

1	$A \to B \Rightarrow \sim B \to \sim A$	CP
2	$\sim B, \sim B \to \sim A \Rightarrow \sim A$	Modus ponens
3	$A \to B, \sim B \Rightarrow \sim A$	Corte 1, 2 (sobre $\sim B \to \sim A$)

—Doble negación.

$A \Rightarrow \sim \sim A$

1	$A \Rightarrow A$	Axioma
2	$\sim A, A \Rightarrow A$	Atenuación 1
3	$\sim A \Rightarrow \sim A$	Axioma
4	$\sim A, A \Rightarrow \sim A$	Atenuación 3
5	$A \Rightarrow \sim \sim A$	Absurdo 2, 4 $\Gamma \rightleftarrows A$

—Principio del tercio excluso.

$\Gamma \Rightarrow A \vee \sim A$

1	$A \Rightarrow A$	Axioma
2	$A \Rightarrow A \vee \sim A$	Adición a 1
3	$\sim (A \vee \sim A), A \Rightarrow A \vee \sim A$	Atenuación 2
4	$\sim (A \vee \sim A) \Rightarrow \sim (A \vee \sim A)$	Axioma
5	$\sim (A \vee \sim A), A \Rightarrow \sim (A \vee \sim A)$	Atenuación 4
6	$\sim (A \vee \sim A) \Rightarrow \sim A$	Absurdo 3, 5
7	$\sim (A \vee \sim A) \Rightarrow \sim A \vee A$	Adición a 6
8	$\Rightarrow \sim \sim (A \vee \sim A)$	Absurdo 4, 7
9	$\Gamma \Rightarrow \sim \sim (A \vee \sim A)$	Atenuación 8
10	$\sim \sim (A \vee \sim A) \Rightarrow A \vee \sim A$	Doble negación
11	$\Gamma \Rightarrow A \vee \sim A$	Corte 9, 10

—Regla «Ex contradictione quodlibet» (ECQ).

$A \wedge \sim A \Rightarrow B$

1	$A \Rightarrow A$	Axioma
2	$A \wedge \sim A \Rightarrow A$	Inclusión en 1
3	$\sim B, A \wedge \sim A \Rightarrow A$	Atenuación 2
4	$\sim A \Rightarrow \sim A$	Axioma
5	$A \wedge \sim A \Rightarrow \sim A$	Inclusión en 4
6	$\sim B, A \wedge \sim A \Rightarrow \sim A$	Atenuación 5
7	$A \wedge \sim A \Rightarrow \sim \sim B$	Absurdo 3, 6
8	$\sim \sim B \Rightarrow B$	Regla doble negación
9	$A \wedge \sim A \Rightarrow B$	Corte 7, 8

7. Reglas de interdefinición de conectivas

Permiten deducir de fórmulas expresadas mediante un tipo de conectiva, otras con nuevas conectivas.

—Reglas de De Morgan.

Expresan $\wedge$ y $\vee$ una en función de la otra y la negación $\sim$:

a) $\sim (A \vee B) \Rightarrow \sim A \wedge \sim B$
b) $\sim A \wedge \sim B \Rightarrow \sim (A \vee B)$
c) $\sim A \vee \sim B \Rightarrow \sim (A \wedge B)$
d) $\sim (A \wedge B) \Rightarrow \sim A \vee \sim B$

a)

1	$A \Rightarrow A$	Axioma
2	$A \Rightarrow A \vee B$	Adición 1
3	$A, \sim (A \vee B) \Rightarrow A \vee B$	Atenuación 2
4	$\sim (A \vee B) \Rightarrow \sim (A \vee B)$	Axioma
5	$A, \sim (A \vee B) \Rightarrow \sim (A \vee B)$	Atenuación 4
6	$\sim (A \vee B) \Rightarrow \sim A$	Absurdo 3, 5
7	$B \Rightarrow B$	Axioma
8	$B \Rightarrow A \vee B$	Adición 7
9	$\sim (A \vee B), B \Rightarrow A \vee B$	Atenuación 8
10	$\sim (A \vee B), B \Rightarrow \sim (A \vee B)$	Atenuación 4
11	$\sim (A \vee B) \Rightarrow \sim B$	Absurdo 9, 10
12	$\sim (A \vee B) \Rightarrow \sim A \wedge \sim B$	Producto 6, 11

b)

1	$\sim B \Rightarrow \sim B$	Axioma
2	$\sim A \wedge \sim B \Rightarrow \sim B$	Inclusión en 1
3	$B, \sim A \wedge \sim B \Rightarrow \sim B$	Atenuación 2
4	$B \Rightarrow B$	Axioma
5	$B, \sim A \wedge \sim B \Rightarrow B$	Atenuación 4
6	$B, \sim A \wedge \sim B \Rightarrow B \wedge \sim B$	Producto 3, 6
7	$\sim A \Rightarrow \sim A$	Axioma
8	$\sim A \wedge \sim B \Rightarrow \sim A$	Inclusión en 7
9	$A, \sim A \wedge \sim B \Rightarrow \sim A$	Atenuación 8
10	$A \Rightarrow A$	Axioma

11	$A, \sim A \wedge \sim B \Rightarrow A$	Atenuación 10
12	$A, \sim A \wedge \sim B \Rightarrow A \wedge \sim A$	Producto 9, 11
13	$A \wedge \sim A \Rightarrow R \wedge \sim R$	ECQ
14	$B \wedge \sim B \Rightarrow R \wedge \sim R$	ECQ
15	$A, \sim A \wedge \sim B \Rightarrow R \wedge \sim R$	Corte 12, 13
16	$B, \sim A \wedge \sim B \Rightarrow R \wedge \sim R$	Corte 6, 14
17	$A \vee B, \sim A \wedge \sim B \Rightarrow R \wedge \sim R$	Casos 15, 16
18	$R \wedge \sim R \Rightarrow R$	Simplificación (estructura válida)
19	$R \wedge \sim R \Rightarrow \sim R$	Simplificación
20	$A \vee B, \sim A \wedge \sim B \Rightarrow R$	Corte 17, 18
21	$A \vee B, \sim A \wedge \sim B \Rightarrow \sim R$	Corte 17, 19
22	$\sim A \wedge \sim B \Rightarrow \sim (A \vee B)$	Absurdo 20, 21

c)

1	$A \Rightarrow A$	Axioma
2	$A \wedge B \Rightarrow A$	Inclusión de B en 1
3	$\sim A, A \wedge B \Rightarrow A$	Atenuación 2
4	$\sim A \Rightarrow \sim A$	Axioma
5	$\sim A, A \wedge B \Rightarrow \sim A$	Atenuación 4
6	$\sim A \Rightarrow \sim (A \wedge B)$	Absurdo 3, 5
7	$B \Rightarrow B$	Axioma
8	$A \wedge B \Rightarrow B$	Inclusión en 7
9	$\sim B, A \wedge B \Rightarrow B$	Atenuación 8
10	$\sim B \Rightarrow \sim B$	Axioma
11	$\sim B, A \wedge B \Rightarrow \sim B$	Atenuación 10
12	$\sim B \Rightarrow \sim (A \wedge B)$	Absurdo 9, 11
13	$\sim A \vee \sim B \Rightarrow \sim (A \wedge B)$	Regla de prueba por casos 6, 12

d)

1	$\sim (\sim A \vee \sim B) \Rightarrow \sim \sim A \wedge \sim \sim B$	Anteriormente demostrada (formulada para $\sim A$ y $\sim B$)
2	$\sim \sim A \Rightarrow \sim \sim A$	Axioma
3	$\sim \sim A \wedge \sim \sim B \Rightarrow \sim \sim A$	Inclusión en 2 de $\sim \sim B$
4	$\sim \sim B \Rightarrow \sim \sim B$	Axioma
5	$\sim \sim A \wedge \sim \sim B \Rightarrow B$	Inclusión en 4 de $\sim \sim A$
6	$\sim \sim A \Rightarrow A$	Doble negación
7	$\sim \sim B \Rightarrow B$	Doble negación
8	$\sim \sim A \wedge \sim \sim B \Rightarrow A$	Corte 3, 6
9	$\sim \sim A \wedge \sim \sim B \Rightarrow B$	Corte 5, 7
10	$\sim \sim A \wedge \sim \sim B \Rightarrow A \wedge B$	Producto 8, 9
11	$\sim (\sim A \vee \sim B) \Rightarrow A \wedge B$	Corte 1, 10
12	$\sim (A \wedge B), \sim (\sim A \vee \sim B) \Rightarrow A \wedge B$	Atenuación 11
13	$\sim (A \wedge B) \Rightarrow \sim (A \wedge B)$	Axioma
14	$\sim (A \wedge B), \sim (\sim A \vee \sim B) \Rightarrow \sim (A \wedge B)$	Atenuación 13
15	$\sim (A \wedge B) \Rightarrow \sim \sim (\sim A \vee \sim B)$	Absurdo 12, 14
16	$\sim \sim (\sim A \vee \sim B) \Rightarrow \sim A \vee \sim B$	Doble negación
17	$\sim (A \wedge B) \Rightarrow \sim A \vee \sim B$	Corte 15, 16

—Implicación.

$\sim A \vee B \Rightarrow A \rightarrow B$
$A \rightarrow B \Rightarrow \sim A \vee B$

Directa:

1	$A \Rightarrow A$	Axioma
2	$A, \sim A \Rightarrow A$	Atenuación 1
3	$\sim A \Rightarrow \sim A$	Axioma
4	$A, \sim A \Rightarrow \sim A$	Atenuación 3
5	$A, \sim A \Rightarrow A \wedge \sim A$	Producto 2, 4
6	$A \wedge \sim A \Rightarrow B$	Ex contradictione quodlibet (ECQ)
7	$A, \sim A \Rightarrow B$	Corte, 5, 6
8	$B \Rightarrow B$	Axioma
9	$A, B \Rightarrow B$	Atenuación 8
10	$A, \sim A \vee B \Rightarrow B$	Prueba por casos, 6, 9
11	$\sim A \vee B \Rightarrow A \rightarrow B$	Teorema de la deducción 10

Inversa:

1	$\Rightarrow A \vee \sim A$	Tercio excluso, ya demostrado
2	$A, A \rightarrow B \Rightarrow B$	Modus ponens
3	$A, A \rightarrow B \Rightarrow \sim A \vee B$	Adición 2
4	$\sim A \Rightarrow \sim A$	Axioma
5	$\sim A \Rightarrow \sim A \vee B$	Adición 4
6	$\sim A, A \rightarrow B \Rightarrow \sim A \vee B$	Atenuación 5
7	$\sim A \vee A, A \rightarrow B \Rightarrow \sim A \vee B$	Casos 3, 6
8	$A \rightarrow B \Rightarrow \sim A \vee B$	Corte 1, 7

La relación de la conectiva implicación con la conjunción se hace a través de la regla de De Morgan:

1	$B \Rightarrow \sim \sim B$	Doble negación
2	$B \Rightarrow \sim A \vee \sim \sim B$	Adición 2
3	$\sim A \Rightarrow \sim A$	Axioma
4	$\sim A \Rightarrow \sim A \vee \sim \sim B$	Adición y corte en 3
5	$\sim A \vee B \Rightarrow \sim A \vee \sim \sim B$	Casos 2, 4
6	$\sim A \vee \sim \sim B \Rightarrow \sim (A \wedge \sim B)$	De Morgan
7	$\sim A \vee B \Rightarrow \sim (A \wedge \sim B)$	Corte 5, 6
8	$A \rightarrow B \Rightarrow \sim A \vee B$	Regla de interdefinición
9	$A \rightarrow B \Rightarrow \sim (A \wedge \sim B)$	Corte 7, 8

Análogamente se demuestra:

$\sim (A \wedge \sim B) \Rightarrow A \rightarrow B$

—Equivalencia material.

La equivalencia material se define de la forma:

$A \leftrightarrow B \rightleftharpoons (A \rightarrow B) \wedge (B \rightarrow A)$

A continuación se demuestra una serie de propiedades de esta conectiva.

—Propiedad reflexiva.

$\Rightarrow A \leftrightarrow A$

Su demostración es obvia a partir de $A \Rightarrow A$.

—Propiedad simétrica.

$A \leftrightarrow B \Rightarrow B \leftrightarrow A$

Es una consecuencia de la definición de equivalencia y la propiedad conmutativa de la conjunción:

$(A \rightarrow B) \wedge (B \rightarrow A) \Rightarrow (B \rightarrow A) \wedge (A \rightarrow B)$

(prop. conmutativa de $\wedge$), y por tanto, teniendo en cuenta la definición de equivalencia:

$A \leftrightarrow B \Rightarrow B \rightarrow A$

—Propiedad transitiva.

$A \leftrightarrow B, B \leftrightarrow C \Rightarrow A \leftrightarrow C$

1	$A \rightarrow B, B \rightarrow C \Rightarrow A \rightarrow C$	Silogismo
2	$(A \rightarrow B) \wedge (B \rightarrow A), B \rightarrow C \Rightarrow A \rightarrow C$	Inclusión en 1
3	$(A \rightarrow B) \wedge (B \rightarrow A),$ $(B \rightarrow C) \wedge (C \rightarrow B) \Rightarrow A \rightarrow C$	Inclusión en 2
4	$A \leftrightarrow B, B \leftrightarrow C \Rightarrow A \rightarrow C$	Definición de $\leftrightarrow$
5	$B \rightarrow A, C \rightarrow B \Rightarrow C \rightarrow A$	Silogismo
6	$(B \rightarrow A) \wedge (A \rightarrow B), C \rightarrow B \Rightarrow C \rightarrow A$	Inclusión en 5
7	$(B \rightarrow A) \wedge (A \rightarrow B),$ $(C \rightarrow B) \wedge (B \rightarrow C) \Rightarrow C \rightarrow A$	Inclusión en 6
8	$A \rightarrow B, B \leftrightarrow C \rightarrow C \rightarrow A$	Definición de $\leftrightarrow$
9	$A \leftrightarrow B, B \leftrightarrow C \Rightarrow (C \rightarrow A) \wedge (A \rightarrow C)$	Producto 4, 8
10	$A \leftrightarrow B, B \leftrightarrow C \Rightarrow C \leftrightarrow A$	Definición de $\leftrightarrow$

Análogamente se demuestran otras propiedades como: $A, A \leftrightarrow B \Rightarrow B$, y la regla de intercambio de manera similar a teoría de la demostración.

8. Equivalencia entre el sistema de deducción natural y el de teoría de la demostración

Para demostrar que ambos sistemas son equivalentes, es preciso comprobar que en ambos son correctas las mismas estructuras deductivas.

Para ello, es preciso comprobar que el axioma de deducción natural es una deducción correcta en teoría de la demostración y para cada regla de inferencia:

—Que es demostrable la fórmula correspondiente a la estructura deductiva consecuente en la regla, supuestas válidas las fórmulas representativas de las estructuras antecedentes en la regla.

—O bien simplemente que es correcta la deducción consecuente en la regla, suponiendo que sean correctas las estructuras deductivas antecedentes en la regla.

Recíprocamente, debe comprobarse que los axiomas y reglas de inferencia en teoría de la demostración son estructuras deductivas demostrables en deducción natural.

A continuación se comprueban ambas, directa y recíproca.

8.1. *Comprobación del sistema de Deducción natural*

El axioma básico de deducción natural $A \Rightarrow A$ equivale en teoría de la demostración (por el teorema de la deducción) a la fórmula válida $\vdash A \rightarrow A$ ya demostrada como teorema, en el sistema de Kleene.

A continuación se comprueban las ocho reglas básicas del método de deducción natural, en las demostraciones se utilizará el símbolo Γ tanto para representar una sucesión de premisas cuando se emplea el símbolo de deducción $\Rightarrow$, como para representar la conjunción de las mismas premisas cuando se emplea en una fórmula en teoría de la demostración. Ya que ambas formas son equivalentes. En efecto, sea Γ, por ejemplo, la sucesión de fórmulas M, N, P, si es correcta $M, N, P \Rightarrow R$ también es correcta $M \wedge N \wedge P \Rightarrow R$ y recíprocamente.

Directa:

Si $M, N, P \Rightarrow R$ es correcta $M \wedge N \wedge P \Rightarrow R$ es correcta. Por el teorema de la deducción, si $M, N, P \Rightarrow R$ es correcta, debe ocurrir:

$\vdash M \rightarrow (N \rightarrow (P \rightarrow R))$ es válida:

1	$\vdash M \rightarrow (N \rightarrow (P \rightarrow R))$	
2	$\vdash (M \rightarrow (N \rightarrow (P \rightarrow R))) \rightarrow$ $\rightarrow (M \wedge N \rightarrow (P \rightarrow R))$	Importación
3	$M \wedge N \rightarrow (P \rightarrow R)$	Modus ponens 1, 2
4	$(M \wedge N \rightarrow (P \rightarrow R)) \rightarrow$ $(M \wedge N \wedge P \rightarrow R)$	Importación

5	$M \wedge N \wedge P \rightarrow R$	Modus ponens 3, 4
6	$M \wedge N \wedge P \Rightarrow R$	Deducción correcta (T.D. 5)

Inversa: Si $M \wedge N \wedge P \Rightarrow R$ es correcta, $M, N, P \Rightarrow R$ es correcta. Por el teorema de la deducción:

Si $M \wedge N \wedge P \Rightarrow R$ es correcta
$\vdash M \wedge N \wedge P \rightarrow R$ es válida

1	$\vdash M \wedge N \wedge P \rightarrow R$	
2	$\vdash M \wedge N \rightarrow (P \rightarrow R)$	Exportación 1
3	$\vdash M \rightarrow (N \rightarrow (P \rightarrow R))$	Exportación 2
4	$M \Rightarrow N \rightarrow (P \rightarrow R)$	T.D. 3 (recíproca)
5	$M, N \Rightarrow P \rightarrow R$	T.D. 4 (recíproca)
6	$M, N, P \Rightarrow R$	T.D. 5 (recíproca)

La demostración es fácilmente generalizable para Γ con cualquier número de elementos.

Para la comprobación de las ocho reglas básicas se utiliza el sistema de Kleene:

a) $$\frac{\Gamma \Rightarrow A,, \Lambda, B \Rightarrow C}{\Gamma, \wedge, A \rightarrow B \Rightarrow C}$$

Hay que comprobar que $\Gamma, \Lambda, A \rightarrow B \Rightarrow C$ es una deducción correcta suponiendo que:

$\vdash \Gamma \rightarrow A$ y $\vdash \Lambda \wedge B \rightarrow C$
Son fórmulas válidas por hipótesis.
La demostración sería:

1	Γ	Premisas
2	$\vdash \Gamma \rightarrow A$	Fórmula válida por hipótesis
3	$\vdash \Lambda \wedge B \rightarrow C$	Fórmula válida por hipótesis
4	$A \rightarrow B$	Premisa
5	Λ	Premisa
6	A	Modus ponens 1, 2
7	B	Modus ponens 6, 4
8	$\Lambda \wedge B$	Producto 5, 7
9	C	Modus ponens 8, 3

b) $$\frac{\Gamma, A \Rightarrow B}{\Gamma \Rightarrow A \rightarrow B}$$

Esta regla es precisamente el teorema de la deducción ya demostrado en teoría de la demostración.

c) $\dfrac{\Gamma, A \Rightarrow B}{\Gamma, A \wedge C \Rightarrow B}$

La hipótesis de partida es que la fórmula $\Gamma \rightarrow (A \rightarrow B)$ es válida.
A partir de ella debe demostrarse que la deducción Γ, $A \wedge C \Rightarrow B$ es correcta.

1	Γ	Premisas
2	$A \wedge C$	Premisa
3	$\Gamma \rightarrow (A \rightarrow B)$	Fórmula válida por hipótesis
4	$A \rightarrow B$	Modus ponens 1, 3
5	$\vdash A \wedge C \rightarrow A$	Axioma 4 de Kleene
6	A	Modus ponens 2, 5
7	B	Modus ponens 4, 6

d) $\dfrac{\Gamma \Rightarrow A, \Gamma \Rightarrow B}{\Gamma \Rightarrow A \wedge B}$

1	$\vdash \Gamma \rightarrow A$	Fórmula válida por hipótesis
2	$\vdash \Gamma \rightarrow B$	Fórmula válida por hipótesis
3	Γ	Premisas
4	A	Modus ponens 1, 3
5	B	Modus ponens 2, 3
6	$\vdash A \rightarrow (B \rightarrow A \wedge B)$	Axioma 3 de Kleene
7	$B \rightarrow A \wedge B$	Modus ponens 4, 6
8	$A \wedge B$	Modus ponens 5, 7

e) $\dfrac{\Gamma, A \Rightarrow C,, \Gamma, B \Rightarrow C}{\Gamma, A \vee B \Rightarrow C}$

Como en los casos anteriores, asumiendo como válidas las fórmulas $\Gamma \rightarrow (A \rightarrow C)$ y $\Gamma \rightarrow (B \rightarrow C)$ debe comprobarse que la deducción consecuente es correcta.

1	Γ	Premisas
2	$A \vee B$	Premisa
3	$\vdash \Gamma \rightarrow (A \rightarrow C)$	Fórmula válida por hipótesis
4	$\vdash \Gamma \rightarrow (B \rightarrow C)$	Fórmula válida por hipótesis
5	$A \rightarrow C$	Modus ponens 1, 3
6	$B \rightarrow C$	Modus ponens 1, 4
7	$\vdash (A \rightarrow C) \rightarrow ((B \rightarrow C) \rightarrow$ $\rightarrow (A \vee B \rightarrow C))$	Axioma 6
8	$(B \rightarrow C) \rightarrow (A \vee B \rightarrow C)$	Modus ponens 5, 7
9	$A \vee B \rightarrow C$	Modus ponens 6, 8
10	C	Modus ponens 2, 9

f) $\dfrac{\Gamma \Rightarrow \mathrm{A}}{\Gamma \Rightarrow A \vee B}$

1	$\vdash \Gamma \to A$	Fórmula válida por hipótesis
2	Γ	Premisas
3	A	Modus ponens 1, 2
4	$\vdash A \to A \vee B$	Axioma 5
5	$A \vee B$	Modus ponens 3, 4

g) $$\frac{\Gamma \Rightarrow \sim\sim A}{\Gamma \Rightarrow A}$$

1	$\vdash \Gamma \to \sim\sim A$	Fórmula válida por hipótesis
2	Γ	Premisas
3	A	Modus ponens 1, 2
4	$\vdash \sim\sim A \to A$	Axioma 8 de Kleene
5	A	Modus ponens 3, 4

h) $$\frac{\Gamma, A \Rightarrow B,, \Gamma, A \Rightarrow \sim B}{\Gamma \Rightarrow \sim A}$$

1	$\vdash \Gamma \to (A \to B)$	Fórmula válida por hipótesis
2	$\vdash \Gamma \to (A \to \sim B)$	Fórmula válida por hipótesis
3	Γ	Premisas
4	$A \to B$	Modus ponens 1, 3
5	$A \to \sim B$	Modus ponens 2, 3
6	$\vdash (A \to B) \to ((A \to \sim B) \to \sim A)$	Axioma 7
7	$(A \to \sim B) \to \sim A$	Modus ponens 4, 6
8	$\sim A$	Modus ponens 5, 7

La comprobación de las reglas estructurales se realiza de la forma siguiente:

α) $$\frac{A \Rightarrow B}{A, C \Rightarrow B}$$ Regla de atenuación

1	$\vdash A \to B$	Fórmula válida por hipótesis
2	A	Premisa
3	C	Premisa
4	B	Modus ponens 2, 1

β) $$\frac{A, B, C \Rightarrow D}{B, C, A \Rightarrow D}$$ Regla de permutación

1	$\vdash A \to (B \to (C \to D))$	Fórmula válida por hipótesis
2	$\vdash A \wedge B \to (C \to D)$	Importación 1
3	$\vdash A \wedge B \wedge C \to D$	Importación 2
4	$\vdash A \wedge B \wedge C \leftrightarrow B \wedge C \wedge A$	Equivalencia (propiedad conmutativa de la conjunción)

5 $\vdash B \wedge C \wedge A \rightarrow D$ Intercambio 3, 4
6 $\vdash B \wedge C \rightarrow (A \rightarrow D)$ Exportación 5
7 $\vdash B \rightarrow (C \rightarrow (A \rightarrow D))$ Exportación 6
8 $B, C, A \Rightarrow D$ T. deducción 7

γ) $\dfrac{A, B, B \rightarrow C}{A, B \rightarrow C}$ Regla de contracción

1 $\vdash A \rightarrow (B \rightarrow (B \rightarrow C))$ Fórmula válida por hipótesis
2 A Premisa
3 B Premisa
4 $B \rightarrow (B \rightarrow C)$ Modus ponens 1, 2
5 $B \rightarrow C$ Modus ponens 3, 4
6 C Modus ponens 3, 5

δ) $\dfrac{\Gamma \Rightarrow B,, \Lambda, B \Rightarrow C}{\Lambda, \Gamma \Rightarrow C}$ Regla de corte

1 $\vdash \Gamma \rightarrow B$ Fórmula válida por hipótesis
2 $\vdash \Lambda \rightarrow (B \rightarrow C)$ Fórmula válida por hipótesis
3 Γ, Λ Premisas
4 B Modus ponens 3, 1
5 $B \rightarrow C$ Modus ponens 3, 2
6 C Modus ponens 4, 5

8.2. *Comprobación del sistema de Kleene*

Para demostrar que un teorema $\vdash A$ es demostrable en deducción natural, basta demostrar que $\Rightarrow A$ es deducible en dicho sistema ya que, de acuerdo con el concepto de deducción formal en teoría de la demostración si $\Rightarrow A$ es una deducción correcta, A debe ser un axioma o teorema. No obstante para abreviar se comprueban las estructuras deductivas asociadas a las fórmulas, ya que, por el teorema de la deducción válido también como regla en deducción natural, es inmediata la obtención de la fórmula sin antecedentes.

Axiomas:

A1 $A \rightarrow (B \rightarrow A)$
basta demostrar $A \Rightarrow B \rightarrow A$ o $A, B \Rightarrow A$
1 $A \Rightarrow A$ Axioma
2 $A, B \Rightarrow A$ Atenuación 1

A2 $\vdash (A \rightarrow B) \rightarrow [(A \rightarrow (B \rightarrow C)) \rightarrow A \rightarrow C]$
basta demostrar en deducción natural.
$A \rightarrow B, A \rightarrow (B \rightarrow C), A \Rightarrow C$

1 $A, A \to B \Rightarrow B$ Modus ponens
2 $B, B \to (A \to C) \Rightarrow A \to C$ Modus ponens
3 $A, A \to B, B \to (A \to C) \Rightarrow A \to C$ Corte 1, 2 sobre B
4 $A \to (B \to C) \Rightarrow B \to (A \to C)$ Mutación ya demostrada
5 $A, A \to B, A \to (B \to C) \Rightarrow A \to C$ Corte 3, 4 sobre $B \to (A \to C)$
6 $A, A \to B, A \to (B \to C), A \Rightarrow C$ T. Deducción 5
7 $A, A \to B, A \to (B \to C) \Rightarrow C$ Contracción 6

A3 $\vdash A \to (B \to A \wedge B)$, se demuestra:
$A, B \Rightarrow A \wedge B$
1 $A \Rightarrow A$ Axioma
2 $A, B \Rightarrow A$ Atenuación 1
3 $B \Rightarrow B$ Axioma
4 $A, B \Rightarrow B$ Atenuación 2
5 $A, B \Rightarrow A \wedge B$ Producto 2, 4

A4 $\vdash A \wedge B \to A \quad : \quad A \wedge B \Rightarrow A$
1 $A \Rightarrow A$
2 $A \wedge B \Rightarrow A$ Inclusión 1

A5 $\vdash A \to A \vee B$, se demuestra:
$A \Rightarrow A \vee B$
1 $A \Rightarrow A$ Axioma
2 $A \Rightarrow A \vee B$ Adición 1

A6 $A \to C, B \to C \Rightarrow A \vee B \to C$, se demuestra:
$A \to C, B \to C, A \vee B \Rightarrow C$
1 $A, A \to C \Rightarrow C$ Modus ponens
2 $B, B \to C \Rightarrow C$ Modus ponens
3 $A, B \to C, A \to C \Rightarrow C$ Atenuación 1
4 $B, B \to C, A \to C \Rightarrow C$ Atenuación 2
5 $A \vee B \to C, B \to C \Rightarrow C$ Prueba por casos con $\Gamma : B \to C, A \to C$

A7 $A \to B, A \to \sim B \Rightarrow \sim A$
1 $A, A \to B \Rightarrow B$ Modus ponens
2 $A, A \to \sim B \Rightarrow \sim B$ Modus ponens
3 $A, A \to B, A \to \sim B \Rightarrow B$ Atenuación 1
4 $A, A \to B, A \to \sim B \Rightarrow \sim B$ Atenuación 2
5 $A \to B, A \to \sim B \Rightarrow \sim A$ Absurdo 3, 4

A8 $\vdash \sim \sim A \to A$
Se demuestra $\sim \sim A \Rightarrow A$
1 $\sim \sim A \Rightarrow \sim \sim A$ Axioma
2 $\sim \sim A$ Regla doble negación (DN)

—Regla de inferencia:

$$\frac{\vdash A, \vdash A \to B}{\vdash B}$$

1	$\Rightarrow A$	
2	$\Rightarrow A \to B$	
3	$A, A \to B \Rightarrow B$	Estructura deductiva demostrada en deducción natural
4	$A \to B \Rightarrow B$	Corte 1, 3 sobre A
5	$\Rightarrow B$	Corte 2, 4 sobre $A \to B$

Por tanto, teniendo en cuenta los resultados de este epígrafe y los de 8.1, toda estructura deductiva correcta en un sistema lo será en el otro y recíprocamente.

9. Cálculo secuencial con supuestos y deducciones subsidiarias

Utilizando las reglas de deducción natural es posible introducir mejoras en el cálculo deductivo secuencial fórmula a fórmula definido en teoría de la demostración. El cálculo resultante constituye una versión del método de deducción natural, que evita el manejo de estructuras deductivas completas tal y como se ha realizado en el desarrollo formal del método.

La aportación al cálculo fórmula a fórmula del método de deducción natural es la posibilidad, fundamentada en la estructura de algunas de sus reglas básicas, de intercalar procesos deductivos subsidiarios en la secuencia general, mediante los que se obtienen fórmulas a incluir en esta secuencia.

El procedimiento es el siguiente:

—Se introduce en la secuencia deductiva general una premisa provisional.

—A partir de esta premisa y las otras fórmulas de la secuencia, se construye una secuencia deductiva subsidiaria cuyo final es una determinada fórmula.

—De la deducción subsidiaria se obtiene una fórmula que puede introducirse en la secuencia deductiva general, de acuerdo con alguna de las reglas básicas de deducción natural.

A continuación se describen y justifican tres formas de aplicar este procedimiento, basadas en las correspondientes reglas básicas de deducción.

a) Introducción y cancelación de deducciones subsidiarias por el teorema de la deducción.

El teorema de la deducción tiene la siguiente estructura:

$$\frac{\Gamma, A \Rightarrow B}{\Gamma \Rightarrow A \to B}$$

En términos de cálculo fórmula a fórmula puede enunciarse de la forma siguiente:

Sea Γ la secuencia general, si se introduce en dicha secuencia el supuesto A y de ambos, se deduce subsidiariamente B (estructura deductiva antecedente en la regla) puede incluirse en la secuencia general la fórmula $A \rightarrow B$ (estructura deductiva consecuente en la regla).

Ejemplos:

* $A \rightarrow (B \rightarrow C) \Rightarrow B \rightarrow (A \rightarrow C)$

1	$A \rightarrow (B \rightarrow C)$	Premisa (elemento de Γ)	
2	B	Supuesto	
3	A	Supuesto	Deducción
4	$B \rightarrow C$	Modus ponens 3, 1	subsidiaria de C
5	C	Modus ponens 2, 5	a partir de la premisa provisional A
6	$A \rightarrow C$	Fórmula introducida en secuencia por el teorema de la deducción al cancelar la deducción subsidiaria 3-5	
7	$B \rightarrow (A \rightarrow C)$	Fórmula introducida en secuencia general al cancelar la deducción subsidiaria con origen en el supuesto B, por el teorema de la deducción.	

* $A \rightarrow (B \rightarrow C) \Rightarrow A \wedge B \rightarrow C$

1	$A \rightarrow (B \rightarrow C)$	Premisa (elemento de Γ)
2	$A \wedge B$	Supuesto
3	$\vdash A \wedge B \rightarrow A$	A 5 de Kleene
4	A	Modus ponens 2, 3
5	$B \rightarrow C$	Modus ponens 4, 1
6	$\vdash A \wedge B \rightarrow B$	A 5 de Kleene
7	B	Modus ponens 2, 6
8	C	Modus ponens 7, 5
9	$A \wedge B \rightarrow C$	Fórmula introducida en la secuencia general al cancelar por el teorema de la deducción, la deducción subsidiaria 2-8

b) Prueba por casos de disyunciones.

La regla formal de inferencia tiene la siguiente estructura:

$$\frac{\Gamma, A \Rightarrow C \quad \Gamma, B \Rightarrow C}{\Gamma, A \vee B \Rightarrow C}$$

En términos de cálculo secuencial esta regla permite introducir y cancelar deducciones subsidiarias de la forma siguiente:

Sea Γ la secuencia general a la que se añade la fórmula $A \vee B$; si se hace el supuesto A y a partir de Γ y A es posible construir una deducción de C y si se hace el supuesto B y a partir de Γ y B es posible construir una deducción de C (Estructuras deductivas antecedentes de la regla) entonces puede incluirse C en la secuencia deductiva general, cancelando las deducciones subsidiarias $\Gamma, B \Rightarrow C$ y $\Gamma, A \Rightarrow C$.

Ejemplo: Dilema.

$$A \vee B, B \rightarrow C, A \rightarrow C \Rightarrow C$$

1	$A \vee B$	Premisa
2	$B \rightarrow C$	Premisa
3	$A \rightarrow C$	Premisa
┌4	A	Supuesto (caso de 1)
└5	C	Modus ponens 3, 4
┌6	B	Supuesto (caso de 1)
└7	C	Modus ponens 2, 6
8	C	Fórmula incluida en la secuencia general

c) Utilización de la regla de reducción al absurdo.
La regla formal tiene la siguiente estructura:

$$\frac{\Gamma, A \Rightarrow B \quad \Gamma, A \Rightarrow \sim B}{\Gamma \Rightarrow \sim A}$$

En términos de cálculo secuencial con supuestos esta regla permite introducir el supuesto A en la secuencia general Γ, si en la deducción subsidiaria originada en A se deduce B y también $\sim B$ (estructuras deductivas antecedentes en la regla) puede cancelarse la deducción subsidiaria introduciendo en la secuencia general Γ, la fórmula $\sim A$ (estructura deductiva consecuente en la regla).

Ejemplo:

$$\sim A \vee \sim B \Rightarrow \sim (A \wedge B)$$

1	$\sim A \vee \sim B$	Premisa
┌2	$A \wedge B$	Supuesto
│┌3	$\sim A$	Supuesto (caso de 1)
││4	A	Simplificación 2
│└5	$A \wedge \sim A$	Prod. 3, 4
│┌6	$\sim B$	Supuesto (caso de 1)
││7	B	Simplificación 2
││8	$B \wedge \sim B$	Prod. 6, 7
│└9	$A \wedge \sim A$	ECQ 8
│10	$A \wedge \sim A$	Cancelación de las deducciones subsidiarias con origen $\sim A$ y $\sim B$ por prueba por casos de $\sim A \vee \sim B$
│11	$\sim A$	Simplificación 10
└12	A	Simplificación 10
13	$\sim (A \wedge B)$	Absurdo 2-11-12

Ejemplo: Silogismo disyuntivo.

$$\sim A, A \vee B \Rightarrow B$$

Este ejemplo también combina al método de reducción al absurdo y la prueba por casos.

1	$\sim A$	Premisa
2	$A \vee B$	Premisa
3	$\sim B$	Supuesto
4	A	Caso de 2
5	$A \wedge \sim A$	Prod. 4, 1
6	B	Caso de 2
7	$\sim B$	Identidad 3
8	$B \wedge \sim B$	Prod. 6, 7
9	$A \wedge \sim A$	ECQ 9
10	$A \wedge \sim A$	Introducido en secuencia, casos 4, 6
11	$\sim \sim B$	Absurdo 3-10
12	B	Doble negación 11

Garrido (1974) y Deaño (1976) plantean un cálculo deductivo de este tipo utilizando de entrada estas reglas de deducción natural como reglas de introducción y eliminación de supuestos en la secuencia general.

A continuación se incluyen una serie de ejemplos de aplicación a estructuras formales y razonamientos del lenguaje usual de este cálculo deductivo. Para los ejemplos del lenguaje usual se hace la representación de las frases en fórmulas del cálculo proposicional y se estudia la correspondiente estructura deductiva. Como referencia de las reglas utilizadas en estos ejemplos se incluye la tabla adjunta, resumen de deducciones correctas comprobadas en cualquiera de los dos sistemas formales (teoría de la demostración y deducción natural). En esta tabla se incluyen las abreviaturas de las reglas utilizadas en los ejemplos.

Para la aplicación de la regla de intercambio se han tenido en cuenta las equivalencias válidas definidas en teoría de la demostración.

Resumen de estructuras deductivas correctas:

1	Identidad $A \Rightarrow A$	
2	Reglas de implicación	
	Modus ponens (MP)	$A, A \rightarrow B \Rightarrow B$
	Modus tollens (MT)	$\sim B, A \rightarrow B \Rightarrow \sim A$
	Contraposición (CP)	$A \rightarrow B \Rightarrow \sim B \rightarrow \sim A$
		$A \rightarrow \sim B \Rightarrow B \rightarrow \sim A$
		$\sim A \rightarrow B \Rightarrow \sim B \rightarrow A$
		$\sim A \rightarrow \sim B \Rightarrow B \rightarrow A$
	Introducción de antecedente (IA)	$A \Rightarrow B \rightarrow A$
	Silogismo (Sil)	$A \rightarrow B, B \rightarrow C \Rightarrow A \rightarrow C$
	Mutación (Mut)	$A \rightarrow (B \rightarrow C) \Rightarrow B \rightarrow (A \rightarrow C)$

	Importación (Imp)	$A \to (B \to C) \Rightarrow A \wedge B \to C$
	Exportación (Exp)	$A \wedge B \to C \Rightarrow A \to (B \to C)$
3	Reglas de conjunción	
	Simplificación (Simpl)	$A \wedge B \Rightarrow A \qquad A \wedge B \Rightarrow B$
	Conmutativa (Conm)	$A \wedge B \Rightarrow B \wedge A$
		$B \wedge A \Rightarrow A \wedge B$
	Asociativa (As)	$A \wedge (B \wedge C) \Rightarrow (A \wedge B) \wedge C$
		$(A \wedge B) \wedge C \Rightarrow A \wedge (B \wedge C)$
	Distributiva (Distr)	$A \wedge (B \vee C) \Rightarrow (A \wedge B) \vee (A \wedge C)$
		$(A \wedge B) \vee (A \wedge C) \Rightarrow A \wedge (B \vee C)$
	Idempotencia (Idem)	$A \wedge A \Rightarrow A \qquad A \Rightarrow A \wedge A$
	Absorción (Absr)	$A \wedge (A \vee B) \Rightarrow A$
		$A \Rightarrow A \wedge (A \vee B)$
4	Reglas de disyunción	
	Adición (Ad)	$A \Rightarrow A \vee B \qquad B \Rightarrow A \vee B$
	Conmutativa (Conm)	$A \vee B \Rightarrow B \vee A$
		$B \vee A \Rightarrow A \vee B$
	Asociativa (As)	$A \vee (B \vee C) \Rightarrow (A \vee B) \vee C$
		$(A \vee B) \vee C \Rightarrow A \vee (B \vee C)$
	Distributiva (Distr)	$A \vee (B \wedge C) \Rightarrow (A \vee B) \wedge (A \vee C)$
		$(A \vee B) \wedge (A \vee C) \Rightarrow A \vee (B \wedge C)$
	Idempotencia (Idem)	$A \vee A \Rightarrow A \qquad A \Rightarrow A \vee A$
	Absorción (Absr)	$A \vee (A \wedge B) \Rightarrow A$
		$A \Rightarrow A \vee (A \wedge B)$
	Silogismo disyuntivo (Sil dis)	$\sim A, A \vee B \Rightarrow B$
5	Reglas de negación	
	Doble negación (DN)	$A \Rightarrow \sim\sim A \qquad \sim\sim A \Rightarrow A$
6	Reglas de interdefinición	
	Definición de implicación (DI_1)	$A \to B \Rightarrow \sim A \vee B$
		$A \vee B \Rightarrow \sim A \to B$
	Definición de implicación (DI_2)	$A \to B \Rightarrow \sim (A \wedge \sim B)$
		$A \wedge B \Rightarrow \sim (A \to \sim B)$
	Ley de De Morgan (DM_1)	$\sim (A \vee B) \Rightarrow \sim A \wedge \sim B$
		$\sim A \wedge \sim B \Rightarrow \sim (A \vee B)$
	Ley de De Morgan (DM_2)	$\sim (A \wedge B) \Rightarrow \sim A \vee \sim B$
		$\sim A \vee \sim B \Rightarrow \sim (A \wedge B)$

10. Ejemplos de deducciones

E1. Comprobar que es correcta la siguiente deducción:

$$p \to (q \to r),\ r \wedge s \to t,\ \sim w \to (s \wedge \sim t) \Rightarrow p \to (q \to w)$$

Solución:

1	$p \to (q \to r)$	Premisa
2	$r \wedge s \to t$	Premisa
3	$\sim w \to s \wedge \sim t$	Premisa
4	p	Supuesto
5	$q \to r$	Modus ponens 4, 1
6	q	Supuesto
7	r	Modus ponens 6, 5
8	$r \to (s \to t)$	Exp. 2
9	$s \to t$	Modus ponens 7, 8
10	$\sim (s \wedge \sim t) \to w$	CP 3
11	$\vdash \sim (s \wedge \sim t) \leftrightarrow \sim s \vee t$	Fórmula De Morgan
12	$\vdash \sim s \vee t \leftrightarrow (s \to t)$	Fórmula (interdefinición)
13	$\vdash \sim (s \wedge \sim t) \leftrightarrow (s \to t)$	Transitividad 11, 12
14	$(s \to t) \to w$	Intercambio 10, 13
15	w	Modus ponens 9, 14
16	$q \to w$	TD 6, 15
17	$p \to (q \to w)$	TD 4, 16

E2. Comprobar si es correcta la deducción:

$$(p \wedge q) \vee (r \wedge s), p \to \sim p \Rightarrow s$$

Solución:

1	$(p \wedge q) \vee (r \wedge s)$	Premisa
2	$p \to \sim p$	Premisa
3	$\vdash (p \to \sim p) \leftrightarrow \sim p \vee \sim p$	Fórmula interdefinición
4	$\sim p \vee \sim p$	Intercambio 2, 3
5	$\sim p$	Idempotencia 4
6	$\sim p \vee \sim q$	Adición 5
7	$\vdash \sim p \vee \sim q \leftrightarrow \sim (p \wedge q)$	Fórmula De Morgan
8	$\sim (p \wedge q)$	Intercambio 6, 7
9	$r \wedge s$	Sil. disy. 1, 8
10	s	Simpl. 9

E3. Comprobar si es correcta la deducción:

$$p \to q, \sim (q \vee r) \Rightarrow \sim p$$

Solución:

1	$p \to q$	Premisas
2	$\sim (q \vee r)$	Premisas
3	$\sim q \wedge \sim r$	Fórmula De Morgan 2

4	$\sim q$	Simpl. 3
5	$\sim q \rightarrow \sim p$	CP 1
6	$\sim p$	Modus ponens 4, 5

E4. Comprobar si es correcta la deducción:

$$p \rightarrow (q \rightarrow r),\ r \wedge s \rightarrow t,\ (s \rightarrow t) \rightarrow w \Rightarrow p \rightarrow (q \rightarrow w)$$

Solución:

1	$p \rightarrow (q \rightarrow r)$	Premisa
2	$r \wedge s \rightarrow t$	Premisa
3	$(s \rightarrow t) \rightarrow w$	Premisa
4	p	Supuesto
5	q	Supuesto
6	$q \rightarrow r$	Modus ponens 4, 1
7	r	Modus ponens 5, 6
8	s	Supuesto
9	$r \wedge s$	Prod. 7, 8
10	t	Modus ponens 9, 2
11	$s \rightarrow t$	TD 8, 10
12	w	Modus ponens 3, 11
13	$q \rightarrow w$	TD 5, 12
14	$p \rightarrow (q \rightarrow w)$	TD 4, 13

E5. Comprobar que es correcta la siguiente deducción:

$$p \rightarrow (r \rightarrow q),\ \sim s \vee p,\ r \Rightarrow s \rightarrow q$$

Solución:

1	$p \rightarrow (r \rightarrow q)$	Premisa
2	$\sim s \vee p$	Premisa
3	r	Premisa
4	s	Supuesto
5	$\sim \sim s$	DN 4
6	p	Silog. disy. 2, 5
7	$r \rightarrow q$	Modus ponens 6, 1
8	q	Modus ponens 3, 7
9	$s \rightarrow q$	TD 4, 8

E6. Formalizar y estudiar si es correcto el siguiente razonamiento:

—Si voy a mi primera clase mañana tendré que madrugar y si voy al baile esta noche me acostaré tarde.

—Si me acuesto tarde y madrugo tendré que vivir con sólo cinco horas de sueño.
—No puedo vivir con sólo cinco horas de sueño.

Por tanto:

—O no voy a mi primera clase mañana o no voy al baile esta noche.

Solución:

Formulación de frases básicas:

$p \rightleftharpoons$ voy a mi primera clase mañana.
$q \rightleftharpoons$ tengo que madrugar.
$r \rightleftharpoons$ voy al baile esta noche.
$s \rightleftharpoons$ me acuesto tarde.
$t \rightleftharpoons$ vivo con sólo cinco horas de sueño.

1	$(p \rightarrow q) \wedge (r \rightarrow s)$	Premisa
2	$q \wedge s \rightarrow t$	Premisa
3	$\sim t$	Premisa
4	$\sim t \rightarrow \sim (q \wedge s)$	CP 2
5	$\sim (q \wedge s)$	Modus ponens 3, 4
6	$\sim q \vee \sim s$	Fórmula De Morgan 5
7	$\sim q$	Cas. 6
8	$p \rightarrow q$	Simpl. 1
9	$\sim p$	MT 7, 8
10	$\sim p \vee \sim r$	Ad. 9
11	$\sim s$	Cas. 6
12	$r \rightarrow s$	Simpl. 1
13	$\sim r$	MT 11, 12
14	$\sim p \vee \sim r$	Ad. 13
15	$\sim p \vee \sim r$	Prueba por casos 6, 7, 11

E7. Comprobar si es correcta la deducción:

Si gana el Rayo, Vallecas lo celebrará.
Si gana la Real Sociedad, San Sebastián lo celebrará.
O gana el Rayo o gana la Real Sociedad.
Si gana el Rayo, San Sebastián no lo celebrará.
Si gana la Real Sociedad, Vallecas no lo celebrará.

San Sebastián lo celebrará si y sólo si Vallecas no lo celebra.

Solución:

Formulación:

$r \rightleftarrows$ Gana el Rayo.
$v \rightleftarrows$ Vallecas lo celebrará.
$s \rightleftarrows$ Gana la Real Sociedad.
$ss \rightleftarrows$ San Sebastián lo celebrará.

Deducción:

1	$r \rightarrow v$	Premisa
2	$s \rightarrow ss$	Premisa
3	$r \vee s$	Premisa
4	$r \rightarrow \sim ss$	Premisa
5	$s \rightarrow \sim v$	Premisa
6	r	Cas. 3
7	v	Modus ponens 6, 1
8	$\sim ss$	Modus ponens 6, 4
9	$v \vee ss$	Ad. 7
10	$\sim v \rightarrow ss$	Interdefinición 9
11	$\sim v \vee \sim ss$	Ad. 8
12	$ss \rightarrow \sim v$	Interdefinición 11
13	$\sim v \leftrightarrow ss$	Prod. 10, 12
14	s	Cas. 3
15	$\sim v$	Modus ponens 5, 14
16	ss	Modus ponens 14, 2
17	$\sim v \vee \sim ss$	Ad. 15
18	$ss \rightarrow \sim v$	Interdefinición 17
19	$ss \vee v$	Ad. 16
20	$\sim v \rightarrow ss$	Interdefinición 19
21	$\sim v \leftrightarrow ss$	Prod. 18, 20
22	$\sim v \leftrightarrow ss$	Prueba por casos 6, 14

E8. Comprobar si es correcta la deducción:

Si nombran a Pérez, será feliz.
Si Pérez es feliz, no hará buena campaña.
Si no le nombran perderá la confianza de su partido.
Si pierde la confianza del partido, no hara buena campaña.
Si no hace buena campaña, debe dimitir en el partido.

Pérez debe dimitir en el partido.

Solución:

Formulación:

$n \rightleftharpoons$ Nombran a Pérez.
$f \rightleftharpoons$ Pérez es feliz.
$c \rightleftharpoons$ Pérez tiene la confianza del partido.
$Ca \rightleftharpoons$ Pérez hace buena campaña.
$d \rightleftharpoons$ Pérez debe dimitir.

Deducción:

1	$n \rightarrow f$	Premisa
2	$f \rightarrow \sim Ca$	Premisa
3	$\sim n \rightarrow \sim c$	Premisa
4	$\sim c \rightarrow \sim Ca$	Premisa
5	$\sim Ca \rightarrow d$	Premisa
6	$\vdash n \vee \sim n$	Principio del tercio excluso
┌7	n	Cas. 6
│8	f	Modus ponens 7, 1
│9	$\sim Ca$	Modus ponens 8, 2
└10	d	Modus ponens 9, 5
┌11	$\sim n$	Cas. 6
│12	$\sim c$	Modus ponens 11, 3
│13	$\sim Ca$	Modus ponens 12, 4
└14	d	Modus ponens 13, 5
15	d	Casos 6, 7, 11

E9. Formalizar y comprobar si es correcto el siguiente razonamiento:

—Si tomo el autobús y el autobús llega tarde, faltaré a mi cita.
—Si falto a mi cita y me siento desmoralizado, no iré a casa.
—Si no consigo el empleo, me sentiré desmoralizado y me iré a casa.

Por tanto:

—Si tomo el autobús y el autobús llega tarde conseguiré el empleo.

Solución:

Formulación:

$p \rightleftharpoons$ tomo el autobús.
$q \rightleftharpoons$ el autobús llega tarde.
$r \rightleftharpoons$ falto a mi cita.
$s \rightleftharpoons$ me siento desmoralizado.

$t \rightleftharpoons$ me iré a casa.
$w \rightleftharpoons$ consigo el empleo.

1	$p \wedge q \rightarrow r$	Premisa
2	$r \wedge s \rightarrow \sim t$	Premisa
3	$\sim w \rightarrow s \wedge t$	Premisa
4	$p \wedge q$	Supuesto
5	r	Modus ponens 4, 1
6	$r \rightarrow (s \rightarrow \sim t)$	Exp. 2
7	$s \rightarrow \sim t$	Modus ponens 5, 6
8	$\sim (s \wedge t) \rightarrow w$	CP 3
9	$\vdash \sim (s \wedge t) \leftrightarrow \sim s \vee \sim t$	Equiv. De Morgan
10	$(\sim s \vee \sim t) \rightarrow w$	Intercambio 8, 9
11	$\sim s \vee \sim t$	Interdefinición DI_1 7
12	w	Modus ponens 11, 10
13	$p \wedge q \rightarrow w$	TD 4, 12

Capítulo 4
TEORIA SEMANTICA

1. Introducción

La teoría semántica del cálculo proposicional utiliza la misma simbolización de las fórmulas (letras proposicionales y conectivas) que en las teorías desarrolladas en capítulos anteriores. Sin embargo, el sistema de fórmulas, o estructuras deductivas, válidas, no se construye a partir de axiomas y reglas de inferencia sino mediante una simbolización del significado de las proposiciones, es decir, de la forma de valorar el contenido de información de cada proposición. Por ello se denomina semántico este tipo de formalización del cálculo proposicional.

Los elementos en que se basa la descripción del sistema con este planteamiento son:

—Un conjunto de significados atribuibles a las proposiciones.
—Una definición semántica de conectivas, es decir, de la forma con que se atribuye significado a las proposiciones compuestas construidas con los distintos tipos de conectivas, a partir de los significados de las proposiciones componentes.
—Una definición semántica de deducción correcta.

A continuación se desarrollan cada uno de estos elementos. Finalmente a partir del concepto de tautología y de deducción se comprueba que ambos enfoques (semántico y de teoría de la demostración) definen como correctas las mismas fórmulas. Esto permite emplear uno u otro enfoque para resolver problemas relativos al cálculo proposicional. Los métodos basados en abstracciones de estructuras deductivas (teoría de la demostración y deducción natural) están más cerca de la forma de razonar del lenguaje usual, por lo que es más fácil en ellos la explicación de los procesos, sin embargo, los métodos de tipo interpretativo permiten la definición de procedimientos de solución más fácilmente mecanizables, tanto en cálculo proposicional como en cálculo de predicados de primer orden.

2. Definición semántica de conectivas

El conjunto de significados con que se valora el contenido de información de una proposición está constituido por:

V para simbolizar el significado «verdadero».
F para simbolizar el significado «falso».

A pesar de que, con esta interpretación, se obtienen como válidas las mismas fórmulas de lógica clásica obtenidas en capítulos anteriores, se han planteado críticas a este número limitado de significados, por la dificultad que en algunos casos, existe de atribuir significado de este tipo a algunas frases del lenguaje usual. Así, por ejemplo, las frases que contienen afirmaciones en tiempo futuro (por ejemplo, «Mañana lloverá») no pueden calificarse como verdaderas o falsas. Lo mismo puede ocurrir con frases ambiguas como «La frase que está usted leyendo es falsa». Estas dificultades de adaptación al lenguaje usual han dado lugar al desarrollo de ejercicios teóricos con tres o más significados (lógicas polivalentes) o con significados continuos más ambiguos (lógicas difusas y probabilistas) que permiten alcanzar un cierto nivel de formalización matemática con mejor adaptación a la semántica de frases del lenguaje usual.

Sin embargo, dado que el objetivo de la lógica que se ha planteado, no es la formalización precisa del lenguaje usual, sino del conocimiento y en particular del conocimiento científico, la interpretación bivalente sí es admisible en este área ya que las teorías científicas se construyen sobre verdades admitidas y métodos sistemáticos de construcción de nuevas verdades a partir de ellas y, por tanto, sí es válido en la mayoría de los casos el planteamiento de valorar cada pieza de información como verdadera o falsa según esté o no comprobada dentro del área científica que se trate.

En este aspecto de aplicación al conocimiento científico cabe hacer la salvedad de la lógica intuicionista de Brouwer y Heyting construida sin admitir el principio del tercio excluso. Esta lógica puede construirse en teoría de la demostración prescindiendo del axioma 8 de Kleene, regla de doble negación y en deducción natural prescindiendo de la regla de doble negación; el conjunto de fórmulas válidas y estructuras deductivas correctas resultantes es por tanto un subconjunto de la lógica clásica. La lógica intuicionista que, por tanto, no aporta estructuras nuevas sino que constituye una restricción de la lógica clásica, fue interpretada de forma multivalente por S. Jaskowski.

La lógica bivalente también es de gran utilidad para la formalización de la estructura lógica de programas, ya que también en éstos después de cada consulta lógica, es posible afirmar, a efectos de proceso la veracidad o falsedad de la propiedad consultada.

De acuerdo con las consideraciones anteriores, se define a continuación la forma en que las distintas conectivas generan los significados de las frases compuestas a partir de los de las proposiciones componentes que conectan. Para ello se utilizarán tablas de relación entre significados de las proposiciones componentes y la compuesta por cada conectiva; estas tablas se denominan convencionalmente tablas de verdad. La construcción de la tabla de verdad de cada conectiva se hace en la mayoría de los casos a partir de consideraciones de similaridad con la interpretación del lenguaje usual. Como en los capítulos anteriores *A, B, C* son fórmulas genéricas.

* Negación

El significado de $\sim A$ es el opuesto al de *A*.

A	$\sim A$
V	F
F	V

* Conjunción

El significado de $A \wedge B$ sólo es verdadero cuando ambas *A* y *B* son verdad.

A	B	$A \wedge B$
V	V	V
V	F	F
F	V	F
F	F	F

* Disyunción

El significado de $A \vee B$ sólo es falso cuando ambas *A* y *B* son falsas, en el resto de los casos es verdadero.

A	B	$A \vee B$
V	V	V
V	F	V
F	V	V
F	F	F

Se trata, por tanto, de la disyunción no exclusiva, $A \vee B$ ya que, como se indicó en el capítulo 1, $A \vee B$ es la forma abstracta de «o *A* o *B* o ambos».

* Implicación material o condicional simple

Como ya se indicó en el capítulo 1, representa fundamentalmente la relación de causa a efecto entre antecedente y consecuente de la implicación. Teniendo en cuenta esta consideración, es sencillo asignar significado cuando el antecedente es verdadero: En efecto si A y B son verdad, la relación de causalidad $A \rightarrow B$ es verdadera, ya que el consecuente es verdad, cuando el antecedente también lo es. En cambio, si B es falso $A \rightarrow B$ será falso ya que la causa es verdadera y el efecto es falso, luego no puede afirmarse como verdadera la relación causa-efecto.

En cambio cuando el antecedente es falso la verdad o falsedad de la relación causa-efecto queda ambigua, en efecto si se afirma: «Si llueve me mojo» y es falso que llueva, no puede afirmarse la verdad o falsedad de la frase tanto si «me mojo» es cierto como falso.

En lógica bivalente y con objeto de ajustar la interpretación a los desarrollos de capítulos anteriores se define como verdadera $A \rightarrow B$ cuando el antecedente es falso. De esta forma la tabla de verdad de la implicación es:

A	B	$A \rightarrow B$
V	V	V
V	F	F
F	V	V
F	F	V

* Evaluación de fórmulas

A partir de definiciones anteriores, es posible construir la tabla de significados de cualquier fórmula a partir de los correspondientes a cada fórmula parcial que la integra; los significados de las fórmulas parciales que componen la fórmula total se obtienen de manera similar, a partir de sus componentes, aplicando las tablas anteriores. Así puede construirse la tabla de la equivalencia material entendida ésta como una fórmula compuesta por dos implicaciones y una conjunción.

$$A \leftrightarrow B \rightleftharpoons (A \rightarrow B) \wedge (B \rightarrow A)$$

A	B	M $A \rightarrow B$	N $B \rightarrow A$	$M \wedge N$ $A \leftrightarrow B$
V	V	V	V	V
V	F	F	V	F
F	V	V	F	F
F	F	V	V	V

La tabla de la columna última se obtiene por composición, mediante la regla de conjunción, de los significados de las fórmulas parciales $A \rightarrow B$ y $B \rightarrow A$, cuyas tablas de verdad se obtuvieron previamente, aplicando la regla de implicación.

La tabla de significados de $A \leftrightarrow B$ refleja la equivalencia como la relación que se verifica (es decir, tiene significado «verdad») cuando ambos elementos A y B significan lo mismo: o bien son ambos verdaderos o ambos falsos.

De manera similar puede obtenerse la tabla de verdad de fórmulas más complejas, por ejemplo:

$$A \rightleftharpoons p \wedge (q \vee r) \leftrightarrow (p \wedge q) \vee (p \wedge r)$$

						M	N	A
p	q	r	$q \vee r$	$p \wedge q$	$p \wedge r$	$p \wedge (q \vee r)$	$(p \wedge q) \vee (p \wedge r)$	$M \leftrightarrow N$
V	V	V	V	V	V	V	V	V
V	V	F	V	V	F	V	V	V
V	F	V	V	F	V	V	V	V
F	V	V	V	F	F	F	F	V
F	F	V	V	F	F	F	F	V
F	V	F	V	F	F	F	F	V
V	F	F	F	F	F	F	F	V
F	F	F	F	F	F	F	F	V

Se denomina interpretación de una fórmula a una asignación de significados a sus fórmulas componentes básicas. Una interpretación es, por tanto, una línea de la tabla de verdad de la fórmula.

Se dice que una interpretación es un modelo de una fórmula si el significado resultante en la misma es verdad. Caso contrario, la interpretación se denomina contramodelo o contraejemplo.

Dado un conjunto de fórmulas, una interpretación es un modelo del mismo si satisface todas las fórmulas.

De acuerdo con el resultado de la interpretación de una fórmula, pueden clasificarse éstas en:

—Tautologías, cuando el significado es siempre verdad, es decir, cuando toda interpretación es un modelo de la fórmula. Tal es el caso de la fórmula A del ejemplo anterior. Si una fórmula es una tautología se indicará de ahora en adelante con el signo $\models$. Así en el caso del ejemplo puede escribirse $\models A$.

—Contradicciones, cuando el significado es siempre falso, es decir, cuando toda interpretación es un contraejemplo de una fórmula.

—Contingencias, cuando aparecen distintos valores según la línea de la tabla.

Una fórmula que tiene al menos un modelo se dice que es satisfacible. Por tanto, las contradicciones son fórmulas insatisfacibles.

Una fórmula que no tiene contraejemplos se dice semánticamente válida, por tanto, las tautologías son fórmulas válidas semánticamente.

3. Concepto semántico de deducción

Dada una estructura deductiva:

$$P_1, P_2, P_3, ..., P_n \Rightarrow Q$$

Se define como correcta, cuando no existe ninguna interpretación que simultaneamente haga P_1, P_2, ..., P_n verdaderos y Q falso, es decir, cuando todo modelo de las premisas es un modelo de la conclusión.

Si se construye la tabla de verdad de las premisas y la conclusión:

	P_1	P_2	P_3	...	P_n	Q
(1)	V	V	V		V	V
(2)	V	V	V		V	F
(3)	F	F	V		V	F
(4)	V	F	V		F	V

Cuando sólo existen líneas tipos (1), (3) y (4) la deducción es correcta ya que en las líneas (1) se cumple la condición de la definición, y en las líneas tipo (3) y (4) al haber premisas con significado falso, es indiferente en estos casos el significado de la conclusión.

Sin embargo, basta que exista una interpretación de tipo (2) para decidir que la deducción no es correcta. En efecto, en este caso las premisas son verdad y la conclusión es falsa y, por tanto, de acuerdo con el concepto de deducción correcta, al existir al menos una interpretación que hace verdaderas las premisas y falsa la conclusión no puede admitirse la estructura deductiva como correcta.

En los ejemplos que siguen se comprueba cómo las estructuras de modus ponens y de silogismo son correctas de acuerdo con la definición:

Ejemplo 1: $A, A \rightarrow B \Rightarrow B$

A	B	$A \rightarrow B$	
V	V	V	*
V	F	F	* *
F	V	V	* *
F	F	V	* *

* La única línea en que son verdad las premisas y la conclusión.

* * En estas líneas al ser alguna premisa falsa es indiferente el significado de la conclusión.

Ejemplo 2: $A \rightarrow B, B \rightarrow C \Rightarrow A \rightarrow C$

A	B	C	$A \rightarrow B$	$B \rightarrow C$	$A \rightarrow C$	
V	V	V	V	V	V	*
V	V	F	V	F	F	* *
V	F	V	F	V	V	* *
F	V	V	V	V	V	*
F	F	V	V	V	V	*

A	B	C	$A \rightarrow B$	$B \rightarrow C$	$A \rightarrow C$	
F	V	F	V	F	V	**
V	F	F	F	V	F	**
F	F	F	V	V	V	*

* Estas cuatro líneas cumplen la condición de la definición.

** En estas líneas al ser alguna premisa falsa es indiferente el significado correspondiente a la conclusión.

La definición semántica de deducción es la base del método del contraejemplo, para comprobar si una deducción no es correcta. En efecto, para descartar una deducción basta encontrar una interpretación que atribuya significado verdadero a las premisas y falso a la conclusión.

Por ejemplo, si se estudia la deducción:

$$p \vee q, q \rightarrow r, p \rightarrow s \Rightarrow s$$

Puede construirse un contraejemplo asignando a s el significado F y tratando de encontrar significados de p, q, r que hagan tomar el valor V a las premisas.

Si s es F para que $p \rightarrow s$ sea V debe ser p F y por tanto si p es F para que $p \vee q$ sea V debe ser q V, si q es V para que $q \rightarrow r$ sea V debe ser r V; por tanto:

$$p \rightleftharpoons F \quad q \rightleftharpoons V \quad r \rightleftharpoons V \quad s \rightleftharpoons F$$

es un contraejemplo ya que con esta asignación de significados las premisas son verdad y la conclusión es falsa; por tanto, la deducción propuesta no es correcta.

El concepto antedescrito de deducción es coherente con las reglas estructurales de deducción definidas en el método de deducción natural. A continuación se comprueban estas reglas:

α) Regla de atenuación:

$$\frac{\Gamma \Rightarrow B}{\Gamma, A \Rightarrow B}$$

En efecto, si $\Gamma \Rightarrow B$ es una deducción correcta, cuando las fórmulas de la secuencia son verdad, necesariamente B es verdad, luego cuando Γ y A son verdad debe ser verdad B, por tanto $\Gamma, A \Rightarrow B$ es correcta de acuerdo con la definición.

β) Regla de contracción (su comprobación es obvia):

$$\frac{\Gamma, B, B \Rightarrow C}{\Gamma, B \Rightarrow C}$$

Su comprobación es obvia.

γ) Regla de permutación:

$$\frac{\Gamma, A, B \Rightarrow C}{\Gamma, B, A \Rightarrow C}$$

Su comprobación por método interpretativo es inmediata ya que si Γ, A, $B \Rightarrow C$ es correcta por definición siempre que Γ, A y B son verdad independientemente del orden, debe serlo C.

δ) Regla de corte:

$$\frac{\Gamma, A \Rightarrow B,, \Lambda, B \Rightarrow C}{\Gamma, \Lambda, A \Rightarrow C}$$

Si Γ, $A \Rightarrow B$ y Λ, $B \Rightarrow C$ son deducciones correctas cuando Γ, Λ y A son verdad necesariamente debe serlo B (por ser Γ, $A \Rightarrow B$ correcta) y también C (por ser Λ, $B \Rightarrow C$ correcta) luego siempre que Γ, Λ, A son verdad, también lo es C, por tanto Γ, Λ, $A \Rightarrow C$ es una deducción correcta.

4. Teorema de la deducción

Mediante la definición semántica de deducción es posible comprobar el teorema de la deducción.

Si

$$P_1, P_2, P_3, ..., P_{n-1}, P_n \Rightarrow Q \tag{1}$$

es una deducción correcta:

$$P_1, P_2, P_3, ..., P_{n-1} \Rightarrow P_n \rightarrow Q \tag{2}$$

también es una deducción correcta.

En efecto si (2) no fuera una deducción correcta existiría al menos una interpretación I que sería contraejemplo de (2). Por tanto, en I, P_1, ..., P_{n-1} serían verdad y $P_n \rightarrow Q$ falsa. De acuerdo con la semántica definida para la conectiva de implicación material para ello debe ser en I P_n verdad y Q falsa. Consecuentemente en I P_1, ..., P_{n-1} y P_n serían verdad y Q falsa lo que no es posible ya que en ese caso (1) no sería una deducción correcta; como por hipótesis (1) es correcta no puede existir I, contraejemplo de (2).

El recíproco también se verifica: Si (2) es correcta (1) también lo es. En efecto todo modelo de P_1, ..., P_{n-1}, P_n satisface $P_n \rightarrow Q$ por hipótesis y al ser P_n verdad satisface necesariamente Q.

5. Tautologías asociadas a una deducción correcta

Si se aplica el teorema de la deducción a (1), $n - 1$ veces se obtiene la deducción correcta:

$$P_1 \Rightarrow P_2 \rightarrow (P_3 \rightarrow (P_4 \rightarrow \dots (P_n \rightarrow Q)\dots)$$

Si se denomina R a $P_2 \rightarrow (P_3 \rightarrow (P_4 \rightarrow \dots (P_n \rightarrow Q)\dots)$ y se aplica el teorema de la deducción una vez más se obtiene la deducción correcta sin antecedentes:

$$\Rightarrow P_1 \rightarrow R$$

En teoría de la demostración este tipo de deducción significa por definición que $P_1 \rightarrow R$ era una fórmula válida. En teoría de la interpretación se demuestra el siguiente teorema:

Si $P_1 \Rightarrow R$ es una deducción semánticamente correcta, $P_1 \rightarrow R$ es una tautología.

Demostración:

Si $P_1 \Rightarrow R$ es una deducción semánticamente correcta no puede existir ningún contraejemplo, es decir no es posible ninguna interpretación que haga P_1 verdad y R falso por tanto $P_1 \rightarrow R$ es una fórmula válida semánticamente.

Por tanto si $P_1, P_2, P_3, \dots, P_n \Rightarrow Q$ es una deducción correcta aplicando el teorema de la deducción $n - 1$ veces y el teorema anterior se obtiene la tautología asociada.

$$\models P_1 \rightarrow (P_2 \rightarrow (P_3 \rightarrow \dots (P_n \rightarrow Q)\dots)) \tag{4}$$

Puede obtenerse otra tautología asociada a una deducción correcta mediante la construcción previa de otra deducción equivalente.

La deducción:

$$P_1 \wedge P_2 \wedge P_3 \wedge \dots P_n \Rightarrow Q \tag{3}$$

es equivalente a la deducción (1). Es decir si (1) es correcta, (3) también lo es y recíprocamente.

Demostración:

Directa:

Si (1) es una deducción correcta siempre que $P_1, P_2, \dots, P_n$ son verdad Q es verdad, pero siempre que $P_1, P_2, \dots, P_n$ son verdad también lo es la conjunción $P_1 \wedge P_2 \wedge \dots P_n$, por tanto, la deducción (3) es correcta.

Recíprocamente:

Si (3) es una deducción correcta siempre que $P_1 \wedge P_2 \wedge P_3 \wedge ... P_n$ es verdad, Q es verdad; como, por definición de conjunción, cuando $P_1 \wedge P_2 \wedge P_3 ... P_n$ es verdad, son verdad cada uno de los P_i (1) es correcta.

Por tanto puede asociarse también a la deducción (1) la tautología asociada, por el teorema de la deducción, a (3):

$$\models P_1 \wedge P_2 \wedge P_2 \wedge P_3 \wedge ... P_n \rightarrow Q \qquad (5)$$

Ambas fórmulas (4) y (5) son equivalentes como ya se comprobó en teoría de la demostración, y puede comprobarse en teoría de modelos obteniendo la tabla de verdad de la equivalencia entre ambas y viendo que es una tautología.

Tanto por uno como por otro método de asociación de fórmulas ha quedado demostrado el teorema siguiente:

Si una deducción es correcta la fórmula asociada a ella por cualquiera de los procedimientos antedescritos es una tautología.

Es muy sencillo demostrar el recíproco de este teorema.

Como mejora significativa respecto de los métodos axiomáticos en los que la búsqueda de demostraciones no es sistemática, en el método semántico, los dos teoremas anteriores permiten definir un procedimiento sistemático, y por tanto programable en computador para comprobar si una estructura deductiva es correcta:

—Se construye la fórmula asociada a la deducción por cualquiera de los dos procedimientos antedescritos.
—Se enumeran las interpretaciones posibles de la fórmula y se calcula su significado correspondiente aplicando las definiciones semánticas de las distintas conectivas.
—Si en este proceso de enumeración aparece algún significado falso de la fórmula, la deducción no es correcta, caso contrario es correcta.

Es interesante subrayar la importancia del concepto de tautología introducido por el método interpretativo y que permite caracterizar la relación estructural entre premisas y conclusión, cuando la deducción es correcta como aquella que impide que se produzca simultaneamente la verdad de las premisas y la falsedad de la conclusión. Para hacer que ésto se represente por una tautología, ha sido necesario también definir adecuadamente el significado de la implicación material para los casos de antecedente falso.

6. El álgebra de Boole, como instrumento del método semántico

La aportación fundamental del método interpretativo es la posibilidad ya mencionada, de aplicar un procedimiento sistemático de decisión de las deducciones correctas y fórmulas válidas, este procedimiento se basa tal como se describió en el apartado anterior, en la construcción de tablas de verdad, lo que en muchos casos puede ser prolijo; a continuación se desarrolla una forma de utilizar el cálculo booleano como apoyo a este procedimiento.

6.1. *Algebra de significados*

A partir del conjunto de significados $\{V, F\}$ que sirvió de base a la interpretación del cálculo proposicional puede construirse una estructura algebraica definiendo sobre este conjunto, dos leyes de composición interna binarias que asignen a cada pareja de significados el correspondiente en la definición semántica de las conectivas $\wedge$ y $\vee$ y una operación unaria correspondiente a la definición semántica de la negación. Estas operaciones algebraicas se simbolizarán con los signos $*$, $\square$ y $'$ respectivamente. Las tablas de definición de ambas operaciones binarias serán, de acuerdo con lo anterior:

$*$	V	F
V	V	F
F	F	F

$\square$	V	F
V	V	V
F	V	F

La operación unaria:

$$V' = F \qquad F' = V$$

En la estructura algebraica $\langle \{V, F\}, *, \square, ' \rangle$ pueden definirse símbolos de constantes y variables así como expresiones, constituidas por símbolos de variables constantes y de operaciones escritas de acuerdo con las convenciones habituales del álgebra.

La atribución de significado a fórmulas del cálculo proposicional puede hacerse en forma sistemática mediante la función Sig:

$$\text{Sig}\,[\![A \wedge B]\!] = \text{Sig}\,[\![A]\!] * \text{Sig}\,[\![B]\!]$$
$$\text{Sig}\,[\![A \vee B]\!] = \text{Sig}\,[\![A]\!] \,\square\, \text{Sig}\,[\![B]\!]$$
$$\text{Sig}\,[\![\sim A]\!] = \text{Sig}\,[\![A]\!]'$$

Sig $[\![A]\!]$ y Sig $[\![B]\!]$ son funciones: {conjunto de formas sintácticas correctas} $\rightarrow \{V, F\}$.

Si Sig $[\![A]\!] = x$ Sig $[\![B]\!] = y$ resulta:

$$\text{Sig}\,[\![A \wedge B]\!] = x*y \qquad \text{Sig}\,[\![A \vee B]\!] = x\square y$$
$$\text{Sig}\,[\![\sim A]\!] = x'$$

En general a toda fórmula compuesta por las conectivas $\wedge$, $\vee$ y $\sim$ puede hacérsele corresponder una expresión algebraica. Por ejemplo, para obtener el significado de la fórmula:

$$(\sim p \vee q) \wedge (r \vee s)$$

Supuesto que el significado de los componentes es:

$$\text{Sig}\,[\![p]\!] = x \qquad \text{Sig}\,[\![q]\!] = y \qquad \text{Sig}\,[\![r]\!] = z \qquad \text{Sig}\,[\![s]\!] = t$$

Se obtiene de la forma siguiente:

$$\begin{aligned}\text{Sig}\,[\![(\sim p \vee q) \wedge (r \vee s)]\!] &= \text{Sig}\,[\![\sim p \vee q]\!] * \text{Sig}\,[\![r \vee s]\!] \\ &= (\text{Sig}\,[\![\sim p]\!] \,\square\, \text{Sig}\,[\![q]\!]) * (\text{Sig}\,[\![r]\!] \,\square\, \text{Sig}\,[\![s]\!]) = (x' \,\square\, y) * (z \,\square\, t)\end{aligned}$$

En general como se comprobará más adelante una expresión algebraica es el significado de cualquier fórmula en cálculo proposicional.

La estructura algebraica definida tiene las siguientes propiedades:

1) Ambas operaciones son conmutativas, es decir, para cualquier x, y

$$x * y = y * x \qquad x \,\square\, y = y \,\square\, x$$

Esto se comprueba por la simetría de las tablas de definición de ambas operaciones.

2) Existe elemento neutro respecto a cada operación.

Puede comprobarse, por inspección directa de las tablas de las operaciones, que V es el elemento neutro respecto $*$ y F el neutro respecto a $\square$, en efecto, para cualquier valor de x

$$\begin{aligned} x * V = V * x = x \\ x \,\square\, F = F \,\square\, x = x \end{aligned}$$

3) Cada operación es distributiva respecto de la otra.

Para demostrarlo es preciso comprobar que se verifican las siguientes igualdades entre funciones:

$$x * (y \,\square\, z) = (x * y) \,\square\, (x * z) \qquad (1)$$

$$x \,\square\, (y * z) = (x \,\square\, y) * (x \,\square\, z) \qquad (2)$$

Para comprobarlo puede aplicarse directamente la definición de igualdad entre funciones, es decir, enumerando para todas las posibles ternas de valores de las variables los valores calculados por ambas expresiones aplicando las reglas de correspondencia definidas en las tablas de las operaciones; si los valores de las funciones son iguales para todas las ternas, ambas funciones serán iguales. A continuación se comprueba mediante tabla la igualdad (1), el procedimiento es similar para (2).

x	y	z	$x * y$	$x * z$	$y \square z$	$x * (y \square z)$	$(x * y) \square (x * z)$
V	V	V	V	V	V	V	V
V	V	F	V	F	V	V	V
V	F	V	F	V	V	V	V
F	V	V	F	F	V	F	F
F	F	V	F	F	V	F	F
F	V	F	F	F	V	F	F
V	F	F	F	F	F	F	F
F	F	F	F	F	F	F	F

Al ser las dos últimas columnas iguales puede escribirse:

$$x * (y \square z) = (x * y) \square (x * z)$$

4) El elemento correspondiente de otro por aplicación de la operación unaria, cumple las propiedades del complementario, es decir, compuestos ambos con la operación * se produce como resultado el neutro respecto a □ y compuestos con la operación □ resulta el neutro respecto a *.

En efecto por inspección de las tablas definitorias de las operaciones se comprueba:

$$F * V = V * F = F$$
$$F \square V = V \square F = V$$

Luego F es complementario de V y V es complementario de F.

Al verificarse las cuatro propiedades anteriores puede afirmarse que la estructura algebraica $\{V, F\}$ *, □ es un álgebra de Boole ya que estas propiedades son precisamente los axiomas de Huntington (ver Whitesitt, 1961) de definición de un álgebra de Boole, a partir de ellos pueden demostrarse todos los demás teoremas del álgebra, la operación

* se asimila al . del álgebra de Boole, y la operación
□ se asimila al + del álgebra de Boole

El símbolo:

V se asimila al 1 del álgebra de Boole, y el símbolo
F se asimila al 0 del álgebra de Boole

De esta forma en el sistema $\langle \{V, F\}, ., +, ' \rangle$ se verifican las siguientes igualdades asumidas o demostradas en el álgebra de Boole:

A1	$x + y = y + x$	$x.y = y.x$	conmutatividad
A2	$x + 0 = x$	$x.1 = x$	existencia de neutro

A3	$x + (y\,z) = (x + y)(x + z)$	$x(y + z) = x\,y + x\,z$	distributividad entre operaciones binarias
A4	$x + x' = 1$	$x.x' = 0$	propiedades del complementario
T1	$x + x = x$	$x.x = x$	idempotencia
T2	$x + x\,z = x$	$x(x + y) = x$	absorción
T3	$x + 1 = 1$	$x.0 = 0$	
T4	$(x')' = x$		doble complementación
T5	$x(y\,z) = (x\,y)z$	$x + (y + z) = (x + y) + z$	asociatividad
T6	$(x + y)' = x'.y'$	$(x\,y)' = x' + y'$	De Morgan

Además se definen las funciones booleanas como aplicaciones $B^n \rightarrow B$ (B dominio de definición del algebra) cuya regla de correspondencia es una expresión booleana, por ejemplo una función $B^3 \rightarrow B$ es:

$$f(x, y, z) = ax' + byz' + cz$$

Las funciones booleanas sin constantes admiten formas normales:

- Forma normal disyuntiva (FND) en n variables $x_1, x_2, x_3, ..., x_n$ cuando la función se expresa como suma de productos del tipo:

$$T(x_1)\,.\,T(x_2), ..., T(x_n)$$

  Siendo $T(x_i)$ x_i ó x'_i para cada i y siendo cada producto (término) distinto de los demás.

- Forma normal conjuntiva (FNC), dual de la anterior, cuando la función se expresa como producto de sumas (factores)

$$T(x_1) + T(x_2) + ... + T(x_n)$$

- Se demuestra que toda función booleana sin constantes puede ponerse en cualquiera de las formas normales disyuntiva o conjuntiva.

El número de términos o factores posibles con n variables en cualquiera de ambas formas normales es 2^n. Las funciones que contienen respectivamente la suma de todos los términos o el producto de todos los factores posibles se denominan forma normal disyuntiva (o conjuntiva) completa.

La forma normal disyuntiva completa cualquiera que sea el número de variables vale idénticamente 1 y la conjuntiva completa idénticamente 0.

Una propiedad importante que permite la formulación directa de funciones en forma normal disyuntiva o conjuntiva es:

Dada una asignación de valores 0, 1 a las variables sólo hay un término de los 2^n posibles que toma valor 1 y un factor de los 2^n posibles que toma valor 0, construidos según los criterios:

—Si la variable tiene asignado valor 0 se introduce sin complementar en la suma y complementada en el producto y, recíprocamente, si tiene asignado valor 1.

Así, por ejemplo, si se trata de funciones de variables $x\ y\ z\ t$ y se plantea la asignación

x	y	z	t
0	1	1	0

el producto $x'\,y\,z\,t'$ es el único de los posibles que toma valor 1, todos los demás toman valor 0. Para esta asignación de valores la suma $x + y' + z' + t$ es la única que toma valor 0, todas las demás toman valor 1.

Esta propiedad permite obtener directamente la formulación de una función a partir de la tabla de valores 0, 1. Por ejemplo, sea la tabla definitoria de una función $f(x, y, z)$:

x	y	z	$f(x, y, z)$
0	0	0	0
0	0	1	1
0	1	0	0
1	0	0	0
1	1	0	0
1	0	1	1
0	1	1	0
1	1	1	1

Observando las líneas con valor de la función 1, la formulación debe incluir la suma de los términos:

$$x'y'z + xy'z + xyz$$

en forma normal disyuntiva, y observando las filas con valor 0, la formulación debe incluir el producto de los factores

$$(x + y + z)\,(x + y' + z)\,(x' + y + z)\,(x' + y' + z)\,(x + y' + z')$$

en forma normal conjuntiva.

La definición de funciones en forma normal mediante las tablas de valores 0, 1, en álgebra de Boole, permite obtener de una manera sencilla las fórmulas de definición de las conectivas $\rightarrow$ y $\leftrightarrow$ en función de la conjunción, disyunción y negación.

En efecto, en álgebra de Boole el significado de $p \rightarrow q$ es una función $f(x, y)$. (Si Sig $[\![p]\!] = x$ y Sig $[\![q]\!] = y$) definida por la tabla:

x	y	$f(x, y)$
1	1	1
1	0	0
0	1	1
0	0	1

Por tanto, en forma normal conjuntiva

$$\text{Sig } [\![p \to q]\!] = f(x, y) = x' + y$$

y en forma normal disyuntiva

$$\text{Sig } [\![p \to q]\!] = f(x, y) = xy + x'y + xy'$$

Análogamente la equivalencia material se define en función de $\wedge$ y $\vee$ de la forma siguiente:

x	y	$f(x, y)$
1	1	1
1	0	0
0	1	1
0	0	1

por tanto:

$$\text{Sig } [\![p \leftrightarrow q]\!] = f(x, y) = xy + x'y' \text{en FND}$$
$$\text{Sig } [\![p \leftrightarrow q]\!] = f(x, y) = (x' + y)(x + y') \text{ en FNC}$$

Si se requiere comprobar si una fórmula es tautología, puede obtenerse la expresión booleana correspondiente y aplicando el cálculo booleano comprobar si cualquiera que sean los valores de las variables es igual a 1, si así ocurre, la fórmula lógica de partida será válida, y si ésta es la asociada a una deducción, ésta será correcta. Este procedimiento constituye una alternativa algebraica al método de las tablas de verdad, descrito en el apartado 5. A continuación se ilustra el método con dos ejemplos:

Ejemplo 1. Estudiar si es correcta la deducción

$$p \vee q, p \to r, q \to r \Rightarrow r$$

Las fórmulas asociadas por el teorema de la deducción son:

- $(p \vee q) \wedge (p \to r) \wedge (q \to r) \to r$
- $(p \vee q) \to ((p \to r) \to ((q \to r) \to r))$

La deducción será correcta si estas son fórmulas válidas; dado que ambas son equivalentes se va a realizar el análisis con la primera.

Si se define:

$$x = \text{Sig}\,[\![p]\!] \qquad y = \text{Sig}\,[\![q]\!] \qquad z = \text{Sig}\,[\![r]\!]$$

Se verifica teniendo en cuenta la formulación del significado de la implicación:

$$\begin{aligned}
&\text{Sig}\,[\![(p \vee q) \wedge (p \rightarrow r) \wedge (q \rightarrow r) \rightarrow r]\!] = \\
&= (\text{Sig}\,[\![(p \vee q) \wedge (p \rightarrow r) \wedge (q \rightarrow r)]\!])' + \text{Sig}\,[\![r]\!] = \\
&= (\text{Sig}\,[\![p \vee q]\!]\,.\,\text{Sig}\,[\![p \rightarrow r]\!]\,.\,\text{Sig}\,[\![q \rightarrow r]\!])' + z = \\
&= ((\text{Sig}\,[\![p]\!] + \text{Sig}\,[\![q]\!])\,.\,((\text{Sig}\,[\![p]\!])' + \text{Sig}\,[\![r]\!])\,.\,(\text{Sig}\,[\![q]\!])' + \text{Sig}\,[\![r]\!]))' + z = \\
&= ((x + y)\,.\,(x' + z)\,(y' + z))' + z
\end{aligned}$$

Aplicando las leyes de De Morgan:

$$[(x + y)(x' + z)(y' + z)]' + z = x'y' + xz' + yz' + z$$

Sacando factor común z':

$$x'y' + xz' + yz' + z = x'y' + (x + y)z' + z$$

Aplicando la propiedad distributiva de + respecto a . :

$$x'y' + (x + y)z' + z = x'y' + (x + y + z)(z' + z)$$

como $z + z' = 1$ y $(x + y + z).1 = x + y + z$ resulta:

$$x'y' + (x + y + z)\,(z + z') = x'y' + x + y + z$$

como $x'y' + x + y = 1$ (Ley de De Morgan)

$$x'y' + x + y + z = 1 + z = 1$$

Todas las transformaciones aplicadas, por ser teoremas del sistema algebraico, se verifican cualquiera que sean x, y, z, por tanto la expresión:

$$[(x + y)\,(x' + z)\,(y' + z)]' + z$$

es igual a 1 cualquiera que sean x, y, z, luego:

$$\text{Sig}\,[\![(p \vee q) \wedge (p \rightarrow r) \wedge (q \rightarrow r) \rightarrow r]\!] = V$$

cualquiera que sean los significados de p, q, r.

Por tanto, la fórmula es una tautología y la deducción, consecuentemente es correcta.

Ejemplo 2. Estudiar si es correcta la estructura deductiva del Silogismo:

$$p \to q,\ q \to r \Rightarrow p \to r$$

La fórmula asociada es:

$$(p \to q) \wedge (q \to r) \to (p \to r)$$

Siendo como antes: Sig $[\![p]\!] = x$; Sig $[\![q]\!] = y$; Sig $[\![r]\!] = z$

$$\begin{aligned}
&\text{Sig } [\![(p \to q) \wedge (q \to r) \to (p \to r)]\!] = \\
&= (\text{Sig } [\![(p \to q) \wedge (q \to r)]\!])' + \text{Sig } [\![p \to r]\!] = \\
&= (\text{Sig } [\![p \to q]\!] \,.\, \text{Sig } [\![q \to r]\!])' + \text{Sig } [\![p \to r]\!] = \\
&= ((\text{Sig } [\![p]\!]' + \text{Sig } [\![q]\!]) \,.\, (\text{Sig } [\![q]\!]' + \text{Sig } [\![r]\!]))' + \text{Sig } [\![p]\!]' + \text{Sig } [\![r]\!]
\end{aligned}$$

Por tanto la expresión correspondiente en álgebra de Boole es:

$$[(x' + y)(y' + z)]' + x' + z$$

Si esta expresión vale 1, cualquiera que sean x, y, z, la fórmula asociada será una tautología y, por tanto, la deducción correcta.

Aplicando las leyes de De Morgan:

$$[(x' + y)(y' + z)]' + x' + z = xy' + yz' + x' + z$$

Aplicando la propiedad distributiva de + respecto de . :

$$xy' + yz' + x' + z = xy' + x' + (y + z)(z + z')$$

como $z + z' = 1$ e $(y + z) \,.\, 1 = y + z$

$$xy' + x' + (y + z)(z + z') = xy' + x' + y + z$$

como $xy' + x' + y = 1$ (Ley de De Morgan)

$$xy' + x' + y + z = 1 + z = 1 \qquad \text{c.q.d.}$$

Un procedimiento análogo puede aplicarse al estudio de cualquier deducción; en particular, se recomienda al lector tratar por este procedimiento los ejemplos al final del capítulo III.

7. Propiedades formales del sistema en teoría de la demostración

El sistema formal desarrollado en teoría de la demostración o su equivalente en deducción natural tiene como propiedades principales:

—Consistencia.
—Completud.
—Decidibilidad.

Un sistema formal se dice consistente cuando sus postulados y reglas de inferencia impiden que sean demostrables en el sistema una fórmula y su negación.

Un sistema se dice decidible cuando existe un procedimiento efectivo de comprobar si una fórmula es válida en el sistema.

Un sistema es completo cuando toda fórmula considerada válida según una interpretación prefijada, es demostrable en el sistema.

A continuación se demuestran estas propiedades para el cálculo proposicional.

7.1. *Consistencia*

En el cálculo proposicional no pueden demostrarse simultáneamente B y $\sim B$ ya que como se comprobará a continuación si $\vdash B$ es una fórmula válida, con la interpretación definida en los apartados anteriores B debe ser una tautología (Teorema de Post), por tanto, su tabla de verdad debe tener todas las filas V, luego la fórmula $\sim B$ de acuerdo con la definición semántica de negación debe tener F en todas las filas; y por tanto, no puede ser una fórmula semánticamente válida; como consecuencia no puede ser demostrada en el sistema.

El teorema de Post ya aludido afirma:

Que si $\vdash B$ es una fórmula demostrable B es una fórmula válida semánticamente.

Para comprobarlo es preciso verificar:

—Que los axiomas son fórmulas válidas semánticamente.
—Que las reglas de inferencia con que se define el sistema si las fórmulas antecedentes son semánticamente válidas hacen que, necesariamente, el consecuente sea también válido semánticamente.

Para comprobar ambas propiedades en el sistema de Kleene se va a utilizar el álgebra de Boole. Para ello basta comprobar que la expresión booleana, significado de cada axioma, tiene como valor 1:

A1 $A \rightarrow (B \rightarrow A)$

Si $\text{Sig}\,[\![A]\!] = x \quad \text{Sig}\,[\![B]\!] = y$

$\text{Sig}\,[\![A \rightarrow (B \rightarrow A)]\!] = x' + y' + x = x' + x + y' = 1 + y' = 1$

A2 $(A \rightarrow B) \rightarrow [(A \rightarrow (B \rightarrow C)) \rightarrow (A \rightarrow C)]$

Si $\text{Sig}\,[\![C]\!] = z$

$\text{Sig}\,[\![(A \rightarrow B) \rightarrow [((A \rightarrow (B \rightarrow C)) \rightarrow (A \rightarrow C)]]\!] =$

$= (x' + y)' + (x' + y' + z)' + x' + z =$ (De Morgan)

$= xy' + xyz' + x' + z =$ (Distributividad)

$= (x' + x)(x' + y') + (x' + x)(x' + yz') + z =$

$= x' + y' + x' + yz' + z = x' + y' + z + yz' = x' + 1 = 1$

A3 $A \to (B \to A \land B)$

$\text{Sig}\,[\![A \to (B \to A \land B)]\!] = x' + y' + xy = 1$ (De Morgan)

A4 $A \land B \to B$

$\text{Sig}\,[\![A \land B \to B]\!] = (xy)' + y = x' + y' + y = x' + 1 = 1$

A5 $\vdash A \to A \lor B$

$\text{Sig}\,[\![A \to A \lor B]\!] = x' + x + y = 1 + y = 1$

A6 $\vdash (A \to C) \to [(B \to C) \to (A \lor B \to C)]$

$\text{Sig}\,[\![(A \to C) \to [(B \to C) \to (A \lor B \to C)]]\!] =$

$= (x' + z)' + (y + z)' + (x + y)' + z =$ (De Morgan)

$= xz' + yz' + x'y' + z =$

$= (x + y)\,z' + z + x'y' =$ (Distributividad)

$= (x + y + z)(z' + z') + x'y' =$

$= x + y + z + x'y' = 1 + z = 1$

A7 $\vdash (A \to B) \to [(A \to \sim B) \to \sim A]$

$\text{Sig}\,[\![(A \to B) \to [(A \to \sim B) \to \sim A]]\!] =$

$= (x' + y)' + (x' + y')' + x' =$ (De Morgan)

$= xy' + xy + x' =$ (Distributividad)

$= x(y + y') + x' = x + x' = 1$

A8 $\vdash \sim \sim A \to A$

$\text{Sig}\,[\![\sim \sim A \to A]\!] = ((x')')' + x =$

$= x' + x = 1$

Para comprobar el modus ponens, regla de inferencia en el sistema de Kleene es preciso demostrar que:

Si $\text{Sig}\,[\![A]\!] = 1$ y $\text{Sig}\,[\![A \to B]\!] = 1$

necesariamente

$$\text{Sig}\,[\![B]\!] = 1$$

es decir,

$$\text{Si} \quad x = 1 \quad \text{y} \quad x' + y = 1$$

entonces:

$$y = 1$$

En efecto

$$\text{Si } x = 1, \quad \text{entonces} \quad x' = 0$$

Si $x' + y = 1$ al ser $x' = 0$ resulta

sustituyendo,

$$y = 1 \quad \text{c.q.d.}$$

Un procedimiento similar puede seguirse para comprobar la validez de las reglas de inferencia en deducción natural. Por ejemplo, si se quiere comprobar:

$$\frac{\Gamma \Rightarrow A,, \Lambda, B \Rightarrow C}{\Gamma, \Lambda, A \rightarrow B \Rightarrow C}$$

Si Sig $[\![\Gamma]\!] = \alpha$
Sig $[\![\Lambda]\!] = \beta$

Es preciso demostrar que:

$$\text{Si } \alpha' + x = 1 \quad \text{y} \quad \beta' + y' + z = 1 \tag{1}$$

entonces:

$$\alpha' + \beta' + (x' + y)' + z = 1$$

Para ello:

$\alpha' + \beta' + (x' + y)' + z = \alpha' + \beta' + xy' + z =$ (De Morgan)
$= (\alpha' + \beta' + z + x)(\alpha' + \beta' + z + y') =$ (Distributividad)
$= (1 + \beta' + z)(\alpha' + 1) = 1.\ 1 = 1$ [sustituyendo (1)]

7.2. *Completud*

La completud en un sistema axiomático debe entenderse como la capacidad del conjunto de axiomas y reglas de inferencia para demostrar cualquier fórmula definida como válida según un criterio prefijado; en el caso que se estudia fórmulas válidas son las que son tautologías según la interpretación definida en los apartados anteriores. Por tanto, el sistema en teoría de la demostración, definido, será completo si se demuestra que toda tautología es demostrable (en el apartado 7.1 se comprobó ya que toda fórmula demostrable es tautología). Para demostrar esta propiedad (debida inicialmente a Post, 1921), se va a emplear el método de Kalmar (1935) que se basa en un lema previo.

7.2.1. Lema de Kalmar

A cada fórmula S puede asociarse un conjunto de deducciones correctas en el método axiomático, una por cada línea K de su tabla de verdad, construida mediante una función I_k (P_i) de las proposiciones componentes P_i, de acuerdo con la regla siguiente:

—Si la proposición componente P_i de la fórmula aparece en la línea K de la tabla de verdad con significado V, en la deducción se introduce la premisa en la forma P_i ($I_k(P_i) = P_i$). Si aparece con significado F en la deducción se introduce la premisa en la forma $\sim P_i$, es decir, en este caso $I_k(P_i) = \sim P_i$.

—Si la fórmula para esa línea de la tabla de verdad es verdad, la conclusión de la deducción es la propia fórmula, si, en cambio, para la línea en estudio, la fórmula es falsa, la conclusión de la deducción es la negación de la fórmula. Es decir, $I_k(S)$ obedece las mismas reglas anteriores.

El procedimiento de construcción se ilustra con el ejemplo siguiente:

Sea la fórmula S cuyas proposiciones componentes son las fórmulas A, B, C:

$$S \rightleftharpoons A \vee B \rightarrow C \wedge A$$

A	B	C	$S \rightleftharpoons A \vee B \rightarrow C \wedge A$	Deducciones asociadas $I_k(A), I_k(B), I_k(C) \Rightarrow I_k(S)$
V	V	V	V	$A, B, C \Rightarrow A \vee B \rightarrow C \wedge A$
V	V	F	F	$A, B, \sim C \Rightarrow \sim (A \vee B \rightarrow C \wedge A)$
V	F	V	V	$A, \sim B, C \Rightarrow A \vee B \rightarrow C \wedge A$
F	V	V	F	$\sim A, B, C \rightarrow \sim (A \vee B \rightarrow C \wedge A)$
F	F	V	V	$\sim A, \sim B, C \Rightarrow A \vee B \rightarrow C \wedge A$
F	V	F	F	$\sim A, B, \sim C \Rightarrow \sim (A \vee B \rightarrow C \wedge A)$
V	F	F	F	$A, \sim B, \sim C \Rightarrow \sim (A \vee B \rightarrow C \wedge A)$
F	F	F	V	$\sim$ A, $\sim$ B, $\sim$ C $\Rightarrow$ A $\vee$ B $\rightarrow$ C $\wedge$ A

Para demostrar el lema 1, es preciso demostrar que cualquiera que sea la fórmula las deducciones asociadas por este procedimiento son correctas. Para ello se aplica el método de inducción:

—Demostración del teorema para fórmulas de dos componentes, es decir, con una conectiva.

—Demostración del teorema para fórmulas de $n + 1$ conectivas supuesto cierto para fórmulas hasta de n conectivas.

7.2.1.1. Demostración del lema para fórmulas de una conectiva

Pueden tener las estructuras siguientes:

$$\sim A \quad A \vee B, \quad A \wedge B, \quad A \rightarrow B$$

A continuación se comprueba que las deducciones asociadas a la tabla de verdad de cada fórmula son correctas, según el método axiomático.

* $S \rightleftarrows \sim A$

Tabla de verdad

A	$\sim A$	Deducciones $I_k(A) \Rightarrow I_k(S)$
V	F	$A \Rightarrow \sim\sim A$
F	V	$\sim A \Rightarrow \sim A$

La primera es correcta por la regla de doble negación y la segunda por identidad.

* $S \rightleftarrows A \vee B$

Tabla de verdad

A	B	$A \vee B$	Deducciones $I_k(A), I_k(B) \Rightarrow I_k(S)$
V	V	V	$A, B \Rightarrow A \vee B$
V	F	V	$A, \sim B \Rightarrow A \vee B$
F	V	V	$\sim A, B \Rightarrow A \vee B$
F	F	F	$\sim A, \sim B \Rightarrow \sim (A \vee B)$

Las cuatro deducciones son correctas (se utiliza el Sistema de Kleene):

- $A, B \Rightarrow A \vee B$

1	A	Premisa
2	B	Premisa
3	$\vdash A \rightarrow A \vee B$	Axioma 5
4	$A \vee B$	Modus ponens 1, 3

- $A, \sim B \Rightarrow A \vee B$

1	A	Premisa
2	$\sim B$	Premisa
3	$\vdash A \rightarrow A \vee B$	Axioma 5
4	$A \vee B$	Modus ponens 1, 3

- $\sim A, B \Rightarrow A \vee B$

1	$\sim A$	Premisa
2	B	Premisa
3	$\vdash B \rightarrow A \vee B$	Axioma 5
4	$A \vee B$	Modus ponens 2, 3

- $\sim A, \sim B \Rightarrow \sim (A \vee B)$

1	$\sim A$	Premisa
2	$\sim B$	Premisa

3	$\vdash \sim A \rightarrow (\sim B \rightarrow \sim A \wedge \sim B)$	Axioma 3
4	$\sim B \rightarrow \sim A \wedge \sim B$	Modus ponens 1, 3
5	$\sim A \wedge \sim B$	Modus ponens 2, 4
6	$\vdash \sim A \wedge \sim B \rightarrow \sim (A \vee B)$	De Morgan
7	$\sim (A \vee B)$	Modus ponens 5, 6

* $S \rightleftharpoons A \wedge B$

En este caso la tabla de verdad y deducciones asociadas, es:

A	B	$A \wedge B$	Deducciones $I_k(A), I_k(B) \Rightarrow I_k(S)$
V	V	V	$A, B \Rightarrow A \wedge B$
V	F	F	$A, \sim B \Rightarrow \sim (A \wedge B)$
F	V	F	$\sim A, B \Rightarrow \sim (A \wedge B)$
F	F	F	$\sim A, \sim B \Rightarrow \sim (A \wedge B)$

Comprobación:

- $A, B \Rightarrow A \wedge B$

1	A	Premisa
2	B	Premisa
3	$\vdash A \rightarrow (B \rightarrow A \wedge B)$	Axioma 3
4	$B \rightarrow A \wedge B$	Modus ponens 1, 3
5	$A \wedge B$	Modus ponens 2, 4

- $A, \sim B \Rightarrow \sim (A \wedge B)$

1	A	Premisa
2	$\sim B$	Premisa
3	$\vdash \sim B \rightarrow \sim A \vee \sim B$	Axioma 5
4	$\vdash \sim A \vee \sim B \rightarrow \sim (A \wedge B)$	De Morgan
5	$\sim A \vee \sim B$	Modus ponens 2, 3
6	$\sim (A \wedge B)$	Modus ponens 5, 4

Las otras dos demostraciones son similares a ésta.

* $S \rightleftharpoons A \rightarrow B$

Tabla de verdad

A	B	$A \rightarrow B$	Deducciones asociadas $I_k(A), I_k(B) \Rightarrow I_k(S)$
V	V	V	$A, B \Rightarrow A \rightarrow B$

A	B	$A \to B$	Deducciones asociadas $I_k(A), I_k(B) \Rightarrow I_k(S)$
V	F	F	$A, \sim B \Rightarrow \sim (A \to B)$
F	V	V	$\sim A, B \Rightarrow A \to B$
F	F	V	$\sim A, \sim B \Rightarrow A \to B$

Comprobación:

- $A, B \Rightarrow A \to B$

1	A	Premisa
2	B	Premisa
3	$\vdash B \to (A \to B)$	Axioma 1
4	$A \to B$	Modus ponens 2, 3

- $A, \sim B \Rightarrow \sim (A \to B)$

1	A	Premisa
2	$\sim B$	Premisa
┌3	$A \to B$	Supuesto
│4	B	Modus ponens 1, 3
└5	$\sim B$	Identidad 2
6	$\sim (A \to B)$	Absurdo 3, 4, 5

- $\sim A, B \Rightarrow A \to B$

1	$\sim A$	Premisa
2	B	Premisa
3	$\vdash B \to (A \to B)$	Axioma 1
4	$A \to B$	Modus ponens 2, 3

- $\sim A, \sim B \Rightarrow A \to B$

1	$\sim A$	Premisa
2	$\sim B$	Premisa
3	$\vdash \sim A \to \sim A \vee B$	Axioma 5
4	$\sim A \vee B$	Modus ponens 1, 3
5	$\vdash \sim A \vee B \to (A \to B)$	Interdefinición
6	$A \to B$	Modus ponens 4, 5

Por tanto, de acuerdo con lo anterior queda demostrado el lema para fórmulas con una o dos componentes, es decir si p y q son las componentes de S, las deducciones

$$I_k(p), I_k(q) \Rightarrow I_k(S) \tag{1}$$

son correctas cualquiera que sea la conectiva que permita construir S a partir de p y q, incluido el caso de $\sim$, en el que sólo habría una componente.

7.2.1.2. Generalización a más de una conectiva

Es preciso comprobar el paso de inducción. Si se cumple el teorema para fórmulas de hasta n conectivas, necesariamente se cumple para fórmulas con $n + 1$ conectivas.

En efecto, sea F_{n+1} una fórmula con $n + 1$ conectivas; de acuerdo con la sintaxis definida para el cálculo proposicional, si $n > 1$, necesariamente, F_{n+1} debe poder describirse en la forma

$$A \square B$$

siendo $\square$ el símbolo genérico representativo de cualquier conectiva básica ($\wedge$, $\vee$, $\rightarrow$, $\sim$) y, por tanto, caso de ser $\square$ negación, A o B pueden ser fórmulas inexistentes, sin embargo, en cualquier caso A o B son fórmulas con número de conectivas menor o igual que n por ello, por hipótesis del lema verifican el teorema y consecuentemente, según el significado atribuible a ambas componentes para cada $I_k(A)$ e $I_m(B)$ existe una deducción correcta de sus componentes atómicas en base a los posibles significados de éstos.

$$I_k(p), I_k(q), ..., I_k(s) \Rightarrow I_k(A) \quad (1)$$

$$I_m(p), I_m(t), ..., I_m(w) \Rightarrow I_m(B) \quad (2)$$

Como por otra parte de acuerdo con lo demostrado para el caso de una conectiva existe una deducción correcta de cada $I_f(F_{n+1})$ a partir de cada $I_k(A)$ e $I_m(B)$:

$$I_k(A), I_m(B) \Rightarrow I_f(F_{n+1}) \quad (3)$$

Aplicando la regla de corte dos veces (sobre $I_k(A)$ e $I_m(B)$) se obtiene como correcta a partir de (1), (2) y (3):

$$I_k(p), I_k(q), ..., I_k(s), I_m(p), I_m(t), ..., I_m(w) \Rightarrow I_f(F_{n+1})$$

Por tanto, existe para $I_f(F_{n+1})$ una estructura deductiva construida a partir de cada interpretación de las proposiciones básicas. Al aplicar la regla de corte pueden aparecer distintas o iguales interpretaciones de una misma proposición como ocurre en el ejemplo con p, si son la misma se suprime una de ellas por contracción y si son distintas puede prescindirse de la deducción obtenida por ser un caso trivial de ECQ. De todas formas al estar todas las líneas posibles correspondientes a A y B aparecerán todas las líneas posibles de F_{n+1}.

Una vez demostrado el paso de inducción habida cuenta de que se cumple el teorema para fórmulas de una conectiva, se cumplirá para fórmulas con cualquier número de conectivas por inducción.

7.2.2. Teorema de Kalmar

Si una fórmula S se define a partir de las proposiciones atómicas $P_1, P_2, ..., P_n$ y es una tautología, la fórmula S es válida, es decir:

$$\text{Si} \models S, \text{ entonces} \vdash S$$

Demostración:

Si S es tautología las deducciones correctas asociadas a su tabla de verdad, según el lema anterior son:

$$P_1, P_2, P_3, ..., P_n \Rightarrow S$$
$$\sim P_1, P_2, P_3, ..., P_n \Rightarrow S$$
$$P_1, \sim P_2, P_3, ..., P_n \Rightarrow S$$
$$\sim P_1, \sim P_2, P_3, ..., P_n \Rightarrow S$$
$$P_1, P_2, \sim P_3, ..., P_n \Rightarrow S$$
$$\sim P_1, P_2, \sim P_3, ..., P_n \Rightarrow S$$
$$P_1, \sim P_2, \sim P_3, ..., P_n \Rightarrow S$$
$$\sim P_1, \sim P_2, \sim P_3, ..., P_n \Rightarrow S$$

....

....

$$\sim P_1, \sim P_2, \sim P_3, ..., \sim P_n \Rightarrow S$$

Las 2^n estructuras deductivas pueden clasificarse según aparezcan en ellas P_n y $\sim P_n$ de forma que pueden definirse 2^{n-1} pares de estructuras:

$$\Gamma_i^1, P_n \Rightarrow S, \Gamma_i^1, \sim P_n \Rightarrow S \tag{1}$$

Siendo Γ_i^1 una de las 2^{n-1} secuencias posibles a formar según las distintas atribuciones de signo $\sim$ o no a $P_1, P_2, ..., P_{n-1}$.

A partir de cada pareja tipo (1) se obtienen por deducción (regla de prueba por casos) las 2^{n-1} estructuras:

$$\Gamma_i^1, P_n \vee \sim P_n \Rightarrow S$$

Si se aplica el mismo criterio de clasificación según P_{n-1} y subsiguiente proceso deductivo, se obtendrán 2^{n-2} estructuras:

$$\Gamma_i^2, P_{n-1} \vee \sim P_{n-1}, P_n \vee \sim P_n \Rightarrow S$$

y si se continúa de forma similar con $P_{n-2}, ..., P_1$ se obtiene finalmente la estructura:

$$P_1 \vee \sim P_1, P_2 \vee \sim P_2, ..., P_n \vee \sim P_n \Rightarrow S \tag{2}$$

Como por el principio del tercio excluso pueden considerarse correctas:

$$\Rightarrow P_1 \vee \sim P_1, \Rightarrow P_2 \vee \sim P_2, ..., \Rightarrow P_n \vee \sim P_n \qquad (3)$$

Si se aplica la regla de corte con (2) y (3) sucesivamente, resulta finalmente:

$$\Rightarrow S$$

es decir,

$$\vdash S \qquad \text{c.q.d.}$$

7.3. *Decidibilidad*

Los teoremas de Post, cuyo directo se demostró en el apartado 6 y cuyo recíproco se demostró en el epígrafe anterior permiten afirmar que una fórmula pertenece al sistema si y sólo es una tautología según la interpretación descrita en apartados anteriores, por tanto el procedimiento para decidir si una fórmula pertenece al sistema es evaluar su tabla de verdad, si es tautología la fórmula es demostrable en el sistema formal y no en caso contrario. El cálculo proposicional, por tanto, es un sistema decidible.

EJERCICIOS DE CALCULO PROPOSICIONAL

1. Estudiar si son correctas, aplicando cualquiera de los métodos axiomáticos o semánticos, las siguientes deducciones:

   - $(p \rightarrow r) \wedge (q \rightarrow s), p \wedge q \Rightarrow r \wedge s$
   - $p, q, p \rightarrow (q \rightarrow r), r \wedge s \rightarrow t, (s \rightarrow t) \rightarrow w \Rightarrow w$
   - $r \rightarrow n, k \rightarrow b \vee r, q \vee m \rightarrow k, \sim n \Rightarrow q \rightarrow b$
   - $s \leftrightarrow t, t \vee p, s \rightarrow \sim w, w \Rightarrow p$
   - $a \wedge c \rightarrow b, \sim a \vee (c \vee d), a \wedge b \Rightarrow c \wedge \sim d$
   - $a \rightarrow b, c \rightarrow d \vee a, g \vee f \rightarrow c, \sim b \Rightarrow g \rightarrow b$
   - $a \rightarrow b, b \wedge c \leftrightarrow a, \sim c \rightarrow a \Rightarrow c$
   - $\sim p \vee q, r, q \wedge r \rightarrow s \Rightarrow p \vee s$

2. Dadas las premisas:

   —No llueve y sin embargo hace sol.
   —Si no llueve, hace sol sólo si la partida es el viernes y o Juan es amigo de Pepe o Pepe no llega tarde.

—O Juan es amigo de Pepe y Pepe llega tarde, o hace sol.
—No ocurre que la partida sea el viernes haciendo sol, a menos que llueva o Juan sea amigo de Pepe.

Se pide:

A) Comprobar deductivamente que Juan es amigo de Pepe.
B) Estudiar si es deducible que Pepe llega tarde.

3. Dadas las premisas:

—Es suficiente que whisky para que no jamón.
—Chocolate si y sólo si jamón.
—No ginebra a menos que chocolate.
—Whisky.

¿Es posible afirmar?:

A) Bebió ginebra.
B) No tomó chocolate.

4. El palo empieza a golpear al perro sólo si el perro empieza a morder al gato. El perro no empieza a morder al gato a menos que éste salte por el portillo. El palo empieza a golpear al perro. Por tanto, el gato salta sobre el portillo.

5. No llora, ríe. Si no llora, ríe sólo si tiene un juguete. No ocurre que tenga un juguete riéndose, a menos que coma un caramelo. Luego come un caramelo.

6. Estudiar si es correcta la siguiente deducción:

—Ocurre al menos uno de los siguientes hechos:

—No trabaja en su novela, se pone enfermo, le dan el premio.
—Basta que le den el premio para que lo admitan en la academia.
—Si no lo admiten en la academia, le dan el premio a menos que o lo admitan en la academia o trabaje en su novela.
—Por tanto, es necesario que se ponga enfermo para que no lo admitan en la academia.

7. Dada la deducción:

—Si ha nevado será difícil conducir.
—Si no es fácil conducir llegaré tarde a menos que salga temprano.
—Ha nevado.
—Luego saldré temprano.

Se pide comprobar si es correcta, caso de no serlo, se pide aplicar el álgebra de Boole para encontrar una proposición que añadir como premisa no contradictoria con las premisas que la haga correcta.

8. Estudiar por técnicas deductivas y booleanas si es correcta la siguiente deducción:

—No pongo calefacción eléctrica sólo si tengo gas.
—No consumo leña a menos que el petróleo sea caro o no ponga calefacción eléctrica.
—El petróleo no es caro.
—Consumo leña a menos que tenga frío.
—Luego sólo si tengo frío no tengo gas.

9. González, Gómez y Gutiérrez son acusados de fraude fiscal. Declaran lo siguiente:

—González: Gómez es culpable y Gutiérrez es inocente.
—Gómez: González es culpable sólo si Gutiérrez es también culpable.
—Gutiérrez: Yo soy inocente pero al menos uno de los otros es culpable.

Simbolizar en el Cálculo Proposicional y contestar a las preguntas siguientes:

A) Si todos son inocentes, ¿quién ha mentido?
B) Si se supone que todos dicen la verdad, ¿quién es inocente y quién culpable?
C) Si se sabe que el que es inocente dice la verdad y el culpable miente, ¿quién es inocente y quién culpable?

10. Estudiar si es correcta la siguiente deducción:

—No me encontraré con Paula si se me estropea el coche y llego tarde.
—Llegaré tarde o tendré que coger un taxi si se me estropea el coche.
—Se me estropeará el coche y no encontraré a Paula.

Conclusión:
—No cogeré un taxi y llegaré tarde.

Capítulo 5
CONCEPTOS BASICOS DEL CALCULO DE PREDICADOS

1. Estructura de las proposiciones

El desarrollo del cálculo proposicional se basa en entidades matemáticas representativas de unidades de información, cuya estructura se contempla como un todo, sin diferenciar sus componentes. Este planteamiento no permite representar matemáticamente determinadas estructuras deductivas, que, sin embargo, son correctas en el lenguaje usual. Así, por ejemplo, el razonamiento:

—Sólo los tontos se dejan engañar por los vendedores ambulantes.
—Antonio se deja engañar por Juan.
—Antonio no es tonto.

—Juan no es un vendedor ambulante.

Esta estructura deductiva, tratada con la hipótesis que sirve de base al cálculo proposicional, tendría la siguiente representación matemática:

$$p \rightarrow t,\ q,\ r \Rightarrow s$$

Por tanto, ninguna de las proposiciones p, q, r, t, s puede describirse mediante partes de las mismas dotadas de significado propio, unidas por conectivas, que sean comunes en algunas de ellas y, por tanto, la relación entre premisas y conclusión que hace la deducción correcta, no puede detectarse con este nivel de representación. Estc se debe a que la relación entre las proposiciones está en la propia estructura interna de éstas, en efecto: se afirman en ellas las mismas propiedades o relaciones para distintas personas o conjuntos de personas. (Las propiedades son «Ser tonto», «Alguien se deja engañar por alguien», «Ser un vendedor ambulante», las personas objeto de atribución de estas propiedades y relaciones son colectivos definidos a su vez por propiedades y relaciones con colectivos, definidos, a su vez, por propiedades, en la primera proposición, e individuos concretos, Antonio y Juan en las otras), por ello, para tratar matemáticamente este tipo de estructuras deductivas es preciso crear una teoría que no tome como base la simbolización matemática de la proposición total sino la de sus componentes, es decir:

—Qué se afirma.
—De quién o quiénes se afirma.

El primer elemento se define como el predicado y el segundo, como los sujetos o términos. Así, en la frase:

—Juan es negro.

«Es negro» es el predicado y «Juan» el sujeto o término de la proposición. Puede haber proposiciones con varios términos, por ejemplo:

—Juanita está en clase entre Pedro y Manuela.

En este caso el predicado es: «— está en clase entre — y —» y los términos son Juanita, Pedro y Manuela.

Los predicados que se refieren a un único término se denominan predicados absolutos o monádicos. Los que se refieren a varios sujetos se denominan predicados de relación o poliádicos (según el número de términos pueden ser diádicos, triádicos, etc.).

2. Simbolización matemática

Una vez definidos los componentes de la proposición se plantea su representación matemática en base a términos y predicados. Para la simbolización de términos se supone como base de referencia un dominio genérico, no vacío.

Los términos se representan por variables o constantes cuyos valores posibles forman parte del dominio anterior.

$x, y, z, t, ...$ letras de variables, representan cualquier elemento del dominio.

$a, b, c, d, ...$ letras de constantes, representan elementos concretos del dominio.

Para la simbolización de los predicados se utiliza la notación funcional:

$$P(p_1, p_2, \dots p_n)$$

$p_1, p_2, \dots p_n$ no deben confundirse con la notación de las variables de término, en este caso p_i representa la plaza i a ocupar en el predicado por una variable x_i o constante a_i de término, se denominan por tanto variables nominales o «de plaza». Empleando un símil informático, p_i es como el argumento número i de una subrutina o procedimiento, que sólo cobra significado a efectos de proceso cuando, en la llamada al procedimiento, se ocupa su sitio con la dirección de un elemento concreto de información, que en este caso sería el término. Kleene, para subrayar este aspecto nominal de las letras p_i, emplea como notación genérica de un predicado de tres plazas, por ejemplo, $P(-, -, -,)$; en este caso, los guiones representan los sitios a ocupar, de una forma más gráfica.

De acuerdo con las consideraciones anteriores $P(p_1, p_2, \ldots p_n)$ no debe considerarse una proposición en tanto no se ocupen sus plazas por variables de término. Esto puede hacerse de dos formas:

—Por sustitución, en este caso se asigna a cada plaza del predicado un símbolo de término que puede ser constante o variable. Por ejemplo:

$$P(x_1, x_2, a_3, \ldots x_n) \tag{1}$$

Las variables que aparecen así se llaman variables libres.

—Por cuantificación, en este caso se asigna a cada plaza un conjunto de elementos del dominio. Caben dos posibilidades:

* Si se asigna a una plaza todos los elementos del dominio se simboliza mediante la letra de variable situada en la plaza correspondiente cuantificada universalmente fuera de la fórmula. Por ejemplo, si a la plaza p_1 se le asigna todo el dominio, se escribiría:

$$\forall x_1\ P(x_1, x_2, a_3, \ldots x_n) \tag{2}$$

El símbolo $\forall$ representa el cuantificador universal.

* Si se asigna a una plaza un subconjunto del dominio no especificado, se simboliza mediante una letra de variable situada en la plaza correspondiente cuantificada existencialmente. Por ejemplo:

$$\exists x_1\ P(x_1, x_2, a_3, \ldots x_n) \tag{3}$$

El símbolo $\exists$ es el cuantificador existencial.

Las variables afectadas por cuantificadores se denominan variables ligadas.

De acuerdo con las definiciones anteriores, al ligar una variable libre, mediante un cuantificador, se modifica el contenido de información de la frase de forma que las propiedades o relaciones atribuidas a la variable libre en singular se atribuyen a conjuntos (subconjuntos totales o parciales del dominio de referencia según el tipo de cuantificador). El símil numérico del efecto de cuantificación puede encontrarse en la integración de una función respecto de una variable cuando ésta varía en un intervalo contínuo o bien la sumatoria respecto de todos los valores de la misma cuando su intervalo de variación es discreto.

Las fórmulas (1), (2), (3) del cálculo de predicados son «formas» de frases en el lenguaje usual que pueden ilustrarse con los siguientes ejemplos. Sea el predicado:

— está entre — y —

La construcción de proposiciones a partir del mismo requiere la definición previa de un dominio de términos posibles. Si se hace la hipótesis de que el dominio es el conjunto de alumnos de una clase, pueden construirse proposiciones de la forma siguiente:

* Por sustitución, asignando a las plazas términos constantes:
a) Juan está entre Manuela y José.

* Por sustitución, asignando a la primera plaza una variable genérica:
b) Un alumno cualquiera de la clase está entre Manuela y José.

* Por sustitución, asignando a la plaza una variable incógnita:
c) Un alumno de la clase está entre Manuela y José.

* Por cuantificación universal de la primera plaza:
d) Todos los alumnos de la clase están entre Manuela y José.

* Por cuantificación existencial de la primera plaza:
e) Algunos alumnos de la clase están entre Manuela y José.

Si se simboliza el predicado por $P(p_1, p_2, p_3)$ (las variables p_1, p_2, p_3, en sentido de nominal) y los términos Juan, Manuela y José por las constantes *a, b, c,* las frases anteriores con el dominio especificado en la forma antes descrita, se corresponden con las fórmulas:

a) $P(a, b, c)$
b) $P(x, b, c)$
c) $P(x, b, c)$
d) $\forall x\, P(x, b, c)$
e) $\exists x\, P(x, b, c)$

En los cuatro últimos casos aparece la letra de variable x en distintas circunstancias:

En los casos b) y c) x aparece *libre,* es decir, sin estar afectada por cuantificadores. En los casos c) y d) x aparece *ligada,* es decir, afectada por cuantificadores.

La aparición de x como libre en los casos b) y c) puede entenderse en dos sentidos:

—En sentido general, caso b), x representa un *elemento genérico del dominio;* en este sentido $P(x, b, c)$ equivale (en cuanto a contenido de información) a $\forall x\, P(x, b, c)$, ya que afirmar algo de un elemento cualquiera es lo mismo que afirmarlo de todos los elementos.

—En sentido condicional, caso c), x es una forma de denominar *un elemento incógnito del dominio,* así, en el ejemplo, x denomina al alumno indeterminado que está entre Manuela y José. En este sentido x representa un elemento único desconocido.

Esta distinción en la forma de entender las variables libres es similar a la empleada habitualmente en álgebra, por ejemplo:

$$x^2 - y^2 = (x + y)(x - y)$$

Se verifica para cualquier pareja de elementos x, y, del conjunto de números reales. En cambio, $x^2 - x = 12$, se verifica para dos elementos incógnitos del mismo conjunto. Ambas formas de consideración se producen dentro del contexto de los procesos deductivos, por ello su formalización matemática debe representar adecuadamente cuándo se presentan uno y otro caso, así la consideración condicional de las variables libres se presenta cuando éstas son instancias de formulaciones existenciales, mientras la consideración genérica aparecerá para las instancias de formulaciones universales. Así en el caso de la ecuación, x representa un caso del subconjunto del dominio universal en el que se satisface la ecuación.

Hay que hacer observar, también, que el planteamiento del cálculo de predicados antes descrito permite asignar fórmulas distintas a las mismas frases del lenguaje usual, según se especifique el dominio de definición. Así, por ejemplo, la frase:

«Todas las águilas vuelan alto» se representa mediante la «forma»:

$$\forall x\ V(x)$$

$$V(x) \rightleftharpoons x \text{ vuela alto.}$$

El dominio de definición es en este caso el conjunto de todas las águilas. Sin embargo, si se define como dominio base el conjunto de todas las aves, se requiere introducir un nuevo predicado:

$$A(x) \rightleftharpoons x \text{ es águila.}$$

En este caso la frase anterior, se representa:

$$\forall x\ (A(x) \rightarrow V(x))$$

3. Lenguaje formal

El análisis y simbolización matemática realizado en el apartado anterior de los elementos integrantes de una proposición requiere la definición de una sintaxis para la construcción de «formas» (fórmulas) representativas de estructuras de frases del lenguaje usual, acorde con las convenciones de este último y con las exigencias de transparencia, economía y precisión de la matemática. La definición del lenguaje formal para construcción de fórmulas que se describe a continuación es una generalización del ya planteado para cálculo proposicional.

* Alfabeto.

Consta de los siguientes símbolos:

a) Símbolos de términos constituidos por letras de variables (últimas letras del alfabeto, x, y, z, t, w, etc.) y letras de constantes (primeras letras del alfabeto, a, b, c, d, etc...).

b) Símbolos de predicado, se emplearán las letras minúsculas del alfabeto, p, q, r, s, ..., etc.

c) Símbolos de conectivas y paréntesis idénticos a los utilizados en el cálculo proposicional: $\sim$, $\vee$, $\wedge$, $\rightarrow$, $\leftrightarrow$, (,).
d) Símbolos de cuantificación:

Cuantificador universal $\forall$
Cuantificador existencial $\exists$

El cuantificador universal también se representa en la bibliografía corriente poniendo entre paréntesis la variable cuantificada o con los símbolos Π, Λ. Asimismo el cuantificador existencial se representa también por: E, V, Σ. Es decir, las siguientes notaciones son equivalentes:

$$\forall x \rightleftharpoons \Lambda x \rightleftharpoons \Pi_x \rightleftharpoons (x)$$

$$\exists x \rightleftharpoons Ex \rightleftharpoons Vx \rightleftharpoons \Sigma_x$$

* Sintaxis de construcción de fórmulas.

En base a los conocimientos estructurales existentes en el lenguaje usual puede definirse formalmente como para el cálculo proposicional una sintaxis para el cálculo de predicados de la forma siguiente:

Una fórmula constituye una sucesión de símbolos del alfabeto que verifica las reglas de formación siguientes:

e) Toda proposición es una fórmula.
f) Si p es una letra de predicado de n plazas $p(t_1, t_2, ..., t_n)$ es una fórmula, siendo t_i símbolos de términos.
g) Si A es una fórmula que contiene libre la variable x_i:

$$\forall x_i\, A(x_1, x_2, \ldots x_i, \ldots x_n)$$

$$\exists x_i\, A(x_1, x_2, \ldots x_i, \ldots x_n)$$

Son fórmulas correctas sintácticamente; las otras variables x_k que figuran en A distintas de x_i continúan libres.
h) Si A y B son fórmulas.

$\sim A$, $\sim B$, $A \wedge B$, $A \vee B$, $A \rightarrow B$ son fórmulas.

i) Sólo son fórmulas aquellas construidas según los conceptos a) hasta h).

Las reglas e), f), g) y h) permiten analizar en forma inductiva las fórmulas del cálculo de predicados. En efecto, sea la fórmula:

$$\exists x[p(x) \rightarrow \forall y\, r(y, z)]$$

Para comprobar si es sintácticamente correcta se estudian sus elementos y la forma de composición:

$r(y, z)$	es una fórmula de acuerdo con f) ya que está constituida por una letra de predicado seguida por letras de término.
$\forall y\ r(y, z)$	es una fórmula de acuerdo con g) ya que al ser $r(y, z)$ una fórmula, con y, z libres $\forall y\ r(y, z)$ también es una fórmula de acuerdo con la regla g).
$p(x)$	es una fórmula de acuerdo con f).
$p(x) \rightarrow \forall y\ r(y, z)$	es una fórmula ya que al ser $p(x)$ y $\forall y\ r(y, z)$ fórmulas por las consideraciones anteriores, aplicando h), $p(x) \rightarrow \forall y\ r(y, z)$ es una fórmula.

Finalmente $p(x) \rightarrow \forall y\ r(y, z)$ puede considerarse una fórmula con x, z libre, es decir, del tipo $P(x, z)$; de acuerdo con g) $\exists x\ P(x, z)$ también es una fórmula, por ello $\exists x\ [p(x) \rightarrow \forall y\ r(y, z)]$ es una fórmula sintácticamente correcta. El proceso descrito anteriormente permite detectar en un número finito de pasos (ya que las fórmulas objeto del estudio que sigue, se suponen con número finito de símbolos) si una fórmula es o no correcta de acuerdo con la gramática especificada en las reglas e) a h) y el conjunto de símbolos definidos en el alfabeto.

Evidentemente, de acuerdo con el planteamiento de la sintaxis, toda fórmula del cálculo proposicional es una fórmula sintácticamente correcta en cálculo de predicados.

Para la colocación de paréntesis se tendrán en cuenta los niveles definidos para las distintas conectivas en el Capítulo 1, a los que hay que añadir los cuantificadores en el nivel 1. Así, por ejemplo, en la fórmula:

$$\forall x\ P(x) \rightarrow Q(x)$$

el cuantificador debe entenderse que afecta solamente a la primera x, estando la segunda libre, caso de afectar a ambas debería utilizarse el paréntesis:

$$\forall x\ [P(x) \rightarrow Q(x)]$$

(Las letras mayúsculas representan fórmulas genéricas del cálculo de predicados en donde aparecen libres las variables entre paréntesis.)

Cuando se trate de fórmulas con varios cuantificadores, se considerará que el proceso de cuantificación se realiza en el orden de mayor a menor proximidad a la fórmula cuantificada. Es decir:

$$\forall x\ \exists y\ \forall z\ \exists s\ P(x, y, z, s)$$

debe entenderse en la forma:

$$\forall x\ \{\exists y\ [\forall z\ (\exists x\ P(x, y, z, s))]\}$$

Por tanto, a partir de la fórmula con todas las variables libres se construye primeramente la frase en que a s se atribuye un subconjunto indefinido representado por $\exists s$. En la fórmula resultante se sustituye z por todo el dominio, etc... El cambio de orden de cuantificación puede alterar el significado de la frase. En efecto, las frases siguientes no tienen el mismo significado:

—«Para cualquier número x existe al menos otro y tal que $x < y$», cuya estructura se representa por la fórmula:

$$\forall x \, \exists y \, P(x, y)$$

—«Existe al menos un número y tal que para cualquier x, $x < y$», cuya estructura es $\exists y \, \forall x \, P(x, y)$.

4. Conceptos adicionales

4.1. *Generalización del concepto de término*

Aunque el desarrollo de la teoría se basará en la formulación antes descrita del concepto de término, con objeto de servir de apoyo a los métodos de refutación basados en el teorema de Herbrand, a definir ulteriormente, se introduce a continuación una definición más amplia del concepto de término:

—Los símbolos de definición de términos son además de las letras de variables y de constantes, los de función (para los que se utilizarán indistintamente letras f, g, h, y griegas). Las letras de función representan las formas abstractas representativas de cualquier aplicación de D^n en D, siendo D el dominio de referencia.

—El concepto de término se define de la forma recursiva siguiente:

1. Son términos las letras de variables y constantes.
2. Si φ es una letra de función, son términos las expresiones del tipo:

$$\varphi(t_1, t_2, t_3, \dots t_n)$$

siendo t_i términos y n el número de variables de la función.

De acuerdo con lo anterior es un término:

$$\varphi(x_1, a_1, \psi[x_2, a_2, \sigma(x_3)])$$

(siendo φ, ψ y σ letras de función).

El concepto de función, permite simplificar la estructura de fórmulas; por ejemplo, la frase:

—Algunos siguientes a los alumnos de la clase son aficionados al cine.

Puede formalizarse sin emplear funciones de la manera siguiente:

—Se define como dominio de referencia el conjunto de los alumnos de la clase.
—Se definen los predicados:

$S(x, y) \rightleftharpoons$ x es siguiente de y
$C(z) \rightleftharpoons$ z es aficionado al cine.

(en este caso x, y, z deben entenderse en sentido nominal).

De acuerdo con lo anterior la estructura de la frase se representaría por la fórmula:

$$\exists y\, \exists x(S(x, y) \wedge C(x)) \qquad (1)$$

Sin embargo, si se tiene en cuenta que cada alumno tiene un único siguiente, puede simplificarse la formulación anterior definiendo la función σ de la forma:

$$\sigma(x) \rightleftharpoons \text{ siguiente de } x.$$

Para quedar σ definida en todo el dominio se considera como siguiente del último el primer alumno.

La estructura de la frase se representaría por la fórmula:

$$\exists x\, C(\sigma(x)) \qquad (2)$$

Análogamente se estudia la frase:

—Ningún producto de dos números naturales es primo.

Sin emplear letras de función, el proceso de formalización sería el siguiente:

—Se define como dominio de referencia el conjunto de los números naturales N.
—Se definen los predicados siguientes:

$R(x, y, z) \rightleftharpoons$ z es el número resultado del producto de x e y.
$P(w) \rightleftharpoons$ w es primo.

—De acuerdo con las definiciones anteriores la estructura de la frase se representaría con la fórmula:

$$\forall x\, \forall y\, \forall z[R(x, y, z) \rightarrow \sim P(z)] \qquad (3)$$

Sin embargo, el hecho de que el producto de dos números pueda definirse como una función de ambos (a cada pareja de números le corresponde otro, producto de ambos, perfectamente definido) permite formalizar la frase de la forma siguiente:

—Se introduce la función $\psi(x, y)$:

$$\psi(x, y) \rightleftharpoons x \cdot y$$

—La estructura de la frase se representa por la fórmula:

$$\forall x\ \forall y \sim P(\psi(x, y)) \quad (4)$$

Las expresiones (1) y (2), así como las (3) y (4) no se proponen como equivalentes en cuanto a significado, más bien debe considerarse que (1) y (3) son fórmulas más generales que (2) y (4), ya que éstas constituyen un caso del concepto general representado por las (1) y (3), aquel en que las relaciones entre variables representadas por los predicados pueden describirse por funciones.

4.2. *Cálculo de predicados de orden superior*

En el planteamiento realizado hasta ahora los cuantificadores se aplican exclusivamente a las variables, el sistema lógico planteado sobre esta base se denomina «Cálculo de predicados de primer orden»; sin embargo, se presentan en el lenguaje usual y en las teorías científicas, afirmaciones del tipo:

—Existe al menos una función tal que $\varphi(a) = b$.

La formalización de esta frase exigiría las siguientes etapas:

—Se define un dominio de referencia constituido por un conjunto de funciones de una variable en el que toma valores la variable de función φ.
—Se define un dominio de referencia para los términos, que contiene las constantes a y b.
—Se define un predicado P.

$P(x, y) \rightleftarrows x = y$

(x, y en sentido nominal).
—La fórmula que representa la estructura de la frase sería:

$$\exists\varphi\ P(\varphi(a), b)$$

Podría análogamente plantearse la frase:

—Existe al menos una función φ tal que cualquiera que sea x existe un y tal que $\varphi(x) = y$.

En este caso las variables x e y sobre el mismo dominio de referencia de términos vendrían cuantificadas. La fórmula sería:

$$\exists\varphi\ \forall x\ \exists y\ P(\varphi(x), y)$$

Análogamente pueden plantearse frases que requieran una cuantificación de letras de predicado. Por ejemplo:

—Algunas relaciones entre pares de alumnos de la clase son simétricas.

La formulación de esta frase podría realizarse de la manera siguiente:

—Se define como dominio de referencia de términos el conjunto de alumnos de la clase.
—Se define un dominio de relaciones binarias en donde toman valores las variables de predicado.
—La estructura de la frase se representaría por la fórmula:

$$\exists P\ \forall x\ \forall y(P(x, y) \rightarrow P(y, x))$$

En los ejemplos anteriores aparecen fórmulas con los cuantificadores aplicados a variables de predicado y función, y por tanto, suponen dominios de predicados y funciones asociados a estas variables. El cálculo de predicados planteado de esta forma es de segundo orden. El problema de identificar las fórmulas válidas (estructuras deductivas correctas) resuelto en cálculo proposicional mediante el método interpretativo descrito en el capítulo anterior, es sólo parcialmente resoluble en cálculo de predicados de primer orden e irresoluble en el cálculo de orden superior.

En los desarrollos que siguen se estudiará el cálculo de primer orden, ya que dada la imposibilidad actual de construir procedimientos que permitan decidir la validez o no de las estructuras deductivas en cálculos de orden superior, el interés de estos se sale del objetivo de este texto.

5. Ejemplos de formalización en lógica de primer orden

No puede definirse un procedimiento mecánico que permita obtener la fórmula que representa la estructura de una frase del lenguaje común. En cada caso debe modificarse la redacción de la frase, sin alterar su significado hasta conseguir una expresión lingüística que contenga elementos de fácil traslación a expresiones con cuantificadores y conectivas, elementos de base de la formalización en lógica de primer orden.

A continuación se presentan unos ejemplos de formalización de frases.

5.1. *Frases simples*

Son éstas las constituidas por proposiciones atómicas, constan, por tanto, de un único predicado cuantificado o no. Como ya se indicó en el párrafo primero pueden ser de afirmación de propiedades y de relaciones.

Todos son negros:	$\forall x\ N(x)$
Juan es negro:	$N(j)$
Juan es amigo de todos:	$\forall x\ A(j, x)$
Algunos son amigos de Juan:	$\exists x\ A(x, j)$
Todos son amigos:	$\forall x \forall y\ A(x, y)$

5.2. *Frases compuestas*

Están constituidas por expresiones cuantificadas en las que intervienen conectivas. Dado que las frases simples son de atribución de propiedades y relaciones, las frases compuestas tienen gran variedad de estructuras:

—Conjunción o disyunción de propiedades y relaciones en elemento de dominio de referencia.
—Atribución de propiedades o relaciones a elementos del dominio que cumplen a su vez determinadas propiedades o relaciones.

A continuación se incluyen ejemplos de estos tipos:

Ejemplo 1.

—Algunos republicanos son ricos.

Sin alterar su contenido de información, esta frase puede redactarse de la forma siguiente:

—Existen algunas personas en las que se da simultáneamente la condición de ser republicanos y ricos.

A partir de esta redacción referida a un dominio genérico de personas, es posible construir la fórmula representativa de la estructura de la frase:

—Predicados básicos:

$R(x) \rightleftharpoons x$ es rico.
$RP(x) \rightleftharpoons x$ es republicano.

Por utilizarse en la definición de predicados, x debe entenderse aquí en sentido nominal.

—Fórmula:

$\exists x(R(x) \wedge RP(x))$

(Ahora x debe entenderse como variable).

Ejemplo 2.

—Todos los republicanos son ricos.

Sin alterar el contenido de información puede redactarse la frase de la forma:

—No existe nadie que sea republicano y no sea rico.

Esta última redacción en función de los mismos predicados básicos del ejemplo anterior tiene la estructura:

$$\forall x \sim (RP(x) \wedge \sim R(x))$$

También sin alterar el contenido de información, la frase inicial puede redactarse de la forma:

—Para cualquier x del dominio si x es republicano, entonces x es rico.

Esta redacción tiene como estructura la fórmula:

$$\forall x(RP(x) \rightarrow R(x))$$

Ambas formulaciones son equivalentes ya que como se comprobará en el capítulo 7, se verifica la regla de intercambio en cálculo de predicados. Aplicando esta regla, a partir de la primera fórmula, es correcta la siguiente cadena de equivalencias:

$$\forall x \sim (RP(x) \wedge \sim R(x)) \leftrightarrow \forall x(\sim RP(x) \vee R(x)) \leftrightarrow \forall x(RP(x) \rightarrow R(x))$$

En la primera equivalencia se aplican las leyes de De Morgan, y en la segunda la interdefinición de implicación y disyunción. Estas equivalencias demostradas en cálculo proposicional pueden aplicarse en el interior de una fórmula cuantificada, como se probará más adelante.

Esta segunda formulación es un ejemplo de cómo la conectiva →, se utiliza para atribuir una propiedad a otros elementos que cumplen otra. En este caso se asigna la propiedad «ser ricos» a los que tienen como condición previa la de «ser republicanos».

Ejemplo 3.

—En toda pareja de vecinos existe algún envidioso.

Esta frase tiene un contenido de información similar a:

—Cualquiera que sean x e y, si x e y son vecinos, entonces, o x o y o ambos, son envidiosos.

Esta redacción conduce a una formulación más directa de su estructura.

—Predicados básicos:

$V(x, y) \rightleftharpoons x$ e y son vecinos.
$E(z) \rightleftharpoons z$ es envidioso.

—Fórmula:

$\forall x\, \forall y(V(x, y) \rightarrow E(x) \vee E(y))$

En este caso la conectiva de implicación se utiliza para atribuir una disyunción de propiedades a los elementos del dominio de referencia que verifican una relación binaria (ser vecinos). Puede también emplearse el condicional para atribución de relaciones a elementos que previamente verifican una relación, como puede verse en el ejemplo siguiente.

Ejemplo 4.

—Todos los que son vecinos se odian entre sí.

La frase puede redactarse también de la forma:

—Para cualquier x e y del dominio si x e y son vecinos, se odian mutuamente.

—Los predicados básicos para formulación son:

$V(x, y) \rightleftharpoons x$ es vecino de y.
$O(z, t) \rightleftharpoons z$ odia a t.

—La fórmula sería:

$$\forall x\ \forall y[V(x, y) \to O(x, y) \wedge O(y, x)]$$

Ejemplo 5.

—Todos los estudiantes de informática son amigos de los aficionados a la lógica.

Sin alterar el contenido de información la frase puede redactarse en la forma:

—Cualquiera que sean x e y, si x es estudiante de informática, e y es aficionado a la lógica, entonces x es amigo de y.

A partir de esta última redacción puede formularse su estructura de la forma siguiente:

—Predicados básicos:

$I(x) \rightleftharpoons x$ es estudiante de informática.
$L(y) \rightleftharpoons y$ es aficionado a la lógica.
$A(z, w) \rightleftharpoons z$ es amigo de w.

x, y, z, w como en todos los ejemplos precedentes se emplean aquí en sentido nominal, es decir, representativas de plazas a ocupar por variables de término.

—Formulación:

$$\forall x\ \forall y(I(x) \wedge L(y) \to A(x, y))$$

En cambio si la frase hubiera sido:

—Algunos estudiantes de informática tienen amigos aficionados a la lógica.

La formulación se basaría en la redacción equivalente:

—Existen algunos elementos x e y en los que se dan simultáneamente las circunstancias de ser «x estudiante de informática», «y aficionado a la lógica» y «x amigo de y».

—La fórmula sería:

$\exists x\ \exists y(I(x) \wedge L(y) \wedge A(x, y))$

Ejemplo 6.

—Algunos estudiantes de informática sólo son amigos de los aficionados a la lógica.

Esta frase podría redactarse:

—Existe algún x del dominio que es estudiante de informática y sólo es amigo de los aficionados a la lógica.

Si x sólo es amigo de los aficionados a la lógica ello equivale a decir que para todo y del dominio si x es amigo de y entonces y es aficionado a la lógica.

Con los mismos predicados básicos del ejemplo anterior la estructura de la frase sería, de acuerdo con las consideraciones anteriores:

$$\exists x[I(x) \wedge \forall y(A(x, y) \rightarrow L(y))]$$

Por tanto, en este caso la estructura de la frase consiste en la conjunción de una propiedad con la atribución de otra propiedad a una relación.

Ejemplo 7.

—Algunos franceses son amigos de cualquier español.

La frase podría redactarse sin alterar su contenido de información de la forma siguiente:

—En el dominio de referencia existen individuos x en los que se da simultáneamente la condición de ser francés y la de ser amigos de cualquier y que sea español.

A partir de esta frase puede realizarse la formulación:

—Predicados básicos:

$F(x) \rightleftharpoons x$ es francés.
$E(y) \rightleftharpoons y$ es español.
$A(x, y) \rightleftharpoons x$ es amigo de y.

—Fórmula:

$$\exists x[F(x) \wedge \forall y(E(y) \rightarrow A(x, y))]$$

Estructuralmente este ejemplo es similar al anterior.

Ejemplo 8.

—Sólo los futbolistas admiran a los futbolistas.

El contenido de información de esta frase puede redactarse de la forma siguiente:

—Cualquiera que sean x e y, si x admira a y e y es futbolista, entonces x es futbolista (ya que «sólo los futbolistas admiran a los futbolistas»).

La formulación de la estructura a partir de esta última redacción sería la siguiente:

—Predicados básicos:

$F(x) \rightleftharpoons x$ es futbolista.
$A(x, y) \rightleftharpoons x$ admira a y.

—Fórmula:

$$\forall x\ \forall y(A(x, y) \wedge F(y) \rightarrow F(x))$$

Ejemplo 9.

—Todos los futbolistas admiran sólo a los futbolistas.

Esta frase puede redactarse de la forma siguiente:

—Para cualquier x del dominio de referencia, si x es futbolista entonces, cualquiera que sea y, si x admira a y, entonces y es futbolista.

Con los mismos predicados básicos del ejemplo anterior la fórmula sería:

$$\forall x[F(x) \rightarrow \forall y(A(x, y) \rightarrow F(y))]$$

Ejemplo 10.

—Sólo los tontos se dejan engañar por los vendedores ambulantes.

El contenido de información puede representarse también por la frase:

—Para todo x e y del dominio de referencia, si x se deja engañar por y e y es vendedor ambulante, entonces x es tonto.

La estructura del enunciado anterior puede formularse de la manera siguiente:

—Predicados básicos:

$E(x, y) \rightleftharpoons x$ se deja engañar por y.
$VA(z) \rightleftharpoons z$ es vendedor ambulante.
$T(w) \rightleftharpoons w$ es tonto.

—Fórmula:

$\forall x\, \forall y(E(x, y) \wedge VA(y) \rightarrow T(x))$

Los ejemplos anteriores se han basado en formulaciones en variables ligadas por cuantificadores por ser habitualmente las de más compleja formulación y por ello, los métodos empleados son aplicables a otros casos con términos constantes. A continuación se presentan tres ejemplos de este último tipo.

Ejemplo 11.

—Antonio se deja engañar por Juan.

Se toma como predicado básico el mismo definido en el ejemplo anterior, en este caso al existir términos específicos (Juan y Antonio), se requiere su simbolización:

$j \rightleftharpoons$ Juan.
$a \rightleftharpoons$ Antonio.

—La fórmula sería:

$E(j, a)$

Ejemplo 12.

—Algunos abogados y obreros admiran a López.

—Predicados básicos:

$AB(x) \rightleftharpoons x$ es abogado.
$OB(x) \rightleftharpoons x$ es obrero.
$A(x, y) \rightleftharpoons x$ admira a y.

—Variables de término:

$l \rightleftharpoons$ López.

—Fórmula:

$$\exists x\, \exists y[AB(x) \wedge OB(y) \wedge A(x, l) \wedge A(y, l)]$$

Ejemplo 13.

—Todos los que ayudan a Juan trabajan en casa de Manolo.

—Predicados básicos:

$A(x, y) \rightleftharpoons x$ ayuda a y.
$T(w, z) \rightleftharpoons w$ trabaja en casa de z.

—Términos:

$j \rightleftharpoons$ Juan.
$m \rightleftharpoons$ Manolo.

—Fórmula:

$$\forall x[A(x, j) \rightarrow T(x, m)]$$

Capítulo 6
SISTEMAS AXIOMATICOS EN LOGICA DE PRIMER ORDEN

1. Planteamiento general

En este capítulo se desarrolla una formalización de las estructuras deductivas correctas correspondientes a la simbolización matemática descrita en el capítulo precedente. Como ya se indicó en el capítulo 2, las estructuras deductivas correctas se definen como elementos de un sistema construido mediante un conjunto de axiomas, unas reglas de inferencia y una definición de deducción.

Se utilizan los axiomas de Kleene referidos ahora a fórmulas del cálculo de predicados, completados con otros referentes a propiedades de los cuantificadores. Por tanto, los esquemas de fórmulas obtenidos como en el capítulo 2 para fórmulas válidas de cálculo proposicional son válidos también para fórmulas del cálculo de predicados.

De acuerdo con las consideraciones anteriores, se demostrarán aquí las propiedades y fórmulas nuevas obtenidas a partir de los axiomas referentes a cuantificadores.

Finalmente se incluye una versión del método de deducción natural y ejemplos de aplicación al lenguaje usual del cálculo secuencial deductivo resultante de este método en lógica de primer orden.

2. Sistemas de axiomas

Los axiomas de Kleene son:

1 $\vdash A \rightarrow (B \rightarrow A)$
2 $\vdash (A \rightarrow B) \rightarrow [(A \rightarrow (B \rightarrow C)) \rightarrow (A \rightarrow C)]$
3 $\vdash A \rightarrow (B \rightarrow A \wedge B)$
4 $\vdash A \wedge B \rightarrow A$ $\qquad \vdash A \wedge B \rightarrow B$
5 $\vdash A \rightarrow A \vee B$ $\qquad \vdash A \rightarrow B \vee A$

6 $\vdash (A \to C) \to ((B \to C) \to (A \vee B \to C))$
7 $\vdash (A \to B) \to ((A \to \sim B) \to \sim A)$
8 $\vdash \sim \sim A \to A$
9 $\vdash \forall x\, B(x) \to B(t)$
10 $\vdash B(t) \to \exists x\, B(x)$

En los axiomas 9 y 10, t representa un término cualquiera, constante o variable libre.

Las reglas de inferencia que se definen para este sistema son:

* Modus ponens:

$$\frac{\vdash A,\ \vdash A \to B}{\vdash B}$$

* Generalización universal condicional:

$$\frac{\vdash A \to B(y)}{\vdash A \to \forall x\, B(x)}$$

(En A no aparece libre y).

* Generalización existencial condicional:

$$\frac{\vdash A(y) \to B}{\vdash \exists x\, A(x) \to B}$$

(En B no está libre y).

En las definiciones anteriores A y B, son fórmulas cualesquiera y $A(y)$, $B(y)$, ...deben entenderse como fórmulas cualesquiera en las que la variable y está libre, lo que no implica que ésta sea la única variable en la fórmula, un ejemplo de la clase de fórmulas representada por esta simbología sería:

$$\exists y\, \forall z (p(x) \to r(x) \wedge q(x, y, z))$$

Siendo:

p, r y q letras de predicados, en este caso y, z son variables ligadas, el conjunto de la fórmula contiene x como variable libre.

Los conceptos de demostración y deducción son generalizaciones de las definiciones dadas en el capítulo 2.

Una demostración correcta es una sucesión de fórmulas válidas: $\vdash P_1$, $\vdash P_2$, $\vdash P_3$, ... $\vdash P_n$, en donde cada $\vdash P_i$ es un axioma o se obtiene de algunas P_j anteriores ($j < i$) aplicando las reglas de inferencia definidas como correctas en el sistema.

Una deducción correcta está constituida por dos sucesiones:

$$P_1, P_2, \ldots P_n \Rightarrow Q_i, Q_2, \ldots Q_m$$

de forma que la secuencia consecuente Q_i cumple alguna de las condiciones:

a) Q_i es una de las premisas.
b) Q_i es una fórmula válida.
c) Q_i se obtiene a partir de alguna de las premisas o de algún Q_j de la secuencia deducida ($j < i$) aplicando alguna de las reglas de inferencia. (Modus ponens o generalización condicional).

Cuando en una secuencia deductiva se utiliza la misma variable, debe entenderse referida al mismo elemento para poder aplicar las reglas de inferencia del cálculo proposicional. Por ejemplo: si se tienen las premisas:

1 $C \to A(y)$
2 $P(x, y) \to B(y)$
3 $A(y) \to P(x, y)$

puede construirse la siguiente secuencia deducida:

4	$C \to P(x, y)$	Silogismo 1, 3
5	$C \to B(y)$	Silogismo 4, 2

Para poder obtener 4 es preciso que el elemento del dominio de referencia representado por y en la fórmula $A(y) \to P(x, y)$ sea el mismo que el representado por la misma variable en $C \to A(y)$, y por igual razón, este mismo elemento debe ser el representado en $B(y)$ para obtener la conclusión final. Es decir, aunque y pueda tomar como valor cualquier elemento del dominio en las tres fórmulas, en la aplicación de las reglas de deducción se prejuzga que se refiere a un mismo elemento.

3. Sistema de Kleene. Teoremas

3.1. *Teorema de la deducción*

El enunciado es similar al planteado para el cálculo proposicional:

$$\text{Si} \quad P_1, P_2, P_3, \ldots P_n \Rightarrow Q_1, Q_2, \ldots Q_m$$

es una deducción correcta, existe una deducción correcta de $P_n \to Q_i$ a partir de P_1, P_2, ... P_{n-1} como premisas. Sin embargo, en cálculo de predicados existe una restricción en P_n para que sea válido este teorema: no pueden utilizarse las variables libres de P_n

mediante reglas de generalización para obtener Q_m. Por tanto, en cálculo de predicados, no siempre a una deducción correcta le corresponde una fórmula válida.

La demostración basada en dos lemas previos es similar a la realizada en el Capítulo 2 añadiendo un análisis de las reglas de inferencia específicas del cálculo de predicados.

Lema 1.

Si $P_1, P_2, \dots P_n \Rightarrow Q_1$ es correcta, existe una deducción correcta de $P_n \rightarrow Q_1$ a partir de $P_1, P_2, \dots P_{n-1}$.

Se estudian exclusivamente los casos en que Q_1 se deduce de las premisas aplicando alguna regla de generalización, ya que el resto es idéntico a lo descrito en el Capítulo 2 para el cálculo proposicional.

d) Q_1 se deduce por aplicación de la regla de generalización:

   d.1) Q_1 se deduce de P_n, en este caso P_n tendría la forma $A \rightarrow B(y)$ y Q_1 tiene la forma $A \rightarrow \forall x\, B(x)$. De acuerdo con la condición restrictiva, en este caso no sería aplicable el teorema por haberse utilizado la variable libre y en P_n con una regla de generalización, para obtener Q_1.

   d.2) Q_1 se deduce de $P_j\, j \neq n$ aplicando la regla de generalización universal. En este caso puede construirse la siguiente deducción de $P_n \rightarrow Q_1$.

1	$P_1, P_2, \dots P_{n-1}$	Premisas
2	$A \rightarrow B(y)$	Premisa P_j
3	$A \rightarrow \forall x\, B(x)$	Regla de generalización universal, 2
4	$[A \rightarrow \forall x\, B(x)] \rightarrow$ $\rightarrow [P_n \rightarrow (A \rightarrow \forall x\, B(x))]$	Axioma 1
5	$P_n \rightarrow [A \rightarrow \forall x\, B(x)]$	MP 3, 4
6	$P_n \rightarrow Q_1$	Por definición de $Q_1 \rightleftarrows A \rightarrow \forall x\, B(x)$

e) Q_1 se deduce de $P_1, \dots P_n$ aplicando la regla de generalización existencial. Puede haber dos subcasos:

   e.1) Q_1 se deduce por generalización existencial a partir de P_n. En este caso P_n es $A(y) \rightarrow B$ y Q_1 es, por tanto, $\exists x\, A(x) \rightarrow B$. De acuerdo con la hipótesis del teorema, en este caso no es aplicable.

   e.2) Q_1 es $\exists x\, A(x) \rightarrow B$ y Pj($j \neq n$) es $A(y) \rightarrow B$.

Puede construirse la deducción de $P_n \rightarrow Q_1$:

1	$P_1, \dots P_{n-1}$	Premisas
2	$A(y) \rightarrow B$	Premisa P_j
3	$\exists x\, A(x) \rightarrow B$	Regla de generalización exist. 2

4	$[\exists x\, A(x) \rightarrow B] \rightarrow$	
	$\rightarrow [P_n \rightarrow (\exists x\, A(x) \rightarrow B)]$	Axioma 1
5	$P_n \rightarrow [\exists x\, A(x) \rightarrow B]$	MP 3, 4

Lema 2.

La demostración del lema 2 es similar. En este caso se supone que existe una deducción correcta:

$$P_1, P_2, \ldots P_n \Rightarrow Q_1, Q_2, \ldots Q_i$$

y para cualquier $Q_j (j < i)$ existe una deducción correcta de $P_n \rightarrow Q_j$ a partir de P_1, P_2, ... P_{n-1}. Como en el lema 1 se estudian solamente los casos en que Q_i se obtiene a partir de alguna premisa o de algún $Q_j (j < i)$ aplicando las reglas de inferencia específicas de predicados.

d) Q_i se obtiene aplicando la regla de generalización universal. Cabe distinguir los tres subcasos siguientes:

d.1) Q_i se obtiene a partir de P_n. No es posible por la restricción sobre las variables libres en P_n.

d.2) Q_i se obtiene a partir de una premisa $P_j (j \neq n)$. Se obtiene una deducción de $P_n \rightarrow Q_i$ de forma similar a la de $P_n \rightarrow Q_1$ en el subcaso d.2) de la demostración del lema 1.

d.3) Q_i se obtiene a partir de $Q_j (j < i)$. En este caso Q_j es $A \rightarrow B(y)$ y Q_j es $A \rightarrow \forall x\, B(x)$. Puede construirse la siguiente deducción de $P_n \rightarrow Q_i$.

1	$P_1, P_2, \ldots P_{n-1}$	Premisas
2	$P_n \rightarrow [A \rightarrow B(y)]$	Es $P_n \rightarrow Q_j$ deducible de 1 por hipótesis de este lema 2
3	$P_n \wedge A \rightarrow B(y)$	Importación 2
4	$P_n \wedge A \rightarrow \forall x\, B(x)$	Generalización universal cond. 3

(Esta regla puede aplicarse por no estar libre y ni en P_n ni en A, ya que en otro caso o no sería aplicable el teorema o no sería correcta la deducción de partida del teorema.)

5	$P_n \rightarrow [A \rightarrow \forall x\, B(x)]$	Exportación 4
6	$P_n \rightarrow Q_i$	Ya que $Q_i \rightleftharpoons A \rightarrow \forall x\, B(x)$

e) Q_i se obtiene aplicando la regla de generalización existencial. Análogamente cabe distinguir tres subcasos:

e.1) Q_i se obtiene a partir de P_n; la deducción de $P_n \rightarrow Q_i$ es similar a la obtenida en el lema 1 para $P_n \rightarrow Q_1$ en el subcaso e.1) de P_n.

e.2) Q_i se obtiene a partir de $P_j (j \neq n)$. La deducción de $P_n \rightarrow Q_i$ es similar a la de $P_n \rightarrow Q_1$ en el subcaso e.2) de la demostración del lema 1.

e.3) Q_i se obtiene a partir de $Q_j (j < i)$, elemento de la secuencia deducida. Q_i por tanto es del tipo $\exists x\, A(x) \rightarrow B$ y $Q_j \rightleftarrows A(y) \rightarrow B$. La deducción de $P_n \rightarrow Q_i$ es:

1	$P_1, P_2, \ldots P_{n-1}$	Premisas
2	$P_n \rightarrow [A(y) \rightarrow B]$	Deducible de 1 por hipótesis de este lema.
3	$A(y) \rightarrow (P_n \rightarrow B)$	Mutación 2*
4	$\exists x\, A(x) \rightarrow (P_n \rightarrow B)$	Generalización existencial condicional de 3 (y no está libre por hipótesis en P_n y B)
5	$P_n \rightarrow [\exists x\, A(x) \rightarrow B]$	Mutación 4*
6	$P_n \rightarrow Q_i$	Ya que $Q_i \rightleftarrows \exists x\, A(x) \rightarrow B$

De acuerdo con lo antedescrito, quedan demostrados los lemas 1 y 2 en este sistema y por tanto aplicando el proceso inductivo del Capítulo 2 se demuestra el teorema en su versión directa. El recíproco se demuestra de manera idéntica a la de dicho capítulo.

3.2. *Reglas complementarias de inferencia*

Además de las reglas introducidas en la definición axiomática del sistema es posible obtener otras. En particular son de gran utilidad las reglas de generalización no condicional y las de especificación existencial.

—Generalización:

Universal: $\dfrac{\vdash A(y)}{\vdash \forall x\, A(x)}$

Existencial: $\dfrac{\vdash A(y)}{\vdash \exists x\, A(x)}$

—Especificación:

Universal: $\dfrac{\vdash \forall x\, A(x)}{\vdash A(y)}$

* La regla de mutación es $A \rightarrow (B \rightarrow C) \Rightarrow B \rightarrow (A \rightarrow C)$. Su demostración puede hacerse aplicando el teorema de deducción restringido, comprobando previamente que es correcta $A \rightarrow (B \rightarrow C), B, A \Rightarrow C$ lo que puede verse aplicando dos veces modus ponens.

$$\text{Existencial: } \frac{\vdash \exists x\, A(x),\ \vdash A(y) \rightarrow B}{\vdash B}$$

(en B no libre y).

A continuación se comprueba la validez de estas reglas de inferencia y su aplicabilidad en deducciones.

- Generalización universal:

1	$\vdash A(y)$	Fórmula válida por hipótesis de la regla.
2	$\vdash A(y) \rightarrow (C \rightarrow A(y))$	Axioma 1 (se introduce C, con la
3	$\vdash C \rightarrow A(y)$	condición de que no contiene libre y)
4	$\vdash C \rightarrow \forall x\, A(x)$	MP 1, 2
5	$\vdash A(y) \rightarrow (\sim C \rightarrow A(y))$	Generalización universal condicional 3
6	$\vdash \sim C \rightarrow A(y)$	Axioma 1
7	$\vdash \sim C \rightarrow \forall x\, A(x)$	MP 1, 5
8	$\vdash (C \rightarrow \forall x\, A(x)) \rightarrow$	Generalización universal condicional 6
	$\rightarrow [(\sim C \rightarrow \forall x\, A(x)) \rightarrow$	
	$\rightarrow (C \vee \sim C \rightarrow \forall x\, A(x))]$	Axioma 6
9	$[\sim C \rightarrow \forall x\, A(x)] \rightarrow$	
	$\rightarrow (C \vee \sim C \rightarrow \forall x\, A(x))$	MP 4, 8
10	$\vdash C \vee \sim C \rightarrow \forall x\, A(x)$	MP 7, 9
11	$\vdash C \vee \sim C$	Principio del tercio excluso, teorema
12	$\vdash \forall x\, A(x)$	MP 11, 10

- Generalización existencial:

1	$\vdash A(y)$	Fórmula válida por hipótesis de la regla.
2	$\vdash A(y) \rightarrow \exists x\, A(x)$	Axioma 10
3	$\vdash \exists x\, A(x)$	MP 1, 2

- Especificación universal:

1	$\vdash \forall x\, A(x)$	Fórmula válida por hipótesis de la regla.
2	$\vdash \forall x\, A(x) \rightarrow A(y)$	Axioma 9
3	$\vdash A(y)$	MP 1, 2

- Especificación existencial:

1	$\vdash \exists x\, A(x)$	Fórmula válida por hipótesis de la regla.
2	$\vdash A(y) \rightarrow B$	Fórmula válida por hipótesis de la regla.
3	$\vdash \exists x\, A(x) \rightarrow B$	Generalización existencial condicional.
4	$\vdash B$	MP 1, 3

Las nuevas reglas de inferencia pueden utilizarse, obviamente, en deducciones ya que se han obtenido a partir de las reglas de inferencia básicas, sin embargo, la forma de insertarse en un cálculo deductivo tiene algunos matices que se comentan a continuación.

La regla de Especificación universal puede aplicarse para constantes y términos cualesquiera. En efecto, la forma en que se ha justificado la regla de inferencia, basada en el axioma 9, permite deducir de $\forall x\, A(x)$, $A(t)$, siendo t un término cualquiera, por tanto, tal como se ha definido una deducción, es correcta la siguiente secuencia deductiva:

1 $\forall x\, A(x)$
2 $\vdash \forall x\, A(x) \rightarrow A(t)$
3 $A(t)$ (t término cualquiera)

Así pueden tratarse casos de deducciones en donde aparecen letras de constantes como el siguiente:

$$\forall x(A(x) \rightarrow B(x)),\ A(a) \Rightarrow B(a)$$

1	$\forall x(A(x) \rightarrow B(x))$	Premisa
2	$A(a)$	Premisa
3	$A(a) \rightarrow B(a)$	EU 1
4	$B(a)$	MP 2, 3

De manera similar en una deducción puede realizarse la generalización existencial a partir de $A(t)$, siendo t un término cualquiera. En efecto, es correcta la siguiente secuencia:

1	$A(t)$	Premisa
2	$\vdash A(t) \rightarrow \exists x\, A(x)$	Ax. 10
3	$\exists x\, A(x)$	

Por tanto, $A(t) \Rightarrow \exists x\, A(x)$ es una deducción correcta.

En cambio, en el caso de generalización universal, dado que la justificación de la regla se basaba en partir de $\vdash A(y)$ como válida en deducciones, debe hacerse teniendo en cuenta que con cualquiera que sea y, $A(y)$ es verdad.

La utilización de la regla de inferencia de especificación existencial puede hacerse mediante la introducción de supuestos subsidiarios como se hacía en el cálculo proposicional de la forma siguiente:

n	$\exists x\, A(x)$		
$n+1$	$A(y)$	Secuencia deducida con el supuesto subsidiario $A(y)$. (en B no está libre y)	(1)
....	......		
....	......		
P	B		
$P+1$	B		

Esta deducción puede justificarse por el teorema de la deducción y la regla de especificación existencial de la forma siguiente:

n	$\exists x\, A(x)$	
$n + 1$	$A(y)$	
....	....	Deducción correcta
....	....	por hipótesis.
P	B	
$P + 1$	$A(y) \rightarrow B$	Teorema de la deducción $n + 1$, P
$P + 2$	B	Regla de especificación existencial n, $P + 1$

La demostración se fundamenta en la aplicación en el paso $P + 1$ del teorema de la deducción para cancelar el supuesto $A(y)$, por tanto, de acuerdo con la hipótesis del teorema de la deducción, la variable y no debe haber sido objeto de aplicación de ninguna regla de generalización, dentro de la deducción subsidiaria, originada en el supuesto $A(y)$ para llegar a B.

La deducción siguiente, por tanto, no es correcta:

1	$\exists x\, A(x)$	
2	$A(y)$	
3	$\forall y\, A(y)$	Independiente de y, por generalización universal.
4	$\forall y\, A(y)$	Deducible según la regla de especificación antedescrita.

El paso 3 no es correcto de acuerdo con las consideraciones anteriores.

Cuando la secuencia (1) forma parte de una secuencia general de deducción Γ, por ejemplo:

Γ	
n	$\exists x\, A(x)$
$n + 1$	$A(y)$
P	B
$P + 1$	B

es preciso añadir como condición, que y no esté libre en Γ. Aunque la justificación de este criterio se tratará al definir la semántica del cálculo de predicados, cabe adelantar que al representar y un ejemplo de $\exists x\, A(x)$ no puede referirse a cualquier elemento del dominio de referencia y, por tanto, habida cuenta de la hipótesis de deducción para los mismos valores de cada variable libre en distintas fórmulas, la utilización de una variable libre ya existente al realizar la especificación del paso $n + 1$ equivale a la introducción de la hipótesis adicional de que un ejemplo de $\exists x\, A(x)$ coincide con un ejemplo de otro tipo de condición. Tal sería el caso de la siguiente deducción:

1	$\exists x\, A(x)$	
2	$\exists x\, B(x)$	
3	$A(y)$	EE 1
4	$B(y)$	EE 2
5	$A(y) \wedge B(y)$	Prod. 3, 4
6	$\exists x(A(x) \wedge B(x))$	
7	$\exists x(A(x) \wedge B(x))$	Cancelación supuesto 4
8	$\exists x(A(x) \wedge B(x))$	Cancelación supuesto 3

Sin embargo, la deducción no es correcta (que existan algunos elementos que cumplen la propiedad A y otros que cumplen la B no es suficiente para afirmar que algunos satisfacen ambas) porque la variable introducida para especificación en 4, coincide con otra ya existente.

Debe, por tanto, generarse una nueva variable cada vez que se realiza una especificación existencial.

Este criterio representa en términos de regla deductiva la distinta forma de tratar en el razonamiento, en lenguaje usual, las variables libres, ya comentadas, en el capítulo anterior:

- Cuando son de tipo general provienen de especificación de afirmaciones universales y no están sujetas a restricciones.
- Cuando son de tipo condicional provienen de especificaciones existenciales referidas a dominios parciales y, por tanto, están sujetas a restricciones del tipo antedescrito.

Las cuatro reglas demostradas, permiten plantear un método de cálculo secuencial deductivo aplicable a deducciones con premisas cuantificadas de las que debe deducirse conclusiones cuantificadas, con las etapas siguientes:

1) Se aplican las reglas de especificación universal y/o existencial a las premisas cuantificadas de forma que no aparezcan cuantificadores en las fórmulas deducidas.
2) Se aplican las reglas de cálculo proposicional a variables, supuestos sus valores mantenidos constantes, a las fórmulas anteriores, hasta obtener la conclusión sin cuantificar.
3) Se obtiene la conclusión cuantificada aplicando las reglas de generalización teniendo en cuenta las características de las variables y la condición ya enunciada de que los procesos deductivos de 2) se realizan a variables mantenidas constantes.

Ejemplos:

Ejemplo 1. Estudiar si es correcta la deducción:

$$\forall x(R(x) \rightarrow P(x)),\ \forall x(P(x) \rightarrow \sim S(x)),$$
$$\forall x(R(x) \wedge Q(x) \rightarrow S(x)) \Rightarrow \forall x[R(x) \rightarrow \sim (P(x) \rightarrow Q(x))]$$

Se especifica universalmente cada una de las premisas para la misma y. A continuación para esta «y» mantenida constante se aplican reglas de deducción ya demostradas en cálculo proposicional. Obtenida una fórmula, sin cuantificar, con «y» libre, puede aplicarse la regla de generalización universal, ya que por tener origen la variable en una especificación universal, la fórmula es válida para cualquier valor de la variable. El proceso es el siguiente:

1	$\forall x(R(x) \to \sim P(x))$	Premisa
2	$\forall x(P(x) \to \sim S(x))$	Premisa
3	$\forall x(R(x) \wedge Q(x) \to S(x))$	Premisa
4	$R(y) \to P(y)$	EU 1
5	$P(y) \to \sim S(y)$	EU 2
6	$R(y) \wedge Q(y) \to S(y)$	EU 3
7	$\sim S(y) \to \sim (R(y) \wedge Q(y))$	Contraposición (CP) 6
8	$\vdash \sim (R(y) \wedge Q(y)) \leftrightarrow$ $\leftrightarrow (\sim R(y) \vee \sim Q(y))$	Regla de De Morgan
9	$\sim S(y) \to (\sim R(y) \vee \sim Q(y))$	Intercambio 7, 8
10	$R(y) \to \sim S(y)$	Sil. 4, 5
11	$R(y) \to (\sim R(y) \vee \sim Q(y))$	Sil. 9, 10
12	$R(y)$	
13	$\sim R(y) \vee \sim Q(y)$	MP 12, 11
14	$\vdash \sim R(y) \vee \sim Q(y) \leftrightarrow$ $\leftrightarrow (R(y) \to \sim Q(y))$	Definición de $\to$ en función de $\vee$
15	$R(y) \to \sim Q(y)$	Intercambio 13, 14
16	$\sim Q(y)$	MP 12, 15
17	$P(y)$	MP 12, 14
18	$P(y) \to (\sim Q(y) \to P(y))$	A 1
19	$\sim Q(y) \to P(y)$	MP 17, 18
20	$\vdash (\sim Q(y) \to P(y)) \to$ $\to (\sim P(y) \to Q(y))$	Teorema de contraposición
21	$\sim P(y) \to Q(y)$	MP 19, 20
22	$R(y) \to (\sim P(y) \to Q(y))$	TD 12, 21
23	$\forall x[R(x) \to (\sim P(x) \to Q(x))]$	GU 22

Ejemplo 2. Estudiar si es correcta la deducción siguiente:

$$\forall x(F(x) \to \sim E(x)), \exists x(F(x) \wedge A(x)) \Rightarrow \exists x(A(x) \wedge \sim E(x))$$

En este caso se realiza una especificación de las variables cuantificadas en las premisas para la misma variable y se aplican a las fórmulas resultantes las reglas deductivas del cálculo proposicional, ya demostradas, y finalmente se generaliza la variable resultante. Como proviene de una especificación existencial, no puede generalizarse universalmente.

1	$\forall x[F(x) \to \sim E(x)]$	Premisa
2	$\exists x[F(x) \wedge A(x)]$	Premisa

3	$F(y) \wedge A(y)$	EE 2
4	$F(y) \rightarrow \sim E(y)$	EU 1
5	$\vdash F(y) \wedge A(y) \rightarrow F(y)$	Ax 4
6	$F(y)$	MP 3, 5
7	$\sim E(y)$	MP 6, 4
8	$\vdash F(y) \wedge A(y) \rightarrow A(y)$	Ax 4
9	$A(y)$	MP 3, 8
10	$\vdash A(y) \rightarrow$ $\rightarrow (\sim E(y) \rightarrow A(y) \wedge \sim E(y))$	Ax 3
11	$\sim E(y) \rightarrow A(y) \wedge \sim E(y)$	MP 9, 10
12	$A(y) \wedge \sim E(y)$	MP 7, 11
13	$\exists x(A(x) \wedge \sim E(x))$	GE 12
14	$\exists x(A(x) \wedge \sim E(x))$	Al ser independiente de y puede cancelarse la deducción subsidiaria.

4. Teoremas del cálculo de predicados

4.1. *Modificación de variable cuantificada*

a) $\vdash \forall x\, P(x) \leftrightarrow \forall y\, P(y)$

b) $\vdash \exists x\, P(x) \leftrightarrow \exists y\, P(y)$

a) Basta demostrar:

$$\vdash \forall x\, P(x) \rightarrow \forall y\, P(y)$$

$$\vdash \forall y\, P(y) \rightarrow \forall x\, P(x)$$

Para demostrar la primera dado que no existen variables libres en $\forall x\, P(x)$, por el teorema de la deducción, es suficiente comprobar que la deducción $\forall x\, P(x) \Rightarrow \forall y\, P(y)$ es correcta. Lo que puede verse mediante:

1	$\forall x\, P(x)$	Premisa
2	$P(x)$	EU 1
3	$\forall y\, P(y)$	GU 1

El último paso puede hacerse dado que la x libre en 2 proviene de una especificación universal, y, de acuerdo con el planteamiento de la regla de generalización, puede cambiarse la variable cuantificada al generalizar una libre.

Análogamente se comprueba:

$$\forall y\, P(y) \Rightarrow \forall x\, P(x)$$

y, por tanto, puede demostrarse a) de la forma siguiente:

Si por abreviar la escritura se denomina:

$$A \rightleftharpoons \forall x\, P(x) \qquad B \rightleftharpoons \forall y\, P(y)$$

1	$\vdash A \to B$	Teorema
2	$\vdash B \to A$	Teorema
3	$\vdash (A \to B) \to$ $\to [(B \to A) \to (A \to B) \wedge (B \to A)]$	Ax 3
4	$\vdash (B \to A) \to (A \to B) \wedge (B \to A)$	MP 1, 3
5	$\vdash (A \to B) \wedge (B \to A)$	MP 2, 4
6	$\vdash A \leftrightarrow B$	Definición de $\leftrightarrow$ en 5.

$\vdash A \leftrightarrow B$ representa de acuerdo con la notación presentada previamente, la fórmula a).

b) Como en el caso anterior es suficiente demostrar:

$$\vdash \exists x\, P(x) \to \exists y\, P(y)$$

$$\vdash \exists y\, P(y) \to \exists x\, P(x)$$

Asimismo, por no existir variables libres, basta comprobar que son correctas las deducciones:

$$\exists x\, P(x) \Rightarrow \exists y\, P(y)$$

$$\exists y\, P(y) \Rightarrow \exists x\, P(x)$$

A continuación se comprueban estas deducciones:

1	$\exists x\, P(x)$	
┌ 2	$P(x)$	EE 1
└ 3	$\exists y\, P(y)$	GE 2
4	$\exists y\, P(y)$	Ya que en 3 no aparece x libre.

Análogamente se comprueba:

$$\exists y\, P(y) \Rightarrow \exists x\, P(x)$$

Si se denomina:

$$A \rightleftharpoons \exists x\, P(x)$$

$$B \rightleftharpoons \exists y\, P(y)$$

Puede obtenerse la fórmula b) aplicando el mismo proceso deductivo del final del apartado a).

4.2. *Descenso cuantificacional*

$$\vdash \forall x\, P(x) \to \exists x\, P(x)$$

Como en casos anteriores basta demostrar que es correcta la deducción:

$$\forall x\, P(x) \Rightarrow \exists x\, P(x)$$

1	$\forall x\, P(x)$	Premisa
2	$P(x)$	EU 1
3	$\exists x\, P(x)$	GE 2

4.3. *Cuantificación múltiple. Propiedades conmutativas*

A continuación se estudia la conmutatividad de cuantificadores tanto en el caso de cuantificadores del mismo tipo como distinto.

* Cuantificación universal

$$\vdash \forall x\, \forall y\, P(x, y) \leftrightarrow \forall y\, \forall x\, P(x, y)$$

Para comprobar que es válida la fórmula anterior se va a demostrar previamente:

$$\vdash \forall x\, \forall y\, P(x, y) \rightarrow \forall y\, \forall x\, P(x, y)$$

$$\vdash \forall y\, \forall x\, P(x, y) \rightarrow \forall x\, \forall y\, P(x, y)$$

Para demostrar ambas fórmulas basta comprobar que son correctas las deducciones:

$$\forall x\, \forall y\, P(x, y) \Rightarrow \forall y\, \forall x\, P(x, y)$$

$$\forall y\, \forall x\, P(x, y) \Rightarrow \forall x\, \forall y\, P(x, y)$$

ya que para obtener las fórmulas anteriores puede aplicarse el teorema de la deducción puesto que no existen variables libres en ambas deducciones.

A continuación se comprueba la primera de las deducciones:

1	$\forall x\, \forall y\, P(x, y)$	Premisa
2	$\forall y\, P(x, y)$	EU 1
3	$P(x, y)$	EU 2
4	$\forall x\, P(x, y)$	GU 3 respecto de x
5	$\forall y\, \forall x\, P(x, y)$	GU 4 respecto de y

Los pasos 4 y 5 pueden realizarse porque las variables libres x, y provienen de especificación universal.

La otra fórmula se demuestra de manera similar.

Para obtener la equivalencia planteada inicialmente basta aplicar la regla del producto del axioma 3.

En efecto si se denomina por economía de escritura:

$$A \rightleftarrows \forall x\, \forall y\, P(x, y)$$

$$B \rightleftarrows \forall y\, \forall x\, P(x, y)$$

Las fórmulas demostradas son:

$$\vdash A \rightarrow B$$

$$\vdash B \rightarrow A$$

Para obtener la fórmula $A \leftrightarrow B$ puede seguirse el mismo proceso que en 4.1.

* Cuantificación existencial

$$\vdash \exists x\, \exists y\, P(x, y) \leftrightarrow \exists y\, \exists x\, P(x, y)$$

Análogamente basta demostrar que son correctas las deducciones:

$$\exists x\, \exists y\, P(x, y) \Rightarrow \exists y\, \exists x\, P(x, y)$$
$$\exists y\, \exists x\, P(x, y) \Rightarrow \exists x\, \exists y\, P(x, y)$$

Se comprueba la primera de ellas; el proceso para llegar a la fórmula con $\leftrightarrow$ es similar al de apartados anteriores.

1	$\exists x\, \exists y\, P(x, y)$	Premisa
2	$\exists y\, P(x, y)$	EE 1
3	$P(x, y)$	EE 2
4	$\exists x\, P(x, y)$	GE 3
5	$\exists y\, \exists x\, P(x, y)$	GE 4
6	$\exists y\, \exists x\, P(x, y)$	Se cancelan los supuestos 2 y 3 por no aparecer en 5 libres x, y.

* Conmutatividad de distintos tipos

$$\vdash \exists x\, \forall y\, P(x, y) \rightarrow \forall y\, \exists x\, P(x, y)$$

Como en los casos anteriores basta comprobar que es correcta la deducción:

$$\exists x\, \forall y\, P(x, y) \Rightarrow \forall y\, \exists x\, P(x, y)$$

1	$\exists x\, \forall y\, P(x, y)$	Premisa
2	$\forall y\, P(x, y)$	EE x, 1
3	$P(x, y)$	EU y, 2
4	$\exists x\, P(x, y)$	GE x
5	$\exists x\, P(x, y)$	Ya que en 4 x no está libre.
6	$\forall y\, \exists x\, P(x, y)$	GU 5

En cambio la fórmula:

$$\forall y\, \exists x\, P(x, y) \rightarrow \exists x\, \forall y\, P(x, y)$$

no es válida. Si lo fuera la deducción:

$$\forall y\, \exists x\, P(x, y) \Rightarrow \exists x\, \forall y\, P(x, y)$$

sería correcta. A continuación se desarrolla una posible comprobación de esta deducción y el error en ella.

1	$\forall y\, \exists x\, P(x, y)$	Premisa
2	$\exists x\, P(x, y)$	EU 1
┌ 3	$P(x, y)$	EE 2
│ 4	$\forall y\, P(x, y)$	GU 3
└ 5	$\exists x\, \forall y\, P(x, y)$	GE 4
6	$\exists x\, \forall y\, P(x, y)$	Cancelación del supuesto $P(x, y)$ ya que en 5, x e y no están libres.

Sin embargo, de acuerdo con la justificación de la regla de especificación existencial, el paso 4 no es correcto, ya que dicha justificación se basa en la cancelación del supuesto $P(x, y)$ mediante el teorema de la deducción, lo que equivale a imponer la condición de que las variables en $P(x, y)$ no se generalicen en la deducción subsidiaria, y por ello no es aplicable la regla de generalización universal del paso 4.

Este ejemplo de demostración incorrecta se presenta como ilustración de una mala utilización de la generalización universal, sin embargo, no constituye una demostración de la no validez de la fórmula, que sí aparece como ejemplo 2 en el capítulo 7.

4.4. *Negación de fórmulas cuantificadas*

a) $\vdash \sim \forall x\, P(x) \leftrightarrow \exists x \sim P(x)$

b) $\vdash \sim \exists x\, P(x) \leftrightarrow \forall x \sim P(x)$

* Demostración de:

$$\vdash \sim \forall x\, P(x) \leftrightarrow \exists x \sim P(x)$$

Como en casos anteriores se demuestran:

$$\vdash \sim \forall x\, P(x) \rightarrow \exists x \sim P(x)$$

$$\vdash \exists x \sim P(x) \rightarrow \sim \forall x\, P(x)$$

Directa:

1	$\vdash \sim P(y) \rightarrow \exists x \sim P(x)$	Axioma 10 para $B(t) \rightleftarrows \sim P(y)$
2	$\vdash (\sim P(y) \rightarrow \exists x \sim P(x)) \rightarrow$ $\rightarrow (\sim \exists x \sim P(x) \rightarrow P(y))$	Contraposición
3	$\vdash \sim \exists x \sim P(x) \rightarrow P(y)$	MP 1, 2
4	$\vdash \sim \exists x \sim P(x) \rightarrow \forall x\, P(x)$	GUC 3
5	$\vdash (\sim \exists x \sim P(x) \rightarrow \forall x\, P(x)) \rightarrow$ $\rightarrow (\sim \forall x\, P(x) \rightarrow \exists x \sim P(x))$	Contraposición
6	$\vdash \sim \forall x\, P(x) \rightarrow \exists x \sim P(x)$	MP 4, 5

Recíproca:

1	$\vdash \forall x\, P(x) \rightarrow P(y)$	Axioma 9 para $B(t) \rightleftarrows P(y)$
2	$\vdash (\forall x\, P(x) \rightarrow P(y)) \rightarrow$ $\rightarrow (\sim P(y) \rightarrow \sim \forall x\, P(x))$	Contraposición
3	$\vdash \sim P(y) \rightarrow \sim \forall x\, P(x)$	MP 1, 2
4	$\vdash \exists x \sim P(x) \rightarrow \sim \forall x\, P(x)$	GE condicional en 3

A partir de ambos teoremas se obtiene la equivalencia material de forma similar a los apartados anteriores.

* Demostración de:

$$\vdash \sim \exists x\, P(x) \leftrightarrow \forall x \sim P(x)$$

Se demuestra la implicación directa y recíproca, como en los casos anteriores:

Directa:

1	$\vdash P(y) \rightarrow \exists x\, P(x)$	Axioma 10 para $B(t) \rightleftharpoons P(y)$
2	$\vdash (P(y) \rightarrow \exists x\, P(x)) \rightarrow$ $\rightarrow (\sim \exists x\, P(x) \rightarrow \sim P(y))$	Contraposición
3	$\vdash \sim \exists x\, P(x) \rightarrow \sim P(y)$	MP 1, 2
4	$\vdash \sim \exists x\, P(x) \rightarrow \forall x \sim P(x)$	GUC 13

Recíproca:

1	$\vdash \forall x \sim P(x) \rightarrow \sim P(y)$	Axioma 9 para $B(t) \rightleftharpoons \sim P(y)$
2	$\vdash (\forall x \sim P(x) \rightarrow \sim P(y)) \rightarrow$ $\rightarrow (P(y) \rightarrow \sim \forall x \sim P(x))$	Contraposición
3	$\vdash P(y) \rightarrow \sim \forall x \sim P(x)$	MP 1, 2
4	$\vdash \exists x\, P(x) \rightarrow \sim \forall x \sim P(x)$	GEC 3
5	$\vdash (\exists x\, P(x) \rightarrow \sim \forall x \sim P(x)) \rightarrow$ $\rightarrow (\forall x \sim P(x) \rightarrow \sim \exists x\, P(x))$	Contraposición
6	$\vdash \forall x \sim P(x) \rightarrow \sim \exists x\, P(x)$	MP 4, 5

Es sencillo obtener aplicando contraposición y doble negación:

$$\vdash \sim \forall x \sim P(x) \leftrightarrow \exists x\, P(x)$$

$$\vdash \sim \exists x \sim P(x) \leftrightarrow \forall x\, P(x)$$

que constituyen fórmulas de interdefinición de cuantificadores.

Teniendo en cuenta que en las fórmulas demostradas no aparecen variables libres, la validez de las mismas (y de otras, demostradas en forma intermedia en los procesos anteriores) permite, aplicando el teorema de la deducción, afirmar como correctas las siguientes estructuras deductivas:

$$\sim \forall x\, P(x) \Rightarrow \exists x \sim P(x)$$

$$\forall x\, P(x) \Rightarrow \sim \exists x \sim P(x)$$

$$\exists x \sim P(x) \Rightarrow \sim \forall x\, P(x)$$

$$\sim \exists x \sim P(x) \Rightarrow \forall x\, P(x)$$

$$\sim \exists x\, P(x) \Rightarrow \forall x \sim P(x)$$

$$\exists x\, P(x) \Rightarrow \sim \forall x \sim P(x)$$

$$\forall x \sim P(x) \Rightarrow \sim \exists x\, P(x)$$

$$\sim \forall x \sim P(x) \Rightarrow \exists x\, P(x)$$

4.5. *Cuantificación de las fórmulas con la conectiva conjunción*

* $\vdash \forall x\, P(x) \wedge \forall x\, Q(x) \leftrightarrow \forall x(P(x) \wedge Q(x))$.

Se demuestran la implicación directa y recíproca. El resto como en los apartados anteriores.

Directa:

1	$\vdash \forall x\, P(x) \rightarrow P(y)$	Ax 9
2	$\vdash \forall x\, Q(x) \rightarrow Q(y)$	Ax 9
3	$\vdash P(y) \rightarrow (Q(y) \rightarrow P(y) \wedge Q(y))$	Ax 3
4	$\vdash \forall x\, P(x) \rightarrow (Q(y) \rightarrow P(y) \wedge Q(y))$	Sil 1, 3
5	$\vdash Q(y) \rightarrow (\forall x\, P(x) \rightarrow P(y) \wedge Q(y))$	Mutación 4
6	$\vdash \forall x\, Q(x) \rightarrow (\forall x\, P(x) \rightarrow P(y) \wedge Q(y))$	Sil 2, 5
7	$\vdash \forall x\, P(x) \rightarrow (\forall x\, Q(x) \rightarrow P(y) \wedge Q(y))$	Mutación 6
8	$\vdash \forall x\, P(x) \wedge \forall x\, Q(x) \rightarrow P(y) \wedge Q(y)$	Importación 7
9	$\vdash \forall x\, P(x) \wedge \forall x\, Q(x) \rightarrow$ $\rightarrow \forall x(P(x) \wedge Q(x))$	GUC 8

Recíproca:

1	$\vdash \forall x(P(x) \wedge Q(x)) \rightarrow P(y) \wedge Q(y)$	Ax 9
2	$\vdash P(y) \wedge Q(y) \rightarrow P(y)$	Ax 4
3	$\vdash P(y) \wedge Q(y) \rightarrow Q(y)$	Ax 4
4	$\vdash \forall x(P(x) \wedge Q(x)) \rightarrow P(y)$	Sil 1, 2
5	$\vdash \forall x(P(x) \wedge Q(x)) \rightarrow Q(y)$	Sil 1, 3
6	$\vdash \forall x(P(x) \wedge Q(x)) \rightarrow \forall x\, P(x)$	GUC 1, 4
7	$\vdash \forall x(P(x) \wedge Q(x)) \rightarrow \forall x\, Q(x)$	GUC 1, 5
8	$\vdash \forall x\, P(x) \rightarrow$ $\rightarrow (\forall x\, Q(x) \rightarrow \forall x\, P(x) \wedge \forall x\, Q(x))$	Ax 3
9	$\vdash \forall x(P(x) \wedge Q(x)) \rightarrow$ $\rightarrow (\forall x\, Q(x) \rightarrow \forall x\, P(x) \wedge \forall x\, Q(x))$	Sil 6, 8
10	$\vdash \forall x\, Q(x) \rightarrow [\forall x(P(x) \wedge Q(x)) \rightarrow$ $\rightarrow \forall x\, P(x) \wedge \forall x\, Q(x)]$	Mutación 9
11	$\vdash \forall x(P(x) \wedge Q(x)) \rightarrow$ $\rightarrow [\forall x(P(x) \wedge Q(x)) \rightarrow$ $\rightarrow \forall x\, P(x) \wedge \forall x\, Q(x)]$	Sil 7, 10
12	$\vdash [\forall x(P(x) \wedge Q(x)) \wedge$ $\wedge \forall x(P(x) \wedge Q(x)) \rightarrow$ $\rightarrow \forall x\, P(x) \wedge \forall x\, Q(x)]$	Importación 11
13	$\vdash \forall x(P(x) \wedge Q(x)) \rightarrow$ $\rightarrow \forall x(P(x) \wedge Q(x)) \wedge$ $\wedge \forall x(P(x) \wedge Q(x))$	Idempotencia
14	$\vdash \forall x(P(x) \wedge Q(x)) \rightarrow$ $\rightarrow \forall x\, P(x) \wedge \forall x\, Q(x)$	Sil 13, 12

* $\vdash A \wedge \forall x\, P(x) \leftrightarrow \forall x(A \wedge P(x))$ (En A no está libre x)

Directa:

1	$\vdash A \wedge \forall x\, P(x) \rightarrow A$	Ax 4
2	$\vdash A \wedge \forall x\, P(x) \rightarrow \forall x\, P(x)$	Ax 4
3	$\vdash \forall x\, P(x) \rightarrow P(y)$	Ax 9
4	$\vdash A \wedge \forall x\, P(x) \rightarrow P(y)$	Sil 2, 3
5	$\vdash P(y) \rightarrow (A \rightarrow A \wedge P(y))$	Ax 3
6	$\vdash A \wedge \forall x\, P(x) \rightarrow (A \rightarrow A \wedge P(y))$	Sil 4, 5
7	$\vdash A \rightarrow (A \wedge \forall x\, P(x) \rightarrow A \wedge P(y))$	Mutación 6
8	$\vdash A \wedge \forall x\, P(x) \rightarrow$ $\rightarrow (A \wedge \forall x\, P(x) \rightarrow A \wedge P(y))$	Sil 1, 7
9	$\vdash [A \wedge \forall x\, P(x)] \wedge$ $\wedge [A \wedge \forall x\, P(x)] \rightarrow A \wedge P(y)$	Importación 8
10	$\vdash A \wedge \forall x\, P(x) \rightarrow$ $\rightarrow [A \wedge \forall x\, P(x)] \wedge [A \wedge \forall x\, P(x)]$	Idempotencia
11	$\vdash A \wedge \forall x\, P(x) \rightarrow A \wedge P(y)$	Sil 10, 9
12	$\vdash A \wedge \forall x\, P(x) \rightarrow \forall x(A \wedge P(x))$	GU condicional 11

Recíproca:

1	$\vdash \forall x(A \wedge P(x)) \rightarrow A \wedge P(y)$	Ax 9
2	$\vdash A \wedge P(y) \rightarrow A$	Ax 4
3	$\vdash A \wedge P(y) \rightarrow P(y)$	Ax 4
4	$\vdash \forall x(A \wedge P(x)) \rightarrow A$	Sil 1, 2
5	$\vdash \forall x(A \wedge P(x)) \rightarrow P(y)$	Sil 1, 3
6	$\vdash \forall x(A \wedge P(x)) \rightarrow \forall x\, P(x)$	GU condicional 5
7	$\vdash A \rightarrow (\forall x\, P(x) \rightarrow A \wedge \forall x\, P(x))$	Ax 3
8	$\vdash \forall x(A \wedge P(x)) \rightarrow$ $\rightarrow (\forall x\, P(x) \rightarrow A \wedge \forall x\, P(x))$	Sil 4, 7
9	$\vdash \forall x\, P(x) \rightarrow$ $\rightarrow [\forall x(A \wedge P(x)) \rightarrow A \wedge \forall x\, P(x)]$	Mutación 8
10	$\vdash \forall x(A \wedge P(x)) \rightarrow$ $\rightarrow [\forall x(A \wedge P(x)) \rightarrow A \wedge \forall x\, P(x)]$	Sil 6, 9
11	$\vdash [\forall x(A \wedge P(x))] \wedge$ $\wedge [\forall x(A \wedge P(x))] \rightarrow A \wedge \forall x\, P(x)$	Importación 10
12	$\vdash \forall x(A \wedge P(x)) \rightarrow$ $\rightarrow [\forall x(A \wedge P(x))] \wedge [\forall x(A \wedge P(x))]$	Idempotencia
13	$\vdash \forall x(A \wedge P(x)) \rightarrow A \wedge \forall x\, P(x)$	Sil 12, 11

* $\vdash \exists x(P(x) \wedge Q(x)) \rightarrow \exists x\, P(x) \wedge \exists x\, Q(x)$

Demostración:

1	$\vdash P(y) \rightarrow \exists x\, P(x)$	Ax 10
2	$\vdash Q(y) \rightarrow \exists x\, Q(x)$	Ax 10
3	$\vdash P(y) \wedge Q(y) \rightarrow P(y)$	Ax 4
4	$\vdash P(y) \wedge Q(y) \rightarrow Q(y)$	Ax 4
5	$\vdash \exists x\, P(x) \rightarrow$ $\rightarrow (\exists x\, Q(x) \rightarrow \exists x\, P(x) \wedge \exists x\, Q(x))$	Ax 3
6	$\vdash P(y) \wedge Q(y) \rightarrow \exists x\, P(x)$	Sil 1, 3

7	$\vdash P(y) \wedge Q(y) \rightarrow \exists x\, Q(x)$	Sil 2, 4
8	$\vdash P(y) \wedge Q(y) \rightarrow$ $\rightarrow (\exists x\, Q(x) \rightarrow \exists x\, P(x) \wedge \exists x\, Q(x))$	Sil 6, 5
9	$\vdash \exists x\, Q(x) \rightarrow$ $\rightarrow (P(y) \wedge Q(y) \rightarrow \exists x\, P(x) \wedge \exists x\, Q(x))$	Mutación 8
10	$\vdash P(y) \wedge Q(y) \rightarrow$ $\rightarrow (P(y) \wedge Q(y) \rightarrow \exists x\, P(x) \wedge \exists x\, Q(x))$	Sil 7, 9
11	$\vdash [P(y) \wedge Q(y)] \wedge$ $\wedge [P(y) \wedge Q(y)] \rightarrow \exists x\, P(x) \wedge \exists x\, Q(x)$	Importación 10
12	$\vdash [P(y) \wedge Q(y)] \rightarrow$ $\rightarrow [P(y) \wedge Q(y)] \wedge [P(y) \wedge Q(y)]$	Idempotencia
13	$\vdash P(y) \wedge Q(y) \rightarrow \exists x\, P(x) \wedge \exists x\, Q(x)$	Sil 12, 11
14	$\vdash \exists x(P(x) \wedge Q(x)) \rightarrow$ $\rightarrow \exists x\, P(x) \wedge \exists x\, Q(x)$	GE condicional 13

La recíproca no es demostrable, podría realizarse la siguiente demostración falaz:

Se trataría de comprobar que la deducción: $\exists x\, P(x) \wedge \exists x\, Q(x) \Rightarrow \exists x(P(x) \wedge Q(x))$ es correcta para llegar a la formula mediante el teorema de la deducción.

1	$\exists x\, P(x) \wedge \exists x\, Q(x)$	Premisa
2	$\vdash \exists x\, P(x) \wedge \exists x\, Q(x) \rightarrow \exists x\, P(x)$	Ax 4
3	$\vdash \exists x\, P(x) \wedge \exists x\, Q(x) \rightarrow \exists x\, Q(x)$	Ax 4
4	$\exists x\, P(x)$	MP 1, 2
5	$\exists x\, Q(x)$	MP 1, 3
6	$P(y)$	EE 4
7	$Q(y)$	EE 5¡¡
8	$\vdash P(y) \rightarrow (Q(y) \rightarrow P(y) \wedge Q(y))$	Ax 3
9	$Q(y) \rightarrow P(y) \wedge Q(y)$	MP 6, 8
10	$P(y) \wedge Q(y)$	MP 7, 9
11	$\exists x(P(x) \wedge Q(x))$	GE 10
12	$\exists x(P(x) \wedge Q(x))$	

El paso 7 no es correcto, ya que como se indicó al definir la especificación existencial mediante supuestos, las variables y en 6 y 7 al proceder de especificaciones existenciales no deben tomar el mismo valor (lo que seguro podría ocurrir si alguna procediera de especificación universal), condición necesaria para poder aplicar los pasos 8 y 9. Por ello en 7 debería ponerse $Q(z)$, variable distinta de y, con lo que la demostración planteada no sería posible.

Como en otros casos se hace notar que el hecho de que esta demostración no sea correcta no constituye una prueba de que la fórmula no sea válida, simplemente se presenta para poner de relieve defectos en procesos deductivos.

* $\vdash \exists x(A \wedge P(x)) \leftrightarrow A \wedge \exists x\, P(x)$ (En A no aparece libre x)

Directa:

1	$\vdash P(y) \rightarrow \exists x\, P(x)$	Ax 10
2	$\vdash A \wedge P(y) \rightarrow P(y)$	Ax 4
3	$\vdash A \wedge P(y) \rightarrow \exists x\, P(x)$	Sil 1, 2

4	$\vdash A \wedge P(y) \to A$	Ax 4
5	$\vdash \exists x\, P(x) \to (A \to A \wedge \exists x\, P(x))$	Ax 3
6	$\vdash A \wedge P(y) \to (A \to A \wedge \exists x\, P(x))$	Sil 3, 5
7	$\vdash A \to (A \wedge P(y) \to A \wedge \exists x\, P(x))$	Mutación 6
8	$\vdash A \wedge P(y) \to$ $\to (A \wedge P(y) \to A \wedge \exists x\, P(x))$	Sil 4, 7
9	$\vdash A \wedge P(y) \wedge A \wedge P(y) \to$ $\to A \wedge \exists x\, P(x)$	Importación 8
10	$\vdash \vdash A \wedge P(y) \to$ $\to (A \wedge P(y)) \wedge (A \wedge P(y))$	Idempotencia
11	$\vdash A \wedge P(y) \to A \wedge \exists x\, P(x)$	Sil 10, 9
12	$\vdash \exists x(A \wedge P(x)) \to A \wedge \exists x\, P(x)$	GE condicional 11

Recíproca:

Al ser A independiente de x puede comprobarse que es correcta la deducción:

$$A \wedge \exists x\, P(x) \Rightarrow \exists x(A \wedge P(x))$$

1	$A \wedge \exists x\, P(x)$	Premisa
2	$\vdash A \wedge \exists x\, P(x) \to A$	Ax 4
3	$\vdash A \wedge \exists x\, P(x) \to \exists x\, P(x)$	Ax 4
4	A	MP 1, 2
5	$\exists x\, P(x)$	MP 1, 3
6	$P(y)$	EE 5
7	$\vdash P(y) \to (A \to A \wedge P(y))$	Ax 3
8	$A \to A \wedge P(y)$	MP 6, 7
9	$A \wedge P(y)$	MP 4, 8
10	$\exists x(A \wedge P(x))$	GE 9
11	$\exists x(A \wedge P(x))$	Por ser 10 indep. de y

4.6. *Cuantificación de fórmulas con la conectiva disyunción*

* $\vdash \forall x\, P(x) \vee \forall x\, Q(x) \to \forall x[P(x) \vee Q(x)]$

1	$\vdash \forall x\, P(x) \to P(y)$	Ax 9
2	$\vdash \forall x\, Q(x) \to Q(y)$	Ax 9
3	$\vdash P(y) \to P(y) \vee Q(y)$	Ax 5
4	$\vdash Q(y) \to P(y) \vee Q(y)$	Ax 5
5	$\vdash \forall x\, P(x) \to P(y) \vee Q(y)$	Sil 1, 3
6	$\vdash \forall x\, P(x) \to \forall x(P(x) \vee Q(x))$	GU condicional 5
7	$\vdash \forall x\, Q(x) \to P(y) \vee Q(y)$	Sil 2, 4
8	$\vdash \forall x\, Q(x) \to \forall x(P(x) \vee Q(x))$	GU condicional
9	$\vdash [\forall x\, P(x) \to \forall x(P(x) \vee Q(x))] \to$ $\to \{[\forall x\, Q(x) \to \forall x(P(x) \vee Q(x))] \to$ $\to [\forall x\, P(x) \vee \forall x\, Q(x) \to$ $\to \forall x(P(x) \vee Q(x))]\}$	Ax 6 para: $A \rightleftharpoons \forall x\, P(x)$ $C \rightleftharpoons \forall x(P(x) \vee Q(x))$ $B \rightleftharpoons \forall x\, Q(x)$

10	$\vdash [\forall x\, Q(x) \rightarrow \forall x(P(x) \vee Q(x))] \rightarrow$ $\rightarrow [\forall x\, P(x) \vee \forall x\, Q(x) \rightarrow$ $\rightarrow \forall x(P(x) \vee Q(x))]$	MP 6, 9
11	$\vdash \forall x\, P(x) \vee \forall x\, Q(x) \rightarrow$ $\rightarrow \forall x(P(x) \vee Q(x))$	MP 8, 10

La fórmula: $\forall x[P(x) \vee Q(x)] \rightarrow \forall x\, P(x) \vee \forall x\, Q(x)$, no es válida, puede comprobarse que sí lo sería si fuera válida:

$$A(y) \rightarrow \forall x\, P(x)$$

Lo que no ocurre, como se comprueba en el capítulo 7.

* $\vdash \forall x(A \vee P(x)) \leftrightarrow A \vee \forall x\, P(x)$ (A independiente de x).

Directa:

1	$\vdash \forall x(A \vee P(x)) \rightarrow A \vee P(y)$	Ax 9
2	$\vdash A \vee P(y) \rightarrow [\sim A \rightarrow P(y)]$	Interdefinición $\vee, \rightarrow$
3	$\vdash \forall x(A \vee P(x)) \rightarrow (\sim A \rightarrow P(y))$	Sil 1, 2
4	$\vdash \forall x(A \vee P(x)) \wedge \sim A \rightarrow P(y)$	Importación 3
5	$\vdash \forall x(A \vee P(x)) \wedge \sim A \rightarrow \forall x\, P(x)$	GU condicional 4 (este paso es posible por ser $\forall x[A \vee P(x)] \wedge \sim A$ indep. de x por hipótesis sobre A).
6	$\vdash \forall x(A \vee P(x)) \rightarrow [\sim A \rightarrow \forall x\, P(x)]$	Exportación 5
7	$\vdash [\sim A \rightarrow \forall x\, P(x)] \rightarrow [A \vee \forall x\, P(x)]$	Interdefinición $\vee, \rightarrow$
8	$\vdash \forall x(A \vee P(x)) \rightarrow A \vee \forall x\, P(x)$	Sil 6, 7

Recíproca:

1	$\vdash \forall x\, P(x) \rightarrow P(y)$	Ax 9
2	$\vdash P(y) \rightarrow A \vee P(y)$	Ax 5
3	$\vdash \forall x\, P(x) \rightarrow A \vee P(y)$	Sil 1, 2
4	$\vdash \forall x\, P(x) \rightarrow \forall x(A \vee P(x))$	GU condicional en 3 (posible por no estar en $\forall x\, P(x)$ la variable y libre).
5	$\vdash A \rightarrow A \vee P(y)$	Ax 5
6	$\vdash A \rightarrow \forall x(A \vee P(x))$	GU condicional en 5 (posible por no estar x libre en A).
7	$\vdash [\forall x\, P(x) \rightarrow \forall x(A \vee P(x))] \rightarrow$ $\rightarrow \{[A \rightarrow \forall x(A \vee P(x))] \rightarrow$ $\rightarrow [A \vee \forall x\, P(x) \rightarrow \forall x(A \vee P(x))]\}$	Ax 6
8	$\vdash [A \rightarrow \forall x(A \vee P(x))] \rightarrow$ $\rightarrow [A \vee \forall x\, P(x) \rightarrow \forall x(A \vee P(x))]$	MP 4, 7
9	$\vdash A \vee \forall x\, P(x) \rightarrow \forall x(A \vee P(x))$	MP 6, 8

* $\vdash \exists x[P(x) \vee Q(x)] \leftrightarrow \exists x\, P(x) \vee \exists x\, Q(x)$

Directa:

1	$\vdash P(y) \rightarrow \exists x\, P(x)$	Ax 10

2	$\vdash Q(y) \to \exists x\, Q(x)$	Ax 10
3	$\vdash \exists x\, P(x) \to \exists x\, P(x) \vee \exists x\, Q(x)$	Ax 5
4	$\vdash \exists x\, Q(x) \to \exists x\, P(x) \vee \exists x\, Q(x)$	Ax 5
5	$\vdash P(y) \to \exists x\, P(x) \vee \exists x\, Q(x)$	Sil 1, 3
6	$\vdash Q(y) \to \exists x\, P(x) \vee \exists x\, Q(x)$	Sil 2, 4
7	$\vdash [P(y) \to \exists x\, P(x) \vee \exists x\, Q(x)] \to$ $\to \{[Q(y) \to \exists x\, P(x) \vee \exists x\, Q(x)] \to$ $\to [P(y) \vee Q(y) \to \exists x\, P(x) \vee \exists x\, Q(x)]\}$	Ax 6
8	$\vdash [Q(y) \to \exists x\, P(x) \vee \exists x\, Q(x)] \to$ $\to [P(y) \vee Q(y) \to \exists x\, P(x) \vee \exists x\, Q(x)]$	MP 5, 7
9	$\vdash P(y) \vee Q(y) \to \exists x\, P(x) \vee \exists x\, Q(x)$	MP 6, 8
10	$\vdash \exists x(P(x) \vee Q(x)) \to$ $\to \exists x\, P(x) \vee \exists x\, Q(x)$	GE condicional 9

Recíproca:

1	$\vdash P(y) \vee Q(y) \to \exists x(P(x) \vee Q(x))$	Ax 10
2	$\vdash P(y) \to P(y) \vee Q(y)$	Ax 5
3	$\vdash Q(y) \to P(y) \vee Q(y)$	Ax 5
4	$\vdash P(y) \to \exists x(P(x) \vee Q(x))$	Sil 2, 1
5	$\vdash Q(y) \to \exists x(P(x) \vee Q(x))$	Sil 3, 1
6	$\vdash \exists x\, P(x) \to \exists x(P(x) \vee Q(x))$	GE condicional 4
7	$\vdash \exists x\, Q(x) \to \exists x(P(x) \vee Q(x))$	GE condicional 5
8	$\vdash [\exists x\, P(x) \to \exists x(P(x) \vee Q(x))] \to$ $\to \{[\exists x\, Q(x) \to \exists x(P(x) \vee Q(x))] \to$ $\to [\exists x\, P(x) \vee \exists x\, Q(x) \to$ $\to \exists x(P(x) \vee Q(x))]\}$	Ax 6
9	$\vdash [\exists x\, Q(x) \to \exists x(P(x) \vee Q(x))] \to$ $\to [\exists x\, P(x) \vee \exists x\, Q(x) \to$ $\to \exists x(P(x) \vee Q(x))]$	MP 6, 8
10	$\vdash \exists x\, P(x) \vee \exists x\, Q(x) \to$ $\to \exists x(P(x) \vee Q(x))$	MP 7, 9

* $\vdash \exists x(A \vee P(x)) \leftrightarrow A \vee \exists x\, P(x)$

Directa:

1	$\vdash P(y) \to \exists x\, P(x)$	Ax 10
2	$\vdash \exists x\, P(x) \to A \vee \exists x\, P(x)$	Ax 5
3	$\vdash P(y) \to A \vee \exists x\, P(x)$	Sil 1, 2
4	$\vdash A \to A \vee \exists x\, P(x)$	Ax 5
5	$\vdash (A \to A \vee \exists x\, P(x)) \to$ $\to [(P(y) \to A \vee \exists x\, P(x))] \to$ $\to [(A \vee P(y) \to A \vee \exists x\, P(x))]$	Ax 6
6	$\vdash (P(y) \to A \vee \exists x\, P(x)) \to$ $\to [A \vee P(y) \to A \vee \exists x\, P(x)]$	MP 4, 5
7	$\vdash A \vee P(y) \to A \vee \exists x\, P(x)$	MP 3, 6
8	$\vdash \exists x(A \vee P(x)) \to A \vee \exists x\, P(x)$	GE condicional 7

Recíproca:

1	$\vdash A \vee P(y) \rightarrow \exists x(A \vee P(x))$	Ax 10
2	$\vdash A \rightarrow A \vee P(y)$	Ax 5
3	$\vdash P(y) \rightarrow A \vee P(y)$	Ax 5
4	$\vdash A \rightarrow \exists x(A \vee P(x))$	Sil 2, 1
5	$\vdash P(y) \rightarrow \exists x(A \vee P(x))$	Sil 3, 1
6	$\vdash \exists x\, P(x) \rightarrow \exists x(A \vee P(x))$	GE condicional 5
7	$\vdash [A \rightarrow \exists x(A \vee P(x))] \rightarrow$ $\rightarrow \{[\exists x\, P(x) \rightarrow \exists x(A \vee P(x))] \rightarrow$ $\rightarrow [A \vee \exists x\, P(x) \rightarrow \exists x(A \vee P(x))]\}$	Ax 6
8	$\vdash [\exists x\, P(x) \rightarrow \exists x(A \vee P(x))] \rightarrow$ $\rightarrow [A \vee \exists x\, P(x) \rightarrow \exists x(A \vee P(x))]$	MP 4, 7
9	$\vdash A \vee \exists x\, P(x) \rightarrow \exists x(A \vee P(x))$	MP 6, 8

4.7. *Cuantificación de fórmulas con la conectiva implicación*

* $\vdash \forall x(P(x) \rightarrow Q(x)) \rightarrow (\forall x\, P(x) \rightarrow \forall x\, Q(x))$

Por el teorema de la deducción, ya que no hay variables libres basta demostrar que es correcta la deducción:

$$\forall x(P(x) \rightarrow Q(x)),\ \forall x\, P(x) \Rightarrow \forall x\, Q(x)$$

1	$\forall x(P(x) \rightarrow Q(x))$	Premisa
2	$\forall x\, P(x)$	Premisa
3	$P(y)$	EU 2
4	$P(y) \rightarrow Q(y)$	EU 1 (puede hacerse para el mismo *y* que 3)
5	$Q(y)$	MP 3, 4
6	$\forall x\, Q(x)$	GU 5

* $\vdash \forall x(P(x) \rightarrow A) \rightarrow (\forall x\, P(x) \rightarrow A)$

Como en el caso anterior basta comprobar que es correcta la deducción:

$$\forall x(P(x) \rightarrow A),\ \forall x\, P(x) \Rightarrow A$$

1	$\forall x(P(x) \rightarrow A)$	Premisa
2	$\forall x\, P(x)$	Premisa
3	$P(y) \rightarrow A$	EU 1
4	$P(y)$	EU 2 (como en el caso anterior al tratarse en 3 y 4 de variables resultantes de especificación universal es posible utilizar *y* en ambas).
5	A	MP 3, 4

La fórmula $(\forall x\, P(x) \rightarrow A) \rightarrow \forall x(P(x) \rightarrow A)$, no es demostrable.

* $\vdash \forall x(A \to P(x)) \leftrightarrow (A \to \forall x\, P(x))$

Directa:

Se comprueba que es correcta la deducción:

$$\forall x(A \to P(x)),\ A \Rightarrow \forall x\, P(x)$$

1	$\forall x(A \to P(x))$	Premisa
2	A	Premisa
3	$A \to P(y)$	EU 1
4	$P(y)$	MP 2, 3
5	$\forall x\, P(x)$	GU 1

Recíproca:

Se comprueba que es correcta la deducción:

$$A \to \forall x\, P(x) \Rightarrow \forall x(A \to P(x))$$

1	$A \to \forall x\, P(x)$	Premisa
2	$\vdash \forall x\, P(x) \to P(y)$	Ax 9
3	$A \to P(y)$	Sil 1, 2
4	$\forall x(A \to P(x))$	GU 3

* $\vdash [\exists x\, P(x) \to \exists x\, Q(x)] \to \exists x(P(x) \to Q(x))$

Se demuestra inicialmente que es correcta la estructura deductiva:

$$\forall x \sim (P(x) \to Q(x)) \Rightarrow \sim (\exists x\, P(x) \to \exists x\, Q(x))$$

1	$\forall x \sim (P(x) \to Q(x))$	Premisa
2	$\sim (P(y) \to Q(y))$	EU 1
3	$\vdash (P(y) \to Q(y)) \leftrightarrow \sim (P(y) \wedge \sim Q(y))$	Interdefinición $\wedge, \to$
4	$\sim \sim (P(y) \wedge \sim Q(y))$	Intercambio 2, 3
5	$\vdash \sim \sim (P(y) \wedge \sim Q(y)) \to$ $\to (P(y) \wedge \sim Q(y))$	Ax 8
6	$P(y) \wedge \sim Q(y)$	MP 4, 5
7	$\vdash P(y) \wedge \sim Q(y) \to P(y)$	Ax 4
8	$\vdash P(y) \wedge \sim Q(y) \to \sim Q(y)$	Ax 4
9	$P(y)$	MP 6, 7
10	$\sim Q(y)$	MP 6, 8
11	$\exists x\, P(x)$	GE 9
12	$\forall x \sim Q(x)$	GU 10
13	$\vdash \forall x \sim Q(x) \leftrightarrow \sim \exists x\, Q(x)$	Teorema ya demostrado
14	$\sim \exists x\, Q(x)$	Intercambio 12, 13
15	$\vdash \exists x\, P(x) \to$ $\to (\sim \exists x\, Q(x) \to \exists x\, P(x) \wedge \sim \exists x\, Q(x))$	Ax 3
16	$\sim \exists x\, Q(x) \to \exists x\, P(x) \wedge \sim \exists x\, Q(x)$	MP 11, 15
17	$\exists x\, P(x) \wedge \sim \exists x\, Q(x)$	MP 14, 16
18	$\vdash \exists x\, P(x) \wedge \sim \exists x\, Q(x) \leftrightarrow$ $\leftrightarrow \sim (\exists x\, P(x) \to \exists x\, Q(x))$	Interdefinición $\wedge, \to$
19	$\sim (\exists x\, P(x) \to \exists x\, Q(x))$	Intercambio 17, 18

Por tanto: $\forall x \sim (P(x) \rightarrow Q(x)) \Rightarrow \sim (\exists x\, P(x) \rightarrow \exists x\, Q(x))$, es una deducción correcta y por ello puede considerarse válida:

$$\vdash \forall x \sim (P(x) \rightarrow Q(x)) \rightarrow \sim (\exists x\, P(x) \rightarrow \exists x\, Q(x))$$

A partir de ella puede demostrarse el teorema por contraposición e interdefinición de cuantificadores.

* $\vdash (\exists x\, P(x) \rightarrow A) \rightarrow \exists x(P(x) \rightarrow A)$

Como en el apartado anterior se comprueba previamente que es correcta la deducción:

$$\forall x \sim (P(x) \rightarrow A) \Rightarrow \sim (\exists x\, P(x) \rightarrow A)$$

1	$\forall x \sim (P(x) \rightarrow A)$	Premisa
2	$\sim (P(y) \rightarrow A)$	EU 1
3	$\vdash (P(y) \rightarrow A) \leftrightarrow \sim (P(y) \wedge \sim A)$	Interdefinición $\rightarrow$, $\wedge$
4	$\sim \sim (P(y) \wedge \sim A)$	Intercambio 3, 2
5	$\vdash \sim \sim (P(y) \wedge \sim A) \rightarrow (P(y) \wedge \sim A)$	Ax 8
6	$P(y) \wedge \sim A$	MP 4, 5
7	$\vdash P(y) \wedge \sim A \rightarrow P(y)$	Ax 4
8	$\vdash P(y) \wedge \sim A \rightarrow \sim A$	Ax 4
9	$P(y)$	MP 6, 7
10	$\sim A$	MP 6, 8
11	$\exists x\, P(x)$	GE 9
12	$\vdash \sim A \rightarrow$ $\rightarrow [(\exists x\, P(x) \rightarrow \exists x\, P(x) \wedge \sim A)]$	Ax 3
13	$\exists x\, P(x) \rightarrow \exists x\, P(x) \wedge \sim A$	MP 11, 12
14	$\exists x\, P(x) \wedge \sim A$	MP 11, 13
15	$\vdash \exists x\, P(x) \wedge \sim A \leftrightarrow$ $\leftrightarrow \sim (\exists x\, P(x) \rightarrow A)$	Interdefinición $\rightarrow$, $\wedge$
16	$\sim (\exists x\, P(x) \rightarrow A)$	Intercambio 14, 15

Por tanto, al ser correcta la deducción anterior, es válida, por el teorema de la deducción, la fórmula:

$$\vdash \forall x \sim (P(x) \rightarrow A) \rightarrow \sim (\exists x\, P(x) \rightarrow A)$$

y de manera similar a la del apartado anterior se obtiene:

$$\vdash (\exists x\, P(x) \rightarrow A) \rightarrow \exists x(P(x) \rightarrow A)$$

Obsérvese que en el paso 11 de la deducción anterior se ha obtenido $\exists x\, P(x)$ a partir de $P(y)$ por generalización existencial. Dado que y procede de una especificación universal, también podría haberse aplicado la regla de generalización universal, en este caso el resto de la deducción sería similar con el único cambio de $\forall x\, P(x)$ por $\exists x\, P(x)$. Por tanto, también es demostrable la fórmula:

$$\vdash (\forall x\, P(x) \rightarrow A) \rightarrow \exists x(P(x) \rightarrow A)$$

* $\forall x[P(x) \to A] \leftrightarrow [\exists x\, P(x) \to A]$

Directa:

Basta comprobar que es correcta la deducción:

$$\forall x(P(x) \to A) \Rightarrow \exists x\, P(x) \to A$$

1	$\forall x(P(x) \to A)$	Premisa
2	$P(y) \to A$	EU 1
3	$\exists x\, P(x) \to A$	GE condicional 2

Recíproca:

Como en casos anteriores se comprueba primeramente que es correcta:

$$\sim \forall x(P(x) \to A) \Rightarrow \sim (\exists x\, P(x) \to A)$$

1	$\sim \forall x(P(x) \to A)$	
2	$\vdash \sim \forall x(P(x) \to A) \leftrightarrow$ $\leftrightarrow \exists x \sim (P(x) \to A)$	Teorema de negación de cuantificadores
3	$\exists x \sim (P(x) \to A)$	Intercambio 1, 2
4	$\sim (P(y) \to A)$	EE 3
5	$\vdash \sim (P(y) \to A) \leftrightarrow P(y) \wedge \sim A$	Interdefinición $\to$, $\wedge$
6	$P(y) \wedge \sim A$	
7	$\vdash P(y) \wedge \sim A \to P(y)$	Ax 4
8	$\vdash P(y) \wedge \sim A \to \sim A$	Ax 4
9	$P(y)$	MP 6, 7
10	$\sim A$	MP 6, 8
11	$\exists x\, P(x)$	GE 9
12	$\vdash \exists x\, P(x) \to$ $\to (\sim A \to \exists x\, P(x) \wedge \sim A)$	Ax 3
13	$\sim A \to \exists x\, P(x) \wedge \sim A$	MP 11, 12
14	$\exists x\, P(x) \wedge \sim A$	MP 10, 13
15	$\exists x\, P(x) \wedge \sim A$	EE, cancelación
16	$\vdash \exists x\, P(x) \wedge \sim A \leftrightarrow$ $\leftrightarrow \sim (\exists x\, P(x) \to A)$	Interdefinición
17	$\sim (\exists x\, P(x) \to A)$	Intercambio 15, 16

Una vez obtenida esta deducción puede afirmarse la validez de la fórmula:

$$\sim \forall x(P(x) \to A) \to \sim (\exists x\, P(x) \to A)$$

y a partir de ella como en los apartados anteriores por contraposición, se obtiene:

$$(\exists x\, P(x) \to A) \to \forall x(P(x) \to A)$$

* $\vdash (A \to \exists x\, P(x)) \leftrightarrow \exists x(A \to P(x))$

Directa:

Se comprueba la deducción:

$$\sim \exists x(A \rightarrow P(x)) \Rightarrow \sim (A \rightarrow \exists x\, P(x))$$

1	$\sim \exists x(A \rightarrow P(x))$	Premisa
2	$\vdash \sim \exists x(A \rightarrow P(x)) \rightarrow$ $\rightarrow \forall x \sim (A \rightarrow P(x))$	Teorema de negación de cuantificadores
3	$\forall x \sim (A \rightarrow P(x))$	MP 1, 2
4	$\sim (A \rightarrow P(y))$	EU 3
5	$\vdash \sim (A \rightarrow P(y)) \leftrightarrow A \wedge \sim P(y)$	Interdefinición $\rightarrow$, $\wedge$
6	$A \wedge \sim P(y)$	Intercambio 4, 5
7	$\vdash A \wedge \sim P(y) \rightarrow A$	Ax 4
8	$\vdash A \wedge \sim P(y) \rightarrow \sim P(y)$	Ax 4
9	A	MP 6, 7
10	$\sim P(y)$	MP 6, 8
11	$\forall x \sim P(x)$	GU 10
12	$\forall x \sim P(x) \leftrightarrow \sim \exists x\, P(x)$	Teorema
13	$\sim \exists x\, P(x)$	Intercambio 11, 12
14	$\vdash A \rightarrow (\sim \exists x\, P(x) \rightarrow A \wedge \sim \exists x\, P(x))$	Ax 3
15	$\sim \exists x\, P(x) \rightarrow A \wedge \sim \exists x\, P(x)$	MP 9, 14
16	$A \wedge \sim \exists x\, P(x)$	MP 13, 15
17	$\vdash \sim (A \rightarrow \exists x\, P(x)) \leftrightarrow A \wedge \sim \exists x\, P(x)$	Interdefinición
18	$\sim (A \rightarrow \exists x\, P(x))$	Intercambio 16, 17

Por tanto, es válida la fórmula:

$$\vdash \sim \exists x(A \rightarrow P(x)) \rightarrow \sim (A \rightarrow \exists x\, P(x))$$

y aplicando un procedimiento similar a los apartados anteriores se obtiene como válida:

$$\vdash (A \rightarrow \exists x\, P(x)) \rightarrow \exists x(A \rightarrow P(x))$$

Recíproca:

Es suficiente comprobar que es correcta la deducción:

$$\exists x(A \rightarrow P(x)),\ A \Rightarrow \exists x\, P(x)$$

1	$\exists x(A \rightarrow P(x))$	Premisa
2	A	Premisa
3	$A \rightarrow P(y)$	EE 1
4	$P(y)$	MP 2, 3
5	$\exists x\, P(x)$	
6	$\exists x\, P(x)$	GE 4

4.8. *Regla de intercambio*

En las demostraciones de los apartados anteriores se ha empleado la regla de intercambio, ya demostrada para el cálculo proposicional, referida a teoremas de fórmulas entre conectivas, no afectadas por cuantificadores. Esta aplicación es correcta por basarse en la justificación de la regla ya realizada para las distintas conectivas en el capítulo 2. Sin embargo, la regla es aplicable también en cálculo de predicados para intercambio de fórmulas afectadas por cuantificadores. A continuación se demuestra su generalización para este último aspecto. Para ello basta comprobar previamente que si $A(y)$, $B(y)$ son fórmulas, si $\vdash A(y) \leftrightarrow B(y)$ es válida, también son válidas $\vdash \forall x\, A(x) \leftrightarrow \forall x\, B(x)$ y $\vdash \exists x\, A(x) \leftrightarrow \exists x\, B(x)$. Una vez probado esto es posible construir un procedimiento similar al explicado en el capítulo 2 para justificar la aplicación de la regla de intercambio entre partes equivalentes de fórmulas incluso cuando estas partes están afectadas por cuantificadores:

Lema 1.

Si $\vdash A(y) \leftrightarrow B(y)$, entonces

$$\vdash \forall x\, A(x) \leftrightarrow \forall x\, B(x)$$

1	$\vdash A(y) \leftrightarrow B(y)$	Fórmula válida por hipótesis
2	$\vdash \forall x\, A(x) \to A(y)$	Ax 9
3	$\vdash [A(y) \leftrightarrow B(y)] \to [A(y) \to B(y)]$	Ax 4

(Esto es correcto ya que por definición de la conectiva $\leftrightarrow$: $A(y) \leftrightarrow B(y) \rightleftharpoons$ $\rightleftharpoons [A(y) \to B(y)] \wedge [B(y) \to A(y)]$).

4	$\vdash A(y) \to B(y)$	MP 1, 3
5	$\vdash \forall x\, A(x) \to B(y)$	Sil 2, 4
6	$\vdash \forall x\, A(x) \to \forall x\, B(x)$	GU condicional 5
7	$\vdash [A(y) \leftrightarrow B(y)] \to [B(y) \to A(y)]$	Ax 4 (mismas consideraciones que en 3)
8	$\vdash B(y) \to A(y)$	MP 1, 7
9	$\vdash \forall x\, B(x) \to B(y)$	Ax 9
10	$\vdash \forall x\, B(x) \to A(y)$	Sil 9, 8
11	$\vdash \forall x\, B(x) \to \forall x\, A(x)$	GU condicional 10
12	$\vdash [\forall x\, A(x) \to \forall x\, B(x)] \to$ $\to [(\forall x\, B(x) \to \forall x\, A(x)) \to$ $\to (\forall x\, A(x) \leftrightarrow \forall x\, B(x))]$	Ax 3 (con observaciones similares a 3)
13	$\vdash [\forall x\, B(x) \to \forall x\, A(x)] \to$ $\to [\forall x\, A(x) \leftrightarrow \forall x\, B(x)]$	MP 6, 12
14	$\vdash \forall x\, A(x) \leftrightarrow \forall x\, B(x)$	MP 11, 13

Lema 2.

1	$\vdash A(y) \leftrightarrow B(y)$	Fórmula válida supuesta

2	$\vdash A(y) \to \exists x\, A(x)$	Ax 10
3	$\vdash (A(y) \leftrightarrow B(y)) \to (B(y) \to A(y))$	Ax 4
4	$\vdash B(y) \to A(y)$	MP 1, 3
5	$\vdash B(y) \to \exists x\, A(x)$	Sil 4, 2
6	$\vdash \exists x\, B(x) \to \exists x\, A(x)$	GE condicional 5
7	$\vdash (A(y) \leftrightarrow B(y)) \to (A(y) \to B(y))$	Ax 4
8	$\vdash A(y) \to B(y)$	MP 1, 7
9	$\vdash B(y) \to \exists x\, B(x)$	Ax 10
10	$\vdash A(y) \to \exists x\, B(x)$	Sil 8, 9
11	$\vdash \exists x\, A(x) \to \exists x\, B(x)$	GE condicional 10
12	$\vdash (\exists x\, B(x) \to \exists x\, A(x)) \to$ $\to [(\exists x\, A(x) \to \exists x\, B(x)) \to$ $\to (\exists x\, A(x) \leftrightarrow \exists x\, B(x))]$	Ax 3
13	$\vdash (\exists x\, A(x) \to \exists x\, B(x)) \to$ $\to (\exists x\, A(x) \leftrightarrow \exists x\, B(x))$	MP 6, 12
14	$\vdash \exists x\, A(x) \leftrightarrow \exists x\, B(x)$	MP 11, 13

Los lemas 1 y 2 en unión de las propiedades demostradas en el capítulo 2 permiten sustituir partes de fórmulas por otras relacionadas con ellas mediante equivalencia en una fórmula válida. El proceso se ilustra con el ejemplo siguiente:

La fórmula $\exists x[C(x) \to \forall y \sim (B(y) \wedge \sim A(y))]$ es equivalente a la correspondiente a sustituir dentro del área de influencia de las cuantificaciones de x e y, fórmulas equivalentes, es decir:

$$\vdash \exists x[C(x) \to \forall y \sim (B(y) \wedge \sim A(y))] \leftrightarrow \exists x[\sim C(x) \vee \forall y(B(y) \to A(y))]$$

Para llegar a esta equivalencia basta aplicar sucesivamente los teoremas del capítulo 2 y los dos lemas anteriores:

1	$\vdash \sim (B(y) \wedge \sim A(y)) \leftrightarrow$ $\leftrightarrow (B(y) \to A(y))$	Equiv. de interdefinición de $\wedge$ y $\to$
2	$\vdash \forall y \sim (B(y) \wedge \sim A(y)) \leftrightarrow$ $\leftrightarrow \forall y(B(y) \to A(y))$	Lema 1
3	$\vdash [C(x) \to \forall y \sim (B(y) \wedge \sim A(y))] \leftrightarrow$ $\leftrightarrow [C(x) \to \forall y(B(y) \to A(y))]$	Teorema capítulo 2
4	$\vdash [C(x) \to \forall y(B(y) \to A(y))] \leftrightarrow$ $\leftrightarrow [\sim C(x) \vee \forall y(B(y) \to A(y))]$	Equiv. de interdefinición de $\wedge$ y $\to$
5	$\vdash [C(x) \to \forall y \sim (B(y) \wedge \sim A(y))] \leftrightarrow$ $\leftrightarrow [\sim C(x) \vee \forall y(B(y) \to A(y))]$	Intercambio 3, 4
6	$\vdash \exists x[C(x) \to (\sim B(y) \wedge \sim A\ (y))] \leftrightarrow$ $\leftrightarrow \exists x[\sim C(x) \vee \forall y(B(y) \to A(y))]$	Lema 2

4.9. *Cuantificación de fórmulas con equivalencia material*

* $\forall x(P(x) \leftrightarrow Q(x)) \rightarrow (\forall x\, P(x) \leftrightarrow \forall x\, Q(x))$

1	$\vdash \forall x(P(x) \rightarrow Q(x)) \wedge \wedge \forall x(Q(x) \rightarrow P(x)) \rightarrow \rightarrow \forall x(Q(x) \rightarrow P(x))$	Ax 4
2	$\vdash \forall x(P(x) \rightarrow Q(x)) \rightarrow \rightarrow (\forall x\, P(x) \rightarrow \forall x\, Q(x))$	Teorema ya demostrado
3	$\vdash \forall x(Q(x) \rightarrow P(x)) \rightarrow \rightarrow (\forall x\, Q(x) \rightarrow \forall x\, P(x))$	Teorema ya demostrado
4	$\vdash \forall x(P(x) \leftrightarrow Q(x)) \rightarrow \rightarrow \forall x(P(x) \rightarrow Q(x))$	Fórmula válida*
5	$\vdash \forall x(P(x) \leftrightarrow Q(x)) \rightarrow \rightarrow \forall x(Q(x) \rightarrow P(x))$	Fórmula válida*
6	$\vdash \forall x(P(x) \leftrightarrow Q(x)) \rightarrow \rightarrow (\forall x\, P(x) \rightarrow \forall x\, Q(x))$	Sil 4, 2
7	$\vdash \forall x(P(x) \leftrightarrow Q(x)) \rightarrow \rightarrow (\forall x\, Q(x) \rightarrow \forall x\, P(x))$	Sil 5, 3
8	$\vdash [\forall x\, P(x) \rightarrow \forall x\, Q(x)] \rightarrow \rightarrow [\forall x\, Q(x) \rightarrow \forall x\, P(x)] \rightarrow \rightarrow [\forall x\, P(x) \leftrightarrow \forall x\, Q(x)]$	Ax 3 (teniendo en cuenta la definición de $\leftrightarrow$)
9	$\vdash \forall x(P(x) \leftrightarrow Q(x)) \rightarrow \rightarrow [(\forall x\, Q(x) \rightarrow \forall x\, P(x)) \rightarrow \rightarrow (\forall x\, P(x) \leftrightarrow \forall x\, Q(x))]$	Sil 6, 8
10	$\vdash (\forall x\, Q(x) \rightarrow \forall x\, P(x)) \rightarrow \rightarrow [\forall x(P(x) \leftrightarrow Q(x)) \rightarrow \rightarrow (\forall x\, P(x) \leftrightarrow \forall x\, Q(x))]$	Mutación 9
11	$\vdash \forall x(P(x) \leftrightarrow Q(x)) \rightarrow \rightarrow [\forall x(P(x) \leftrightarrow Q(x)) \rightarrow \rightarrow (\forall x\, P(x) \leftrightarrow \forall x\, Q(x))]$	Sil 7, 10
12	$\vdash \forall x(P(x) \leftrightarrow Q(x)) \wedge \wedge \forall x(P(x) \leftrightarrow Q(x)) \rightarrow \rightarrow (\forall x\, P(x) \leftrightarrow \forall x\, Q(x))$	Importación 11
13	$\vdash [\forall x(P(x) \leftrightarrow Q(x)) \wedge \wedge \forall x(P(x) \leftrightarrow Q(x))] \leftrightarrow \leftrightarrow \forall x(P(x) \leftrightarrow Q(x))$	Idempotencia
14	$\vdash \forall x(P(x) \leftrightarrow Q(x)) \rightarrow \rightarrow (\forall x\, P(x) \leftrightarrow \forall x\, Q(x))$	Intercambio 12, 13

* Se comprueba de la forma siguiente:

1	$\forall x(P(x) \leftrightarrow Q(x))$	
2	$P(y) \leftrightarrow Q(y)$	EU 1
3	$(P(y) \leftrightarrow Q(y)) \rightarrow (P(y) \rightarrow Q(y))$	Ax 4
4	$P(y) \rightarrow Q(y)$	MP 2, 3
5	$\forall x(P(x) \rightarrow Q(x))$	GU 4
6	$\forall x(P(x) \leftrightarrow Q(x)) \rightarrow \forall x(P(x) \rightarrow Q(x))$	TD 1, 5

* $\vdash \forall x(P(x) \leftrightarrow A) \rightarrow (\forall x\, P(x) \leftrightarrow A)$

1	$\vdash \forall x(P(x) \leftrightarrow A) \rightarrow \forall x(P(x) \rightarrow A)$	Ax 4
2	$\vdash \forall x(P(x) \leftrightarrow A) \rightarrow \forall x(A \rightarrow P(x))$	Ax 4
3	$\vdash \forall x(P(x) \rightarrow A) \rightarrow (\forall x\, P(x) \rightarrow A)$	Teorema ya demostrado
4	$\vdash \forall x(A \rightarrow P(x)) \rightarrow (A \rightarrow \forall x\, P(x))$	Teorema ya demostrado
5	$\vdash \forall x(P(x) \leftrightarrow A) \rightarrow (\forall x\, P(x) \rightarrow A)$	Sil 1, 3
6	$\vdash \forall x(P(x) \leftrightarrow A) \rightarrow (A \rightarrow \forall x\, P(x))$	Sil 2, 4
7	$\vdash (\forall x\, P(x) \rightarrow A) \rightarrow$ $\rightarrow [(A \rightarrow \forall x\, P(x)) \rightarrow$ $\rightarrow (\forall x\, P(x) \leftrightarrow A)]$	Ax 3 (teniendo en cuenta la definición de $\leftrightarrow$)
8	$\vdash \forall x(P(x) \leftrightarrow A) \rightarrow$ $\rightarrow [(A \rightarrow \forall x\, P(x)) \rightarrow$ $\rightarrow (\forall x\, P(x) \leftrightarrow A)]$	Sil 5, 7
9	$\vdash (A \rightarrow \forall x\, P(x)) \rightarrow$ $\rightarrow [\forall x(P(x) \leftrightarrow A) \rightarrow$ $\rightarrow (\forall x\, P(x) \leftrightarrow A)]$	Mutación 8
10	$\vdash \forall x(P(x) \leftrightarrow A) \rightarrow$ $\rightarrow [\forall x(P(x) \leftrightarrow A) \rightarrow$ $\rightarrow (\forall x\, P(x) \leftrightarrow A)]$	Sil 6, 9
11	$\vdash \forall x(P(x) \leftrightarrow A) \wedge$ $\wedge \forall x(P(x) \leftrightarrow A) \rightarrow$ $\rightarrow (\forall x\, P(x) \leftrightarrow A)$	Importación 10
12	$\vdash \forall x(P(x) \leftrightarrow A) \leftrightarrow$ $\leftrightarrow \forall x(P(x) \leftrightarrow A) \wedge$ $\wedge \forall x(P(x) \leftrightarrow A)$	Idempotencia
13	$\vdash \forall x(P(x) \leftrightarrow A) \rightarrow$ $\rightarrow (\forall x\, P(x) \leftrightarrow A)$	Sil 12, 11

4.10. *Otros teoremas*

De forma similar a los teoremas anteriores pueden obtenerse entre otras las siguientes fórmulas válidas cuya demostración se propone como ejercicio.

$\vdash [\forall x\, P(x) \wedge \forall x\, Q(x)] \rightarrow \exists x[P(x) \wedge Q(x)]$
$\vdash [A \wedge \forall x\, P(x)] \rightarrow \exists x[A \wedge P(x)]$
$\vdash \forall x[P(x) \wedge Q(x)] \rightarrow \exists x\, P(x) \wedge \exists x\, Q(x)$
$\vdash \forall x[P(x) \wedge A] \rightarrow \exists x[P(x) \wedge A]$
$\vdash [A \vee \forall x\, P(x)] \rightarrow \exists x[A \vee P(x)]$
$\vdash \forall x\, P(x) \vee \forall x\, Q(x) \rightarrow \exists x[P(x) \vee Q(x)]$
$\vdash \forall x[P(x) \vee Q(x)] \rightarrow \exists x\, P(x) \vee \exists x\, Q(x)$
$\vdash \forall x[A \vee P(x)] \rightarrow A \vee \exists x\, P(x)$
$\vdash \forall x(P(x) \rightarrow Q(x)) \rightarrow [\exists x\, P(x) \rightarrow \exists x\, Q(x)]$
$\vdash \forall x(P(x) \rightarrow A) \rightarrow (\forall x\, P(x) \rightarrow A)$
$\vdash (\forall x\, P(x) \rightarrow A) \rightarrow \exists x(P(x) \rightarrow A)$

5. Forma normal PRENEX

La forma PRENEX, constituye una estructura de fórmula en cálculo de predicados caracterizada por las siguientes propiedades:

a) Todos los cuantificadores aparecen en cabeza de una expresión a la que afectan en su totalidad.
b) La expresión afectada por el conjunto de cuantificadores se denomina matriz de la fórmula y está constituida por predicados y conectivas, de estas últimas solamente aparecen conjunción, disyunción y negación, esta última aplicada a subfórmulas constituidas por predicados simples.

Ejemplos:

$$\forall x\ \forall y\ \exists z[\sim A(x, y) \vee P(x, y, z) \vee R(w, x)]$$

$$\exists x\ \forall y\ \forall z[\sim A(x, y, z) \wedge (R(x, w) \vee P(x, w))]$$

Teorema:

Dada una fórmula cualquiera, A, en cálculo de predicados, siempre existe otra fórmula FP(A) en forma Prenex, tal que $\vdash A \leftrightarrow FP(A)$ *es una fórmula válida.*

Es decir, toda fórmula en cálculo de predicados es equivalente a otra en forma Prenex.

Para demostrar este teorema se va a definir un procedimiento efectivo que permite, por aplicación de la regla de intercambio, obtener fórmulas equivalentes a la de partida que sucesivamente incorporan características de la forma Prenex.

El procedimiento tiene las etapas siguientes:

* Eliminación de las conectivas distintas de $\vee$, $\wedge$, $\sim$.

La única conectiva a eliminar es $\rightarrow$ ya que la equivalencia material $\leftrightarrow$, se define a partir de $\rightarrow$, $\wedge$.

Esto puede llevarse a cabo aplicando la regla de intercambio y las fórmulas válidas de interdefinición de la conectiva implicación respecto de la conjunción y la disyunción.

$$\vdash (A \rightarrow B) \leftrightarrow (\sim A \vee B)$$

$$\vdash (A \rightarrow B) \leftrightarrow \sim (A \wedge \sim B) \qquad (1)$$

En efecto, si una parte de la fórmula F de partida incluye la conectiva $\rightarrow$ entre dos fórmulas parciales R y S:

$$F \rightleftharpoons \dots \quad R \rightarrow S \dots$$

de acuerdo con el teorema de intercambio, teniendo en cuenta las equivalencias (1) pueden escribirse las siguientes fórmulas válidas:

$$\vdash \ldots (R \rightarrow S) \ldots \leftrightarrow \ldots (\sim R \vee S) \ldots$$

o bien: (2)

$$\vdash \ldots (R \rightarrow S) \ldots \leftrightarrow \ldots \sim (R \wedge \sim S) \ldots$$

Si en las fórmulas del segundo miembro de estas equivalencias aparece la conectiva $\rightarrow$ entre otras dos fórmulas *P, Q,* puede aplicarse nuevamente el teorema de intercambio tomando como primer miembro de las equivalencias a formular, los segundos miembros de las equivalencias (2).

Por tanto, dado que se trata con fórmulas de número finito de símbolos como consecuencia de la aplicación del procedimiento anterior se obtiene una cadena finita de equivalencias válidas en las que:

—El primer miembro de la primera es la fórmula *F*.
—El segundo miembro de la última es una fórmula, F', en donde sólo aparecen $\wedge$, $\vee$, $\sim$, ya que si así no fuera y apareciera algún signo $\rightarrow$, sería posible añadir a la secuencia alguna equivalencia de tipo (2) que permitiera eliminar este signo en el segundo miembro.
—Cada equivalencia tiene como primer miembro el segundo miembro de la anterior.

Por tanto, aplicando la propiedad transitiva de la equivalencia (demostrada en el capítulo 2) o bien simplemente la regla de intercambio, sucesivamente entre fórmulas, resulta demostrable la equivalencia:

$$\vdash F \leftrightarrow F' \qquad (3)$$

en donde F' cumple la condición de incluir exclusivamente las conectivas $\wedge$, $\vee$, $\sim$.

* Eliminación del signo $\sim$ aplicado a fórmulas compuestas.

Si en la fórmula F' resultante en (3) al final de la etapa anterior aparece la negación aplicada a fórmulas parciales y no a predicados simples, puede aplicarse un procedimiento apoyado en las leyes de De Morgan o las fórmulas de equivalencia entre negación de fórmulas cuantificadas demostradas en 4.4.

$$\vdash \sim (A \wedge B) \leftrightarrow \sim A \vee \sim B$$

$$\vdash \sim (A \vee B) \leftrightarrow \sim A \wedge \sim B$$

$$\vdash \sim \forall x\, A(x) \leftrightarrow \exists x \sim A(x)$$

$$\vdash \sim \exists x\, A(x) \leftrightarrow \forall x \sim A(x)$$

Por tanto, si F' tiene las estructuras:

$$F' \rightleftharpoons \ldots \sim (R \wedge S) \ldots$$

$$F' \rightleftharpoons \ldots \sim (R \vee S) \ldots$$

$$F' \rightleftharpoons \ldots \sim \forall x\, R(x) \ldots$$

$$F' \rightleftharpoons \ldots \sim \exists x\, R(x) \ldots$$

De acuerdo con el teorema de intercambio pueden escribirse las equivalencias válidas:

$$\vdash \ldots \sim (R \wedge S) \ldots \leftrightarrow \ldots \sim R \vee \sim S \ldots$$

$$\vdash \ldots \sim (R \vee S) \ldots \leftrightarrow \ldots \sim R \wedge \sim S \ldots$$

$$\vdash \ldots \sim \forall x\, R(x) \ldots \leftrightarrow \ldots \exists x \sim R(x) \ldots$$

$$\vdash \ldots \sim \exists x\, R(x) \ldots \leftrightarrow \ldots \forall x \sim R(x) \ldots$$

Si en las fórmulas del segundo miembro de estas equivalencias, aparece la negación afectando a la conjunción o disyunción de dos fórmulas parciales P, Q o a una fórmula cuantificada $S(x)$ puede aplicarse nuevamente el teorema de intercambio, para obtener nuevas equivalencias en cuyo segundo miembro el signo de negación está aplicado a los componentes de dichas fórmulas parciales P, Q, $S(x)$.

Por tanto, habida cuenta de que se consideran fórmulas con número finito de símbolos aplicando este procedimiento, puede escribirse una sucesión de equivalencias válidas de forma que el primer miembro de la primera es F' y el segundo miembro de la última es F'', tal que cumple la condición de que el signo $\sim$ está aplicado exclusivamente a predicados simples.

Aplicando la propiedad transitiva de la equivalencia material o la regla de intercambio, a esta sucesión de equivalencias válidas puede demostrarse finalmente:

$$\vdash F' \leftrightarrow F'' \tag{4}$$

* Situación de los cuantificadores en cabeza de la fórmula.

Los cuantificadores que aparezcan en F'' pueden afectar a la fórmula total o a fórmulas parciales; para obtener una fórmula en forma Prenex es preciso encontrar fórmulas equivalentes a F'' de forma que estos cuantificadores afecten a la fórmula total. Para obtener estas fórmulas se parte de que toda fórmula interior cuantificada está conectada con otra, bien mediante conjunción o bien por disyunción (ya que si así no fuera el cuantificador afectaría a la fórmula total, lo que va contra la hipótesis de que el cuantificador es interior). Se van a considerar dos casos de esta fórmula:

a) La fórmula parcial conectada no contiene libre la variable cuantificada.

b) La fórmula parcial conectada contiene libre la variable cuantificada.

A continuación se estudia cada uno de estos casos:

a) La fórmula parcial conectada no contiene libre la variable cuantificada.

Si $P(x)$ es la fórmula cuantificada y A es la fórmula parcial conectada con ella, son válidas las siguientes equivalencias demostradas en los apartados 4.5 y 4.6:

$$\begin{array}{l} \vdash A \vee \forall x\, P(x) \leftrightarrow \forall x(A \vee P(x)) \\ \vdash A \wedge \forall x\, P(x) \leftrightarrow \forall x(A \wedge P(x)) \\ \vdash A \vee \exists x\, P(x) \leftrightarrow \exists x(A \vee P(x)) \\ \vdash A \wedge \exists x\, P(x) \leftrightarrow \exists x(A \wedge P(x)) \end{array} \qquad (5)$$

De acuerdo con estas equivalencias de F'' tiene algunas de las estructuras:

$$\begin{array}{l} F'' \rightleftarrows \dots A \vee \forall x\, P(x) \dots \\ F'' \rightleftarrows \dots A \wedge \forall x\, P(x) \dots \\ F'' \rightleftarrows \dots A \vee \exists x\, P(x) \dots \\ F'' \rightleftarrows \dots A \wedge \exists x\, P(x) \dots \end{array}$$

Pueden formularse las siguientes equivalencias válidas aplicando el teorema de intercambio [teniendo en cuenta (5)]:

$$\begin{array}{l} \vdash \dots A \vee \forall x\, P(x) \dots \leftrightarrow \dots \forall x(A \vee P(x)) \dots \\ \vdash \dots A \wedge \forall x\, P(x) \dots \leftrightarrow \dots \forall x(A \wedge P(x)) \dots \\ \vdash \dots A \vee \exists x\, P(x) \dots \leftrightarrow \dots \exists x(A \vee P(x)) \dots \\ \vdash \dots A \wedge \exists x\, P(x) \dots \leftrightarrow \dots \exists x(A \wedge P(x)) \dots \end{array} \qquad (6)$$

b) La fórmula parcial conectada contiene libre la variable cuantificada.

En este caso las estructuras de F'' serían del tipo:

$$\begin{array}{l} F'' \rightleftarrows \dots A(x) \vee \forall x\, P(x) \dots \\ F'' \rightleftarrows \dots A(x) \wedge \forall x\, P(x) \dots \\ F'' \rightleftarrows \dots A(x) \vee \exists x\, P(x) \dots \\ F'' \rightleftarrows \dots A(x) \wedge \exists x\, P(x) \dots \end{array}$$

Previamente a la aplicación de las equivalencias (5) se utilizan en este caso las fórmulas válidas de cambio de variable cuantificada demostradas en 4.1.

$$\begin{array}{l} \vdash \forall x\, P(x) \leftrightarrow \forall y\, P(y) \\ \vdash \exists x\, P(x) \leftrightarrow \exists y\, P(y) \end{array} \qquad (7)$$

Por tanto, teniendo en cuenta (7) y la estructura supuesta de F'', por el teorema de intercambio, son válidas las siguientes equivalencias:

$$\begin{aligned} &\vdash \ldots A(x) \vee \forall x\, P(x) \ldots \leftrightarrow \ldots A(x) \vee \forall y\, P(y) \ldots \\ &\vdash \ldots A(x) \wedge \forall x\, P(x) \ldots \leftrightarrow \ldots A(x) \wedge \forall y\, P(y) \ldots \\ &\vdash \ldots A(x) \vee \exists x\, P(x) \ldots \leftrightarrow \ldots A(x) \vee \exists y\, P(y) \ldots \\ &\vdash \ldots A(x) \wedge \exists x\, P(x) \ldots \leftrightarrow \ldots A(x) \wedge \exists y\, P(y) \ldots \end{aligned} \tag{8}$$

En las fórmulas del segundo miembro la fórmula conectada es independiente de la variable cuantificada y, por tanto, son aplicables por intercambio las equivalencias (5) y, por tanto, son válidas:

$$\begin{aligned} &\vdash \ldots A(x) \vee \forall y\, P(y) \ldots \leftrightarrow \ldots \forall y(A(x) \vee P(y)) \ldots \\ &\vdash \ldots A(x) \wedge \forall y\, P(y) \ldots \leftrightarrow \ldots \forall y(A(x) \wedge P(y)) \ldots \\ &\vdash \ldots A(x) \vee \exists y\, P(y) \ldots \leftrightarrow \ldots \exists y(A(x) \vee P(y)) \ldots \\ &\vdash \ldots A(x) \wedge \exists y\, P(y) \ldots \leftrightarrow \ldots \exists y(A(x) \wedge P(y)) \ldots \end{aligned} \tag{9}$$

La aplicación de este criterio general de cambio de variable que, por ello, puede aumentar el número de cuantificadores en una fórmula, puede evitarse en los casos de $\forall x$ en conjunción o $\exists x$ en disyunción ya que son válidas, como ya se ha demostrado:

$$\begin{aligned} &\forall x(A(x) \wedge B(x)) \leftrightarrow \forall x\, A(x) \wedge \forall x\, B(x) \\ &\exists x(A(x) \vee B(x)) \leftrightarrow \exists x\, A(x) \vee \exists x\, B(x) \end{aligned} \tag{10}$$

En uno como en otro caso, aplicando las equivalencias (6) o la sucesión de (8), (9) o (10), el cuantificador que afectaba inicialmente a $P(x)$, aparece en el segundo miembro afectando a dos fórmulas que en principio estaban unidas por la conectiva con el cuantificador intercalado. Si la fórmula resultante está conectada con otra, puede aplicarse cualquiera de los métodos anteriores para obtener equivalencias válidas en donde el cuantificador afecta en la fórmula del segundo miembro al conjunto de las fórmulas. Por tanto al tener la fórmula un número finito de conectivas el proceso anterior da lugar, para el primer cuantificador interior, a una sucesión de equivalencias válidas tal que el primer miembro de la primera es F'' y el último de la última tiene el cuantificador en cabeza de la fórmula; tomando como inicial esta última fórmula puede construirse una sucesión de este tipo para cualquier otro cuantificador interior; realizado este proceso para todos los cuantificadores, la última equivalencia tiene como segundo miembro la fórmula F''', en la que todos los cuantificadores están en cabeza, y además cumple las otras condiciones de la forma Prenex.

Aplicando la regla de intercambio o la propiedad transitiva de $\leftrightarrow$ se obtiene finalmente demostrada:

$$\vdash F'' \leftrightarrow F''' \tag{11}$$

A su vez aplicando intercambio entre (3), (4) y (10) se obtiene:

$$\vdash F \leftrightarrow F'''$$

Como F''' cumple las condiciones de la forma Prenex queda demostrado el teorema.

Cada uno de los pasos antes descritos es finito ya que se asume la hipótesis de que el número de símbolos de la fórmula es finito. A continuación se presentan varios ejemplos:

Ejemplo 1. Encontrar la fórmula en forma Prenex equivalente a:

$$\sim \exists x(p(x) \rightarrow \forall y\, q(y))$$

* Eliminación de conectivas distintas de $\wedge$, $\vee$, $\sim$.

1	$\vdash [p(x) \rightarrow \forall y\, q(y)] \leftrightarrow$ $\leftrightarrow [\sim p(x) \vee \forall y\, q(y)]$	Interdefinición
2	$\vdash \sim \exists x(p(x) \rightarrow \forall y\, q(y)) \leftrightarrow$ $\leftrightarrow \sim \exists x[\sim p(x) \vee \forall y\, q(y)]$	Teorema de intercambio

* Eliminación de la negación aplicada a fórmulas.

3	$\vdash \sim \exists x[\sim p(x) \vee \forall y\, q(y)] \leftrightarrow$ $\leftrightarrow \forall x \sim [\sim p(x) \vee \forall y\, q(y)]$	Teorema
4	$\vdash \sim [\sim (p(x) \vee \forall y\, q(y))] \leftrightarrow$ $\leftrightarrow p(x) \wedge \sim \forall y\, q(y)$	De Morgan + Doble negación
5	$\vdash \sim \exists x[\sim p(x) \vee \forall y\, q(y)] \leftrightarrow$ $\leftrightarrow \forall x(p(x) \wedge \sim \forall y\, q(y))$	Intercambio 3, 4
6	$\vdash \sim \forall y\, q(y) \leftrightarrow \exists y \sim q(y)$	Teorema
7	$\vdash \sim \exists x[\sim p(x) \vee \forall y\, q(y)] \leftrightarrow$ $\leftrightarrow \forall x(P(x) \wedge \exists y \sim q(y))$	Intercambio 5, 6

* Obtención de todos los cuantificadores en cabeza de la fórmula.

8	$\vdash p(x) \wedge \exists y \sim q(y) \leftrightarrow$ $\leftrightarrow \exists y(p(x) \wedge \sim q(y))$	(Válida, ya que en $p(x)$ no está libre y)
9	$\sim \exists x[\sim p(x) \vee \forall y\, q(y)] \leftrightarrow$ $\leftrightarrow \forall x\, \exists y(p(x) \wedge \sim q(y))$	Intercambio 7, 8
10	$\sim \exists x[p(x) \rightarrow \forall y\, q(y)] \leftrightarrow$ $\leftrightarrow \forall x\, \exists y(p(x) \wedge \sim q(y))$	Propiedad transitiva de $\leftrightarrow$ aplicada a 2, 9

El segundo miembro de 10 cumple las especificaciones de la forma Prenex y el primer miembro de la fórmula propuesta.

Ejemplo 2. Encontrar la fórmula en forma Prenex equivalente a:

$$\forall x\, A(x) \rightarrow \sim \exists z[B(w, z) \rightarrow \forall y\, C(w, y)]$$

* Eliminación de conectivas distintas de $\wedge$, $\vee$, $\sim$.

1	$\vdash (B(w, z) \rightarrow \forall y\, C(w, y)) \leftrightarrow (\sim B(w, z) \vee \forall y\, C(w, y))$	Interdefinición $\rightarrow$, $\vee$
2	$\vdash [\forall x\, A(x) \rightarrow \sim \exists z(B(w, z) \rightarrow \forall y\, C(w, y))] \leftrightarrow [\forall x\, A(x) \rightarrow \sim \exists z(\sim B(w, z) \vee \forall y\, C(w, z))]$	Teorema de intercambio
3	$\vdash [\forall x\, A(x) \rightarrow \sim \exists z(\sim B(w, z) \vee \forall y\, C(w, y))] \leftrightarrow [\sim \forall x\, A(x) \vee \sim \exists z(\sim B(w, z) \vee \forall y\, C(w, y))]$	Interdefinición $\rightarrow$, $\vee$
4	$\vdash [\forall x\, A(x) \rightarrow \sim \exists z(B(w, z) \rightarrow \forall y\, C(w, y))] \leftrightarrow [\sim \forall x\, A(x) \vee \sim \exists z(\sim B(w, z) \vee \forall y\, C(w, y))]$	Intercambio 3, 2

* Eliminación del signo $\sim$ aplicado a fórmulas.

5	$\vdash \sim \forall x\, A(x) \leftrightarrow \exists x \sim A(x)$	Teorema ya demostrado
6	$\vdash [\forall x\, A(x) \rightarrow \sim \exists z(B(w, z) \rightarrow \forall y\, C(w, y))] \leftrightarrow [\exists x \sim A(x) \vee \sim \exists z(\sim B(w, z) \vee \forall y\, C(w, y))]$	Intercambio 4, 5
7	$\vdash \sim \exists z(\sim B(w, z) \vee \forall y\, C(w, y)) \leftrightarrow \forall z \sim (\sim B(w, z) \vee \forall y\, C(w, y))$	Teorema ya demostrado
8	$\vdash \sim (\sim B(w, z) \vee \forall y\, C(w, y)) \leftrightarrow B(w, z) \wedge \sim \forall y\, C(w, y)$	(De Morgan)
9	$\vdash \sim \exists z(\sim B(w, z) \vee \forall y\, C(w, y)) \leftrightarrow \forall z(B(w, z) \wedge \sim \forall y\, C(w, y))$	Intercambio 7, 8
10	$\vdash \sim \forall y\, C(w, y) \leftrightarrow \exists y \sim C(w, y)$	Teorema
11	$\vdash \sim \exists z(\sim B(w, z) \vee \forall y\, C(w, y)) \leftrightarrow \forall z(B(w, z) \wedge \exists y \sim C(w, y))$	Intercambio 10, 11
12	$\vdash [\forall x\, A(x) \rightarrow \sim \exists z(B(w, z) \rightarrow \forall y\, C(w, y))] \leftrightarrow [\exists x \sim A(x) \vee \forall z(B(w, z) \wedge \exists y \sim C(w, y))]$	Intercambio 11, 6

* Situación de los cuantificadores en cabeza de la fórmula.

13	$\vdash B(w, z) \wedge \exists y \sim C(w, y) \leftrightarrow \exists y(B(w, z) \wedge \sim C(w, y))$	Teorema de 4.5, ya que en $B(w, z)$ no está libre y
14	$\vdash [\forall x\, A(x) \rightarrow \sim \exists z(B(w, z) \rightarrow \forall y\, C(w, y))] \leftrightarrow [\exists x \sim A(x) \vee \forall z\, \exists y(B(w, z) \wedge \sim C(w, y))]$	Intercambio 12, 13
15	$\vdash [\exists x \sim A(x) \vee \forall z\, \exists y(B(w, z) \wedge \sim C(w, y))] \leftrightarrow \exists x[\sim A(x) \vee \forall z\, \exists y(B(w, z) \wedge \sim C(w, y))]$	Teorema de 4.6., ya que en la fórmula a la derecha de la disyunción no está libre x
16	$\vdash \sim A(x) \vee \forall z\, \exists y(B(w, z) \wedge \sim C(w, y)) \leftrightarrow \forall z\, \exists y[\sim A(x) \vee (B(w, z) \wedge \sim C(w, y))]$	Ya que en $\sim A(x)$ no está libre z e y

17	$\vdash [\exists x \sim A(x) \vee \forall z\, \exists y(B(w, z) \wedge \sim C(w, y))] \leftrightarrow \exists x\, \forall z\, \exists y[\sim A(x) \vee (B(w, z) \wedge \sim C(w, y))]$	Intercambio 15, 16
18	$\vdash [\forall x\, A(x) \to \sim \exists z(B(w, z) \to \forall y\, C(w, y))] \leftrightarrow \exists x\, \forall z\, \exists y[\sim A(x) \vee (B(w, z) \wedge \sim C(w, y))]$	Propiedad transitiva de «$\leftrightarrow$» aplicada a 12, 17

La fórmula a la derecha de «$\leftrightarrow$» en 18 está en forma Prenex.

Ejemplo 3. Encontrar la fórmula equivalente en forma Prenex a:

$$A(x, y) \wedge [\exists x\, B(x) \to \forall y\, \forall z\, C(x, y, z)]$$

* Eliminación de conectivas distintas de $\wedge$, $\vee$, $\sim$.

1	$\vdash (\exists x\, B(x) \to \forall y\, \forall z\, C(x, y, z)) \leftrightarrow (\sim \exists x\, B(x) \vee \forall y\, \forall z\, C(x, y, z))$	Interdefinición
2	$\vdash A(x, y) \wedge [\exists x\, B(x) \to \forall y\, \forall z\, C(x, y, z)] \leftrightarrow A(x, y) \wedge (\sim \exists x\, B(x) \vee \forall y\, \forall z\, C(x, y, z))$	Teorema de intercambio

* Eliminación del signo $\sim$ aplicado a fórmulas.

3	$\vdash \sim \exists x\, B(x) \leftrightarrow \forall x \sim B(x)$	Teorema
4	$\vdash A(x, y) \wedge (\exists x\, B(x) \to \forall y\, \forall z\, C(x, y, z)) \leftrightarrow A(x, y) \wedge (\forall x \sim B(x) \vee \forall y\, \forall z\, C(x, y, z))$	Intercambio 2, 3

* Situación en cabeza de los cuantificadores.

5	$\vdash \forall x \sim B(x) \vee \forall y\, \forall z\, C(x, y, z) \leftrightarrow \forall y\, \forall z[\forall x \sim B(x) \vee C(x, y, z)]$	Teorema de 4.5., ya que $\forall x \sim B(x)$ no contiene libres y, z
6	$\vdash \forall x \sim B(x) \leftrightarrow \forall w \sim B(w)$	Teorema de 4.1. Se modifica la variable para poder adelantar el cuantificador
7	$\vdash \forall x \sim B(x) \vee \forall y\, \forall z\, C(x, y, z) \leftrightarrow \forall y\, \forall z[\forall w \sim B(w) \vee C(x, y, z)]$	Intercambio 5, 6
8	$\vdash \forall w \sim B(w) \vee C(x, y, z) \leftrightarrow \forall w[\sim B(w) \vee C(x, y, z)]$	Teorema
9	$\vdash \forall x \sim B(x) \vee \forall y\, \forall z\, C(x, y, z) \leftrightarrow \forall y\, \forall z\, \forall w[\sim B(w) \vee C(x, y, z)]$	Intercambio 7, 8
10	$(A(x, y) \wedge (\exists x\, B(x) \to \forall y\, \forall z\, C(x, y, z)) \leftrightarrow A(x, y) \wedge \forall y\, \forall z\, \forall w[\sim B(w) \vee C(x, y, z)]$	Intercambio 4, 9
11	$\vdash \forall y\, \forall z\, \forall w[\sim B(w) \vee C(x, y, z)] \leftrightarrow \forall t\, \forall z\, \forall w[\sim B(w) \vee C(x, t, z)]$	Cambio de variable
12	$\vdash A(x, y) \wedge (\exists x\, B(x) \to \forall y\, \forall z\, C(x, y, z)) \leftrightarrow A(x, y) \wedge \forall t\, \forall z\, \forall w[\sim B(w) \vee C(x, y, z)]$	Intercambio 10, 11

13	$\vdash A(x, y) \wedge \forall t\, \forall z\, \forall w[\sim B(w) \vee$ $\vee\, C(x, y, z)] \leftrightarrow \forall t\, \forall z\, \forall w[A(x, y) \wedge$ $\wedge\, (\sim B(w) \vee C(x, y, z))]$	Teorema
14	$\vdash A(x, y) \wedge (\exists x\, B(x) \rightarrow$ $\rightarrow \forall y\, \forall z\, C(x, y, z)) \leftrightarrow \forall t\, \forall z\, \forall w$ $[A(x, y) \wedge (\sim B(w) \vee C(x, y, z))]$	Intercambio 12, 13

La equivalencia 14 es precisamente el resultado buscado, ya que su primer miembro es la fórmula de partida y el segundo está en forma Prenex.

6. El método de deducción natural

De forma similar a la empleada en el capítulo 3, puede plantearse un sistema formal en deducción natural, constituido por una estructura deductiva única asumida axiomáticamente como correcta y un conjunto de reglas de paso de unas estructuras deductivas a otras. El sistema que se describe a continuación es una ampliación del propuesto en el capítulo 3, para el cálculo proposicional, con la hipótesis suplementaria de que las letras de fórmula se refieren a fórmulas del cálculo de predicados, y añadiendo reglas básicas referentes a cuantificadores.

6.1. *Planteamiento del sistema formal de deducción natural*

I. *Axioma* $A \Rightarrow A$

II. *Reglas estructurales*

α) atenuación $\dfrac{\Gamma \Rightarrow B}{\Gamma, C \Rightarrow B}$

β) permutación $\dfrac{\Gamma, A, B \Rightarrow D}{\Gamma, B, A \Rightarrow D}$

γ) contracción $\dfrac{\Gamma, C, C \Rightarrow D}{\Gamma, C \Rightarrow D}$

δ) corte $\dfrac{\Gamma \Rightarrow B,, B, \Delta \Rightarrow C}{\Gamma, \Delta \Rightarrow C}$

Γ, Δ representan sucesiones de fórmulas.

III. *Reglas básicas*

III.1. Reglas referentes a conectivas

a) $\dfrac{\Gamma \Rightarrow A,, \Delta, B \Rightarrow C}{\Gamma, \Delta, A \rightarrow B \Rightarrow C}$ b) $\dfrac{\Gamma, A \Rightarrow B}{\Gamma \Rightarrow A \rightarrow B}$

c) $\dfrac{\Gamma, A \Rightarrow B}{\Gamma, A \wedge C \Rightarrow B}$ (inclusión)

d) $\dfrac{\Gamma \Rightarrow A,, \Gamma \Rightarrow B}{\Gamma \Rightarrow A \wedge B}$ (producto)

e) $\dfrac{\Gamma, A \Rightarrow C,, \Gamma, B \Rightarrow C}{\Gamma, A \vee B \Rightarrow C}$ (prueba por casos)

f) $\dfrac{\Gamma \Rightarrow A}{\Gamma \Rightarrow A \vee B}$ $\qquad$ $\dfrac{\Gamma \Rightarrow B}{\Gamma \Rightarrow A \vee B}$ (adición)

g) $\dfrac{\Gamma \Rightarrow \sim\sim A}{\Gamma \Rightarrow A}$ (doble negación)

h) $\dfrac{\Gamma, A \Rightarrow B,, \Gamma, A \Rightarrow \sim B}{\Gamma \Rightarrow \sim A}$ (reducción al absurdo)

III.2. Reglas referentes a cuantificadores

Para cada cuantificador hay una regla de introducción (o generalización) y otra de eliminación (o especificación).

El primer tipo permite pasar de formulas sin cuantificar a otras cuantificadas y el segundo realiza la transformación inversa.

* Reglas del cuantificador universal.

i) Introducción o generalización en el consecuente.

$\dfrac{\Gamma \Rightarrow A(y)}{\Gamma \Rightarrow \forall x\, A(x)}$ Restricciones: y variable libre que no aparece en Γ.

j) Eliminación o especificación en el consecuente.

$\dfrac{\Gamma \Rightarrow \forall x\, A(x)}{\Gamma \Rightarrow A(t)}$ Sin restricciones: t: término genérico (variable libre o constante).

* Reglas del cuantificador existencial.

k) Introducción o generalización en el consecuente.

$\dfrac{\Gamma \Rightarrow A(t)}{\Gamma \Rightarrow \exists x\, A(x)}$ Sin restricciones: t: término cualquiera.

l) Eliminación o especificación en el consecuente.

$$\frac{\Gamma \Rightarrow \exists x\, A(x),, \Gamma, A(y) \Rightarrow B}{\Gamma \Rightarrow B}$$

Restricciones:
y no libre en Γ y B.

6.2. *Reglas derivadas*

* Introducción del cuantificador universal en el antecedente.

$$\frac{\Gamma, A(y) \Rightarrow B}{\Gamma, \forall x\, A(x) \Rightarrow B}$$ (Sin restricciones).

1	$\Gamma, A(y) \Rightarrow B$	Deducción correcta de partida
2	$\forall x\, A(x) \Rightarrow \forall x\, A(x)$	Axioma
3	$\Gamma, \forall x\, A(x) \Rightarrow \forall x\, A(x)$	Atenuación 2
4	$\Gamma, \forall x\, A(x) \Rightarrow A(y)$	Regla de especificación universal (o de eliminación) aplicada a 3 tomando para aplicación de la regla: $\Gamma \rightleftharpoons \Gamma, \forall x\, A(x)$ $t \rightleftharpoons y$
5	$\Gamma, \Gamma, \forall x\, A(x) \Rightarrow B$	Corte 1, 4
6	$\Gamma, \forall x\, A(x) \Rightarrow B$	Contracción 5

* Introducción del cuantificador existencial en el antecedente.

$$\frac{\Gamma, A(t) \Rightarrow B}{\Gamma, \exists x\, A(x) \Rightarrow B}$$

Restricción:
En Γ, B no aparece libre t.

1	$\Gamma, A(t) \Rightarrow B$	Deducción de partida
2	$\Gamma, \exists x\, A(x), A(t) \Rightarrow B$	Atenuación 1
3	$\exists x\, A(x) \Rightarrow \exists x\, A(x)$	Axioma
4	$\Gamma, \exists x\, A(x) \Rightarrow \exists x\, A(x)$	Atenuación 3
5	$\Gamma, \exists x\, A(x) \Rightarrow B$	Regla de especificación o eliminación del cuantificador existencial aplicada a 2, 4 tomando como nuevo $\Gamma \rightleftharpoons \Gamma, \exists x\, A(x)$

Las dos reglas anteriores a la introduccion en el antecedente de los cuantificadores son postuladas como reglas básicas en la axiomatización de un sistema tipo Gentzen presentada por Kleene (1953).

A continuación se presentan dos reglas derivadas de doble introducción de los cuantificadores tanto en el antecedente como en el consecuente.

* Doble introducción del cuantificador universal.

$$\frac{\Gamma,\ A(y) \Rightarrow B(y)}{\Gamma,\ \forall x\ A(x) \Rightarrow \forall x\ B(x)}$$

Restricción:
y no aparece libre en Γ.

1	$\Gamma,\ A(y) \Rightarrow B(y)$	Deducción de partida
2	$\forall x\ A(x) \Rightarrow \forall x\ A(x)$	Axioma
3	$\Gamma,\ \forall x\ A(x) \Rightarrow \forall x\ A(x)$	Atenuación 2
4	$\Gamma,\ \forall x\ A(x) \Rightarrow A(y)$	Regla básica de eliminación en el consecuente del cuantificador universal.
5	$\Gamma,\ \Gamma,\ \forall x\ A(x) \Rightarrow B(y)$	Corte 4, 1
6	$\Gamma,\ \forall x\ A(x) \Rightarrow B(y)$	Contracción 5
7	$\Gamma,\ \forall x\ A(x) \Rightarrow \forall x\ B(x)$	Regla básica *i* de introducción del cuantificador en el consecuente (generalización)

* Doble introducción del cuantificador existencial.

$$\frac{\Gamma,\ A(y) \Rightarrow B(y)}{\Gamma,\ \exists x\ A(x) \Rightarrow \exists x\ B(x)}$$

1	$\Gamma,\ A(y) \Rightarrow B(y)$	Deducción de partida
2	$\Gamma,\ A(y) \Rightarrow \exists x\ B(x)$	Introducción del cuantificador existencial en el consecuente (o generalización existencial, según la regla básica *k*).
3	$\Gamma,\ \exists x\ A(x),\ A(y) \Rightarrow \exists x\ B(x)$	Atenuación 2
4	$\exists x\ A(x) \Rightarrow \exists x\ A(x)$	Axioma
5	$\Gamma,\ \exists x\ A(x) \Rightarrow \exists x\ A(x)$	Atenuación 4
6	$\Gamma,\ \Gamma\ \exists x\ A(x) \Rightarrow \exists x\ B(x)$	Regla 1) (eliminación de $\exists$ 3, 5)
7	$\Gamma,\ \exists x\ A(x) \Rightarrow \exists x\ B(x)$	Contracción 6

6.3. *Comprobación de las reglas básicas en teoría de la demostración*

La comprobación puede realizarse a partir de las reglas complementarias justificadas en el apartado 4.2.

i) $$\frac{\Gamma \Rightarrow A(y)}{\Gamma \Rightarrow \forall x\ A(x)}$$

Basta demostrar que de Γ es deducible $\forall x\ A(x)$ si es deducible $A(y)$.

1	Γ	Premisas
2	$A(y)$	Conclusión correcta a partir de Γ por hipótesis
3	$\forall x\, A(x)$	Generalización universal 2 (apart. 4.2)

j) $$\frac{\Gamma \Rightarrow \forall x\, A(x)}{\Gamma \Rightarrow A(t)}$$

1	Γ	Premisas
2	$\forall x\, A(x)$	Conclusión correcta a partir de 1 por hipótesis
3	$\vdash \forall x\, A(x) \rightarrow A(t)$	A 9
4	$A(t)$	MP 2, 3

k) $$\frac{\Gamma \Rightarrow A(t)}{\Gamma \Rightarrow \exists x\, A(x)}$$

1	Γ	Premisas
2	$A(t)$	Deducido correctamente de Γ por hipótesis
3	$\vdash A(t) \rightarrow \exists x\, A(x)$	A 10
4	$\exists x\, A(x)$	MP 2, 3

l) $$\frac{\Gamma \Rightarrow \exists x\, A(x),,\ \Gamma, A(y) \Rightarrow B}{\Gamma \Rightarrow B}$$

1	Γ	Premisas
2	$\exists x\, A(x)$	Deducción correcta, por hipótesis, a partir de 1
┌ 3	$A(y)$	Supuesto
└ 4	B	Deducción correcta de 1, 3 por hipótesis.
5	B	Deducción correcta de acuerdo con la regla de generalización existencial (apartado 4.2)

Como en el cálculo proposicional, es posible comprobar los axiomas y reglas de inferencia de Kleene en el sistema de Deducción Natural, lo que acabaría de demostrar la equivalencia de ambos sistemas.

Para ello basta comprobar los axiomas 9 y 10 y las dos reglas de generalización:

* $\vdash \forall x\, A(x) \rightarrow A(t)$.

1	$A(t) \Rightarrow A(t)$	Axioma
2	$\forall x\, A(x) \Rightarrow A(t)$	Generalización en antecedente 1
3	$\Rightarrow \forall x\, A(x) \rightarrow A(t)$	TD 2

* $\vdash A(t) \to \exists x\, A(x)$.

1	$A(t) \Rightarrow A(t)$	Axioma
2	$A(t) \Rightarrow \exists x\, A(x)$	Generalización en consecuente 1
3	$\Rightarrow A(t) \to \exists x\, A(x)$	TD 2

* $\dfrac{\vdash A \to B(y)}{\vdash A \to \forall x\, B(x)}$ (y no libre en A).

1	$\Rightarrow A \to B(y)$	Hipótesis de la regla
2	$A \Rightarrow B(y)$	Recíproco TD
3	$A \Rightarrow \forall x\, B(x)$	Generalización universal en consecuente (válida por no estar y libre en A)
4	$\Rightarrow A \to \forall x\, B(x)$	TD 3

* $\dfrac{\vdash A(y) \to B}{\vdash \exists x\, A(x) \to B}$ (y no libre en B).

1	$\Rightarrow A(y) \to B$	Hipótesis de la regla
2	$A(y) \Rightarrow B$	TD recíproco
3	$\exists x\, A(x) \Rightarrow B$	Generalización existencial en antecedente (válida por no estar y libre en B)
4	$\Rightarrow \exists x\, A(x) \to B$	TD 3

Es de interés hacer observar la distinta forma de tratar el teorema de la deducción en ambos sistemas:

—En la formalización de Kleene al llegarse a la validación de deducciones mediante la obtención de una secuencia deducida, era preciso aceptar como regla de obtención de ésta, las reglas de inferencia de generalización. Ello hacía que, por ejemplo,

$$A(y) \Rightarrow \forall x\, A(x) \qquad (1)$$

fuese una deducción correcta aunque al aplicar el teorema de la deducción se restringía éste de forma que

$$A(y) \to \forall x\, A(x) \qquad (2)$$

no es una fórmula válida.

Ello es debido a que en el cálculo de predicados aparece ya una diferencia entre deducibilidad e implicación material, que no aparecía en el cálculo proposicional. En efecto, al haberse obtenido en (1) $\forall x\, A(x)$ como resultado de aplicación de una regla de inferencia de generalización, ello implica que se ha considerado a efectos deductivos $A(y)$ de la misma forma que en dicha regla de inferencia: es decir (1), se definió como válida supuesto que lo es $\vdash A(y)$, precondición implícita en la definición de deducción pero no en la validación de (2).

La diferencia entre (1) y (2) tal y como se define la deducción formal en el sistema de Kleene es que (1) lleva implícita la hipótesis de validez de $A(y)$ a efectos deductivos.

—Esto último aparece de una forma más clara en la formalización en deducción natural ya que en este sistema, dadas las restricciones definidas para los procesos de generalización, para que (1) sea válida debería ser deducible de

$$A(y) \Rightarrow A(z) \tag{3}$$

ya que del axioma $A(y) \Rightarrow A(y)$ no es posible por estar la variable generalizada en el antecedente, lo que en cambio sí que es posible con (3). Para que esta fórmula sea válida en deducción natural es suficiente que lo sea $\Rightarrow A(z)$, ya que en ese caso por atenuación se obtendría (3). Aparece así también en deducción natural justificada la validez de (1), sólo en el caso en que se acepte la condición de validez de $A(y)$ en todo el dominio.

6.4. *Métodos de demostración de fórmulas válidas*

Por el método de deducción natural pueden obtenerse las fórmulas válidas, demostradas en el apartado 5 por el método axiomático, en forma de estructuras deductivas correctas.

El procedimiento consiste en aplicar a partir de la única estructura deductiva axiomáticamente correcta, las reglas básicas y derivadas.

De manera similar a como se planteó la búsqueda de demostraciones en el cálculo proposicional el método de deducción natural proporciona un marco de búsqueda de demostraciones de fórmulas en cálculo de predicados si se añade a las ocho reglas de inferencia del cálculo proposicional, correspondientes a las cuatro conectivas, y las cuatro estructurales, las correspondientes a introducción de cuantificadores en antecedente y consecuente:

	Antecedente	*Consecuente*
Introducción	$\dfrac{\Gamma, A(y) \Rightarrow B}{\Gamma, \forall x\, A(x) \Rightarrow B}$	$\dfrac{\Gamma \Rightarrow A(y)}{\Gamma \Rightarrow \forall x\, A(x)}$ (y no libre en Γ)
Introducción	$\dfrac{\Gamma, A(y) \Rightarrow B}{\Gamma, \exists x\, A(x) \Rightarrow B}$ (en Γ, B no libre y)	$\dfrac{\Gamma \Rightarrow A(y)}{\Gamma \Rightarrow \exists x\, A(x)}$

Estas cuatro reglas juegan en deducción natural el papel de las generalizaciones y especificaciones en el sistema de Kleene, ya que permiten reducir el problema de demostrar una estructura deductiva en donde aparecen cuantificadores (del tipo de los que aparecen como consecuente en la regla) a demostrar estructuras deductivas en donde se ha eliminado un cuantificador (del tipo de los que aparecen como antecedente en cada regla). La ventaja del método de deducción natural es que presenta la posibilidad de aplicar un proceso bastante sistemático ya que uniendo estas cuatro reglas a las ocho correspondientes a las conectivas y las cuatro reglas estructurales, toda estructura deductiva que se pretenda demostrar coincide con un consecuente de alguna regla y por tanto las reglas proporcionan criterios de descomposición del problema de demostrar la validez de una estructura dada.

El proceso de búsqueda consiste en descomponer el problema en otros en base a las reglas de inferencia (para lo que puede haber varias opciones en cada etapa para una misma estructura deductiva) hasta alcanzar como antecedente una estructura de axioma, o una estructura compuesta por átomos no descomponible, por ejemplo:

$$A, B \Rightarrow C$$

en donde A, B y C son átomos todos distintos: este caso como se verá al tratar la semántica del cálculo de predicados es una estructura no válida. Aunque los aspectos teóricos se tratarán con más detalle en el capítulo 7, a continuación se presentan dos ejemplos de generación de demostraciones en este sistema.

* Cambio de variable cuantificada.

$$\forall x\, P(x) \Rightarrow \forall y\, P(y)$$

Un antecedente posible de esta fórmula puede ser:

$$\forall x\, P(x) \Rightarrow P(z) \tag{1}$$

ya que al no estar libre z en $\forall x\, P(x)$ puede aplicarse la regla de introducción en consecuente.

A su vez un antecedente de (1) puede ser:

$$P(z) \Rightarrow P(z) \tag{2}$$

ya que aplicando la generalización en antecedente (que no tiene restricciones) se obtiene (1), como (2) tiene estructura de axioma el proceso de búsqueda termina quedando como demostración:

1	$P(z) \Rightarrow P(z)$	Axioma
2	$\forall x\, P(x) \Rightarrow P(z)$	Generalización en antecedente (sin restricciones)
3	$\forall x\, P(x) \Rightarrow \forall y\, P(y)$	Generalización en consecuente

Un ejemplo más complejo es:

$$\forall x\, P(x) \vee \forall x\, Q(x) \Rightarrow \forall x(P(x) \vee Q(x))$$

El proceso de búsqueda se describe mediante un árbol de alternativas:

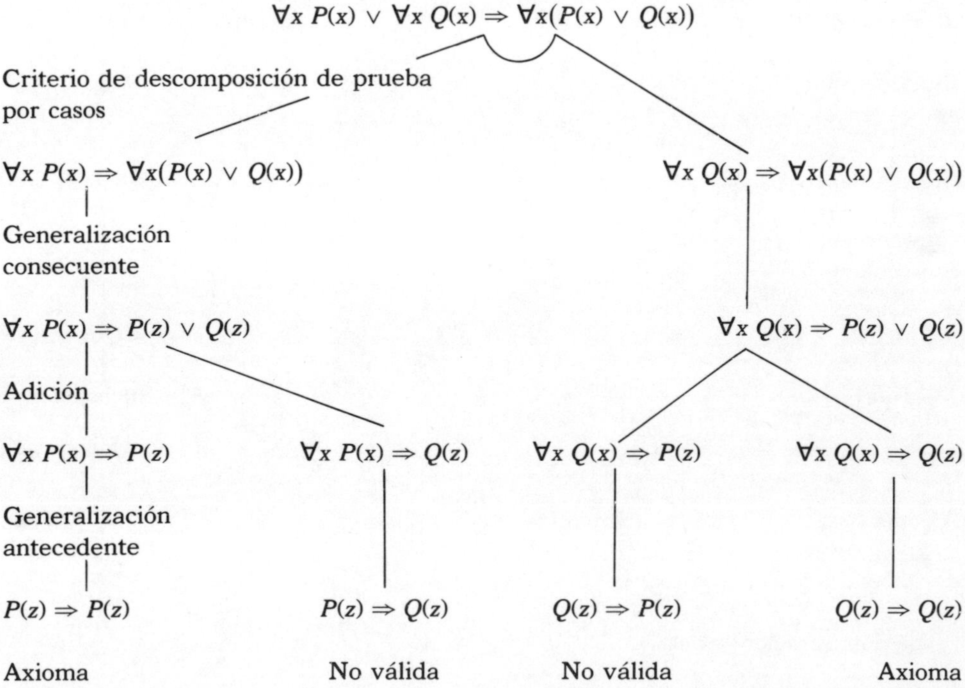

Por tanto, la demostración sería la conjunción de las dos líneas que terminan en estructura de axioma ya que aunque la primera descomposición exige que se demuestren ambas ramas en las otras basta demostrar una de ellas.

El proceso sería:

1	$P(z) \Rightarrow P(z)$	Axioma
2	$\forall x\, P(x) \Rightarrow P(z)$	Generalización antecedente
3	$\forall x\, P(x) \Rightarrow P(z) \vee Q(z)$	Adición 2
4	$\forall x\, P(x) \Rightarrow \forall x(P(x) \vee Q(x))$	Generalización consecuente [válida por no estar libre z en $\forall x\, P(x)$]
5	$Q(z) \Rightarrow Q(z)$	Axioma
6	$\forall x\, Q(x) \Rightarrow Q(z)$	Generalización antecedente
7	$\forall x\, Q(x) \Rightarrow P(z) \vee Q(z)$	Adición
8	$\forall x\, Q(x) \Rightarrow \forall x(P(x) \vee Q(x))$	Generalización consecuente
9	$\forall x\, P(x) \vee \forall x\, Q(x) \Rightarrow$ $\Rightarrow \forall x(P(x) \vee Q(x))$	Casos 4, 8

Otro ejemplo similar sería:

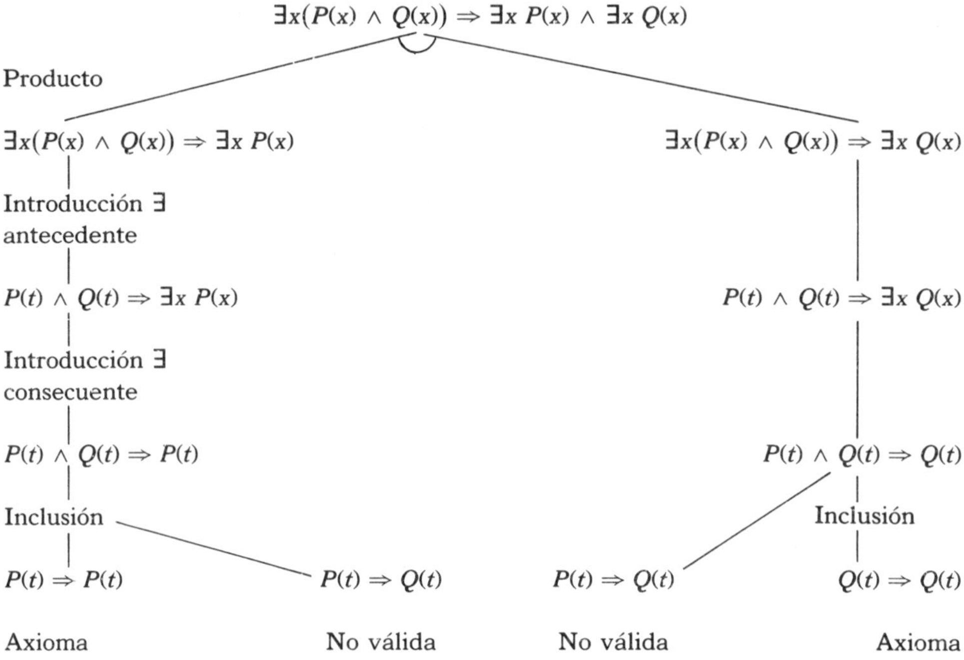

La demostración sería:

1	$P(t) \Rightarrow P(t)$	Axioma
2	$P(t) \wedge Q(t) \Rightarrow P(t)$	Inclusión 1
3	$P(t) \wedge Q(t) \Rightarrow \exists x\, P(x)$	Generalización consecuente
4	$\exists x(P(x) \wedge Q(x)) \Rightarrow \exists x\, P(x)$	Generalización antecedente [válido por no estar libre t en $\exists x\, P(x)$]
5	$Q(t) \Rightarrow Q(t)$	Axioma
6	$P(t) \wedge Q(t) \Rightarrow Q(t)$	Inclusión 5
7	$P(t) \wedge Q(t) \Rightarrow \exists x\, Q(x)$	Generalización consecuente
8	$\exists x(P(x) \wedge Q(x)) \Rightarrow \exists x\, Q(x)$	Generalización antecedente
9	$\exists x(P(x) \wedge Q(x)) \Rightarrow$ $\Rightarrow \exists x\, P(x) \wedge \exists x\, Q(x)$	Prod. 4, 8

A continuación se presentan a título de ejemplo una serie de demostraciones en este sistema de deducción natural, en algunas de ellas se presentan casos de mala utilización de alguna de las reglas y en otros se emplean algunas reglas derivadas ya demostradas (doble introducción de cuantificadores en antecedente y consecuente).

* Conmutatividad de cuantificadores.

- $\forall x \, \forall y \, P(x, y) \Rightarrow \forall y \, \forall x \, P(x, y)$

1	$P(x, y) \Rightarrow P(x, y)$	Axioma
2	$\forall y \, P(x, y) \Rightarrow P(x, y)$	Introducción de ∀ en antecedente de 1
3	$\forall x \, \forall y \, P(x, y) \Rightarrow P(x, y)$	Introducción de ∀ en antecedente de 2
4	$\forall x \, \forall y \, P(x, y) \Rightarrow \forall x \, P(x, y)$	Introducción de ∀ en consecuente (ya que en el antecedente de 3 no está libre *x*) de 3
5	$\forall x \, \forall y \, P(x, y) \Rightarrow \forall y \, \forall x \, P(x, y)$	Id. de 4

- $\exists x \, \exists y \, P(x, y) \Rightarrow \exists y \, \exists x \, P(x, y)$

1	$P(x, y) \Rightarrow P(x, y)$	Axioma
2	$P(x, y) \Rightarrow \exists x \, P(x, y)$	Introducción de ∃ en consecuente (puede hacerse sin restricciones) en 1
3	$P(x, y) \Rightarrow \exists y \, \exists x \, P(x, y)$	Introducción de ∃ en consecuente de 2
4	$\exists y \, P(x, y) \Rightarrow \exists y \, \exists x \, P(x, y)$	Introducción de ∃ en antecedente (puede hacerse por no estar libre *y* en el consecuente) de 3
5	$\exists x \, \exists y \, P(x, y) \Rightarrow \exists y \, \exists x \, P(x, y)$	Introducción de ∃ en antecedente de 4

- $\exists y \, \forall x \, P(x, y) \Rightarrow \forall x \, \exists y \, P(x, y)$

1	$P(x, y) \Rightarrow P(x, y)$	Axioma
2	$P(x, y) \Rightarrow \exists y \, P(x, y)$	Introducción de ∃ en consecuente (puede hacerse sin restricciones) en 1
3	$\forall x \, P(x, y) \Rightarrow \exists y \, P(x, y)$	Introducción de ∀ en antecedente (puede hacerse sin restricciones) en 2
4	$\forall x \, P(x, y) \Rightarrow \forall x \, \exists y \, P(x, y)$	Introducción de ∀ en consecuente de 3 (puede hacerse por no estar libre *x* en el antecedente)
5	$\exists y \, \forall x \, P(x, y) \Rightarrow \forall x \, \exists y \, P(x, y)$	Introducción de ∃ en antecedente en 4, por no estar libre *y* en el consecuente

Es importante tener en cuenta las condiciones que rigen, tanto en las reglas básicas como las derivadas, la introducción de los cuantificadores en antecedente y consecuente, ya que su inobservancia puede dar lugar a deducciones incorrectas como la siguiente:

1	$P(x, y) \Rightarrow P(x, y)$	Axioma
2	$P(x, y) \Rightarrow \forall x \, P(x, y)$	¡Introducción de ∀ en consecuente de 1!
3	$\exists y \, P(x, y) \Rightarrow \forall x \, P(x, y)$	¡Introducción de ∃ en antecedente de 2!
4	$\exists y \, P(x, y) \Rightarrow \exists y \, \forall x \, P(x, y)$	Introducción de ∃ en consecuente de 3
5	$\forall x \, \exists y \, P(x, y) \Rightarrow \exists y \, \forall x \, P(x, y)$	Introducción de ∀ en antecedente 4

Los pasos 2 y 3 son incorrectos ya que tanto la introducción de ∀ en consecuente como ∃ en antecedente, precisa que en la otra parte de la deducción no esté libre la variable generalizada.

* Fórmulas referentes a negación.

- $\sim \exists x\, P(x) \Rightarrow \forall x \sim P(x)$

1	$P(y) \Rightarrow P(y)$	Axioma
2	$P(y) \Rightarrow \exists x\, P(x)$	Regla k) de generalización existencial en el consecuente
3	$\sim \exists x\, P(x), P(y) \Rightarrow \exists x\, P(x)$	Atenuación 2
4	$\sim \exists x\, P(x) \Rightarrow \sim \exists x\, P(x)$	Axioma
5	$\sim \exists x\, P(x), P(y) \Rightarrow \sim \exists x\, P(x)$	Atenuación 4
6	$\sim \exists x\, P(x) \Rightarrow \sim P(y)$	Absurdo 3, 5
7	$\sim \exists x\, P(x) \Rightarrow \forall x \sim P(x)$	Regla i) de generalización del consecuente

Recíproca:

- $\forall x \sim P(x) \Rightarrow \sim \exists x\, P(x)$

1	$P(y) \Rightarrow P(y)$	Axioma
2	$\forall x \sim P(x), \exists x\, P(x), P(y) \Rightarrow P(y)$	Atenuación 1
3	$\sim P(y) \Rightarrow \sim P(y)$	Axioma
4	$\forall x \sim P(x) \Rightarrow \sim P(y)$	Introducción cuantificador universal en antecedente (regla derivada)
5	$\forall x \sim P(x), \exists x\, P(x), P(y) \Rightarrow \sim P(y)$	Atenuación 4
6	$\forall x \sim P(x), \exists x\, P(x), P(y) \Rightarrow$ $\Rightarrow P(y) \wedge \sim P(y)$	Producto 2, 5
7	$P(y) \wedge \sim P(y) \Rightarrow B \wedge \sim B$	(B independiente de y) (excontradictione quodlibet)
8	$\forall x \sim P(x), \exists x\, P(x), P(y) \Rightarrow B \wedge \sim B$	Corte 6, 7
9	$\exists x\, P(x) \Rightarrow \exists x\, P(x)$	Axioma
10	$\forall x \sim P(x), \exists x\, P(x) \Rightarrow \exists x\, P(x)$	Atenuación 9
11	$\forall x \sim P(x), \exists x\, P(x) \Rightarrow B \wedge \sim B$	Eliminación de $\exists x\, P(x)$. 8, 10 $\Gamma \rightleftarrows \forall x \sim P(x), \exists x\, P(x)$
12	$B \wedge \sim B \Rightarrow B$	Simpl.
13	$B \wedge \sim B \Rightarrow \sim B$	Simpl.
14	$\forall x \sim P(x), \exists x\, P(x) \Rightarrow B$	Corte 11, 12
15	$\forall x \sim P(x), \exists x\, P(x) \Rightarrow \sim B$	Corte 11, 13
16	$\forall x \sim P(x) \Rightarrow \sim \exists x\, P(x)$	Absurdo 14, 15

* Fórmulas referentes a conjunción.

- $\forall x(P(x) \wedge Q(x)) \Rightarrow \forall x\, P(x) \wedge \forall x\, Q(x)$

1	$P(y) \Rightarrow P(y)$	Axioma
2	$P(y) \wedge Q(y) \Rightarrow P(y)$	Inclusión de $Q(y)$ en 1
3	$\forall x(P(x) \wedge Q(x)) \Rightarrow P(y)$	Introducción de $\forall$ en antecedente (regla derivada) en 2
4	$\forall x(P(x) \wedge Q(x)) \Rightarrow \forall x\, P(x)$	Introducción de $\forall$ en consecuente (regla básica) en 3
5	$Q(y) \Rightarrow Q(y)$	Axioma

6	$P(y) \wedge Q(y) \Rightarrow Q(y)$	Inclusión de $P(y)$ en 5
7	$\forall x(P(x) \wedge Q(x)) \Rightarrow Q(y)$	Introducción de $\forall$ en antecedente en 6
8	$\forall x(P(x) \wedge Q(x)) \Rightarrow \forall x\, Q(x)$	Idem. en consecuente en 7
9	$\forall x(P(x) \wedge Q(x)) \Rightarrow$ $\Rightarrow \forall x\, P(x) \wedge \forall x\, Q(x)$	Producto 4, 8

Recíproca:

- $\forall x\, P(x) \wedge \forall x\, Q(x) \Rightarrow \forall x(P(x) \wedge Q(x))$

1	$P(y) \Rightarrow P(y)$	Axioma
2	$P(y), Q(y) \Rightarrow P(y)$	Atenuación 1
3	$Q(y) \Rightarrow Q(y)$	Axioma
4	$P(y), Q(y) \Rightarrow Q(y)$	Atenuación 3
5	$P(y), Q(y) \Rightarrow P(y) \wedge Q(y)$	Producto 2, 4
6	$\forall x\, P(x), Q(y) \Rightarrow P(y) \wedge Q(y)$	Introducción de $\forall$ en antecedente en 5
7	$\forall x\, P(x) \wedge \forall x\, Q(x),$ $Q(y) \Rightarrow P(y) \wedge Q(y)$	Inclusión de $\forall x\, Q(x)$ en 6
8	$\forall x\, P(x) \wedge \forall x\, Q(x),$ $\forall x\, Q(x) \Rightarrow P(y) \wedge Q(y)$	Introducción de $\forall$ en el antecedente en 7
9	$\forall x\, P(x) \wedge \forall x\, Q(x),$ $\forall x\, P(x) \wedge \forall x\, Q(x) \Rightarrow P(y) \wedge Q(y)$	Inclusión de $\forall x\, P(x)$ en 8
10	$\forall x\, P(x) \wedge \forall x\, Q(x) \Rightarrow P(y) \wedge Q(y)$	Contracción 9
11	$\forall x\, P(x) \wedge \forall x\, Q(x) \Rightarrow \forall x(P(x) \wedge Q(x))$	Introducción de $\forall$ en 10

- $\exists x(P(x) \wedge Q(x)) \Rightarrow \exists x\, P(x) \wedge \exists x\, Q(x)$
  (Demostrada en ejemplo previamente).

* Fórmulas referentes a disyunción.

- $\forall x\, P(x) \vee \forall x\, Q(x) \Rightarrow \forall x(P(x) \vee Q(x))$
  (Ya demostrada como ejemplo previamente).

- $\exists x\, P(x) \vee \exists x\, Q(x) \Rightarrow \exists x(P(x) \vee Q(x))$

1	$P(y) \Rightarrow P(y)$	Axioma
2	$P(y) \Rightarrow P(y) \vee Q(y)$	Adición 1
3	$\exists x\, P(x) \Rightarrow \exists x(P(x) \vee Q(x))$	Doble introducción de $\exists$ en 2
4	$Q(y) \Rightarrow Q(y)$	Axioma
5	$Q(y) \Rightarrow P(y) \vee Q(y)$	Adición 4
6	$\exists x\, Q(x) \Rightarrow \exists x(P(x) \vee Q(x))$	Doble introducción de $\exists$ en 5
7	$\exists x\, P(x) \vee \exists x\, Q(x) \Rightarrow \exists x(P(x) \vee Q(x))$	Prueba por casos 3, 6

Recíproca:

- $\exists x(P(x) \vee Q(x)) \Rightarrow \exists x\, P(x) \vee \exists x\, Q(x)$

1	$\exists x\, P(x) \Rightarrow \exists x\, P(x)$	Axioma
2	$\exists x\, P(x) \Rightarrow \exists x\, P(x) \vee \exists x\, Q(x)$	Adición 1

3	$\exists x\, Q(x) \Rightarrow \exists x\, Q(x)$	Axioma
4	$\exists x\, Q(x) \Rightarrow \exists x\, P(x) \vee \exists x\, Q(x)$	Adición 2
5	$P(y) \Rightarrow P(y)$	Axioma
6	$P(y) \Rightarrow \exists x\, P(x)$	Introducción de $\exists$ en consecuente en 5
7	$P(y) \Rightarrow \exists x\, P(x) \vee \exists x\, Q(x)$	Corte 2, 6
8	$Q(y) \Rightarrow Q(y)$	Axioma
9	$Q(y) \Rightarrow \exists x\, Q(x)$	Introducción de $\exists$ en consecuente en 7
10	$Q(y) \Rightarrow \exists x\, P(x) \vee \exists x\, Q(x)$	Corte 9, 4
11	$P(y) \vee Q(y) \Rightarrow \exists x\, P(x) \vee \exists x\, Q(x)$	Casos 7,10
12	$\exists x(P(x) \vee Q(x)) \Rightarrow \exists x\, P(x) \vee \exists x\, Q(x)$	Introducción de $\exists$ en antecedente de 11

La introducción de $\exists$ en 11 puede hacerse por ser el consecuente independiente de y.

* Fórmulas referentes a implicación.

- $\forall x(P(x) \rightarrow Q(x)) \Rightarrow \forall x\, P(x) \rightarrow \forall x\, Q(x)$

1	$\forall x(P(x) \rightarrow Q(x)) \Rightarrow \forall x(P(x) \rightarrow Q(x))$	Axioma
2	$\forall x(P(x) \rightarrow Q(x)) \Rightarrow P(y) \rightarrow Q(y)$	Regla j) de especificación universal en 1
3	$\forall x(P(x) \rightarrow Q(x)), P(y) \Rightarrow Q(y)$	Recíproco del teorema de la deducción
4	$\forall x(P(x) \rightarrow Q(x)), \forall x\, P(x) \Rightarrow \forall x\, Q(x)$	Doble introducción de $\forall$ en 3 [puede realizarse por ser: $\Gamma \rightleftarrows \forall x(P(x) \rightarrow Q(x))$ independiente de y]
5	$\forall x(P(x) \rightarrow Q(x)) \Rightarrow \forall x\, P(x) \rightarrow \forall x\, Q(x)$	Directo del teorema de la deducción

7. Cálculo con supuestos

De forma similar a la descrita en el apartado 9 del capítulo 3, para el cálculo proposicional, puede construirse un cálculo secuencial, con supuestos y deducciones subsidiarias, para el cálculo de predicados, añadiendo a las reglas de introducción y cancelación de supuestos allí descritas la correspondiente a la regla básica de eliminación del cuantificador existencial ya definida. En efecto, la relación entre dos estructuras deductivas representada por la regla l):

$$\frac{\Gamma \Rightarrow \exists x\, A(x),,\ \Gamma, A(y) \Rightarrow B}{\Gamma \Rightarrow B}$$

equivale en términos de cálculo secuencial, fórmula a fórmula como ya se ha indicado, a la siguiente norma:

Si de la secuencia general Γ es deducible $\exists x\, A(x)$ y si se incluye una deducción subsidiaria con supuesto inicial $A(y)$ (y no libre en Γ), cuya conclusión B es independiente de y, entonces puede deducirse B de la secuencia general Γ de la que era deducible $\exists x\, A(x)$.

El gráfico representativo de esta norma ya incluido al tratar en 4.2 las reglas complementarias sería:

1	Γ	Secuencia previa
2	$\exists x\, A(x)$	
3	$A(y)$	
	....	
	....	Deducción subsidiaria
	....	
n	B	Independiente de y
$n+1$	B	Incluido en la secuencia general

El resto de las reglas básicas y derivadas del cálculo de predicados permiten introducir en la secuencia general fórmulas cuantificadas o no (según el tipo de reglas que se aplique) sin necesidad de supuestos ya que relacionan solamente dos estructuras deductivas, lo que no es el caso ya estudiado de la regla l) que relaciona dos estructuras deductivas con la estructura resultante.

El conjunto de reglas básicas y derivadas así como el conjunto de fórmulas válidas demostradas bien en deducción natural o bien en teoría de la demostración, en unión de la regla de intercambio, constituyen la herramienta básica para el tratamiento formal de las estructuras deductivas en el lenguaje usual. En el cuadro adjunto aparecen tanto las reglas básicas como las fórmulas válidas.

A continuación se incluye una serie de ejemplos de aplicación de las reglas y fórmulas antedescritas al análisis de razonamientos en el lenguaje usual. Los criterios de representación de las frases mediante fórmulas se trataron al final del capítulo 5, por ello no se detalla en estos ejemplos el proceso de formalización y sí el de deducción. En este último se abrevian las reglas de cálculo deductivo de acuerdo con la notación planteada para las reglas de cálculo proposicional en el capítulo 3 y para las reglas de cálculo de predicados en el cuadro adjunto.

RESUMEN DE REGLAS DE CUANTIFICACION

1. Reglas básicas de cuantificación

i) $\dfrac{\Gamma \Rightarrow A(y)}{\Gamma \Rightarrow \forall x\, A(x)}$ (y libre, no aparece en Γ) G.U. (generalización universal)

j) $\dfrac{\Gamma \Rightarrow \forall x\, A(x)}{\Gamma \Rightarrow A(t)}$ (sin restricciones) t, término genérico E.U. (especificación universal)

k) $\dfrac{\Gamma \Rightarrow A(t)}{\Gamma \Rightarrow \exists x\, A(x)}$ (sin restricciones t, término genérico G.E. (generalización existencial)

l) $\dfrac{\Gamma \Rightarrow \exists x\, A(x),, \Gamma, A(y) \Rightarrow B}{\Gamma \Rightarrow B}$ y no aparece libre en Γ ni B
E.E. (especificación existencial)

2. Reglas derivadas de cuantificación

m) $\dfrac{\Gamma, A(y) \Rightarrow B}{\Gamma, \forall x\, A(x) \Rightarrow B}$ (sin restricciones)
G.U.A. (generalización universal en antecedente)

n) $\dfrac{\Gamma, A(t) \Rightarrow B}{\Gamma, \exists x\, A(x) \Rightarrow B}$ en Γ, B no aparece libre t. t, término genérico
G.E.A. (generalización existencial en el antecedente)

p) $\dfrac{\Gamma, A(y) \Rightarrow B(y)}{\Gamma, \forall x\, A(x) \Rightarrow \forall x\, B(x)}$ y libre no aparece en Γ.
G.U.2 (doble generalización universal)

q) $\dfrac{\Gamma, A(y) \Rightarrow B(y)}{\Gamma, \exists x\, A(x) \Rightarrow \exists x\, B(x)}$ en Γ no libre y.
G.E.2 (doble generalización existencial)

3. Fórmulas válidas

3.1. *Cambio de variable:*

$\vdash \forall x\, A(x) \leftrightarrow \forall y\, A(y)$

3.2. *Conmutatividad:*

$\vdash \forall x\, \forall y\, A(x, y) \leftrightarrow \forall y\, \forall x\, A(x, y)$
$\vdash \exists x\, \exists y\, A(x, y) \leftrightarrow \exists y\, \exists x\, A(x, y)$
$\vdash \exists y\, \forall x\, A(x, y) \rightarrow \forall x\, \exists y\, A(x, y)$

3.3. *Fórmulas de negación:*

$\vdash \sim \forall x\, A(x) \leftrightarrow \exists x \sim A(x)$
$\vdash \sim \exists x\, A(x) \leftrightarrow \forall x \sim A(x)$

3.4. *Fórmulas de conjunción:*

$\vdash \forall x\, A(x) \wedge \forall x\, B(x) \leftrightarrow \forall x\, (A(x) \wedge B(x))$
$\vdash \forall x\, (A \wedge B(x)) \leftrightarrow A \wedge \forall x\, B(x)$ (en A no libre x)
$\vdash \exists x\, (A(x) \wedge B(x)) \rightarrow \exists x\, A(x) \wedge \exists\, \forall x\, B(x)$
$\vdash \exists x\, (A \wedge B(x)) \leftrightarrow A \wedge \exists x\, B(x)$ (en A no libre x)

3.5. *Fórmulas de disyunción:*

$\vdash \forall x\, A(x) \vee \forall x\, B(x) \rightarrow \forall x\, (A(x) \vee B(x))$
$\vdash A \vee \forall x\, B(x) \leftrightarrow \forall x\, (A \vee B(x))$ (en A no libre x)
$\vdash \exists x\, (A(x) \vee B(x)) \leftrightarrow \exists x\, A(x) \vee \exists x\, B(x)$
$\vdash \exists x\, (A \vee B(x)) \leftrightarrow A \vee \exists x\, B(x)$ (en A no libre x)

3.6. *Fórmulas de implicación:*

$\vdash \forall x\, (A(x) \rightarrow B(x)) \rightarrow (\forall x\, A(x) \rightarrow \forall x\, B(x))$
$\vdash \forall x\, (A(x) \rightarrow B) \rightarrow (\forall x\, A(x) \rightarrow B)$ (en B no libre x)
$\vdash \forall x\, (A \rightarrow B(x)) \rightarrow (A \rightarrow \forall x\, B(x))$ (en B no libre x)
$\vdash (\exists x\, A(x) \rightarrow \exists x\, B(x)) \rightarrow \exists x\, (A(x) \rightarrow B(x))$
$\vdash (\exists x\, A(x) \rightarrow B) \rightarrow \exists x\, (A(x) \rightarrow B)$ (en B no libre x)

3.7. *Fórmulas de equivalencia material:*

$\vdash \forall x\, [A(x) \leftrightarrow B(x)] \rightarrow [\forall x\, A(x) \rightarrow \forall x\, B(x)]$
$\vdash \forall x\, [A(x) \leftrightarrow B] \rightarrow [\forall x\, A(x) \leftrightarrow B]$ (en B no libre x)

Ejemplo 1

Formalizar y comprobar que es correcta la siguiente deducción:

—A ningún pescador le gustan los paletos.
—Todos los habitantes del pueblo son paletos.

—A ningún pescador le gustan los habitantes del pueblo.

* Elementos de formalización:

$P(x) \rightleftarrows$ x es pescador
$PA(x) \rightleftarrows$ x es paleto
$G(x, y) \rightleftarrows$ a x le gusta y
$H(x) \rightleftarrows$ x es habitante del pueblo

* Formalización y deducción:

1	$\forall x\, \forall y\, (P(x) \wedge PA(y) \rightarrow \sim G(x, y))$	Premisa
2	$\forall x\, (H(z) \rightarrow PA(z))$	Premisa
3	$P(x) \wedge PA(y) \rightarrow \sim G(x, y)$	E.U. 1
4	$P(x) \rightarrow (PA(y) \rightarrow \sim G(x, y))$	Exportación 3
┌5	$P(x)$	Supuesto
│6	$PA(y) \rightarrow \sim G(x, y)$	MP 4, 5
│7	$H(y) \rightarrow PA(y)$	E.U. 2

8	$H(y) \to \sim G(x, y)$	Sil. 6, 7
9	$P(x) \to (H(y) \to \sim G(x, y))$	TD 5, 8
10	$P(x) \wedge H(y) \to \sim G(x, y)$	Imp. 9
11	$\forall x \, \forall y \, (P(x) \wedge H(y) \to \sim G(x, y))$	*G.U. 10*

Ejemplo 2

Formalizar y estudiar si es correcta la siguiente deducción:

—Algunos franceses son amigos de todos los españoles.
—Ningún francés es amigo de los aficionados al Cricket.

—Ningún español es aficionado al Cricket.

* Elementos de formalización:

$F(x) \rightleftharpoons x$ es francés
$C(x) \rightleftharpoons x$ es aficionado al Cricket
$E(x) \rightleftharpoons x$ es español
$A(x, y) \rightleftharpoons x$ es amigo de y

* Formalización y deducción:

1	$\exists x \, [F(x) \wedge \forall y \, (E(y) \to A(x, y))]$	Premisa
2	$\forall x \, \forall y \, [F(x) \wedge C(y) \to \sim A(x, y)]$	Premisa
3	$F(x) \wedge \forall y \, (E(y) \to A(x, y))$	1.ª fase de E.E. 1
4	$\forall y \, (E(y) \to A(x, y))$	Simpl. 3
5	$F(x)$	Simpl. 3
6	$E(y) \to A(x, y)$	E.U. 4
7	$F(x) \wedge C(y) \to \sim A(x, y)$	E.U. 2
8	$F(x) \to (C(y) \to \sim A(x, y))$	Exp. 7
9	$C(y) \to \sim A(x, y)$	MP 5, 8
10	$A(x, y) \to \sim C(y)$	CP 9
11	$E(y) \to \sim C(y)$	Sil. 6, 10
12	$E(y) \to \sim C(y)$	2.ª fase de E.E. por ser 11 indep. de x
13	$\forall x \, (E(x) \to \sim C(x))$	G.U. 12

Ejemplo 3

Formalizar y comprobar que es correcta la siguiente deducción:

—Sólo los tontos alimentan a los osos salvajes.
—Cristina alimenta a Nicolás, pero no es tonta.

—Nicolás no es un oso salvaje.

* Elementos de formalización:

Predicados:

$T(x) \rightleftharpoons x$ es tonto
$OS(x) \rightleftharpoons x$ es un oso salvaje
$Al(x, y) \rightleftharpoons x$ alimenta a y

Términos constantes:

$c \rightleftharpoons$ Cristina
$n \rightleftharpoons$ Nicolás

* Formalización y deducción:

1	$\forall x\ \forall y\ (OS(y) \wedge Al(x, y) \rightarrow T(x))$	Premisa
2	$Al(c, n)$	Premisa
3	$\sim T(c)$	Premisa
4	$OS(n) \wedge Al(c, n) \rightarrow T(c)$	E.U. 1
5	$\sim T(c) \rightarrow \sim (OS(n) \wedge Al(c, n))$	CP 4
6	$\sim (OS(n) \wedge Al(c, n))$	MP 3, 5
7	$\sim OS(n) \vee \sim Al(c, n)$	De Morgan 6
8	$Al(c, n) \rightarrow \sim OS(n)$	Interdefinición $\rightarrow, \vee$, 7
9	$\sim OS(n)$	MP 2, 8

Ejemplo 4

Formalizar y estudiar si es correcta la siguiente deducción:

—Todos los perros pueden matar a cualquier gato.
—Juan no puede matar a Adolfo.
—Adolfo es un gato.

—Juan no es un perro.

* Elementos de formalización:

Predicados:

$P(x) \rightleftharpoons x$ es un perro
$G(y) \rightleftharpoons y$ es un gato
$M(x, y) \rightleftharpoons x$ puede matar a y

Términos constantes:

$a \rightleftharpoons$ Adolfo
$j \rightleftharpoons$ Juan

* Formalización y deducción:

1	$\forall x \, \forall y \, [P(x) \wedge G(y) \rightarrow M(x, y)]$	Premisa
2	$\sim M(j, a)$	Premisa
3	$G(a)$	Premisa
4	$P(j) \wedge G(a) \rightarrow M(j, a)$	E.U. 1
5	$\sim M(j, a) \rightarrow \sim (P(j) \wedge G(a))$	CP 4
6	$\sim (P(j) \wedge G(a))$	MP 2, 5
7	$\sim P(j) \vee \sim G(a)$	De Morgan 6
8	$G(a) \rightarrow \sim P(j)$	Interdefinición $\rightarrow$, $\vee$ en 7
9	$\sim P(j)$	MP 3, 8

Ejemplo 5

Formalizar:

—Sólo las buenas personas ayudan a los pobres.
—Ninguna buena persona es aficionada a la fotografía.
—Antonio ayuda a Juan.
—Antonio es aficionado a la fotografía.

Estudiar si es o no deducible: Juan es Pobre.

* Elementos de formalización:

Predicados:

$P(x) \rightleftharpoons x$ es pobre
$AF(x) \rightleftharpoons x$ es aficionado a la fotografía.
$A(x, y) \rightleftharpoons x$ ayuda a y
$B(x) \rightleftharpoons x$ es buena persona

Términos constantes:

$a \rightleftharpoons$ Antonio
$j \rightleftharpoons$ Juan

* Formalización y deducción:

1	$\forall x \, \forall y \, (P(y) \wedge A(x, y) \rightarrow B(x))$	Premisa
2	$\forall x \, (B(x) \rightarrow \sim AF(x))$	Premisa
3	$A(a, j)$	Premisa
4	$AF(a)$	Premisa
5	$P(j) \wedge A(a, j) \rightarrow B(a)$	E.U. 1
6	$B(a) \rightarrow \sim AF(a)$	E.U. 2
7	$AF(a) \rightarrow \sim B(a)$	CP 6
8	$\sim B(a) \rightarrow \sim (P(j) \wedge A(a, j))$	CP 5

9	$AF(a) \to \sim ((P(j) \wedge A(a, j))$	Sil. 7, 8
10	$\sim (P(j) \wedge A(a, j))$	MP 4, 9
11	$\vdash \sim (P(j) \wedge A(a, j)) \leftrightarrow \sim (P(j) \vee \sim A(a, j))$	De Morgan
12	$\sim P(j) \vee \sim A(a, j)$	Intercambio 10, 11
13	$\vdash \sim P(j) \vee \sim A(a, j) \leftrightarrow (A(a, j) \to \sim P(j))$	Interdefinición
14	$A(a, j) \to \sim P(j)$	Intercambio 12, 13
15	$\sim P(j)$	MP 3, 14

Por tanto no es deducible que «Juan es pobre» ya que es deducible su negación y en cálculo de predicados por ser un sistema no contradictorio no es posible deducir una fórmula y su negación.

Ejemplo 6

Formalizar y comprobar que es correcta la siguiente deducción:

—Todos los que ayudan a Juan viven en casa de Manolo.
—Antonio ayuda a todos los que trabajan con él.
—Juan trabaja con todos los amigos de Carlos.
—Antonio es amigo de Carlos.
—Antonio es amigo de Carlos.

—Antonio vive en casa de Manolo.

* Elementos de formalización:

Predicados:

$AY(x, y) \rightleftharpoons x$ ayuda a y
$V(x, y) \rightleftharpoons x$ vive en casa de y
$T(x, y) \rightleftharpoons y$ trabaja con x
$AM(x, y) \rightleftharpoons x$ es amigo de y

Términos constantes:

$m \rightleftharpoons$ Manolo
$j \rightleftharpoons$ Juan
$a \rightleftharpoons$ Antonio
$c \rightleftharpoons$ Carlos

* Formalización y deducción:

1	$\forall x\, [AY\,(x, j) \to V(x, m)]$	Premisa
2	$\forall x\, [T(a, x) \to AY(a, x)]$	Premisa
3	$\forall x\, [AM(x, c) \to T(x, j)]$	Premisa

4	$AM(a, c)$	Premisa
5	$AM(a, c) \rightarrow T(a, j)$	E.U. 3
6	$T(a, j) \rightarrow AY(a, j)$	E.U. 2
7	$AY(a, j) \rightarrow V(j, m)$	E.U. 1
8	$T(a, j)$	MP 4, 5
9	$AY(a, j)$	MP 8, 6
10	$V(j, m)$	MP 9, 7

Ejemplo 7

Comprobar que es correcta la siguiente deducción:

—Lanzarote ama a la reina Ginebra.
—Lanzarote no ama a ninguno de sus amigos.
—El rey Arturo es amigo de Lanzarote.
—Los amigos de Lanzarote odian aquellos a quienes Lanzarote ama.

—Arturo odia a Ginebra.

* Elementos de formalización:

Predicados:

$A(x, y) \rightleftharpoons x$ ama a y
La $(x) \rightleftharpoons x$ es amigo de Lanzarote
$O(x, y) \rightleftharpoons x$ odia a y

Términos constantes:

$a \rightleftharpoons$ Arturo
$g \rightleftharpoons$ Ginebra
$l \rightleftharpoons$ Lanzarote

* Formalización y deducción:

1	$A(l, g)$	Premisa
2	$\forall x\ (\mathrm{La}(x) \rightarrow \sim A(l, x))$	Premisa
3	$\mathrm{La}(a)$	Premisa
4	$\forall x\ \forall y\ (\mathrm{La}(x) \wedge A(l, y) \rightarrow O(x, y))$	Premisa
5	$\mathrm{La}(a) \rightarrow \sim A(l, a)$	E.U. 2
6	$\mathrm{La}(a) \wedge A(l, g) \rightarrow O(a, g)$	E.U. 4 (doble)
7	$\mathrm{La}(a) \rightarrow (A(l, g) \rightarrow O(a, g))$	Exp. 6
8	$A(l, g) \rightarrow O(a, g)$	MP 3, 7
9	$O(a, g)$	MP 1, 8

Capítulo 7
TEORIA SEMANTICA DEL CALCULO DE PREDICADOS

1. Interpretación de fórmulas

La teoría semántica del cálculo de predicados, como la del cálculo proposicional (cap. 4), se construye no en base a la inscripción de las fórmulas o estructuras deductivas en un determinado armazón formal, sino en base a la atribución de significado a las fórmulas. Por tanto, forman parte del sistema aquellas fórmulas o estructuras deductivas cuyo significado cumple determinadas condiciones.

Al ser las fórmulas del cálculo de predicados más complejas que las del cálculo proposicional, la interpretación de las mismas requiere tener en cuenta mayor número de elementos. En efecto, las fórmulas del cálculo de predicados incluyen letras de término, de función, de predicado, conectivas y cuantificadores. Una interpretación de una fórmula de este tipo requiere por tanto:

a) Definición de un conjunto, denominado dominio de referencia, no vacío, para interpretar las letras de término (constantes, variables y funciones).
b) Definición del conjunto de significados a asignar a las fórmulas.
c) Relación n-aria entre elementos del dominio que corresponde a cada letra de predicado de la fórmula con n plazas.
d) Función de n variables definida en el dominio que corresponde como significado a cada letra de función.
e) Definición semántica de conectivas, es decir procedimiento de obtención del significado de una fórmula, constituida por fórmulas atómicas y conectivas, a partir de los significados de las fórmulas atómicas.
f) Definición semántica de cuantificadores, es decir procedimiento de atribución de significados a fórmulas cuantificadas de las que se conoce el significado para cada elemento del dominio.
g) Definición semántica de deducción correcta.

Los aspectos b y e son análogos a los ya definidos en cálculo proposicional: se utiliza un conjunto de significados bivalente y la forma de atribución de significado a fórmulas compuestas por conectivas se hace a partir de las tablas definitorias de cada conectiva que aparecen en el capítulo 4.

A continuación se definen los otros aspectos; una vez definida la forma de interpretación, se estudian las propiedades de los sistemas formales ya definidos respecto de esta.

1.1. *Interpretación de las letras de término y función*

A las letras de constante se les asigna un elemento concreto del dominio, a las letras de variables puede asignarse cualquier elemento del dominio. En fórmulas que incluyan letras de función, a cada letra de función de n variables se le asigna una aplicación concreta $D^n \rightarrow D$, de todas las posibles. Así, por ejemplo, la función $f(x)$ en el dominio $D = \{a, b, c\}$ podría interpretarse por la función definida por la tabla:

x	$f(x)$
a	a
b	a
c	b

1.2. *Interpretación de letras de predicado*

A cada letra de predicado se asigna una relación n-aria, concreta, definida en el dominio de referencia D. La definición de esta relación en términos de significado, se realiza a partir de los n-uplos ordenados de elementos del dominio que cumplen la relación, lo que puede representarse por una correspondencia entre el conjunto de todos los n-uplos de elementos del dominio $D(D^n)$ y el conjunto de significados $\{V, F\}$, asignando a cada n-uplo de D^n que verifica la relación el significado V, y F en caso contrario. Así, por ejemplo, si en una fórmula aparece la letra de predicado $P(x, y)$ y el dominio de referencia es $D = \{a, b, c\}$ una posible interpretación de P sería la definida mediante la aplicación $D^n \rightarrow \{V, F\}$ representada por la tabla siguiente:

x	y	$P^*(x, y)$
a	a	V
a	b	V
a	c	F
b	a	F
b	b	V
b	c	F
c	a	F
c	b	V
c	c	F

También podría haberse definido esta correspondencia binaria mediante una tabla de doble entrada:

P^*	a	b	c
a	V	V	F
b	F	V	F
c	F	V	F

1.3. *Definición semántica de cuantificadores*

El significado de una fórmula cuantificada se obtiene en acuerdo con las siguientes especificaciones:

—A una fórmula cuantificada universalmente, respecto de una variable x, se asignará significado V si, para cualquier elemento del dominio asignado a x, la fórmula es verdadera. Se asignará F en caso contrario.
—A una fórmula cuantificada existencialmente, respecto de la variable x, se asignará V si, para algún elemento del dominio, asignado a la variable x, la fórmula significa V. Caso contrario, si no existe ningún elemento del dominio que asignado a x verifique la fórmula, ésta se interpretará como falsa.

Así, para la fórmula simple $P(x, y)$ cuya interpretación se tabula en el subapartado anterior $\forall x\ (P\ (x, y))$ es falsa, ya que existen valores de x que asignan F a $P\ (x, y)$. En cambio $\exists x\ P\ (x, y)$ sería verdadera. Si se tratara de fórmulas cuantificadas incluyendo conectivas se evaluaría la fórmula para cada asignación de elemento a la variable cuantificada por las reglas de composición de significados correspondientes a la definición semántica de las conectivas implicadas en la fórmula, posteriormente se aplicarían las reglas de definición de significados en fórmulas cuantificadas al conjunto de evaluaciones resultantes para cada valor asignado a la variable.

En el subapartado siguiente se aplican las definiciones anteriores a una serie de ejemplos.

1.4. *Ejemplos de interpretación de fórmulas*

Ejemplo 1. Sea la fórmula

$$\forall x(P(x) \rightarrow R(x)) \rightarrow \exists y\ Q(y)$$

Se interpreta en el dominio $D = \{a, b, c\}$ de la forma siguiente:

Predicados básicos:

x	$P(x)$	$R(x)$	$Q(x)$
a	V	F	F
b	V	V	F
c	F	F	F

La evaluación del significado de la fórmula se realiza obteniendo independientemente el de los dos componentes de la implicación.

$\exists y\ Q(y)$ es F ya que no existe ningún elemento del dominio que verifique $Q(x)$.

La evaluación de $\forall x\ (P(x) \rightarrow R(x))$ puede realizarse mediante la tabla siguiente:

x	$P(x)$	$R(x)$	$P(x) \rightarrow R(x)$	$\forall x\ (P(x) \rightarrow R(x))$
a	V	F	F	
b	V	V	V	F
c	F	F	V	

Por tanto, el significado de la fórmula es V de acuerdo con la definición semántica de «$\rightarrow$».

Ejemplo 2. Sea la fórmula:

$$P(x) \wedge \forall x\ (R(x) \wedge P(y)) \rightarrow \exists y\ Q(x, y)$$

En ella aparecen libres las variables x e y.
Una interpretación sería la siguiente:

- Dominio de referencia: $D = \{1, 2\}$
- Interpretación de términos:

  A las variables libres x e y se asignan:

$$x = 1 \qquad y = 2$$

- Interpretación de predicados:

x	y	$Q(x, y)$	$P(x)$	$R(x)$
1	1	V	V	F
1	2	F		
2	1	F	F	V
2	2	V		

- Interpretación de la fórmula:

  Interpretando las variables libres resulta:

$$P(1) \wedge \forall x\ (R(x) \wedge P(2)) \rightarrow \exists y\ Q(1, y)$$

Para evaluar la fórmula se interpreta cada una de sus componentes:

x	$R(x)$	$R(x) \wedge P(2)$	$\forall x(R(x) \wedge P(2))$	$P(1) \wedge \forall x(R(x) \wedge P(2))$
1	F	F	F	F
2	V	F		

y	$Q(1, y)$	$\exists y\ Q(1, y)$
1	V	V
2	F	

Por tanto la fórmula dada se interpreta como verdadera.

Ejemplo 3. Sea la fórmula:

$$P(y) \vee \forall x\,(q \rightarrow P(x))$$

Siendo q una letra de proposición e «y» una variable libre. Una interpretación de esta fórmula sería la siguiente:

- Dominio de referencia: $\{a, b, c\}$.
- Interpretación de términos: a «y» se asigna c.
- Interpretación de proposiciones: a q se asigna V.
- Interpretación de predicados:

x	$P(x)$
a	V
b	V
c	F

- Interpretación de la fórmula:

  Al interpretar «y» la fórmula resulta:

$$P(c) \vee \forall x\,(q \rightarrow P(x))$$

q	x	$P(x)$	$q \rightarrow P(x)$	$\forall x\,(q \rightarrow P(x))$	$P(c) \vee \forall x\,(q \rightarrow P(x))$
V	a	V	V		
	b	V	V	F	F
	c	F	F		

1.5. *Definiciones*

—Una fórmula es satisfacible si existe alguna interpretación que la verifica.

—Una fórmula es válida en un dominio si cualquier interpretación que pueda plantearse en ese dominio satisface la fórmula.

Ejemplo 4. Sean las fórmulas:

$$\exists y\,(P(y) \vee \forall x\,(P(x) \rightarrow q)) \qquad (1)$$

$$\forall y\,(P(y) \vee \forall x\,(P(x) \rightarrow q)) \qquad (2)$$

sea el dominio de interpretación:

$$D = \{a, b, c\}$$

El número de interpretaciones posibles a definir en este dominio viene determinado por el número de relaciones que pueden asignarse a $P(x)$ y el de significados que puede asignarse a q.

Las interpretaciones posibles de P son:

x	P_1	P_2	P_3	P_4	P_5	P_6	P_7	P_8
a	V	V	V	F	F	F	V	F
b	V	V	F	V	F	V	F	F
c	V	F	V	V	V	F	F	F

Como las interpretaciones posibles de q son dos, el número total de posibles interpretaciones de la fórmula anterior es 16. A continuación se analizan las fórmulas (1) y (2) para cada una de ellas.

Se evalúa primeramente $\forall x\ (P(x) \rightarrow q)$.

x	q	$P_1(x)$	$P_1(x) \rightarrow q$	$\forall x(P_1(x) \rightarrow q)$	$P_2(x)$	$P_2(x) \rightarrow q$	$\forall x(P_2(x) \rightarrow q)$
a		V	V		V	V	
b	V	V	V	V	V	V	V
c		V	V		F	V	
a		V	F		V	F	
b	F	V	F	F	V	F	F
c		V	F		F	V	

x	q	$P_3(x)$	$P_3(x) \rightarrow q$	$\forall x(P_3(x) \rightarrow q)$	$P_4(x)$	$P_4(x) \rightarrow q$	$\forall x(P_4(x) \rightarrow q)$
a		V	V		F	V	
b	V	F	V	V	V	V	V
c		V	V		V	V	
a		V	F		F	V	
b	F	F	V	F	V	F	F
c		V	F		V	F	

x	q	$P_5(x)$	$P_5(x) \rightarrow q$	$\forall x(P_5(x) \rightarrow q)$	$P_6(x)$	$P_6(x) \rightarrow q$	$\forall x(P_6(x) \rightarrow q)$
a		F	V		F	V	
b	V	F	V	V	V	V	V
c		V	V		F	V	
a		F	V		F	V	
b	F	F	V	F	V	F	F
c		V	F		F	V	

x	q	$P_7(x)$	$P_7(x) \rightarrow q$	$\forall x(P_7(x) \rightarrow q)$	$P_8(x)$	$P_8(x) \rightarrow q$	$\forall x(P_8(x) \rightarrow q)$
a		V	V		F	V	
b	V	F	V	V	F	V	V
c		F	V		F	V	
a		V	F		F	V	
b	F	F	V	F	F	V	V
c		F	V		F	V	

La fórmula completa se interpreta:

P	q	y	$P(y)$	$\forall x(P(x) \rightarrow q)$	$P(y) \vee \forall x(P(x) \rightarrow q)$	(1)	(2)
P_1		a	V		V		
	V	b	V	V	V	V	V
		c	V		V		
		a	V		V		
	F	b	V	F	V	V	V
		c	F		V		
P_2		a	V		V		
	V	b	V	V	V	V	V
		c	F		V		
		a	V		V		
	F	b	V	F	V	V	F
		c	F		F		
P_3		a	V		V		
	V	b	F	V	V	V	V
		c	V		V		
		a	V		V		
	F	b	F	F	F	V	F
		c	V		V		
P_4		a	F		V		
	V	b	V	V	V	V	V
		c	V		V		
		a	F		F		
	F	b	V	F	V	V	F
		c	V		V		
P_5		a	F		V		
	V	b	F	V	V	V	V
		c	V		V		
		a	F		F		
	F	b	F	F	F	V	F
		c	V		V		
P_6		a	F		V		
	V	b	V	V	V	V	V
		c	F		V		
		a	F		F		
	F	b	V	F	V	V	F
		c	F		F		

P	q	y	$P(y)$	$\forall x(P(x) \to q)$	$P(y) \vee \forall x(P(x) \to q)$	(1)	(2)
P_7	V	a	V	V	V	V	V
		b	F		V		
		c	F		V		
	F	a	V	F	V	V	F
		b	F		F		
		c	F		F		
P_8	V	a	F	V	V	V	V
		b	F		V		
		c	F		V		
	F	a	F	V	V	V	V
		b	F		V		
		c	F		V		

Por tanto, de acuerdo con la tabla anterior la fórmula (1) es satisfacible para todas las interpretaciones en el dominio, luego esta fórmula es semánticamente válida en el dominio $\{a, b, c\}$; no ocurre lo mismo con la fórmula (2) que, si bien es satisfacible por un gran número de interpretaciones, no lo es por todas, por tanto no es semánticamente válida en el dominio.

Se dice de una fórmula que es semánticamente válida cuando es válida en cualquier dominio. Cuando una fórmula A es semánticamente válida se indica con la notación $\models A$.

La comprobación de la validez semántica, sencilla en cálculo proposicional no lo es tanto en cálculo de predicados, ya que exigiría la interpretación de la fórmula en todos los dominios posibles. Sin embargo, para comprobar que una fórmula no es válida basta encontrar una interpretación que no satisfaga la fórmula.

* Una interpretación que satisface una fórmula o conjunto de fórmulas se llama modelo de la fórmula o conjunto de fórmulas.
* Una interpretación que no satisface una fórmula o conjunto de fórmulas se llama contramodelo o contraejemplo de la fórmula o conjunto de fórmulas.

Por tanto para comprobar que una fórmula no es válida basta encontrar un contraejemplo o contramodelo de la misma.

Una deducción:

$$P_1, P_2, P_3, ..., P_n \Rightarrow Q$$

es semánticamente correcta cuando todo modelo del conjunto de premisas P_1, P_2, ..., P_n satisface Q.

De acuerdo con esta definición, dado que cada variable libre se interpreta por un elemento del dominio, su valor permanece constante en todas las ocurrencias de cada variable.

2. Propiedades de los sistemas formales

De manera similar a la del capítulo 4, respecto del cálculo proposicional, de acuerdo con la definición de interpretación y el concepto semántico de deducción pueden estudiarse las propiedades formales de los sistemas axiomáticos definidos para el cálculo de predicados:

- Consistencia.

¿Toda fórmula demostrable en el sistema axiomático es válida según el procedimiento de interpretación antes descrito?

¿Toda deducción correcta en los sistemas axiomáticos presentados previamente es semánticamente correcta?

- Completud.

¿Toda fórmula semánticamente válida es demostrable en el sistema?

¿Toda deducción correcta semánticamente puede demostrarse en el sistema axiomático?

- Decibilidad.

¿Existe un procedimiento finito que permita decidir si una fórmula o deducción es demostrable en el sistema axiomático?

A continuación se tratan cada uno de estos aspectos.

2.1. *Consistencia*

Se trata de comprobar que si $\vdash A$, necesariamente $\models A$. Para ello se estudian los axiomas del sistema y las reglas de inferencia: si los axiomas son semánticamente válidos y las reglas de inferencia garantizan cuando la fórmula antecedente de la regla es semánticamente válida que la consecuente también lo es necesariamente, quedará demostrada la consistencia del sistema formal respecto de la interpretación.

* A.9 $\vdash \forall x A(x) \rightarrow A(t)$

Un contraejemplo de esta fórmula debería asignar V a $\forall x A(x)$ y F a $A(t)$. Sin embargo si exitiera algún x_i en el dominio de interpretación que hiciera falso $A(x)$, también, por ello, haría falso $\forall x A(x)$, por tanto la fórmula A.9 es semánticamente válida.

* A.10 $\vdash A(t) \rightarrow \exists x A(x)$

Un contraejemplo de esta fórmula estaría definido por una relación, $A^*(\text{-})$ asignada a $A(\text{-})$ y un elemento a asignado a t tales que $A^*(a)$ es verdad y $\exists x A^*(x)$ es falso, esto último no puede ocurrir siendo $A^*(a)$ verdad por tanto no puede existir contraejemplo de esta fórmula.

* Regla de generalización universal condicional:

$$\frac{\vdash A \rightarrow B(y)}{\vdash A \rightarrow \forall x B(x)}$$

Es preciso demostrar que siempre que es semánticamente válida $A \rightarrow B(y)$ lo es necesariamente $A \rightarrow \forall x B(x)$, es decir: Si no hay contraejemplo de $A \rightarrow B(y)$ no puede haber contraejemplo de $A \rightarrow \forall x B(x)$. Supóngase que no fuera así y, siendo $\vdash A \rightarrow B(y)$ semánticamente válida existiera una interpretación I que hiciera falso $A \rightarrow \forall x B(x)$. En este caso, por definición de la implicación, en I, A debe ser verdad y $\forall x B(x)$ falso, por tanto, en el dominio de I existiría al menos un elemento x_i para el que $B(x_i)$ es falso, y en este caso podría definirse una interpretación I' para $A \rightarrow B(y)$ sobre el mismo dominio que I, que asignara x_i a y. Para esta interpretación $A \rightarrow B(y)$ sería falsa, lo que no puede ocurrir ya que por hipótesis $\vdash A \rightarrow B(y)$ es semánticamente válida, por tanto no puede existir ningún contraejemplo I, de $A \rightarrow \forall x B(x)$.

* Regla de generalización existencial condicional:

$$\frac{\vdash A(y) \rightarrow B}{\vdash \exists x A(x) \rightarrow B}$$

Si $A(y) \rightarrow B$ es semánticamente válida, no estando y libre en B, ello implica que cualquier interpretación que haga B falsa asignará a y valores tales que $A(y)$ es falsa en todo el dominio, en cuyo caso $\exists x A(x)$ también es falsa y, por tanto, $\exists x A(x) \rightarrow B$ será verdad. Cualquier interpretación que haga B verdad hace verdad tanto el antecedente como el consecuente de la regla.

De acuerdo con los análisis anteriores puede afirmarse el siguiente teorema: *toda fórmula demostrable es semánticamente válida, ya que cualquier demostración tiene su origen en uno o varios axiomas (fórmulas comprobadas como válidas) y la secuencia demostrada se produce aplicando las reglas de inferencia que transmiten la propiedad de validez semántica.*

Por tanto el sistema axiomático planteado no es contradictorio, ya que no es posible demostrar en el mismo una fórmula y su negación. En efecto si fuera demostrable la fórmula A, cualquier interpretación asignaría significado verdadero a esta fórmula, y por tanto esta misma interpretación, de acuerdo con la definición semántica de negación asignaría significado falso a $\sim A$, y, por tanto, ésta según el teorema anterior no sería demostrable, por no ser válida.

Análogamente, puede afirmarse que toda deducción formalmente correcta, de acuerdo con la definición de deducción en el sistema formal de Kleene, es semánticamente correcta.

Sea la estructura deductiva:

$$P_1, P_2, P_3, \ldots, P_n \Rightarrow Q \tag{1}$$

formalmente válida. Es preciso demostrar que toda interpretación que verifica el conjunto de premisas P_1, ..., P_n asigna también significado verdadero a Q.

Si (1) es una deducción formalmente correcta ello implica que Q es la fórmula final de una secuencia deducida R_1, R_2, ..., R_m. De acuerdo con la definición:

a) R_i es o una premisa o un axioma o teorema.
b) R_i se obtiene de P_k o R_j ($j < i$) aplicando alguna regla de inferencia.

De acuerdo con el concepto semántico de deducción, es preciso demostrar que toda interpretación I, que satisface las premisas, satisface también los elementos de la secuencia R_i.

Pueden presentarse los siguientes casos:

R_i se obtiene según la norma a):

a.1. Si es premisa, su significado será verdadero de acuerdo con la hipótesis de que I satisface todas las premisas.
a.2. Si es axioma o teorema de acuerdo con la propiedad demostrada anteriormente para las fórmulas válidas, por ser demostrable es semánticamente válida y por tanto para cualquier interpretación, en particular para I, su significado es verdad.

Si R_i se encuentra en el caso b):

b.1. Si se obtiene por modus ponens a partir de dos premisas, como, según lo demostrado en el capítulo 3 esta regla obtiene fórmulas verdaderas a partir de premisas verdaderas R_i será verdadera para la interpretación I.
b.2. Si se obtiene por modus ponens a partir de alguna premisa o algunas fórmulas R_j, R_k (k, $j < i$) si R_j y R_k son verdad, con la interpretación I también lo será R_i.
b.3. Asimismo si se obtiene R_i por aplicación de la regla de generalización universal condicional a partir de una premisa, de acuerdo con la propiedad demostrada en esta regla, si la interpretación I no satisface $R_i \rightleftarrows A \rightarrow \forall x B(x)$, en I A es verdad y algún elemento del dominio de la interpretación I, hace $B(x)$ falso, por tanto $A \rightarrow B(y)$ no es válida en I para cualquier elemento del dominio por lo que no es aplicable la regla de generalización universal.
b.4. En el caso de que R_i se obtenga, por aplicación de la regla de generalización existencial a partir de una fórmula $R_j (j < i)$ de la secuencia deducida, si este es satisfacible por la interpretación I por razones similares a las del caso anterior también será satisfacible R_i.

Los casos b.2 y b.4 son dos condiciones recursivas que garantizan la transmisión de la satisfacibilidad por I de unas fórmulas de la secuencia deducida a otras sucesivas. Los casos restantes se refieren exclusivamente a la relación de las fórmulas de la secuencia deducida, con las premisas y el sistema de fórmulas válidas.

De acuerdo con lo anterior, los casos a.1, a.2, b.1 y b.3, son los únicos aplicables a R_1, de acuerdo con ellos R_1 es necesariamente satisfacible por I. Si R_1 es satisfacible R_2 puede encontrarse en cualquiera de los seis casos y de acuerdo con el estudio realizado al ser R_1 satisfacible debe serlo R_2, y por idénticas razones al serlo R_1 y R_2, debe ser satisfacible R_3, ..., etc. hasta $R_m = Q$.

El concepto de deducción definido constituye una generalización del introducido en el capítulo 4, verifica también el teorema de la deducción en las mismas condiciones definidas para la deducción formal en el capítulo 7 para el Sistema de Kleene:

Si $P_1, P_2, \ldots, P_n \Rightarrow Q$ (1) es una deducción correcta $P_1, P_2, \ldots, P_{n-1} \Rightarrow P_n \rightarrow Q$ (2) es también una deducción correcta siempre que en P_n no aparezca ninguna variable libre generalizada para obtener Q.

Demostración:

Si no se verificara (2) cumpliéndose (1) existiría un modelo de $P_1, P_2, \ldots, P_{n-1}$ que no satisfaría $P_n \rightarrow Q$. Para este modelo, de acuerdo con la definición semántica de «$\rightarrow$», P_n deberá ser verdadero y Q falso. Por tanto:

—Si P_n no contiene variables libres el contraejemplo de (2) sería también un contraejemplo de (1), como, por hipótesis, (1) es una deducción correcta no puede existir contraejemplo de (2) con P_n sin variables libres y, por tanto, (2) es una deducción correcta.

—Si P_n contiene variables libres pueden ocurrir los subcasos siguientes:

- Las variables libres de P_n permanecen constantes en el proceso de deducción de Q y por tanto una interpretación de ellas es la asignación de un valor del dominio a cada una. En este caso si existiera un contraejemplo de (2) existiría una asignación de valores a las variables libres de P_n que satisface ésta y falsifica Q, por tanto esta interpretación sería un modelo de $P_1, \ldots, P_{n-1}, P_n$ y contramodelo de Q, lo que no puede ser por hipótesis de que $P_1, \ldots, P_n \Rightarrow Q$ es correcta.

- Las variables de P_n no permanecen constantes pero se generalizan existencialmente en el proceso de obtención de Q. Es decir, para llegar a Q en alguna etapa del proceso se ha generalizado al menos alguna variable x_i libre de $P : \exists x_i P_n(x_1, \ldots, x_i, \ldots, x_r)$. En este caso si existiera alguna interpretación que fuera contraejemplo de (2) existiría al menos una asignación de valores a las variables libres de P_n que la satisface y que falsifica Q, y por tanto sería un contramodelo de (1) lo que por hipótesis no es cierto. Obsérvese que aunque en este caso las variables libres no permanecen constantes, como cualquier modelo a valores constantes garantiza que la generalización existencial es satisfacible el razonamiento basado en interpretación a valor constante es suficiente lo que no pasa en el caso siguiente:

- Las variables de P_n no permanecen constantes, y se generalizan para llegar a Q mediante cualquiera de las reglas:

$$\frac{\models B \rightarrow A(y)}{\models B \rightarrow \forall x A(x)} \qquad \frac{\models A(y) \rightarrow B}{\models \exists x A(x) \rightarrow B} \qquad \frac{\models A(y)}{\models \forall x A(x)}$$

En este caso la teoría axiomática no afirma la validez del teorema de la deducción. A continuación se hacen algunas consideraciones semánticas justificativas de estas restricciones:

- Con la definición dada de interpretación de las variables libres a valor constante una deducción no es semánticamente correcta cuando se generaliza una variable. Así, por ejemplo, en la deducción:

$$P_1, P_2 \ldots B \rightarrow A(z) \ldots P_n \Rightarrow B \rightarrow \forall x\, A(x) \qquad (1)$$

  podría definirse un contraejemplo interpretando $A(\text{-})$ por una propiedad que se verificara parcialmente en el dominio de referencia y asignando a y uno de los elementos que satisfacen $A(y)$. Este mismo sería un contraejemplo de la deducción a obtener si se aplicara el teorema, pasando P_n al segundo miembro.
- La definición como válida de la deducción (1) implica la asunción implícita de $B \rightarrow A(z)$ como fórmula válida, condición, por otra parte, que es premisa de la regla de generalización aplicada para obtener el consecuente.

$$\frac{\vdash B \rightarrow A(z)}{\vdash B \rightarrow \forall x\, A(x)}$$

  Si se asume $\vdash B \rightarrow A(z)$ como semánticamente válida (1) es una deducción semánticamente correcta y con esa condición adicional sería también válido el teorema de la deducción.
- En el sistema axiomático se limita también la aplicación del teorema de la deducción en el caso en que se generalicen en la deducción subsidiaria las variables libres en la premisa que se pasa al otro lado de la deducción. Tal es el caso de la deducción:

$$P(y) \rightarrow R(y),\ P(y) \Rightarrow \forall x\, R(x)$$

  $R(y)$ se obtiene a partir de las premisas por Modus ponens y a continuación se generaliza. Si se aplica el teorema de la deducción debería ser correcta:

$$P(y) \rightarrow R(y) \Rightarrow P(y) \rightarrow \forall x\, R(x) \qquad (2)$$

  Para la que es sencillo encontrar un contraejemplo. Sin embargo, esta deducción es válida si se asume $\vdash R(y)$ como válida semánticamente.
- Por tanto, en los casos (1) y (2) la aplicación del teorema de la deducción exigiría la adición de condiciones complementarias para su aplicación acordes con las hipótesis incluidas en la definición de deducción formal. Si bien la formulación axiomática limita la aplicación de (2) cuando se generalizan las variables de la premisa que se pasa al segundo miembro en la aplicación del teorema.

- En general, el teorema de la deducción podría formularse sin restricciones en la forma:

$$\frac{P_1, P_2, \dots P_{n-1}, P_n \Rightarrow Q}{P_1, P_2, \dots P_{n-1} \Rightarrow P_n \rightarrow Q, \vdash P_j, \vdash S_n, \dots \vdash T_l}$$

Siendo $\vdash P_j, \vdash S_n \dots \vdash T_l$, las fórmulas generalizadas en el proceso de obtención de Q que desde el punto de vista semántico impedirían la definición de un contraejemplo, de acuerdo con el concepto general de interpretación dado, en la estructura con P_n en el segundo miembro.

- Sin embargo, la formulación general anterior aunque correcta semánticamente adolece de falta de operatividad, ya que la razón de ser de este teorema es que permite referir una deducción a una sola fórmula válida con estructura implicativa. Por ello se opta por la introducción en el método axiomático de las restricciones necesarias para que se mantenga esta propiedad.

La validación semántica del método de deducción natural requiere comprobar el axioma del sistema, lo que es obvio así como las reglas de inferencia. A continuación se comprueban estas reglas en lo referente al cálculo de predicados:

* $$\frac{\Gamma \Rightarrow A(t)}{\Gamma \Rightarrow \exists x A(x)}$$

Si $\Gamma \Rightarrow A(t)$ es una deducción correcta, ello significa que todo modelo de Γ satisface $A(t)$ y por tanto en él existe al menos una interpretación de t y $A(\text{-})$ que hace $A(t)$ verdad por tanto en esa misma interpretación $\exists x A(x)$ es verdad lo que significa que la deducción consecuente de la regla es correcta:

* $$\frac{\Gamma \Rightarrow A(y)}{\Gamma \Rightarrow \forall x A(x)}$$ (en Γ no libre y)

Si la deducción antecedente es correcta todo modelo de Γ tiene que satisfacer $A(y)$; como en Γ no está libre y, para que la deducción sea correcta es preciso que $A(y)$ sea verdad, en la interpretación que satisface Γ, cualquiera que sea y, ya que si así no fuera podría ocurrir que para un modelo de Γ existiera un contraejemplo asignando a y uno de los elementos que falsifican $A(\text{-})$. Por tanto al no poder existir cuando Γ es verdad ninguna interpretación que haga falso $A(y)$, $\forall x A(x)$ es verdad en dicha interpretación, por lo que la deducción consecuente también es correcta. Obsérvese que si en Γ estuviera libre y, un modelo de Γ llevaría incorporada una interpretación de y por un elemento y, por tanto, para que la estructura antecedente fuera correcta bastaría que $A(y)$ fuera verdad para el valor de y asignado en el modelo y, por tanto, no sería necesario que $\forall x A(x)$ fuera verdad.

* $$\frac{\Gamma \Rightarrow \forall x A(x)}{\Gamma \Rightarrow A(t)}$$

Si la deducción antecedente es correcta todo modelo de Γ satisface $\forall x A(x)$ y, por tanto en él, $A(x)$ es verdad cualquiera que sea x y en particular lo será $A(t)$ por tanto la deducción consecuente es también correcta.

$$* \quad \frac{\Gamma \Rightarrow \exists x A(x),, \Gamma, A(y) \Rightarrow B}{\Gamma \Rightarrow B} \quad (y \text{ no libre en } \Gamma \text{ y } B)$$

Si son correctas las estructuras antecedentes todo modelo de Γ satisface $\exists x A(x)$; por tanto, como no está y libre en Γ, es posible añadir a dicho modelo una interpretación de y que satisfaga precisamente $A(y)$ y, por tanto, este modelo satisface B ya que, si así no fuera, el segundo antecedente no sería una deducción correcta, luego la estructura consecuente es correcta, ya que todo modelo de Γ satisface B.
Si estuviera y libre en Γ podría ocurrir que la interpretación aseginada a y en el modelo de Γ no satisfaciera $A(y)$ con lo que siendo correctas ambas deducciones antecedentes no sería aplicable el razonamiento anterior.

2.2. *Completud*

En este caso se trata de demostrar que toda fórmula semánticamente válida $\models A$, es necesariamente demostrable, es decir $\vdash A$. Para llegar a este resultado se va a plantear el tema en forma de estructuras deductivas, es decir, si $\Gamma \Rightarrow A$ es una deducción semánticamente correcta $\Gamma \Rightarrow A$ es demostrable en un sistema de deducción natural. Dada la coherencia demostrada entre ambos sistemas, la obtención de este segundo resultado incluye el primero, para el caso de Γ vacía.

Para demostrar este resultado, debido a Gödel, se va a emplear el procedimiento de Kleene, consistente en construir un sistema de deducción natural sobre un tipo de estructuras deductivas más general que el planteado hasta ahora. Este tipo de estructura permite plantear un conjunto de reglas básicas de forma que, a partir de ellas es posible formalizar bien el proceso de demostración o bien la búsqueda de un contraejemplo, cuando la estructura deductiva no es correcta.
El proceso de demostración tendrá por tanto, tres etapas:

- Definición previa de un sistema axiomático de reglas de deducción natural que maneja estructuras de las que son caso particular las estructuras tratadas por los métodos formales de teoría de la demostración y deducción natural descritos en capítulos anteriores.
- Comprobación de que el nuevo sistema axiomático es consistente con los sistemas ya planteados.
- Construcción de un procedimiento en el sistema anterior que permita afirmar la existencia de un contraejemplo, o bien a la afirmación de que no es posible construir ninguno.

A continuación se tratan estas etapas.

2.2.1. Construcción de un nuevo sistema de deducción natural

Se utiliza como estructura deductiva objeto del sistema la representada con la notación siguiente:

$$A_1, A_2, A_3, ..., A_m \Rightarrow B_1, B_2, B_3, ..., B_p \qquad (1)$$

Esta notación debe entenderse: Alguna de las fórmulas de la secuencia consecuente B_i es deducible correctamente de las premisas $A_1, A_2, A_3, ..., A_m$.

Es decir, la estructura (1) es correcta en el sistema a construir si

$$A_1, A_2, A_3, ..., A_m \Rightarrow B_1 \vee B_2 \vee B_3. \vee B_p$$

es correcta de acuerdo con la definición de deducción en los sistemas desarrollados en capítulos anteriores.

Asimismo se consideran como en los sistemas ya desarrollados fórmulas con número finito de conectivas y cuantificadores.

El axioma único del sistema es:

$$\Gamma, C \Rightarrow C, \Delta$$

(Γ, Δ sucesiones de fórmulas).

Por tanto, se considera correcta por hipótesis toda estructura en la que aparece en ambos miembros de la secuencia la misma fórmula.

Las reglas de paso de unas estructuras deductivas correctas a otras pueden plantearse en forma simétrica con dos tipos: para cada conectiva o cuantificador existe una regla de introducción en el antecedente y otra de introducción en el consecuente de la estructura deductiva.

Conectiva o cuantificador	Regla de introducción en antecedente (a)	Regla de introducción en el consecuente (c)
$\rightarrow$	$\dfrac{\Gamma \Rightarrow A, \Delta,, B, \Gamma \Rightarrow \Delta}{A \rightarrow B, \Gamma \Rightarrow \Delta}$	$\dfrac{\Gamma, A \Rightarrow \Delta, B}{\Gamma \Rightarrow \Delta, A \rightarrow B}$
$\wedge$	$\dfrac{\Gamma, A, B \Rightarrow \Delta}{\Gamma, A \wedge B \Rightarrow \Delta}$	$\dfrac{\Gamma \Rightarrow \Delta, A,, \Gamma \Rightarrow \Delta, B}{\Gamma \Rightarrow \Delta, A \wedge B}$
$\vee$	$\dfrac{A, \Gamma \Rightarrow \Delta,, B, \Gamma \Rightarrow \Delta}{A \vee B, \Gamma \Rightarrow \Delta}$	$\dfrac{\Gamma \Rightarrow \Delta, A, B}{\Gamma \Rightarrow \Delta, A \vee B}$
$\sim$	$\dfrac{\Gamma \Rightarrow \Delta, A}{\Gamma, \sim A \Rightarrow \Delta}$	$\dfrac{A, \Gamma \Rightarrow \Delta}{\Gamma \Rightarrow \Delta, \sim A}$
$\exists$	$\dfrac{A(y), \Gamma \Rightarrow \Delta}{\exists x\, A(x), \Gamma \Rightarrow \Delta}$ y no libre en Γ, Δ	$\dfrac{\Gamma \Rightarrow \Delta, A(y), \exists x\, A(x)}{\Gamma \Rightarrow \Delta, \exists x\, A(x)}$
$\forall$	$\dfrac{A(y), \forall x\, A(x), \Gamma \Rightarrow \Delta}{\forall x\, A(x), \Gamma \Rightarrow \Delta}$	$\dfrac{\Gamma \Rightarrow \Delta, A(y)}{\Gamma \Rightarrow \Delta, \forall x\, A(x)}$ y no libre en Γ, Δ

La forma de referirse en lo que sigue a estas reglas será mediante el símbolo de la conectiva precedida de «*a*» o «*c*» según se trate de reglas de introdución en el antecedente o consecuente. Así por ejemplo se aludirá a la regla $a \rightarrow$, $c\ \wedge$, $a\exists$, etc.

El nuevo sistema se denominará indistintamente Sistema II o Sistema simétrico en contraposición al primer sistema denominado Sistema I o asimétrico.

Las reglas $c\forall$ y $a\exists$ requieren como condición adicional para su aplicación que la variable libre generalizada no aparezca libre en el resto de fórmulas de la secuencia, tanto en el antecedente como en el consecuente.

La demostración de completud se basa en los siguientes asertos, unos ya comprobados y otros a demostrar:

a) Toda estructura deductiva correcta, según el sistema de deducción natural planteado en los capítulos 3 y 7, es correcta según el sistema tipo Hilbert (consistencia entre ambos sistemas ya comprobada en los capítulos 3 y 7).
b) Toda estructura deductiva correcta según el nuevo sistema axiomático es correcta en el sistema de deducción natural planteado en los capítulos 3 y 7.
c) Las estructuras deductivas objeto del nuevo sistema axiomático son semánticamente correctas según el modo de interpretación ya definido (teniendo en cuenta la asimilación de la secuencia consecuente a una disyunción) si cualquier interpretación que satisfaga las fórmulas del antecedente satisface al menos una de las fórmulas del consecuente.
d) Toda estructura deductiva semánticamente correcta es demostrable en el nuevo sistema axiomático. (Las estructuras objeto de los sistemas axiomático y deducción natural del capítulo 7 son un caso particular de las incluidas el el nuevo sistema.)
e) Por tanto, teniendo en cuenta a) y b) toda estructura deductiva, correcta semánticamente, será demostrable en los sistemas axiomáticos y de deducción natural ya definidos en capítulos anteriores.

La afirmación a) está ya comprobada y la c) es una consecuencia directa del concepto semántico de deducción correcta. Para comprobar la completud basta por tanto demostrar los teoremas b) y d).

A continuación se demuestran estos teoremas:

2.2.2. Coherencia del nuevo sistema y los ya definidos.

Teorema:

Toda estructura deductiva correcta según el sistema II es correcta según el sistema formal en deducción natural, planteado en el capítulo 7 (denominado en lo sucesivo sistema I).

Basta comprobar las reglas del nuevo sistema formal a partir del axioma y reglas básicas definitorias del sistema anterior. A continuación se comprueban estas reglas.

- Regla «$a \rightarrow$»

$$\frac{\Gamma \Rightarrow A, \Delta,, B, \Gamma \Rightarrow \Delta}{A \rightarrow B, \Gamma \Rightarrow \Delta}$$

Se denomina D la fórmula obtenida por disyunción de los elementos de la secuencia Δ.

1	$\Gamma \Rightarrow A \vee D$	Válida por hip. regla
2	$\Gamma, B \Rightarrow D$	Válida por hip. regla
3	$\Gamma \Rightarrow B \rightarrow D$	T. Deducción 2
4	$B \rightarrow D \Rightarrow \sim B \vee D$	Interdefinición
5	$\Gamma \Rightarrow \sim B \vee D$	Corte 3, 4
6	$\Gamma \Rightarrow (A \vee D) \wedge (\sim B \vee D)$	Prod. 1, 5
7	$(A \vee D) \wedge (\sim B \vee D) \Rightarrow$ $(A \wedge \sim B) \vee D$	Propiedad distributiva
8	$\Gamma \Rightarrow (A \wedge \sim B) \vee D$	Corte 6, 7
9	$(A \wedge \sim B) \vee D \Rightarrow$ $\sim (A \wedge \sim B) \rightarrow D$	Interdefinición
10	$\Gamma \Rightarrow \sim (A \wedge \sim B) \rightarrow D$	Corte 8, 9
11	$\Gamma, \sim (A \wedge \sim B) \Rightarrow D$	Recíproco T. Deducción
12	$A \rightarrow B \Rightarrow \sim (A \wedge \sim B)$	Interdefinición
13	$\Gamma, A \rightarrow B \Rightarrow D$	Corte 11, 12

- Regla «c $\rightarrow$»

Si se denomina D la fórmula constituida por la disyunción de todas las fórmulas componentes de la sucesión Δ, es preciso demostrar en el sistema I la regla:

$$\frac{\Gamma, A \Rightarrow B \vee D}{\Gamma \Rightarrow (A \rightarrow B) \vee D}$$

1	$\Gamma, A \Rightarrow B \vee D$	Válida por hipótesis regla
2	$\Gamma \Rightarrow A \rightarrow B \vee D$	T. Deducción 1
3	$A \rightarrow B \vee D \Rightarrow \sim A \vee (B \vee D)$	Interdefinición $\rightarrow$, $\vee$ (estructura correcta ya demostrada)
4	$\Gamma \Rightarrow \sim A \vee (B \vee D)$	Corte 2, 3
5	$\sim A \vee (B \vee D) \Rightarrow$ $(\sim A \vee B) \vee D$	Propiedad asociativa de $\vee$
6	$\Gamma \Rightarrow (\sim A \vee B) \vee D$	Corte 4, 5
7	$\sim A \vee B \Rightarrow A \rightarrow B$	Interdefinición $\rightarrow$, $\vee$
8	$\sim A \vee B \Rightarrow (A \rightarrow B) \vee D$	Adición 7
9	$D \Rightarrow D$	Axioma
10	$D \Rightarrow (A \rightarrow B) \vee D$	Adición 9
11	$(\sim A \vee B) \vee D \Rightarrow$ $(A \rightarrow B) \vee D$	Prueba por casos 8, 10
12	$\Gamma \Rightarrow (A \rightarrow B) \vee D$	Corte 6, 11

- Para demostrar la regla «$a \wedge$» es preciso comprobar en el sistema I:

$$\frac{\Gamma, A, B \Rightarrow D}{\Gamma, A \wedge B \Rightarrow D}$$

1	$\Gamma, A, B \Rightarrow D$	Válida por hipótesis de regla
2	$\Gamma, A \wedge B, B \Rightarrow D$	Inclusión en 1 tomando como $\Gamma \rightleftharpoons \Gamma, B$
3	$\Gamma, A \wedge B, A \wedge B \Rightarrow D$	Inclusión en 2 tomando como $\Gamma \rightleftharpoons \Gamma, A \wedge B$
4	$\Gamma, A \wedge B \Rightarrow D$	Contracción 3

- Para demostrar la regla «c ∧» basta comprobar en I la regla:

$$\frac{\Gamma \Rightarrow A \vee D,, \Gamma \Rightarrow B \vee D}{\Gamma \Rightarrow (A \wedge B) \vee D}$$

1	$\Gamma \Rightarrow A \vee D$	Válida por hipótesis de la regla
2	$\Gamma \Rightarrow B \vee D$	Válida por hipótesis de la regla
3	$\Gamma \Rightarrow (A \vee D) \wedge (B \vee D)$	Producto 1, 2
4	$(A \vee D) \wedge (B \vee D) \Rightarrow$ $\Rightarrow (A \wedge B) \vee D$	Estructura correcta (distributividad de ∨ respecto a ∧)
5	$\Gamma \Rightarrow (A \wedge B) \vee D$	Corte 3, 4

- La regla «*a* ∨» es directamente la de prueba por casos del sistema I.
- La regla «c ∨» sería en el sistema I:

$$\frac{\Gamma \Rightarrow A \vee B \vee D}{\Gamma \Rightarrow (A \vee B) \vee D}$$

Lo que se obtiene directamente a partir de la asociatividad de ∨.

- La regla «*a* ∼» sería en el sistema I:

$$\frac{\Gamma \Rightarrow A \vee D}{\Gamma, \sim A \Rightarrow D}$$

Demostración:

1	$\Gamma \Rightarrow A \vee D$	Válida por hip. de la regla
2	$A \vee D \Rightarrow \sim A \rightarrow D$	Interdefinición «∨, →»
3	$\Gamma \Rightarrow \sim A \rightarrow D$	Corte 1, 2
4	$\Gamma, \sim A \Rightarrow D$	T. Deducción 3

- La regla «c ∼» sería en el sistema I:

$$\frac{\Gamma, A \Rightarrow D}{\Gamma \Rightarrow \sim A \vee D}$$

1	$\Gamma, A \Rightarrow D$	Válida por hip. de la regla
2	$\Gamma \Rightarrow A \rightarrow D$	T. Deducción 1
3	$A \rightarrow D \Rightarrow \sim A \vee D$	Interdefinición «∨, →»
4	$\Gamma \Rightarrow \sim A \vee D$	Corte 2, 4

- La regla «*a* ∃» es precisamente la regla de generalización existencial en el antecedente, demostrada en el capítulo 7, sustituyendo Δ por *D*.

- La regla c∀ se formularía en el sistema I:

$$\frac{\Gamma \Rightarrow A(y) \vee D}{\Gamma \Rightarrow \forall x\, A(x) \vee D}$$

1	$\Gamma \Rightarrow A(y) \vee D$	Hipótesis de la regla
2	$\Gamma \Rightarrow \forall x(A(x) \vee D)$	Generalización
3	$\forall x(A(x) \vee D) \Rightarrow \forall x\, A(x) \vee D$	Por distributividad de ∀ (ya que D no tiene libre y)
4	$\Gamma \Rightarrow \forall x\, A(x) \vee D$	Corte 2, 3

- La regla c∃ en el sistema I se formularía:

$$\frac{\Gamma \Rightarrow A(t) \vee \exists x\, A(x) \vee D}{\Gamma \Rightarrow \exists x\, A(x) \vee D}$$

1	$A(t) \Rightarrow \exists x\, A(x)$	Estructura válida (capítulo 7)
2	$\exists x\, A(x) \Rightarrow \exists x\, A(x)$	Axioma
3	$A(t) \vee \exists x\, A(x) \Rightarrow \exists x\, A(x)$	Casos 1, 2
4	$D \Rightarrow D$	Axioma
5	$D \Rightarrow \exists x\, A(x) \vee D$	Adición 4
6	$A(t) \vee \exists x\, A(x) \Rightarrow \exists x\, A(x) \vee D$	Adición 3
7	$A(t) \vee \exists x\, A(x) \vee D \Rightarrow$ $\Rightarrow \exists x\, A(x) \vee D$	Casos 5, 6
8	$\Gamma \Rightarrow A(t) \vee \exists x\, A(x) \vee D$	Válida por hipótesis de la regla
9	$\Gamma \Rightarrow \exists x\, A(x) \vee D$	Corte 7, 8

- La regla *a*∀ en el sistema I sería:

$$\frac{\Gamma, \forall x\, A(x), A(t) \Rightarrow D}{\Gamma, \forall x\, A(x) \Rightarrow D}$$

1	$\Gamma, \forall x\, A(x), A(t) \Rightarrow D$	Válida por hipótesis de la regla
2	$\forall x\, A(x) \Rightarrow A(t)$	Estructura correcta (capítulo 7)
3	$\Gamma, \forall x\, A(x), \forall x\, A(x) \Rightarrow D$	Regla de corte 1, 2
4	$\Gamma, \forall x\, A(x) \Rightarrow D$	Contracción 3

Por tanto, de acuerdo con lo anterior todas las reglas del nuevo sistema son demostrables en el sistema en deducción natural planteado en los capítulos 3 y 7. Queda, por tanto, demostrado el teorema.

2.2.3. Demostración de completud

Teorema:

Toda estructura deductiva semánticamente correcta es demostrable en el sistema simétrico.

Para demostrarlo es preciso un lema previo.

Lema 1:

La estructura de las reglas, es tal que si existe un contraejemplo para alguna de las estructuras antecedentes de las reglas, también existe para la estructura consecuente de la regla y recíprocamente.

Se demuestra para cada una de las reglas:

a) *Reglas de implicación*

a.1) Introducción en antecedente

$$\frac{\Gamma \Rightarrow \Delta, A,, B, \Gamma \Rightarrow \Delta}{\Gamma, A \rightarrow B \Rightarrow \Delta}$$

Directa:

Si existe contraejemplo de $\Gamma \Rightarrow \Delta$, A ó B, $\Gamma \Rightarrow \Delta$ también existe de Γ, $A \rightarrow$ $\rightarrow B \Rightarrow \Delta$. En efecto, supóngase que existe una interpretación que satisface Γ y hace falsas las fórmulas de Δ y A. Esta misma interpretación satisface $A \rightarrow B$ y por tanto verifica Γ, $A \rightarrow B$ y no satisface Δ por hipótesis, luego también es un contraejemplo de la estructura consecuente.

Si existe una interpretación que satisface B, Γ y hace falsas todas las fórmulas de Δ puede construirse un contraejemplo de Γ, $A \rightarrow B \Rightarrow \Delta$ añadiendo a la interpretación anterior, cualquier asignación de significado a la fórmula A, en efecto cualquiera que sea el significado de A, $A \rightarrow B$ será verdadero al serlo también B, por tanto, puede construirse un contraejemplo del consecuente a partir de un contraejemplo del antecedente.

Recíproca:

Si existe algún contraejemplo de Γ, $A \rightarrow B \Rightarrow \Delta$ existe al menos un contraejemplo de alguna de las estructuras antecedentes.

En efecto, si existe una interpretación que satisface Γ, $A \rightarrow B$ y hace falsas todas las fórmulas de Δ, sólo puede asignar a A y B las siguientes combinaciones de significados, habida cuenta de la definición semántica de la conectiva «$\rightarrow$»:

* A y B son verdaderos. En este caso la interpretación sería un contraejemplo de Γ, $B \Rightarrow \Delta$.

* A es falso y B es verdadero. En este caso la interpretación sería también contraejemplo de las dos estructuras antecedentes.

* A y B son falsos. En este caso la interpretación sería un contraejemplo de $\Gamma \Rightarrow \Delta, A$.

Por tanto, queda demostrada la propiedad recíproca.

a.2) Regla de introducción en el consecuente

$$\frac{\Gamma, A \Rightarrow \Delta, B}{\Gamma \Rightarrow \Delta, A \rightarrow B}$$

Directa:

Si existe contraejemplo del antecedente, existe una interpretación que satisface Γ, A y falsifica Δ y B. Esta misma interpretación satisface Γ y falsifica Δ y $A \rightarrow B$, ya que al ser A verdad y B falso, $A \rightarrow B$ es falso de acuerdo con la definición semántica de $\rightarrow$.

Recíproca:

Si existe una interpretación que satisface Γ y falsifica Δ y $A \rightarrow B$ necesariamente debe satisfacer A y hacer falso B, por tanto, esta interpretación es un contraejemplo de $\Gamma, A \Rightarrow \Delta, B$.

b) *Reglas de conjunción*

b.1) Introducción en antecedente

$$\frac{\Gamma, A, B \Rightarrow \Delta}{\Gamma, A \wedge B \Rightarrow \Delta}$$

Directa:

Si existe una interpretación que satisface Γ, A, B y falsifica Δ, de acuerdo con la definición semántica de conjunción, esta interpretación también satisface Γ, $A \wedge B$ y, por tanto, es un contraejemplo de la estructura consecuente.

Recíproca:

Análogamente, si existe una interpretación que satisface Γ, $A \wedge B$ y falsifica Δ, también satisface Γ, A, B y, por tanto, es también contraejemplo del antecedente.

b.2) Introducción en el consecuente

$$\frac{\Gamma \Rightarrow \Delta, A,, \Gamma \Rightarrow \Delta, B}{\Gamma \Rightarrow \Delta, A \wedge B}$$

Directa:

Si existe una interpretación que satisface Γ y falsifica Δ, A ó B evidentemente también falsifica Δ y $A \wedge B$, por tanto, también es contraejemplo del consecuente de la regla.

Recíproca:

Si una interpretación satisface Γ y falsifica Δ y $A \wedge B$, evidentemente también falsifica Δ y alguna de las dos fórmulas A, B, de acuerdo con la definición semántica de conjunción, y por tanto, es contraejemplo de alguna de las estructuras antecedentes.

c) *Reglas de disyunción*

c.1) Introducción en antecedente

$$\frac{\Gamma, A \Rightarrow \Delta,, \Gamma, B \Rightarrow \Delta}{\Gamma, A \vee B \Rightarrow \Delta}$$

Directa:

Si existe una interpretación que satisface Γ, A, ó Γ, B y falsifica Δ, constituye también un contraejemplo de Γ, $A \vee B \Rightarrow \Delta$. Es decir, un contraejemplo de cualquier estructura antecedente lo es también de la estructura consecuente.

Recíproca:

Si existe una interpretación que satisface Γ, $A \vee B$ y falsifica Δ, o bien satisface Γ, A ó Γ, B o ambos, por tanto, constituye un contraejemplo de alguna de las estructuras antecedentes de la regla.

c.2) Introducción en el consecuente

$$\frac{\Gamma \Rightarrow \Delta, A, B}{\Gamma \Rightarrow \Delta, A \vee B}$$

Directa:

Si una interpretación satisface Γ y falsifica Δ, A, B también falsifica Δ, $A \vee B$, de acuerdo con la definición semántica de disyunción, por tanto, es un contraejemplo de la estructura consecuente de la regla.

Recíproca:

Si una interpretación satisface Γ y falsifica Δ, $A \vee B$, necesariamente debe falsificar Δ, A, B y, por tanto, es también contraejemplo de la estructura antecedente.

d) *Reglas de negación*

d.1) Introducción en antecedente

$$\frac{\Gamma \Rightarrow \Delta, A}{\Gamma, \sim A \Rightarrow \Delta}$$

Directa:

Si una interpretación satisface Γ y falsifica Δ y A, evidentemente satisface Γ, $\sim A$ y falsifica Δ, por tanto, es un contraejemplo de la estructura consecuente.

Recíproca:

Si una interpretación satisface Γ y $\sim A$ y falsifica Δ, de acuerdo con la definición semántica de negación, satisface Γ y falsifica A, Δ por tanto, es un contraejemplo de la estructura antecedente.

d.2) Introducción en el consecuente

$$\frac{\Gamma, A \Rightarrow \Delta}{\Gamma \Rightarrow \Delta, \sim A}$$

La demostración es similar a la anterior.

e) *Reglas del cuantificador existencial*

e.1) Introducción en el antecedente

$$\frac{\Gamma, A(y) \Rightarrow \Delta}{\Gamma, \exists x\, A(x) \Rightarrow \Delta} \qquad (y \text{ no libre en } \Gamma, \Delta)$$

Directa:

Si existe un contraejemplo para la estructura antecedente ello significa que satisface Γ y falsifica Δ y que en el dominio de interpretación existe un elemento a_1 que asignado como significado a y satisface $A(y)$, por tanto, de acuerdo con la forma definida de evaluación de $\exists x\, A(x)$, en ese dominio esta fórmula será verdad con esta interpretación, luego también es un contraejemplo de la estructura consecuente de la regla.

Recíproca:

Si existe una interpretación que es un contraejemplo del consecuente en el dominio de referencia las fórmulas de Γ son verdad y las de Δ falsas, y algunos elementos del dominio satisfacen $A(x)$. Por tanto, puede construirse un contraejemplo de la estructura antecedente asignando a y cualquiera de los elementos que verifican $\exists x\ A(x)$. Si Γ y Δ dependieran de y podría ocurrir que existiendo contraejemplo de la estructura consecuente, los valores de y que hacen verdad $A(x)$ no coincidieran con los que satisfacen Γ y falsean Δ por lo que no habría contraejemplo del antecedente.

e.2) Introducción en el consecuente

$$\frac{\Gamma \Rightarrow A(t), \exists x\, A(x), \Delta}{\Gamma \Rightarrow \exists x\, A(x), \Delta}$$

Directa:

La comprobación es obvia ya que una interpretación que satisface Γ, falsifica Δ y $A(t)$, $\exists x\ A(x)$ evidentemente también es contraejemplo de la estructura consecuente.

Recíproca:

Si existe un contraejemplo del consecuente no existe ningún elemento que satisfaga $A(x)$, por tanto, asignando a t cualquier elemento del dominio, se obtiene, a partir de la interpretación del consecuente, un contraejemplo de la estructura antecedente.

f) *Reglas de cuantificación universal*

f.1) Introducción en antecedente

$$\frac{\Gamma,\ A(y),\ \forall x\ A(x) \Rightarrow \Delta}{\Gamma,\ \forall x\ A(x) \Rightarrow \Delta}$$

Directa:

Si existe una interpretación que no satisface Δ y satisface Γ, $A(y)$, $\forall x\ A(x)$ eliminando de ella la asignación a y de un elemento del dominio, se obtiene una interpretación que es un contraejemplo de la estructura consecuente.

Recíproca:

Si existe una interpretación que satisface Γ y $\forall x\ A(x)$ y falsifica Δ en el dominio de referencia, por definición de la forma de evaluar $\forall x\ A(x)$, todos los elementos satisfacen $A(x)$, por tanto, a partir de esta interpretación puede obtenerse un contraejemplo de estructura antecedente asignando a y cualquier elemento del dominio.

f.2) Introducción en el consecuente

$$\frac{\Gamma \Rightarrow \Delta,\ A(y)}{\Gamma \Rightarrow \Delta,\ \forall x\ A(x)} \qquad (y \text{ no libre en } \Gamma,\ \Delta)$$

Directa:

Si existe un contraejemplo del antecedente existe una asignación a y que falsifica $A(y)$, por tanto, en este dominio $\forall x\ A(x)$ también será falso, luego la misma interpretación es un contraejemplo del consecuente.

Recíproca:

Si existe una interpretación que satisface Γ y falsifica Δ y $\forall x\ A(x)$, necesariamente algunos elementos del dominio de interpretación hacen falso $A(x)$, ya que, si no fuera así, $\forall x\ A(x)$ sería satisfacible. Para construir un contraejemplo de la estructura antecedente basta asignar a y cualquiera de estos elementos y mantener el resto de la interpretación. Si en Γ y Δ, estuviera y libre podría ocurrir que los valores que falsifican $\forall x\ A(x)$ no coincidieran con los que hacen verdad Γ y falsean Δ, de forma que existiendo contraejemplo en el consecuente no existiera en el antecedente, de aquí la restricción de que y no libre en Γ.

Por tanto, de acuerdo con la enumeración anterior queda probado el lema: si existe contraejemplo de cualquier estructura antecedente de una regla, también existe para la consecuente y recíprocamente.

Tomando como base este lema puede definirse un procedimiento de construcción, bien de demostraciones, si la fórmula es semánticamente correcta, o de búsqueda sistemática de contraejemplo si no lo fuera.

El procedimiento debido a Kleene (1967), basado en ideas de Beth (1955), es el siguiente:

Dada una estructura deductiva, a comprobar, mediante el sistema de reglas, puede construirse un árbol de estructuras deductivas relacionadas con la dada de la siguiente forma:

—La estructura deductiva de partida se asigna a la raíz del árbol.

—Para cada nudo se obtienen como posibles descendientes aquellos cuyas estructuras deductivas asociadas se relacionan con él como antecedentes en alguna de las reglas, existen por tanto distintas ramas descendientes del nudo, según las distintas opciones de aplicación de reglas posibles.

—Se asocia a la construcción del árbol una lista de variables V_i que se activan sucesivamente al utilizar las reglas c$\forall$ ó $a\exists$. Inicialmente esta lista contiene las variables libres en la estructura deductiva de partida, a medida que se aplican las reglas mencionadas se activan nuevas variables.

—La construcción del árbol, a partir de la estructura deductiva inicial, busca obtener estructuras deductivas constituidas por fórmulas atómicas, para ello se aplican las reglas de conectivas y cuantificadores teniendo en cuenta la lista asociada de variables según el procedimiento general con las siguientes etapas:

a) Se aplican inicialmente sólo reglas de conectivas, en la aplicación de éstas cabe plantearse el problema de elección, en cada paso, de la fórmula sobre la que se realiza la aplicación de las reglas, sin embargo, dada la estructura de éstas, cabe hacer las siguientes consideraciones:

- Al aplicar cada regla se mantienen inalteradas las secuencias Γ, Δ que aparecen en el antecedente y consecuente. La regla genera nuevos elementos en antecedente o consecuente derivados exclusivamente de la fórmula a la que se aplica, no afectando a las otras fórmulas de la estructura deductiva consecuente.
- Si se tiene un conjunto de fórmulas $F_1 \ldots F_n$ en antecedente y consecuente no atómicas, estructuradas según distintas conectivas, es aplicable a la estructura deductiva una secuencia de reglas $R_1, R_2, \ldots R_n$

cada una correspondiente a la conectiva que sirve de base a la construcción de la fórmula. En efecto, al ser las F_i sintácticamente correctas y no atómicas se verifica:

$F_i = F'_i \square F''_i$ siendo $\square$ una conectiva cualquiera y F'_i, F''_i subfórmulas componentes (F'_i vacía si $\square$ es negación).

R_i sería la regla correspondiente a la conectiva $\square$ en antecedente o consecuente según la situación de F_i en la fórmula.

- La aplicación de las reglas R_i en un orden prefijado produce un árbol de estructuras deductivas antecedentes de la inicial.
- Sin embargo, dado el efecto, limitado a cada fórmula en cada aplicación de regla, las estructuras que aparecen como resultado en los vértices pendientes del árbol serán las mismas cualquiera que sea el orden de aplicación de las reglas R_1, ... R_n.

Por ello, en esta etapa basta generar un árbol cualquiera de aplicación de reglas de conectivas, no es preciso continuar el proceso desde un vértice en que aparece una estructura de axioma. El proceso es finito, dado que el número de conectivas es finito y que al aplicar una regla se generan como antecedentes fórmulas con una conectiva menos.

Como resultado se obtendrá un árbol en que los vértices pendientes son de alguno de los tipos siguientes:

a.1) Vértices cuya estructura tiene forma de axioma.

a.2) Vértices cuya estructura está formada por una secuencia de átomos distintos en antecedente y consecuente, en donde, por tanto, ya no es aplicable ninguna regla.

a.3) Vértices cuya estructura incorpora átomos y fórmulas cuantificadas.

Como se tratará más adelante para los vértices tipo a.2), es posible definir un contraejemplo y, por tanto, por la propiedad ya demostrada del conjunto de reglas si existe contraejemplo en un vértice existe contraejemplo de la estructura inicial, con lo que el proceso terminaría.

Si todos los vértices son de tipo a.1), no existe contraejemplo y, por tanto, el proceso terminaría con la decisión de que la estructura inicial es demostrable.

b) En esta etapa se genera un árbol utilizando las reglas de conectivas y las de cuantificador universal en consecuente (c$\forall$) o existencial en antecedente ($a\exists$). Para aplicar éstas, es preciso tener en cuenta la restricción en las reglas de que para generalizar una variable en una fórmula no debe estar libre en el resto de las secuencias antecedente y consecuente. La forma de considerar esta condición en el proceso de búsqueda de demostración es generar una nueva variable libre cada vez que se aplica. Esta variable se añade a la lista de variables libres preexistente.

Una vez aplicada una de estas reglas se genera un tramo de aplicación de reglas de conectivas hasta que es inevitable la aplicación de una nueva regla de cuantificación. Esta etapa es también finita ya que cuando se aplica cualquiera de estas reglas disminuye el número de símbolos de las estructuras antecedentes. El árbol de búsqueda final puede tener en sus vértices pendientes:

b.1) Estructuras de axioma.
b.2) Estructuras formadas por listas de átomos distintos en antecedente y consecuente.
b.3) Estructuras con secuencias de átomos y fórmulas cuantificadas universalmente en el antecedente y existencialmente en el consecuente.

Como en la etapa anterior, si todos los caminos tienen estructura de axioma, la estructura inicial es demostrable y el proceso termina. Si aparece un vértice tipo b.2), la fórmula tiene un contraejemplo, como se estudiará más adelante y el proceso termina.

c) En esta etapa se continúa a partir de la situación b.3), cuando no aparece ningún vértice contraejemplo. Para ello, es preciso aplicar las reglas $a\forall$ ó $c\exists$; éstas no producen reducción en el número de símbolos de la estructura deductiva, aunque sí una sucesión de instancias de las fórmulas cuantificadas. Dado que la aplicación de estas reglas no tiene restricciones en cuanto a las variables, y habida cuenta que el objetivo del proceso es encontrar estructuras de axioma, el criterio en cuanto a especificación de estas instancias es utilizar en cada aplicación *para cada una de las fórmulas* la lista de variables ya existentes, de forma que, con este criterio, una vez aplicadas si se continúa para las fórmulas instanciadas el proceso de descomposición según el orden de prioridad antedescrito (reglas de conectivas, de cuantificadores $c\forall$, $a\exists$ y $a\forall$, $c\exists$) se maximiza la probabilidad de que aparezcan átomos iguales a los ya existentes procedentes de la utilización de las otras reglas.

Si se termina la lista de variables libres existentes sin que se haya presentado estructura de axioma en todos los vértices del árbol, se inicia un proceso de generación de nuevas variables en cada aplicación de las reglas $a\forall$ y $c\exists$ para producir instancias de una fórmula y utilización ulterior en las instancias de las otras fórmulas tipo $a\forall$ y $c\exists$.

Como consecuencia de este proceso, dado que las reglas utilizadas no eliminan la fórmula cuantificada no pueden presentarse vértices del tipo a.2) y b.2), por tanto, las opciones son:

c.1) Que el árbol de búsqueda termine todas sus ramas en vértices de axioma.
c.2) Que el árbol prolifere indefinidamente.

Para este último caso, se demuestra más adelante que existe un contraejemplo en el dominio de los números naturales.

Obsérvese que el procedimiento descrito no es un algoritmo general efectivo de decisión (que por otra parte, como se demuestra en 3.3., no existe de manera general para el cálculo de predicados), ya que no hay un criterio general para discernir entre estas dos últimas opciones, si bien en casos concretos particulares es posible hacerlo.

A continuación se justifica la existencia de contraejemplos tanto en los casos a.2) y b.2), como en c.2).

* Contraejemplos en un subdominio finito del conjunto de los números naturales. Se corresponden con estructuras del tipo:

$$A_1, A_2, A_3, \dots A_m \Rightarrow B_1, B_2, B_3, \dots B_p \tag{3}$$

en donde todos los A_i, B_i son fórmulas atómicas: proposiciones o bien predicados no cuantificados referidos a variables de la lista V_i que será finita y todos los A_i son distintos de los B_i (puede tratarse del mismo predicado pero especificado para distinta variable) ya que si así no fuera podría aplicarse el procedimiento descrito en a).

Una vez obtenida la estructura (3) es imposible aplicar el proceso descrito, ya que al ser todas las fórmulas atómicas y no cuantificadas no puede aplicarse ninguna de las reglas para obtención de una estructura antecedente de (3).

Cuando se obtiene una estructura, al final de una rama del árbol, del tipo (3) puede construirse un contraejemplo en el subconjunto de los números naturales:

$$D = \{0, 1, 2, 3, \dots, N\}$$

siendo $N + 1$ el número de variables activadas en la lista V_i, de la forma siguiente:

—Se asigna a cada variable de la lista V_i su número de orden es decir, 0 a V_0, 1 a V_1, etc.

—Se interpretan los predicados que aparecen en las secuencias A_i y B_i de la siguiente forma:

—Para asignar significado a $P(I)$ se comprueba si $P(V_i)$ corresponde a alguna de las secuencias A_i ó B_i (no puede aparecer en ambas ya que en ese caso se trataría de una estructura de axioma, lo que no es cierto, por hipótesis).

—Si aparece en A_i se asigna V a $P(I)$.

—Si aparece en B_i se asigna F a $P(I)$.

—Si no aparece en ninguna de ambas se asigna significado cualquiera, por ejemplo, F.

—Caso de predicados de más de una plaza, se aplica un procedimiento similar para cada n-uplo de números.

—Por construcción, la interpretación anterior satisface la secuencia A_i y falsifica todos los elementos de B_i, por tanto, constituye un contraejemplo.

* Contraejemplos en árbol infinito. En el caso c.2), si se asume que el árbol de demostración es infinito, puede demostrarse la existencia de contraejemplo de la forma siguiente:

Lema de König:

En un árbol infinito en donde cada vértice tiene un número finito de siguientes, existe al menos un camino infinito.

La demostración de este lema puede hacerse definiendo un procedimiento para enumerar los vértices integrantes del camino infinito:

—En el vértice inicial, raíz del árbol, si existen infinitos descendientes, como tiene, por hipótesis, un número finito de siguientes, alguno de ellos al menos tendrá infinitos descendientes; se elige como vértice siguiente en el camino uno de éstos.
—En una etapa intermedia del proceso se razona de manera similar: si existe un vértice con infinitos descendientes en el camino es posible encontrar un siguiente también con infinitos descendientes. Como esto ocurre para el vértice inicial ocurrirá con su siguiente en el camino y, por inducción, con los siguientes de éste.

Por tanto, como en el caso que se estudia, se supone que el árbol es infinito y dado que cada regla define uno o dos vértices siguientes, cada vértice tiene un número finito de siguientes, por tanto, según el lema existe al menos un camino infinito.

Para un camino infinito puede construirse un contraejemplo en el dominio de los números naturales, razonando de la forma siguiente:

A lo largo de la rama infinita se presentan en cada nodo estructuras del tipo:

$$\Gamma_1 \Rightarrow \Delta_1,\ \Gamma_2 \Rightarrow \Delta_2,\ \ldots\ \Gamma_n \Rightarrow \Delta_n\ \ldots$$

En cualquier etapa del proceso pueden definirse los conjuntos de fórmulas:

$$CA_n = \bigcup_{L=1,n} \Gamma_n \quad \text{y} \quad CB_n = \bigcup_{L=1,n} \Delta_n$$

que contienen todas las fórmulas que aparecen hasta n en los antecedentes y consecuentes respectivamente.

Como, por hipótesis, la rama es infinita no pueden aparecer átomos pertenecientes a CA_n y CB_n ya que si así ocurriera necesariamente se habría presentado una estructura de axioma en algún nodo $\leqslant n$.

En efecto, la forma de las reglas es tal que una vez que se produce en el árbol un nodo en donde aparece un átomo en antecedente o consecuente ninguna regla puede cambiarlo de lado ni hacerlo desaparecer y por tanto si existe un átomo A común a CA_n y CB_n necesariamente hay alguna estructura asociada a un nodo $K \leqslant n$: $\Gamma_k \Rightarrow \Delta_k$ en donde $A \in \Gamma_k$ y $A \in \Delta_k$ con lo que el camino se cerraría en k, lo que no es cierto por hipótesis.

Al no existir ningún átomo común a CA_n y CB_n es posible definir en cualquier nodo n una asignación de valores en $D = \{0, 1, 2, 3, ...\}$ a términos de CA_n y CB_n de forma que sean verdaderos *todos los átomos* de CA_n y falsos los de CB_n. Para ello:

—Se asigna a cada variable de la lista activada su número de orden.

—Para asignar significado a los predicados se aplica un método semejante al antedescrito distinguiendo dos etapas:

—Para variables V_1 anteriores a la primera activada V_k por especificación de ∀ en antecedente o ∃ en consecuente:

Si $P(V_1)$ aparece en CA_n	se asigna V a $P(1)$.
Si $P(V_1)$ aparece en CB_n	se asigna F a $P(1)$.

Si no aparece se asigna significado cualquiera a $P(1)$.
El tratamiento de predicados poliádicos es similar, sustituyendo V_1 por el n-uplo de variables correspondiente.

—Para variables V_r tales que $r \geqslant k$:

Dado que las variables activadas en una rama infinita a partir del nudo en que se agota la lista de variables ya activadas previamente, corresponden exclusivamente a especificaciones para distintas variables de las fórmulas cuantificadas con a∀ y c∃, esta repetitividad hace que, para la asignación de significados en dicha rama al conjunto de predicados atómico para $r \geqslant K$, pueda definirse una regla que atribuya significado a los distintos átomos según el índice de variable, de forma que todos los que aparezcan en el consecuente tengan significado falso y verdadero los que aparecen en el antecedente.
Para los predicados que no aparecen en la fórmula cuantificada origen del tramo infinito se asigna un significado constante cualquiera (por ejemplo F).
Finalmente para comprobar que esta interpretación es un contraejemplo es preciso demostrar que satisface las fórmulas compuestas (moleculares) existentes en el antecedente y falsifica el mismo tipo de fórmulas en el consecuente.
En efecto supóngase que ésto no ocurriera así y existieran fórmulas compuestas falsas en el antecedente y verdaderas en el consecuente. Estas fórmulas pueden ordenarse según su grado de complejidad, es decir su número de operadores (cuantificadores y conectivas). Sea F, una de estas fórmulas con número mínimo de operadores ($\geqslant 1$ cualquiera que sea n, ya que los átomos no pueden formar parte de este grupo).

- Si en F no son aplicables las reglas de ∀ en antecedente o ∃ en consecuente la aplicación de alguna de las otras 10 reglas para descomposición produciría como siguiente en el camino, estructuras con fórmulas obtenidas de F con un operador menos y por tanto, *por ser F de las fórmulas con número mínimo de operadores, que por hipótesis no tiene la interpretación adecuada a las nuevas fórmulas, si están en antecedente deben ser verdaderos en la interpretación y falsos si están en el consecuente* ya que si así no ocurriera podría existir contraejemplo del antecedente de una regla sin existir contraejemplo en el consecuente, lo que no puede pasar por el teorema ya demostrado; luego F debe ser verdad si está en el antecedente y falsa si está en el consecuente. Por tanto, no pueden existir fórmulas en las que no sean aplicables las reglas de $\forall$ en antecedente y $\exists$ en consecuente que no tengan la interpretación debida, es decir, verdadera en antecedente y falsa en el consecuente.

- Si en F son aplicables las reglas de $\forall$ en antecedente o $\exists$ en consecuente, la aplicación de la regla correspondiente produce una especificación para una nueva variable del predicado cuantificado. Si este es $A(x)$, la aplicación de la regla da lugar, además de a la reprodución de $\forall\ xA(x)$ o $\exists\ xA(x)$, a la aparición de $A(V_r)$ en el primero o segundo miembro de la estructura. Como esta última tiene un operador menos por hipótesis tiene que tener la interpretación adecuada, luego si $A(V_r)$ está en el antecedente se interpretará como verdadero y falso en caso contrario, como esto ocurre para $A(V_0)$, $A(V_1)$, ..., $A(V_g)$ (ya que cada fórmula de acuerdo con las reglas genera la serie de especificaciones desde la primera variable) como antecedentes, si son verdaderos para cualquier n lo será $\forall\ xA(x)$ y también si son falsos lo será $\exists\ xA(x)$ (por definición de la manera de evaluar $\forall$ y $\exists$) en el dominio $\{0, 1, 2, 3, ..., r\}$. Siendo r el número de especificaciones en curso en el vértice correspondiente.

El contraejemplo definido lo es de cualquier estructura en toda la rama ya que hace verdad todos los antecedentes existentes en cualquier estructura de la rama y falsos todos los consecuentes como se ha definido para un r cualquiera su estructura es válida para la rama infinita.

Por tanto de acuerdo con el análisis anterior es posible afirmar la existencia de un contraejemplo en el dominio de los números naturales en cualquier rama infinita, lo que unido al resultado obtenido para ramas finitas permite afirmar:

Toda estructura deductiva semánticamente correcta es demostrable en el sistema simétrico.

En efecto, dada una estructura $\Gamma \Rightarrow \Delta$ si es semánticamente correcta, no puede existir ningún contraejemplo de ella, por tanto, si se aplica el procedimiento antedescrito todas las ramas deben terminar en un nudo cuya estructura asociada debe tener forma de axioma, ya que si así no fuera, como se ha demostrado, existiría un contraejemplo tanto si la rama es finita como infinita.

Si no existe contraejemplo todas las ramas del árbol de descomposición según las reglas terminarán en un nodo con estructura de axioma y por tanto recorriendo el árbol en sentido contrario se obtiene una demostración en el sistema simétrico, ya que se partiría de estructuras de axioma y por aplicación de las distintas reglas se llegaría a la estructura deductiva a demostrar. Como por otra parte, las reglas del sistema simétrico se han demostrado en el sistema de deducción natural y este es equivalente al método axiomático tipo Hilbert formulado según Kleene, queda demostrado que toda estructura deductiva semánticamente correcta o bien la fórmula semánticamente válida, asociada es demostrable en los sistemas formales planteados, por tanto, estos son completos respecto de la semántica definida en el apartado 1.

A continuación se ilustra el método de demostración con distintos ejemplos de estructuras correctas e incorrectas:

Ejemplo 1

Comprobar que es válida la fórmula:

$$\vdash \sim \forall x\, A(x) \rightarrow \exists x \sim A(x)$$

Equivale a comprobar que es correcta la estructura deductiva:

$$\sim \forall x\, A(x) \Rightarrow \exists x \sim A(x)$$

La lista de variables inicial esta vacía.
El proceso de búsqueda de contraejemplo en el sistema II sería el siguiente:

—Etapa a: reglas de conectivas.

1 $\sim \forall x\, A(x) \Rightarrow \exists x \sim A(x)$
2 $\Rightarrow \forall x\, A(x), \exists x \sim A(x)$ Precedente según «c ~»

—Etapa b: reglas c∀ *a*∃ y conectivas.

3 $\Rightarrow A(y), \exists x \sim A(x)$ Regla «c∀» Se activa $V_0 \rightleftarrows y$
4 $\Rightarrow A(y), \sim A(y), \exists x \sim A(x)$
(Aplicación de la regla «c∃», se especifica x para la última variable de la lista V_i no utilizada para la misma fórmula.)
5 $A(y) \Rightarrow A(y), \exists x \sim A(x)$ Regla «*a* ~»

Estructura de axioma ya que $A(y)$ aparece en ambas secuencias de la estructura, luego la fórmula es válida. Si se lee la secuencia 1-5 en sentido contrario, constituye una demostración de la estructura.

Ejemplo 2

Estudiar si es correcta la estructura:

$$\forall x \exists y\, P(x, y) \Rightarrow \exists y \forall x\, P(x, y)$$

La lista inicial de variables está vacía.
En este caso se presenta de entrada una situación de etapa c en la que es preciso aplicar las reglas *a*∀ y *c*∃ generando una nueva variable.

1. Generación de V_0:

$$\exists y\, P(V_0, y), \forall x \exists y\, P(x, y) \Rightarrow \exists y\, \forall x\, P(x, y)$$

2. Se aplica $a\exists$ por ser prioritario respecto de $c\exists$ lo que conduce a generar V_1:

$$P(V_0, V_1), \forall x \exists y\, P(x, y) \Rightarrow \exists y\, \forall x\, P(x, y)$$

3. Se aplica $c\exists$ con las variables ya existentes por ser prioritario respecto de $a\forall$ generando nuevas variables:

$$P(V_0, V_1), \forall x\, \exists y\, P(x, y) \Rightarrow \forall x\, P(x, V_0), \exists y\, \forall x\, P(x, y)$$

4. Se aplica $c\forall$ por ser prioritario respecto de $a\forall$, lo que genera V_2:

$$P(V_0, V_1), \forall x\, \exists y\, P(x, y) \Rightarrow P(V_2, V_0), \exists y\, \forall x\, P(x, y)$$

Esta situación es similar a la inicial con la única diferencia de que ya existen generadas instancias de $P(x, y)$: Pueden repetirse los pasos 1 a 4 con la diferencia de que en 1 se utilizaría la primera variable no empleada todavía: V_1

$$P(V_0, V_1), P(V_1, V_3), \forall x\, \exists y\, P(x, y) \Rightarrow P(V_4, V_1), P(V_2, V_0), \exists y\, \forall x\, P(x, y)$$

En general si se repiten los pasos 1 a 4 indefinidamente:

$$\begin{aligned} &P(V_0, V_1), P(V_1, V_3), \ldots, P(V_n, V_{n+2}), \forall x\, \exists y\, P(x, y) \Rightarrow \\ &\Rightarrow P(V_{n+3}, V_n), \ldots, P(V_4, V_1), P(V_2, V_0), \exists y\, \forall x\, P(x, y) \end{aligned} \qquad (1)$$

Cabría la opción de generar la lista de variables desde el consecuente con lo que se habría obtenido al final de los cuatro primeros pasos.

$$P(V_0, V_2), \forall x\, \exists y\, P(x, y) \Rightarrow P(V_1, V_0), \exists y\, \forall x\, P(x, y)$$

y aplicando la misma estrategia se llegaría a un modo general

$$\begin{aligned} &P(V_0, V_2), \ldots, P(V_n, V_{n+2}), \forall x\, \exists y\, P(x, y) \Rightarrow P(V_1, V_0), \ldots, \\ &P(V_{n+1}, V_n), \exists y\, \forall x\, P(x, y) \end{aligned} \qquad (2)$$

Cualquier opción de demostración sería la secuencia de ciclos de 4 pasos según una u otra estrategia; como en ninguno de los dos tipos de ciclo se produce la estructura de axioma es imposible que el árbol sea finito.

De acuerdo con el lema de Konig debe existir al menos una rama infinita, en el caso que se analiza puede servir como ejemplo de ellas las de vértices con estructura tipo (1) o tipo (2).

Si se opta para definición del contraejemplo de la rama (1), la unión de todos los antecedentes y todos los consecuentes hasta n es:

Antecedentes:

$$\begin{aligned} &P(V_0, V_1), P(V_1, V_3), \ldots, P(V_n, V_{n+2}), \exists y\, P(V_o, y), \exists y\, P(V_1, y), \ldots, \\ &\exists y\, P(V_n, y), \forall x\, \exists y\, P(x, y) \end{aligned}$$

Consecuentes:

$$P(V_2, V_0), P(V_4, V_1), ..., P(V_{n+3}, V_n), \forall x\, P(x, V_0), \forall x\, P(x, V_1),$$
$$..., \forall x\, P(x, V_n), \exists y\, \forall x\, P(x, y)$$

Si se define la interpretación en el dominio de los números naturales:

$$V_i : i$$
$$P(0, 1) : \text{verdad} \qquad P(2, 0) : \text{falso}$$
$$\forall n \geqslant 1 \qquad P(n, n+2) : \text{verdad} \qquad P(n+3, n) : \text{falso}$$

en esta interpretación

$$\exists y\, P(n, y) \quad \text{es verdad} \quad \forall n \text{ ya que al menos}$$
$$P(n, n+2) \text{ es verdad}$$

y, por tanto, $\forall x\, \exists y\, P(x, y)$ es verdad.

Luego esta interpretación es un modelo de los antecedentes. Asimismo en esta interpretación.

$$\forall x\, P(x, n) \quad \text{es falso} \quad \forall n, \text{ ya que al menos } P(n+3, n) \text{ es falso}$$

y, por tanto, $\exists y\, \forall x\, P(x, y)$ es falso por no existir ninguna instancia en que $\forall x\, P(x, y)$ sea verdad.

Luego esta interpretación es un contramodelo de los consecuentes.

Por tanto, es un contraejemplo de cualquier estructura de la rama infinita.

Ejemplo 3

Comprobar que es correcta la estructura deductiva:

$$\exists x\, \forall y\, P(x, y) \Rightarrow \forall y\, \exists x\, P(x, y)$$

El proceso de búsqueda es:

Etapa b: c$\forall$, a$\exists$, y reglas de conectivas.

1 $\exists x\, \forall y\, P(x, y) \Rightarrow \forall y\, \exists x\, P(x, y)$
2 $\forall y\, P(V_0, y) \Rightarrow \forall y\, \exists x\, P(x, y)$ «a$\exists$» (se activa V_0)
3 $\forall y\, P(V_0, y) \Rightarrow \exists x\, P(x, V_1)$ «c$\forall$» (se activa V_1)

Etapa c: a$\forall$ y c$\exists$, c$\forall$, a$\exists$ y conectivas.

4 $P(V_0, V_0), \forall y\, P(V_0, y) \Rightarrow$
$\Rightarrow \exists x\, P(x, V_1)$ «a$\forall$» (se utiliza V_0)

5 $P(V_0, V_0), \forall y\, P(V_0, y) \Rightarrow$
$\Rightarrow P(V_0, V_1), \exists x\, P(x, V_1)$ «c∃» (se utiliza V_0)
6 $P(V_0, V_0), P(V_0, V_1), \forall y\, P(V_0, y) \Rightarrow$
$\Rightarrow P(V_0, V_1), \exists x\, P(x, V_1)$ «a∀» se utiliza V_1

Esta estructura tiene forma de axioma luego la estructura de partida es demostrable. La demostración es el recorrido inverso.

Ejemplo 4

Comprobar si es válida la fórmula:

$$\vdash \exists x\, (A \rightarrow B(x)) \rightarrow (A \rightarrow \exists x\, B(x))$$

—Etapa a: aplicación de reglas de conectivas.

1 $\exists x\, (A \rightarrow B(x)) \Rightarrow (A \rightarrow \exists x\, B(x))$
2 $\exists x\, (A \rightarrow B(x)), A \Rightarrow \exists x\, B(x)$ «→ c»

—Etapa b: aplicación de reglas de conectivas y c∀, *a*∃.

3 $A \rightarrow B(V_0), A \Rightarrow \exists x\, B(x)$ «*a*∃» (se activa V_0)

A continuación se aplica la regla «→ *a*» para obtener estructuras que contengan los átomos de $A \rightarrow B(V_0)$, en este nudo. Por tanto, se obtienen dos ramas del árbol de antecedentes ya que aplicando la regla «→ *a*» se obtienen dos estructuras:

4′ $A \Rightarrow A$, Estructura de axioma (fin rama)
4″ $B(V_0) \Rightarrow \exists x\, B(x)$

—Etapa c: reglas c∃, *a*∀ (aplicada a 4″).

5 $B(V_0) \Rightarrow B(V_0), \exists x\, B(x)$ «c∃» se utiliza V_0

Estructura de axioma, rama también válida. Por tanto la fórmula de partida es demostrable.

Ejemplo 5

La fórmula:

$$\exists x\, (A \rightarrow B(x)) \rightarrow (A \rightarrow \forall x\, B(x))$$

no es válida.

Aplicando el teorema de la deducción basta comprobar que es posible construir un contraejemplo de la estructura deductiva:

$$\exists x\ (A \rightarrow B(x)) \Rightarrow A \rightarrow \forall x\ B(x)$$

A continuación se obtiene la secuencia de antecedentes.

—Etapa a: reglas de conectivas.

1 $\exists x\ (A \rightarrow B(x)) \Rightarrow A \rightarrow \forall x\ B(x)$
2 $\exists x\ (A \rightarrow B(x)),\ A \Rightarrow \forall x\ B(x)$ T.D. 1

—Etapa b: reglas $a\exists$, $c\forall$ y de conectivas.

3 $A \rightarrow B(V_0),\ A \Rightarrow \forall x\ B(x)$ «$a\exists$» se activa V_0

Como en el caso anterior se desdobla en dos ramas el proceso al aplicar la regla «$a \rightarrow$».

4′ $A \Rightarrow A$ antecedente según «$a \rightarrow$»

Estructura de axioma (fin de la rama).

4″ $B(V_0) \Rightarrow \forall x\ B(x)$ antecedente según «$a \rightarrow$»
5″ $B(V_0),\ A \Rightarrow B(V_1)$ antecedente según «$c\forall$»

Este nudo está constituido por fórmulas atómicas y por tanto no puede aplicarse ninguna regla. Al no tener estructura de axioma, será posible definir un contraejemplo en un subconjunto de los números naturales, en particular puede definirse un contraejemplo en $D = \{0, 1\}$.

Se asigna verdad a la fórmula A y se interpreta $B(x)$:

x	$B(x)$
0	V
1	F

Al existir un contraejemplo en una rama descendente la estructura inicial no es correcta.

2.2.4. Teorema de Löwenheim Skolem

Aplicando el método utilizado para la demostración del teorema de completud, se obtiene fácilmente el *teorema de Löwenheim Skolem:*

Si un conjunto de fórmulas es satisfacible, tiene al menos un modelo definible en el dominio de los números naturales.

En efecto, si las fórmulas P_0, P_1, P_2, ..., P_n son satisfacibles por una determinada interpretación, añadiendo a esta cualquier asignación de significado a B, se obtiene un contraejemplo de la estructura:

$$P_0, P_1, P_2, ..., P_n \Rightarrow B \wedge \sim B$$

que, por tanto, no debe ser demostrable en el sistema de deducción natural que ha servido de base a la obtención del teorema de completud, y, de acuerdo con los lemas previos a este teorema, si no es demostrable, el proceso debe conducir necesariamente a un contraejemplo en el dominio $\{0, 1, 2, ..., n, ...\}$ de los números naturales.

El contraejemplo obtenido en el proceso debe por tanto falsificar $B \wedge \sim B$ y satisfacer las premisas de la estructura P_0, P_1, ..., P_n, por tanto, constituye un modelo de este conjunto de fórmulas en el dominio de los números naturales.

2.3. *Indecidibilidad del cálculo de predicados*

Se considera que un problema es decidible si existe una máquina de Turing que sea capaz de computar su solución (tesis de Church). Aunque el objeto de este texto no es la teoría de la computabilidad se presenta en este apartado una definición de las máquinas de Turing y un tipo de problemas no computables en ellas: el problema de parada al que son referibles una clase de fórmulas en cálculo de predicados.

2.3.1. Máquinas de Turing

Es éste un método de estructuración de algoritmos, descrito por Turing en 1936, que lo concibió como una máquina automática para resolver problemas. Esta máquina puede definirse matemáticamente de la forma siguiente:

a) La máquina tiene como posibles un conjunto finito S de estados.

b) La máquina tiene una cinta infinita dividida en tramos, cada uno de ellos conteniendo un carácter, elemento de un alfabeto dado A. Esta cinta debe estar inicialmente en blanco con la excepción de un número finito de tramos, cada uno de ellos con un carácter.

c) La máquina puede mover la cinta en ambas direcciones y pasarla mediante un código de movimiento (izquierda, derecha, parada).

Es decir, la máquina está formada por un conjunto de cinco elementos (A, S, γ, ζ, δ), constituidos por dos conjuntos y tres aplicaciones, con las siguientes características:

$A = \{a_0, a_1, ..., a_n\}$, alfabeto formado por un conjunto finito de símbolos.

$S = \{S_0, S_1, ..., S_m\}$, conjunto finito de estados de la máquina.

ν = Aplicación de $S \times A \rightarrow S$, que define a partir de cada pareja estado actual-símbolo leído, el estado siguiente.

ζ = Aplicación de $S \times A \rightarrow A$, que define a partir de cada pareja estado actual-símbolo leído, el símbolo a escribir en la cinta.

δ = Aplicación de $S \times A \rightarrow$ {izquierda, derecha, parada}, que define a partir de cada pareja estado actual-símbolo leído, la estrategia de movimiento de la cinta; es decir, si ésta debe moverse un lugar hacia la izquierda o derecha o debe quedarse en la misma posición.

El conjunto del dispositivo puede verse en el gráfico adjunto; la forma de operar es un ciclo indefinido consistente en:

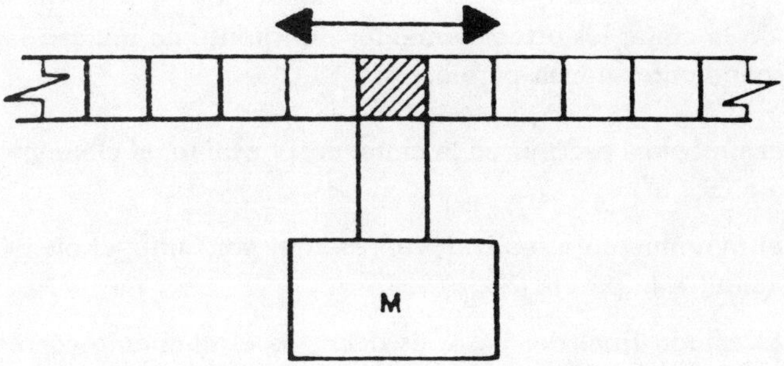

1.° La máquina lee un símbolo de la cinta.
2.° Aplicando la función ζ sustituye en la cinta el símbolo leído por el correspondiente a la pareja estado-símbolo.
3.° Aplicando la función ν cambia de estado.
4.° De acuerdo con la pareja estado símbolo leído, decide el movimiento de la cinta y vuelve de acuerdo con ello a 1.°.

Si aparece una pareja estado-símbolo para la que no están definidas las funciones, la máquina para.

La estructuración de un algoritmo se produce con este dispositivo lógico, de la forma siguiente:

a) El problema a tratar se describe mediante una sucesión de símbolos del alfabeto A.

b) El algoritmo de tratamiento de una sucesión se define mediante las funciones ν de cambio de estado y δ de movimiento de la cinta.

c) El criterio de aplicación de un algoritmo a un problema viene dado por la forma ya descrita de funcionamiento de la máquina.

Puede darse esta otra definición de la máquina de Turing:

Una máquina de Turing es un conjunto finito de quíntuples S_i^0, a_i^0, a_i^1, M_i, S_i^1, en donde:

S_i^0, S_i^1, $\in S$ siendo S el conjunto de estados posibles de la máquina.

a_i^0, a_i^1, $\in A$ siendo A el alfabeto de símbolos descriptivos de los problemas a tratar por la máquina.

$M_i \in$ {izquierda, derecha, parada}, conjunto de movimientos posibles de la cinta, con la condición de que dos quíntuples distintos deben tener distintas parejas iniciales (S_i^0, a_i^0).

El significado de los distintos elementos está relacionado con la definición dada previamente; cada quíntuple representa un conjunto completo de operaciones a realizar por la máquina en un solo paso, condicionadas por la pareja S_i^0, a_i^0.

En efecto, S_i^0, a_i^0 constituyen la pareja estado inicial al comienzo del paso, y símbolo leído de la cinta; los otros elementos del quíntuple indican las operaciones a realizar correspondientes a esta pareja:

a_i^1 indica el símbolo a escribir en la cinta; es, por tanto, el elemento que la función ζ aplica a (S_i^0, a_i^0).

M_i indica el movimiento a realizar; representa, por tanto, el elemento que δ hace corresponder a la pareja (S_i^0, a_i^0).

S_i^1 indica el estado final del paso; es decir, es el elemento correspondiente a la pareja (S_i^0, a_i^0), atribuido por la función ν.

La descripción de la máquina de Turing mediante el conjunto de quíntuples es su forma más directa de especificación, si bien la estructura corresponde a la definición inicial. Dentro del quíntuple, los dos primeros elementos son selectores de la operación a realizar; los tres restantes elementos del quíntuple reflejan la operación en sus distintos aspectos: movimiento de la cinta, transición al estado siguiente y carácter a imprimir en la cinta. Esta estructura de los distintos quíntuples permite la representación de una máquina de Turing mediante una tabla de doble entrada en filas estados iniciales y columnas caracteres leídos, incluyéndose en cada punto de la tabla los tres elementos definitorios de la operación a realizar correspondiente.

Ejemplo 1.

Se va a definir una máquina de Turing que lea una cinta formada por una sucesión de símbolos 0 y 1, indicando su origen y final mediante el signo $ e imprima al comienzo de la misma el símbolo «par» o «impar», según sea par o impar el número de unos de la cinta.

La máquina tiene cinco estados: S_0, S_1, S_2, S_3 y S_4, y un alfabeto formado por los signos α, $, 0, 1, par, impar, ε, λ (simboliza el blanco).

Se utiliza el signo α como marcador. Puede definirse mediante la tabla siguiente:

Estado actual / *Entrada*	*$*	*1*	*0*	*Impar*	*Par*	*α*	*λ*
S_0	$\$DS_1$	$1IS_0$	$0IS_0$	impar DS_0	par DS_0		
S_1	$\$HS_0$	αIS_2	$0DS_1$				
S_2	$\$IS_3$	$1IS_2$	$0IS_2$				
S_3				par DS_4	impar DS_4		impar DS_4
S_4	$\$DS_4$	$1DS_4$	$0DS_4$			$1DS_1$	

λ = blanco.

La definición de la máquina mediante el conjunto de quíntuples es:

1 $S_0\$\$DS_1$
2 S_011IS_0
3 S_000IS_0
4 S_0 impar impar DS_0
5 S_0 par par DS_0
6 $S_1\$\$HS_0$
7 $S_11\alpha IS_2$
8 S_100DS_1
9 $S_2\$\$IS_3$
10 S_211IS_2
11 S_200IS_2
12 S_3 impar par DS_4
13 S_3 par impar DS_4
14 S_3 λ impar DS_4
15 $S_4\$\$DS_4$
16 S_411DS_4
17 S_400DS_4
18 $S_4\alpha 1DS_1$

Para comprobar la forma de operar de esta máquina, supongamos que la cinta a leer es:

011101

El estado inicial es S_0.

1.° Lee $, escribe $, se desplaza a la derecha y pasa al estado S_1 (quíntuple 1).
2.° Lee 0, escribe 0, se desplaza a la derecha y sigue en S_1 (quíntuple 8).
3.° Lee 1, escribe α, se desplaza a la izquierda y pasa a S_2 (quíntuple 7).
4.° Lee 0, escribe 0, se desplaza a la izquierda y sigue en S_2 (quíntuple 11).
5.° Lee $, escribe $, se desplaza a la izquierda y pasa a S_3 (quíntuple 9).
6.° Lee un blanco, λ, escribe «impar» y pasa a S_4 (quíntuple 14).
7.° Lee $, escribe $, se desplaza a la derecha y sigue en S_4 (quíntuple 15).
8.° Lee 0, escribe 0, se desplaza a la derecha y sigue en S_4 (quíntuple 17).
9.° Lee α, escribe 1, se desplaza a la derecha y pasa a S_1 (quíntuple 18).

A continuación ocurre igual que desde 3.°, con la única diferencia de que se desplaza un lugar más a la izquierda y en lugar de leer λ en S_4 lee *impar* y pasa a *par* al final de la lectura de la cinta, la máquina acaba en S_0 y la cinta acaba en la forma:

par 011101

Ejemplo 2.

Se va a describir una máquina de Turing que realice la operación de multiplicación decimal por tres. La máquina leerá una cinta de números *acotada inicialmente por $ y finalmente por un blanco.*

El algoritmo consistirá en recorrer toda la cinta de izquierda a derecha hasta llegar al final de la misma; recorrerá la cinta de derecha a izquierda, sustituyendo cada cifra por su producto por tres, teniendo en cuenta las cifras que se llevan del producto anterior, se supone el estado inicial S_0.

Lectura / *Estado*	*0*	*1*	*2*	*3*	*4*	*5*	*6*	*7*	*8*	*9*	*\$*	*λ*
S_0	$0DS_0$	$1DS_0$	$2DS_0$	$3DS_0$	$4DS_0$	$5DS_0$	$6DS_0$	$7DS_0$	$8DS_0$	$9DS_0$	$\$DS_0$	λIS_1
S_1	$0IS_1$	$3IS_1$	$6IS_1$	$9IS_1$	$2IS_2$	$5IS_2$	$8IS_2$	$1IS_3$	$4IS_3$	$7IS_3$	$\$HS_0$	λHS_0
S_2	$1IS_1$	$4IS_1$	$7IS_1$	$0IS_2$	$3IS_2$	$6IS_2$	$9IS_2$	$2IS_3$	$5IS_3$	$8IS_3$	$1IS_4$	$1IS_4$
S_3	$2IS_1$	$5IS_1$	$8IS_1$	$1IS_2$	$4IS_2$	$7IS_2$	$0IS_3$	$3IS_3$	$6IS_3$	$9IS_3$	$2IS_4$	$2IS_4$
S_4												λHS_0

Así, por ejemplo, la máquina antes descrita leería la cinta \$845601λ y la transformaría en \$2536803λ.

Ejemplo 3.

A continuación se diseña una máquina de Turing para identificar la paridad de números en base 10. Se supondrá que el número viene representado por una sucesión de cifras entre dos marcas \$. La máquina leerá la cinta y escribirá al principio de la cinta «par» o «impar». Se supone inicialmente en el estado S_0.

	\$	*0*	*1*	*2*	*3*	*4*	*5*	*6*	*7*	*8*	*9*	*Par*	*Impar*	*Blanco*
S_0	$\$DS_1$	$0DS_0$	$1DS_0$	$2DS_0$	$3DS_0$	$4DS_0$	$5DS_0$	$6DS_0$	$7DS_0$	$8DS_0$	$9DS_0$			
S_1	$\$IS_2$	$0DS_1$	$1DS_1$	$2DS_1$	$3DS_1$	$4DS_1$	$5DS_1$	$6DS_1$	$7DS_1$	$8DS_1$	$9DS_1$			
S_2	$\$HS_0$	$0IS_4$	$1IS_3$	$2IS_4$	$3IS_3$	$4IS_4$	$5IS_3$	$6IS_4$	$7IS_3$	$8IS_4$	$9IS_3$			
S_3	$\$IS_3$	$0IS_3$	$1IS_3$	$2IS_3$	$3IS_3$	$4IS_3$	$5IS_3$	$6IS_3$	$7IS_3$	$8IS_3$	$9IS_3$	impar DS_5	impar DS_5	impar DS_5
S_4	$\$IS_4$	$0IS_4$	$1IS_4$	$2IS_4$	$3IS_4$	$4IS_4$	$5IS_5$	$6IS_4$	$7IS_4$	$8IS_4$	$9IS_4$	par DS_5	par DS_5	par DS_5
S_5	$\$DS_6$	$0DS_5$	$1DS_5$	$2DS_5$	$3DS_5$	$4DS_5$	$5DS_5$	$6DS_5$	$7DS_5$	$8DS_5$	$9DS_5$			
S_6	$\$HS_0$	$0DS_6$	$1DS_6$	$2DS_6$	$3DS_6$	$4DS_6$	$5DS_6$	$6DS_6$	$7DS_6$	$8DS_6$	$9DS_6$			

La máquina descrita recorre la sucesión de izquierda a derecha, y cuando detecta el último signo $ vuelve atrás comprobando la paridad de la última cifra, adoptando un estado u otro, según la misma; recorre la cinta en dirección contraria hasta encontrar el primer signo $, a cuya izquierda escribe par o impar, y recorre de nuevo la cinta de derecha a izquierda, para parar y pasar a S_0 finalmente.

2.3.2. Problema de parada de una máquina de Turing

Turing demostró que determinados problemas concretamente definidos no tenían solución algorítmica *si se admite que todo algoritmo puede describirse mediante una máquina de Turing*.

El problema básico no resoluble es el de parada de una máquina de Turing. Una vez comprobado que este problema no es resoluble la forma de comprobar que otros problemas no son decidibles es reducirlos a un problema de parada de una máquina de Turing. A continuación se estudia el problema de parada de una máquina de Turing.

Este problema se enuncia de la siguiente forma:

Dada una máquina de Turing M y una cinta de entrada C, ¿puede definirse una máquina de Turing que decida si la máquina M parará al procesar la cinta C?

Esta máquina, que se denominará P en lo sucesivo evalúa la siguiente función:

$$P(M, C) = \begin{cases} 1 \text{ si la máquina } M \text{ para con la cinta } C. \\ 0 \text{ caso contrario.} \end{cases}$$

En el alfabeto de símbolos de la máquina P habrá por tanto un conjunto de símbolos para describir las posibles máquinas M y otro para describir las posibles cintas C. Si se denomina $D(M)$ la descripción en este alfabeto de la máquina M y $D'(C)$ la de la cinta C, la máquina leerá una cinta con ambas descripciones (con caracteres separadores entre ambas) y grabará 0, ó 1, según el problema (M, C) llegue a una parada o no.

La demostración de la imposibilidad de construir una máquina como P se realizará por reducción al absurdo. En efecto, si es posible construir una máquina de estas características que resuelva el problema de una manera general resolverá el problema concreto en que la cinta C es la descripción de la propia máquina M, es decir, $D'(D(M))$. Dado que $D'(D(M))$ es una descripción de la máquina como cinta es posible construir una máquina que «codifique» la descripción de la máquina M como cinta para la máquina P. Puede definirse una máquina P' que englobe a P:

- Que lea $D(M)$.
- Calcula y graba a continuación en la cinta $D'(D(M))$.
- Da marcha atrás y se sitúa delante de $D(M)$.
- Pasa el control a P que al leer la cinta genera 0, 1 según la máquina M se pare o no al leer las descripciones $D(M)$, $D'(D(M))$.

Si es posible construir P' será posible construir P'' igual que P' pero añadiendo la instrucción de que si P' va a terminar grabando 1 en la cinta, la máquina P'' entre en un ciclo que la haga no terminar, esto es perfectamente factible definiendo para el estado que en P' produce la grabación de 1, como estado siguiente, uno a partir del cual se defina un ciclo (por ejemplo, grabar 1 y seguir grabando 1 indefinidamente).

La máquina P'' definida de la forma anterior se portaría de la forma siguiente al leer su propia descripción $D(P'')$:

- Grabaría $D'(D(P''))$ a continuación de $D(P'')$.
- Volvería al origen de la cinta y pasaría el control a P que grabaría 1 si P'' para, y 0 en caso contrario.

Sin embargo, esta máquina es contradictoria ya que:

- Si P'' llega a una parada con $D(P'')$ por definición P' debería grabar 0 ya que si grabara 1, P'' no pararía de acuerdo con la definición de P''.
- Pero si P' graba 0 es que $D(P'')$, no para, por construcción de P.

Por tanto, P'' para al leer $D(P'')$ precisamente si P'' no para al leer $D(P'')$, como este resultado es absurdo no puede construirse P''. Como si se construye P' es posible construir P'', tampoco es posible construir P' y por la misma razón no es posible construir P. Es decir, queda demostrado:

No existe una máquina de Turing que pueda resolver de una forma general el problema de parada de una máquina de Turing. Por tanto, de acuerdo con la tesis de Church este problema no es decidible.

2.3.3. El problema de parada en cálculo de predicados

Para establecer la indecidibilidad del cálculo de predicados es preciso definir previamente una máquina universal de Turing de tratamiento general de la computación cuya operación pueda ser objeto de modelización en esta lógica. Esta máquina denominada en lo sucesivo máquina U opera sobre una cinta en la que aparecen dos partes separadas por un marcador:

—La primera incorpora la codificación de una máquina de Turing M, incluyendo un bloque con el estado en curso de proceso que aparecerá con un valor inicial. Además habrá un símbolo marcador para situarse ante los distintos bloques descriptivos de los componentes de cada qíntuplo de la máquina M (habrá por tanto una codificación del par estado-símbolo y de los movimientos, nuevo estado y nuevo símbolo a grabar).

—La segunda incluye una codificación de la cinta W a procesar por la máquina M. En ella habrá un marcador indicativo del símbolo leído.

La máquina U simula el efecto sobre W de la máquina M en base a sucesivos recorridos de ambas partes de la cinta apoyados en los marcadores de recorrido interior de cada parte y de límite de ambas. Dado que la descripción de esta máquina en base a la tabla de quíntuplos sería excesivamente prolija se opta por describir el proceso en forma más general descompuesto en distintas etapas elementales, todas ellas computables según Turing.

Se supone un estado inicial de la cinta con el marcador interior de M posicionado en el extremo izquierdo de la cinta y el marcador interior de W situado en el primer símbolo. El estado en curso se supone inicializado con el estado del primer quíntuplo, esta restricción no quita generalidad al proceso y simplifica su exposición, ya que si así no fuera sería preciso un recorrido inicial de la parte M hasta encontrar un quíntuplo cuyo estado inicial coincida con el estado en curso.

De acuerdo con estas hipótesis el proceso de U tendría las siguientes etapas:

1. Comparación del símbolo leído en W y el símbolo de cabecera del quíntuplo en curso.
2. Caben dos opciones:

2.1. Si no son iguales desplazamiento del marcador interior en M hasta la cabecera del siguiente quíntuplo.

2.2. Si son iguales:

2.2.1. Desplazar el marcador al campo de acciones del quíntuplo en curso y realizarlas de la forma siguiente:

- Si el movimiento es H reemplazar el símbolo en curso en W por el existente en el quíntuplo en M, y mantener el marcador interior a W en la misma posición.
- Si el movimiento es I o D desplazar el marcador interior a W a izquierda o derecha y realizar la sustitución del símbolo en la nueva posición.
- Si el movimiento es D y se rebasa el marcador de límite de la cinta, se desplaza éste previamente a la operación anterior.
- Si el movimiento es I y se rebasa el marcador entre las partes M y W será preciso desplazar a la izquierda toda la parte M antes de realizar la operación de sustitución y situación del marcador.

2.2.2. Cambiar el marcador de estado en curso por el estado resultante del quíntuplo aplicado.

3. Caben las siguientes opciones una vez realizadas 2.1 ó 2.2:

3.1. Si el campo de estado del quíntuplo procesado contiene la marca de final de la parte M ello indicaría que ningún quíntuple es aplicable a la situación descrita por la pareja estado en curso-símbolo en curso, en cuyo caso la máquina M pararía y por tanto también U.

3.2. Si se trata de un símbolo inicial de quíntuplo distinto del marcador de final de M debe compararse este símbolo con el de estado en curso. Caben dos opciones:

3.2.1. Que coincidan, en cuyo caso procede comparar los campos de símbolo, por lo que se desplazan ambos marcadores interiores una posición adelante y se repite el proceso desde 1.

3.2.2. Que no coincidan, en cuyo caso se mueve el marcador interior a M al siguiente quíntuplo y se vuelve a 3.

La máquina U, por tanto, para si lo hace M al procesar W, como se ha visto en el epígrafe anterior el problema de parada de M ante W es indecidible de una manera general, luego también lo será el de U ante cualquier tipo de cinta. Por tanto, si se modeliza en cálculo de predicados el problema de parada de la máquina concreta U, la fórmula correspondiente será necesariamente indecidible de forma general.

Obsérvese que la introducción de la máquina U hace factible esta modelización en cálculo de predicados, ya que como se verá a continuación basta plantear un problema de proceso de una cinta genérica por una máquina específica, cosa que no ocurría cuando las variables eran tanto la cinta como la máquina.

Para desarrollar el modelo lógico de la máquina U es preciso representar en cálculo de predicados:

—El ámbito objeto de transformación por U.

—Los efectos de la aplicación de los quíntuplos de U sobre dicho ámbito, de forma que, dado un problema definido por la situación inicial y la deseada en dicho ámbito, el modelo lógico permita responder mediante técnicas deductivas con la sucesión de transformaciones que resuelven el problema. Si el modelo lógico es capaz de representar el problema de parada, al ser este indecidible no puede haber una cadena de operaciones deductivas que permita decidir si la fórmula-modelo lógico del problema es válida cualquiera que sea su estructura. Con ello se habrá mostrado la existencia de un contraejemplo de la decidibilidad general del cálculo de predicados.

Para construir este modelo lógico de U será preciso por tanto representar como evoluciona tanto M, máquina simulada, como la palabra procesada, W. Una forma de representación que integra ambas formas de evolución es la asimilación del efecto de la máquina sobre la palabra como una sucesión de transformaciones de una palabra compuesta, formada por los símbolos de W en los que se intercala el símbolo del estado en curso de M delante del símbolo de W que se procesa en cada etapa. Así, por ejemplo, si la estructura de W se describe por dos secuencias de borde A y B y tres caracteres centrales p, q o r:

$$W \rightleftharpoons A\ p\ q\ r\ B$$

y el cursor está situado en q con la máquina en estado S, la palabra representativa de ambas situaciones se codificaría:

$$W' : A\ p\ S\ q\ r\ B$$

De esta forma la acción de la máquina M sobre W, se describiría por la evolución de la palabra W' ya que la acción de cada quíntuplo de M puede formularse mediante transiciones entre palabras tipo W'.

Como la máquina U opera sobre M y W, la sucesión de transformaciones de palabra tipo W' expresa el efecto de la operación de U. Por tanto, si se hace un modelo lógico de la forma de evolucionar las palabras W', este modelo reflejará el comportamiento general de U. Las transformaciones serán de los tipos siguientes:

a) Quíntuples de reescritura sin desplazamiento.

$$S_i\ q_i\ q_i'\ H\ S_i' \qquad (q_i'\ S_i' \text{ nuevos símbolo y estado})$$

sobre la estructura general de palabra W' se representarían por:

$$A\ S_i\ q_i\ B \succ\!\!- A\ S_i'\ q_i'\ B$$

(el símbolo $\succ\!\!-$ indica transformación).

b) Quíntuples con desplazamiento izquierdo.

$$S_i\ q_i\ q_i'\ I\ S_i'$$

b.1) Interiores:

$$A\ p\ S_i\ q_i\ B \succ\!\!- A\ S_i'\ p\ q_i'\ B$$

b.2) De borde izquierdo:

$$S_i\ q_i\ B \succ\!\!- S_i\ b\ q_i'\ B$$

(b es un caracter blanco).

c) Quíntuples con desplazamiento derecho.

$$S_i\ q_i\ q_i'\ D\ S_i'$$

c.1) Interiores:

$$A\ S_i\ q_i\ p\ B \succ\!\!- A\ q_i'\ S_i'\ p\ B$$

c.2) De borde derecho:

$$A\ S_i\ q_i \succ\!\!- A\ q_i'\ S_i'$$

Para construir el modelo lógico de la máquina *U* como transformadora de palabras se requiere definir:

- Un marco de discurso que incorpore los predicados en que se expresan los razonamientos sobre el proceso.
- Una formulación del significado de estos predicados en la que aparezcan sus propiedades a utilizar para deducción.
- Una formulación de la transformación producida por cada quíntuplo de *M* como modificación de palabras de tipo *W'*.
- Una formulación del concepto de parada.

Para esto último, siguiendo a Green en línea con lo que se tratará en el capítulo 14, es preciso introducir una variable que indexe los sucesivos estados de transformación de las palabras *W'*. Una posible forma de representación se basaría en el marco de discurso constituido por los conceptos:

adj(x, y):	La posición y de la cinta es adyacente a la derecha de la posición x.
x = y:	El símbolo o la posición x es el mismo que y (esta relación se tratará en detalle en el apartado 3.
dif(x, y):	El símbolo o posición x es distinto del símbolo o posición y (equivale a la negación del anterior).
cont(u, x, e):	En el estado e el contenido de la posición u es x.
palabra(x, e):	En el estado e la posición x forma parte de la palabra *W'*.
inic(x, e):	En el estado e, x es inicial de la palabra *W'*.
fin(x, e):	En el estado e, x es final de la palabra *W'*.
par(x, y):	x e y son símbolos de estado y símbolo leído antecedentes en algún quíntuplo de *M*.
parada(e):	e es un estado en que *U* se para.

Deben definirse además dos funciones que facilitan la utilización del predicado *adj*(x, y) y representan el hecho de que la cinta y, potencialmente la palabra a generar sobre ella, es limitada:

suc(x):	Posición siguiente a la derecha de x.
ant(x):	Posición antecedente de x (a su izquierda).

Los objetos del dominio en que se definen estos predicados como se desprende de lo anterior son posiciones en la cinta y símbolos (de *M* y de *W*) con que se construye la palabra grabada en la cinta.

Las propiedades asumidas en los predicados serían:

- $\forall x \sim adj(x, x)$ (1)

  (las posiciones adyacentes son distintas).

- Las posiciones adyacentes son únicas por cada lado.

$$\forall x \forall y[adj(x, y) \rightarrow \exists z(adj(x, z) \rightarrow z = y)]$$
$$\forall x \forall y[adj(x, y) \rightarrow \exists z(adj(x, y) \rightarrow z = x)] \quad (2)$$

- Las funciones $suc(x)$ y $ant(x)$ se definen en la forma:

$$\forall x\ adj(x, suc(x))$$
$$\forall x\ adj(ant(x), x)$$
$$\forall x[suc(ant(x)) = x] \quad (3)$$
$$\forall x[ant(suc(x)) = x]$$

- Los elementos de la palabra están entre la posición inicial y final.

$$\forall e \forall x[inic(x, e) \rightarrow palabra(x, e)]$$
$$\forall e \forall x[fin(x, e) \rightarrow palabra(x, e)] \quad (4)$$
$$\forall e \forall x\ \forall y[palabra(x, e) \wedge adj(x, y) \wedge \sim fin(x, e) \rightarrow palabra(y, e)]$$

- El contenido de cada posición es único.

$$\forall u \forall x \forall z \forall e[cont(u, x, e) \rightarrow \exists z(cont(u, z, e) \rightarrow z = x)] \quad (5)$$

- Finalmente deben incluirse las fórmulas definitorias de la relación de identidad que se definen en el apartado 4 además de la definición de *dif*:

$$\forall x \forall y(dif(x, y) \leftrightarrow \sim x = y) \quad (6)$$

Sobre esta base es posible formular las transiciones entre palabras (se formulan, por su prolijidad sólo tres de las cinco posibles, ya que las otras se tratan análogamente).

Para ello a cada transformación inducida por un quíntuple i se le asocia una letra de función de transición entre estados (en línea con lo que se indicará en el capítulo 14) $fi(e)$:

- Reescritura sin desplazamiento: si los símbolos S, S_i q_i están en las posiciones u, v en el estado e, S_i' q_i' ocupan estas posiciones en el estado $fi(e)$, el resto de posiciones permanece invariable, cuya formulación es:

$$\forall u \forall v \forall z \forall t \forall e[palabra(u, e) \wedge palabra(v, e) \wedge palabra(z, e) \wedge$$
$$\wedge\ adj(u, v) \wedge cont(u, S_i, e) \wedge cont(v, q_i, e) \wedge$$
$$\wedge\ dif(z, u) \wedge dif(z, v) \wedge cont(z, t, e) \rightarrow \quad (7)$$
$$\rightarrow palabra(u, fi(e)) \wedge palabra(v, fi(e)) \wedge palabra(z, fi(e)) \wedge$$
$$\wedge\ cont(u, S_i', fi(e)) \wedge cont(v, q_i', fi(e)) \wedge cont(z, t, fi(e))]$$

Obsérvese que z representa los elementos no afectados por el quíntuplo aplicado.

- Reescritura con desplazamiento izquierdo interior: si el contenido de u es p, el de v S_i y el de w q_i, en el estado e, en el estado $fi(e)$ el contenido de u es S_i', el v es p y el de w q_i', el resto de elementos no cambian. Esto se representa por:

$$\forall u \forall v \forall w \forall z \forall t \forall e[palabra(u, e) \wedge palabra(v, e) \wedge palabra(w, e) \wedge palabra(z, e) \wedge$$
$$\wedge\ adj(u, v) \wedge adj(v, w) \wedge cont(u, p, e) \wedge cont(v, S_i, e) \wedge$$
$$\wedge\ cont(w, q_i, e) \wedge cont(z, t, e) \wedge dif(z, u) \wedge dif(z, v) \wedge$$

$$\wedge\ dif(z, w) \rightarrow cont(u, S_i', fi(e)) \wedge cont(v, p, fi(e)) \wedge cont(w, q_i', fi(e)) \wedge \wedge\ cont(z, t, fi(e)) \wedge palabra(u, fi(e)) \wedge palabra(v, fi(e)) \wedge \wedge\ palabra(w, fi(e)) \wedge palabra(z, fi(e))] \quad (8)$$

- Reescritura con desplazamiento izquierdo en borde izquierdo: si en el estado e el borde izquierdo u contiene S_i y su adyacente v contiene q_i en $fi(e)$, se introduce una nueva posición w en la palabra, que contendrá S_i', u contendrá un carácter blanco y v contendrá q_i', el resto de posiciones continua igual.

$$\forall u \forall v \forall w \forall z \forall t \forall e[palabra(u, e) \wedge palabra(v, e) \wedge palabra(r, e) \wedge \wedge\ inic(u, e) \wedge cont(u, S_i, e) \wedge cont(v, q_i, e) \wedge cont(r, t, e) \wedge \wedge\ adj(w, u) \rightarrow palabra(w, fi(e)) \wedge inic(w, fi(e)) \wedge palabra(u, fi(e)) \wedge \wedge\ palabra(v, fi(e)) \wedge palabra(z, fi(e)) \wedge cont(w, S_i', fi(e)) \wedge \wedge\ cont(u, b, fi(e)) \wedge cont(v, q_i', fi(e))] \quad (9)$$

De manera análoga se formularían los desplazamientos a la derecha, con lo que se obtendrían los tipos de fórmulas (10) y (11).

Obsérvese que cada quíntuplo dará lugar a una fórmula tipo (7) o a dos de los tipos (8) (9) o (10) (11), siendo S_i q_i S_i' q_i' las constantes del quíntuplo cuyos antecedentes satisfarán el predicado $par(x, y)$. Se verifica, por tanto:

$$par(S_1, q_1) \wedge par(S_2, q_2) \wedge \ldots \wedge par(S_i, q_i) \wedge \ldots par(S_n, q_n) \quad (12)$$

Finalmente el estado de parada se define como aquel al que no es aplicable ninguna transformación, es decir, aquel que en posiciones contiguas de la palabra en proceso no aparece ningún par estado-símbolo de los quíntuples de M:

$$\forall x \forall y \forall u \forall v \forall z \forall t \forall e[par(x, y) \wedge palabra(u, e) \wedge palabra(v, e) \wedge \wedge\ adj(u, v) \wedge cont(u, z, e) \wedge cont(v, t, e) \wedge \wedge\ (dif(x, z) \vee dif(y, t) \rightarrow parada(e))] \quad (13)$$

De acuerdo con el análisis precedente si se denomina:

PAL: Conjunción de fórmulas descriptivas de la palabra y de las propiedades de los predicados utilizados [fórmulas (1) a (6)].

PAR: Fórmula descriptiva de los pares de la máquina M [fórmula (12)].

MAQ: Fórmula conjunción de los efectos de todos los pares de M [número finito de fórmulas de los tipos (7), (8), (9) ó (10), (11)].

EINIC: Formulación de un estado inicial como conjunción de instancias del predicado *cont* e *inic*:

$inic(a_p, c_o) \wedge cont(a_p, s_k, c_o) \wedge \ldots$

$\ldots \wedge cont(a_n, s_m, c_o) \wedge fin(a_n, c_o)$

DEPAR: Fórmula definitoria (12) del estado de parada.

El problema de parada puede formularse deductivamente en la forma:

$$\text{PAL, PAR, MAQ, EINIC, DEPAR} \Rightarrow \exists s\ parada(s)$$

Para decidir si esta clase de estructuras deductivas es correcta, basta decidir si:

$$\text{PAL} \wedge \text{PAR} \wedge \text{MAQ} \wedge \text{EINIC} \wedge \text{DEPAR} \rightarrow \exists s\, parada(s) \qquad (14)$$

es válida.

Sin embargo, si existiera un proceso efectivo de decisión general para esta clase de fórmulas, el problema general de parada de *M* sería decidible. Como esto no es así las fórmulas de tipo (14) constituyen un contraejemplo para la decidibilidad general del cálculo de predicados.

Caben otras opciones de demostración, aunque todas basadas en la idea de representar el comportamiento de la máquina universal. Tarnlund (1977) fue quien primero planteó este enfoque utilizando cláusulas de Horn.

3. El cálculo de predicados con identidad

Los resultados generales obtenidos hasta aquí, como ya se ha indicado, son aplicables a cualquier interpretación de las letras de predicado por cualquier relación definida en un dominio de referencia.

Dado un conjunto de relaciones en un dominio puede construirse una teoría de primer orden añadiendo a los axiomas y reglas de inferencia del cálculo de predicados las fórmulas y reglas de inferencia específicas de estas relaciones. Así, por ejemplo, es posible formalizar diversas teorías algebraicas; en todas ellas y en otras juega un papel preponderante la relación de igualdad o identidad, por ello se tratan a continuación las peculiaridades de esta relación dentro del marco formal desarrollado para el cálculo de predicados.

Se introduce, por tanto, un predicado diádico específico cuya notación es - = - siendo los guiones, como en otros casos representativos de las plazas a ocupar por los términos, el significado de este predicado en cualquier dominio se corresponde con la siguiente regla de evaluación:

$x = y$ es verdad si y sólo si x e y se interpretan por *el mismo (idéntico)* elemento del dominio.

Así, por ejemplo, en el dominio $D = \{1, 2\}$ la tabla de significados del predicado $x = y$ sería:

x	y	$x = y$		$=$	*1*	2
1	1 2	*V* *F*	o bien:	1	*V*	*F*
2	1 2	*F* *V*		2	*F*	*V*

Se trata, por tanto, como ya se ha indicado, de un caso particular de interpretación de un predicado diádico.

La comprobación de validez de fórmulas puede hacerse apelando a las técnicas de evaluación semántica, ya descritas para el caso general; sin embargo, dada la prolijidad de las mismas es interesante plantear unos axiomas y reglas de inferencia complementarios que permitan deducir los teoremas relativos a la igualdad. A continuación se introducen dos axiomas en base a los que es posible deducir las otras propiedades de la relación «=». Es sencillo comprobar la validez semántica de ambos axiomas de acuerdo con el criterio de evaluación que se ha definido.

Al propio tiempo la teoría presentada constituye un ejemplo sencillo de la manera general de formular teorías específicas de primer orden basadas en el conjunto de fórmulas válidas que afectan a una serie de relaciones específicas sobre las que «entiende» la teoría:

—Se postulan una serie de fórmulas que representan las propiedades asumidas de las relaciones base del discurso de la teoría.

—Se obtienen mediante técnicas deductivas o semánticas las fórmulas válidas en dicha teoría.

(Para esta teoría es posible demostrar también la consistencia y completud respecto de la semántica definida.)

A efectos de notación se considera el signo = con prioridad mínima respecto de los demás símbolos, de forma que, por ejemplo, $\sim x = y$ debe entenderse $\sim (x = y)$, y también $x = y \rightarrow y = z$ como $(x = y) \rightarrow (y = z)$.

E.1. $\vdash x = x$

E.2. $\vdash x = y \rightarrow (A(x) \rightarrow A(y))$

Este último axioma postula la posibilidad de sustituir *una ocurrencia de un término por otro con el que verifica la igualdad (identidad) y no la totalidad de ocurrencias.* Es sencillo ver que por aplicación reiterada de este axioma se pueden sustituir el número de ocurrencias de x que se desee en predicados con mayor número de plazas. Para poner de relieve el hecho de que el axioma E.2. afecta a una sola ocurrencia, se suele formular también:

$$\text{E.2.} \quad \vdash x = y \rightarrow (A(x, x) \rightarrow A(x, y))$$

A partir de los dos axiomas anteriores pueden demostrarse como teoremas otras propiedades de esta importante relación:

TE 1. Generalización de la reflexividad $\vdash t = t$, siendo t un término cualquiera (variable, constante o función).

Demostración:

1	$\vdash x = x$	Axioma E.1
2	$\vdash \forall x(x = x)$	GU 1

3	$\vdash \forall x(x = x) \to t = t$	Axioma K.10
4	$\vdash t = t$	MP 2, 3

TE 2. Simetría.

$$x = y \to y = x$$

Demostración:

1	$\vdash x = x$	Axioma E.1
2	$\vdash x = y \to (x = x \to y = x)$	Axioma E.2 para predicado $A(x, y) \rightleftarrows y = x$
3	$x = y$	Supuesto
4	$\vdash x = x \to y = x$	MP 2, 3
5	$y = x$	MP 1, 4
6	$\vdash x = y \to y = x$	TD 3, 5

TE 3. Transitividad.

$$x = y \to (y = z \to x = z)$$

Demostración:

1	$\vdash y = x \to (y = z \to x = z)$	Axioma E.2 con $A(y, z) \rightleftarrows y = z$, es decir, se sustituye la primera y por x
2	$\vdash x = y \to y = x$	TE 2
3	$\vdash x = y \to (y = z \to x = z)$	Sil 1, 2

El axioma E.1 y los teoremas TE 1 y TE 2 presentan deducidas las propiedades de simetría y transitividad además de la reflexividad.

Las propiedades de la relación = permiten introducir además dos reglas de inferencia:

R1. Regla de introducción:

$$\frac{\vdash A(t)}{\vdash \forall x(x = t \to A(x))}$$

R2. Regla de eliminación:

$$\frac{\vdash \forall x(x = t \to A(x))}{\vdash A(t)}$$

A continuación se comprueban ambas reglas.

—*Regla de introducción:*

1	$\vdash A(t)$	Válida por hipótesis de la regla
2	$x = t$	Supuesto
3	$\vdash x = t \rightarrow (A(t) \rightarrow A(x))$	Axioma E.2 + TE 2
4	$A(t) \rightarrow A(x)$	MP 2, 3
5	$A(x)$	MP 1, 4
6	$x = t \rightarrow A(x)$	TD 2, 5
7	$\forall x(x = t \rightarrow A(x))$	GU 6

—*Regla de eliminación:*

1	$\vdash \forall x(x = t \rightarrow A(x))$	Válida por hipótesis de la regla
2	$\vdash t = t \rightarrow A(t)$	EU 1
3	$\vdash t = t$	Axioma E.1
4	$\vdash A(t)$	MP 2, 3

Asimismo, el axioma E.2 puede formularse como regla de inferencia:

$$\frac{\vdash x = y,\ \vdash A(x)}{\vdash A(y)}$$

1	$\vdash x = y$	Válido por hipótesis de la regla
2	$\vdash A(x)$	Válido por hipótesis de la regla
3	$\vdash x = y \rightarrow (A(x) \rightarrow A(y))$	Axioma
4	$\vdash A(x) \rightarrow A(y)$	MP 1, 3
5	$\vdash A(y)$	MP 2, 4

En base a las reglas y teoremas demostrados pueden obtenerse nuevas propiedades.

TE 4. $\vdash x = y \rightarrow (A(x) \leftrightarrow A(y))$.

Demostración:

1	$\vdash x = y \rightarrow (A(x) \rightarrow A(y))$	Ax E.2
2	$\vdash y = x \rightarrow (A(y) \rightarrow A(x))$	Ax E.2
3	$\vdash x = y \rightarrow y = x$	TE 2
4	$\vdash x = y \rightarrow (A(y) \rightarrow A(x))$	Sil 3, 2
5	$x = y$	Supuesto
6	$A(x) \rightarrow A(y)$	MP 5, 1

7	$A(y) \rightarrow A(x)$	MP 5, 4
8	$A(x) \leftrightarrow A(y)$	Prod 6, 7
9	$\vdash x = y \rightarrow (A(x) \leftrightarrow A(y))$	TD 5, 8

TE 5. $\forall x\, B(x) \rightarrow \exists y(x = y \wedge B(y))$ (y no libre en $B(x)$).

Demostración:

1	$\forall x\, B(x)$	Supuesto
2	$B(x)$	EU 1
3	$\vdash x = x$	Ax E.1
4	$x = x \wedge B(x)$	Prod 2, 3
5	$\exists y(x = y \wedge B(y))$	GE, de una x
6	$\forall x\, B(x) \rightarrow \exists y(x = y \wedge B(y))$	TD 1,5

TE 6. $\forall x\, B(x) \leftrightarrow \forall y(x = y \rightarrow B(y))$.

Demostración:

1	$\forall x\, B(x)$	Supuesto
2	$x = y$	Supuesto
3	$B(y)$	EU 1
4	$x = y \rightarrow B(y)$	TD 2, 3
5	$\forall y(x = y \rightarrow B(y))$	GU 4
6	$\forall x\, B(x) \rightarrow \forall y(x = y \rightarrow B(y))$	TD 1, 5
7	$\forall y(x = y \rightarrow B(y))$	Supuesto
8	$y = y \rightarrow B(y)$	EU 7
9	$\vdash y = y$	Ax E.1
10	$B(y)$	MP 8, 9
11	$\forall x\, B(x)$	GU 10 (ya que no está libre en el supuesto)
12	$\forall y(x = y \rightarrow B(y)) \rightarrow \forall x\, B(x)$	TD 7, 11
13	$\forall x\, B(x) \leftrightarrow \forall y(x = y \rightarrow B(y))$	Prod 6, 12

Un sistema formal de deducción natural con «=» se obtiene de manera similar añadiendo al axioma y reglas de inferencia del cálculo general un axioma y una regla de inferencia específica de la relación «=»:

Axioma $\Gamma \Rightarrow x = x$

Regla $$\frac{\Gamma \Rightarrow x = y}{\Gamma \Rightarrow A(x, x) \rightarrow A(x, y)}$$

(con la misma convención de escritura que el axioma E.2).

En base a la inclusión de estas dos nuevas características, es sencillo obtener en deducción natural estructuras deductivas representativas de las fórmulas válidas obtenidas previamente en un sistema tipo Hilbert.

Ejemplo: Demostrar $\Gamma \Rightarrow A(t) \rightarrow \exists x(x = t \wedge A(x))$ (en $A(x)$ t no está libre).

1	$A(t) \Rightarrow A(t)$	Axioma
2	$\Gamma, A(t) \Rightarrow t = t$	Axioma =
3	$\Gamma, A(t) \Rightarrow A(t)$	Aten 1
4	$\Gamma, A(t) \Rightarrow (t = t) \wedge A(t)$	Prod 2, 3
5	$\Gamma, A(t) \Rightarrow \exists x(x = t \wedge A(x))$	Generalización 4 (sin restricciones)
6	$\Gamma \Rightarrow A(t) \rightarrow \exists x(x = t \wedge A(x))$	TD 5

En el lenguaje usual las relaciones que puede representar $x = y$ son:

x es lo mismo que y
x es idéntico a y
x es igual a y
x es y

Pero debe entenderse que cuando se representan por $x = y$ las acepciones segunda y tercera se está admitiendo que ambas significan lo mismo que la primera y, por tanto, dos objetos cuyos rasgos característicos son indiferenciables en el caso que se estudia no se acepta que se digan idénticos o iguales a no ser que se representen por el mismo objeto del dominio de interpretación, como ya se indicó al definir la semántica de «=».

La cuarta acepción debe representarse por = cuando se trata de términos individualizados:

Cervantes es el autor del Quijote.
Juan Carlos I es el Rey de España.

En estos ejemplos, Cervantes y Juan Carlos I son identificadores de términos concretos así como «autor del Quijote» y «Rey de España», ya que sólo puede haber un individuo que cumpla estas propiedades, por ello puede simbolizarse «Cervantes» por la letra de término c y «autor del Quijote» por la letra de término a, de forma que la primera frase puede simbolizarse:

$$c = a$$

Asimismo si la letra de término j simboliza Juan Carlos I y la letra r a Rey de España, la segunda frase puede simbolizarse:

$$j = r$$

Conviene subrayar que esta utilización de = lleva aparejada la condición de unicidad de los objetos representados por los nombres. Así, por ejemplo, la frase:

Cervantes es español

En general, no podría representarse de la misma forma, ya que «español» es normalmente una característica que afecta a un subconjunto de elementos del dominio de referencia, por ello este subconjunto se representa por un predicado $E(x)$: x es español, y la frase anterior sería:

$$E(c)$$

En cambio, si por el contexto se supiera que en el dominio al que se refiere la frase sólo existiera un español (por ejemplo, se están haciendo afirmaciones sobre un autor de cada nacionalidad), la frase anterior sería realmente:

Cervantes es el español (del grupo)

y entonces podría simbolizarse el español del grupo por e, lo que permitiría representar la frase anterior en la forma:

$$\mathrm{c} = \mathrm{e}$$

A continuación se presentan algunos ejemplos.

Ejemplo 1

—Todos los miembros del claustro son asturianos.
—El secretario forma parte del claustro.
—El señor Martínez es el secretario.

Por tanto:

El señor Martínez es asturiano.

Predicados:

$C(x)$: x es miembro del claustro.
$A(x)$: x es asturiano.

Términos:

m: Martínez.
s: el secretario.

Formulación:

$$\forall x(C(x) \rightarrow A(x)),\ C(s),\ m = s \Rightarrow A(m)$$

Demostración:

1	$\forall x(C(x) \rightarrow A(x))$	Pr.
2	$C(s)$	Pr.
3	$s = m$	Pr.
4	$C(s) \rightarrow A(s)$	EU 1
5	$A(s)$	MP 2, 4
6	$\vdash s = m \rightarrow (A(s) \rightarrow A(m))$	Ax E2
7	$A(s) \rightarrow A(m)$	MP 3, 6
8	$A(m)$	MP 5, 7

Obsérvese que si en este ejemplo se hubiera considerado posible la existencia de varios secretarios la segunda premisa se habría redactado:

Los secretarios forman parte del claustro.

y la tercera:

El señor Martínez es Secretario.

Lo que hubiera obligado a introducir el predicado $S(x)$: x es secretario, con lo que estas premisas se formularían:

$$\forall x(S(x) \rightarrow C(x))$$

$$S(m)$$

Ejemplo 2

—Eduardo pudo haber visto al asesino.
—Antonio fue el primer testigo de la defensa.
—O Eduardo estaba en clase o Antonio dio testimonio falso.
—Nadie en clase pudo haber visto al asesino.

Luego:

El primer testigo de la defensa dio testimonio falso.

Predicados:

$V(x)$: x pudo haber visto al asesino.
$C(x)$: x está en clase.
$TF(x)$: x da testimonio falso.

Términos:

e: Eduardo.
a: Antonio.
t_1: primer testigo de la defensa.

Formulación:

$$V(e),\ a = t_1,\ C(e) \vee TF(a),\ \forall x(C(x) \to \sim V(x)) \Rightarrow TF(t_1)$$

Demostración:

1	$V(e)$	Pr.
2	$a = t_1$	Pr.
3	$C(e) \vee TF(a)$	Pr.
4	$\forall x(C(x) \to \sim V(x))$	Pr.
5	$C(e) \to \sim V(e)$	EU 4
6	$\sim C(e)$	MT 1, 5
7	$TF(a)$	Sil. dis. 3, 6
8	$\vdash a = t_1 \to (TF(a) \to TF(t_1))$	Ax E2
9	$TF(a) \to TF(t_1)$	MP 2, 8
10	$TF(t_1)$	MP 7, 10

Ejemplo 3

El tratamiento de igualdades matemáticas por las técnicas antedescritas se ilustra con el siguiente ejemplo:

$$\forall x\ \forall y\ \forall z(x - y = z \leftrightarrow y + z = x),\ 5 - 3 = 1 + 1,\ 1 + 1 = 2 \Rightarrow 3 + 2 = 5$$

1	$\forall x\ \forall y\ \forall z(x - y = z \leftrightarrow y + z = x)$	Pr.
2	$5 - 3 = 1 + 1$	Pr.
3	$1 + 1 = 2$	Pr.
4	$\vdash 5 - 3 = 1 + 1 \to$ $\to (1 + 1 = 2 \to 5 - 3 = 2)$	Teorema de transitividad con x: $5 - 3$, y: $1 + 1$, z: 2
5	$1 + 1 = 2 \to 5 - 3 = 2$	MP 2, 4
6	$5 - 3 = 2$	MP 3, 5
7	$5 - 3 = 2 \leftrightarrow 3 + 2 = 5$	EU 1
8	$5 - 3 = 2 \to 3 + 2 = 5$	Simplif. 7
9	$3 + 2 = 5$	MP 7, 8

La utilización del predicado «=» permite representar afirmaciones sobre un dominio determinado del tipo:

Existe un elemento y sólo uno que cumple una determinada propiedad.
Para ello se apela a un circunloquio cuyo significado es equivalente:

Existe algún elemento que cumple la propiedad y para cualquier otro elemento del dominio si también cumple la propiedad es el mismo que el primero.

Esta frase se representa en la forma:

$$\exists x[A(x) \wedge \forall y(A(y) \rightarrow x = y))]$$

y se simboliza en forma abreviada por $\exists_1 x\, A(x)$.

PROBLEMAS PROPUESTOS DE CALCULO DE PREDICADOS

1. Dadas las premisas:

—Si todo número primo interior al intervalo 1..101 es divisor del 101, entonces algún número primo menor que 11 es divisor de 101.

—Aunque existen números primos inferiores a 11, ninguno de ellos es divisor de 101.

—¿Puede afirmarse que algún número primo entre 1 y 101 es divisor de 101?

2. ¿Es posible encontrar simultáneamente para una fórmula dada, un modelo y un contramodelo? ¿Por qué?

Dada la fórmula:

$$F = [\forall x(P(x) \vee A(y)) \rightarrow \forall x\, Q(x)] \rightarrow \forall x(P(x) \vee Q(x) \rightarrow Q(x))$$

Se pide en el dominio $\{1, 2, 3\}$, definir un modelo y/o un contramodelo si es posible.

3. Estudiar si es correcta la siguiente deducción en el Sistema Simétrico de Deducción Natural:

$$\forall x\, \forall y(P(x) \wedge PA(y) \rightarrow \sim G(x, y)),$$
$$\forall z(H(z) \rightarrow PA(z)) \Rightarrow \forall x\, \forall y(P(x) \wedge H(y) \rightarrow \sim G(x, y))$$

4. ¿Son válidas las fórmulas?:

$$(A(y) \rightarrow B) \rightarrow (\exists x\, A(x) \rightarrow B)$$
$$(A \rightarrow B(y)) \rightarrow (A \rightarrow \forall x\, B(x))$$

Si la respuesta es positiva dar una demostración y si es negativa definir un contraejemplo.

5. Estudiar si es correcta la siguiente deducción:

—La luna hoy es redonda.

—La luna de hace dos semanas tenía forma de cuarto creciente.
—Luna no hay más que una, es decir, siempre es la misma.
—Luego existe algo que es a la vez redondo y con forma de cuarto creciente.

6. Estudiar si es correcta la siguiente deducción:

—Si todos los vecinos de la casa tienen la misma profesión, y entre ellos hay un ecólogo, trabajan todos en la misma empresa.
—O nadie en la casa fuma o Antonio es diputado, si hay entre los vecinos dos personas de distinta profesión.
—Si Luis actúa de conserje, hay un ecólogo en la casa.
—Ninguno de los vecinos es diputado.
—Luego no es cierto que todos seamos conserjes ni que alguien fume a menos que todos trabajemos en la misma empresa.

7. Estudiar si es correcta:

—Juana sólo tiene un marido.
—Juana está casada con Tomás.
—Tomás es delgado y Guillermo no.
—Luego Juana no está casada con Guillermo.

8. Analizar en el Sistema Simétrico de Deducción Natural si existe contraejemplo de:

$$\forall x(P(x) \lor Q(x)),\ \forall x\, P(x) \rightarrow \exists x\, Q(x) \Rightarrow A \rightarrow \sim \forall x \sim Q(x)$$

9. Dadas las premisas:

—Sultán no es Chitón.
—Sultán no obtendrá un plátano a menos que pueda resolver cualquier problema.
—Si el chimpancé Chitón trabaja más que Sultán resolverá problemas que Sultán no puede resolver.
—Todos los chimpancés distintos de Sultán trabajan más que Sultán.
—¿Puede adivinarse que Sultán obtendrá un plátano?

10. Encontrar en el Sistema Simétrico en Deducción Natural un contraejemplo de cada estructura deductiva:

$$D \rightarrow (C \rightarrow B(y)) \Rightarrow D \land C \rightarrow \forall x\, B(x) \quad \text{(en } C \text{ y } D \text{ no libre } y)$$
$$A(y) \rightarrow (B(y) \rightarrow C) \Rightarrow \exists x(A(x) \land B(x)) \rightarrow C \quad \text{(en } C \text{ no libre } y)$$

¿En qué tipo de interpretaciones de los predicados $A(y)$, $B(y)$ serían correctas estas estructuras?

11. Estudiar si es correcta la siguiente deducción:

—Un acusado no testifica contra otro a menos que sea culpable y el otro inocente.
—Nadie es culpable y tiene la conciencia tranquila.
—Cualquiera tiene la conciencia tranquila si es inocente y estuvo en su casa el día de autos.
—Luego Ramón no estuvo en su casa el día de autos puesto que testifica contra sí mismo.

12. Estudiar si es correcta la siguiente deducción:

—Soy único hijo.
—El padre de Gutiérrez es el hijo de mi padre.
—Luego yo soy el padre de Gutiérrez.

13. Estudiar si son demostrables en el Sistema Simétrico de Deducción Natural las fórmulas:

$$\Gamma,\ A(y) \Rightarrow \forall x\, A(x)$$
$$\Gamma,\ \forall x\, A(x) \Rightarrow A(y)$$
$$\Gamma,\ \exists x\, A(x) \Rightarrow A(y)$$

14. Dadas las premisas:

—Sólo un alumno de la clase sabe inglés. Pepita sabe inglés.
—La única manera de enterarse de la lección diecisiete es sabiendo inglés.
—Para aprobar es necesario saber la lección diecisiete.

Contestar a las siguientes preguntas:

—¿Aprueba Juanita?
—¿Aprueba alguien?

15. Demostrar en el Sistema de Kleene:

$$\forall x(P(x) \rightarrow A) \leftrightarrow (\exists x\, P(x) \rightarrow A)$$

16. Al analizar en el método Simétrico de Deducción Natural una estructura deductiva ($\Gamma \Rightarrow \Delta$), obtenemos en las dos ramas de un nodo las siguientes estructuras:

$$Q(v_1), H(v_0, v_1) \vee \sim P(v_1) \Rightarrow \forall x(P(x) \vee P(v_1))$$

$$H(v_0, v_1) \rightarrow Q(v_1), \forall x\, P(x) \Rightarrow \forall x(P(x) \vee P(v_1))$$

¿Qué se puede concluir de la estructura original ($\Gamma \Rightarrow \Delta$)? ¿Por qué?

17. Estudiar si es correcta la siguiente deducción:

—La sal y el azúcar son blancos.
—La sal no es el azúcar.
—Por tanto, nada es blanco.

18. Estudiar si es correcta la siguiente deducción:

—Nunca una persona tiene buena opinión de otra si la otra la tiene de esa persona.
—Sólo si uno tiene buena opinión de otro, podrán dos vecinos nuestros ser uno aficionado al tenis y el otro a la música.
—El dueño del perro es aficionado a la música.
—Nuestro vecino Luis es aficionado al tenis.
—¿Es Luis el dueño del perro?

19. Estudiar si es correcta la siguiente estructura deductiva:

—Quien mucho abarca poco aprieta.
—Sólo será líder quien aprieta poco.
—Juan abarca mucho porque ha estudiado cuatro carreras.
—El mayor de los hermanos es un líder.
—Luego, Juan no es el mayor de los hermanos.

20. Analizar en el Sistema de Kleene la validez formal de la siguiente deducción:

P1: $\forall x\, \exists y(P(x, y) \rightarrow Q(x) \wedge R(y))$
P2: $\sim \forall y\, R(y)$
P3: $\forall x(Q(x) \rightarrow \exists x\, \exists y \sim S(x, y))$
P4: $\forall x \sim T(x)$
P5: $\forall x\, \forall y\, S(x, y) \vee \exists x\, T(x)$

Q: $\exists x\, \exists y \sim P(x, y)$

21. Estudiar si es correcta la siguiente deducción:

—Que Salvador de Madariaga escribiera en los periódicos significa, solamente, que algunos intelectuales son inteligentes.
—Algunos intelectuales odian a todo el mundo.
—Todos escribimos en los periódicos.
—Luego cualquiera es odiado por algún intelectual.

Capítulo 8
INTRODUCCION A LA LOGICA MODAL

1. Introducción

La lógica modal, de una manera simple puede definirse como la que trata en forma sistemática los conceptos de necesidad y posibilidad. Estos conceptos que ya fueron planteados por Aristóteles se trataron en forma matemática principalmente a partir de los trabajos de Lewis criticando (año 1912 y siguientes) la semántica de la regla de implicación material que culminaron con la presentación de diversos sistemas modales en 1932. Posteriormente, Feys (1937) y Von Wright (1951) formularon otros sistemas, todos ellos para el cálculo proposicional. R. Barcan (1946) introdujo su fórmula para el tratamiento del cálculo de predicados y Kripke desde 1959 propuso una semántica para los conceptos modales. Recientemente, primero Burstall (1974) y después Manna y Pnueli (1980) han planteado una visión de tipo modal del entorno de programación basado en la semántica de Kripke.

2. Los conceptos modales básicos en cálculo proposicional

En el lenguaje usual es frecuente matizar las afirmaciones mediante calificativos de necesidad y posibilidad; por ejemplo, puede decirse:

p tiene que ser verdad.
p ocurre que es verdad.

En el primer caso, para la persona que realiza la afirmación no es concebible una configuración del mundo en la que p sea falso. En el segundo caso aunque se constata la verdad de p para la persona que lo hace son concebibles situaciones en que p sea falso.

La plasmación matemática de esta forma de entender las posibles afirmaciones puede hacerse considerando el universo de discurso, al que se refieren las distintas afirmaciones, clasificado en dominios o mundos distintos, de manera que la afirmación de necesidad o posibilidad de una frase *p* depende tanto de su significado en el mundo en que se estudia como de sus significados en los otros mundos del universo de discurso. El tratamiento matemático requiere inicialmente una etapa definitoria de símbolos y sintaxis.

Si se tiene una frase representada por la fórmula *A* en cálculo proposicional, la frase:

es necesario *A*

se simboliza en la forma:

$$\Box A$$

La frase:

es posible *A*

se simboliza en la forma:

$$\Diamond A$$

La sintaxis de las fórmulas con estos nuevos símbolos es una generalización de la definida para el cálculo proposicional:

* El rango de $\Box$ y $\Diamond$ es el mismo que $\sim$ y, por tanto, tienen una prioridad inferior a $\wedge$ y $\vee$. De forma que la jerarquía de símbolos es:

$$\begin{array}{cc} \leftrightarrow & \rightarrow \\ \wedge & \vee \\ \sim & \Diamond\,\Box \end{array}$$

Por tanto, $\Diamond A \rightarrow B$ es distinto de $\Diamond (A \rightarrow B)$.

* La definición recursiva de las fórmulas bien escritas es:

a) Las letras de proposición atómica *p, q, r, s*, ..., son fórmulas bien escritas.

b) Si *A* y *B* son fórmulas bien escritas $\sim A$, $\Diamond A$, $\Box A$, $A \wedge B$, $A \vee B$, $A \rightarrow B$, son fórmulas bien escritas.

c) Sólo son fórmulas bien escritas las especificadas por a) y b).

Si se denomina:

$$\mathcal{U} = \{m_1, m_2, m_3, ..., m_n\}$$

el conjunto de mundos posibles, la forma de interpretar fórmulas modales se define de la manera siguiente:

□ *A* es verdad si *en todos* los mundos concebibles por quien hace la afirmación *A* es verdad.

◇ *A* es verdad si *en alguno* de los mundos la afirmación *A* es verdad.

Para que esta definición sea completa es preciso representar matemáticamente la idea de «mundos concebibles». La idea de Kripke fue emplear para ello una relación de accesibilidad entre los distintos mundos del universo. De esta forma si se estudia la afirmación *A* en un mundo m_i se consideran mundos concebibles desde m_i todos aquellos m_k que satisfacen una relación de accesibilidad desde m_i $R(m_i, m_k)$.

Un ejemplo en lenguaje usual sería hacer la afirmación:

«tiene que estar lloviendo»

desde un edificio de una universidad. Si la persona que lo afirma considera el mundo limitado a los edificios de la universidad, esta afirmación es válida en ese dominio. En cambio, si se considera un ámbito mundial, pueden existir zonas en donde no está lloviendo y, por tanto, la frase no sería válida en esta interpretación.

Un caso muy frecuente en donde se presenta la modalidad es cuando se consideran las afirmaciones en el tiempo, de manera que el universo de discurso estaría constituido por las sucesivas configuraciones del mundo a lo largo de la historia. El operador □ lleva en este caso aparejada la idea de atemporalidad de las afirmaciones, por ejemplo:

Siempre habrá cielo y tierra.

El operador ◇, en cambio, representa la contingencia:

Es posible que volemos a Júpiter.

Por tanto, resumiendo, para interpretar una fórmula modal es preciso:

—Definir el universo de discurso $\mathcal{U}$ y su clasificación en mundos o dominios parciales.
—Definir una relación binaria *R* entre los mundos de $\mathcal{U}$.
—Definir un conjunto de interpretaciones *I* que asignen significado a las proposiciones y predicados básicos en cada uno de los mundos.

En base a esta terna $\{\mathcal{U}, R, I\}$, para evaluar una fórmula precedida de un operador modal en un determinado mundo m_i se actúa de la forma siguiente:

—Se evalúa la fórmula en m_i y en todos los mundos m_k accesibles desde m_i.
—Si la fórmula a evaluar es del tipo □ *A* se le asigna significado verdad, si *A* lo es en todos los m_k que satisfacen $R(m_i, m_k)$, caso contrario se interpretará como falsa.

—Si la fórmula a evaluar es del tipo $\Diamond A$ se le asigna significado verdad si A lo es en algún m_k que satisface $R(m_i, m_k)$, caso contrario, se asigna significado falso.

A continuación se ilustra este concepto con dos ejemplos relativos al cálculo proposicional; la interpretación modal del cálculo de predicados requiere hipótesis complementarias sobre los objetos que pertenecen al dominio de interpretación que se tratarán más adelante.

Sea un universo $\mathcal{U} = \{m_1, m_2, m_3, m_4, m_5, m_6\}$ donde las proposiciones básicas p, q, r y s tienen los siguientes significados:

Mundo	p	q	r	s
m_1	*V*	*V*	*F*	*V*
m_2	*F*	*V*	*V*	*F*
m_3	*V*	*F*	*F*	*F*
m_4	*F*	*V*	*V*	*F*
m_5	*V*	*V*	*V*	*V*
m_6	*V*	*F*	*V*	*V*

Se supone una relación de accesibilidad entre mundos constituida por las siguientes listas:

—Accesibles desde m_1:

m_1, m_2, m_3, m_6.

—Accesibles desde m_2:

m_2, m_3, m_4.

—Accesibles desde m_3:

m_3.

—Accesibles desde m_4:

m_5.

—Accesibles desde m_5:

m_5, m_2.

—Accesibles desde m_6:

m_6.

Sobre esta base si se tienen las fórmulas:

$$A\colon \Box\, p \rightarrow \Diamond\, (q \rightarrow r)$$
$$B\colon \Diamond\, q \vee \Box\, s \rightarrow \Box\, (p \rightarrow r)$$

pueden interpretarse de la forma siguiente:

—En m_1:

$\Box\, p$ es falsa ya que aunque es V en m_1 es F en m_2 accesible desde m_1. Por tanto, al ser falso el antecedente de la implicación, A es verdadera.

$\Diamond\, q$ es V ya que al menos en uno de los mundos accesibles desde m_1, q es V. Por tanto, $\Diamond\, q \vee \Box\, s$ es V de acuerdo con la regla de evaluación de la disyunción.

$p \rightarrow r$ es F en m_1 y, por tanto, $\Box\, (p \rightarrow r)$ es F, ya que el propio m_1 constituye un contraejemplo. Por tanto, en m_1, B es falsa.

—En m_6 debido a que sólo es accesible m_6, la interpretación modal es la misma que en cálculo proposicional.

$\Box\, p$ es V.

$q \rightarrow r$ es V y, por tanto, $\Diamond\, (q \rightarrow r)$ también.

Luego A es verdad en m_6.

Como q es F, $\Diamond\, q$ es F.

s es V, luego $\Box\, s$ es V,

por tanto, $\Diamond\, q \vee \Box\, s$ es V.

$p \rightarrow r$ es V, luego $\Box\, (p \rightarrow r)$ es V.

Luego B es verdad en m_6.

—Análogamente se comprueba el resto de mundos con lo que el resumen de la interpretación es:

	$\Box\, p$	$\Diamond\, q$	$\Box\, s$	$\Diamond\, (q \rightarrow r)$	$\Box\, (p \rightarrow r)$	A	B
m_1	F	V	F	V	F	V	F
m_2	F	V	F	V	F	V	F
m_3	V	F	F	V	F	V	V
m_4	F	V	F	V	V	V	V
m_5	V	V	F	V	V	V	V
m_6	V	F	V	V	V	V	V

Es posible evaluar fórmulas con más de un signo modal, así, por ejemplo, es aceptable $\Box A$ ó $\Diamond B$. Obsérvese que $\Box A$, o sea, $\Box (\Box p \rightarrow \Diamond (q \rightarrow r))$ es verdad en cualquier m_i.

$\Diamond B$, es decir, $\Diamond (\Diamond q \vee \Box s \rightarrow \Box (p \rightarrow r))$ es verdad en cualquier m_i, sin embargo:

$$\Box (\Diamond q \vee \Box s \rightarrow \Box (p \rightarrow r))$$

es falsa en m_5, m_1, m_2.

3. Sistemas axiomáticos en lógica modal proposicional

En base a la semántica definida en el apartado anterior dada una fórmula modal es posible definir su validez de manera similar a como se hacía en cálculo proposicional; pero, para ello es preciso introducir hipótesis sobre el tipo de relación de accesibilidad, de forma que se obtienen sistemas modales de fórmulas válidas distintos para cada tipo de relación. De una manera general una fórmula modal se define como semánticamente válida para un tipo *R* de relación si:

—Para toda interpretación de las proposiciones básicas en cualquier universo.
—Para toda relación dentro del tipo *R*.

la evaluación de la fórmula es verdad.

Hay tres sistemas clásicos de lógica modal:

—Sistema *T*, en que la única hipótesis sobre la relación es que sea reflexiva.
—Sistema *S4* en que la relación de accesibilidad debe ser reflexiva y transitiva.
—Sistema *S5* en que la relación es total, es decir, todos los mundos se suponen accesibles desde cualquier mundo.

Dada la prolijidad de la técnica semántica de evaluación es de interés generar sistemas axiomáticos que permitan demostrar las fórmulas en lugar de enumerar todas las interpretaciones de las proposiciones básicas.

A continuación se describen los axiomas de los tres sistemas tipo anteriores y se justifican semánticamente.

3.1. *Sistema T*

Axiomas:

A.1. $\vdash \Box A \rightarrow A$.
A.2. $\vdash \Box (A \rightarrow B) \rightarrow (\Box A \rightarrow \Box B)$.
A.3. Son válidas todas las fórmulas sin operadores modales demostrables en cualquier sistema axiomático del cálculo proposicional.
A.4. $\vdash \Diamond A \leftrightarrow \sim \Box \sim A$ (puede escribirse también: $\Box \sim A \leftrightarrow \sim \Diamond A$).

Reglas de inferencia:

R.1. Modus ponens:

$$\frac{\vdash A, \vdash A \rightarrow B}{\vdash B}$$

R.2. Necesidad:

$$\frac{\vdash A}{\vdash \Box A}$$

La justificación semántica de esta definición es la siguiente (no se tratan A.3 y R.1 por ser ya conocidos).

A.1. $\vdash \Box A \rightarrow A$.

Para demostrar que es válida es suficiente comprobar que no puede darse el caso de falsedad en A y verdad en $\Box A$. En efecto, si hubiera una interpretación que hiciera A falso en un mundo m_i, *como la relación es reflexiva,* m_i es accesible desde m_i y, por tanto, $\Box A$ también sería falsa.

A.2. $\vdash \Box (A \rightarrow B) \rightarrow (\Box A \rightarrow \Box B)$.

Si hubiera un contraejemplo de esta fórmula existiría un mundo m_i en que $\Box (A \rightarrow B)$ es verdad y $\Box A \rightarrow \Box B$ es falso.

Si $\Box A \rightarrow \Box B$ es falso en m_i necesariamente tiene que ocurrir en m_i:

$\Box A$ verdad
$\Box B$ falso

si $\Box B$ es falso existe al menos un mundo m_k accesible desde m_i en donde B es falso y, además, en m_k por ser $\Box A$ verdad debe ocurrir que A es verdad, por tanto, en m_k, accesible desde m_i $A \rightarrow B$ sería falso, lo que no es posible si $\Box (A \rightarrow B)$ es verdad, luego no puede existir contraejemplo de A.2.

A.4. $\vdash \Diamond A \leftrightarrow \sim \Box \sim A$

Basta comprobar que:

a) Si $\Diamond A$ es V $\quad \sim \Box \sim A$ es V.
b) Si $\Diamond A$ es F $\quad \sim \Box \sim A$ es F.

En efecto, si $\Diamond A$ es V en m_i en algún mundo m_k accesible desde m_i, A es V y, por tanto, es imposible que $\sim \Box \sim A$ sea F ya que si así ocurriera $\Box \sim A$ sería V y, por tanto, en *todos* los mundos accesibles desde m_i A sería falso, lo que no puede ser por que al menos existe m_k, en que A es verdad.

Por otro lado, si $\Diamond A$ es falsa en m_i en todos los mundos accesibles desde m_i debe ser falsa A y, por tanto, $\sim A$ verdad, luego $\Box \sim A$ debe ser verdad, por tanto, es imposible que $\sim \Box \sim A$ sea verdad cuando $\Diamond A$ es F.

R.2. $\dfrac{\vdash A}{\vdash \Box A}$

En efecto, si A es válida su significado es V en todos los mundos de $\mathcal{U}$ y, por tanto, cualquiera que sea m_i y la relación, en todo mundo m_k accesible desde m_i debe ser A verdad, luego $\Box A$ es verdad.

3.2. *Sistema S4*

Como se ha indicado, la hipótesis adicional de la semántica de *S4* es considerar la relación de accesibilidad además de reflexiva, transitiva; con ello es válido un quinto axioma además de los empleados para definir el sistema T:

A.5. $\vdash \Box A \rightarrow \Box \Box A$.

En efecto, si $\Box A$ es verdad, en un mundo cualquiera m_i es imposible que $\Box \Box A$ sea falso. Ya que si así fuera $\Box A$ sería falso en algún mundo m_k accesible desde m_i. Si $\Box A$ fuera falso en m_k existiría algún mundo m_j accesible desde m_k, en donde A fuera falso y en ese caso *por la hipótesis de transitividad de la relación*, m_j también sería accesible desde m_i y, por tanto, al ser $\Box A$ verdad en m_i no puede ser falso A en m_j.

En base a los axiomas definitorios y las reglas de inferencia pueden demostrarse teoremas y nuevas reglas de inferencia. A continuación se presentan algunos ejemplos:

TS 1. $\vdash \Diamond \Diamond A \rightarrow \Diamond A$.

Cuya demostración es:

1	$\vdash \Box \sim A \rightarrow \Box \Box \sim A$	A5
2	$\vdash \Box \sim A \leftrightarrow \sim \Diamond A$	A4
3	$\vdash \sim \Diamond A \rightarrow \Box \sim \Diamond A$	Intercambio 1, 2
4	$\vdash \Box \sim \Diamond A \leftrightarrow \sim \Diamond \Diamond A$	A4 para $A = \Diamond A$
5	$\sim \Diamond A \rightarrow \sim \Diamond \Diamond A$	Intercambio 3, 4
6	$\Diamond \Diamond A \rightarrow \Diamond A$	CP 5

TS 2. $\vdash A \rightarrow \Diamond A$.

Cuya demostración es:

1	$\vdash \Box \sim A \rightarrow \sim A$	Axioma 1 para $A \rightleftharpoons \sim A$

2	$\vdash A \to \sim \Box \sim A$	CP 1
3	$\vdash \Diamond A \leftrightarrow \sim \Box \sim A$	A4
4	$\vdash \sim \Box \sim A \to \Diamond A$	Simplif. 3
5	$\vdash A \to \Diamond A$	Sil. 2, 4

En la primera demostración se ha empleado la regla de intercambio cuya validez en este sistema es inmediata ya que basta comprobar que si $\vdash A \leftrightarrow B$ se verifican $\Box A \leftrightarrow \Box B$ y $\Diamond A \leftrightarrow \Diamond A$.

Es decir, son válidas las reglas de inferencia:

$$\frac{\vdash A \leftrightarrow B}{\vdash \Box A \leftrightarrow \Box B} \qquad \frac{\vdash A \leftrightarrow B}{\vdash \Diamond A \to \Diamond B}$$

La demostración es la siguiente:

1	$\vdash A \leftrightarrow B$	Válida por hipótesis de la regla
2	$\vdash A \to B$	Simplif. 1
3	$\vdash \Box (A \to B)$	Regla de necesidad 2
4	$\vdash \Box (A \to B) \to (\Box A \to \Box B)$	A 2
5	$\vdash \Box A \to \Box B$	MP 3, 4
6	$\vdash B \to A$	Simplif. 1
7	$\vdash \Box (B \to A)$	Nec. 6
8	$\vdash \Box (B \to A) \to (\Box B \to \Box A)$	A 2
9	$\vdash \Box B \to \Box A$	MP 7, 8
10	$\vdash \Box A \leftrightarrow \Box B$	Prod. 5, 9

1	$\vdash A \leftrightarrow B$	Válida por hipótesis de la regla
2	$\vdash \sim A \leftrightarrow \sim B$	Válida en cálculo proposicional
3	$\vdash \Box \sim A \leftrightarrow \Box \sim B$	Teorema anterior
4	$\vdash \sim \Box \sim A \leftrightarrow \sim \Box \sim B$	Válida en cálculo proposicional
5	$\vdash \Diamond A \leftrightarrow \sim \Box \sim A$	Ax 4
6	$\vdash \Diamond A \leftrightarrow \sim \Box \sim B$	Prop. transitiva $\leftrightarrow$, 5-4
7	$\vdash \sim \Box \sim B \leftrightarrow \Diamond B$	Ax 4
8	$\vdash \Diamond A \leftrightarrow \Diamond B$	Transitividad 6-7

Una vez comprobados ambos teoremas la generalización por inducción de la regla de intercambio se hace de manera similar a la empleada en lógica clásica.

Asimismo es demostrable en *S4* la validez del teorema de la deducción con una salvedad similar a la limitación en la aplicación de la generalización, para la regla de necesidad:

Si en una deducción P_1, ... $P_n \Rightarrow$ ... Q_i ... no se emplea la regla de necesidad o cualquier regla de inferencia demostrada en base a ella para P_n existe una deducción correcta de $P_n \to Q_i$ a partir de las premisas P_1 ... P_{n-1}.

Por tanto, se define la deducción como un proceso «en mundo constante», aunque no especificado lo mismo que en cálculo de predicados no modal las deducciones se realizaban considerando las variables libres con valor fijo en el proceso aunque no especificado. Pueden, sin embargo, realizarse deducciones generalizando variables libres, lo que introduce la limitación ya conocida al aplicar el teorema de la deducción, lo mismo que pueden hacerse deducciones empleando la regla de necesidad pero ello prejuzga que la premisa empleada se considera que se satisface en cualquiera de los mundos en que se interprete la deducción y, por tanto, aunque sea válida la deducción $A \Rightarrow \Box A$ no lo es la fórmula $A \rightarrow \Box A$, ya que puede interpretarse A en un mundo m_i del universo $\mathcal{U}$ en que A sea verdad y, sin embargo, en algún mundo accesible desde m_i, A sea falsa con lo que, en m_i, $\Box A$ es falsa y, por tanto, $A \rightarrow \Box A$.

En cambio $A \Rightarrow \Box A$ es correcta, ya que siempre que A es verdad en $\mathcal{U}$ se entiende que lo es en todos sus mundos por no estar sujeta a operadores modales y en ese caso también es verdad $\Box A$. Es esta forma de interpretar A cuando se aplica la regla de necesidad la que hace que no sea aplicable el teorema de la deducción en este caso.

En base a los conceptos introducidos pueden demostrarse otros teoremas como son los siguientes:

TS 3. $\vdash \Diamond \Diamond A \rightarrow \Diamond A$
TS 4. $\vdash \Box \Box A \rightarrow \Box A$
TS 5. $\vdash \Diamond \Box \Diamond A \rightarrow \Diamond A$
TS 6. $\vdash \Box \Diamond A \rightarrow \Box \Diamond \Box \Diamond A$
TS 7. $\vdash \Box \Diamond A \leftrightarrow \Box \Diamond \Box \Diamond A$
TS 8. $\vdash \Diamond \Box A \leftrightarrow \Diamond \Box \Diamond \Box A$
TS 9. $\vdash \Diamond (A \wedge B) \rightarrow \Diamond A \wedge \Diamond B$
TS 10. $\vdash \Box A \wedge \Diamond B \rightarrow \Diamond (A \wedge B)$
TS 11. $\vdash \Box A \vee \Box B \rightarrow \Box (A \vee B)$
TS 12. $\vdash \Diamond (A \vee B) \leftrightarrow \Diamond A \vee \Diamond B$
TS 13. $\vdash \Box (A \wedge B) \leftrightarrow \Box A \wedge \Box B$

Como puede verse el operador $\Diamond$ es distributivo respecto de la disyunción y el operador $\Box$ respecto de la conjunción.

3.3. *Sistema S5*

En este sistema la hipótesis semántica respecto de la relación de accesibilidad es que todos los mundos del universo son accesibles desde cualquiera de los mundos componentes, con esta condición es válido semánticamente un nuevo axioma:

$$\vdash \Diamond A \rightarrow \Box \Diamond A$$

En efecto, en cualquier interpretación, si A es falsa en todos los mundos $\Diamond A$ es falsa y, por tanto, la fórmula es válida, si A es verdad en algún mundo m_i, $\Diamond A$ es verdad y como desde cualquier mundo es accesible m_i necesariamente $\Diamond A$ es verdad y, por tanto, $\Box \Diamond A$, con lo que la fórmula anterior es válida.

En el sistema *S5* son demostrables los mismos teoremas y reglas de inferencia anteriores ya demostrados en *S4* y, por tanto, el teorema de la deducción (con la misma salvedad) y la regla de intercambio.

Los teoremas principales son:

T.1 $\vdash A \rightarrow \Diamond A$
T.2 $\vdash \Box A \rightarrow \Diamond A$
T.3 $\vdash A \rightarrow \Box \Diamond A$
T.4 $\vdash \Box A \leftrightarrow \sim \Diamond \sim A$
T.5 $\vdash \Diamond \Box A \rightarrow \Box A$
T.6 $\vdash \Box \Diamond A \rightarrow \Diamond A$
T.7 $\vdash \Box \Box A \leftrightarrow \Box A$
T.8 $\vdash \Diamond \Diamond A \leftrightarrow \Diamond A$
T.9 $\vdash \Box (A \vee B) \rightarrow \Box A \vee \Diamond B$
T.10 $\vdash \Box (A \vee \Box B) \leftrightarrow \Box A \vee \Box B$
T.11 $\vdash \Box (A \vee \Diamond B) \leftrightarrow \Box A \vee \Diamond B$
T.12 $\vdash \Diamond (A \wedge \Diamond B) \leftrightarrow \Diamond A \wedge \Diamond B$
T.13 $\vdash \Diamond (A \wedge \Box B) \leftrightarrow \Diamond A \wedge \Box B$
T.14 $\vdash \Box (A \wedge B) \leftrightarrow \Box A \wedge \Box B$
T.15 $\vdash \Diamond (A \vee B) \leftrightarrow \Diamond A \vee \Diamond B$

En *S5* puede demostrarse el siguiente teorema:

Toda fórmula es equivalente a una de grado unitario.

Se define el grado de una fórmula como el número máximo de operadores modales aplicados sucesivamente en una fórmula. Ejemplos:

$\Box A \vee \Box B$ es de grado 1
$\Box \Diamond \Box A \wedge \Diamond \Box B$ es de grado 3

A continuación se comprueba este resultado, para lo que es preciso apoyarse en los teoremas anteriores. El proceso de demostración es el siguiente:

1. Se expresa la fórmula de partida en base a las conectivas $\wedge$ y $\vee$ y los operadores modales y las negaciones. Esto es factible utilizando las fórmulas de interdefinición de conectivas:

   $\vdash (A \rightarrow B) \leftrightarrow \sim A \vee B$
   $\vdash (A \rightarrow B) \leftrightarrow \sim (A \wedge \sim B)$

   y la regla de intercambio.

2. Se expresa la fórmula en base a otra equivalente en la que los símbolos de negación aparecen aplicados a fórmulas simples (letras de proposición atómica). Para ello se emplea la regla de intercambio y las equivalencias:

   $\vdash \sim (A \vee B) \leftrightarrow \sim A \wedge \sim B$
   $\vdash \sim (A \wedge B) \leftrightarrow \sim A \vee \sim B$
   $\vdash \sim \Box A \leftrightarrow \Diamond \sim A$
   $\vdash \sim \Diamond A \leftrightarrow \Box \sim A$

La aplicación reiterada de estas equivalencias mediante la regla de intercambio asegura que el signo de negación aparezca solamente aplicado a las letras proposicionales atómicas ya que caso de que así no fuera sólo podría estar aplicado a expresiones de tipo de los antecedentes de las equivalencias anteriores y, por tanto, podría continuarse aplicando la regla de intercambio con dichas equivalencias.

3. Se suprimen las secuencias de operadores modales aplicados a subfórmulas aplicando la regla de intercambio y las equivalencias:

$\vdash \Diamond \Box A \leftrightarrow \Box A$
$\vdash \Box \Diamond A \leftrightarrow \Diamond A$
$\vdash \Box \Box A \leftrightarrow \Box A$
$\vdash \Diamond \Diamond A \leftrightarrow \Diamond A$

En efecto, en el antecedente de cada fórmula de las anteriores aparecen todos los casos posibles de secuencia de operadores y, por tanto, su aplicación reiterada mediante la regla de intercambio asegura que en cada subfórmula aparezca un único operador modal como máximo.

4. Como consecuencia de la etapa anterior aparecerá un operador único delante de cada subfórmula, que necesariamente, o es simple o está construida en base a conectivas. Los operadores modales se distribuyen de acuerdo con la regla de intercambio y las siguientes equivalencias válidas:

$\vdash \Box (A \vee \Box B) \leftrightarrow \Box A \vee \Box B$
$\vdash \Box (A \vee \Diamond B) \leftrightarrow \Box A \vee \Diamond B$
$\vdash \Diamond (A \wedge \Diamond B) \leftrightarrow \Diamond A \wedge \Diamond B$
$\vdash \Diamond (A \wedge \Box B) \leftrightarrow \Diamond A \wedge \Box B$
$\vdash \Box (A \vee B) \leftrightarrow \Box A \vee \Box B$
$\vdash \Diamond (A \vee B) \leftrightarrow \Diamond A \vee \Diamond B$

5. Como consecuencia de la aplicación del paso 4 y caso de que aparezca al aplicarlo alguna cadena de operadores modales, mediante la repetición del paso 3 y ulterior aplicación del paso 4, necesariamente se alcanza una fórmula de grado unitario, ya que cada aplicación de los pasos 3, 4 ó 3 y 4 produce una reducción del grado de la fórmula en una unidad y se suponen fórmulas con un número finito de símbolos.

A continuación se ilustra el proceso con un ejemplo que se describe empleando la notación de secuencia de equivalencias:

$$[\Box \Box (p \rightarrow (q \wedge \Diamond r)) \rightarrow \sim \Diamond (p \wedge \sim q \wedge \sim \Diamond r)] \leftrightarrow$$

Paso 1: poner en función de $\wedge$ y $\vee$:

$$\leftrightarrow [\sim \Box \Box (\sim p \vee (q \wedge \Diamond r)) \vee \sim \Diamond (p \wedge \sim q \wedge \sim \Diamond r)] \leftrightarrow$$

Paso 2: signo de $\sim$ aplicado a proposiciones simples:

$$\leftrightarrow [\Diamond \Diamond \sim (\sim p \vee (q \wedge \Diamond r)) \vee \Box (\sim p \vee q \vee \Diamond r)] \leftrightarrow$$
$$\leftrightarrow [\Diamond \Diamond (p \wedge (\sim q \vee \Box \sim r)) \vee \Box (\sim p \vee q \vee \Diamond r)]$$

Paso 3: supresión de cadenas de operadores:

$$\leftrightarrow \Diamond (p \wedge (\sim q \vee \Box \sim r)) \vee \Box (\sim p \vee q \vee \Diamond r) \leftrightarrow$$
$$\leftrightarrow \Diamond ((p \wedge \sim q) \vee (p \wedge \Box \sim r)) \vee \Box (\sim p \vee q \vee \Diamond r) \leftrightarrow$$

Paso 4: distribución de operadores en expresiones:

$$\leftrightarrow \Diamond (p \wedge \sim q) \vee \Diamond (p \wedge \Box \sim r) \vee (\Box (\sim p \vee q) \vee \Diamond r)$$
$$\leftrightarrow \Diamond (p \wedge \sim q) \vee (\Diamond p \wedge \Box \sim r) \vee (\Box (\sim p \vee q) \vee \Diamond r)$$

Esta última expresión es de grado unitario.

4. Propiedades formales

De manera similar al cálculo proposicional clásico se comprueba que el cálculo proposicional modal es consistente, completo y decidible. Los procesos de decisión se basan en la búsqueda sistemática de un contraejemplo en base a la semántica de los distintos operadores modales; los procesos terminan bien encontrando un contraejemplo o demostrando que es imposible encontrarlo. A continuación se ilustra el procedimiento de manera informal con dos ejemplos en el sistema *S5*:

Ejemplo 1:

Sea la fórmula:

$$\Box (p \rightarrow \Diamond (q \rightarrow r)) \rightarrow \Diamond (q \rightarrow (\Box p \rightarrow \Diamond r))$$

Para que exista un contraejemplo es preciso interpretar en un mismo mundo m:

A: $\Box (p \rightarrow \Diamond (q \rightarrow r))$ como V, y
B: $\Diamond (q \rightarrow (p \rightarrow \Diamond r))$ como F

Para que sea verdad A es preciso que en todos los mundos,

$$p \rightarrow \Diamond (q \rightarrow r) \text{ sea } V$$

y, por tanto, caben dos opciones:

1.° P: V.

en este caso:

- $\Diamond (q \rightarrow r)$ debe ser V.
- luego $q \rightarrow r$ es V en algún mundo y esto puede ser siendo q F y r cualquiera, o si q es V, r debe ser V.

En esta opción, por tanto, caben como significados compatibles:

p	q	r	
V	F	V	
V	F	V	(1)
V	V	V	

2.° P: F q y r cualquiera.

Para que la fórmula B sea falsa es preciso que en todos los mundos:

$$q \rightarrow (\Box\, p \rightarrow \Diamond\, r) \text{ sea } F$$

y, por tanto, en todos ellos

$$q \text{ debe ser } V$$

y

$$\Box\, p \rightarrow \Diamond\, r \text{ debe ser } F$$

lo que obliga a que

$$\Box\, p\ V \text{ en todos los mundos}$$
$$\Diamond\, r\ F \text{ en todos los mundos}$$

y, por tanto, r debe ser siempre F, luego la condición de que B sea falsa exige los significados en cualquier mundo:

p	q	r
V	V	F

Como esta opción es incompatible con las tres únicas válidas para p verdadero indicadas en la tabla (1), es imposible definir una asignación de significados que haga A verdad y B falso, luego no puede existir contraejemplo, con lo que la fórmula dada es semánticamente válida.

Ejemplo 2:

Sea la fórmula

$$\Diamond\, p \rightarrow \Box\, p$$

Para que exista contraejemplo debe ser posible una asignación de significados que haga en un mundo

$$\Diamond p \text{ verdad y } \Box p \text{ falso}$$

para lo que basta un universo en que en un mundo p sea falso y en cualquiera de los otros mundos verdad. En uno de estos $\Diamond p$ es V mientras $\Box p$ es falso, luego la fórmula no es válida.

La definición de procesos de decidibilidad en los sistemas T y $S4$ requiere tener en cuenta las características de la relación de accesibilidad; el proceso, por tanto, basado en los mismos conceptos es más prólijo ya que al definir un contraejemplo es preciso comprobar si las características de la relación de accesibilidad definitoria de cada sistema lo permite.

La demostración de completud, como en el cálculo proposicional clásico, se realiza comprobando que para toda fórmula semánticamente válida es posible construir una demostración en el correspondiente sistema axiomático. Dado el carácter introductorio de estos conceptos no se detalla esta demostración que puede consultarse en la bibliografía específica (Hughes y Cresswell, 1968).

5. Cálculo de predicados modal

5.1. *Sintaxis*

Es una generalización de la sintaxis del cálculo de predicados clásico que se resume en el conjunto de reglas siguientes:

a) Las letras de variable x, y, z, o de constante a, b, c, d, e, ... son términos.
b) Si f es una letra de función de n variables y $t_1, t_2 \dots t_n$ son términos, $f(t_1, t_2 \dots t_n)$ es un término.
c) Las letras de proposición atómica p, q, r, s, ... son fórmulas.
d) Si A es una letra de predicados de n plazas y $t_1, \dots t_n$ son términos, $A(t_1, t_2, \dots t_n)$ es una fórmula.
e) Si $A(x)$ es una fórmula con x libre, $\forall x\, A(x)$ y $\exists x\, A(x)$ son fórmulas.
f) Si A y B son fórmulas, $\sim A$, $\sim B$, $\Box A$, $\Diamond A$, $\Box B$, $\Diamond B$, $A \wedge B$, $A \vee B$, $A \rightarrow B$ son fórmulas.
g) Sólo son fórmulas las que satisfacen alguna de las condiciones *c, d,* e ó *f*.

5.2. *Semántica*

La interpretación se realiza suponiendo un universo constituido por un conjunto de mundos $m_1, m_2, \dots m_p$ en cada uno de los cuales se interpretan *para un mismo dominio de objetos D* de distinta forma las letras de función y de predicado. Por tanto, las letras de constante y variable se interpretan por elementos de D y las letras de función y predicado por elementos de cada mundo m_i.

Además de este dominio D y el conjunto de mundos m_i representando cada uno una forma de «entender» los predicados y funciones involucrados en las fórmulas, para evaluar las fórmulas modales se requiere como en cálculo proposicional, definir una relación de accesibilidad entre mundos.

Así, por ejemplo, una fórmula $\Box\, p(f(x, y), z)$ puede interpretarse modalmente en el dominio $D = \{a, b, c\}$ de la forma siguiente:

Se supone un universo $\mathcal{U} = \{m_1, m_2, m_3, m_4\}$ y una relación de accesibilidad definida por los pares (m_1, m_1) (m_1, m_2) (m_1, m_2) (m_2, m_2) (m_2, m_1) (m_2, m_3) (m_3, m_3) (m_3, m_2) (m_3, m_4) (m_4, m_4), y en cada mundo f y p se interpretan como indica la tabla siguiente:

		m_1		m_2		m_3		m_4	
x	y	$f(x, y)$	$P(x, y)$	$f(x, y)$	$P(x, y)$	$f(x, y)$	$P(x, y)$	$f(x, y)$	$P(x, y)$
	a	a	V	b	V	b	V	c	V
a	b	c	V	b	F	c	F	b	V
	c	b	V	a	F	c	V	b	F
	a	b	V	c	F	a	F	b	V
b	b	a	F	b	V	a	F	c	V
	c	c	V	c	V	b	F	a	F
	a	c	F	a	V	a	V	a	V
c	b	b	F	c	V	b	V	c	V
	c	a	V	b	V	b	F	c	V

Las variables x, y, z se interpretan asignando los elementos a, b, c respectivamente. La evaluación de $\Box\, P(f(x, y), z)$ resulta en m_1:

$$P(f(a, b), c) = P(c, c) \text{ es } V$$

en los mundos accesibles desde m_1 (sólo m_2):

$$P(f(a, b), c) = P(b, c) \text{ es } V$$

por tanto, en m_1 $\Box\, P(f(x, y), x)$ es satisfacible por la asignación supuesta de valores a x y z.

En cambio si se plantea la validez de $\Box\, P(f(x, y), z)$ en m_1, no puede afirmarse ya que si se asigna a las tres variables el mismo valor a resulta:

$$\text{en } m_1 \;\; P(f(a, a), a) = P(a, a) \text{ es } V$$

$$\text{en } m_2 \;\; P(f(a, a), a) = P(b, a) \text{ es } F$$

y, por tanto, □ $P(f(x, y), z)$ no es válida en $\mathcal{U}$ aunque sí es satisfacible.

La evaluación de fórmulas cuantificadas se hace en forma similar al cálculo clásico. Por ejemplo, □ $\exists x\ P(f(x, y), z)$ se evaluaría en m_1 de la forma siguiente:

- Evaluación de $\exists x\ P(f(x, y), z)$ en m_1; se interpretan y, z por a, b respectivamente, de acuerdo con ello:

x	$f(x, y)$	$P(f(x, y), z)$	$\exists x\ P(f(x, y), z)$
a	a	V	
b	b	F	V
c	c	F	

- Evaluación de $\exists x\ P(f(x, y), z)$ en los mundos accesibles desde m_1, para ello es preciso estudiar solamente m_2:

x	$f(x, y)$	$P(f(x, y), z)$	$\exists x\ P(f(x, y), z)$
a	b	V	
b	c	V	V
c	a	F	

Por tanto, □ $\exists x\ P(f(x, y), z)$ es satisfacible en m_1; para comprobar si es válida sería preciso que para todas las interpretaciones posibles de y, z fuera verdad.

La restricción introducida en la interpretación de que el dominio de valores de las variables sea el mismo, razonable para las aplicaciones a programación, como se verá más adelante, no lo es tanto al representar el conocimiento en general. En efecto, en los diversos mundos del universo de interpretación correspondientes a las distintas formas de entender un tema es concebible que en esos cambios de la forma de entender aparezcan o desaparezcan objetos. Así, por ejemplo, si se trata de representar modalmente afirmaciones sobre el tema de espectáculos obviamente en los años 30 los objetos del dominio podrían ser cine, teatro, cabaret, deportes... Sin embargo, en los años 80 habría que añadir la televisión y el video por ejemplo y, por tanto, afirmaciones tales como «alguien asiste a un espectáculo deportivo en su casa», falsas en 1930, *no son necesariamente falsas* ya que en otro mundo accesible para quien tuviera imaginación es cierta esa afirmación y para esa persona sería verdad la afirmación modal «es posible que alguien asista a un espectáculo deportivo en su casa».

La formalización de esta forma de entender las frases modales puede hacerse flexibilizando la condición de que el dominio sea el mismo para todos los mundos, asociando a cada mundo m_r un dominio D_r. Caben dos formas, la primera más restrictiva:

—Una forma parcial es suponer que los objetos existentes en el dominio de un determinado mundo m_i permanecen en los mundos m_j accesibles desde m_i, es decir, $D_i \subseteq D_j \ \forall_j$ accesible, pudiendo, por tanto, aparecer otros nuevos; esta condición asegura que al interpretar las variables en m_i por determinados objetos, pueda comprobarse la permanencia o variación del significado en m_j.

—General, en cuyo caso es posible que determinados n-uplos de elementos de D_i con los que en m_i se evalúa un predicado no existan en D_j correspondiente a m_j accesible desde m_i. Kripke supone, razonablemente, que para esos n-uplos el significado del predicado en m_j debe evaluarse como falso.

5.3. *Sistemas axiomáticos*

En base a los conceptos semánticos antedescritos pueden ampliarse los sistemas axiomáticos definidos en cálculo proposicional con las fórmulas y reglas de inferencia válidas en cálculo de predicados clásico y nuevas fórmulas modales incluyendo operadores modales y cuantificadores. Así, el sistema *S4* se formula axiomáticamente:

A.1. $\vdash \Box A \rightarrow A$
A.2. $\vdash \Box (A \rightarrow B) \rightarrow (\Box A \rightarrow \Box B)$
A.3. Axiomas de cálculo de predicados clásico.
A.4. $\vdash \Diamond A \rightarrow \sim \Box \sim A$
A.5. $\vdash \Box A \rightarrow \Box \Box A$
A.6. $\vdash \forall x \Box A(x) \rightarrow \Box \forall x A(x)$ (fórmula de Barcan)

A y *B*, fórmulas del cálculo de predicados modal cualesquiera con las reglas de inferencia:

$$\frac{\vdash A, \vdash A \rightarrow B}{\vdash B}$$

$$\frac{\vdash A \rightarrow B(y)}{\vdash A \rightarrow \forall x\, B(x)}$$

$$\frac{\vdash A(y) \rightarrow B}{\vdash \exists x\, A(x) \rightarrow B}$$

$$\frac{\vdash A}{\vdash \Box A}$$

La comprobación de los 5 axiomas primeros, en base a la semántica definida en primer lugar en 5.2, es similar a la realizada para el cálculo proposicional. El axioma 6, fórmula de Barcan, puede comprobarse en el supuesto de dominio de objetos constantes en todos los mundos, de la manera siguiente:

—Si $\forall x \ \Box \ A(x)$ es falsa, la fórmula obviamente se satisface de acuerdo con la semántica de la conectiva implicación.

—Si $\forall x \ \Box \ A(x)$ es verdad en m_i, necesariamente para todos los elementos del dominio $D_j \ \Box \ A(x)$ es verdad y, por tanto, $A(x)$ es verdad en los mundos accesibles desde m_i, ya que si en alguno de estos mundos para algún $x = a$, $A(a)$ fuera falso $\Box \ A(a)$ en m_i sería falso y, por tanto, también $\forall x \ \Box \ A(x)$. Luego $A(x)$ es V en todos los mundos accesibles y, por tanto, $\forall x \ A(x)$ luego en $m_i \ \Box \ \forall x \ A(x)$ es V y, por tanto, $\forall x \ \Box \ A(x) \rightarrow \Box \ \forall x \ A(x)$ es V.

En base a esta axiomática son demostrables teoremas como los siguientes:

T.1. $\Box \ \forall x(A(x) \rightarrow B(x)) \rightarrow \Box \ (\forall x \ A(x) \rightarrow \forall x \ B(x))$.

Demostración:

1	$\vdash \forall x(A(x) \rightarrow B(x)) \rightarrow$ $\rightarrow (\forall x \ A(x) \rightarrow \forall x \ B(x))$	Válida en cálc. pred.
┌2	$\Box \ \forall x(A(x) \rightarrow B(x))$	Supuesto
│3	$\Box \ \forall x(A(x) \rightarrow B(x)) \rightarrow$ $\rightarrow \forall x(A(x) \rightarrow B(x))$	A.1
│4	$\forall x(A(x) \rightarrow B(x))$	MP 2, 3
│5	$\forall x \ A(x) \rightarrow \forall x \ B(x)$	MP 4, 1
└6	$\Box \ (\forall x \ A(x) \rightarrow \forall x \ B(x))$	Necesidad 5
7	$\Box \ \forall x(A(x) \rightarrow B(x)) \rightarrow$ $\rightarrow \Box \ (\forall x \ A(x) \rightarrow \forall x \ B(x))$	T.D. 2, 6

T.2. $\Box \ \forall x \ A(x) \rightarrow \forall x \ \Box \ A(x)$ (recíproco de la fórmula de Barcan).

Demostración:

1	$\vdash \forall x \ A(x) \rightarrow A(t)$	Válida en cálc. pred.
2	$\Box \ (\forall x \ A(x) \rightarrow A(t))$	Necesidad 1
3	$\Box \ (\forall x \ A(x) \rightarrow A(t)) \rightarrow$ $\rightarrow (\Box \ \forall x \ A(x) \rightarrow \Box \ A(t))$	Ax 2
4	$\Box \ \forall x \ A(x) \rightarrow \Box \ A(t)$	MP 2, 3
5	$\Box \ \forall x \ A(x) \rightarrow \forall x \ \Box \ A(x)$	G.U.C. 4

T.3. $\vdash \forall x \ \Box \ A(x) \leftrightarrow \Box \ \forall x \ A(x)$.

El teorema 2 y el axioma 6 permiten obtener este teorema en forma inmediata.

T.4. $\vdash \Diamond \ \forall x \ A(x) \rightarrow \forall x \ \Diamond \ A(x)$

Demostración:

1	$\forall x\, A(x) \rightarrow A(x)$	Válida en cálc. prod.
2	$\Diamond \forall x\, A(x) \rightarrow \Diamond A(x)$	Inferencia 1*
3	$\Diamond \forall x\, A(x) \rightarrow \forall x \Diamond A(x)$	G.U.C. 2

T.5. $\vdash \exists x \Box A(x) \rightarrow \Box \exists x\, A(x)$.

Demostración:

1	$\vdash A(x) \rightarrow \exists x\, A(x)$	Válida en cálc. pred.
2	$\vdash \Box (A(x) \rightarrow \exists x\, A(x))$	Necesidad 1
3	$\vdash \Box (A(x) \rightarrow \exists x\, A(x)) \rightarrow$ $\rightarrow (\Box A(x) \rightarrow \Box \exists x\, A(x))$	Ax 2
4	$\vdash \Box A(x) \rightarrow \Box \exists x\, A(x)$	MP 2, 3
5	$\vdash \exists x \Box A(x) \rightarrow \Box \exists x\, A(x)$	GEC 4

Este sistema de axiomas se demuestra que es completo respecto de la semántica definida en primer lugar en el apartado anterior.

Sin embargo, las otras dos semánticas definidas en 5.2 con dominio de objetos variable, invalidan la fórmula de Barcan. A continuación se muestra un contraejemplo en un universo:

$$\mathcal{U} = \{m_1, m_2\}$$

$$m_1 \_\_\_ D_1 = \{a\}$$

$$m_2 \_\_\_ D_2 = \{a, b\}$$

El predicado $A(x)$ se interpreta:

$A(x)$	m_1	m_2
a	V	V
b		F

La relación de accesibilidad es $\langle (m_1, m_1)\, (m_1, m_2)\, (m_2, m_2) \rangle$.

$\forall x \Box A(x)$ Es verdad en m_1 ya que $A(a)$ es V y en m_2 $A(a)$ es V; como en m_1 no está b $\Box A(a)$ es verdad y como a es el único elemento $\forall x \Box A(x)$ es V.

* La demostración de la regla $\dfrac{\vdash A \rightarrow B}{\vdash \Diamond A \rightarrow \Diamond B}$ es:

1 $\vdash A \rightarrow B$; 2 $\vdash \sim B \rightarrow \sim A$; 3 $\Box \sim B \rightarrow \Box \sim A$; 4 $\sim \Box \sim A \rightarrow \sim \Box \sim B$; 5 $\Diamond A \rightarrow \Diamond B$.

$\forall x\ A(x)$ Es V en m_1 pero en m_2 es F ya que al aparecer b en m_2 y $A(b)$ ser falso $\forall x\ A(x)$ es F y, por tanto, $\Box\ \forall x\ A(x)$ es falso.

Por tanto, la fórmula de Barcan es falsa con este tipo de semántica.

5.4. *Aplicación a programación*

La lógica modal puede constituir un marco válido para razonar sobre los programas en base a las siguientes consideraciones:

—La ejecución de un programa produce una sucesión en el tiempo de valores de las variables del proceso, por tanto, puede considerarse la existencia de una sucesión de estados, definidos por los valores simultáneos en cada etapa de proceso de las variables de la memoria del programa.

—Si se considera un conjunto de relaciones, representado por una serie de letras de predicado, en cada estado unas relaciones se verificarán y otras no. Estas relaciones pueden representar condiciones intermedias o finales que deben cumplir los estados del proceso programado. En particular habrá una serie de ellas que caracterizarán el resultado a conseguir por el proceso.

—Un programa correcto, como se verá al tratar de verificación lógica de programas, es aquel cuya estructura garantiza que si se cumplen determinadas hipótesis en los datos de partida, necesariamente los resultados satisfacen las condiciones objetivo del proceso.

—La forma de razonar para verificar un programa es establecer afirmaciones intermedias en el proceso acorde con las instrucciones programadas y deducir las condiciones del resultado en base a ellas y las condiciones iniciales.

—Para formalizar esta manera de razonar es preciso un apoyo lógico general, que si bien puede aportarse por la lógica clásica también puede ser suministrado por la lógica modal.

—En efecto, el universo de interpretación estaría constituido por el conjunto de mundos asociados a los sucesivos estados de ejecución de un programa, cada mundo con un dominio único de interpretación: el producto cartesiano de los dominios de valores de las variables del programa. La relación de accesibilidad se define como consecuencia del flujo de ejecución del proceso: para un mundo son accesibles todos aquellos a los que se puede llegar por ejecución secuencial del programa.

—De acuerdo con lo anterior el sistema lógico más adecuado es el *S4* ya que la relación de accesibilidad en un programa es reflexiva y transitiva y, sin embargo, no es simétrica, por tanto, no es válido 55.

—Al razonar sobre un programa pueden suponerse válidas, por tanto, en cualquier etapa del proceso:

—los axiomas y teoremas demostrables en *S4* interpretados en el dominio del programa referidos a los predicados de condición empleados para verificar el programa;

—las condiciones deducidas correctamente en *S4* a partir de las introducidas como iniciales en el proceso.

Como ya se ha indicado, Burstall en 1974, propuso por primera vez el papel que la lógica modal podía tener como marco del análisis de programas y, Manna y Pnueli en 1980, han propuesto una lógica basada en la modal para el tratamiento de problemas de verificación de programas.

Capítulo 9
INTRODUCCION A LA VERIFICACION DE PROGRAMAS

1. Planteamiento

La tradicional forma de producción de los programas, en base a un primer diseño seguido de una campaña de pruebas con juegos de datos de diversos tipos, fue cuestionada fuertemente a finales de la década de los sesenta en que se constató que la falta de una metodología de desarrollo y validación de programas hacía que éstos no fueran fiables y, por tanto, constituyeran una barrera importante para el aprovechamiento integral de las posibilidades ofrecidas por la tercera generación de ordenadores que en aquella época era de reciente aparición.

La necesidad de conseguir programas fiables produjo dos líneas de investigación principales:

—Línea de desarrollo de métodos de programación que produjeran necesariamente procesos manejables mentalmente y por tanto sencillos de entender y validar.

—Línea de desarrollo de métodos de verificación de programas cuyo objeto era la formalización de procedimientos que permitieran decidir que un programa satisface sus especificaciones por estudio de su estructura y no por las técnicas de prueba que, como dijo Dijkstra, sirven para detectar la presencia de errores pero no para asegurar su ausencia.

En la primera línea son notables las aportaciones de E. W. Dijkstra, C. A. R. Hoare, O. J. Dahl, N. Wirth, etc., introductores de la programación estructurada que ha supuesto un cambio en la forma de evaluar los lenguajes de programación, anteriormente valorados en función de la cantidad de operaciones realizables con ellos y posteriormente valorados en base a la claridad, sencillez y falta de ambigüedad con que son capaces de plasmar las diversas formas con que se puede razonar para construir un programa. Es decir, antes de 1970 los lenguajes constituían una prolongación de la máquina llegándose a instrumentos tan complejos como PL/I y Algol 68, y después de 1970 los lenguajes deberían ser una prolongación hacia la máquina de las funciones de la mente humana; en esta línea es notorio el éxito de PASCAL desarrollado por N. Wirth entre 1971 y 1974.

En la segunda línea se habían ya realizado propuestas por McCarthy, Naur y notablemente por Floyd para definir métodos sistemáticos de demostración de programas, posteriormente Manná, Hoaré, Strachey, De Bakker, Rasiowa, Salwicki, Pratt y otros realizaron aportaciones tendentes a la construcción de sistemas lógicos formalizados para el tratamiento de programas. Aunque hasta el momento no se hayan definido procesos aplicables de manera general a programas complejos, el conjunto teórico desarrollado merece atención por su importancia. En este capítulo y el siguiente se tratará este tema del que inicialmente se presentan los métodos no formalizados, aunque apoyados en cálculo de predicados, para, a continuación, introducir los conceptos básicos de semántica denotacional de los lenguajes de programación y los sistemas axiomáticos tipo Hoare que constituyen las bases de las lógicas algorítmicas.

2. La verificación de programas como reflejo de un proceso sistemático de construcción

Programar un proceso es definir una secuencia de acciones inteligibles por el agente ejecutor, en este caso el computador, que permita resolver un problema.

Para programar adecuadamente un proceso es preciso, por tanto, haber especificado el problema o clase de problemas a resolver por el proceso.

Un problema, de manera general se considera que existe cuando es preciso modificar una determinada situación. Especificar el problema consiste en describir la situación actual y la situación que se quiere alcanzar.

Una forma matemática general de describir una situación es la afirmación de una serie de propiedades y relaciones que satisfacen los objetos del universo objeto de descripción. De esta forma, pasar de una situación a otra es pasar de que se cumplan determinadas propiedades o relaciones a que se cumplan otras.

Para formular las características de una situación es preciso, por tanto:

—Definir el dominio de objetos, D, cuyas propiedades caracterizan todas las situaciones posibles.

—Definir el marco de discurso, es decir, el conjunto de relaciones y propiedades que pueden describir cada situación.

Una situación puede formularse mediante un vector $\bar{x}$ de variables de estado, cuyos componentes toman valores en D.

Una clase de situaciones puede describirse mediante la conjunción de condiciones que cumplen las variables de estado, por ejemplo, $F(\bar{x})$ representaría una clase de situaciones (F: fórmula de cálculo de predicados).

De acuerdo con las consideraciones anteriores, un problema o tipo de problemas P puede describirse por $(y(x), z(x))$, par de condiciones que describen la situación de partida $y(x)$ y la situación objetivo $z(x)$ que, por tanto, constituye la condición (conjunción de condiciones) que satisfacen las soluciones del problema P. En forma esquemática se denotará un problema por $P(y, z)$, siendo $y(x)$, $z(x)$ las condiciones definitorias del problema P.

La técnica de construcción de programas por refinamiento gradual promovida por Wirth y Dijkstra a principios de los setenta, como parte de la metodología de programación estructurada, constituye una traslación a programación de las técnicas generales de resolución de problemas por descomposición introducidas y mecanizadas en cierto grado por los especialistas de Inteligencia Artificial a primeros de los sesenta. En particular el General Problem Solver (GPS) de Newell Shaw y Simon, en esta línea, data de 1959.

Para resolver un problema por descomposición, se aplica el principio de reducirlo a la articulación de problemas más sencillos. Las técnicas de descomposición son de dos tipos:

—Disyuntiva o alternativa:
El problema planteado se reduce a la resolución de alguno de una serie de problemas.

—Conjuntiva:
El problema planteado se reduce a la resolución de todo un conjunto de problemas.

En el primer tipo, el problema $P(y, z)$ se descompone en:

$$P_1(y_1, z), P_2(y_2, z), \ldots, P_k(y_k, z)$$

En todos estos casos la postcondición es la misma pero la precondición y_i cambia debido a que la forma normal de producirse la descomposición es en base a la consulta de una serie de condiciones, cuya forma de plasmación en programas es la instrucción «if-then-else» o bien la instrucción «case».

El razonamiento que conduce a la descomposición alternativa es, por tanto, la clasificación de la situación de partida en base a un conjunto de casos cada uno caracterizado por una condición distinta que constituye la precondición del problema correspondiente.

Hay un caso particular de esta forma de descomposición cuando alguno de los subproblemas tiene el mismo tipo de especificaciones para un subdominio del dominio de datos que el problema que se especifica. En este caso se produce en programación una estructura recursiva. En efecto, si el problema que se intenta resolver se formula mediante una subrutina o procedimiento, la formulación de las partes en que, de acuerdo con esta forma de descomposición, se describe el proceso, responde al mismo tipo de especificación que el proceso general, puede hacerse mediante llamadas al mismo procedimiento con otros valores de las variables.

En el caso de descomposición conjuntiva el problema $P(y, z)$ se describe en función de un conjunto de subproblemas de manera que P sólo está resuelto si lo está cada uno de ellos. Dada la característica secuencial del tipo de programas que se estudia, este concepto es equivalente a definir una secuencia de problemas:

$P_1(y, \psi_1)$
$P_2(\psi_1, \psi_2)$
$P_3(\psi_2, \psi_3)$
....
$P_n(\psi_{n-1}, z)$

de forma que la postcondición de cada uno es la precondición del siguiente, coincidiendo la precondición del primero con y y la postcondición del último con z.

La descomposición conjuntiva, por tanto, se corresponde con una jerarquización de los objetivos del proceso global, de forma que se alcanza por la progresiva consecución de otros más sencillos, cuya acumulación en un proceso secuencial produce el objetivo (postcondición) final.

El concepto de descomposición conjuntiva se plasma en una estructuración del programa en bloques, cada uno de los cuáles resuelve un problema P_j. En esta forma de razonamiento cabe un caso particular:

—Todos los subproblemas o un subconjunto de ellos son del mismo tipo.

En este caso, todo el problema o una parte del mismo puede resolverse por la repetición de un determinado proceso, debiendo ocurrir por la hipótesis de secuencialidad que cada repetición produce una postcondición igual que la precondición.

Si se emplea una descripción en forma de grafo de este proceso mental, asociando a cada nodo el par (φ, ψ) de condiciones que definen el problema correspondiente, hay, de acuerdo con las consideraciones anteriores, dos tipos de nodos:

—Nodos conjuntivos cuyos problemas forman parte de la descomposición conjuntiva del nodo antecedente.
—Nodos disyuntivos, descendientes de un nodo descompuesto en forma disyuntiva.

Si se aplica la convención de unir con un arco de círculo los descendientes conjuntivos de un nodo, un posible grafo descriptivo de la descomposición de un problema, de acuerdo con una cierta forma de entenderlo podría ser el indicado en la figura adjunta.

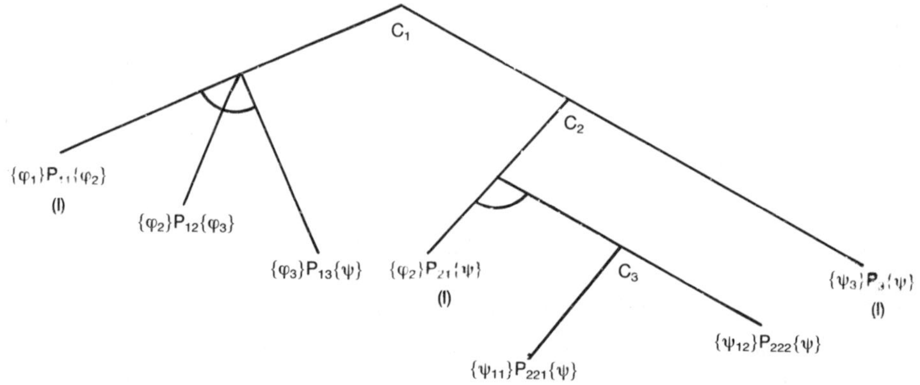

FIGURA 1.

El proceso de descomposición continúa hasta llegar a nodos:

—Que pueden decidirse como imposibles.
—O en los que puede formularse en forma simple un programa que resuelve el problema correspondiente.

Podría ocurrir que del conjunto de nodos, cuyos problemas asociados se demuestran como imposibles, pudiera deducirse la imposibilidad del problema de partida (en el caso de la figura si resultaran imposibles los problemas indicados con (I) el problema P sería irresoluble). En caso de que ésto no ocurriera, el proceso de descomposición terminaría con nodos de cuya factibilidad se infiera la factibilidad del proceso total y cuyas especificaciones permitieran una traslación sencilla al lenguaje de programación. El límite de descomposición viene, por tanto, determinado por el nivel en que el programador se siente seguro de producir directamente un código que responda a las especificaciones de los nodos de forma que finalmente se tiene formulado el proceso mediante una serie de bloques que responden a unas especificaciones que son consecuencia de una forma de razonar sobre el problema planteado.

En el caso de la figura, la estructura del programa correspondiente con las especificaciones incluidas en cada bloque serían:

if C_1 then $\{\psi_1\}$
......
...... bloque para resolver P_{11}
......
$\{\psi_2\}$
...... bloque para resolver P_{12}
......
$\{\psi_3\}$
......
...... bloque para resolver P_{13}
$\{\psi\}$

else if C_2 then $\{\psi_2\}$
......
...... bloque para resolver P_{21}
......
$\{\psi\}$

if C_3 then $\{\psi_{11}\}$
......
...... bloque para resolver P_{221}
......
$\{\psi\}$

else $\{\psi_{12}\}$

......

...... bloque para resolver P_{222}

......

$\{\psi\}$

else $\{\psi_3\}$

......

...... bloque que resuelve P_3

......

$\{\psi\}$

C_1, C_2 y C_3 son las condiciones empleadas para clasificar las alternativas.

Las estructuras de concatenación de bloques y de selección de alternativas constituyen la plasmación en elementos de programación de las formas básicas de razonar sobre un problema.

En segundo nivel y justificadas por un criterio de economía en la programación, aparecen las instrucciones de repetición para sintetizar la concatenación de bloques para resolución de problemas del mismo tipo y la recursividad cuando alguno de los bloques alternativos responde a especificaciones del mismo tipo que el problema general que se intenta resolver.

Por otro lado, como reflejo del proceso de razonamiento conducente a la formulación aparecen las especificaciones de entrada y salida generales a satisfacer por el programa y las especificaciones de los procesos parciales. Estas afirmaciones intermedias, que plasman la forma de entender el proceso de resolución empleado, fueron propuestas por Naur (1966) y Floyd (1967) como vehículo para verificación de un programa.

Verificar un programa puede definirse como el proceso sistemático de comprobación de que la formulación del proceso es acorde con sus especificaciones, para ello es preciso que el proceso de razonamiento en base al que se construye el proceso en forma gradual, esté correctamente representado por las especificaciones intermedias y los bloques entre estas afirmaciones sean coherentes con ellas.

La introducción de afirmaciones constituye a la par que una representación de la forma de razonar sobre el problema que ha originado el programa, el punto de apoyo para construir un procedimiento sistemático de verificación del mismo, ya que, de acuerdo con las consideraciones anteriores, es preciso:

—Comprobar los bloques entre especificaciones.
—Comprobar que las especificaciones intermedias son coherentes con las especificaciones globales.

En el próximo apartado se especifica este proceso en forma operativa.

3. Método básico de verificación

3.1. *Descripción*

De lo expuesto en el apartado anterior, el procedimiento de verificación parte de un paso inicial:

—Introducir afirmaciones intermedias en el programa de forma acorde con el proceso de razonamiento seguido para su construcción. Esta introducción de comentarios lógicos debería realizarse al propio tiempo que se construye el programa.

Caso de verificarse un programa a posteriori, es preciso interpretar su proceso y plasmar la manera de entenderlo en el conjunto de afirmaciones base de su verificación. No obstante, este último caso es artificioso; la verificación debe ser una actividad consecuencia del acto de creación del proceso y debe realizarse por la persona que lo diseña.

Deben introducirse las especificaciones de forma que las instrucciones en cada bloque sean:

- de asignación de valores a variables;
- de test de condición,

por tanto, debe haber al menos una afirmación intermedia en cada ciclo. Esta afirmación juega el papel de precondición de una iteración y al propio tiempo postcondición de la anterior iteración, se trata por tanto de una afirmación invariante en el ciclo, ya que siempre que se pasa por ella el estado de información del proceso satisface esta especificación.

Para verificar cada bloque es preciso comprobar que:

- Si se satisface la precondición.
- Y se realizan las operaciones interiores al bloque (de asignación y test de condiciones, por hipótesis),

necesariamente:

- Se satisface la postcondición.

Se trata, por tanto, de algo parecido a una inferencia, con la variante de que en lugar de premisas pueden aparecer mezcladas acciones y condiciones:

- Los test de condición se reducen a premisas incluyendo, según el camino a que corresponde el bloque, la afirmación o negación de la condición comprobada.
- Las asignaciones de expresiones a variables se traducen en que, una vez alcanzado el final del bloque, se satisfacen una serie de igualdades entre valores de variables. En efecto, la asignación:

$z := f(x, y)$

hace que $z = f(x, y)$ se verifique en el nuevo estado de información resultante después de ejecutar la instrucción, por tanto, la forma de reducir a premisas las asignaciones es incluirlas como igualdades. Sin embargo, dado el carácter secuencial del proceso, al introducir las igualdades como premisas, habida cuenta que pueden producirse varias sustituciones sobre una misma variable, es conveniente expresar el estado de información de partida al principio del tramo en función del correspondiente al final del tramo aplicando a los predicados de precondición y de condiciones intermedias las sustituciones correspondientes a cada igualdad, de acuerdo con las reglas de inferencia correspondientes a este predicado tratadas en el capítulo 7 (par 4). Así, si la precondición es $g(z, ...)$:

1.	$g(z, ...)$	Precondición
2.	$z = f(x, y) \rightarrow$ $\rightarrow [g(z, ...) \leftrightarrow g(f(x, y)...)]$	TE 4. Cap. 7
3.	$z = f(x, y)$	Igualdad asumida
4.	$g(z, ...) \leftrightarrow g(f(x, y)...)$	MP 3, 2
5.	$g(f(x, y)...)$	Intercambio 1, 4

Por tanto, es posible inferir que la información de estado después de ejecutar $z = f(x, y)$ satisface la condición $g(f(x, y)...)$ si previamente satisfacía $g(z, ...)$. De acuerdo con las consideraciones anteriores si se hacen las asignaciones se obtiene finalmente que debe verificarse.
Si:

- Se satisface la precondición referida a la información al final del bloque.
- Se satisfacen las condiciones intermedias referidas a la información al final del bloque.

necesariamente:

- Debe satisfacerse la postcondición del bloque (que, obviamente, se refieren a la información a la salida del bloque).

La comprobación en este caso es ya un problema de lógica que puede resolverse de manera formalizada o no.

—Comprobación global del proceso:

Una vez comprobado que cada bloque satisface sus especificaciones, el problema de verificación global se reduce a comprobar que de la postcondición de cada bloque es deducible la precondición del siguiente; en muchos casos ésto es obvio porque ambas coinciden; una vez verificado esto, si se cumple la precondición del programa, que lo es del primer bloque, necesariamente, razonando en cadena, debe verificarse la postcondición del último, que lo es del programa con lo que el programa queda verificado respecto de sus especificaciones lógicas.

—Tratamiento de estructuras especiales:

El análisis general anterior requiere el tratamiento pormenorizado de cada bloque, sin embargo, al programar un proceso se emplean:

- Repeticiones.
- Llamadas recursivas.

Ambas técnicas constituyen formas de manejar implícitamente secuencias de bloques, iguales en cuanto a su formulación, aplicados a situaciones de datos diferentes. La verificación de estas estructuras requiere:

- Comprobar el bloque tipo en forma similar al proceso estándar.
- Comprobar que el mecanismo repetitivo o recursivo, produce una secuencia (o secuencias) finitas de repeticiones del bloque tipo.

Las estructuras repetitivas son:

- El bucle indexado

  for $L = 1, \ldots n$ do Bloque

  Este es el más simple ya que el número de repeticiones está fijado por el parámetro n y, por tanto, basta verificar el bloque tipo, para asegurar que el proceso termina y es acorde con su especificación.
- El bucle condicionado

  while *condición* do *Bloque*
  repeat *Bloque* until *condición*

  En este caso además de comprobar el bloque tipo, es preciso verificar que los estados sucesivos de información generados por la secuencia de repeticiones convergen hacia un estado en el que no se satisface la condición (bucle while) o se cumple la condición (bucle repeat), ya que de otra forma el proceso no terminaría.

Tanto en una como en otra estructuras repetitivas, la postcondición del bloque tipo debe coincidir con la precondición de la siguiente iteración del mismo bloque, por tanto, basta una condición interna en el bucle que juega el papel de pre y post condición entre iteraciones consecutivas que, por tanto, se satisface por todos los estados de información interiores al bucle. Por ello se denomina invariante del bucle.

En las estructuras recursivas como se verá al tratar con más detalle este problema en el capítulo 10, es preciso:

—Que las llamadas recursivas no sean la única alternativa de descomposición del procedimiento principal, ya que si ésto ocurriera éste se reproduciría indefinidamente; se requiere, por tanto, que haya determinados estados de información caracterizados por una o varias condiciones controladas por el programa en los que la función del procedimiento se calcule directamente sin llamadas al mismo.

—Que la serie de estados de información con los que se realizan las llamadas sucesivas converjan hacia alguno de los estados en que el proceso se evalúa directamente sin llamada recursiva ya que de esa forma se alcanza el final de la sucesión de llamadas recursivas.

En resumen, si se hace abstracción de los procesos recursivos que se analizarán más adelante, si se tiene un programa con alternativas y ciclos como el indicado al margen en el que se han intercalado las especificaciones será preciso comprobar:

1. Si: ocurre $\{\phi\}$
   se ejecuta B_1
   entonces: ocurre $\{\varphi_1\}$
2. Si: ocurre φ_1
   se ejecuta B_2
   entonces: ocurre $\{\varphi_2\}$
3. Si: ocurre $\{\varphi_2 \wedge C\}$
   entonces: ocurre φ_3
4. Si: ocurre φ_3 y $\sim D$
   se ejecuta B_3
   entonces: ocurre $\{\varphi_3\}$
5. Si: ocurre φ_3 y D
   entonces: ocurre Ψ_4
6. Si: ocurre $\varphi_2 \wedge \sim C$
   entonces: ocurre φ_4
7. Si: ocurre φ_4 y $\sim E$
   se ejecuta B_4
   entonces: ocurre φ_4
8. Si: ocurre $\varphi_4 \wedge E$
   entonces: ocurre Ψ_4
9. Los dos ciclos condicionados por $\sim D$ y $\sim E$ respectivamente, terminan.

$\{\phi\}$
B_1
$\{\varphi_1\}$
B_2
$\{\varphi_2\}$
if C then begin
  $\{\varphi_2$ y $C\}$
  while $\sim D$ do
    $\{\varphi_3\}$
    B_3
  end
else begin
  $\{\varphi_2$ y $\sim C\}$
  while $\sim E$ do
    $\{\varphi_4\}$
    B_4
  end
$\{\Psi\}$

Obsérvese que las operaciones 1, 2, 4 y 7 son de comprobación de bloque que incluyen afirmaciones sobre ocurrencias de hechos descritos por predicados definidos en el dominio de estados de información y resultados de ejecución de los bloques B_1, B_2, B_3 y B_4.

Las operaciones 3, 5, 6 y 8 son comprobaciones de inferencias entre distintas afirmaciones, cuya misión es asegurar la continuidad entre verificaciones de bloques con vistas a la comprobación total del programa. En particular φ_3 y φ_4 son condiciones invariantes de ciclo que deben verificarse a partir de las postcondiciones del bloque B_1 y las condiciones del bloque B_2 y la condición de la instrucción de alternativa «if then else».

Finalmente, la operación 9 tiene por objeto comprobar la finitud de las repeticiones de B_3 y B_4.

Las operaciones 1 a 8 llevan aparejada la comprobación de estructuras deductivas, en la práctica de verificación puede realizarse razonando en lenguaje usual si las afirmaciones implicadas son sencillas o bien formalizando en lógica de primer orden y aplicando técnicas de deducción automática. Evidentemente, estas técnicas dada la indecidibilidad general del cálculo de predicados producirán resultados en unos casos y en otros puede ocurrir que el algoritmo de decisión no termine. A continuación se tratan dos ejemplos sencillos de aplicación de las ideas antedescritas, tanto para construcción como validación; el primero de ellos sin bucles.

3.2. *Ejemplos*

Ejemplo 1:

Se trata de ordenar sobre sí mismos los tres números enteros x, y, z de menor a mayor.

El dominio de valores de las variables es:

$$I = \{\text{conjunto de números enteros}\}$$

Puede tomarse inicialmente x, y, z como variables de programa además de una cuarta variable auxiliar entera w, cuyo uso se justificará más adelante. De esta forma, el estado de información en cualquier instante del proceso viene descrito por el vector de valores $\bar{X}$ cuyas componentes son:

$$\bar{X} = (x, y, z, w)$$

que toma valores en:

$$I^4 = \{\text{conjunto de cuaternas de números}\}$$

La especificación del resultado es:

$$\varphi(\overline{x}) = (x \leqslant y) \wedge (x \leqslant z) \wedge (y \leqslant z)$$

La especificación de entrada es:

$$\psi(\overline{x}) : V(\text{verdad})$$

que refleja como aceptable para entrada cualquier cuaterna del dominio I^4.

La construcción del proceso puede hacerse en forma gradual fijándose como objetivos intermedios la consecución de estados de información que satisfagan sucesivamente:

1. $x \leqslant y$
2. $x \leqslant y \wedge x \leqslant z$
3. $x \leqslant y \wedge x \leqslant z \wedge y \leqslant z$

Las operaciones a realizar en cada etapa son:

1. Poner en orden x e y.
2. Manteniendo x e y en orden, poner en orden x, z.
3. Manteniendo el orden de x respecto a y, z poner en orden y, z.

La operación básica es, por tanto, un intercambio precedido de un test de si es necesario. La variable w tiene un papel auxiliar en el intercambio.

El programa cuya formulación se adjunta maneja, por tanto, la estructura de alternativa solamente:

begin
read (x, y, z);

if $x > y$ then begin $w:=y;\ y:=x;\ x:=w$ end;
$\{x \leqslant y\}$

if $x > z$ then begin $w:=z;\ z:x;\ x:=w$ end;
$\{x \leqslant y \wedge x \leqslant z\}$

if $y > z$ then begin $w:z;\ z:=y;\ y:=w$ end;
$\{x \leqslant y \wedge x \leqslant z \wedge y \leqslant z\}$

end.

La declaración de tipo integer de x, y, z, w aseguraría la pertenencia al dominio I.

Las afirmaciones intercaladas se corresponden con los objetivos parciales conseguidos en cada etapa.

Con objeto de formular las condiciones de verificación por bloques, se incluye el diagrama de flujo en el que se indican etiquetas asociadas a bloques y puntos del diagrama, así como las afirmaciones intercaladas.

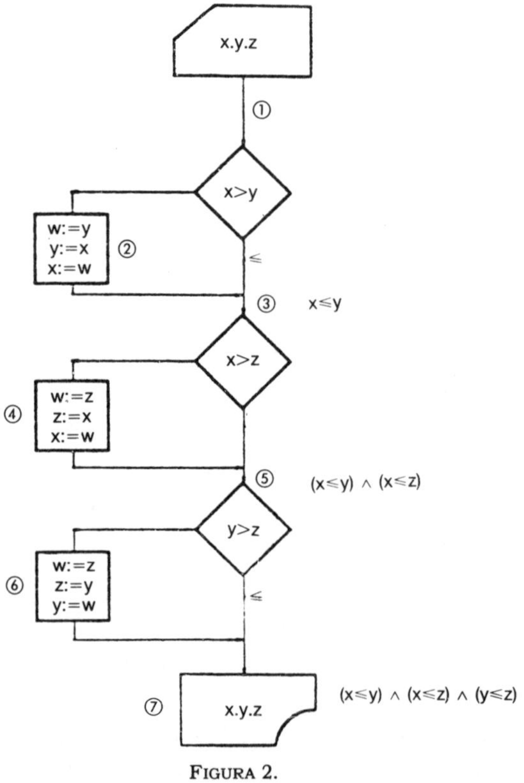

FIGURA 2.

Dado que en un bloque se transforman los valores de una variable, se adopta el criterio de indicar con subíndice 1 el valor de la variable al principio del bloque y con subíndice 2 el valor al final.

De acuerdo con esto, las transformaciones de los bloques 2, 4 y 6 se corresponden con las fórmulas siguientes que relacionan los valores iniciales y finales:

Bloque 2: $(w = y_1) \wedge (y_2 = x_1) \wedge (x_2 = w)$
Bloque 3: $(w = z_1) \wedge (z_2 = x_1) \wedge (x_2 = w)$
Bloque 6: $(w = z_1) \wedge (z_2 = y_1) \wedge (y_2 = w)$

En cada alternativa hay un bloque vacío paralelo a los 2, 4 y 6 entre los que, por tanto, se cumplen en los tres bloques (1-3), (3-5) y (5-7):

$$(x_2 = x_1), (y_2 = y_1), (z_2 = z_1)$$

A las condiciones reflejo de las operaciones de asignación interiores a los bloques (2), (4) y (8), de acuerdo con este criterio será preciso añadir:

Bloque (2): $z_2 = z_1$
Bloque (4): $y_2 = y_1$
Bloque (6): $x_2 = x_1$

Las deducciones a comprobar para validar cada bloque son, de acuerdo con el procedimiento antedescrito, aquellas que tienen como premisas la precondición del bloque, la condición satisfecha por la alternativa seleccionada y las igualdades asociadas a las instrucciones de asignación y como conclusión la postcondición del bloque:

Bloque (2): $V, z_2 = z_1, (x_1 > y_1), (w = y_1) \wedge (y_2 = x_1) \wedge (x_2 = w) \Rightarrow x_2 \leqslant y_2$
Bloque (1-3): $V, (x_1 \leqslant y_1), x_2 = x_1, y_2 = y_1, z_2 = z_1 \rightarrow x_2 \leqslant y_2$
Bloque (4): $x_1 \leqslant y_1, y_2 = y_1, x_1 > z_1, (w = z_1) \wedge (z_2 = x_1) \wedge (x_2 = w) \Rightarrow$
$\Rightarrow (x_2 \leqslant y_2) \wedge (x_2 \leqslant z_2)$
Bloque (3-5): $(x_1 \leqslant y_1) \wedge (x_1 \leqslant z_1), x_2 = x_1, y_2 = y_1, z_2 = z_1 \Rightarrow$
$\Rightarrow (x_2 \leqslant y_2) \wedge (x_2 \leqslant z_2)$
Bloque (6): $(x_1 \leqslant y_1) \wedge (x_1 \leqslant z_1), (y_1 > z_1), (x_2 = x_1), (w = z_1) \wedge (z_2 = y_1) \wedge$
$\wedge (y_2 = w) \Rightarrow (x_2 \leqslant y_2) \wedge (x_2 \leqslant z_2) \wedge (y_2 \leqslant z_2)$
Bloque (5-7): $(x_1 \leqslant y_1) \wedge (x_1 \leqslant z_1), (y_1 \leqslant z_1), x_2 = x_1, y_2 = y_1, z_2 = z_1 \Rightarrow$
$\Rightarrow (x_2 \leqslant y_2) \wedge (x_2 \leqslant z_2) \wedge (y_2 \leqslant z_2)$

La comprobación de que estas deducciones son correctas puede hacerse de manera informal ya que a pesar del aparato de representación, casi todas son triviales. Así, por ejemplo, para el bloque (2) de la premisa $x_1 > y_1$ y los intercambios $w = y_1$, $y_2 = x_1$, $x_2 = w$ se obtiene por sustitución $y_2 > x_2$ y, por tanto: $x_2 < y_2$. En el bloque (1-3) si se verifica $(x_1 \leqslant y_1)$ como $x_2 = x_1$ e $y_2 = y_1$, se obtiene $x_2 \leqslant y_2$ por sustitución.

En los razonamientos justificativos anteriores, se han tenido en cuenta propiedades de las relaciones =, > y ⩽ que no se han hecho explícitas. El tratamiento riguroso de las estructuras deductivas anteriores requiere, por tanto, explicitar las propiedades de las relaciones, con que se interpretan los predicados de una estructura deductiva genérica en el dominio correspondiente, en forma de axiomas formulados en lógica de primer orden.

Un marco de fórmulas válidas en que puede apoyarse la demostración formalmente correcta estaría formada por:

—Propiedades de la relación =:

P1	$\forall x(x = x)$	Prop. reflexiva
P2	$\forall x\, \forall y\, \forall z(x = y \wedge y = z \leftrightarrow x = z)$	Prop. transitiva
P3	$\forall x\, \forall y(x = y \leftrightarrow y = x)$	Prop. simétrica

Además es válida la regla de inferencia:

$$\frac{A(x),\ x = y}{A(y)} \qquad \text{(E)}$$

Estas propiedades se demostraron como válidas en el capítulo 7 al tratar el cálculo de predicados con identidad.

—Propiedades de las relaciones > y ≤:

P4	$\forall x\, \forall y(\sim (x > y) \rightarrow x \leqslant y)$	Interdefinición 1
P5	$\forall x\, \forall y(x \leqslant y \leftrightarrow (y > x) \vee (y = z))$	Interdefinición 2
P6	$\forall x(x \leqslant x)$	Reflexividad
P'7	$\forall x\, \forall y(x \leqslant y \wedge y \leqslant z \rightarrow x \leqslant z)$	Transitividad
P8	$\forall x\, \forall y(x \leqslant y \wedge y \leqslant x \rightarrow x = y)$	Antisimetría

En base a la asunción de este conjunto de propiedades, es posible demostrar como correctas cualquiera de las estructuras deductivas asociadas a cada bloque. A título de ejemplo se incluye la correspondiente al bloque 6.

1	$(x_1 \leqslant y_1) \wedge (x_1 \leqslant z_1)$	Premisa
2	$y_1 > z_1$	Premisa
3	$x_2 = x_1$	Premisa
4	$(w = z_1) \wedge (z_2 = y_1) \wedge (y_2 = w)$	Premisa
5	$w = z_1$	Simpl. 4
6	$y_1 > w$	Regla de inferencia (E) 2, 5
7	$z_2 = y_1$	Simpl. 4
8	$z_2 > w$	Regla de inferencia (E) 6, 7
9	$y_2 = w$	Simpl. 4
10	$z_2 > y_2$	Regla de inferencia (E) 8, 9
11	$(z_2 > y_2) \rightarrow (z_2 > y_2) \vee (z_2 = y_2)$	Adición 10
12	$(z_2 > y_2) \vee (z_2 = y_2)$	MP 10, 11
13	$(y_2 \leqslant z_2) \leftrightarrow (y_2 < z_2) \vee (y_2 = z_2)$	(Especificación del axioma P5)
14	$y_2 \leqslant z_2$	Intercambio 12, 13
15	$x_1 \leqslant y_1$	Simpl. 1
16	$x_1 \leqslant z_2$	Inferencia (E) 15, 7

17	$x_2 \leqslant z_2$	Inferencia (E) 3, 16
18	$x_1 \leqslant z_1$	Simpl. 1
19	$x_2 \leqslant z_1$	Inferencia (E) 18, 3
20	$x_2 \leqslant w$	Inferencia (E) 19, 5
21	$x_2 \leqslant y_2$	Inferencia (E) 20, 9
22	$(x_2 \leqslant y_2) \wedge (x_2 \leqslant z_2)$	Prod. 17, 21
23	$(x_2 \leqslant y_2) \wedge (x_2 \leqslant z_2) \wedge (y_2 \leqslant z_2)$	Prod. 14, 22

La demostración del programa completo es inmediata ya que las precondiciones de cada bloque coinciden con las postcondiciones del anterior (simplemente se cambia el subíndice 2 por 1). Al no haber bucles ni llamadas recursivas no se requiere comprobación de terminación.

Se hace observar el papel básico que la introducción de las propiedades P_1 a P_8, asociadas a las relaciones «$<$, $>$» e «$=$», ha jugado en la demostración formal de la fórmula asociada a la verificación de un bloque. Es, por tanto, necesario para verificar un programa, introducir, formalizada en lógica de primer orden, la teoría, válida en el dominio de valores de las variables, de las relaciones concretas que se utilizan para formular los objetivos y especificaciones intermedias del programa.

Ejemplo 2. Algoritmo de Euclides

Este algoritmo obtiene el máximo común divisor (mcd) de los números naturales a, b. La precondición es, por tanto, $(a > 0)$ $(b > 0)$, siendo a y b de tipo «integer». Puede asegurarse al cumplimiento de esta precondición si se define, en Pascal por ejemplo, un tipo específico:

type natural = 1 .. maxint

y se declara:

var a, b: natural

La obtención del máximo común divisor por el algoritmo de Euclides se basa en un teorema:

—El máximo común divisor de dos números a y b $(a > b)$ es igual al mcd de la diferencia y el menor de los dos, es decir, mcd (a, b) = mcd $(a\text{-}b, b)$.

Este resultado permite plantear un principio de descomposición del problema, ya que para hallar el mcd (a, b) basta calcular el mcd $(a\text{-}b, b)$ si $a > b$ o el mcd $(b\text{-}a, a)$ si $a < b$.

En el caso $a = b$, mcd (a, b) se obtiene directamente: mcd $(a, b) = a = b$. Puede, por tanto, plantearse un proceso iterativo en donde en cada etapa se refiere el problema a otro con nuevo valor de alguna de las variables hasta alcanzar el caso en que ambas coinciden.

El proceso, si se denominan x e y los valores de los números de los que se quiere hallar el mcd en una etapa intermedia, puede formularse inicialmente en la forma:

While posible *do* hallar nuevos valores de x o y.

Para llegar a la formulación definitiva es preciso refinar lo anterior: la condición de posibilidad es que pueda calcularse $x - y$ o $y - x$, lo que puede representarse por la condición $x \neq y$.

Los nuevos valores pueden calcularse, cumpliéndose $x \neq y$ de dos formas:

Si $x > y$: x-y, y
Si $x < y$: x, y-x

Por tanto, el proceso queda formulado en forma acorde con la reflexión que ha conducido a su resolución de la manera siguiente:

```
Program mcd (input, output)
type natural = 1 .. maxint
var a, b, x, y: natural
begin
read (a, b);
x: = a;
y: = b;
while x ≠ y do
if x > y then x: = x − y
          else y: = y − x;
write (x);
end.
```

La precondición del programa es la ya indicada:

$$\{a > 0 \text{ y } b > 0\}$$

Al recorrer el tramo de programa:

$$x: = a$$
$$y: = b$$

Se cumple, de acuerdo con las consideraciones previas sobre la instrucción de asignación:

$$(x = a) \wedge (y = b)$$

La condición interior al ciclo es la que ha dado origen al procedimiento de descomposición empleado, es decir:

$$\text{mcd}\,(x, y) = \text{mcd}\,(a, b)$$

La condición final es que imprima el mcd (a, b) y, por tanto, será:

$$x = \text{mcd}\,(a, b)$$

Si se intercalan estas condiciones, el texto del programa queda en la forma (se prescinde de las declaraciones y cabecera):

read (a, b)
1. $\{a > 0 \wedge b > 0\}$
$x := a;$
$y := b;$
2. $\{x = a \wedge y = b\}$
while $x \neq y$ do
3. $\{\text{mcd}(x, y) = \text{mcd}(a, b)\}$
if $x > y$ then $x := x - y$
else $y := y - x;$
$\{x = \text{mcd}(a, b)\}$

Para verificar este programa es preciso comprobar:

A) Si ocurre 1 y se hace $x := a$; $y := b$ entonces ocurre 2.
B) Si ocurre 2 entonces ocurre 3.
C) En el interior del bucle hay que demostrar:
Si ocurre 3 al principio de una iteración, y se ejecuta un paso del bucle, entonces ocurre 3.
D) El bucle termina.

La comprobación de A y B es obvia. Para demostrar C, es preciso estudiar las dos alternativas:

C.1. Si mcd (a, b) = mcd (x, y); y además $x > y$
y se hace $x := x - y$
entonces: mcd (a, b) = mcd (x, y).

C.2. Si mcd (a, b) = mcd (x, y) y también $x < y$
y se hace $y := y - x$
entonces: mcd (a, b) = mcd (x, y).

Para demostrar C.1 matemáticamente basta denominar x_1 el valor calculado al final del bucle para x. Debe ocurrir:

—mcd (x, y) = mcd $(x - y, y)$ por el teorema del algoritmo,
luego si $x > y$
mcd (x, y) = mcd (x_1, y) = mcd (a, b).

Por tanto, en el nuevo estado se satisface C.1 ya que el nuevo valor de x es x_1.
Análogamente, se demuestra C.2.
Para comprobar D, hay que demostrar que:

- Si el bucle termina y se cumple
  mcd (x, y) = mcd (a, b)
  entonces: x = mcd (a, b).

Si el ciclo termina es que se verifica $x = y$, luego la deducción anterior se plantea en los términos siguientes:

- Si $x = y$, y además
  mcd (a, b) = mcd (x, y) (4)
  entonces: x = mcd (a, b)

para comprobarlo basta incluir la condición deducible de la definición de mcd:

- Si $x = y$, mcd $(x, y) = x$ y, por tanto,
  sustituyendo en (4), x = mcd (a, b)

Falta, para demostrar que el algoritmo es correcto, que se alcanza la situación de terminación del bucle *while*.

Para ello, de acuerdo con los conceptos generales introducidos es preciso comprobar que se alcanza un estado de información que asegure la terminación. Un procedimiento posible es encontrar una función de las variables que se modifican en el bucle cuyos valores en ejecuciones sucesivas del bucle formen una sucesión monótona decreciente y acotada inferiormente.

En el caso que se estudia, una función de este tipo es la suma $x + y$, ya que en cada paso se altera el valor de alguno de los sumandos.

La sucesión de valores en iteraciones consecutivas del bucle en monótona decreciente y acotada. En efecto:

Inicialmente, $x > 0 \wedge y > 0$, ya que
$x = a > 0; y = b > 0;$
por tanto, $x + y > 0$

Entre cada dos pasos consecutivos del bucle se cumple $x + y > 0$.

En efecto, en el caso $x > y$, se hace $x = x - y > 0$ por la hipótesis del caso, luego el nuevo valor de $x + y$ sigue cumpliendo $x + y > 0$, y además, al ser $y > 0$, $x - y < x$, y el nuevo valor de $x + y$ es menor que el inicial.

Lo mismo ocurre en el caso $y > x$.
Por tanto, los valores de x e y forman una sucesión

$$(x + y)_1 > (x + y)_2 > (x + y)_3 \ldots$$

decreciente y acotada, ya que $(x + y) > 0$ para cualquier iteración, luego se trata de una sucesión decreciente en el dominio de los números naturales que no puede ser infinita, por tanto, el bucle necesariamente termina.

Con ello, queda demostrado el programa.

El tratamiento en cálculo de predicados, excepto la demostración de terminación, puede hacerse de manera similar al ejemplo 1. Se introducen para abreviar la notación de los predicados:

$$\text{Emcd}\ (x, y, a, b)$$

que representa la condición:

$$\text{mcd}\ (x, y) = \text{mcd}\ (a, b)$$

$$\text{Sol}\ (x, y, z)$$

que representa la condición de solución final:

$$z = \text{mcd}\ (x, y)$$

que referida a los datos de entrada se formula:

$$\text{Sol}\ (a, b, x)$$

es decir,

$$x = \text{mcd}\ (a, b)$$

En la figura adjunta se representa el programa como diagrama de flujo, especificando con números los puntos límites de bloque.

Las estructuras deductivas a comprobar para cada tramo son (por su trivialidad se prescinde de la parte por delante del punto 0):

0-1 $x = a, y = b, (x \neq y) \Rightarrow$ Emcd (x, y, a, b)
1-2-1 $(x_1 \neq y_1)$, Emcd (x_1, y_1, a, b), $x_1 > y_1$, $x_2 = x_1 - y_1$, $y_2 = y_1 \Rightarrow$
$\Rightarrow$ Emcd (x_2, y_2, a, b)
1-3-1 $(x_1 \neq y_1)$, Emcd (x_1, y_1, a, b), $x_1 \leqslant y_1$, $x_2 = x_1$, $y_2 = y_1 - x_1 \Rightarrow$
$\Rightarrow$ Emcd (x_2, y_2, a, b)
1-2-4 $(x_1 \neq y_1)$, Emcd (x_1, y_1, a, b), $x_1 > y_1$, $x_2 = x_1 - y_1$, $y_2 = y_1$,
$x_2 = y_2 \Rightarrow$ Sol (a, b, x_2)
1-3-4 $(x_1 \neq y_1)$, Emcd (x_1, y_1, a, b), $x_1 \leqslant y_1$, $x_2 = x_1$, $y_2 = y_1 - x_1$,
$x_2 = y_2 \Rightarrow$ Sol (a, b, x_2)

La comprobación de estas estructuras deductivas, dado que intervienen los predicados «=», «>» y «≤» debe hacerse teniendo en cuenta la regla de inferencia y las propiedades P1 a P8, definidas en el ejemplo anterior y además las siguientes específicas de los nuevos predicados introducidos:

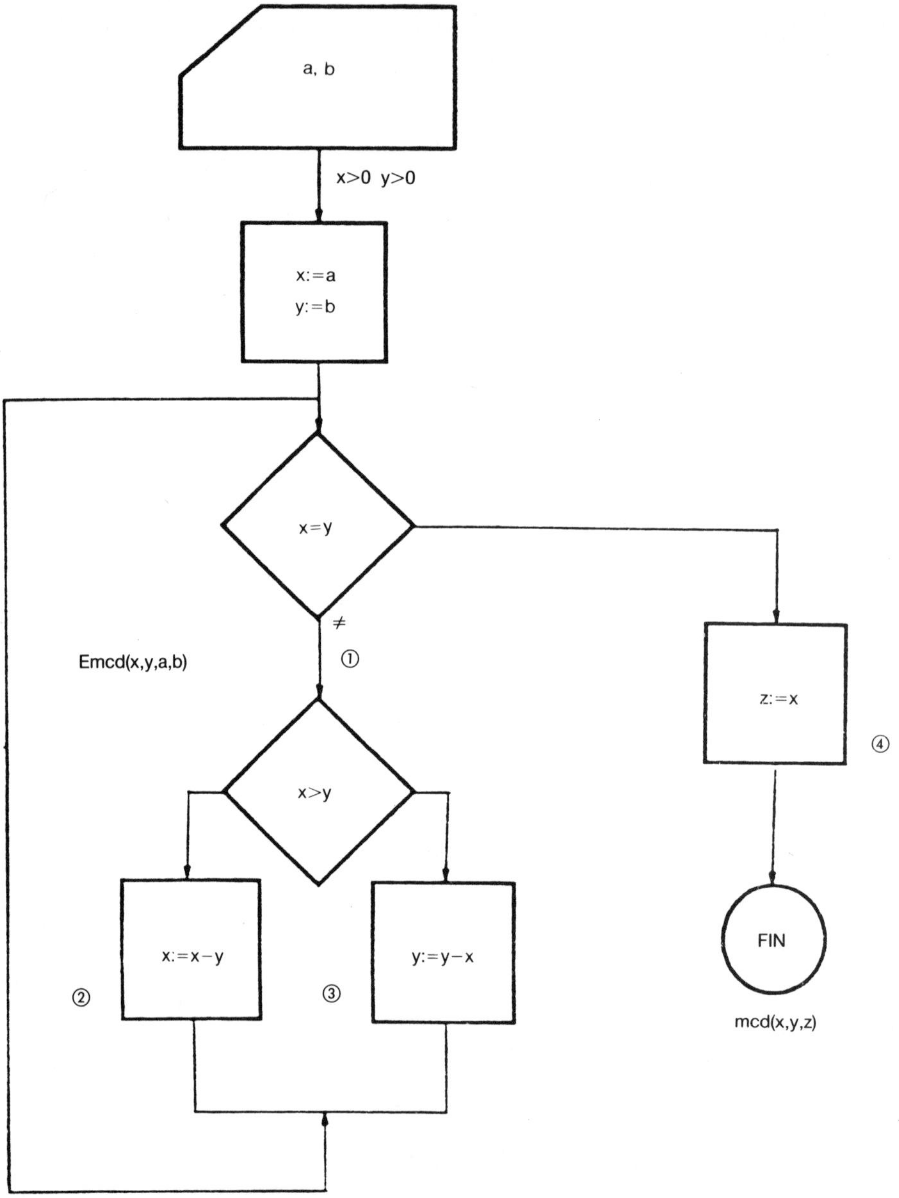

FIGURA 3.

P9	$x > y \rightarrow$ Emcd $(x, y, x - y, y)$	Teorema del mcd
P10	$x < y \rightarrow$ Emcd $(x, y, x, y - x)$	Teorema del mcd
P11	Emcd $(z, t, x, y) \wedge z = t \rightarrow$ $\rightarrow$ Sol (x, y, z)	Teorema del mcd
P12	Emcd $(x, y, z, w) \wedge$ $\wedge$ Emcd $(z, w, t, s) \rightarrow$ $\rightarrow$ Emcd (x, y, t, s)	Transitividad
P13	Emcd (x, y, x, y)	Reflexividad
P14	Emcd $(x, y, z, w) \leftrightarrow$ $\leftrightarrow$ Emcd (z, w, x, y)	Simetría

Las tres últimas se corresponden con las propiedades de la relación de igualdad, implícita en Emcd (todas las variables libres de las fórmulas se suponen cuantificadas universalmente).

A continuación se comprueban a título de ejemplo las correspondientes a los caminos 1-2-1 y 1-3-4, las otras pueden estudiarse en forma similar.

1-2-1:

1	$\sim (x_1 = y_1)$	Premisa
2	Emcd (x_1, y_1, a, b)	Premisa
3	$x_1 > y_1$	Premisa
4	$x_2 = x_1 - y_1$	Premisa
5	$y_2 = y_1$	Premisa
6	$x_1 > y_1 \rightarrow$ $\rightarrow$ Emcd $(x_1, y_1, x_1 - y_1, y_1)$	P9
7	Emcd $(x_1, y_1, x_1 - y_1, y_1)$	MP 3, 6
8	Emcd (x_1, y_1, x_2, y_1)	Inferencia (E) 4, 7
9	Emcd (x_1, y_1, x_2, y_2)	Inferencia (E) 5, 8
10	Emcd $(x_1, y_1, x_2, y_2) \leftrightarrow$ $\leftrightarrow$ Emcd (x_2, y_2, x_1, y_1)	P14
11	Emcd $(x_1, y_1, x_2, y_2) \rightarrow$ $\rightarrow$ Emcd (x_2, y_2, x_1, y_1)	Simpl. 10
12	Emcd (x_2, y_2, x_1, y_1)	MP 9, 11
13	Emcd $(x_2, y_2, x_1, y_1) \wedge$ $\wedge$ Emcd (x_1, y_1, a, b)	Prod. 2, 12
14	Emcd $(x_2, y_2, x_1, y_1) \wedge$ $\wedge$ Emcd $(x_1, y_1, a, b) \rightarrow$ $\rightarrow$ Emcd (x_2, y_2, a, b)	P12
15	Emcd (x_2, y_2, a, b)	MP 13, 14

1-3-4:

1	$\sim (x_1 = y_1)$	Premisa

2	$\text{Emcd}\,(x_1, y_1, a, b)$	Premisa
3	$x_1 \leqslant y_1$	Premisa
4	$x_2 = x_1$	Premisa
5	$y_2 = y_1 - x_1$	Premisa
6	$x_2 = y_2$	Premisa
7	$x_1 \leqslant y_1 \leftrightarrow (x_1 < y_1) \vee (x_1 = y_1)$	P5 (especificada)
8	$x_1 < y_1 \rightarrow (x_1 < y_1) \vee (x_1 = y_1)$	Simpl. 7
9	$(x_1 < y_1) \vee (x_1 = y_1)$	MP 3, 8
10	$x_1 < y_1$	Sil. dis. 1, 9
11	$x_1 < y_1 \rightarrow$ $\rightarrow \text{Emcd}\,(x_1, y_1, x_1, y_1 - x_1)$	P10 (válida)
12	$\text{Emcd}\,(x_1, y_1, x_1, y_1 - x_1)$	MP 10, 11
13	$\text{Emcd}\,(x_1, y_1, x_2, y_1 - x_1)$	Inferencia (E) 4, 12
14	$\text{Emcd}\,(x_1, y_1, x_2, y_2)$	Inferencia (E) 5, 13
15	$\text{Emcd}\,(x_1, y_1, x_2, y_2) \leftrightarrow$ $\leftrightarrow \text{Emcd}\,(x_2, y_2, x_1, y_1)$	Válida (P14)
16	$\text{Emcd}\,(x_1, y_1, x_2, y_2) \rightarrow$ $\rightarrow \text{Emcd}\,(x_2, y_2, x_1, y_1)$	Simpl. 15
17	$\text{Emcd}\,(x_2, y_2, x_1, y_1)$	MP 14, 16
18	$\text{Emcd}\,(x_2, y_2, x_1, y_1) \wedge$ $\wedge \text{Emcd}\,(x_1, y_1, a, b)$	Prod. 2, 17
19	$\text{Emcd}\,(x_2, y_2, x_1, y_1) \wedge$ $\wedge \text{Emcd}\,(x_1, y_1, a, b) \rightarrow$ $\rightarrow \text{Emcd}\,(x_2, y_2, a, b)$	(P12)
20	$\text{Emcd}\,(x_2, y_2, a, b)$	MP 18, 19
21	$\text{Emcd}\,(x_2, y_2, a, b) \wedge x_2 = y_2$	Prod. 6, 20
22	$\text{Emcd}\,(x_2, y_2, a, b) \wedge x_2 = y_2 \rightarrow$ $\rightarrow \text{Sol}\,(a, b, x_2)$	(P11)
23	$\text{Sol}\,(a, b, x_2)$	MP 21, 22

3.3. *Consideraciones finales*

Los ejemplos anteriores han puesto en evidencia que, si es posible formular las condiciones intermedias en lógica de primer orden, el método formalizado de verificación sin tener en cuenta la terminación de ciclos y llamadas recursivas es:

—Plantear las condiciones de verificación de bloques y las relaciones entre éstas como estructuras deductivas.

—Comprobar cada estructura deductiva apoyándose en la formalización previa de la teoría sobre las funciones y el dominio de información del programa, cuyos elementos principales son:

1. El sistema formal de lógica de primer orden (cálculo de predicados).
2. El sistema axiomático de cada tipo de datos, ya que éstos se definen por un

dominio de valores y por las operaciones de composición interna cuyas propiedades se describan mediante fórmulas de lógica de primer orden.

3. Los resultados teóricos demostrados sobre las operaciones y relaciones concretas en base a las que se construye el programa en cada sistema axiomático.

—Los conceptos anteriores pueden formularse en lógica de primer orden y pueden intercalarse como fórmulas válidas en cualquier demostración de una estructura deductiva asociada al programa.

—Desde el punto de vista operativo no es preciso manejar todas las fórmulas de los sistemas. En efecto,

- Las del grupo 1 están implícitas en cualquier algoritmo de decisión en lógica de primer orden, por tanto si se emplea un proceso de demostración automática no es preciso hacerlas explícitas. Si se utiliza una técnica manual como en los ejemplos anteriores, es preciso conocer el cálculo deductivo manual en la línea explicada en capítulos precedentes.
- De las de los grupos 2 y 3 deben seleccionarse aquellas que han servido de base teórica para la construcción y justificación del proceso de resolución utilizado.

Este tipo de verificación formal, sin tener en cuenta la comprobación de terminación, se denomina verificación parcial de programas. Cuando se hace además, un análisis de terminación, se denomina verificación total.

En el apartado siguiente se estudian técnicas de análisis de terminación.

4. Verificación de terminación de programas iterativos

Así como la verificación parcial de un programa puede reducirse a un problema de cálculo deductivo, mecanizable en cierto grado, la verificación de terminación de los procesos iterativos no es fácilmente reducible a esquemas formales. A continuación se presentan dos métodos que lo intentan en cierta medida: la técnica de Floyd y la de los contadores propuesta por Luckham y Suzuki. En el apartado siguiente se analiza una técnica inductiva de verificación, tanto de la corrección formal como de la accesibilidad entre etapas de programa que, por tanto, integra los conceptos de verificación parcial y terminación. El inconveniente de esta técnica, propuesta por Burstall en 1974, es la dificultad de inscripción en un sistema formal que, por tanto, elimine el cálculo manual. Sin embargo, aceptando la utilización de este último constituye una metodología interesante por integrar tanto la verificación lógica como la terminación.

4.1. *Método de Floyd*

Esta técnica consiste en:

a) Definir un dominio B con una relación de orden, $>$, asociada al dominio, en el que no sean posibles sucesiones decrecientes infinitas: $e_1 > e_2 > \dots e_k > \dots$

b) Definir en los puntos A de paso repetido de un ciclo del programa de aplicaciones:

$D^n \xrightarrow{f} B$ (D, dominio de estados de información del programa)

de tal manera que para cada estado de la información X_A al pasar por el punto A está definida $F(X_A)$, imagen del punto en B.

c) El proceso es tal que cada vez que se pasa A ocurre $f(X_{A1}) > f(X_{A2})$ (X_{A1} y X_{A2} estados correspondientes a pasos consecutivos por A).

Por tanto, es preciso encontrar el dominio B y la función f de forma que pueda demostrarse la propiedad c, en cuyo caso cada vez que se repite el ciclo y se pasa por A se genera un término de la sucesión:

$$f(X_{A1}) > f(X_{A2}) > \ldots f(X_{An}) > \ldots$$

Como, por hipótesis, en B con la relación $>$ no puede haber sucesiones infinitas, necesariamente el proceso termina.

Este método es formalizable mediante las siguientes definiciones:

—Un conjunto B en el que se define una relación de orden que crea en B un orden parcial y en el que no existen sucesiones infinitas decrecientes, con dicha relación, se denomina conjunto bien fundado.

Por ejemplo, el conjunto de los números reales entre 0, 1, con la relación $>$ no es bien fundado, ya que existe al menos la sucesión:

$1/2 > 1/3 > 1/4 \ldots 1/n \ldots$

que no es finita.

El conjunto de los enteros con $>$ no es bien fundado:

$3 > 2 > 1 > 0 > -1 > -2 > -3 \ldots.$

El conjunto de los naturales cuyo tipo es escalar (1 .. maxint) con la relación $>$ sí es bien fundado:

$4 > 3 > 2 > 1$

—La condición para que el proceso pase un número finito de veces por A se formula de la forma siguiente:

$A(V_1)$	es la condición en A previa a una iteración.
$A(V_2)$	es la misma condición posterior a la iteración formulada en el mismo punto.
$P(V_1,V_2)$	es la condición representativa del efecto del tramo de programa entre los estados de información inicial (definido por V_1) y final (definido por V_2) de un paso por el bucle.

Para la verificación parcial, bastaba demostrar como válida:

$$A(V_1) \wedge P(V_1, V_2) \rightarrow A(V_2) \quad (1)$$

De manera análoga para la verificación de terminación basta demostrar, teniendo en cuenta las características de *f*:

$$A(V_1) \wedge P(V_1, V_2) \rightarrow f(V_1) > f(V_2) \quad (2)$$

Obsérvese que la función *f* puede ser parcial, en ese caso sólo los elementos de un subconjunto de D^n pueden tener imagen mediante *f*, cuando ésto ocurre la estructura del proceso dentro de la iteración debe garantizar que los estados resultantes tienen imagen por *f* y, por tanto, pertenecen a ese subconjunto. Si el subconjunto de D^n con imagen por *f* se define por la condición $C(X)$, entonces el invariante en *A* debe implicar *C*, es decir:

$$I_A(X) \rightarrow C(X)$$

debe ser válida.

Si se denomina $R(V_1, V_2)$ al predicado $f(V_1) > f(V_2)$, la fórmula (2) es una fórmula formalmente demostrable en cálculo de predicados, introduciendo una axiomática descriptiva de las propiedades de *f* y la relación «>» de manera similar a la empleada para verificación parcial.

A continuación se ilustra el proceso con un ejemplo tomado de Manna y Katz.

Se trata de la función de McCarthy «91» que calcula la función:

$$Z = \text{If } x > 100 \text{ then } x\text{-}10 \text{ else } 91$$

El programa de cálculo tiene como diagrama de flujo el que indica la figura 4.

Se elige el punto *A* para incluir un invariante al que puede llegarse por dos caminos distintos:

—Uno por la repetición preliminar.

—Otro por la repetición segunda que incluye la repetición preliminar.

En el primer caso se llega por la condición:

$C_1(X)$: $X > 100$

En el segundo por:

$C_2(X)$: $Y \neq 1$

Aplicación del método:

—Se elige como conjunto bien fundado *N:* conjunto de los números naturales con la relación de orden «mayor que».

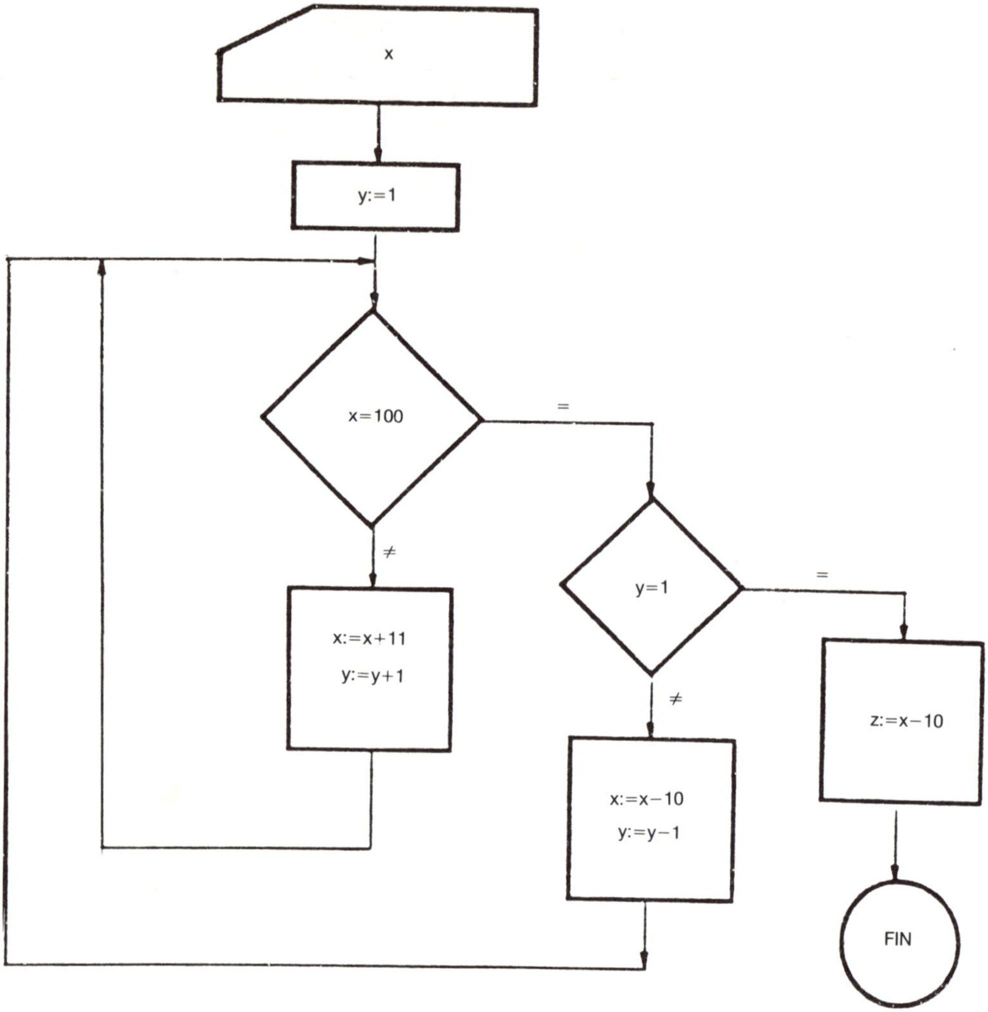

FIGURA 4.

—El vector de estado está constituido por (x, y) ambos enteros, luego el dominio de referencia es I^2 (I: conjunto de los números enteros).

—Por tanto, es preciso definir:

$$f: I^2 \rightarrow N$$

tal que si (x_1, y_1) es el estado en A en una iteración y (x_2, y_2) es el estado A en el paso siguiente debe ocurrir $f(x_1, y_1) > f(x_2, y_2)$.

Para conseguir ésto se hace la hipótesis de que f es lineal en x e y:

$$f(x, y) = ax + by + c$$

El problema se reduce a definir a, b y c de manera que:

- $ax_1 + by_1 + c > ax_2 + by_2 + c \qquad \forall x_1 x_2 y_1 y_2 \in I$
- $ax + by + c \in N \qquad \forall x, y \in I$

—Para cumplir las condiciones anteriores es preciso expresar x_2 e y_2 en función de x_1 e y_1.

Hay dos caminos distintos y por tanto podría formularse dos funciones distintas:

—Para el camino $x \leqslant 100$:

$$x_2 = x_1 + 11$$
$$y_2 = y_1 + 1$$

—Para el camino $y \neq 1$:

$$x_2 = x_1 - 10$$
$$y_2 = y_1 - 1$$

Por tanto, debe ocurrir:

$$ax_1 + by_1 + c > a(x_1 + 11) + b(y_1 + 1) + c$$
$$ax_1 + by_1 + c > a(x_1 - 10) + b(y_1 - 1) + c$$

Simplificando se obtiene respectivamente:

$$11a + b < 0$$
$$-10a - b < 0$$

Cualquier par de valores que satisfaga la primera condición permite formular una función decreciente para el primer bucle y cualquiera que satisfaga la segunda permitiría formular una función decreciente para el bucle general. Puede plantearse una única función tomando valores de a y b que satisfagan ambas condiciones; para ello vale cualquier valor de a y b que cumpla:

$$a < 0$$
$$-10a < b < -11a$$

valores posibles son:

$$a = -2 \qquad b = 21$$
$$a = -3 \qquad b = 31 \text{ ó } 32$$

etc.

Se adoptan $a = -2 \qquad b = 21$

Por tanto, $f(x, y)$ es $-2x + 21y + c$ que es decreciente para valores sucesivos de (x, y) en iteraciones del bucle, la constante c se define de manera que $-2x + 21y + c$, para x e y enteros, sea un número natural. Esta demostración precisa el establecimiento previo de un invariante en el bucle que permita definir cuál es el subconjunto de valores posibles de x e y que puede presentarse en A. Una vez definido este conjunto, se calcula c de manera que necesariamente $-2x + 21y + c$ sea un número natural para cualquiera de sus elementos.

- Bucle interior:

El invariante en A es:

$$I_A(x, y) : (x \leqslant 111) \wedge (y \geqslant 1)$$

en efecto, si se recorre el camino del bucle interior, la condición de relación entre estados inicial (x_1, y_1) y final (x_2, y_2) es:

$$(x_1 \leqslant 100) \wedge (x_2 = x_1 + 11) \wedge (y_2 = y_1 + 1)$$

Por tanto, hay que comprobar que es correcta la estructura deductiva:

$$I_A(x_1, y_1), (x_2 = x_1 + 11), (y_2 = y_1 + 1), (x_1 \leqslant 100) \Rightarrow I_A(x_2, y_2)$$

Sustituyendo I_A por su formulación, debe ser correcta:

$$(x_1 \leqslant 111) \wedge (y_1 \geqslant 1), (x_2 = x_1 + 11), (y_2 = y_1 + 1), (x_1 \leqslant 100) \Rightarrow$$
$$\Rightarrow (x_2 \leqslant 111) \wedge (y_2 \geqslant 1)$$

La verificación formal de esta fórmula puede hacerse introduciendo como premisas las propiedades concretas que se consideren pertinentes de las relaciones «>» e «=» en el dominio de los números enteros. Se adoptan las siguientes:

T.1 $\vdash x \leqslant a \rightarrow x + b \leqslant a + b$
T.2 $\vdash x \geqslant a \rightarrow x + b \geqslant a$

De acuerdo con ello, reduciendo las conjunciones de la fórmula a sus componentes, basta demostrar que es correcta la deducción:

$$x_1 \leqslant 111, y_1 \geqslant 1, x_2 = x_1 + 11, y = y_1 + 1, x_1 \leqslant 100 \Rightarrow$$
$$\Rightarrow (x_2 \leqslant 111) \wedge (y_2 \geqslant 1)$$

La demostración es inmediata:

1	$x_1 \leqslant 111$	Premisa
2	$y_1 \geqslant 1$	Premisa

3	$x_2 = x_1 + 11$	Premisa
4	$y_2 = y_1 + 1$	Premisa
5	$x_1 \leqslant 100$	Premisa
6	$x_1 \leqslant 100 \rightarrow x_1 + 11 \leqslant 111$	T1
7	$x_1 + 11 \leqslant 111$	MP 5, 6
8	$x_2 \leqslant 111$	Regla de inferencia de identidad, 3, 7
9	$y_1 \geqslant 1 \rightarrow y_1 + 1 \geqslant 1$	T.2
10	$y_1 + 1 \geqslant 1$	MP 2, 9
11	$y_2 \geqslant 1$	Inferencia de identidad 4, 10
12	$(x_2 \leqslant 111) \wedge (y_2 \geqslant 1)$	Prod. 8, 11

El proceso anterior permite comprobar que: $(x \leqslant 111) \wedge (y \geqslant 1)$ es un invariante en el ciclo interior; falta comprobar que inicialmente se cumple, a partir de la precondición del proceso.

- $y \geqslant 1$ se verifica, ya que se inicializa a 1.
- x puede valer más de 111 pero en este caso no se entraría en el ciclo y éste evidentemente terminaría. Si se entra en el ciclo, cuya comprobación de terminación se hace, se verifica $x \leqslant 100$ y, por tanto, $x \leqslant 111$.

Por tanto, se cumple también inicialmente la condición a partir de los datos de entrada. Por tanto, en el bucle interior al pasar por A, el subconjunto de valores de (x, y) se describe por:

$$(x \leqslant 111) \wedge (y \geqslant 1)$$

Falta demostrar que la función definida en este subconjunto tiene imagen en el dominio N. Para ello si:

$$f(x, y) = -2x + 21y + c$$

el valor mínimo se alcanza para x máximo e y mínimo de los valores posibles, es decir, para:

$$y = 1 \qquad x = 111$$
$$f(x, y) = -2.111 + 21.1 + c = -201 + c$$

Por tanto, $c > 201$ hace que cualquier valor de x, y que satisfaga $I_A(x, y) : (x \leqslant 111) \wedge (y \geqslant 1)$ tenga imagen en N.

- Bucle exterior:

La condición invariante es la misma:

$$(x \leqslant 111) \wedge (y \geqslant 1)$$

Para demostrar la invariancia debe ser correcta:

$$x_1 \leqslant 111, y_1 \geqslant 1, x_1 > 100, y_1 \neq 1, x_2 = x_1 - 10, y_2 = y_1 - 1 \Rightarrow$$
$$\Rightarrow (x_2 \leqslant 111) \wedge (y_2 \geqslant 1)$$

El proceso deductivo es:

1	$x_1 \leqslant 111$	Premisa
2	$y_1 \geqslant 1$	Premisa
3	$x_1 > 100$	Premisa
4	$y_1 \neq 1$	Premisa
5	$x_2 = x_1 - 10$	Premisa
6	$y_2 = y_1 - 1$	Premisa
7	$x_1 \leqslant 111 \rightarrow x_1 - 10 \leqslant 101$	Válida en el dominio de los enteros
8	$x_1 - 10 \leqslant 101$	MP 1, 7
9	$x_2 \leqslant 101$	Regla de inferencia de identidad 5, 8
10	$x_2 \leqslant 101 \rightarrow x_2 \leqslant 111$	Válida
11	$x_2 \leqslant 111$	MP 9, 10
12	$(y_1 \geqslant 1) \wedge y_1 \neq 1 \rightarrow y_1 > 1$	Válida
13	$y_1 > 1$	MP 2, 4, 12
14	$y_1 > 1 \rightarrow y_1 - 1 \geqslant 1$	Válida
15	$y_1 - 1 \geqslant 1$	MP 13, 14
16	$y_2 \geqslant 1$	Regla de inferencia de identidad 15, 6
17	$(x_2 \leqslant 111) \wedge (y_2 \geqslant 1)$	Prod. 9, 16

Para calcular c es preciso tener en cuenta que puede pasarse por A en el bucle exterior con $x > 111$ para valores iniciales en los que se saldría directamente del ciclo, en estos casos podría darse el caso de que siendo $c > 201$, $-2x + 21y + c < 0$ si $c < 2x_{inic} - 21$.

Por tanto, el valor a seleccionar para c debe ser mayor que 201 y que $2x_{inic} - 21$.

Este ejemplo muestra que la construcción de la función f puede ser prolija y en otros casos no sistematizable como en el ejemplo anterior en que debe procederse por tanteos de distintas reglas para f.

4.2. *Método de los contadores*

Consiste en introducir variables contador, una por cada bucle inicializados fuera y modificados en 1 en cada pasada por el mismo punto interior al bucle. Un contador, por tanto, «cuenta» el número de pasos por el ciclo. Se establecerán las siguientes convenciones de funcionamiento:

- Si el contador asociado al punto A es n, se denomina $y(n)$ el valor de la variable y cuando pasa por A la vez n.
- En base a los contadores puede medirse el número de veces que se ejecuta una instrucción y, por tanto, si se pasa por un mismo punto en dos bucles cuyos

contadores respectivos son i, j; si se demuestra $i > j$ se demuestra que el primer bucle pasa más veces por el mismo punto que el segundo.

- Si se demuestra que la variable de contador i está acotada, es decir, $i \leqslant L$ (fijo) se comprueba que el número de veces que se ejecuta un bucle está acotado y, por tanto, éste termina.
  Este límite L puede bien ser una constante o una expresión dependiente de la información exterior del bucle, basta con saber que está acotado por un valor independiente del bucle para afirmar que el número de veces está acotado.

El problema de verificación formal con contadores se reduce a demostrar que la estructura de programa garantiza que todo contador de ciclo i está acotado. A continuación se ilustra el método con el mismo ejemplo de la función 91, utilizado por Manna y Katz (figura 5).

El contador n cuenta las veces que se pasa por A, tanto en el primer bucle como en el segundo. El contador i cuenta las veces que se pasa en el primer bucle y j las veces que se pasa en el segundo.

El análisis de la estructura de proceso permite definir ya un invariante. En efecto, en el bucle preliminar se suma 1 a y en cada pasada y en el ciclo general se resta 1, luego como inicialmente vale $y = 1$, necesariamente $y = i - j + 1$.

Análogamente x se aumenta en 11 en el ciclo interior y se disminuye en 10 en el ciclo general, por tanto, si se denomina x_0 el valor inicial, $x = x_0 + 11i - 10j$.

De acuerdo con el análisis realizado para el método de Floyd, $y \geqslant 1$ es un invariante en A, por tanto, también lo será $i - j + 1 \geqslant 1$, de donde: $i \geqslant j$.

Además, obviamente, $n = i + j$, lo que demuestra que la introducción de n es superflua a no ser que se acote precisamente n, con lo que no será preciso acotar i, j.

Por otro lado, a partir de $i \geqslant j$ y $x = x_0 + 11i - 10j$ es posible sustituir j por i, con lo que se obtiene un límite inferior ya que, al ser $i, j > 0$ y aparecer j restando, si se sustituye j por i, por ser $i > j$ se obtiene un valor inferior, luego:

$$x \geqslant x_0 + 11i - 10i = x_0 + i \qquad (1)$$

Asimismo, si se sustituye i por j al ser $i \geqslant j > 0$ se obtiene también un límite inferior, luego:

$$x \geqslant x_0 + 11j - 10j = x_0 + j \qquad (2)$$

Sumando (1) y (2) y promediando:

$$2x \geqslant 2x_0 + i + j = n + 2x_0$$
$$x \geqslant n/2 + x_0$$

Para acotar n es preciso estudiar los valores posibles de x_0:

- Si $x_0 > 100$, el programa acaba con $x_0 - 10$, ya que $y = 1$ y, por tanto, $n = 1$.
- Si $x_0 < 100$ se entra en el bucle y, de acuerdo con lo demostrado anteriormente:

$$x \leqslant 111 \text{ es invariante,}$$

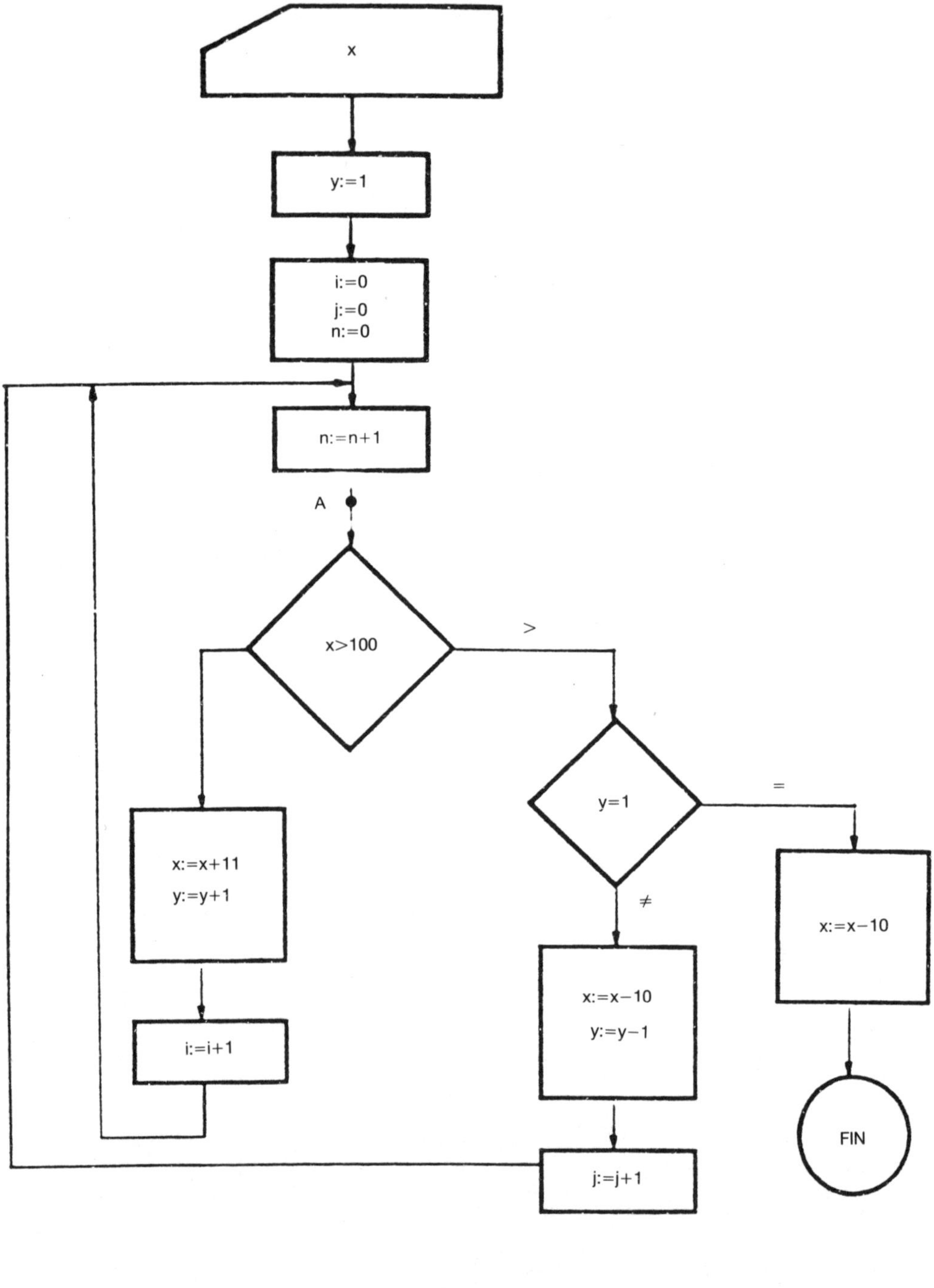

FIGURA 5.

por tanto, o bien:

$$n = 1 \text{ o } n/2 + x_0 \leqslant 111$$

de donde:

$$n \leqslant 222 - 2x_0$$

luego n está acotado superiormente y, por tanto, como la serie de valores de n es creciente el proceso termina.

La técnica de utilización de contadores es menos formalizable que el método de Floyd, sin embargo, es más sencilla y por otro lado permite evaluar límites superiores del número de veces que puede ejecutarse un ciclo, lo que es útil a efectos de estimación de rendimientos en la ejecución del proceso.

Obsérvese asimismo que ambas acotaciones de contadores se han deducido de los invariantes:

1. $(x \leqslant 111) \wedge (y \geqslant 1)$
2. $n = i + j$
3. $y = i - j + 1$
4. $x = 11i - 10j + x_0$

estos invariantes una vez comprobados como tales deben permitir deducir en el punto A. al que se refieren, límites superiores de los contadores.

El método consiste en:

1. Formular invariantes que relacionen variables de proceso y contadores.
2. Deducir cotas superiores de los contadores a partir del conjunto de invariantes.

La tarea 1 no es mecanizable y, como la obtención de afirmaciones intermedias, es una consecuencia de la manera de entender el proceso, la segunda podría plantearse como la contestación a:

—¿A partir del conjunto de invariantes definidos en A existe algún valor r tal que $(i \leqslant r) \wedge (j \leqslant r) \wedge (n \leqslant r)$?

Lo que equivale a comprobar si es deducible de las afirmaciones intermedias y de los invariantes la fórmula:

$$\exists r (i \leqslant r) \wedge (j \leqslant r) \wedge (n \leqslant r)$$

5. Verificación total por inducción

Los desarrollos presentados hasta aquí contemplaban la verificación de programas en dos pasos:

- Verificación de las especificaciones de resultados suponiendo que el proceso de ejecución alcanza el final.
- Verificación de que necesariamente se alcanza el final al ejecutar el programa, mediante los análisis de terminación.

R. M. Burstall planteó en 1974 una técnica de verificación que demostraba al mismo tiempo la validez de las especificaciones y la posibilidad de alcanzar la salida del programa en base a una inducción sobre la estructura del dominio de definición de variables. Esta técnica de inducción estructural fue ya planteada por Burstall en 1969 para los programas recursivos.

El inconveniente de este proceso es su dificultad de formalización, sin embargo, ya el propio Burstall proponía apoyarse para ello en las lógicas modales. Actualmente se están haciendo desarrollos en esta línea de diseño de un sistema lógico que incorpore la dinámica de ejecución de un programa a sus reglas de inferencia (Manna y Pnueli, Constable, Banachowski, Salwicki y R. Harel entre otros).

A continuación se describe la técnica de Burstall y se ilustra con dos ejemplos, tomados de (Manna, 1978).

5.1. *Descripción general del método*

El método de las afirmaciones inductivas tal como se ha explicado en capítulos anteriores, atribuye a diversos puntos del programa afirmaciones que satisfacen todos los posibles estados de las variables de programa son, por tanto, afirmaciones «globales» en cierta forma de las diversas circunstancias que pueden matizar el estado en cada punto. Si se prescindiera de esta condición de invariancia podrían hacerse afirmaciones más fuertes y, por tanto, más útiles a efectos deductivos pero menos genéricas, que permitirían clasificar los posibles estados en el punto de paso según las circunstancias de ejecución del programa y realizar inferencias para cada caso.

Una ejecución de un programa puede describirse como una secuencia de estados de información resultantes de las transformaciones producidas en la información inicial por la ejecución de las distintas instrucciones. Un proceso de ejecución puede representarse por el diagrama:

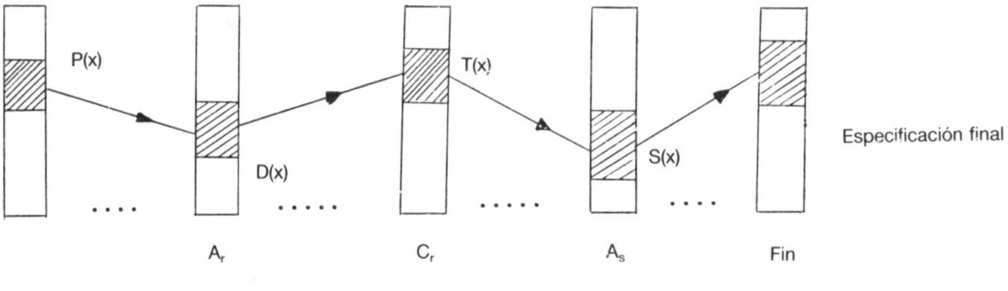

El diagrama representa la sucesión de estados (convencionalmente representados por puntos en la columna que representa el dominio de referencia) en cada estado correspondiente a la ejecución de un proceso en el que se realizan las instrucciones *A*, *B*, *C* repetidamente, los subíndices indican el número de la vez que se pasa por la instrucción.

Como puede verse se inicia el proceso con los valores de X_1 comprendidos en el subconjunto sombreado correspondiente a las especificaciones de entrada y se accede a sucesivos estados hasta alcanzar el estado final. Si el estado que se alcanza está dentro del subconjunto del de valores definido por las especificaciones de los resultados, el programa es correcto.

Verificar un programa de acuerdo con esta forma de representación, es *demostrar que todo proceso iniciado con valores en la zona sombreada inicial, accede a un punto de la zona sombreada final.*

Una forma de tratar este problema es resolver distintos problemas de acceso. Por ejemplo, podría demostrarse el programa con razonamientos del tipo siguiente:

- Si en A_1 al inicio, se verifica $P(X)$ es posible alcanzar en A algún estado que verifique $D(X)$ (zona sombreada en A_r).
- Si en A alguna vez se verifica $D(X)$ es posible llegar a C verificándose $T(X)$ (zona sombreada en C_r).
- Si se sale de C en estado que verifique $T(X)$ es posible alcanzar A en un estado en que se satisfaga $S(X)$ (zona sombreada en A_s).
- Si se parte de A en un estado que satisfaga $S(X)$ es posible llegar a «fin» cumpliendo las especificaciones.

El razonamiento anterior ha utilizado en A tres afirmaciones distintas para describir el estado de información, las cuales no se verifican necesariamente siempre.

Las afirmaciones en el razonamiento se basan en afirmar que «se llega a...» y, por tanto, será preciso para verificarlas simular la ejecución del programa entre instrucciones para ver que al llegar al estado en cuestión se satisface cada fórmula.

Cuando se trata de un bucle es preciso demostrar que se alcanza el estado de salida, para ello se emplea la inducción:

—Se define una relación de orden en el conjunto de estados posibles a presentarse al comienzo de una iteración.

—Esta relación puede definir un orden parcial o total, en ambos casos habrá siempre unos estados, límite inferior del orden tales que ningún elemento es anterior a ellos en la relación de orden.

—Se demuestra que para cada uno de los estados iniciales, el programa permite alcanzar una situación de terminación cumpliendo las especificaciones.

—Se demuestra el paso de inducción para un estado cualquiera:

- Si todo estado anterior termina, el estado en estudio termina.

—Con ello, teniendo en cuenta lo anterior el bucle termina para cualquier estado inicial.

La comprobación de esto último es consecuencia del teorema de inducción estructural que se demuestra en el apartado siguiente.

5.2. *Teorema de inducción estructural*

Sea $\langle S, < \rangle$ un conjunto bien fundado, respecto de la relación de orden $<$, de acuerdo con la definición dada en 4.1, y sea $P(x)$ un predicado definido en S, es decir, $\forall x \in S$, $P(x)$ o es verdadero o es falso.

Se verifica el siguiente teorema, si:

$$\forall x\, \forall y[(y < x) \wedge P(y) \rightarrow P(x)]$$

se verifica en S, entonces:

$$\forall x\, P(x)$$

se verifica en S.

Como regla de inferencia puede escribirse:

$$\frac{\forall x\, \forall y[(y < x) \wedge P(y) \rightarrow P(x)]}{\forall x\, P(x)}$$

Demostración:

Se realiza por reducción al absurdo. Supóngase que existen elementos x tales que $P(x)$ es falso. Sea el conjunto de estos elementos:

$$A = \{x \mid x \in S \sim P(x)\}$$

Si A no está vacío tendrá al menos un último elemento x_0 tal, que:

$$\forall x \in A((x_0 < x) \vee (x_0 \not< x))$$

($x_0 \not< x$ quiere decir que $<$ no está definida entre x y x_0):

—Por ser $A \subseteq S$ la relación $<$ está definida en A.
—Por ser S bien fundado no puede haber cadenas infinitamente decrecientes, luego cualquier sucesión en A debe cumplir la misma condición, por tanto, debe tener un último elemento, que, por tanto, no tendrá posteriores en A.

Sea x_0 uno de estos elementos en A:

- Supóngase que en S existe un $y < x_0$, en este caso por ser $y \in A$ y estar $P(x)$ definido en S, necesariamente por estar en A todos los elementos que no satisfacen P, tiene que ser verdad $P(y)$. Por hipótesis de la regla de inferencia:

  $$(y < x_0) \wedge P(y) \rightarrow P(x_0)$$

  es decir, si existe algún $y < x_0$ en que se cumple $P(y)$, necesariamente se cumple $P(x_0)$, lo que va contra la hipótesis de que en x_0 por ser $\in A$, se cumple $\sim P(x_0)$. Por tanto, en A no puede haber ningún elemento, luego en todo S, $P(x)$ es verdad.

Obsérvese que se ha introducido la hipótesis de que es posible elegir un $y < x_0$ tal, que $P(y)$, si esto no fuera posible es que x_0 es un último elemento de S; en ese caso sería preciso demostrar que:

$$\forall x_0 \, \forall y[(x_0 < y) \vee (x_0 = y) \rightarrow P(x_0)]$$

que es la base de la inducción.

El predicado $P(x)$ puede ser una afirmación de accesibilidad desde un estado inicial en una posición del programa a otro estado en que se cumplen determinadas condiciones en otra posición. El dominio S, por tanto, sería el conjunto de estados posibles en el programa.

La aplicación de la regla de inducción estructural, por tanto, requiere:

- La definición de una relación de orden en el conjunto de estados posibles.
- Las repeticiones al pasar por la posición deben verificarse sobre estados S_i tales, que $S_i > S_0$, siendo S_0 un estado inicial del orden para el que se comprueba la base de inducción.

5.3. *Ejemplos*

Ejemplo 1: función 91

Se trata el ejemplo de la función 91, cuya terminación se estudió en el párrafo 4. Se analiza ahora en su versión como programa:

```
     x, y: integer
     begin
     read (x0);
     x: = x0;
     y: = 1;
L1:  while x ≤ 100 do
                    begin x: = x + 11
                          y: = y + 1
                    end;
L2:  while y ≠ 1 do
                  begin x: = x − 10
                        y: = y − 1
L3:  while x ≤ 100 do
                    begin x: = x + 11
                          y: = y + 1
                    end

     end;
L4:  x: = x − 10
     end.
```

La especificación general es:

- Si en L1-1 $x = x_0$ entero cualquiera e $y = 1$, alguna vez en L4 $x =$ if $x_0 > 101$, then $x_0 - 10$, else 91.

Para ello es preciso establecer lemas que describan la transición entre estados en los bucles L1 y L3 (el mismo) y L2. Dado que en ambos se producen sucesivos incrementos de x e y. Una afirmación deducible del bucle sería:

- Si x_0 entero y $x = x_0$ e $y = 1$ en L1, entonces en L2: $x > 100$ e $y \geqslant 1$.

Sin embargo, si se entra en el bucle, se observa que al incrementarse x en 11 e y en 1 a la salida del bucle debe ocurrir $x \leqslant 111$, luego es preciso matizar la afirmación a la salida:

- Si no se entra en el bucle: $x > 100 \wedge y = 1$.
- Si se pasa por el bucle: $100 < x \leqslant 111 \wedge y \geqslant 2$.

Luego el paso por L1 produce un efecto más complejo descrito por la siguiente afirmación:

- Si en L1-1: $(x = x_0) \wedge (y = 1)$, en L2: $[(x > 100) \wedge (y = 1)] \vee [(x > 100) \wedge (x \leqslant 111) \wedge (y \geqslant 2)]$.

Para no hacer el proceso general excesivamente complejo se van a diferenciar los dos casos de manera que se afirmarán cosas distintas en cada uno:

1. Si $x_0 \geqslant 101$ no se pasa por el ciclo y en ese caso en L2 se verifica:

$$(x > 100) \wedge (y = 1)$$

2. Si $x_0 < 101$, se genera una serie de valores que cumplen:

$$x(n) = x_0 + 11n \qquad y(n) = 1 + n \tag{1}$$

La verificación de (1) por inducción es inmediata:

$$x(n+1) = x(n) + 11 = x_0 + 11(n+1)$$
$$y(n+1) = y(n) + 1 = (n+1) + 1$$

por tanto, los sucesivos estados alcanzados se definen por $(x(n), y(n))$ de acuerdo con la ley anterior, luego por ser ambos crecientes con n, existe un n tal que, en L1:

$$x(n-1) \leqslant 100 \quad \text{y} \quad x(n) > 100$$

por tanto, para n termina el ciclo. El valor resultante de x verifica:

$$x(n) > 100$$

pero

$$x(n-1) = x(n) - 11 \leqslant 100$$

luego

$$x(n) \leqslant 111.$$

Por haber entrado en el ciclo:

$$n \geqslant 1 \quad y(n) = n + 1 \geqslant 2$$

es decir,

$$y(n) \geqslant 2$$

Por tanto, resumiendo 1 y 2, queda demostrado:

- Si: $x_0 \geqslant 101$ en L2 $(x > 100) \wedge (y = 1)$
- Si: $x_0 < 101$ en L2 $(x > 100) \wedge (x \leqslant 111) \wedge (y \geqslant 2)$

Si se llega a L2 con $(x > 100) \wedge (y = 1)$ al ser $y = 1$ no se pasa por el ciclo y se llega a $x = x - 10 = x_0 - 10$ en L4, con lo que se ha demostrado una de las alternativas de las especificaciones iniciales, obsérvese que se han hecho unas afirmaciones parciales que recortan el dominio de valores posibles.

$x \geqslant 101$	$(x > 100) \wedge (y = 1)$	$x = x_0 - 10$
L1	L2	L4

A continuación se estudiará el otro caso de especificación inicial, $x_0 < 101$, de acuerdo con lo demostrado anteriormente, produce en L2 una afirmación distinta de la empleada en el proceso anterior y, por tanto, un caso de estado en L2 diferente. (He aquí la diferencia con el método de los invariantes en el que deben emplearse afirmaciones que describan todos los estados posibles en cada punto.)

En L2:

$$(x > 100) \wedge (x \leqslant 111) \wedge (y \geqslant 2)$$

Por tanto, se cumple la condición inicial para entrar en el bucle L2.

Es preciso ahora definir un lema sobre el recorrido del bucle, que deberá demostrarse de acuerdo con el método descrito por inducción.

Evidentemente, para que termine debe alcanzarse $y = 1$ y asimismo para que se cumpla la especificación final del bucle interno L3 en el caso $x \leqslant 100$ debe ser $x = 101$ en L2.

Por tanto, el lema a demostrar es:

Si en L2:

$$(x > 100) \wedge (x \leqslant 111) \wedge (y \geqslant 2)$$

entonces alguna vez en L2:

$$(y = 1) \wedge (x = 101)$$

Como puede verse en este caso, el estado final contiene un único par (x, y) de valores.

Si se ponen subíndices a los sucesivos valores, ésto puede redactarse en la forma: «Si en L2:

$$(x(0) > 100) \wedge (x(0) \leqslant 111) \wedge (y(0) \geqslant 2)$$

entonces $\exists n$ tal, que en L2:

$$(x(n) = 101) \wedge (y(n) = 1)».$$

Obsérvese que este lema incorpora conjuntamente la afirmación de la especificación de los resultados $(x(n) = 101) \wedge (y(n) = 1)$ con la afirmación de que se alcanza en una iteración n.

La demostración de este lema, como se indicó en el apartado anterior, se hace por inducción sobre el conjunto de posibles valores iniciales $x(0)$, $y(0)$ con una relación de orden R entre estados de información (x, y) definida por:

$$(x, y)\, R\, (x', y') \text{ si } x < x' \text{ e } y \geqslant y'$$

La demostración se hace en dos etapas: primero para los elementos iniciales del orden por comprobación directa y, a continuación, el paso de inducción, es decir, si se verifica para los elementos anteriores a uno dado se verifica para éste.

- Base de inducción: comprobación para el único elemento inicial del orden:

$$x(0) = 111 \wedge y(0) = 2$$

En este caso por recorrido directo del ciclo al ser $x(0) = 111$:

$$x(1) = 101 \wedge y(1) = 1$$

no se entra en el ciclo L3 y se llega a L2 con:

$$(x(1) = 101) \wedge (y(1) = 1)$$

por tanto, para el elemento inicial del orden, se verifica la propiedad.

- Paso de inducción:

Va a demostrarse ahora el proceso inductivo para $x(0)$, $y(0)$ genéricos, suponiendo que el lema se verifica para $(x'(0), y'(0))$ anteriores en el orden $\{R\}$, tales que:

$$x'(0) > x(0) \wedge y'(0) \leqslant y(0)$$

$x(0)$ satisface, por tanto,

$$111 > x(0) > 100$$

Por tanto, al pasar por el tramo de programa:

$$x := x - 10; \qquad y := y - 1$$

los nuevos valores de x e y verifican:

$$90 < x < 101 \qquad y \geqslant 1$$

Al pasar por el ciclo L3, como $x > 90$ en la primera pasada del ciclo se obtiene:

$$111 \geqslant x(1) > 101 \qquad y(1) = y(0)$$

con lo cual el ciclo L3 termina y se plantea la repetición del proceso con:

$$x(1) = x(0) - 10 + 11 = x(0) + 1 \quad \text{e} \quad y(1) \geqslant 2 \qquad y(1) = y(0)$$

ya que,

$$y(1) \neq 1.$$

Como $x(1) > x(0)$ e $y(1) \leqslant y(0)$ $(x(1), y(1))$ en una situación anterior a $(x(0), y(0))$, en el orden definido y por hipótesis de inducción se alcanza necesariamente, a partir de $x(1)$, $y(1)$, un n tal que $x(n) = 101$, $y(n) = 1$, luego queda demostrado el lema del ciclo L3 que, por tanto, termina con $x = 101$, y aplicando $x := x - 10$ se obtiene $x = 91$. Por tanto, en este nuevo proceso se ha demostrado con otras afirmaciones intermedias la otra alternativa de las especificaciones.

Ejemplo 2: Máximo común divisor.

Sea el programa para hallar el máximo común divisor de dos números x, y:

```
    begin
    read (x, y)
L1: While x ≠ y do
        begin
L2: While x > y do L3: x: = x − y;
L4: While x < y do L5: y: = y − x;
    end;
L6: w: = x
    fin: end.
```

Como anteriormente las etiquetas incluidas se refieren al estado de información previo a la instrucción etiquetada. Asimismo, se designarán los sucesivos valores de las variables con el número de la iteración, k: $x(k)$, $y(k)$.

El teorema del programa es (x, y enteros):

Si alguna vez en L1 se verifica:

$$x(0) > 0 \wedge y(0) > 0$$

entonces se alcanza «fin», verificándose:

$$w = \text{mcd}\,(x(0), y(0))$$

Esto exige un lema interno al ciclo L1:

Si alguna vez en L1:

$$x(0) > 0 \wedge y(0) > 0 \wedge x(0) \neq y(0)$$

$\exists n$, índice de iteración, tal que se llega a L1 con:

$$x(n) = y(n) \quad \text{y} \quad \text{mcd}\,(x(n), y(n)) = \text{mcd}\,(x(0), y(0))$$

La demostración se realiza por inducción sobre la suma de valores de x, y, al llegar a la entrada del ciclo:

$$S(0) = x(0) + y(0)$$

Base: se verifica el lema para $S(0) = 3$ mínimo posible, siendo $x(0) \neq y(0)$.

Paso de inducción: si se verifica para $S'(S' < S)$, se verifica para S.

Para demostrar base y paso de inducción, es preciso demostrar dos lemas en L2 y L4, que son similares:

- Si en L2 se llega con $x(k) > y(k)$ $\exists n$ tal que se alcanza alguna vez L2 con $x(n) \leqslant y(n)$, $S(n) < S(k)$ y $\text{mcd}(x(n), y(n)) = \text{mcd}(x(k), y(k))$.
- Si a L4 se llega con $x(k) < y(k)$ $\exists n$ tal que se alcanza alguna vez L2 con $x(n) \geqslant y(n)$, $S(n) < S(k)$ y $\text{mcd}(x(n), y(n)) = \text{mcd}(x(k), y(k))$.

Se demuestra el primero de ellos ya que la demostración de otro es análoga.

La demostración se hace por inducción sobre S:

Base: para $S = 3$ mínima suma posible con $x < y$ se verifica el lema.

En efecto, $x(k) = 2$, $y(k) = 1$ al pasar por el interior del bucle se verifica $x(k + 1) = 2 - 1 = 1$, $y(k + 1) = 1$, con lo que se llega a L2 con $x(k + 1) \geqslant y(k + 1)$ y $S(k + 1) = 2 < S(k)$.

Paso de inducción: si se verifica para todo (x', y') tal que $x' + y' < x(k) + y(k)$ se verifica para $x(k)$, $y(k)$.

En efecto, si $x(k) > y(k)$, al pasar por el interior del ciclo la primera vez resulta:

$$x(k + 1) = x(k) - y(k)$$
$$y(k + 1) = y(k)$$

Por tanto,

$$x(k+1) + y(k+1) < x(k) + y(k)$$

es decir, se llega a L2 con:

$$S(k+1) < S(k)$$

Además, por teorema del mcd:

$$\text{mcd}(x \cdot y) = \text{mcd}(x - y, y)$$

por tanto,

$$\text{mcd}(x(k+1), y(k+1)) = \text{mcd}(x(k), y(k))$$

Como por hipótesis del paso de inducción para cualquier x', y' tal que $x' + y' < x(k) + y(k)$ se verifica el lema, entonces $\exists n$ tal que $S(n) < S(k+1)$ y, por tanto, $S(n) < S(k)$ y tal que $x(n) \geqslant y(n)$, luego se verifica el paso de inducción.

Por tanto, se verifica el lema L2 y análogamente se demuestra el lema L3.

En base a estos dos lemas se demuestra la base y el paso de inducción del lema correspondiente a L1:

Base: si $S = 3$, $x(0) = 2$, $y(0) = 1$ o recíprocamente.
Si $x(0) = 1$ se pasa por L2 y en tal caso resulta en L1 $x(1) = 1$, $y(1) = 1$, con lo que se verifica el lema para $n = 1$, ya que mcd(2, 1) = mcd(1, 1).
Si $x(0) = 1$, $y(0) = 2$, ocurre lo mismo pasando por L4.

Paso de inducción: puede ocurrir (al ser por hipótesis del lema $x(0) \neq y(0)$):

- Si $x(0) > y(0)$ en cuyo caso se pasa por L2, con lo que de acuerdo con el lema demostrado se llega a n tal que $x(n) \leqslant y(n)$, $S(n) < S(0)$ y $\text{mcd}(x(n), y(n)) = \text{mcd}(x(0), y(0))$, puede ocurrir que $x(n) < y(n)$ o $x(n) = y(n)$.
  - Si $x(n) = y(n)$ se pasaría a L1 con lo que quedaría demostrado el lema ya.
  - Si $x(n) < y(n)$ se entra en el ciclo L4, con lo que se llega a n' tal que $x(n') > y(n')$, $S(n') < S(n)$ y $\text{mcd}(x(n'), y(n')) = \text{mcd}(x(0), y(0))$. En este caso podría ocurrir $x(n') = y(n')$, con lo que quedaría demostrado el lema. Si no ocurre, sí se verifica que $S(n') < S(0)$.
- Si $x(0) < y(0)$ el análisis es similar.

Por hipótesis de inducción si se entra en L1 con $S < S(0)$ se verifica el lema tomando como valores de $x(0)$ e $y(0)$ respectivamente $x(n')$ e $y(n')$, por ello debe existir un n'' tal, que $x(n'') = y(n'')$, cumpliéndose además $\text{mcd}(x(n''), y(n'')) = \text{mcd}(x(n'), y(n'))$, como por otro lado $\text{mcd}(x(n'), y(n')) = \text{mcd}(x(0), y(0))$ (por los lemas anteriores L2 y L4), queda demostrado el paso de inducción.

Una vez demostrado el lema L1 la demostración del programa es inmediata, ya que si mcd($x(n'')$, $y(n'')$) = mcd($x(0)$, $y(0)$) y $x(n'') = y(n'')$, después de L6 $w = x(n'')$ y, por teorema del mcd, si $x(n'') = y(n'')$, mcd($x(n'')$, $y(n'')$) es precisamente $x(n'')$, luego w = mcd($x(0)$, $y(0)$), con lo que queda demostrado que el programa alcanza la etiqueta «fin» con el valor previsto en las especificaciones.

5.4. *Resumen*

El proceso antedescrito, por tanto, se plantea para demostrar afirmaciones de transición en recorridos totales o parciales del programa.

Por ello, cuando se trata de bucles, la forma adecuada de resolver el problema de demostración es:

- Introducir afirmaciones de verificación y accesibilidad al final del ciclo.
- Demostrarlas en base a inducción, para ello es preciso encontrar una relación de orden entre las variables de estado, de manera que:

  —Se comprueba por simulación manual del tramo de programa que la relación de accesibilidad y condiciones de verificación se satisfacen para un estado inicial de la relación de orden.
  —Se supone que la relación de accesibilidad y las condiciones de verificación se satisfacen para todos los estados anteriores a uno dado, y se demuestra que se cumple para éste.
  —Por tanto, por inducción se cumple para todos los posibles estados.

Como se ha visto, este método ofrece la ventaja de simultanear tanto la verificación de especificaciones, como la accesibilidad al final, el inconveniente principal es la dificultad de mecanización de las demostraciones de accesibilidad. No obstante, esta línea se está siguiendo con limitaciones en nuevos planteamientos teóricos, en particular es preciso un instrumento teórico que tenga en cuenta:

—Afirmaciones relativas a la información de estado del proceso en distintos puntos del programa y, por tanto, en cada punto hay toda una gama de afirmaciones posibles, que no lo son, de forma general en el dominio común de todos los estados.
—Afirmaciones relativas a la accesibilidad entre puntos del proceso.

El vehículo conceptual para ello es la lógica modal, referida a universos con tantos mundos como líneas de proceso, etiquetadas se consideran, suponiendo entre ellos una relación de accesibilidad correlativa de los caminos de proceso que puede recorrer al programa.

Capítulo 10
LOGICA DE PROGRAMAS

1. Planteamiento

En el capítulo anterior, se han tratado procedimientos de verificación de programas basados en la introducción de expresiones inductivas y la reducción del problema de comprobación a la demostración de una fórmula lógica; ello implicaba una representación de los procesos en base exclusivamente a las instrucciones de asignación y condición. Sin embargo, la descripción de procesos se realiza habitualmente en base a las instrucciones, más complejas, de los lenguajes de programación. La verificación de programas por los métodos descritos en el capítulo anterior, exige por tanto, la reducción de los programas a diagramas de flujo con el lenguaje básico antedescrito (asignaciones y control de condición), que no es el formato habitual de diseño o formulación de programas en los lenguajes de programación. Hoare en 1969 planteó un sistema de verificación en el que a cada tramo de programa P se le asocia una expresión inductiva,

$$\{A(X)\}\ P\ \{B(X)\} \tag{1}$$

que debe interpretarse como: si la afirmación $A(X)$ se verifica previamente a la ejecución del tramo de programa P, entonces se verifica la afirmación $B(X)$ a la salida del tramo.

A y B son afirmaciones referidas al estado de información X, correspondientes al momento que corresponde en el proceso de computación, es decir, A se refiere a la información antes de ser procesada por P y B a la información resultante del proceso.

El sistema formal de reglas de verificación de Hoare se basa en fórmulas tipo (1) también denominadas expresiones inductivas y está definido como los sistemas en deducción natural en base a una caracterización de cada estructura elemental del lenguaje (concatenación, selección, repetición) mediante una regla de inferencia entre expresiones inductivas, y definiendo un axioma único correspondiente a la expresión inductiva asociada a la instrucción de asignación, base de los lenguajes imperativos de programación.

Como consecuencia de este planteamiento, cualquier programa correcto (haciendo abstracción del problema de terminación, que puede estudiarse aparte) debería ser una expresión inductiva demostrable en el sistema formal de Hoare.

Este planteamiento, por tanto, es totalmente semejante al de una lógica definida axiomáticamente en deducción natural, en donde el único axioma era $A \Rightarrow A$ y el conjunto de estructuras deductivas correctas, se generaba a partir de una colección de reglas de inferencia asociadas a las distintas conectivas y cuantificadores empleados para la construcción de fórmulas complejas, de manera semejante a como en el enfoque de Hoare se plantean reglas de inferencia para cada forma constructiva del lenguaje de programación.

Siguiendo con el paralelismo lógico, es concebible plantear un acercamiento semántico a las reglas de Hoare.

Scott y Strachey (1970-1976) plantearon una formulación matemática de la semántica de las construcciones básicas de los lenguajes de programación que fue seguida posteriormente por otros autores [en particular Donahue de la Universidad de Toronto, Stoy (MIT), Gordon (Stanford), Apt y DeBakker (Holanda)].

La particularidad del enfoque de Scott y Stranchey, reside en su carácter estrictamente matemático y, por tanto, independiente de la implementación, ya que una tendencia típica a la hora de tratar la semántica de las formas constructivas de un lenguaje, es hacerlo en términos de las operaciones básicas de una máquina concreta (lo que representaría definir la semántica por el compilador del lenguaje para esa máquina) o bien en base a una máquina abstracta (como se realizó por el Laboratorio Vienna de IBM, que planteó un lenguaje de definición general que lleva su nombre). Este último enfoque aunque también se hace en base a notación matemática, se denomina semántica operacional y resulta adecuado para el profesional en la implementación de lenguajes.

El método de Scott y Strachey como ya se ha indicado, se basa en la asignación a los elementos del sistema axiomático de objetos matemáticos de manera similar a como se interpretan las fórmulas en cálculo de predicados. Esta idea, paralela de los métodos lógicos, permite plantear sistemas formales para el tratamiento de los programas que son realmente extensiones de la lógica clásica en los que, por tanto, pueden plantearse conceptos tales como consistencia y completud. Evidentemente el problema de decidibilidad que no es resoluble en la lógica de primer orden, continuará siéndolo en estas extensiones, que, siguiendo la línea de la escuela polaca, se denomina lógicas algorítmicas.

En lo que sigue se describe el método semántico denotacional y se justifican en base a él las reglas de inferencia de Hoare, de acuerdo con la técnica de interpretación planteada, aplicándolo a un subconjunto de formas constructivas del lenguaje Pascal y a continuación se presentarán algunos ejemplos de aplicación del método.

La presentación de la semántica denotacional, siguiendo a DeBakker (1974), se hace tomando como ejemplo un lenguaje elemental (subconjunto reducido de Pascal) para el que se define la sintaxis y, a continuación, se introducen los conceptos semánticos expresados en reglas de inferencia para seleccionar entre las fórmulas bien formadas (sintácticamente correctas) las correspondientes a programas correctos.

2. Sintaxis

Se definen cuatro clases de símbolos básicos:

$VS = \{x, y, z, u, ...\}$ símbolos de variables simples.
$VA = \{a, b, c, ...\}$ símbolos de variables array.
$E \ = \{m, n, p, ...\}$ símbolos de constantes enteras.
$B \ = \{\text{true, false} ....\}$ símbolos de constantes booleanas.

En base a estos símbolos pueden definirse cuatro clases de expresiones:

* Variables: V(con elementos v, w, ...)
$V{::} = X/a[t]$, es decir, las variables son:
- Variables simples.
- Elementos de un array.

* Expresiones enteras (cuyos elementos son expresiones r, s, t, ...)
$t{::} = v/n/t_1 + t_2/t_1 * t_2/$, es decir, las expresiones enteras son:
- Variables (v).
- Constantes enteras (n).
- Sumas de expresiones enteras.
- Productos de expresiones enteras.

* Expresiones booleanas (cuyos elementos son p, q, ...)
$p{::}$ true/false/$t_1 = t_2/t_1 \neq t_2/p_1 \wedge p_2/p_1 \vee p_2/ \sim q/$, es decir, las expresiones booleanas son:
- Las constantes booleanas.
- Expresiones de relación entre enteros.
- Fórmulas entre expresiones booleanas con las conectivas $\wedge$, $\vee$, $\sim$.

* Instrucciones (cuyos elementos se designan I, I_0, I_1, ...)
$I{::} = v{:} = t/I_1; I_2/$if p then I_1 else I_2 fi/while p do $I/$, es decir, las instrucciones son asignaciones de expresiones a variables, concatenación de instrucciones o articulación alternativa o repetitiva de instrucciones.

Se empleará la notación $e_1 = e_2$ para indicar que dos fórmulas son la misma secuencia de símbolos.

Se utilizarán asimismo paréntesis para facilitar la legibilidad y evitar ambigüedades con las convenciones habituales para estos símbolos.

3. Semántica

Se va a plantear la definición de la semántica para el caso en que no se tienen en cuenta las variables arrays, posteriormente se planteará una forma de tener en cuenta esta clase de variables.

La forma más compleja del lenguaje planteado es la instrucción compuesta, que en su caso de mayor complejidad es el programa.

De acuerdo con la notación de Hoare, una expresión inductiva se describía mediante:

$$\{A\}\ P\ \{B\}$$

(Se ha prescindido de poner explícita la variable de estado de información).

¿Cómo puede interpretarse una expresión de este tipo?

Si el programa es determinista, ello quiere decir que para cualquier conjunto de valores que satisfacen la condición A, el programa produce un único conjunto de valores que satisfacen B.

El programa, de acuerdo con este razonamiento, si se define un dominio de *estados*, es decir, de asignaciones de valores a las variables, puede interpretarse como una función parcial en el dominio de estados posibles. A continuación se formalizan estas ideas, para la versión simplificada de Pascal descrita en 2.

Sea V el dominio de símbolos de variables.

Sea I el dominio de valores enteros.

Toda T: $V_I \rightarrow I$ define una aplicación de los símbolos de variables enteras en los valores enteros y toda aplicación T': $V_b \rightarrow \{V, F\}$ define una asignación de valores de las variables booleanas, por tanto, el par (T, T') representa una asignación de valores a las variables del programa, por tanto, define realmente *un estado del* proceso de computación, caso de emplear un lenguaje con mayor número de tipos, un estado estaría definido por un n-uplo de aplicaciones del mismo tipo.

Sea Σ el dominio de todos los pares de aplicaciones (estados) posibles, una instrucción y en general un tramo de programa puede entenderse como (es decir, significa) una función parcial f:

$$f\colon \Sigma \rightarrow \Sigma$$

En efecto, al aplicar un tramo de programa a un estado cambian las asignaciones de valores a las variables y, como consecuencia, se obtiene una nueva asignación de valores, es decir, un nuevo estado, por tanto, cada tramo de programa del lenguaje definido previamente produce a partir de un estado, otro (ya que las instrucciones son deterministas) y, por ello, es verosímil la asignación de significado a un tramo de programa como una función parcial; esta función es parcial porque sólo produce imagen resultante de los estados iniciales que cumplen A, precondición del programa.

El significado de las expresiones enteras es un valor entero resultante de procesar los valores de las variables, por tanto, una expresión entera define una función estado-valor entero:

$$\Sigma \rightarrow I$$

Finalmente, el significado de las expresiones booleanas es uno de los dos valores, verdadero o falso, resultante del proceso de los valores de las variables, por tanto, el significado de una expresión booleana es una función:

$$\Sigma \rightarrow \{V, F\}$$

En resumen, la semántica de los elementos del lenguaje se define mediante reglas que asignan a cada expresión del lenguaje un objeto de los definidos anteriormente. Para ello se definen las funciones semánticas *VE, VB, E, B* y *Sig* para atribución de significado a variables, expresiones e instrucciones:

Significado de variables:

$$(V_I \xrightarrow{VE} I)$$

$$(V_B \xrightarrow{VB} \{V, F\})$$

Significado de expresiones enteras:

$$\text{Expr} \xrightarrow{E} (\Sigma \rightarrow I)$$

Significado de expresiones booleanas:

$$\text{Bexpr} \xrightarrow{B} (\Sigma \rightarrow \{V, F\})$$

Significado de instrucciones:

$$IN \xrightarrow{Sig} (\Sigma \rightarrow \Sigma)$$

De acuerdo con este planteamiento para cada estado S: $(V_I \rightarrow I) \times \times (V_B \rightarrow \{V, F\})$ existen funciones $E(S)$, $B(S)$, $Sig(S)$ que asignan significado respectivamente a expresiones enteras o booleanas y a instrucciones. En el primer caso, el significado es el *resultado* de operar la expresión y en el segundo el significado es la correspondencia entre valores antes y después de la instrucción.

Como se ha visto al definir el lenguaje formal de la lógica de primer orden, éste se define recursivamente en base a unos objetos elementales y unos mecanismos de construcción de objetos complejos a partir de los elementos, así en el caso de expresiones enteras se empleaban los operadores, $+$, $-$, $*$ y en las booleanas los operadores $\wedge$, $\vee$ y $\sim$, y en las instrucciones la concatenación, alternativa (if then else) y la repetición (while, repeat).

Como ocurría en lógica una semántica no queda definida solamente con la definición de los objetos significado de los elementos básicos, es preciso además definir la manera de asignar significado a los elementos compuestos a partir de los significados de los componentes. A continuación, se definen los significados básicos y las reglas semánticas de composición para cada uno de los tres tipos de elementos del lenguaje: expresiones enteras y booleanas e instrucciones. Para ello se utilizarán las notaciones:

$E[\![A]\!]\ (S)$ $B[\![A]\!]\ (S)$	Para indicar el valor (nuevo estado) que la función que significa la expresión A hace corresponder al estado S, según se trate de expresiones enteras o booleanas.
$Sig[\![IN]\!]\ (S)$	Para indicar el estado resultante de aplicar al estado S la función significado de una instrucción cualquiera IN.

Con esta notación se indica algo parecido a unas funciones variables:

$E[\![A]\!]$	Es la función significado de la expresión A y, por tanto, $E[\![A]\!]\ (S)$ es el objeto que esta función hace corresponder al estado S, y
$Sig[\![IN]\!]\ (S)$	Es el estado que hace corresponder a S la función $Sig[\![IN]\!]$.

Asimismo se considera

$S(X)$	Significado de la variable X en el estado S.

La notación $S\{x/u\}$ expresa el estado resultante de cambiar el valor en S de x por el valor de u (es, por tanto, una forma de indicar que se ha modificado sólo una variable en S).

Así:

$$S\{x/u\}\ (x) = S(u)$$
$$S\{x/u\}\ (y) = S(y) \quad (y \neq x)$$

Esta última condición expresa que el valor en el estado $S\{x/u\}$ de cualquier variable $y \neq x$ no se altera, es, por ello, el mismo que en S.

3.1. *Evaluación semántica de expresiones enteras*

Sea, por ejemplo, la expresión:

$$x + y * z$$

si el estado de partida es S, será preciso evaluar:

$$E[\![x + y * z]\!]\ (S)$$

Para ello será preciso definir en el dominio correspondiente de objetos semánticos, es decir, los números enteros, una operación de composición que «sea el significado» del signo $+$, sea esta operación *más* (x, y). Se verificará:

$$E[\![x + y * z]\!]\ (S) = más\ (E[\![x]\!]\ (S), E[\![y * z]\!]\ (S))$$

es decir, el significado en S de la expresión $x + y * z$ es el resultado de componer, mediante la operación *más*, en el dominio de objetos semánticos el objeto que la función significado de $x(E[\![x]\!])$ asocia a S con el objeto que la función significado de $y * z(E[\![y * z]\!])$ asocia a S.

Es preciso, por tanto, definir cuál es éste último objeto, para lo que, como en el caso anterior, se requiere definir una regla de composición en el dominio de los enteros que sea el significado del signo *. Esta operación se denominará *por*, con ello resulta:

$$E[\![x + y * z]\!]\,(S) = \textit{más}\ (E[\![x]\!]\,(S), \textit{por}\ (E[\![y]\!]\,(S), E[\![z]\!]\,(S)))$$

La evaluación de expresiones con una variable es precisamente la aplicación de la función de estado a la variable, es decir, asignar el objeto semántico definido por $\Sigma \rightarrow I$. Es decir:

$$E[\![x]\!]\,(S) \text{ es } S(x).$$

Resulta, por tanto,

$$E[\![x + y * z]\!]\,(S) = \textit{más}\ (S(x), \textit{por}\ (S(y), S(z)))$$

el segundo miembro es un objeto del dominio de los enteros ya que $S(x)$, $S(y)$, $S(z)$ son valores enteros por definición del lenguaje y las operaciones *más* y *por* están definidas en ese dominio.

Un análisis de este tipo en base a la representación de los signos de operación es preciso realizar para el tratamiento de expresiones. En el ejemplo se han distinguido los signos de operación *, + de los signos en el dominio semántico (más, por) pero en la mayoría de los casos se simbolizan de igual forma, aunque debe tenerse en cuenta diferencia entre sintaxis y semántica.

3.2. *Evaluación semántica de expresiones booleanas*

De manera similar al caso anterior pueden tratarse expresiones booleanas cuyo dominio de objetos es $\{V, F\}$:

$$B[\![(x = y) \wedge \sim z) \vee (y > w)]\!]\,(S)$$

Si en el dominio de valores $\{V, F\}$ se consideran las operaciones de símbolos

. como significado de $\wedge$
+ como significado de $\vee$
′ como significado de $\sim$

y puede definirse en el dominio de los enteros una función $I \rightarrow \{V, F\}$ denominada *igual*, de tal manera que igual (x, y) es V, si x tiene el mismo valor asignado que y, esta función es el *significado* asignado al símbolo =.

Y también se define en I la función mayor $(x, y) = V$ si x es *mayor que* y como significado de $>$.

Es posible realizar las siguientes transformaciones:

$$\begin{aligned} B[\![(x = y) \wedge \sim z) \vee (y > w)]\!](S) &= B[\![(x = y) \wedge \sim z]\!](S) + B[\![y > w]\!](S) = \\ = B[\![x = y]\!](S) \cdot B[\![\sim z]\!](S) &+ B[\![y > w]\!](S) = \text{igual}\,(B[\![x]\!](S), B[\![y]\!](S)) \cdot \\ &\cdot B[\![\sim z]\!](S) + \text{mayor}\,(B[\![y]\!](S), B[\![w]\!](S)). \end{aligned}$$

Como en el caso anterior, siendo x, y, z variables, su interpretación como expresiones booleanas es precisamente la componente definitoria del estado S:

$$\Sigma \rightarrow \{V, F\}$$
$$\Sigma \rightarrow I$$

resulta, finalmente:

$$\text{igual}\,(S(x), S(y)) \cdot S(z') + \text{mayor}\,(S(y), S(w)) \qquad (1)$$

todos estos valores son elementos de $\{V, F\}$ ya que si x y z son variables de tipo *entero* $S(x)$, $S(y)$ son números enteros, *igual* $(S(x), S(y))$ toma valores en $\{V, F\}$ y también *mayor* $(S(x), S(y))$.

Como z es tipo boolean $S(z')$ es también de tipo $\{V, F\}$ y, por tanto, como «igual» y «mayor» son funciones de valores enteros cuyo resultado es booleano (1) es una fórmula en el dominio semántico, que representa el significado de la expresión dada con valor booleano.

Es decir, como en el caso de las expresiones aritméticas, es preciso definir *además del dominio semántico unas funciones significado de los símbolos* $\wedge$, $\vee$, $\sim$ y otras $I \rightarrow \{V, F\}$ que son significado de los símbolos de relación en el dominio I ($>$, $<$, $\geqslant$, $=$).

3.3. *Significado de instrucciones*

Las instrucciones fundamentales definidas son la asignación, como básica y las formas constructivas de concatenación, alternativa y repetición. A continuación, se trata cada una de ellas.

* Instrucción de asignación

Su forma general es:

$$X{:} = EP$$

siendo EP una expresión, la semántica es:

$$Sig[\![x{:} = EP]\!](S) = S\{x/E[\![EP]\!](S)\}$$

En efecto, como ya se ha indicado, el significado de una instrucción es una correspondencia entre estados, por tanto, al aplicarla al estado S se obtiene un nuevo estado, y en el caso de la instrucción de asignación, el estado resultante como se indica en la fórmula anterior es el mismo S sustituyendo el valor de X — (significado de X) en S por *el significado en S de la expresión EP*; para calcularlo puede aplicarse un método similar al explicado en 3.1 ó 3.2.

* Concatenación

$$Sig[\![I_1; I_2]\!]\,(S) = Sig[\![I_2]\!]\,(Sig[\![I_1]\!]\,(S))$$

esto último debe leerse en la forma siguiente: el estado-significado asociado a S al aplicar las instrucciones I_1 e I_2 en secuencia, es el estado asociado al resultante de aplicar al estado imagen por $Sig[\![I_1]\!]\,(S)$ la función $Sig[\![I_2]\!]$.

* Alternativa

$$Sig[\![\text{if } b \text{ then } I_1 \text{ else } I_2]\!]\,(S) =$$
$$= \begin{cases} \text{Si } B[\![b]\!]\,(S) = V\!: Sig[\![I_1]\!]\,(S) \\ \text{Si } B[\![b]\!]\,(S) = F\!: Sig[\![I_2]\!]\,(S) \end{cases}$$

Es decir, el estado correspondiente a S (resultante partiendo de S) es el correspondiente a efectuar I_1 si el significado atribuido a S por la función significado de $B[\![b]\!]\,(S)$ es verdad y el correspondiente a ejecutar I_2 en caso contrario.

* Repetición

$$Sig[\![\text{while } b \text{ do e}]\!]\,(S) =$$
$$= \begin{cases} \text{Si } B[\![b]\!]\,(S) = V\!: Sig[\![\text{while } b \text{ do e}]\!]\,(Sig[\![\text{e}]\!]\,(S)) \\ \text{Si } B[\![b]\!]\,(S) = F\!: S \end{cases}$$

Si se denomina W para simplificar la notación a la función $Sig[\![\text{while } b \text{ do e}]\!]$ y r a la función $Sig[\![\text{e}]\!]$, la anterior definición puede describirse como:

$$W(S) = \text{if } B[\![b]\!]\,(S) \text{ then } W(r(S)) \quad \text{else } S \qquad (1)$$

La función W se define en función de ella misma, es por tanto, una definición recursiva. Para encontrar la formulación del significado de W es preciso introducir una serie de conceptos.

Sea DF el conjunto de funciones $\Sigma \to \Sigma$. Es posible definir aplicaciones $DF \to DF$ que hacen corresponder nuevas funciones a otras, definidas ambas en el mismo dominio Σ. Estas aplicaciones se denominan funcionales. Así, si f es una función perteneciente a DF y $T: DF \rightarrow DF$ una funcional, f y $T[f]$ son funciones definidas en Σ; así, dado un estado S su imagen por f se denotará $f(S)$ y su imagen por $T[f]$; $T[f]\,(S)$.

El segundo miembro de (1) define una funcional $T[W]$ y la ecuación (1) plantea la búsqueda de la función W tal que para cualquier S la imagen por W de S coincida con la imagen por la función $T[W]$.

Si se denomina T a la regla de correspondencia descrita en el segundo miembro de (1), es preciso resolver la ecuación, para encontrar W:

$$W = T[W] \qquad (2)$$

Para definir el proceso de resolución de estas ecuaciones se requiere introducir nuevos conceptos:

- Se define en DF una relación entre funciones con la notación:

  $$f \subseteq g$$

  que significa f «está menos o igual definida en Σ que» g: es decir, pueden existir elementos de Σ que no tienen imagen por f, y sí lo tienen por g pero no lo contrario. Además en los elementos de Σ que tienen imagen por f ésta coincide con su imagen por g. Esta relación también puede enunciarse como «g es una extensión de f».
- La relación $\subseteq$, evidentemente, es una relación reflexiva, transitiva y antisimétrica, es, por tanto, una relación de orden.
- El orden definido por $\subseteq$ en DF es parcial ya que, obviamente, puede haber funciones en las que no se verifique $\subseteq$ en ningún sentido.
- El minorante absoluto del orden parcial es precisamente la función $\perp$, no definida para ningún elemento de Σ ya que cualquiera que sea $f \in DF$ se verifica $\perp \subseteq f$.
- Aunque el orden definido por $\subseteq$ sea un orden parcial pueden existir sucesiones de funciones ordenadas totalmente

  $$f_1 \subseteq f_2 \subseteq f_3 \subseteq \ldots \subseteq f_n$$

  este tipo de sucesiones se denomina *cadena*.
- Una cadena tiene mayorante mínimo (o borde superior) f si existe un n tal que $\forall m \geqslant n,\ f_m = f_n = f$.

En base a los conceptos anteriores puede plantearse un proceso para resolver la ecuación (2), para ello se define una cadena de funciones W_i de acuerdo con el siguiente método:

—Se parte de $W_0 = \perp$ y se obtiene $W_1 = T[\perp]$.
—Se obtiene $W_2 = T[W_1] = T^2[\perp]$.
—En general $W_n = T[W_{n-1}] = T^n[\perp]$.

(T^n es una forma notacional para indicar la aplicación n veces de la funcional T).

Para encontrar la solución W es preciso demostrar que:

a) La sucesión $T^n[\bot]$ es una cadena, es decir, se verifica:

$$T[\bot] \subseteq T^2[\bot] \subseteq T^3 \subseteq \dots T^n$$

b) Esta cadena tiene un borde superior W.

En efecto, si se comprueban ambas propiedades, a partir de un n:

$$W = W_n = W_{n+1} = T[W_n] = T[W]$$

y, por tanto, $W = T[W]$.

El borde superior encontrado es precisamente una solución de la ecuación (1), esta función W definida de esta forma se denomina también punto fijo mínimo de la funcional T, pueden existir otras funciones soluciones de la ecuación (puntos fijos no mínimos) pero todas estarán más definidas.

Se define como significado de la instrucción *while*, la función punto fijo mínimo de la funcional:

$$\begin{aligned} T = \text{if } B[b]\,(S) \text{ then } & W(r(S)) \\ \text{else } & I(S) \end{aligned}$$

siendo I la función identidad.

Sin embargo, para asegurar que esta definición es válida es preciso comprobar las propiedades *a* y *b*.

A continuación, se demuestran ambas:

a) La sucesión $T^n[\bot]$ es una cadena.

La demostración se hará en dos partes:

1. Se comprobará que la regla T es tal que si $g \subseteq h$:

   $T[g] \subseteq T[h]$

   (propiedad de monotonía de T).
2. A continuación como $\bot \subseteq T[\bot]$, tomando

   $g = \bot \quad h = T[\bot] \quad T[\bot] \subseteq T^2[\bot]$

   y haciendo:

   $g = T[\bot]$ y $h = T^2[\bot]$: $T^2[\bot] \subseteq T^3[\bot]$

   y, en general, se comprueba que si $T^n[\bot] \subseteq T^{n+1}[\bot]$, por la propiedad de monotonía de T:

$$T^{n+1}[\perp] \subseteq T^{n+2}[\perp]$$

Luego por inducción se obtiene el resultado a).

Basta, por tanto, demostrar que si:

$$g \subseteq h$$

entonces:

$$T[g] \subseteq T[h]$$

Para ello es preciso analizar la regla T:

$$T[g]\,(S) \text{ es: if } B[\![b]\!]\,(S) \text{ then } g(r(S)) \text{ else } S$$

y

$$T[h]\,(S) \text{ es: if } B[\![b]\!]\,(S) \text{ then } h(r(S)) \text{ else } S$$

Para todo estado S, $r(S)$ es la misma en ambos casos.
En el dominio Σ de valores de S pueden darse los casos:

—Para $B[\![b]\!]\,(S) = F$ ambas valen S, luego:

$T[g] = T[h]$

—Para $B[\![b]\!]\,(S) = V$:

$T[g]\,(S) = g(r(S))$
$T[h]\,(S) = h(r(S))$

Como los valores de $T[g]$ se describen en función de g y los de $T[h]$ en función de h, y por hipótesis, $g \subseteq h$, en este caso $T[g] \subseteq T[h]$, es decir, puede darse el caso de que haya valores de S para los que no esté definido g y en cambio para ellos exista correspondiente por h.

Por tanto, si para los elementos del dominio en que $B[\![b]\!]\,(S)$ es V, se verifica $T[g] \subseteq T[h]$ y para los que $B[\![b]\!]\,(S)$ es F, $T[g] = T[h]$, en conjunto se verifica:

$$T[g] \subseteq T[h]$$

y, por tanto, de acuerdo con las consideraciones anteriores, la sucesión T^n es una cadena c.q.d.

b) La cadena tiene un borde superior.

Sea $S \in \Sigma$, si se considera la sucesión de valores:

$$\perp (S),\ T[\perp]\,(S),\ T^2[\perp]\,(S),\ \ldots$$

Puede construirse una función f evaluando $f(S)$ de la siguiente forma:

—Si ningún elemento de la cadena $T^m[\perp]$ tiene imagen definida en S, $f(S)$ = indefinida.
—Si existe algún K tal que $T^k[\perp]\,(S) = a$, entonces para $n \geqslant k$ todos los elementos de la cadena verificarán $T^n(S) = a$, ya que, por definición de la relación $\subseteq$, si $T^k[\perp] \subseteq T^n[\perp]$ debe ocurrir que la imagen $T^k[\perp]\,(S)$ sea la misma que $T^n[\perp]\,(S)$.

En este caso se define $f(S) = a$.
La función definida de esta forma satisface la condición:

$$T^m[\perp] \subseteq f \tag{1}$$

ya que la imagen por f de cualquier S o bien es indefinida porque en todos los elementos de la cadena $T^m[\perp]\,(S)$ está indefinida o coincide con el valor de algún $T^n[\perp]\,(S)$. En ambos casos se cumple (1).

Por tanto, f es una mayorante de la cadena $T^m[\perp]$. Además es el mínimo y, por tanto, es un borde superior. En efecto, supóngase que existiera $g \subseteq f$. En ese caso, dado un S cualquiera puede haber dos posibilidades:

—Si f(S) = indefinido, evidentemente para S se cumple:

$$f \subseteq g \tag{2}$$

—Si $f(S) = a$, como, por hipótesis de construcción, a constituye el valor de algún $T^k[\perp]$ al ser $T^k[\perp] \subseteq g$ por hipótesis, $g(S)$ también debe valer a y, por tanto,

$$f \subseteq g \tag{3}$$

Si g es borde superior será el mayorante mínimo y, por tanto,

$$g \subseteq f \tag{4}$$

luego, teniendo en cuenta (2), (3) y (4),

$$g = f \qquad \text{(c.q.d.)}$$

Por tanto, se ha demostrado que existe un mayorante y que éste es mínimo, por tanto, la cadena $T^n[\perp]$ tiene borde superior.

Obsérvese que la función f obtenida de esta forma está constituida por:

$$\perp \cup T^1[\perp] \cup T^2[\perp] \cup T^3[\perp] \cup \ldots$$

es decir,

$$f = \bigcup_{i=0}^{\infty} T^i[\bot]$$

Siendo T la función definida por la regla:

$$\text{if } B[\![b]\!]\,(-) \text{ then } W(r(-)) \quad \text{else } I(-)$$

y siendo:

$$T^0[\bot] = \bot$$

Por tanto:

$$\bigcup_{i=1}^{\infty} T^i[\bot]$$

es el significado atribuido a la instrucción de bucle while.

Una forma de poner en evidencia la forma en que se van produciendo funciones progresivamente más definidas al aplicar T es mediante los ejemplos siguientes.

$T[\bot]$ es la función:

$$T[\bot]\,(S) = \text{if } B[\![b]\!]\,(S) \text{ then } \bot\,(sig[\![e]\!]\,(S)) \quad \text{else } S$$

Esta función no está definida para los valores $B[\![b]\!]\,(S) = V$, pero cuando $B[\![b]\!]\,(S) = F$, su valor es S.

Se ha pasado, por tanto, del primer elemento de la cadena $\bot$, totalmente indefinido, al siguiente $T[\bot]$, que sólo está indefinido en el subdominio en que $B[\![b]\!]\,(S)$ es verdad, ya que cuando es falso está definido con valor S.

El segundo elemento de la serie $T^2[\bot]$ es:

Si $B[\![b]\!]\,(sig[\![e]\!]\,(S))$ es verdad: $T[\bot]\; sig[\![e]\!]\,(S)$
Si $B[\![b]\!]\,(sig[\![e]\!]\,(S))$ es falso : S

En este caso, cuando $B[\![b]\!]\,(S)$ es verdád, la función está definida en el caso de que $B[\![b]\!]\; sig[\![e]\!]\,(S)$ es falso, en donde el valor es precisamente $sig[\![e]\!]\,(S)$. Aplicando este mismo sistema se va ampliando por cada elemento de la sucesión el área de valores definido por la instrucción *while*. Si el proceso termina a partir de un determinado elemento, el campo de valores queda totalmente definido.

3.4. *Tratamiento de variables array*

Para incluir las variables array es preciso introducir la clase de símbolos de estas variables y definir, a continuación, la forma de evaluación tanto de expresiones como instrucciones. La sintaxis se define de manera similar incluyendo los símbolos de variables array: $VA = a, b, c, \ldots s$ (definidos ya en el apartado 2).

Para definir la semántica, la asignación de valores a variables array se hace definiendo aplicaciones:

$$VA \times I \to I$$
$$VA \times I \to \{V, F\}$$

Es decir, para las variables array con valores enteros se definen éstos estableciendo la correspondencia entre pares ordenados, nombre de variable-índice del array y el dominio de valores correspondiente. Por tanto, introduciendo esta definición, un estado S queda definido por la unión de aplicaciones:

$V \to I$	(Variables simples enteras)
$V_B \to \{V, F\}$	(Variables simples booleanas)
$VA_I \times I \to I$	(Variables array enteras)
$VA_B \times I \to \{V, F\}$	(Variables array booleanas)

y, por tanto, la función S de definición de valores en el estado S, cuando se aplique a una variable array debe entenderse de dos variables, es decir:

$$S(a[2]) = S(a, 2)$$

Es concebible que el índice de un array sea a su vez otro array:

$$S(a[b[4]]) = S(a, S[b[4]]) = S(a, S[b, 4])$$

incluso, puede plantearse un índice que sea una expresión:

$$S(a[i + j]) = S(a, E[\![i + j]\!](S)) = S(a, más(S(i), S(j)))$$

(se ha utilizado la función *más* como significado del símbolo + de manera similar a otros epígrafes anteriores).

Con estos conceptos puede plantearse la semántica de expresiones con arrays, por ejemplo; empleando nuevamente las funciones *más* y *por* como significados de los símbolos + y $*$:

$$
\begin{aligned}
&E[\![a[i] * b[j + 2] + C[2 * K + 1]]\!](S) = \\
&= más\,(E[\![a[i] * b[j + 2]]\!](S), E[\![C[2 * K + 1]]\!](S)) = \\
&= más\,(por\,(E[\![a[i]]\!](S)), E[b, j + 2](S), S(C, E[\![2 * k + 1]\!](S))) = \\
&= más\,(por\,(S[a, S(i)]), S(b, E[\![j + 2]\!](S)), \\
&\quad S(C, más\,(E[\![2 * k]\!](S), S(1)))) = \\
&= más\,(por\,(S[a, S(i)]), S(b, más\,[S(j), S(2)]), \\
&\quad S(C, más\,(por\,[S(2), S(K)], [S(1)])).
\end{aligned}
$$

4. Definición semántica de los sistemas lógicos de Hoare

En base a la semántica denotacional introducida pueden evaluarse las definiciones de sistemas lógicos formados por un axioma y reglas de inferencia, que permiten deducir el conjunto de expresiones inductivas asociadas a programas correctos en un determinado lenguaje.

Una expresión inductiva tiene la forma:

$$\{P\}\ A\ \{Q\}$$

(P y Q predicados en el dominio, A un tramo de programa).

Para un estado S se define una función de evaluación de este tipo de expresiones introducido por Hoare, de la forma siguiente:

$$EV[\![\{P\}\ A\ \{Q\}]\!]\,(S) \quad \begin{cases} = V \text{ si cuando} \\ \quad B[\![P]\!]\,(S) = V \text{ y } S' = Sig[\![A]\!]\,(S) \\ \quad \text{se verifica} \\ \quad B[\![Q]\!]\,(S') = V. \\ = F \text{ en los otros casos.} \end{cases}$$

Obsérvese que se asigna significado verdad prejuzgando la existencia de $S' = Sig[\![A]\!]\,(S)$, lo que equivale a presuponer que el tramo de programa A termina, alcanzando S'.

De acuerdo con el concepto de evaluación anterior, puede definirse la validez de expresiones de tipo Hoare, con el criterio:

$$\{P\}\ A\ \{Q\}$$

es válida si para todo estado S:

$$EV[\![\{P\}\ A\ \{Q\}]\!]\,(S)$$

es verdad.

Para construir el sistema de Hoare se precisa definir semánticamente uno o varios axiomas, fórmulas semánticamente válidas y reglas de inferencia, cuya forma es:

$$\frac{\Gamma}{E}$$

siendo Γ la secuencia antecedente de la regla constituida por expresiones tipo Hoare y fórmulas lógicas y E la expresión consecuente del mismo tipo.

Como en lógica clásica, se define $\frac{\Gamma}{E}$ como una regla de inferencia semánticamente correcta cuando la *validez* de *todas* las fórmulas y expresiones de Γ acarrea necesariamente la validez de E.

El sistema formal propuesto por Hoare en 1969 consta de un axioma y varias reglas, tal como se indica en el apartado 5.

- En base a las definiciones anteriores, para comprobar la consistencia, este sistema es preciso demostrar, respecto de la semántica:

  —Que el axioma es válido.
  —Que las reglas de inferencia son correctas.

Con ello quedaría demostrado que toda expresión demostrada en el sistema es semánticamente válida, de acuerdo con las definiciones anteriores (propiedad de consistencia). Quedaría pendiente la cuestión de completud, es decir: ¿cada expresión semánticamente válida es demostrable en el sistema?, y la decidibilidad ¿dada una fórmula existe un procedimiento efectivo finito para decidir si es válida? Esta última propiedad, al formar parte del sistema las fórmulas lógicas, no es demostrable de forma general por la indecidibilidad del cálculo de predicados de primer orden. A continuación se demuestra la consistencia.

- Axioma de asignación

$$\{P^{y}_{Exp}\}\ y := Exp\{P\}$$

Siendo P^{y}_{Exp} la fórmula de primer orden correspondiente a sustituir las apariciones libres de y en P por la expresión Exp.

Para comprobar que es válida es preciso demostrar que:

$$EV[\![\{P^{y}_{Exp}\}\ y := Exp\{P\}]\!]\,(S),$$

es siempre verdad, y por tanto, si:

$$B[\![P^{y}_{Exp}]\!]\,(S) = V$$

se verifica por definición:

$$B[\![P]\!]\,(S\{y/_{Exp}\}) = V \qquad (1)$$

ya que precisamente se definió $S\{y/Exp\}$ como el estado resultante de sustituir en S el valor de y por el de Exp, por tanto, si P^{y}_{Exp} es verdad en S, será verdad P en el estado $S\{y/Exp\}$, ya que son dos formas de decir lo mismo.

Ahora bien:

$$S' = sig[\![y := Exp]\!]\,(S) = S\{y/Exp\}$$

por definición semántica de asignación, luego sustituyendo en (1),

$$B[\![P]\!]\,(S') = V$$

Por tanto, se cumple:

$$\text{Si } B[\![P^y_{Exp}]\!](S) \text{ es } V \text{ y } S' = Sig[\![y: = Exp]\!](S)$$

se verifica:

$$B[\![P]\!](S') = V$$

Luego de acuerdo con la definición de EV:

$$EV[\![\{P^y_{Exp}\}\ y: = Exp\{P\}]\!](S) = V$$

Como la demostración se ha hecho para un estado cualquiera S, puede afirmarse que

$$\{P^y_{Exp}\}\ y: = Exp\{P\}$$

es válida con la semántica definida.

- Reglas de inferencia

Se estudiarán las correspondientes a las formas constructivas básicas de concatenación, alternativa y repetición además de las dos reglas de consecuencia.

- Concatenación

$$\frac{\{P\}\ A\ \{Q\},\ \{Q\}\ D\ \{R\}}{\{P\}\ A;\ D\ \{R\}}$$

En efecto, si $\{P\}$ A $\{Q\}$ es válida para todo estado S, cuando $B[\![P]\!](S)$ es V, si $S' = Sig[\![A]\!](S)$, $B[\![Q]\!](S')$ es V; como $\{Q\}\ D\ \{R\}$ es válida si $S'' = Sig[\![D]\!](S')$ se verificará que $B[\![R]\!](S'')$ es V.

Por tanto, para todo estado S si $B[\![P]\!](S)$ es verdadero y $S'' = Sig[\![D]\!](S') = Sig[\![D]\!]$ $(Sig[\![A]\!](S) = Sig[\![A;\ D]\!](S))$ se cumple, como ya se ha comprobado $B[\![R]\!](S'') = V$, luego al ser $S'' = Sig[\![A;\ D]\!](S)$ la expresión $\{P\}\ A;\ D\ \{R\}$ es válida.

- Consecuencia

$$\frac{\{P\}\ A\ \{Q\} \vdash Q \rightarrow R}{\{P\}\ A\ \{R\}}$$

Si $\{P\}$ A $\{Q\}$ es válida para todo estado S si $B[\![P]\!](S) = V$ y $S' = Sig[\![A]\!](S)$, se verifica: $B[\![Q]\!](S') = V$, y como $\vdash Q \rightarrow R$ es lógicamente válida, por hipótesis de la regla, debe necesariamente ocurrir $B[\![R]\!](S') = V$ con lo que se demuestra el consecuente de la regla.

De manera similar se demuestra la otra regla de consecuencia:

$$\frac{\vdash R \rightarrow P,\ \{P\}\ A\ \{Q\}}{\{R\}\ A\ \{Q\}}$$

- Alternativa

$$\frac{\{P \wedge R\}\ A_1\ \{Q\},\ \{P \wedge \sim R\}\ A_2\ \{Q\}}{\{P\}\ \text{if } R \text{ then } A_1 \text{ else } A_2\ \{Q\}}$$

La hipótesis de la regla es que si para todo estado S, $B[\![P \wedge R]\!]\ (S) = V$ si $S1 = Sig[\![A_1]\!]\ (S)$, entonces:

$$B[\![Q]\!]\ (S1) = V$$

y si $B[\![P \wedge \sim R]\!]\ (S) = V$ si $S2 = Sig[\![A_2]\!]\ (S)$, entonces:

$$B[\![Q]\!]\ (S2) = V$$

es preciso demostrar, partiendo de ambos supuestos, que si:

$$B[\![P]\!]\ (S) \text{ es } V,$$

y también:

$$S' = Sig[\![\text{if } R \text{ then } A_1 \text{ else } A_2]\!]\ (S)$$

se verifica:

$$B[\![Q]\!]\ (S') = V$$

Demostración:

De acuerdo con la semántica definida para la instrucción de alternativa, el estado S' resultante es:

$$\begin{array}{ll} \text{Si } B[\![R]\!]\ (S) = V & S' = Sig[\![A_1]\!]\ (S) \\ \text{Si } B[\![R]\!]\ (S) = F & S' = Sig[\![A_2]\!]\ (S) \end{array}$$

Como por hipótesis, en ambos casos, $B[\![P]\!]\ (S) = V$ ocurre en el caso primero:

$$B[\![P]\!]\ (S) \wedge B[\![R]\!]\ (S) = B[\![P \wedge R]\!]\ (S) = V$$

y, por tanto, de acuerdo con la primera hipótesis, teniendo en cuenta que:

$$S' = Sig[\![A_1]\!]\ (S)$$

debe ocurrir:

$$B[\![Q]\!](S') = V.$$

En el segundo caso:

$$B[\![P]\!](S) \wedge B[\![\sim R]\!](S) = B[\![P \wedge \sim R]\!](S) = V$$

y además,

$$S' = Sig[\![A_2]\!](S)$$

por tanto, de acuerdo con la segunda hipótesis de la regla:

$$B[\![Q]\!](S') = V$$

luego, en ambos casos:

$$B[\![Q]\!](S') = V \qquad \text{c.q.d.}$$

- Repetición

La regla de inferencia de esta forma constructiva del lenguaje estudiado es:

$$\frac{\{P \wedge L\}\ A\ \{P\}}{\{P\}\ \text{while}\ L\ \text{do}\ A\ \{P \wedge \sim L\}}$$

Es preciso, siguiendo las pautas anteriores, comprobar que si para cualquier S cuando

$$B[\![P \wedge L]\!](S) = V$$

y

$$S' = sig[\![A]\!](S)$$

se verifica:

$$B[\![P]\!](S') = V$$

entonces, si el ciclo termina y

$$S'' = sig[\![\text{while}\ L\ \text{do}\ A]\!](S)$$

y se verifica:

$$B[\![P]\!]\,(S),$$

se cumple:

$$B[\![P \wedge \sim L]\!]\,(S'') = V$$

Para demostrarlo es preciso apoyarse en la definición semántica de «while» introducida en el apartado anterior como mayorante de una cadena de funcionales:

$$\perp \subseteq T^1[\perp] \ldots \subseteq T^i[\perp] \ldots \tag{1}$$

siendo T^i la regla:

$$\begin{aligned} T^i[\perp]\,(S)\text{: if } B[\![L]\!]\,(S) \text{ then } & T^{i-1}[\perp]\,(sig[\![A]\!]\,(S)) \\ & \text{else } I(S) \end{aligned}$$

I es la función identidad; $I(S) = S$.

La mayorante de (1), como se ha demostrado, está formada por la unión de $T^i[\perp]$ $\forall i$ de forma que:

$$Sig[\![\text{while } L \text{ do } A]\!] = \bigcup_{i=0}^{i=\infty} T^i[\perp]$$

Por tanto, para demostrar la regla basta comprobar que se cumple para los valores definidos por cualquier $T^i[\perp]$. La forma de demostración será la inducción:

- Se comprueba para $i = 1$.
- Se comprueba que si se cumple para todo los T^j tales que $j \leqslant i$, se cumple para $i + 1$.

- Base de inducción

$$i = 1: \qquad \frac{\{P \wedge L\}\ A\ \{P\}}{\{P\}\ T[\perp]\ \{P \wedge \sim L\}}$$

$$\begin{aligned} T[\perp]\,(S) = \text{if } B[\![L]\!]\,(S) \text{ then } & \perp (Sig[\![A]\!]\,(S)) \\ & \text{else } S \end{aligned}$$

En este caso si $B[\![L]\!]\,(S) = V$ no está definido el valor de:

$$T[\perp]\,(S)$$

Cuando está definido $T[\perp]$ se cumple $B[\![L]\!]\,(S) = F$, es decir,

$$B[\![\sim L]\!]\,(S) = V$$

Por hipótesis del antecedente de la regla debe ocurrir:

$$\text{Si } B[\![P \wedge L]\!]\,(S) = V$$
$$B[\![P]\!]\,(S) = V$$

Como en este caso $S'' = S$, cuando la función está definida

$$B[\![\sim L]\!]\,(S'') = V$$

y por producto:

$$B[\![P \wedge \sim L]\!]\,(S'') = V,$$

luego queda demostrada para $i = 1$ la regla de inferencia.

- Paso de inducción

Se supone que la regla de inferencia se cumple para valores de $j \leqslant i$, luego:

$$\forall j \leqslant i: \qquad \frac{\{P \wedge L\}\ A\ \{P\}}{\{P\}\ T^{j}[\perp]\ \{P \wedge \sim L\}}$$

Hay que comprobar que se cumple para:

$$T^{i+1}\,(S) = \text{if } B[\![L]\!]\,(S) \text{ then } T^{i}[\perp]\,(Sig[\![A]\!]\,(S)) \text{ else } S$$

Se estudiarán las dos opciones del condicional:

- Si $B[\![L]\!]\,(S) = F$ la comprobación es idéntica a la realizada para la base de inducción.
- Si $B[\![L]\!]\,(S) = V,\quad S'' = T^{i}[\perp]\,(Sig[\![A]\!]\,(S))$.

Por hipótesis del antecedente de la regla, al ser:

$$B[\![P \wedge L]\!]\,(S) = V$$

debe ser:

$$B[\![P]\!]\,Sig[\![A]\!]\,(S) = V$$

y al cumplirse la premisa $B[\![P]\!]$, por hipótesis de inducción, teniendo en cuenta el consecuente de la regla, debe cumplirse:

$$B[\![P \wedge \sim L]\!]\ T^i[\perp]\ sig[\![A]\!]\ (S) = V,$$

es decir,

$$B[\![P \wedge \sim L]\!]\ (S'') = V.$$

Con ello queda comprobado el paso de inducción.

Por tanto, al cumplirse para cualquier i se cumple para el límite superior:

$$sig[\![\text{while } L \text{ do } A]\!] \qquad \text{c.q.d.}$$

5. Verificación en el Sistema de Hoare

De acuerdo con lo demostrado en el apartado anterior, el sistema inferencial de Hoare se define, por tanto, por:

* Axioma:

$$\{P^Y_{Exp}\}\ y{:}= Exp\{P\}$$

* Reglas de inferencia:

R.1. Consecuencia:

$$\frac{\{P\}\ A\ \{Q\} \vdash Q \rightarrow R}{\{P\}\ A\ \{R\}}$$

$$\frac{\vdash R \rightarrow P,\ \{P\}\ A\ \{Q\}}{\{R\}\ A\ \{Q\}}$$

R.2. Alternativa:

$$\frac{\{P \wedge R\}\ A_1\ \{Q\},,\ \{P \wedge \sim R\}\ A_2\ \{Q\}}{\{P\}\ \text{if } R \text{ then } A_1 \text{ else } A_2\ \{Q\}}$$

R.3. Repetición:

$$\frac{\{P \wedge L\}\ A\ \{P\}}{\{P\}\ \text{While } L \text{ do } A\ \{P \wedge \sim L\}}$$

A partir de las reglas básicas es posible deducir otras reglas que pueden ser más operativas, dentro del propio sistema.

En particular, para la regla «While», Manna propone la variante:

D.1. $$\frac{\{P \wedge L\}\ B\ \{P\} \vdash P \wedge \sim L \rightarrow Q}{\{P\}\ \text{while}\ L\ \text{do}\ B\ \{Q\}}$$

Esta variante puede comprobarse deductivamente a partir de la regla básica de «while» y la de consecuencia de la siguiente forma:

1	$\{P \wedge L\}\ B\ \{P\}$	Premisa de la regla
2	$\{P\}$ while L do B $\{P \wedge \sim L\}$	Regla básica «while» aplicada a 1
3	$\vdash P \wedge \sim L \rightarrow Q$	Premisa de la regla
4	$\{P\}$ while L do B $\{Q\}$	Consecuencia 2, 3

Otra regla basada en «while» es la de otra importante estructura de programación: *repeat until.*

La regla derivada es:

D.2. $$\frac{\{P\}\ B\ \{Q\} \vdash Q \wedge \sim L \rightarrow P}{\{P\}\ \text{repeat}\ B\ \text{until}\ L\ \{Q \wedge L\}}$$

Para demostrarlo hay que describir la estructura *repeat until* en función de *«while»*:

$$\text{repeat}\ B\ \text{until}\ L$$

es por definición equivalente a:

$$B;\ \text{while} \sim L\ \text{do}\ B;$$

por tanto es preciso demostrar, supuesta la validez de las premisas, que es válida:

$$\{P\}\ B;\ \text{while} \sim L\ \text{do}\ B\ \{Q \wedge L\}$$

Como el programa en la expresión inductiva es un bloque de dos instrucciones será preciso introducir una condición entre ambas instrucciones, demostrable a partir de P.

Como una de las premisas es:

$$\{P\}\ B\ \{Q\} \tag{1}$$

la afirmación a intercalar debe ser Q.

De esta forma, si se obtiene a partir de la regla *while* y de las premisas la conclusión:

$$\{Q\} \text{ while } L \text{ do } B \ \{Q \wedge L\} \tag{2}$$

por concatenación entre (1) y (2) será posible demostrar la regla. A continuación se describen secuencialmente los pasos del proceso de deducción:

1	$\{P\}\ B\ \{Q\}$	Premisa de la regla
2	$(Q \wedge \sim L) \rightarrow P$	Premisa de la regla
3	$\{Q \wedge \sim L\}\ B\ \{Q\}$	Consecuencia 1, 2
4	$\{Q\}$ while $\sim L$ do B $\{Q \wedge \sim\sim L\}$	(Regla while aplicada a 3 con condición $\sim L$ en vez de L)
5	$\{Q\}$ while $\sim L$ do B $\{Q \wedge L\}$	Aplicación doble negación: $\sim\sim L \leftrightarrow L$
6	$\{P\}$ B; while $\sim L$ do B $\{Q \wedge L\}$	Concatenación 1, 5

que era lo que quería demostrarse.

Otra regla derivada es la de concatenación:

D.3. $$\frac{\{P\}\ B_1\ \{Q\},,\ \{R\}\ B_2\ \{S\} \vdash Q \rightarrow R}{\{P\}\ B_1;\ B_2\ \{S\}}$$

La demostración es inmediata:

1	$\{P\}\ B_1\ \{Q\}$	Hipótesis de la regla
2	$\{R\}\ B_2\ \{S\}$	Hipótesis de la regla
3	$\vdash Q \rightarrow R$	Hipótesis de la regla
4	$\{P\}\ B_1\ \{R\}$	Consecuencia 1, 3
5	$\{P\}\ B_1;\ B_2\ \{S\}$	Concatenación 4, 2

Para verificar un programa B con una condición de entrada $P(X)$ y una especificación de los resultados $R(X)$ es preciso comprobar que es demostrable en el sistema antedescrito de axioma y reglas de inferencia:

$$\{P(X)\}\ B\ \{R(X)\}$$

Para ello partiendo de los esquemas de axioma y de las condiciones iniciales como fórmulas válidas, es preciso introducir afirmaciones intermedias en el programa de forma que pueda obtenerse la fórmula anterior al final de una sucesión de aplicaciones de las reglas de inferencia definidas anteriormente.

Las condiciones iniciales en la información $P(X)$ son las correspondientes a las propiedades que definen el tipo de las variables de entrada. A continuación se presentan dos ejemplos propuestos por Hoare, para poner en evidencia la forma de emplear el sistema de reglas.

Ejemplo 1: División entera

Sea el bloque de programa para división de dos números enteros, x por y, no negativos:

```
read (x, y);
r: = x;
q: = 0;
while y ≤ r do
        begin
        r: = r − y;
        q: = 1 + q
        end;
```

el método que se aplica para el cálculo del cociente es el de restas sucesivas de minuendo utilizando el cociente q como contador del número de sustracciones. El proceso de prueba se indica en la tabla siguiente (este ejemplo fue empleado por Hoare para presentar el método por primera vez en 1969):

1	$\{x = x + y \cdot 0\}$ $r: = x$ $\{x = r + y \cdot 0\}$	Axioma de asignación
2	$\{x = r + y \cdot 0\}$ $q: = 0$ $\{x = r + y \cdot q\}$	Axioma de asignación
3	$\{x = x + y \cdot 0\}$ $r: = x;\ q: = 0$ $\{x = r + y \cdot q\}$	Concatenación 1, 2
4	$(x = r + y \cdot q) \wedge (y \leqslant r) \rightarrow$ $\rightarrow (x = r - y + y \cdot (q + 1))$	Afirmación válida en dominio de los números enteros para el predicado «=» y las funciones + y ·
5	$\{x = r - y + y \cdot (q + 1)\}$ $r: = r - y$ $\{x = r + y \cdot (q + 1)\}$	Axioma de asignación
6	$\{x = r + y \cdot (q + 1)\}$ $q: = q + 1$ $\{x = r + y \cdot q\}$	Axioma de asignación
7	$\{x = r - y + y \cdot (q + 1)\}$ $r: = r - y;\ q: = q + 1$ $\{x = r + y \cdot q\}$	Concatenación 5, 6
8	$\{(x = r + y \cdot q) \wedge (y \leqslant r)\}$ $r: = r - y;\ q: = q + 1$ $\{x = r + y \cdot q\}$	Regla de consecuencia aplicada a 4, 7
9	$\{x = r + y \cdot q\}$ while $y \leqslant r$ do begin $r: = r - y$ $q: = q + 1$ end; $\{(x = r + y \cdot q)\} \wedge (y > r)$	Regla while aplicada a 8: con P: $x = r + y \cdot q$ con L: $y \leqslant r$ B es el tramo de programa: $r: = r - y$; $q: = q + 1$

10 $\{x = x + y \cdot 0\}$	(se sustituye $\sim (y \leqslant r)$ por su
$r := x; q := 0;$	equivalente $y > r$)
while $y \leqslant r$ do	
begin	
$r := r - y;$	
$q := q + 1$	
end;	
$(x = r + y \cdot q) \wedge (y > r)$	Concatenación 5, 11

Obsérvese que esta última expresión inductiva expresa que si la información de entrada al programa verifica:

$$x = x + y \cdot 0$$

que es una fórmula válida en el dominio de los números naturales, la información de salida verifica:

$$(x = r + y \cdot q) \wedge (y > r)$$

Como ésta es la condición necesaria y suficiente para que q sea el cociente de x e y, queda demostrado que la estructura lógica del programa garantiza que el resultado del mismo es correcto. Como ya se ha indicado, falta comprobar que el proceso termina.

Obsérvese que la clave del proceso planteado en la verificación de este ejemplo está en la definición del invariante del ciclo *while*:

$$x = r + y \cdot q$$

ya que todo el proceso de prueba previo al ciclo se organiza para garantizar que se deduce esta afirmación al entrar en el ciclo (pasos 1, 2, 3) y que ésta es invariante en el mismo (pasos 6, 7 e introducción de la afirmación 4). La afirmación 4 y la afirmación inicial son teoremas deducibles en el sistema de axiomas que definen los números enteros, Hoare propuso:

A1 $x + y = y + x$
A2 $x \cdot y = y \cdot x$
A3 $(x + y) + z = x + (y + z)$
A4 $(x \cdot y)z = (xy)z$
A5 $x(y + z) = xy + xz$
A6 $y \leqslant x \rightarrow (x - y) + y = x$
A7 $x + 0 = x$
A8 $x \cdot 0 = 0$
A9 $x \cdot 1 = x$

De estos axiomas se deduce $\vdash x = x + y \cdot 0$ de la forma siguiente:

1 $\vdash x = x + 0$
2 $\vdash 0 = y \cdot 0$
3 $\vdash x = x + y \cdot 0$ Inferencia identidad 1, 2

La obtención de la afirmación 4 se realiza por el proceso siguiente:

1	$r - y + y(1 + q) =$	
	$= r - y + (y \cdot 1 + y \cdot q)$	A5 + identidad
2	$r - y + (y \cdot 1 + y \cdot q) =$	
	$= r - y + (y + y \cdot q)$	A9 + regla de identidad
3	$r - y + (y + y \cdot q) =$	
	$((r - y) + y) + y \cdot q$	A3
4	$r - y + y \cdot (q + 1) =$	
	$= [(r - y) + y] + y \cdot q$	Transitividad de = aplicada a 1, 2, 3
5	$y \leqslant r$	Supuesto
6	$y \leqslant r \rightarrow (r - y) + y = r$	A6
7	$(r - y) + y = r$	MP 5, 6
8	$r - y + y \cdot (q + 1) = r + y \cdot q$	Inferencia de identidad 7, 4
9	$x = r + y \cdot q$	Supuesto
10	$x = r - y + y \cdot q(q + 1)$	A10 y A11 a 9, 8
11	$(x = r + y \cdot q) \rightarrow$	
	$\rightarrow (x = r - y + y(q + 1))$	T. de deducción 9, 10
12	$(y \leqslant r) \rightarrow [(x = r + y \cdot q) \rightarrow$	
	$\rightarrow (x = r - y + y \cdot (q + 1))]$	T. de deducción 5, 11
13	$(y \leqslant r) \wedge (x = r + y \cdot q) \rightarrow$	
	$\rightarrow (x = r - y + y \cdot (q + 1))$	Importación 12

Esta última es precisamente la afirmación intermedia que se quería demostrar.

Se reencuentra, por tanto, a nivel del método de Hoare la necesidad de contar junto con el axioma y reglas de inferencia del sistema un conjunto de fórmulas válidas para las funciones y relaciones que se utilizan por el programa en el dominio de objetos que se procesa.

Ejemplo 2: Algoritmo de partición

Este procedimiento desarrollado por Hoare como base para su método rápido de ordenación (quicksort) tiene por objeto dividir un array en dos partes tales que todos los elementos de la primera parte son menores que un valor prefijado r y todos los de la segunda mayores que r.

- Se utiliza como valor de r el elemento medio del array.
- El proceso consiste en un ciclo de doble recorrido del array desde el origen y el final comprobando si sus elementos son menores o mayores que r y realizando en caso contrario un intercambio entre los valores que no lo cumplen.

El proceso de verificación que se presenta es debido a Hoare (programa FIND).

El esquema conceptual del proceso estaría representado por las operaciones y afirmaciones intermedias:

$r := a[(n + 1) \operatorname{div} 2]$; $i := 1$; $j := n$;

$$\{A_i \wedge A_j\}$$

while $i \leqslant j$ do

$\{A_i \wedge A_j\}$

Avanzar i de izquierda a derecha siempre que $a[i] < r$

$\{A_i \wedge A_j \wedge a[i] \geqslant r\}$

Avanzar j de derecha a izquierda siempre que $a[j] > r$

$\{A_i \wedge A_j \wedge a[i] \geqslant r \wedge a[j] \leqslant r\}$

Si $i \leqslant j$:

Intercambiar $a[i]$ y $a[j]$

$\{A_i \wedge A_j \wedge a[i] \leqslant r \wedge a[j] \geqslant r\}$

Modificar i, j:

$\{E\}$

siendo

A_i: $i \geqslant 1 \wedge \forall p[(1 \leqslant p < i) \rightarrow a[p] \leqslant r]$
A_j: $j \leqslant n \wedge \forall q[(j < q \leqslant n) \rightarrow a[q] \geqslant r]$
$E : j < i \wedge \forall p \; \forall q (1 \leqslant p < i) \wedge (j < q \leqslant n) \rightarrow a[p] \leqslant a[q]$

Las dos primeras expresan respectivamente las condiciones de que hasta el elemento i y desde el elemento j se cumple la condición de que los elementos a la izquierda son menores que r y los de la derecha mayores.

La condición E es la especificación a satisfacer por el programa.

El concepto de proceso planteado puede detallarse en la forma:

Program partición (input; output)
Var i, j, r, w: integer

a: array [1 .. *n*] of integer

begin read (*a*);

{true}
$i := 1$; $j := n$; $r := a[(n + 1) \operatorname{div} 2]$;

while $i \leqslant j$ do

$\{A_i \wedge A_j\}$
begin

while a[i] $< r$ do

$\{A_i \wedge A_j\}$ $i := i + 1$ $\{A_i \wedge A_j \wedge$ a[i] $\geqslant r\}$

while a[j] $> r$ do

$\{A_i \wedge A_j$ a[i] $\geqslant r\}$ $j := j - 1$ $\{A_i \wedge A_j \wedge$ a[i] $\geqslant r \wedge$ a[j] $\leqslant r\}$

if $i \leqslant j$ then begin

$w :=$ a[i]; a[i]: = a[j]; a[j]: = w
$\{A_i \wedge A_j \wedge$ a[i] $\leqslant r \wedge$ a[j] $\geqslant r\}$

end

$\{E\}$

A efectos de verificación puede plantearse el proceso siguiente:

Etapa básica

- Comprobar el primer bucle interior:

  while a[i] $< r$ do $i := i + 1$

- Comprobar el segundo bucle interior:

  while a[j] $> r$ do $j := j - 1$

- Comprobar el tramo:

  if $i < j$ then ...

En una segunda etapa puede comprobarse el bucle general:

while $i \leqslant j$ do ...

para finalmente comprobar que las condiciones de entrada inicializan el invariante de este ciclo y que la condición de salida implica la especificación E.

A continuación se detalla este proceso.

- Verificación del primer bucle interior

El proceso como en ejemplos anteriores consiste en partir del axioma de asignación y generar por técnicas deductivas y/o las reglas de consecuencia el antecedente de la regla de inferencia de while.

En el proceso se utiliza A_i o A_j o sus expresiones de acuerdo con la necesidad de claridad en la exposición. Asimismo en el paso 3 se asume como válida una fórmula que es demostrable en el dominio de los números enteros para la relación $\leqslant$.

1	$\{i \geqslant 1 \wedge \forall p(1 \leqslant p < i \rightarrow$ $\rightarrow a[p] \leqslant r) \wedge (a[i] < r) \wedge A_j\}$ $i := i + 1$ $\{i - 1 \geqslant 1 \wedge \forall p(1 \leqslant p < i - 1 \rightarrow$ $\rightarrow a[p] \leqslant r) \wedge (a[i-1] < r) \wedge A_j\}$	Ax. Asg.
2	$\vdash i - 1 \geqslant 1 \rightarrow i > 1$	F. válida
3	$\forall p(1 \leqslant p < i - 1 \rightarrow a[p] \leqslant r) \wedge$ $\wedge (a[i-1] < r) \rightarrow$ $\rightarrow \forall p(1 \leqslant p < i \rightarrow a[p] \leqslant r)$	F. válida
4	$i - 1 \geqslant 1 \wedge$ $\forall p(1 \leqslant p < i - 1 \rightarrow a[p] \leqslant r) \wedge$ $\wedge (a[i-1] < r) \wedge A_j \rightarrow$ $\rightarrow (i \geqslant 1) \wedge \forall p(1 \leqslant p < i \rightarrow$ $\rightarrow a[p] \leqslant r) \wedge A_j$	Deducible de 2, 3
5	$\{i \geqslant 1 \wedge \forall p(1 \leqslant p < i \rightarrow a[p] \leqslant r) \wedge$ $\wedge (a[i] < r) \wedge A_j\}$ $i := i + 1$ $\{i \geqslant 1 \wedge \forall p(1 \leqslant p < i \rightarrow$ $\rightarrow a[p] \leqslant r) \wedge A_j\}$	Consecuencia 1, 4
6	$\{A_i \wedge A_j\}$ while $a[i] < r$ do $i := i + 1$ $\{A_i \wedge A_j \wedge a[i] \geqslant r\}$	Regla *while* 5

- Verificación del segundo bloque interior

Se realiza de forma totalmente análoga a la anterior con la única diferencia de cambiar $j := j - 1$ por $i := i + 1$ y $a[j] > r$ por $a[i] < r$ finalmente utilizando la regla de concatenación se obtiene la expresión correspondiente a ambos bloques:

7	$\{A_i \wedge A_j \wedge a[i] \geqslant r\}$ while $a[j] > r$ do $j := j - 1$ $\{A_i \wedge A_j \wedge a[i] \geqslant r \wedge a[j] \leqslant r\}$	Análogamente a 1, 7
8	$\{A_i \wedge A_j\}$ while $a[i] < r$ do $i := i + 1$; while $a[j] > r$ do $j := j - 1$ $\{A_i \wedge A_j \wedge a[i] \geqslant r \wedge a[j] \leqslant r\}$	Concatenación 6, 7

- Verificación del bloque alternativo «if then»

Se introducen también aquí, como fórmulas válidas en 13, 14, 17 y 18, fórmulas demostrables en el dominio de los enteros para la relación $\leqslant$.

9 $\{A_i \wedge A_j \wedge a[i] \geqslant r \wedge$
$\wedge\ a[j] \leqslant r \wedge i \leqslant j\}$
$w := a[i]$ — Axioma de asignación
$\{A_i \wedge A_j \wedge w \geqslant r \wedge$
$\wedge\ a[j] \leqslant r \wedge i \leqslant j\}$

10 $\{A_i \wedge A_j \wedge w \geqslant r \wedge$
$\wedge\ a[j] \leqslant r \wedge i \leqslant j\}$
$a[i] := a[j]$ — Axioma de asignación
$\{A_i \wedge A_j \wedge w \geqslant r \wedge$
$\wedge\ a[i] \leqslant r \wedge i \leqslant j\}$

11 $\{A_i \wedge A_j\}\ w \geqslant r \wedge$
$\wedge\ a[i] \leqslant r \wedge i \leqslant j\}$
$a[j] := w$ — Axioma de asignación
$\{A_i \wedge A_j \wedge a[j] \geqslant r \wedge$
$\wedge\ a[i] \geqslant r \wedge i \leqslant j\}$

12 $\{A_i \wedge A_j \wedge a[i] \geqslant r \wedge$
$\wedge\ a[j] \leqslant r \wedge i \leqslant j\}$
$w := a[i];\ a[i] := a[j];\ a[j] := w$ — Concatenación 9, 10, 11
$\{A_i \wedge A_j \wedge a[j] \geqslant r \wedge$
$\wedge\ a[i] \leqslant r \wedge i \leqslant j\}$

13 $(i \geqslant 1) \wedge \forall p(1 \leqslant p < i \rightarrow$
$\rightarrow a[p] \leqslant r) \wedge a[i] \leqslant r \rightarrow (i \geqslant 1) \wedge$
$\wedge\ \forall p(1 \leqslant p < i + 1 \rightarrow a[p] \leqslant r)$ — Válida para la relación $\leqslant$

14 $(j \leqslant n) \wedge \forall q(j < q \leqslant n \rightarrow$
$\rightarrow a[q] \geqslant r) \wedge (a[j] \geqslant r) \rightarrow j \leqslant n \wedge$
$\wedge\ \forall q(j - 1 < q \leqslant n \rightarrow a[q] \leqslant r)$ — Válida para la relación $\leqslant$

15 $A_i \wedge A_j \wedge a[j] \geqslant r \wedge a[i] \leqslant r \wedge$
$\wedge\ i \leqslant j \rightarrow (i \geqslant 1 \wedge \forall p(1 \leqslant p <$
$< i + 1 \rightarrow a[p] \leqslant r) \wedge (j \leqslant n) \wedge$
$\wedge\ \forall q(j - 1 < q \leqslant n \rightarrow a[q] \leqslant r)$ — Deducible de 13, 14

16 $\{i \geqslant 1 \wedge \forall p(1 \leqslant p < i + 1 \rightarrow$
$\rightarrow a[p] \leqslant r) \wedge (j \leqslant n) \wedge$
$\wedge\ \forall q(j - 1 < q \leqslant n \rightarrow a[q] \leqslant r)\}$
$i := i + 1;\ j := j - 1$
$\{i - 1 \geqslant 1 \wedge \forall p(1 \leqslant p < i \rightarrow$
$\rightarrow a[p] \leqslant r) \wedge (j \leqslant n) \wedge$
$\wedge\ \forall q(j < q \leqslant n\}$ — Aplicación del axioma de asignación dos veces y concatenación

17 $\vdash i - 1 \geqslant 1 \rightarrow i \geqslant 1$ — Fórmula válida

18 $\vdash j + 1 \leqslant n \rightarrow j \leqslant n$ — Fórmula válida

19 $\{i \geqslant 1 \wedge \forall p(1 \leqslant p < i + 1 \rightarrow$
$\rightarrow a[p] \leqslant r) \wedge (j < n \wedge$
$\wedge\ \forall q(j - 1 < q \leqslant n \rightarrow a[q] \leqslant r))\}$
$i := i + 1;\ j := j - 1$
$\{i \geqslant 1 \wedge \forall p(1 \leqslant p < i \rightarrow$
$\rightarrow a[p] \leqslant r) \wedge (j \leqslant n \wedge$

$\wedge\ \forall q(j < q \leqslant n \rightarrow a[q] < r))\}$	La conclusión es deducible de 16, 17, 18 + aplicación de consecuente.
20 $\{A_i \wedge A_j \wedge (a[i] \geqslant r) \wedge$ $\wedge\ (a[j] \leqslant r) \wedge (i \leqslant j)\}$ $w := a[i]; a[i] := a[j];$ $a[j] := w; i := i + 1; j := j - 1$ $\{A_i \wedge A_j\}$	Concat. 12, 19, en base a 15
21 $\vdash A_i \wedge A_j \wedge (a[i] \geqslant r) \wedge$ $\wedge\ (a[j_j] \leqslant r) \wedge i > j \rightarrow A_i \wedge A_j$ $\vdash A_i \wedge A_j \wedge (a[i] \geqslant r) \wedge$ $\wedge\ (a[j] \leqslant r) \wedge i > j \rightarrow A_i \wedge A_j$	(Se denomina: B_i: $a[i] \geqslant r$ B_j: $a[j] \leqslant r$
22 $\{A_i \wedge A_j \wedge B_i \wedge B_j\}$ if $i \leqslant j$ then $w := a[i]; a[i] := a[j];$ $a[j] := w; i := i + 1; j := j - 1$ $\{A_i \wedge A_j\}$	

con lo que demuestra el tramo «If then...».

- Verificación del bucle global

Se aplica concatenación para obtener una expresión inductiva que englobe el proceso iterado en este bucle. Se denomina P a este proceso interior para facilitar la legibilidad.

23 $\{A_i \wedge A_j\}$ while $a[i] < r$ do $i := i + 1;$ while $a[j] > r$ do $j := j - 1$ if $i \leqslant j$ then $w := a[i]; a[i] := a[j]$ $a[j] := w; i := i + 1; j := j - 1$ $\{A_i \wedge A_j\}$	↑ P ↓ Concatenación 8, 22
24 $A_i \wedge A_j \wedge i \leqslant j \rightarrow A_i \wedge A_j$	Fórmula válida
25 $\{A_i \wedge A_j \wedge i \leqslant j\}$ P $\{A_i \wedge A_j\}$	Consec. 23, 24
26 $\{A_i \wedge A_j\}$ while $i \leqslant j$ do P $\{A_i \wedge A_j \wedge i > j\}$	Regla while 25

- Verificación del programa

En esta etapa se comprueba que las condiciones iniciales implican $A_i \wedge A_j$ que es el invariante del bucle global y por otro lado se comprueba que la condición de salida $A_i \wedge A_j \wedge i > j$ implica la especificación de salida E. Esta última exige comprobar que es correcta la deducción:

$$A_i \wedge A_j, i > j \Rightarrow E$$

siendo:

$E\colon (j < i) \wedge \forall p\, \forall q[(1 \leqslant p < i) \wedge (j < q \leqslant n) \rightarrow a[p] \leqslant a[q]]$
$A_i\colon (i \geqslant 1) \wedge \forall p[(1 \leqslant p < i) \rightarrow a[p] \leqslant r]$
$A_j\colon (j \leqslant n) \wedge \forall q(j < q \leqslant n) \rightarrow a[q] \geqslant r$

La demostración es la siguiente:

1	$i > j$	Premisa
2	$(i \geqslant 1) \wedge$ $\forall p[(1 \leqslant p < i) \rightarrow a[p] \leqslant r]$	Premisa (A_i)
3	$(j \leqslant n) \wedge$ $\forall q[(j < q \leqslant n) \rightarrow a[q] \geqslant r]$	Premisa (A_j)
4	$\forall p[1 \leqslant p < i \rightarrow a[p] \leqslant r]$	Simp. 2
5	$\forall q[j < q \leqslant n \rightarrow a[q] < r]$	Simp. 3
6	$1 \leqslant p < i \rightarrow a[p] \leqslant r$	EU 4
7	$j < q \leqslant n \rightarrow a[q] \geqslant r$	EU 5
8	$(1 \leqslant p < i) \wedge (j < q \leqslant n)$	Supuesto
9	$1 \leqslant p < i$	Simp. 8
10	$j < q \leqslant n$	Simp. 8
11	$a[p] \leqslant r$	MP 9, 6
12	$a[q] \geqslant r$	MP 10, 7
13	$\vdash (a[p] \leqslant r) \wedge (a[q] \geqslant r) \rightarrow$ $\rightarrow a[p] \leqslant a[q]$	Válida para la relación $\leqslant$
14	$(a[p] \leqslant r) \wedge (a[q] \geqslant r)$	Prod. 11, 12
15	$a[p] \leqslant a[q]$	MP 13, 14
16	$(1 \leqslant p < i) \wedge (j < q \leqslant n) \rightarrow$ $\rightarrow a[p] \leqslant a[q]$	T.D. 8, 15
17	$\forall p\, \forall q[(1 \leqslant p < i) \wedge$ $\wedge (j < q \leqslant n) \rightarrow a[p] \leqslant a[q]]$	G. Universal 16

Esta última es precisamente E. De acuerdo con ello puede afirmarse que:

$$A_i \wedge A_j \wedge i > j \rightarrow E$$

es una fórmula válida. El programa se verifica en base a ésto, de la manera siguiente:

27 {True}
$i := 1; j := n; r := a\,[(n + 1) \text{ div } 2];$
$\{A_i \wedge A_j\}$ Válida para $i = 1$ y $j = n$

28 {True}
$i := 1; j := n; r := a\,[(n + 1) \text{ div } 2];$
while $i \leqslant j$ do P

	$\{A_i \wedge A_j \wedge i > j\}$	Concatenación 26, 27
29	$A_i \wedge A_j \wedge i > j \rightarrow E$	Demostrado
30	$\{\text{True}\}$ $i := 1; j := n; r := a$ $[(n + 1) \text{ div } 2];$ while $i \leqslant j$ do P $\{E\}$	 Concatenación 28, 29

Este desarrollo permite afirmar que si el proceso termina se cumplen las especificaciones. Es necesario, por tanto, comprobar que los ciclos terminan.

La comprobación es sencilla, ya que:

- En el ciclo principal:

$$n \geqslant i > 1$$
$$n \geqslant j > 1$$

ya que $i \leqslant j$ se inician respectivamente con 1 y n, y cada vez que se pasa por el ciclo global $i \leqslant j$ y, por tanto, $j \geqslant 1$ e $i \leqslant n$.

Además cada vez que pasa por el ciclo:

- O no se modifican.
- O se modifican en la dirección de su límite superior o inferior respectivamente.

Por tanto, es posible definir como funciones imagen en el dominio de los números naturales:

$$f(i) = n - i + 1$$
$$\varphi(j) = j$$

tanto en una como en otra, las imágenes en etapas consecutivas de modificación, cumplen la condición:

$$f_n(i) > f_{n+1}(i)$$
$$\varphi_n(j) > \varphi_{n+1}(j)$$

Por tanto, como en el dominio de los números naturales estructurado con la relación $>$, no existen series infinitamente decrecientes, el proceso global necesariamente termina.

Para comprobar totalmente el proceso es preciso verificar que terminan los ciclos interiores cuyas condiciones de control son:

$$a[i] < r \quad \text{y} \quad a[j] > r$$

A continuación se trata el primer bucle, el otro se haría de forma similar.

Para comprobar que:

$$\text{while } a[i] > r \text{ do } i := i + 1$$

termina, es preciso comprobar que existe s tal que:

$$1 \leqslant s \leqslant n \quad \text{y} \quad a[s] \geqslant r$$

Para ello basta comprobar que ello ocurre al principio del ciclo y que la modificación producida en él mantiene la existencia de este s. que garantiza que i no supera n.

Obviamente dado que el valor de r es $a[(n + 1) \text{ div } 2]$ existe $s = (n + 1) \text{ div } 2$ tal, que $a[s] \leqslant r$, la comprobación de que el paso por el bucle mantiene esta existencia de s es la siguiente:

1	$\{\exists s[(i < s \leqslant n) \wedge$ $\wedge\, a[s] \geqslant r] \wedge a[i] < r\}$ $i := i + 1$ $\{\exists s[(i - 1 < s \leqslant n) \wedge$ $\wedge\, a[s] \geqslant r] \wedge a[i - 1] < r\}$	Ax. asignación
2	$\exists s[(i - 1 < s \leqslant n) \wedge a[s] \geqslant r] \wedge$ $\wedge\, a[i - 1] < r \rightarrow$ $\rightarrow \exists s(i < s \leqslant n) \wedge a[s] \geqslant r$	Válida en el dominio de los enteros (en efecto, si para $s = i - 1$ es $s < r$ el valor de s tiene que estar por encima de i).
3	$\{\exists s[(i < s \leqslant n)] \wedge a[s] \geqslant r \wedge$ $\wedge\, a[i] \geqslant r\}$ $i := i + 1$ $\{\exists s(i < s \leqslant n) \wedge a[s] \geqslant r\}$	Consecuencia 1, 2
4	$\{\exists s((i < s \leqslant n) \wedge a[s] \geqslant r)\}$ while $a[i] < r$ do $i := i + 1$ $\{\exists s[(i < s \leqslant n) \wedge a[s] \geqslant r] \wedge$ $\wedge\, a[i] \geqslant r\}$	Regla while en 4

Análogamente se comprueba la invariancia en el bucle segundo de:

$$\exists q(1 \leqslant q < j) \wedge a[q] \leqslant r$$

Con ello se verifica que ambos ciclos interiores terminan.

6. Verificación de programas recursivos

La recursión aparece en programación a través de la estructura de procedimiento, como un caso particular del proceso de resolución de un problema. En efecto, si se plantea un procedimiento P para resolver un problema descrito mediante las especificaciones A y B:

$$\{A\}\ P\ \{B\}$$

en el proceso de descomposición del problema, pueden aparecer, como ya se ha tratado en el capítulo 9:

- Alternativas.
- Conjunción.

de otros procesos.

En particular en este proceso de descomposición por refinamiento gradual, puede presentarse un subproblema del mismo tipo que el que resuelve P referido a un dominio de información normalmente más restringido que en el planteamiento inicial. Con ello puede darse por terminado el proceso de descomposición en esa rama incluyendo en ella la llamada recursiva al procedimiento.

Para verificar un proceso que incluya llamadas a procedimientos, se introducen en el proceso de verificación formal:

- Las especificaciones del procedimiento como afirmación inductiva supuesta probada para el entorno de información con que se define la llamada.
- Se hace la hipótesis de que la llamada a procedimiento es como otra instrucción de asignación y, por lo tanto, empieza y termina.

Sin embargo, cuando uno de los procedimientos llamados es precisamente el que se define, ¿cómo se trata el problema? La forma que es usual en casos similares es la inducción cuya estructura general sería:

- Se verifica el proceso y su terminación como si las llamadas interiores al procedimiento cumplieran las especificaciones que se quieren comprobar, referidas a dominios parciales de información.
- Se comprueba, por ejecución simbólica, que para un dominio o dominios elementales en que para la ejecución del procedimiento no se utilizan las llamadas recursivas, se verifican las especificaciones y termina el proceso.

En base a ello, se infiere que el proceso, es válido para las especificaciones dadas en dominios genéricos.

Obsérvese, que en la definición «informal» anterior, se han hecho afirmaciones que requieren ulterior matización:

- Se mencionan dominios parciales y dominios elementales, ello prejuzga que la recursión se plantea sobre una «jerarquía» de dominios a que se refiere el proceso.
- Se menciona, asimismo, la posibilidad de que para algunos dominios elementales sea posible evaluar directamente sin llamadas recursivas, los resultados del

procedimiento, ello implica que la estructura del proceso, debe contener alternativas de obtención de los resultados que no incluyan llamadas recursivas, ya que de otra forma para cualquier estado de información la obtención de los resultados se remite a nuevas llamadas en las que:

—o bien, se alcanza una situación de información, con la que no es posible realizar el proceso, lo que daría lugar a error;
—o bien, el proceso de llamadas no terminaría nunca.

Burstall en 1969 planteó mediante el concepto de inducción estructural, ya introducido en capítulos anteriores, una formalización de la manera de aplicar esta técnica de forma general y en particular referida a los problemas recursivos. A continuación se ilustran las ideas anteriores con un ejemplo sencillo y en el resto del apartado se desarrolla la metodología detallada y su aplicación a otro ejemplo más complejo.

El cálculo del factorial de un número natural, puede formularse mediante el siguiente procedimiento recursivo:

```
procedure factl (var f: integer; n: integer; var x: integer)
begin if n = 0 then f: = 1
                else begin
                     factl (x, n - 1);
                     f: = n * x
                     end;
end.
```

Este procedimiento atribuye a f el valor de $n!$, su formulación es recursiva ya que su evaluación se describe en función de la de $(n - 1)!$

Es preciso verificar que es correcta la llamada, de acuerdo con la siguiente afirmación inductiva:

$$\{n > 0\} \text{ factl } (f, n) \ \{f = n!\}$$

El dominio básico en el que se definen las variables objeto de proceso, es el de los números naturales y el estado de las mismas se describe por la única variable n.

Obsérvese que la estructura de proceso está diseñada de manera que existe al menos un caso de variable de estado en que la computación del resultado del procedimiento se realiza sin apelar a la llamada al procedimiento. El proceso estará bien diseñado, si los sucesivos estados en llamadas consecutivas se ordenan de forma que se alcanza este caso ya que, cuando se presenta, la sucesión de llamadas termina.

Para verificar el procedimiento se emplea la inducción de la forma siguiente:

- Base de inducción

$$\{n = 0\} \text{ factl } (f, n) \ \{f = n!\}$$

y el proceso termina.

La comprobación se realiza por simulación de ejecución directa del programa para este caso.

- Paso de inducción

Se supone para cualquier $n' < n$:

$$\{n' \geqslant 0\}\ \text{factl}\ (f, n')\ \{f = n'!\}$$

1	$\{n = 0\}\ f := 1\ \{(f = 1) \wedge (f = n!)\}$	Axioma asig. + propiedad $0! = 1$
2	$\vdash (f = 1) \wedge (n = 0) \rightarrow n! = 1$	Válida por definición de factorial
3	$\vdash (n! = 1) \wedge (f = 1) \rightarrow f = n!$	Propiedad de =
4	$\vdash (f = 1) \wedge (n = 0) \rightarrow f = n!$	Deducible de 2, 3
5	$\{n = 0\}\ f := 1\ \{f = n!\}$	Consecuencia 1, 4
6	$\vdash n \geqslant 0 \wedge n = 0 \rightarrow n = 0$	Válida para las relaciones «$\geqslant$» e «$=$»
7	$\{n \geqslant 0 \wedge n = 0\}\ f := 1\ \{f = n!\}$	Consecuencia 6, 5
8	$\{(n - 1 \geqslant 0) \wedge (n - 1 < n)\}$ $\text{factl}\ (x, n - 1)\ \{x = (n - 1)!\}$	Hipótesis de inducción para $n' = n - 1$
9	$\vdash n > 0 \rightarrow (n - 1 \geqslant 0) \wedge n - 1 < n$	Válida
10	$\{n > 0\}\ \text{factl}\ (x, n - 1)$ $\{x = (n - 1)!\}$	Consecuencia 8, 9
11	$\{x = (n - 1)!\}\ f := n * x$ $\{f = n!\}$	Axioma asig.
12	$\{n > 0\}\ \text{factl}\ (x, n - 1);$ $f := n * x\ \{f = n!\}$	Concatenación 10, 11
13	$\vdash (n \geqslant 0) \wedge n \neq 0 \rightarrow n > 0$	Válida
14	$\{n \geqslant 0 \wedge n \neq 0\}\ \text{factl}\ (x, n - 1);$ $f := n * x\ \{f = n!\}$	Consecuencia 13, 12
15	$\{n \geqslant 0\}$ if $n = 0$ then $f := 1$ else begin factl $(x, n - 1)$; $f: n * x$ end. $\{f = n!\}$	Regla de alternativa 7, 14

que es la demostración del programa sin terminación.

Para demostrar la terminación es preciso comprobar:

- Si factl (x, n') $(n' < n)$ termina, también termina factl (x, n).

Para ello se aplica la inducción en la forma:

- Base de inducción: Factl $(x, 0)$ termina.
- Paso de inducción: Si factl $(x, n - 1)$ termina, como la descripción de factl (x, n) en función de factl (x, n) no tiene ciclos, termina necesariamente, con ello queda demostrada la finitud del proceso.

Como puede verse se aplica el concepto de inducción estructural, aunque en este caso referido a las afirmaciones inductivas de Hoare; para las que la regla de inferencia de inducción puede escribirse:

- Base de inducción:

$$\{A(S_0)\}\ B\ \{C(S_0)\}$$

- Paso de inducción:

$$\forall S'\ \forall S[(S' < S) \wedge \{A(S')\}\ B\ \{C(S')\} \rightarrow \{A(S)\}\ B\ \{C(S)\}]$$

Siendo B el procedimiento que se llama recursivamente. La base de inducción debe comprobarse para todos aquellos estados que en la ejecución del procedimiento no requieran llamadas recursivas al procedimiento (en el ejemplo del factorial $x = 0$). Finalmente, los estados para los que se plantean llamadas recursivas deben ser posteriores en el orden a estos iniciales.

A continuación se presenta como ejemplo la ordenación por el método rápido (Quicksort)) debido a Hoare. En su desarrollo se ha simplificado la presentación de la aplicación de las reglas con objeto de abreviar.

Este procedimiento ordena sobre sí mismo los elementos de un array $a[1 .. n]$, para ello emplea un proceso cuya descomposición sería la siguiente:

—Permutar los elementos del array, de forma que sea posible definir i, j tales, que:

$$(j < i) \wedge \forall p\ \forall q (1 \leqslant p \leqslant i) \wedge (j < q \leqslant n) \rightarrow a[p] \leqslant a[q]$$

es decir, este proceso produce una subdivisión del array en dos partes de tal manera que entre 1 e i son menores o iguales que entre j y n.

—Ordenar cada una de las partes por el mismo procedimiento. Evidentemente, aunque luego se pruebe en detalle, si se subdivide el array en dos partes en donde en una todos los elementos son menores que en la otra y se ordena cada parte, el array final resulta ordenado.

Para formular el programa de una manera recursiva, es preciso que todos los procedimientos operen sobre el mismo array, por lo que éste debe transmitirse por nombre, y por otro lado, dado que se va a operar con subdivisiones del array se definirá el procedimiento general «quicksort» para ordenar un tramo del array total $a[1 ... q]$ acotado por los valores m, n, estos valores deben transmitirse por nombre, ya que son manejados por el programa de llamada, y asimismo se empleará el procedimiento «partición», que permite dividir un array en dos partes, de forma, que todos los elementos de la parte inicial son menores o iguales que los de la segunda parte, de manera que el procedimiento se define:

Procedimiento quicksort:

```
(var a: array [1 ... ng] of integer, m, n: integer)
var i, j integer
    begin if m < n then
            begin
            partición (a, i, j, m, n);
            quicksort (a, m, j);
            quicksort (a, i, n);
            end;
end.
```

es decir, «partición» genera los índices i, j que sirven de base para que «quicksort» opere a continuación con los arrays parciales:

$$a[m \, .. \, j] \quad \text{y} \quad a[i \, .. \, n]$$

La especificación de quicksort (a, m, n) se realiza mediante la afirmación inductiva:

$$\{m < n\} \text{ quicksort } (a, m, n) \; \{\forall p \, \forall q[(m \leqslant p \leqslant q \leqslant n) \rightarrow a[p] \leqslant a[q]]\}$$

teniendo en cuenta las especificaciones de *partición*, el programa anterior con afirmaciones intercaladas es:

$$\{m < n\}$$

especificación inicial:

partición (a, i, j, m, n):

1. $\{(i > j) \wedge \forall p \, \forall q[(m \leqslant p < i) \wedge (j < q \leqslant n) \rightarrow a[p] \leqslant a[q]]\}$

quicksort (a, m, j):

2. $\{\forall p \, \forall q(m \leqslant p \leqslant q \leqslant j) \rightarrow a[p] \leqslant a[q]\}$

quicksort (a, i, n):

3. $\{\forall p \, \forall q[(i \leqslant p \leqslant q \leqslant n) \rightarrow a[p] \leqslant a[q]]\}$

Demostrar que el procedimiento es correcto, implica:

a) Definir un orden entre los «subarrays» de llamada.
b) Comprobar que el proceso funciona para los elementos iniciales.
c) Comprobar que si termina el proceso para subarrays anteriores a (m, n) termina para (m, n).

A continuación se especifican los tres pasos anteriores:

a) Relación de orden.
Conjunto base: formado por todos los «subarrays» de $a[1 \ldots ng]$, denominado $S(a)$.
Forma de ordenación:

- Todo «subarray» puede representarse por la pareja de índices representativos de sus límites (m, n) $(m \leqslant n)$.
- Se dice que $a(m, n) < a(r, s)$ si el tramo m, n forma parte del r, s, es decir:

$$(r \leqslant m) \wedge (n \leqslant s) \wedge (n - m < s - r) \wedge (r < s) \wedge (m < n)$$

esta es una relación de orden. Y además al ser m, n, r, s índices, son enteros positivos y no es posible definir una cadena infinita decreciente, ya que si $m = n$ no puede haber ningún array anterior a $a[m \,..\, n]$, por tanto, el conjunto $\{S(a), <\}$ es bien fundado.
- Los elementos iniciales del mismo son los arrays de un elemento en los que $m = n$.

b) La formulación de *partición* permite afirmar que el proceso es correcto para un elemento inicial en la ordenación. Ya que si $m = n$, el proceso programado no realiza ninguna operación, ya que éstas sólo se realizan para $m < n$. Por tanto, para $m = n$ el proceso termina y el array $a[m \ldots n]$ queda ordenado.

c) Una vez comprobados a y b es preciso comprobar a partir de las afirmaciones 1, 2 y 3 que se verifica la especificación del programa, ya que 2 y 3 son premisas del paso de inducción para ello se aplica el proceso deductivo que se desarrolla en la página siguiente. En la deducción, evidentemente $m < p \leqslant q \leqslant n$ representa la conjunción $(m \leqslant p) \wedge (p \leqslant q) \wedge (q \leqslant n)$ y, por tanto, aplicando la Regla de Simplificación puede deducirse $m \leqslant p$, $p \leqslant q$ y $q \leqslant n$.
Los números de los pasos son consecutivos con los de las afirmaciones intercaladas.

1	$(i > j) \wedge \forall p \, \forall q[(m \leqslant p < i) \wedge$ $\wedge (j < q \leqslant n) \rightarrow a[p] \leqslant a[q]]$	
2	$\forall p \, \forall q[m \leqslant p \leqslant q \leqslant j \rightarrow$ $\rightarrow a[p] \leqslant a[q]$	
3	$\forall p \, \forall q[i \leqslant p \leqslant q \leqslant n \rightarrow$ $\rightarrow a[p] \leqslant a[q]$	
4	$m \leqslant p \leqslant q \leqslant j \rightarrow a[p] \leqslant a[q]$	E. universal 2
5	$i \leqslant p \leqslant q \leqslant n \rightarrow a[p] \leqslant a[q]$	E. universal 3
┌ 6	$m \leqslant p \leqslant q \leqslant n$	Supuesto
│ 7	$(q \leqslant j) \vee (q > j)$	Principio tercio excluso
│┌ 8	$q \leqslant j$	Caso de 7
││ 9	$(m \leqslant p) \wedge (p \leqslant q)$	Simpl. 6

10	$(m \leqslant p) \wedge (p \leqslant q) \wedge (q \leqslant j)$	Prod. 8, 9
11	$a[p] \leqslant a[q]$	MP 10, 5
12	$q > j$	Caso 7
13	$(p < i) \vee (p \geqslant i)$	Principio tercio excluso
14	$p < i$	Caso 13
15	$m \leqslant p$	Simpl. 6
16	$(m \leqslant p) \wedge (p < i)$	Prod. 14, 15
17	$q \leqslant n$	Simpl. 6
18	$(q > j) \wedge (q \leqslant n)$	Prod. 17, 12
19	$\forall p\ \forall q[(m \leqslant p < i) \wedge$ $\wedge\ (j < q \leqslant n) \rightarrow a[p] \leqslant a[q]]$	Simpl. 1
20	$(m \leqslant p < i) \wedge (j < q \leqslant n) \rightarrow$ $\rightarrow a[p] \leqslant a[q]$	E.U. 19
21	$(m \leqslant p) \wedge (p < i) \wedge$ $\wedge\ (q > j) \wedge (q \leqslant n)$*	Prod. 16, 18
22	$a[p] \leqslant a[q]$	M.P. 20, 21
23	$p \geqslant i$	Caso de 13
24	$(p \leqslant q) \wedge (q \leqslant n)$	Simpl. 6
25	$(p \geqslant i) \wedge (p \leqslant q) \wedge (q \leqslant n) \rightleftarrows$ $\rightleftarrows i \leqslant p \leqslant q \leqslant n$	
26	$a[p] \leqslant a[q]$	M.P. 5, 25
27	$a[p] \leqslant a[q]$	Casos 14, 23
28	$a[p] \leqslant a[q]$	Casos 8, 12
29	$m \leqslant p \leqslant q \leqslant n \rightarrow$ $\rightarrow a[p] \leqslant a[q]$	T. deduc. 6, 28
30	$\forall p\ \forall q[(m \leqslant p \leqslant q \leqslant n) \rightarrow$ $\rightarrow a[p] \leqslant a[q]]$	GU 29

* $(m \leqslant p < i) \wedge (j < q \leqslant n)$.

Capítulo 11

BASES TEORICAS DE LAS TECNICAS DE DEMOSTRACION AUTOMATICA

1. Introducción

Una vez desarrollada la base teórica formalizada de la lógica de primer orden se desarrolla en este capítulo y el siguiente una serie de procedimientos para decisión de validez de fórmulas. Evidentemente, debido a la tesis de Church enunciada en capítulos anteriores, estos procedimientos no llegarán a una decisión para todas las fórmulas, así, en el caso de que éstas sean indecidibles, los algoritmos que se describen pueden no terminar; sin embargo, existe un número importante de fórmulas decidibles que justifica el desarrollo e implantación de estos métodos.

Los procedimientos que se van a describir se denominan con cierta dosis de hipérbole, en el léxico de Inteligencia Artificial de la que tradicionalmente forman parte, métodos de demostración automática de teoremas. Evidentemente un teorema está constituido por un conjunto de premisas previas y una conclusión deducible de ellas. La formalización en lógica de primer orden de unas y otra permite transformar el problema de estudiar si la conclusión es demostrable en el de análisis de validez de la estructura deductiva, lo que aplicando el teorema de la deducción, si no aparecen variables libres, equivale al análisis de validez de una fórmula en lógica de primer orden; en este sentido un algoritmo de decisión permite comprobar si un teorema es demostrable (realmente, como se verá, comprueba si con la negación de la conclusión la fórmula es refutable); los métodos que se aplicarán para ello son de tipo interpretativo, de los que el ejemplo más representativo es el descrito en el capítulo 7 basado en el sistema simétrico.

Dada la utilización de la lógica en temas de resolución de problemas deductivos y contestación de preguntas, la posibilidad de contar con algoritmos de este tipo permite automatizar procesos de esta clase en Inteligencia Artificial. En particular las técnicas de demostración automática son aplicables a la verificación formal de programas descrita en los capítulos anteriores y en el momento actual han servido de base para la formulación de intérpretes de sistemas de programación lógica tipo PROLOG de desarrollo creciente.

En el presente capítulo se estudia la base teórica de los métodos de demostración automática, constituida principalmente por el teorema de Herbrand, así como unos primeros métodos basados directamente en este teorema. En los capítulos siguientes se estudian los métodos basados en el principio de resolución de Robinson que constituye junto con el algoritmo de unificación un refinamiento de los procedimientos basados directamente en el teorema de Herbrand que permite la construcción de algoritmos más eficientes. Finalmente se tratan los sistemas PROLOG y STRIPS.

A continuación se estudia como base de todos estos procedimientos la forma normal de Skolem.

2. Forma normal de Skolem

La forma normal de Skolem constituye una estructura de fórmula con las siguientes características:

—Todos los cuantificadores están en cabeza de la fórmula.
—Sólo existen cuantificadores universales.
—La matriz de la fórmula, a la que afectan los cuantificadores, está constituida por una conjunción de fórmulas, estructuradas como disyunciones de los átomos de las fórmulas.

Ejemplo: La fórmula siguiente está en formal normal de Skolem (FNS).

$$\forall x\ \forall z\ [(p(f(a), x) \vee q(y, z)) \wedge (q(g(x), x) \vee r(w, y) \vee p(x, z))]$$

Las fórmulas constituidas por disyunciones de átomos se denominan cláusulas, por ello también se denomina esta forma normal como forma clausular.

Dada la fórmula A, puede asociarse a ella una fórmula en forma clausular aplicando el siguiente procedimiento:

1.° Se pone A en forma Prenex. Esto siempre es posible aplicando el proceso descrito en el capítulo 6; la fórmula resultante $FNP(A)$ es equivalente a A; es decir, $\vdash A \leftrightarrow FNP(A)$ es una fórmula válida.
2.° Se realiza el cierre existencial de la fórmula, para ello, todas las variables libres se pasan a ligadas añadiendo, a la cabeza de la fórmula en forma Prenex, los cuantificadores existenciales correspondientes a las variables libres.
3.° Se transforma la expresión de la matriz aplicando la regla de intercambio de forma que se obtenga la forma clausular. Para ello se utilizan sucesivamente las siguientes equivalencias:

—Se aplica la equivalencia de la implicación respecto de la disyunción:

$$(A \rightarrow B) \leftrightarrow \sim A \vee B$$

hasta conseguir una expresión que, por aplicar la regla de intercambio, será equivalente a la de partida, en la que sólo aparezcan los signos de conjunción, disyunción y negación.

—Se aplican las equivalencias:

$\sim (A \vee B) \leftrightarrow \sim A \wedge \sim B$ (De Morgan)
$\sim (A \wedge B) \leftrightarrow \sim A \vee \sim B$

hasta conseguir que en la fórmula resultante la negación esté aplicada a fórmulas atómicas exclusivamente.

—Finalmente se aplican las equivalencias de distributividad de la disyunción respecto de la conjunción:

$$A \vee (B \wedge C) \leftrightarrow (A \vee B) \wedge (A \vee C)$$

hasta conseguir que la conectiva $\vee$ se aplique exclusivamente a fórmulas atómicas con o sin negación. Cuando se alcanza este objetivo la fórmula de la matriz cuantificada está constituida por una conjunción de cláusulas.

4.° Se suprimen los cuantificadores existenciales por introducción de las funciones de Skolem de acuerdo con las normas siguientes:

—Si una variable cuantificada existencialmente no tiene a su izquierda ninguna variable cuantificada universalmente, se elimina el cuantificador existencial y se especifica la variable mediante una letra de constante. Así, por ejemplo:

$$\exists x\, \forall y\, \forall z\, (p(x, y) \vee q(x, z))$$

daría lugar a:

$$\forall y\, \forall z\, (p(a, y) \vee q(a, z))$$

—Si existen variables cuantificadas universalmente a la izquierda de la cuantificada existencialmente, se elimina ésta sustituyendo las apariciones de esta variable por una letra de función de las variables cuantificadas universalmente a la izquierda. Así, por ejemplo, en la fórmula:

$$\forall y\, \forall z\, \exists x\, (p(x, y) \vee q(x, y))$$

Se suprime x introduciendo en su lugar la función $f(y, z)$, resultando la fórmula sin cuantificador existencial:

$$\forall y\, \forall z\, [p(f(y, z), y) \vee q(f(y, z), y)]$$

> Las letras de funciones como f, que se emplean para sustituir los cuantificadores existenciales en la forma antedicha se denominan funciones de Skolem.

La aplicación sucesiva de las transformaciones 1.° a 4.° produce una estructura de fórmula de acuerdo con la definición de la forma normal de Skolem (o forma clausular). A continuación se ilustra el proceso con unos ejemplos.

Ejemplo 1.

Encontrar la fórmula en forma clausular correspondiente a:

$$A \rightleftarrows \forall x\, [p(x) \rightarrow \sim \forall y (q(x, y) \rightarrow \exists z\, p(z)) \wedge \forall y\, (q(x, y) \rightarrow r(t))]$$

Se aplican los pasos antedescritos:

1.° Se pone A en forma Prenex. (Se abrevia el proceso algunas veces, acumulando en un paso varias transformaciones válidas que se indican.)

1	$\vdash [q(x, y) \rightarrow \exists z\, p(z)] \leftrightarrow$ $\leftrightarrow \sim q(x, y) \vee \exists z\, p(z)$	Interdefinición $\rightarrow$, $\vee$
2	$\vdash \sim \forall y\, (q(x, y) \rightarrow \exists z\, p(z)) \leftrightarrow$ $\leftrightarrow \exists y \sim (q(x, y) \rightarrow \exists z\, p(z))$	Negación de $\forall$
3	$\vdash \sim \forall y\, (q(x, y) \rightarrow \exists z\, p(z)) \leftrightarrow$ $\leftrightarrow \exists y \sim (\sim q(x, y) \vee \exists z\, p(z))$	Intercambio 1, 2
4	$\vdash \sim (\sim q(x, y) \vee \exists z\, p(z)) \leftrightarrow$ $\leftrightarrow q(x, y) \wedge \sim \exists z\, p(z)$	De Morgan
5	$\vdash \sim \exists z\, p(z) \leftrightarrow \forall z \sim p(z)$	Interdefinición
6	$\vdash \sim (\sim q(x, y) \vee \exists z\, p(z)) \leftrightarrow$ $\leftrightarrow q(x, y) \wedge \forall z \sim p(z)$	Válida
7	$\vdash q(x, y) \wedge \forall z \sim p(z) \leftrightarrow$ $\leftrightarrow \forall z\, (q(x, y) \wedge \sim p(z))$	Válida
8	$\vdash \sim \forall y\, (q(x, y) \rightarrow \exists z\, p(z)) \leftrightarrow$ $\leftrightarrow \exists y\, \forall z\, (q(x, y) \wedge \sim p(z))$	Intercambio 7, 3, 4, 5, 6
9	$\vdash \forall y\, (q(x, y) \rightarrow r(t)) \leftrightarrow$ $\leftrightarrow \forall w\, (q(x, w) \rightarrow r(t))$	Cambio de variable
10	A	Fórmula de partida (se omite su escritura)
11	$\forall x\, [p(x) \rightarrow \exists y\, \forall z\, (q(x, y) \wedge \sim p(z)) \wedge$ $\wedge\, \forall w\, (q(x, w) \rightarrow r(t))]$	Intercambio 8, 9, 10
12	$\forall x\, [p(x) \rightarrow \exists y\, \forall z\, \forall w\, [q(x, y) \wedge$ $\wedge \sim p(z) \wedge (q(x, w) \rightarrow r(t))]]$	(Aplicación de la equivalencia correspondiente al paso de $\forall$ sobre la conjunción, y sucesivo intercambio en 11
13	$\forall x\, [p(x) \rightarrow \exists y\, \forall z\, \forall w\, [q(x, y) \wedge$ $\wedge \sim p(z) \wedge (\sim q(x, w) \vee r(t))]]$	Interdefinición «$\rightarrow$, $\vee$» e intercambio 12
14	$\forall x\, [\sim p(x) \vee \exists y\, \forall z\, \forall w\, [q(x, y) \wedge$ $\wedge \sim p(z) \wedge (\sim q(x, w) \vee r(t))]]$	Interdefinición «$\rightarrow$, $\vee$» e intercambio 13
15	$\forall x\, \exists y\, \forall z\, \forall w\, [\sim p(x) \vee [q(x, y) \wedge$ $\wedge \sim p(z) \wedge (\sim q(x, w) \vee r(t))]]$	Paso de $\exists y\, \forall z\, \forall w$ a la cabecera (el proceso formal es equivalencia e intercambio) 15

Esta última fórmula es equivalente a la fórmula A y está en forma Prenex.

2.° Cierre existencial.

La única variable libre es t, por tanto, el cierre existencial estaría constituido por la fórmula:

$$\exists t\ \forall x\ \exists y\ \forall z\ \forall w\ [\sim p(x) \vee [q(x, y) \wedge \sim p(z) \wedge (\sim q(x, w) \vee r(t))]]$$

El cierre existencial podría realizarse incluyendo $\exists t$ en cualquier otra posición en la secuencia de cuantificadores, sin embargo, como se verá en el paso 4.° el emplazamiento adoptado es el más conveniente para obtener una fórmula más simple en forma clausular.

3.° Transformación de la matriz cuantificada en forma clausular. Para ello se aplica a la fórmula resultante de 2.° una secuencia de transformaciones que permiten obtener una fórmula equivalente con la matriz en forma clausular.

En efecto:

$$\vdash \sim p(x) \vee [q(x, y) \wedge \sim p(z) \wedge (\sim q(x, w) \vee r(t))] \leftrightarrow$$
$$[(\sim p(x) \vee q(x, y)) \wedge (\sim p(x) \vee \sim p(z)) \wedge (\sim p(x) \vee \sim q(x, w) \vee r(t))]$$

(propiedad distributiva de $\vee$ respecto de $\wedge$).

Aplicando intercambio con el resultado de 2.°:

$$\exists t\ \forall x\ \exists y\ \forall z\ \forall w\ [(\sim p(x) \vee q(x, y)) \wedge (\sim p(x) \vee \sim p(z)) \wedge (\sim p(x) \vee \sim q(x, w) \vee r(t))]$$

esta última fórmula es equivalente a la resultante de 2.° y tiene la matriz de la fórmula cuantificada constituida por conjunción de disyunciones.

4.° Supresión de los cuantificadores existenciales; para suprimir $\exists t$ basta especificar t mediante una letra de constante, «a», ya que no tiene ninguna variable cuantificada universalmente a su izquierda; si, en cambio, en 2.° se hubiera introducido $\exists t$ en último lugar, para suprimirlo, de acuerdo con las reglas del proceso, sería preciso sustituir t por una función de x, z, w.

Para suprimir $\exists y$ se introduce la función $f(x)$.

De acuerdo con ello la fórmula asociada en forma normal de Skolem sería:

$$\forall x\ \forall z\ \forall w\ [(\sim p(x) \vee q(x, f(x))) \wedge (\sim p(x) \vee \sim p(z)) \wedge (\sim p(x) \vee \sim q(x, w) \vee r(a))]$$

Ejemplo 2.

$$B \leftrightharpoons \forall x\ [\sim p(x, a) \rightarrow \exists y\ [p(y, g(x)) \wedge \forall z(p(z, g(x)) \rightarrow p(y, z))]]$$

1.° Poner B en forma Prenex.

Se incluye la secuencia de fórmulas equivalentes sin escribir las equivalencias que sirven de base al proceso.

1	B	Fórmula de partida
2	$\forall x\ [p(x, a) \vee \exists y\ [p(y, g(x)) \wedge$ $\wedge\ \forall z\ (\sim p(z, g(x)) \vee p(y, z))]]$	Interdefinición $\rightarrow$, $\vee$
3	$\forall x\ [p(x, a) \vee \exists y\ \forall z\ [p(y, g(x)) \wedge$ $\wedge\ (\sim p(z, g(x)) \vee p(y, z))]]$	Paso de $\forall z$ sobre $\wedge$

4 $\forall x\, \exists y\, \forall z\, [p(x, a) \vee [p(y, g(x)) \wedge$
$\wedge\, (\sim p(z, g(x)) \vee p(y, z))]]$ Paso $\exists y\, \forall z$ sobre $\vee$

Esta fórmula está en forma de Prenex.

2.° No ha lugar al cierre existencial ya que todas las variables están ligadas.

3.° Transformación de la matriz en forma clausular:

5 $\forall x\, \exists y\, \forall z\, [(p(x, a) \vee p(y, g(x))) \wedge$
$\wedge\, (p(x, a) \vee \sim p(z, g(x)) \vee p(y, z))]$ Propiedad distributiva de $\vee$ respecto de $\wedge$

4.° Supresión de cuantificadores existenciales.

Se introduce $f(x)$ para suprimir $\exists y$, y se obtiene la fórmula correspondiente en forma normal de Skolem:

$$\forall x\, \forall z\, [(p(x, a) \vee p(f(x), g(x))) \wedge (p(x, a) \vee \sim p(z, g(x)) \vee p(f(x), z))]$$

TEOREMA:

Si una fórmula A es satisfacible, su forma normal de Skolem también es satisfacible y recíprocamente.

A continuación se demuestran ambas propiedades directa y recíproca, para ello se comprueba que se verifica entre las fórmulas origen y final de cada etapa del proceso:

1.° En el primer paso se obtiene una fórmula en forma Prenex, que como ya se demostró en el capítulo 6 es equivalente a la inicial, es decir: $\vdash A \leftrightarrow FNP(A)$.

Siendo, $FNP(A)$ la forma Prenex de A.

Evidentemente si existe una interpretación que satisface A también satisfará $FNP(A)$ ya que si así no fuera esta interpretación constituiría un contraejemplo de $A \leftrightarrow FNP(A)$, lo que no puede ocurrir por ser esta fórmula válida. Análogo razonamiento puede aplicarse para la propiedad recíproca.

2.° En este paso se realiza el cierre existencial de $FNP(A)$. Es decir, si la fórmula resultante del paso anterior es de la forma $B(y)$ con y libre, la fórmula resultante sería $\exists y\, B(y)$.

Directa:

Si una interpretación satisface $B(y)$, ello quiere decir que en el dominio de interpretación existe algún elemento que asignado a y satisface $B(y)$ y, por tanto, esta misma interpretación satisface $\exists y\, B(y)$.

Recíproca:

Si existe una interpretación que satisface $\exists y\, B(y)$, ello quiere decir que en esa misma interpretación hay algún elemento del dominio que verifica $B(y)$ y, por tanto, asignando a y como significado, este elemento se obtendría como una interpretación que satisfaría $B(y)$.

Por tanto, la relación entre fórmulas asociadas en este paso hace que si la fórmula de entrada en el mismo es satisfacible también lo es la de salida y recíprocamente por ello si se demuestra que esta última es insatisfacible también lo sería la de entrada.

3.° En este paso se realiza la transformación de la matriz de la fórmula para pasar a forma clausular, como el proceso aplicado es una sucesión de aplicaciones de equivalencias mediante la regla de intercambio, la fórmula de salida del paso equivale a la de entrada (es decir, la equivalencia de ambas es una fórmula válida) y, por tanto, se verifica la propiedad a demostrar por consideraciones idénticas a las de 1.°.

4.° En esta etapa se suprimen los cuantificadores existenciales mediante las funciones de Skolem, la demostración de la propiedad sería la siguiente. Se demuestra con un ejemplo que no resta generalidad al razonamiento.

Sea la fórmula:

$$\forall x_1 \, \forall x_2 \, \exists x_3 \, A(x_1, x_2, x_3)$$

Directa:

Si existe una interpretación que satisface $\forall x_1 \, \forall x_2 \, \exists x_3 \, A(x_1, x_2, x_3)$, existe una interpretación que satisface $\forall x_1 \, \forall x_2 \, A(x_1, x_2 \, f(x_1, x_2))$.

En efecto, sea I la interpretación que satisface la primera fórmula, ello quiere decir que para cualquier par de elementos del dominio asignados a x_1, x_2 puede encontrarse un subconjunto no vacío de elementos que asignados a x_3 verifican $A(x_1, x_2, x_3)$. Para construir en este dominio una interpretación que satisfaga la segunda fórmula basta interpretar la letra de función f, asignándole una función construida de la forma siguiente:

A cada par de valores de x_1, x_2 se hace corresponder como valor de la función uno de los elementos del subconjunto no vacío de valores de x_3 que por hipótesis de satisfacibilidad de la primera fórmula hacen verdad $A(x_1, x_2, x_3)$.

La función construida de esta manera satisface $A(x, y, z)$ y, por tanto, satisface la segunda fórmula.

Recíproca:

Si existe una interpretación que satisface $\forall x_1 \, \forall x_2 \, A(x_1, x_2, f(x_1, x_2))$, también existe una interpretación que satisface $\forall x_1 \, \forall x_2 \, \exists x_3 \, A(x_1, x_2, x_3)$; en efecto, si la primera es satisfacible, para cada pareja de elementos x_1, x_2 existe al menos uno definido por la función con que se interpreta f que, atribuido a x_3, verifica $A(x_1, x_2, x_3)$, luego esta interpretación también satisface la segunda fórmula.

Por tanto, si la función de entrada es satisfacible lo es la de salida y recíprocamente, como en cada paso del proceso se verifica la propiedad entre las fórmulas a la entrada y salida del mismo queda demostrado el teorema (la demostración basada en predicado de tres plazas es obviamente generalizable).

Si una fórmula es satisfacible su formal normal de Skolem asociada (que de acuerdo con el proceso descrito no es única) también lo es y recíprocamente. Esto hace que si una fórmula es insatisfacible también lo sea su forma normal de Skolem asociada y recíprocamente. En efecto, si existiera una interpretación que satisfaciera una, por los razonamientos anteriores, satisfaría también la otra, por tanto, el teorema demostrado puede también enunciarse en el sentido de que la insatisfacibilidad de una fórmula acarrea necesariamente la de su forma normal de Skolem asociada, y recíprocamente.

Conviene subrayar que la formal normal de Skolem de una fórmula no se obtiene por un proceso deductivo, si no por una serie de transformaciones (algunas de ellas de tipo deductivo) que preservan esta igualdad de condiciones, respecto de la insatisfacibilidad.

Este resultado permite a partir de ahora plantear el análisis de la satisfacibilidad de una fórmula suponiendo ésta en forma clausular, sin pérdida de generalidad.

3. Universo de Herbrand

Para probar si una fórmula es válida el procedimiento que se va a emplear es comprobar que su negación es insatisfacible, si esto ocurre toda interpretación produce valor falso en la negación de la fórmula y, por tanto, satisface a la fórmula de partida.

En el caso de deducciones para demostrar que $P_1, P_2 \dots P_n \Rightarrow Q$ es correcta, basta comprobar que $P_1 \wedge P_2 \wedge \dots P_n \wedge \sim Q$ es insatisfacible ya que si existiera un modelo de esta fórmula sería un contraejemplo de la deducción.

Sin embargo, comprobar que una fórmula es insatisfacible exige también evaluarla para todas las interpretaciones posibles, lo que continua siendo tan inviable como la comprobación de validez. No obstante, este planteamiento del análisis de validez a partir del de insatisfacibilidad, permitió a Herbrand definir un universo que realmente constituye un formato de dominio abstracto, para el que, como luego se comprobará, si una fórmula no es satisfacible en este universo, tampoco lo es en cualquier dominio concreto.

El universo de Herbrand se construye a partir del conjunto de letras de constante y de función que aparecen en la fórmula que se estudia, de la forma siguiente.

Si se definen a partir de la fórmula los conjuntos:

$C = \{\text{todas las letras de constante}\}$
$F = \{\text{todas las letras de función}\}$

el universo H está formado por la unión de los conjuntos H_0, $H_1 \dots H_i$,

$$H = H_0 \cup H_1 \cup H_2 \cup H_3 \dots \cup H_i \dots$$

Cada elemento de la serie H_i se define de la forma siguiente:

H_0 es el conjunto C de constantes de la fórmula si C está vacío se crea al menos una, designada, por ejemplo, por la letra a.

H_i se construye a partir de los elementos de $H_{i-1}, H_{i-2}, \dots, H_1$ aplicando las letras de función de F a sus elementos de todas las formas posibles.

A continuación se ilustra esta definición con algunos ejemplos; dado que el tipo de fórmulas a emplear se supone de entrada en forma clausular se prescindirá de los cuantificadores en cabeza y de la conjunción entre cláusulas, representándose por tanto, una fórmula como un conjunto de cláusulas separadas por comas, es decir:

$$\forall x \, [p(a) \wedge (\sim p(x) \vee q(f(x)))]$$

se presentará en la forma:

$$\{p(a), \sim p(x) \vee q(f(x))\}$$

Ejemplo 1.

Obtención del universo de Herbrand correspondiente a la fórmula anterior.
Los conjuntos de base son:

C = conjuntos de constantes = $\{a\}$
F = conjunto de funciones = $\{f\}$

La serie H_i es:

$$H_0 = \{a\}$$

H_1 se construye a partir de H_0 y de la aplicación a los elementos de H_0 de la función f.

$$H_1 = \{f(a)\}$$

Análogamente:

$$H_2 = \{f(f(a))\}$$

y, por tanto:

$$H = \{a, f(a), f(f(a)), f(f(f(a))) \ldots\}$$

Ejemplo 2.

Si en la fórmula anterior no hubiera letra de función, es decir, tuviera la forma:

$$\{p(a), p(x) \vee q(y)\}$$

El universo de Herbrand sería:

$$H = \{a\}$$

Por tanto, el universo de Herbrand sólo es infinito cuando aparecen letras de función en los términos.

Ejemplo 3.

Asimismo si no apareciera letras de constante:

$$\{p(x), p(z) \vee q(y)\}$$

el universo sería el mismo (se crearía una letra de constante):

$$H = \{a\}$$

Ejemplo 4.

Si la fórmula es:

$$\{p(f(x)), r(w, f(y)) \vee q(x, f(x, y))\}$$

$$C = \{a\}, \ F = \{f, g\}$$

Al existir dos funciones, el proceso es más complejo, resultando:

$H = \{a, f(a), g(a, a), f(f(a)), f(g(a, a)), g(a, f(a)), g(f(a), a), g(f(a), f(a)), g(a, g(a, a)), g(g(a, a), a), g(g(a, a), g(a, a)), g(f(a), g(a, a)), g(g(a, a), f(a)), \text{etc.}\}$

Ejemplo 5.

$$\{p(a, x), q(x, g(x, y)) \vee r(b, y)\}$$

En este caso:

$$C = \{a, b\}; \ F = \{g\}$$

$H = \{a, b, g(a, a), g(a, b), g(b, a), g(b, b), g(a, g(a, a)), g(a, g(a, b)), g(a, g(b, a)), g(a, g(b, b)), \ldots\}$

4. Interpretaciones de Herbrand

Como puede verse, el conjunto H es abstracto ya que según la asignación concreta de objetos a las letras de constantes, pertenecientes a un dominio real así como de funciones definidas en este dominio, a las letras de función, pueden obtenerse distintos conjuntos resultantes para H. El dominio H, por tanto, *es un formato o estructura de dominio en el que puede definirse una interpretación de la fórmula que ha dado origen al universo de Herbrand denominada interpretación H* o interpretación Herbrand, para ello se introducen las siguientes definiciones:

—Se denomina instancia básica de una cláusula al resultado de asignar a las variables libres de la misma elementos del universo de Herbrand.

—Se denomina átomo básico a la fórmula resultante de asignar elementos del universo de Herbrand a las variables libres de los predicados atómicos de un conjunto de cláusulas.

—Se denomina base de Herbrand, asociada a una fórmula (conjunto de cláusulas) al conjunto de todos los átomos básicos posibles. Es decir, está constituida por todas las fórmulas resultantes de sustituir las variables libres de los predicados atómicos por todos los elementos del universo de Herbrand.

De acuerdo con las definiciones anteriores una interpretación H se realiza en la forma siguiente:

1. A las constantes de la fórmula se asignan sus mismas letras, que por definición aparecen en el universo de Herbrand.

2. A cada letra de función de n variables se asigna una aplicación $H^n \rightarrow H$, precisamente aquella que a los símbolos $h_1, h_2, \ldots h_n$ hace corresponder el símbolo $f(h_1, h_2, \ldots h_n)$. De esta forma en un dominio cualquiera D si se interpretan $h_1, h_2, \ldots h_n$ por $a_1, a_2, \ldots a_n$ y f por la función f^* en D el elemento $f(h_1, h_2, \ldots h_n)$ resultara interpretado por $f^*(a_1, a_2, \ldots a_n)$.

3. Para interpretar los predicados basta asignar significados a los átomos de la base de Herbrand, ya que, por definición, en ella aparecen todos los casos posibles de asignación a las letras de término de los predicados atómicos de los elementos del universo de Herbrand. Por tanto, si la base de Herbrand de la fórmula está constituida por

$$BH = \{A_1, A_2, A_3, \ldots, A_m, \ldots\}$$

una interpretación de los predicados que constituyen la fórmula quedará totalmente definida al asignar V, F a los A_i. Así, por ejemplo, una interpretación sería la indicada en la tabla adjunta. Para simplificar la notación se conviene en escribir $\sim A_i$ cuando en la interpretación que se trata se asigna F al átomo A_i y A_i cuando se asigna V. De acuerdo con este convenio, la interpretación definida en la tabla se escribe en la forma:

$$I = A_1, A_2, \sim A_3, A_4, \ldots, \sim A_m, \ldots$$

Atomo	*Significado*
A_1	V
A_2	V
A_3	F
A_4	V
......	......
......	......
A_m	F

Ejemplo.

Sea la fórmula:

$$F = \{p(x, g(y)) \vee r(y), r(g(x)) \vee p(x, y)\}$$

El universo de Herbrand correspondiente es:

$$H = \{a, g(a), g(g(a)), g(g(g(a))), ...\}$$

Si se utiliza la notación:

$$g_m(a)$$

aplicación de la función g, m veces, es decir:

$$g_1(a) = g(a), g_2(a) = g(g(a)), \text{etc.}$$

la estructura de H sería:

$$H = \{a, g_1(a), ..., g_m(a), ...\}$$

La base de Herbrand está constituida por todas las asignaciones posibles de los elementos de BH a las plazas x y z de los predicados $p(x, y)$, $r(z)$.

$$BH = \{p(a, a), r(a), p(a, g_1(a)), p(g_1(a), a), p(g_1(a), g_1(a)), r(g_1(a)), p(a, g_2(a)), p(g_2(a), a), p(g_2(a), g_2(a)), p(g_1(a), g_2(a)), p(g_2(a), g_1(a)), r(g_2(a)), ...\}$$

Una interpretación H vendría definida por una asignación a g de una aplicación $H \rightarrow H$, ya que a la letra a se asigna ella misma. Esta hace corresponder a cada elemento h el elemento $g(h)$, que por construcción de H, forma también parte de éste último. Por último, a los átomos de BH se asignan los significados:

$$I = \{p(a, a), r(a), \sim p(a, g_1(a)), \sim p(g_1(a), a), p(g_1(a), g_1(a)), \sim r(g_1(a)), \sim p(a, g_2(a)), p(g_2(a), a), ...\}$$

De acuerdo con esta definición la fórmula resultaría falsa ya que la segunda cláusula interpretada:

$$x \leftrightarrows a \qquad y \leftrightarrows g_1(a)$$

es

$$r(g_1(a)) \vee p(a, g_1(a))$$

Como ambos átomos son falsos según la interpretación de la base BH la cláusula es falsa y, por tanto, también lo será la conjunción con la primera. Como por estar la fórmula en forma normal de Skolem se presupone la cuantificación universal, la fórmula no se satisface por esta interpretación.

TEOREMA:

Dada una fórmula y una interpretación I de la misma en un dominio concreto D, siempre puede definirse a partir de ella una interpretación I^* en el universo de Herbrand correspondiente a ella, construida interpretando según I la base de Herbrand de la fórmula.

Para ello, teniendo en cuenta que en la base BH aparecen todos los predicados atómicos de la fórmula especificados para letras de constantes y funciones de dichas constantes, se aplica el siguiente proceso:

—A las letras de constante se le asigna el elemento de D que les corresponde en I.

—A las letras de función se les asigna la función correspondiente en I, por ello de acuerdo con la definición de la interpretación Herbrand, los términos con letra de función se interpretan por los términos resultantes de aplicar la función que interpreta el símbolo de función a los elementos con que se interpretan los términos. Por tanto, todo elemento de H se interpreta por algún elemento de D.

—A cada átomo de la base se le asigna el significado resultante de realizar las asignaciones anteriores y utilizar la tabla de la interpretación de cada letra de predicado por una relación concreta en D.

Si se aplica esta interpretación I^*, construida de esta forma, a la fórmula, necesariamente producirá el mismo efecto que I, ya que si así no fuera, como todo elemento de H se interpreta por un elemento de D, algún átomo de la fórmula estaría evaluado de distinta forma en I^* e I, lo que no es posible ya que, por definición, los átomos de I^* se han evaluado según I de acuerdo con el proceso antedescrito. A continuación se ilustra el método de obtención de I^*.

Sea la fórmula del ejemplo anterior que se interpreta en un dominio de tres objetos $D = \{1, 2, 3\}$.

La función g se interpreta así:

x	$g(x)$
1	2
2	3
3	1

La letra de constante «a» se interpreta por 1.

Los predicados se interpretan de acuerdo con las tablas siguientes de asignación de valores de verdad:

x	y	$p(x, y)$	x	$r(x)$
1	1	V	1	V
1	2	V	2	F
1	3	F	3	V
2	1	F		
2	2	V		
2	3	F		
3	1	V		
3	2	F		
3	3	V		

De acuerdo con esto la base de Herbrand se interpreta en la forma siguiente:

$p(a, a) = p(1, 1) \rightleftarrows$ Verdad
$r(a) = r(1) \rightleftarrows$ Verdad
$r(g_1(a)) = r(2) \rightleftarrows$ Falso
$p(a, g_1(a)) = p(1, g_1(1)) = p(1, 2) \leftrightarrows$ Verdad
$r(g_2(a)) = r(3) \leftrightarrows$ Verdad
$p(g_1(a), a) = p(g_1(1), 1) = p(2, 1) \leftrightarrows$ Falso
$r(g_3(a)) = r(1) \leftrightarrows$ Verdad
$p(g_1(a), g_1(a)) = p(2, 2) \leftrightarrows$ Verdad
$p(a, g_2(a)) = p(1, g(g(1))) = p(1, g(2)) = p(1, 3) \leftrightarrows$ Verdad
$p(g_2(a), a) = p(3, 1) \leftrightarrows$ Verdad
$p(g_2(a), g_2(a)) = p(3, 3) \leftrightarrows$ Verdad
$p(g_2(a), g_1(a)) = p(3, 2) \leftrightarrows$ Falso
$p(g_1(a), g_2(a)) = p(2, 3) \leftrightarrows$ Falso

Por tanto, una H-interpretación correspondiente a I sería:

$$I^*(BH) = \{p(a, a), r(a), p(a, g_1(a)), \sim p(g_1(a), a), p(g_1(a), g_1(a)), \sim r(g_1(a)), p(a, g_2(a)),$$
$$p(g_2(a), a), p(g_2(a), g_2(a)), \sim p(g_1(a), g_2(a)), \sim p(g_2(a), g_1(a)), \ldots\} \quad (1)$$

Si en lugar de asignar 1 a la letra «a» se asigna 2 ó 3 se obtendría otras dos H-interpretaciones; es decir, si el dominio D tiene más de un elemento puede haber varias interpretaciones H correspondientes a I. Una evaluación de la fórmula según I^* sería:

$$x \leftarrow a \qquad y \leftarrow a$$

con lo que ambas cláusulas serían:

$$p(a, g(a)) \vee r(a), r(g(a)) \vee p(a, a)$$

que de acuerdo con los significados asignados a la base de Herbrand son ambas verdad, este resultado es coherente con el que se obtendría en I asignado el elemento 1 a las variables x e y con lo que resulta:

$$p(1, 2) \vee r(1), r(2) \vee p(1, 1)$$

que, evidentemente, produce la misma evaluación.

Obsérvese que la interpretación (1) de la base de Herbrand puede resultar de otras interpretaciones en otros dominios. Las H-interpretaciones son, por tanto, «formas» abstractas que representan clases de interpretaciones, constituyen por tanto un elemento de normalización de la estructura de los dominios interpretativos de manera similar a como la forma Prenex es un elemento de normalización de la estructura de las fórmulas.

La relación entre ambas interpretaciones I e I^* es tal que a cada elemento del universo de Herbrand se hace corresponder un único elemento de D, es decir, se define una aplicación $H \rightarrow D$, de forma que la imagen de un elemento de H se obtiene bien por asignación directa de las letras de constante o por aplicación repetida de funciones, de forma que posteriormente se obliga a que el significado resultante de interpretar un predicado con elementos de H sea el mismo que el obtenido al interpretarlo con los elementos de D a imagen de los de H.

En el caso del ejemplo la correspondencia se establece a través de la tabla de la función g y la asignación a la letra «a» del elemento «I» del dominio D. La aplicación viene definida por la norma:

a, $g_3(a)$, ... $g_{3n}(a)$ ... tienen como imagen 1.
$g_1(a)$, $g_4(a)$, ... $g_{3n+1}(a)$ ... tiene como imagen 2.
$g_2(a)$, $g_5(a)$, ... $g_{3n+2}(a)$ ... tiene como imagen 3.

La atribución de significado a los átomos se ha realizado precisamente con la condición de que su significado atribuido por I^* sea el mismo que I atribuye a la interpretación del predicado por sus imágenes, de acuerdo con la correspondencia anterior.

Un ejemplo con universo de Herbrand finito sería el siguiente:

$$\{p(x) \vee q(y), r(x, y)\}$$

en este caso al no existir funciones el universo de Herbrand es:

$$H = \{a\}$$

La base de Herbrand es:

$$BH = \{p(a), q(a), r(a, a)\}$$

En el dominio D anterior, se define la siguiente interpretación:

x	y	$r(x, y)$	x	$p(x)$	$q(x)$
1	1	V	1	V	F
1	2	V	2	V	V
1	3	F	3	F	F
2	1	F			
2	2	F			
2	3	V			
3	1	V			
3	2	F			
3	3	V			

Para esta interpretación pueden definirse las siguientes tres H-interpretaciones, una por cada posible asignación a la letra «a» (en este caso la aplicación se reduce a la definición del correspondiente de «a»).

$$I_1^* = \{p(a), \sim q(a), r(a, a)\}$$
$$I_2^* = \{p(a), q(a), \sim r(a, a)\}$$
$$I_3^* = \{\sim p(a), \sim q(a), r(a, a)\}$$

TEOREMA:

Si una fórmula es satisfacible existe al menos una interpretación H que la satisface.

Para ello, basta comprobar que si existe una interpretación I que satisface una fórmula, cualquiera de las interpretaciones H correspondientes a I también la satisface.

Lema previo:

Al interpretar el universo de Herbrand según I se obtiene un dominio $H(D)$ que es un subconjunto de D.

En efecto, en I se asignan determinados elementos de D a las letrás de constante, y funciones $D^n \to D$ a las letras de función, por tanto, el dominio resultante de interpretar H está formado por elementos de D ya que se obtienen por aplicación de las funciones definidas en D.

Demostración del teorema:

Si I es una interpretación que satisface una fórmula F, esto quiere decir que la asignación de significados a las letras de predicado es tal que para una determinada asignación de elementos de D a las letras de constante y la asignación de todo el dominio de D a las letras de variable satisface a la fórmula (ya que, se recuerda, las variables, por suponerse la fórmula en forma clausular, están cuantificadas universalmente), por tanto, en la interpretación H de la fórmula mediante las mismas constantes referidas al subconjunto de D, $H(D)$, si la fórmula era satisfacible en D lo será en $H(D)$ y, por tanto, la interpretación H obtenida asignando significados a la base de Herbrand a partir de I de la forma descrita en los párrafos anteriores, satisface a la fórmula.

Ejemplo.

En la fórmula $\forall x \; \forall y \; (p(a) \vee q(x)) \wedge (r(x, y))$ si se define una interpretación I en $D = \{1, 2\}$ de forma:

x	$p(x)$	$q(x)$	x	y	$r(x, y)$	$a \leftarrow 1$
1	V	F	1	1	V	
2	F	V	1	2	V	
			2	1	V	
			2	2	V	

Satisface a la fórmula ya que $p(a) \vee q(x)$ es válida en D y lo mismo ocurre con $r(x, y)$.

El universo de Herbrand es $H = \{a\}$ cuya interpretación para $a = 1$ es el conjunto $H(D) = \{1\} \subseteq D$. En este universo $r(x, y)$ también es válida ya que $r(1, 1)$ es V y también $p(a) \vee q(x)$.

La base de Herbrand es:

$$B(H) = p(a), q(a), r(a, a)$$

De acuerdo con esto la interpretación de Herbrand que satisface la fórmula es la correspondiente en la base de Herbrand a estas asignaciones de significados.

$$I^* = \{p(a), \sim q(a), r(a, a)\}$$

Como consecuencia del anterior se obtiene el siguiente.

TEOREMA:

Una fórmula F (conjunto de cláusulas) es insatisfacible si y sólo si es falsa para todas las interpretaciones H.

El directo es evidente, como consecuencia del concepto de satisfacibilidad, al ser una interpretación Herbrand un formato de interpretaciones si F es insatisfacible, debe ser falsa para cualquier interpretación H, ya que si así no fuera, y hubiera alguna interpretación H que satisficiera la fórmula, ésta podría concretarse sobre un dominio cualquiera y se obtendría una interpretación real que satisface la fórmula.

El recíproco también se verifica, en efecto, si una fórmula fuera insatisfacible por cualquier interpretación H, no podría existir ninguna interpretación I que satisfaciera F, ya que, de acuerdo con el teorema anterior, podría construirse a partir de ella una interpretación H que satisfaciera la fórmula lo que no puede ser por hipótesis.

Este último teorema es fundamental ya que reduce el problema de enumerar las interpretaciones de una fórmula a efectos de insatisfacibilidad al de generar las interpretaciones H, lo que puede hacerse en forma sistemática como se verá en los siguientes apartados.

5. Teorema de Herbrand

Como consecuencia del teorema final del apartado anterior la comprobación de la satisfacibilidad de una fórmula se reduce a la exploración de todas las posibles interpretaciones de la base de Herbrand y su efecto en las distintas cláusulas. La forma de representar la combinatoria de todas estas interpretaciones es un árbol semántico binario, construido de arriba a abajo de la forma siguiente:

Si la base de Herbrand es: $\{A_1, A_2, A_3, A_4, ..., A_n, ...\}$.

En el primer nivel a partir de la raíz se construyen dos ramas, una correspondiente a A_1 interpretado verdad y otra a A_1 interpretado falso (con el convenio de notación A_1, $\sim A_1$).

A cada uno de los nodos del segundo nivel se les aplica el mismo tratamiento referido al átomo A_2 y a los nuevos nodos lo mismo, sucesivamente. De esta forma se produce un árbol semántico del tipo de la figura.

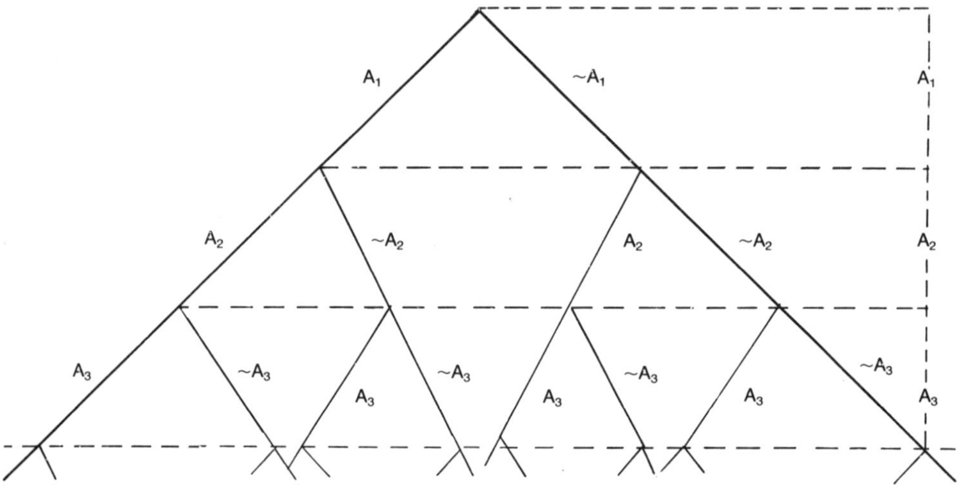

Un camino en este árbol constituye una interpretación H y en él aparecen todas las interpretaciones posibles a plantear en el universo de Herbrand.

En relación con la fórmula de partida, para construcción de este universo pueden hacerse las siguientes definiciones:

—Un nodo de fallo es aquel en que el conjunto de asignaciones de significados a los átomos A_i correspondientes al camino que conduce al nodo desde la raíz falsifica por primera vez alguna cláusula, es decir, de acuerdo con la definición de instancia de base, un nodo de fallo es aquel en que el camino hasta él desde la raíz no satisface alguna instancia de base y esto no ocurre con el nodo antecedente. Con notación matemática, puede definirse el nodo de fallo de la forma siguiente:

—Se asigna $I(N)$ la interpretación parcial correspondiente al tramo del árbol semántico hasta el nodo N.
—Se designa N' el nodo antecedente de N.

El nodo N es un nodo de fallo si $I(N)$ falsifica alguna cláusula e $I(N')$ no.

—Si una fórmula es insatisfacible todos los caminos de su árbol semántico tendrán un nodo de fallo y, cuando esto ocurre se dice que el árbol es cerrado.
—En un árbol, el grado de un vértice es el número de vértices siguientes, en el caso de los árboles semánticos, el grado de todos los vértices es finito e igual a 2.

Para demostrar el teorema de Herbrand se utiliza el lema de König ya demostrado: En todo árbol infinito orientado, con vértices de grado finito, existe al menos un camino infinito desde la raíz.

Con notación matemática, si se numeran los nodos N_0, N_1, N_2, ..., N_p, ..., el lema afirma que existe una sucesión infinita N_0, N_r, N_s, N_p, N_q, ... de vértices, en donde N_0 es la raíz y cada vértice es siguiente en el árbol, del anterior.

De acuerdo con lo anterior se demuestra el siguiente teorema previo al de Herbrand, referido al árbol semántico de una fórmula.

TEOREMA:

La condición necesaria y suficiente para que una fórmula (conjunto de cláusulas) sea insatisfacible es que su árbol semántico sea cerrado, y finito el árbol resultante de no tener en cuenta los nodos descendientes de cada nodo de fallo.

a) Condición necesaria: Si la fórmula es insatisfacible el árbol semántico es cerrado y finito el árbol limitado por los nodos de fallo.
   Al ser la fórmula insatisfacible en todos los caminos del árbol, éste será cerrado. Además, el árbol resultante de limitar en el árbol semántico cada camino por su correspondiente nodo de fallo, debe ser finito ya que si así no fuera, por ser sus vértices de grado finito, según el lema de König, existiría al menos un camino infinito y para la interpretación correspondiente a ese camino la fórmula no sería insatisfacible, ya que no tendría nodo de fallo, lo que no puede ocurrir por hipótesis.
b) Condición suficiente: Si el árbol semántico es cerrado la fórmula es insatisfacible.
   Al ser el árbol cerrado no existe ninguna interpretación H que satisfaga la fórmula y, por tanto, no puede existir ninguna interpretación que la satisfaga de acuerdo con el último teorema del apartado 4. El árbol será además finito por razonamiento similar al de a).

A partir de este teorema previo puede enunciarse el *Teorema de Herbrand:*

La condición necesaria y suficiente para que una fórmula sea insatisfacible es que exista un conjunto finito de instancias de base de las cláusulas de la fórmula que sea insatisfacible.

a) Condición necesaria: Si la fórmula es insatisfacible existe un conjunto finito de instancias de base de las cláusulas de la fórmula que es insatisfacible.
En efecto, si la fórmula es insatisfacible existe un árbol finito obtenido a partir del árbol semántico prescindiendo de los nodos descendientes de los nodos de fallo; al ser este árbol finito, el conjunto de nodos de fallo también será finito y como a cada nodo de fallo, por definición, se asocia al menos una instancia de base falseada, el número de éstas será finito, y su conjunción insatisfacible.
b) Condición suficiente: Si existe un conjunto finito insatisfacible de instancias de base, la fórmula es insatisfacible:
Sea C el conjunto insatisfacible de instancias de base (es decir, no existe ninguna interpretación que satisfaga todas las instancias de base). Cada interpretación I de la fórmula contiene una interpretación de las instancias de base, ya que al ser estas fórmulas resultantes de sustituir los elementos del universo de Herbrand en las cláusulas de la fórmula, pueden ser objeto de interpretación en dominios concretos al interpretar el universo de Herbrand. Al ser el conjunto de instancias de base insatisfacible ninguna interpretación I puede satisfacer la conjunción de instancias básicas; por tanto cada camino del árbol semántico debe tener un nodo de fallo para el conjunto de instancias básicas. Dado que las variables libres de las cláusulas están cuantificadas universalmente, cada nodo de fallo del conjunto de instancias falsea el conjunto de cláusulas, luego el árbol semántico del conjunto de cláusulas es también cerrado y, por tanto, éstas son insatisfacibles.

6. Métodos de deducción automática basados directamente en el teorema de Herbrand

El teorema de Herbrand constituye una base para el planteamiento de algoritmos que permitan detectar si una fórmula es insatisfacible, todos ellos buscan conjuntos no vacíos de instancias de base y comprueban si son insatisfacibles. De acuerdo con el teorema basta encontrar uno de estos conjuntos para decidir que la fórmula es insatisfacible.

La estructura general de este tipo de algoritmos es la siguiente (todos parten de la fórmula descompuesta en un conjunto de cláusulas):

1) Generación del universo de Herbrand.
2) Para cada nivel de este universo, sustitución de todas las formas posibles de los elementos del universo en cada cláusula para generar todas sus instancias de base.
3) Generación de combinaciones de las distintas instancias de base obtenidas para cada cláusula y comprobación de la satisfacibilidad.

Normalmente el proceso sistemático de generación de instancias de base y sus combinaciones se realizan en secuencia con el proceso de comprobación de cada combinación, de forma que no sea preciso generar previamente todas las combinaciones de instancias de base antes del proceso de comprobación.

Estos métodos que tienen el inconveniente de la necesidad de enumerar explícitamente las instancias de base se diferencian en el método de comprobación de la insatisfacibilidad de un conjunto de instancias. Dado el número de veces que debe repetirse este proceso (una por cada combinación) es importante que sea rápido a efectos del rendimiento global del algoritmo. A continuación se presentan tres procedimientos de comprobación:

—Gilmore.
—Davis y Putnam.
—Resolución.

Aunque también basado en el teorema de Herbrand, Robinson planteó el método de unificación y resolución que evita la enumeración implícita de las instancias de base, esta técnica se describe en el capítulo siguiente.

6.1. *Método de Gilmore*

Este procedimiento opera cada conjunción de instancias con que se estudia la fórmula en *FNS* aplicando la propiedad distributiva de la conjunción respecto de la disyunción transformándola en disyunción de conjunciones de los átomos del universo *H*. Si la fórmula es insatisfacible debe aparecer una contradicción en cada una de las conjunciones, es decir, debe aparecer en cada una de ellas al menos un átomo en conjunción con su negación.

La transformación de la conjunción de cláusulas en disyunción de conjunciones es siempre factible de acuerdo con las equivalencias demostradas para las conectivas. A continuación se presentan unos ejemplos.

Ejemplo 1.

Comprobar que es insatisfacible el conjunto de cláusulas:

$$\{p(x),\ \sim p(f(x))\}$$

El universo de Herbrand es:

$$H = \{a,\ f(a),\ f(f(a)),\ \ldots\}$$

La lista de instancias de base para cada cláusula es:

$p(x)$	$p(f(x))$
$p(a)$	$\sim p(f(a))$
$p(f(a))$	$\sim p(f(f(a)))$
$p(f(f(a)))$	$\sim p(f(f(f(a))))$

De acuerdo con el teorema de Herbrand las conjunciones potencialmente insatisfacibles son:

$$p(a) \wedge \sim p(f(a)),\ p(a),\ \wedge \sim p(f(f(a))),\ ...,$$
$$\underline{p(f(a)) \wedge \sim p(f(a))},\ p(f(a)) \wedge \sim p(f(f(a))),\ \text{etc...}$$

En este caso no ha lugar a transformar la fórmula en una disyunción de conjunciones ya que ésta constituye una única conjunción, algunas de cuyas interpretaciones H son contradicciones (se subraya la primera), por ello la fórmula es insatisfacible.

Ejemplo 2.

Comprobar que es insatisfacible el conjunto de cláusulas:

$$\{\sim p(x) \vee q(f(x), x),\ p(a),\ \sim q(y, z)\}$$

El universo de Herbrand es:

$$H = \{a,\ f(a),\ f(f(a)),\ ...\}$$

Las instancias de base de la primera cláusula son:

1 $\sim p(a) \vee q(f(a), a)$
2 $\sim p(f(a)) \vee q(f(f(a)), f(a))$
3 $\sim p(f(f(a))) \vee q(f(f(f(a))), f(f(a)))$

La segunda cláusula es constante: $p(a)$ es la instancia de base única.
La tercera cláusula al tener dos variables:

1 $\sim q(a, a)$
2 $\sim q(a, f(a))$
3 $\sim q(f(fa), a)$
4 $\sim q(f(a), f(a))$

Se forman combinaciones de cada instancia de base de la primera cláusula con todas las de la tercera ya que la segunda es constante.

Las conjunciones posibles y sus equivalentes disyunciones son:

$$[\sim p(a) \vee q(f(a), a)] \wedge p(a) \wedge \sim q(a, a) \leftrightarrow$$
$$\leftrightarrow [(\sim p(a) \wedge p(a) \wedge \sim q(a, a)) \vee (q(f(a), a) \wedge p(a) \wedge \sim q(a, a))]$$

Esta última fórmula tiene el formato objetivo del método del Gilmore, ya que está constituida por la disyunción de dos conjunciones, en la primera aparecen $p(a)$ y $\sim p(a)$, por tanto, es contradictoria, sin embargo, como en la segunda no se presenta este caso es preciso continuar el análisis estudiando una nueva instancia de base de $\sim q(y, z)$:

$$[\sim p(a) \vee q(f(a), a)] \wedge p(a) \wedge \sim q(f(a), a) \leftrightarrow$$
$$\leftrightarrow [(\sim p(a) \wedge p(a) \wedge \sim q(f(a), a)) \vee (q(f(a), a) \wedge p(a) \wedge \sim q(f(a), a))]$$

En este caso las dos conjunciones en que se transforma la disyunción son contradictorias, puesto que en una aparecen $p(a)$ y $\sim p(a)$ y en la otra, $q(f(a), a)$ y $\sim q(f(a), a)$, por tanto, toda la disyunción y su correspondiente conjunto de cláusulas es insatisfacible.

6.2. *Método de Davis-Putnam*

El método de Gilmore puede ser aplicable cuando, como en los ejemplos anteriores, no es demasiado importante el número de átomos de cada cláusula ni el número de cláusulas, ya que, de otra forma, el proceso de formación de las conjunciones y el barrido de cada una de ellas para detectar las contradicciones puede ser muy prolijo. Davis y Putnam propusieron un procedimiento simplificado de detectar estas contradicciones que permite decidir si un conjunto de instancias de base es insatisfacible mediante un proceso más eficiente. Para ello se definen una serie de reglas que permiten pasar de la conjunción de cláusulas inicial a otras fórmulas más sencillas que verifican la condición de que si estas son insatisfacibles también lo es la inicial y recíprocamente. Para simplificar la descripción de las reglas se utilizará la referencia a los átomos de base, como «literales» siguiendo la nomenclatura de Davis y Putnam. Las reglas son las siguientes:

A. *Eliminación de tautologías.*

Se elimina del conjunto de instancias aquellas en las que aparecen un literal y su negación, ya que evidentemente estas cláusulas serán siempre satisfacibles y, por tanto, el conjunto de cláusulas dado sólo será insatisfacible si lo es el conjunto resultante de eliminarlas y recíprocamente.

B. *Instancias de un único literal.*

B.1. Si aparece una instancia con el literal L y otra con $\sim L$ el conjunto de instancias es insatisfacible. La justificación es obvia.

B.2. Si aparece una instancia constituida por el literal aislado L, puede construirse una nueva fórmula eliminando todas las instancias en que aparece L y eliminando $\sim L$ en todas las instancias que lo contengan. Si esta nueva fórmula es insatisfacible también lo es la primera y recíprocamente. La comprobación es inmediata: si se denominan A_i las instancias parciales que forman instancia con L, B_i las instancias parciales que forman instancia con $\sim L$ y C_2 las que no contienen L ni $\sim L$, la fórmula tendrá la forma:

$$F \leftrightarrow L \wedge (L \vee A_1) \wedge \ldots (L \vee A_m) \wedge$$
$$\wedge (\sim L \vee B_1) \ldots (\sim L \vee B_n) \wedge C_1 \wedge \ldots \wedge C_p$$

Dado que $L \wedge (L \vee A_1) \wedge \ldots (L \vee A_m) \leftrightarrow L$ por aplicación reiterada de la ley de absorción resulta:

$$F \leftrightarrow L \wedge (\sim L \vee B_1) \ldots (\sim L \vee B_n) \wedge C_1 \ldots \wedge C_p$$

Por otro lado (por distributividad de $\vee$ respecto de $\wedge$):

$$(\sim L \vee B_1) \wedge (\sim L \vee B_2) \ldots (\sim L \vee B_n) \leftrightarrow \sim L \vee (B_1 \wedge B_2 \wedge \ldots B_n)$$

por tanto, por intercambio:

$$F \leftrightarrow L \wedge (\sim L \vee (B_1 \wedge B_2 \wedge \ldots B_n)) \wedge C_1 \wedge \ldots C_p \qquad (1)$$

El enunciado de esta regla dice que si la fórmula $B_1 \wedge B_2 \ldots B_n \wedge C_1 \ldots \wedge C_p$ es insatisfacible también lo es F y recíprocamente. Dado que F es equivalente al segundo miembro es insatisfacible si y sólo si lo es $B_1 \wedge B_2 \ldots \wedge B_n \wedge C_1 \wedge C_2 \ldots \wedge C_p$. La comprobación es inmediata. A efectos de simplificar la notación se denomina:

$$PB\colon B_1 \wedge B_2 \ldots B_n \qquad PC\colon C_1 \wedge C_2 \ldots C_p$$

Si $L \wedge (\sim L \vee PB) \wedge PC$ es insatisfacible $PB \wedge PC$ es insatisfacible:

- Si así no fuera, existiría una interpretación que verificaría $PB \wedge PC$ y, por tanto, al ser L un átomo que no está contenido en PB y PC, por hipótesis, podría construirse una interpretación que satisfaciera $L \wedge (\sim L \vee PB) \wedge PC$ añadiendo a la interpretación que satisface PB y PC la asignación verdad a L. Por tanto, $L \wedge (\sim L \vee PB) \wedge PC$ sería satisfacible, lo que no es cierto, por hipótesis y, por tanto, tampoco puede serlo $PB \wedge PC$.

Si $PB \wedge PC$ es insatisfacible $L \wedge (\sim L \vee PB) \wedge PC$ es insatisfacible:

- Si así no fuera habría una interpretación que satisfaría L, $\sim L \vee PB$ y PC, y que, por tanto, no satisfaría $\sim L$, luego para satisfacer $\sim L \vee PB$ debe verificar PB, por tanto, esta interpretación satisfaría $PB \wedge PC$, lo que no puede ser por hipótesis.

En esta regla, si al eliminar todas las cláusulas que contienen L desaparecen todas, es decir, B_i, C_i están vacíos, la fórmula es satisfacible ya que una interpretación que asigne V a L satisface toda la fórmula.

C. *Regla de literales puros.*

Se dice que un literal es puro en una fórmula si sólo aparece en un estado, es decir, si aparece L no aparece $\sim L$ y recíprocamente. La regla dice que puede prescindirse de todas las instancias en que aparece el literal puro; si la fórmula resultante es insatisfacible también lo es la inicial y recíprocamente.

Con la notación anterior la fórmula adoptaría la siguiente estructura:

$$F\colon (L \vee A_1) \wedge (L \vee A_2) \ldots (L \vee A_m) \wedge C_1 \wedge C_2 \ldots C_p$$

Como en la regla B:

$$(L \vee A_1) \wedge (L \vee A_2) \ldots (L \vee A_n) \leftrightarrow L \vee (A_1 \wedge A_2 \wedge \ldots A_m)$$

Por tanto, F es equivalente a:

$$(L \vee (A_1 \wedge A_2 \ldots A_m)) \wedge C_1 \wedge C_2 \ldots \wedge C_p$$

Si de denomina $PA\colon A_1 \wedge \ldots A_m$; $PC\colon C_1 \wedge \ldots C_p$ basta comprobar que $(L \vee PA) \wedge PC$ es insatisfacible si y sólo si PC es insatisfacible; a continuación se comprueba en ambas direcciones:

- Si $(L \vee PA) \wedge PC$ es insatisfacible, PC es insatisfacible. En efecto, si existiera una interpretación que satisfaciera PC podría construirse a partir de ella una que satisfaciera $L \vee PA$, añadiéndole la asignación de *verdad* al literal L que es un átomo y, por hipótesis, no está en PC, por tanto, la interpretación resultante satisfaría $(L \vee PA) \wedge PC$, lo que no puede ocurrir por hipótesis.
- Si PC es insatisfacible $(L \vee PA) \wedge PC$ es insatisfacible, esto es evidente ya que toda interpretación que satisfaga $(L \vee PA) \wedge PC$ debe satisfacer PC lo que no puede ocurrir por hipótesis.

D. *Regla de bifurcación.*

En el caso más general, dado un conjunto de instancias puede dividirse respecto de un literal L en los siguientes tipos:

—Contienen L.
—Contienen $\sim L$.
—No contienen L en ninguna forma.

Si se denominan A_i las instancias parciales que forman con L, el primer tipo, B_i las instancias parciales que forman con $\sim L$ el segundo tipo y C_i las instancias del tercer tipo (C_i pueden tomar como valor la cláusula vacía), la estructura general de la fórmula F será:

$$F\colon (L \vee A_1) \wedge (L \vee A_2) \wedge \ldots (L \vee A_p) \wedge (\sim L \vee B_1) \wedge (\sim L \vee B_2) \ldots$$
$$\ldots (\sim L \vee B_r) \wedge C_1 \wedge C_2 \ldots \wedge C_s$$

La regla de bifurcación dice que la condición necesaria y suficiente para que F sea insatisfacible es que lo sean las fórmulas:

$$F_1: A_1 \wedge A_2 \wedge \ldots A_p \wedge C_1 \wedge C_2 \ldots C_s$$

$$F_2: B_1 \wedge B_2 \wedge \ldots B_r \wedge C_1 \wedge C_2 \ldots C_s$$

Es decir, debe ser insatisfacible $F_1 \vee F_2$.

Esta regla permite, a efectos de estudio de la insatisfacibilidad de F, pasar al análisis de dos fórmulas más simples con un literal menos, por tanto, caso de que la estructura de la fórmula no permita aplicar cualquiera de las reglas anteriores siempre podrá aplicarse esta regla de bifurcación que si se aplica, como debe hacerse, sobre el literal más frecuente en el grupo de cláusulas reduce el análisis al estudio de dos fórmulas que pueden ser bastante más sencillas que F.

La demostración de la regla en los dos sentidos es la siguiente:

- Si F es insatisfacible $F_1 \vee F_2$ es insatisfacible. En efecto, si $F_1 \vee F_2$ fuera satisfacible existiría una interpretación I que satisfaría alguna de F_1, F_2 o ambas:

  * Si I satisface F_2 satisface B_i y C_i y, por tanto, cualquiera que sea el significado atribuido a L, I satisface:

    $$(\sim L \vee B_1) \wedge (\sim L \vee B_2) \wedge \ldots (\sim L \vee B_r) \wedge C_1 \ldots \wedge C_s \qquad (1)$$

    Para obtener una interpretación que satisfaga F bastaría añadir a I una interpretación verdad de L con lo que:

    —No se alteraría el significado de (1) ya que L no aparece por hipótesis en B_i y C_i.
    —Se satisfaría:

    $$(L \vee A_1) \wedge (L \vee A_2) \wedge \ldots (L \vee A_p)$$

    Con lo que se satisfaría F teniendo en cuenta (1). Como por hipótesis F es insatisfacible no puede existir ninguna interpretación I que satisfaga F_2.

  * Si I satisface F_1, cualquiera que sea el significado atribuido a L, I satisface:

    $$(L \vee A_1) \wedge (L \vee A_2) \wedge \ldots (L \vee A_p) \wedge C_1 \wedge \ldots C_2 \qquad (2)$$

    y, por tanto, añadiendo a I una interpretación falsa de L se satisfaría:

    $$(\sim L \vee B_1) \wedge (\sim L \vee B_2) \wedge \ldots (\sim L \vee B_r)$$

    Con ello se satisfaría F habida cuenta de (2). Como F es insatisfacible I no puede satisfacer F_1.

    Por tanto, no puede existir ninguna interpretación que satisfaga $F_1 \vee F_2$.

- Si $F_1 \vee F_2$ es insatisfacible F es insatisfacible. En efecto si F fuera satisfacible existiría una interpretación I que verificaría:

$L \vee A_i$ para cualquier i.
$\sim L \vee B_i$ para cualquier i.
C_i para cualquier i.

Puede presentarse dos casos según el significado que I asigne a L:

- Si I asigna significado verdad a L para verificar $\sim L \vee B_i$ es preciso que satisfaga B_i para cualquier i, luego verifica F_2 y, por tanto, $F_1 \vee F_2$.
- Si I asigna significado falso a L para verificar $L \vee A_i$ es preciso que satisfaga A_i para cualquier i, luego verifica F_1 y, por tanto, $F_1 \vee F_2$.

Como por hipótesis $F_1 \vee F_2$ es insatisfacible no puede existir ninguna interpretación I que satisfaga F.

Una vez demostrada la validez de las cuatro reglas puede definirse la forma de articularlas en un proceso (se recuerda que éste debe aplicarse a cada conjunto de instancias generado) con las siguientes etapas:

a) Se recorre la fórmula identificando las tautologías y suprimiendo las que aparezcan.

b) Se recorre la fórmula (nuevamente o en el mismo proceso anterior) para identificar los literales aislados, según los casos pueden aplicarse las reglas B.1, B.2 ó C:

   b.1) Si aparecen dos literales contradictorios (L y $\sim L$) el proceso termina, la fórmula es insatisfacible.

   b.2) Si no aparecen literales contradictorios se eliminan todas las cláusulas en que aparece el literal aislado y de aquellas en que aparece su negación se suprime ésta en la cláusula (regla B.2).

   b.3) Si no aparece la negación del literal, éste es puro y pueden suprimirse todas las cláusulas en que aparece (regla C).

   En cada uno de estos dos últimos casos si desaparecen todas las cláusulas la fórmula es satisfacible.

c) Si no aparecen literales aislados se aplica la regla de bifurcación para obtener fórmulas más simples.

d) Para las fórmulas obtenidas bien por aplicación de las reglas de literal aislado o por la regla de bifurcación se repite el proceso a), b), c) hasta encontrar una situación de terminación que sólo puede presentarse bien por obtener la fórmula vacía sin haber encontrado contradicción (en cuyo caso la fórmula sería satisfacible) o por obtención de una contradicción (caso b.1), en cuyo caso sería insatisfacible.

A continuación se ilustra el procedimiento con distintos ejemplos.

Ejemplo 1.

Se aplica el método de Davis-Putnam a la fórmula del ejemplo 2 de 6.1, el método de generación de conjuntos de instancias es el mismo, a continuación se estudian distintos conjuntos posibles generados:

1 $\sim p(a) \vee q(f(a), a), p(a), q(a, a)$

Se aplica la regla de literal aislado correspondiente a $p(a)$ en la opción B.2, de acuerdo con ella puede estudiarse el menor conjunto: $q(f(a), a), q(a, a)$.

En esta fórmula cualquiera de los dos literales es aislado, por tanto, aplicando la regla de literal aislado dos veces se obtiene el conjunto vacío, por tanto, la fórmula es satisfacible.

2 $\sim p(a) \vee q(f(a), a), p(a), q(a, f(a))$

Se aplica nuevamente la regla de literal aislado sobre $p(a)$ y resulta $q(f(a), a), q(a, f(a))$.

Al ser ambos literales aislados puede, como en el caso anterior, aplicarse esta regla dos veces, con lo que la fórmula resultaría satisfacible.

3 $\sim p(a) \vee q(f(a), a), p(a), \sim q(f(a), a)$

Si se aplica la regla de literal aislado como en los casos anteriores, para $p(a)$ se obtiene:

$$q(f(a), a), \sim q(f(a), a)$$

Si a esta fórmula se aplica la regla de literal aislado para $q(f(a), a)$ al aparecer L y $\sim L$ la fórmula sería insatisfacible.

Como puede verse, el procedimiento comporta menor número de operaciones que el de Gilmore.

Ejemplo 2.

Comprobar que es correcta la deducción:

$$\exists y(P(y) \wedge A(y)), \forall x(P(x) \rightarrow \sim B(x)) \Rightarrow \exists y(A(y) \wedge \sim B(y))$$

Al no tener variables libres las premisas, basta comprobar que es válida la fórmula:

$$F\colon \exists y(P(y) \wedge A(y)) \wedge [\forall x(P(x) \rightarrow \sim B(x))] \rightarrow \exists y(A(y) \wedge \sim B(y))$$

Para ello basta comprobar que $\sim F$ es insatisfacible. El proceso que se va a aplicar es:

—Poner la fórmula $\sim F$ en forma clausular.
—Generar el universo de Herbrand.
—Generar conjuntos de instancias básicas.
—Aplicar el método de Davis Putnam a cada conjunto de instancias hasta encontrar un conjunto insatisfacible.

La fórmula cuya insatisfacibilidad debe analizarse es:

$$\sim F\colon \exists y(P(y) \wedge A(y)) \wedge \forall x(\sim P(x) \vee \sim B(x)) \wedge \sim \exists y(A(y) \wedge \sim B(y))$$

operando de análoga forma teniendo en cuenta que:

$$\vdash \sim \exists y(A(y) \wedge \sim B(y)) \leftrightarrow \forall y \sim (A(y) \wedge \sim B(y))$$

$$\vdash \sim (A(y) \wedge \sim B(y)) \leftrightarrow \sim A(y) \vee B(y)$$

$$\vdash \forall y(\sim A(y) \vee B(y)) \leftrightarrow \forall z(\sim A(z) \vee B(z))$$

Resulta la formulación:

$$\exists y(P(y) \wedge A(y)) \wedge \forall x(\sim P(x) \vee \sim B(x)) \wedge \forall z(\sim A(z) \vee B(z))$$

Aplicando las equivalencias correspondientes al salto de los cuantificadores sobre conectivas, se obtiene:

$$\exists y\ \forall x\ \forall z[P(y) \wedge A(y) \wedge (\sim P(x) \vee \sim B(x)) \wedge (\sim A(z) \vee B(z))]$$

Esta es la expresión de $\sim F$ en forma Prenex. Para pasar a la forma de Skolem es preciso eliminar el cuantificador existencial y, para ello podría apelarse a las funciones de Skolem, pero al estar a la izquierda de la expresión basta sustituir y por una letra de constante a, con lo que la forma clausular de $\sim F$ sería:

$$P(a),\ A(a),\ (\sim P(x) \vee \sim B(x)),\ (\sim A(z) \vee B(z))$$

Obsérvese que si al escribir la fórmula se hubiera alterado el orden de las premisas, $\exists y$ habría aparecido a la derecha de $\forall x$ con lo que hubiera sido precisa la introducción de una función de Skolem, $f(x)$. Es decir, otra forma clausular de la misma estructura deductiva sería:

$$P(f(x)),\ A(f(x)),\ (\sim P(x) \vee \sim B(x)),\ (\sim A(z) \vee B(z))$$

esta segunda forma tiene el inconveniente de que el universo de Herbrand es infinito al aparecer letras de función. En cambio con la primera forma el universo de Herbrand es:

$$H = \{a\}$$

y, por tanto, el único conjunto de instancias de base es:

$$P(a),\ A(a),\ (\sim P(a) \vee \sim B(a)),\ (\sim A(a) \vee B(a))$$

el tratamiento mediante el método de Davis Putnam es el siguiente:

1. Se aplica la regla de literal aislado para $P(a)$, la fórmula resultante es:

$$A(a),\ \sim B(a),\ (\sim A(a) \vee B(a))$$

2. Se aplica la regla de literal aislado para $A(a)$ y resulta:

$$\sim B(a),\ B(a)$$

3. De acuerdo con la regla de literal aislado referida a $B(a)$ la fórmula anterior es contradictoria, luego $\sim F$ es insatisfacible y, por tanto, F es válida.

Obsérvese que en este ejemplo se ha tratado algorítmicamente una estructura deductiva, que puede representar la formalización de un razonamiento o teorema, de aquí el apelativo ya aludido de métodos de demostración automática para estas técnicas.

Ejemplo 3.

Como ejercicio de aplicación de la regla de bifurcación se incluye a continuación el tratamiento de un conjunto de instancias básicas (evidentemente ésta constituiría una etapa del estudio de una fórmula):

Sea la instancia:

$$F \leftrightharpoons [p(a) \vee q(b)] \wedge [p(a) \vee \sim r(a)] \wedge [\sim p(a) \vee r(a)] \wedge [\sim p(a) \vee \sim q(b)] \wedge$$
$$\wedge\ [r(a) \vee \sim q(b)] \wedge [\sim r(a) \vee q(b)]$$

En F no aparecen ni literales puros ni aislados, por tanto, es preciso aplicar la regla de bifurcación, dado que los tres átomos p, q y r aparecen igual número de veces, es indiferente cualquiera de ellos a efectos de bifurcación:

Bifurcando sobre $p(a)$.

Cláusulas que incluyen $p(a)$:

$$p(a) \vee q(b) \qquad A_1 \leftrightharpoons q(b)$$
$$p(a) \vee \sim r(a) \qquad A_2 \leftrightharpoons \sim r(a)$$

Cláusulas que incluyen $\sim p(a)$:

$$\sim p(a) \vee r(a) \qquad B_1 \leftrightharpoons r(a)$$
$$\sim p(a) \vee \sim q(b) \qquad B_2 \leftrightharpoons \sim q(b)$$

Cláusulas independientes de $p(a)$:

$$r(a) \vee \sim q(b) \qquad (\leftrightharpoons C_1)$$
$$\sim r(a) \vee q(b) \qquad (\leftrightharpoons C_2)$$

Por tanto, de acuerdo con la regla se obtienen dos fórmulas a estudiar:

$$F_1 \leftrightharpoons A_1 \wedge A_2 \wedge C_1 \wedge C_2 \leftrightharpoons q(b) \wedge \sim r(a) \wedge (r(a) \vee \sim q(b)) \wedge (\sim r(a) \vee q(b))$$
$$F_2 \leftrightharpoons B_1 \wedge B_2 \wedge C_1 \wedge C_2 \leftrightharpoons r(a) \wedge \sim q(b) \wedge (r(a) \vee \sim q(b)) \wedge (\sim r(a) \vee q(b))$$

Para F_1 puede aplicarse la regla de literal aislado sobre $q(b)$, con lo que se obtiene:

$$\sim r(a) \wedge r(a)$$

que es contradictoria y, por tanto, F_1 es insatisfacible.

Para F_2 puede aplicarse la regla de literal aislado referida a $r(a)$, resultando:

$$\sim q(b) \wedge q(b)$$

también contradictoria, luego F_2 también es insatisfacible y como consecuencia de ambos análisis $F_1 \vee F_2$ y F son insatisfacibles.

6.3. *Método de resolución de instancias de base*

Este procedimiento aplica a un conjunto de instancias un tratamiento similar al que se aplicará en el próximo capítulo. La regla de resolución se basa en el resultado conocido de lógica:

Si de un conjunto de premisas se deduce una contradicción, no puede existir un modelo del conjunto de premisas.

En efecto, si $P_1, P_2, ..., P_n \Rightarrow L \wedge \sim L$ es una deducción correcta (dada la coherencia demostrada en capítulos anteriores entre los conceptos semánticos y formal de deducción) todo modelo de $P_1, ... P_n$ debe satisfacer $L \wedge \sim L$; como no existe ninguna interpretación que satisfaga $L \wedge \sim L$ tampoco podrá existir modelo de $P_1, P_2, ..., P_n$.

Referido a un conjunto de instancias de base $C_1, C_2, ..., C_n$, resultantes de interpretar en el proceso general las cláusulas de una fórmula, puede plantearse un método de obtención de nuevas instancias deducidas del conjunto inicial, de forma que si llega a deducirse un literal y su negación puede decidirse que el conjunto es insatisfacible, este procedimiento se denomina método de resolución. La regla de deducción de instancias nuevas es la siguiente:

Dadas dos instancias que contienen una el literal L y otra $\sim L$, es decir, de la forma: $L \vee A_1, \sim L \vee A_2$ puede deducirse de ambas la fórmula $A_1 \vee A_2$, llamada resolvente.

La comprobación de que la estructura deductiva:

$$L \vee A_1, \sim L \vee A_2 \Rightarrow A_1 \vee A_2$$

es correcta, es inmediata:

1	$L \vee A_1$	Premisa
2	$\sim L \vee A_2$	Premisa
3	$\vdash L \vee A_1 \leftrightarrow \sim A_1 \rightarrow L$	Interdefinición $\vee \rightarrow$
4	$\sim A_1 \rightarrow L$	Intercambio 1, 3
5	$\vdash \sim L \vee A_2 \leftrightarrow L \rightarrow A_2$	Interdefinición $\rightarrow \vee$
6	$L \rightarrow A_2$	Intercambio 2, 5
7	$\sim A_1 \rightarrow A_2$	Sil. 4, 6
8	$\vdash \sim A_1 \rightarrow A_2 \leftrightarrow A_1 \vee A_2$	Interdefinición $\rightarrow \vee$
9	$A_1 \vee A_2$	Intercambio 7, 8

Obsérvese que si se aplica la regla a una contradicción, es decir, cuando se llega a deducir L y $\sim L$, la instancia resolvente de ambas es la cláusula vacía. La propiedad anterior puede enunciarse de la forma siguiente:

- Si aplicando la regla de resolución a un conjunto de instancias, se obtiene la cláusula vacía, el conjunto de instancias es insatisfacible.

La condición de insatisfacibilidad resulta de la deducibilidad de las nuevas cláusulas.

Sin embargo, para construir un algoritmo de decisión es preciso comprobar la propiedad recíproca, es decir:

Si un conjunto de instancias es insatisfacible necesariamente, por aplicación del algoritmo de resolución se obtiene deducida la cláusula vacía.

Una vez comprobada esta propiedad, el procedimiento consistirá en deducir todas las cláusulas posibles aplicando la regla de resolución; si aparece la cláusula vacía el conjunto inicial es insatisfacible y si, no aparece es satisfacible (en virtud de esta segunda propiedad).

Para demostrar la propiedad anterior, sea F el conjunto inicial de instancias de base; por el teorema de Herbrand, si F es insatisfacible se corresponde con un árbol semántico finito cerrado, cada uno de cuyos nodos de fallo falsifica una o más instancias de base de F.

Dada la forma de construir el árbol semántico de manera que cada nivel se corresponde con todas las interpretaciones posibles de un determinado átomo (ver figura) si el árbol es finito (por hipótesis de que el conjunto de instancias F es insatisfacible) el número de átomos necesarios a interpretar para falsificar el conjunto F también será finito, es decir, el último átomo interpretado en el árbol será A_n (n finito) (en la figura $n = 6$).

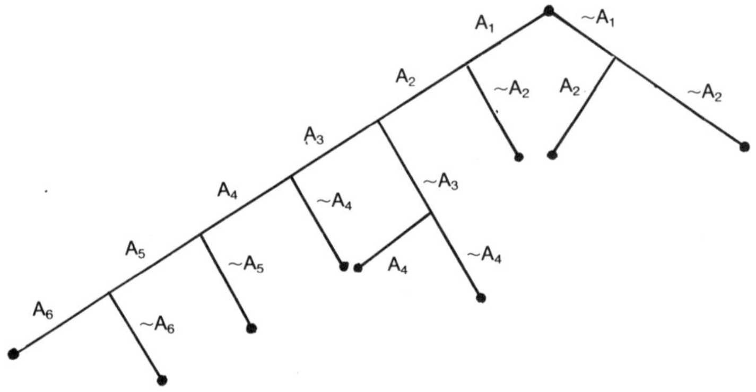

Es decir, si el conjunto de instancias es insatisfacible existe un número n finito, máximo de átomos cuya interpretación hace aparecer nodos de fallo en todos los caminos del árbol, por tanto, los caminos en el árbol cerrado resultante son de longitud n o menor.

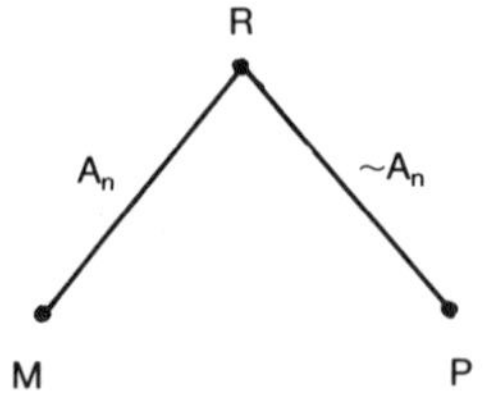

Sea M, uno de los nodos de fallo que tienen un camino de longitud máxima n, sea R su nodo precedente: necesariamente el otro nodo siguiente a R en el árbol debe ser un nodo de fallo. En efecto, si, por hipótesis, no existen caminos en el árbol cerrado de longitud superior a n y todo camino debe terminar en un nodo de fallo, como de R parten dos caminos, o R es nodo de fallo, lo que no puede ser porque entonces no lo sería M, o lo es un nodo siguiente a P, lo que no es posible por hipótesis de que la longitud no supera n.

Como consecuencia de la propiedad anterior se tiene que cada nodo de fallo M de nivel máximo viene emparejado con otro P del mismo nivel con el mismo precedente. Para cada una de estas parejas puede aplicarse la regla de resolución de la forma siguiente, sea:

I_M una de las instancias falsificadas en M.
I_p una de las instancias falsificadas en P.

Al tener ambos nodos común el camino hasta R, se diferencian exclusivamente en la forma de aparecer A_n, tendrán, por tanto, la forma:

$$I_M \leftrightharpoons \sim A_n \vee C_M \qquad I_P \leftrightharpoons A_n \vee C_p$$

siendo C_M y C_p cláusulas que contienen algunos de los n-1 primeros átomos.

Para ambas puede aplicarse la regla de resolución para deducir la nueva cláusula:

$$NC_1 \leftrightharpoons C_M \vee C_p$$

NC_1 es falsificada por la interpretación correspondiente a R, ya que para que M y P falsifiquen $\sim A_n \vee C_M$ y $A_n \vee C_p$, es preciso que R falsifique C_M y C_p (de acuerdo con la regla de evaluación de la disyunción).

Si se aplica el mismo proceso para todos los nodos de nivel n, se obtienen por resolución las nuevas cláusulas NC_2, NC_3, ... NC_p. Todas ellas, son falsificadas por nodos de nivel $n-1$, por tanto, si se define el nuevo conjunto de cláusulas F_1:

$$F_1 = F \cup \{NC_1\} \cup \{NC_2\} \cup \{NC_p\}$$

El conjunto F_1 también es insatisfacible y su árbol semántico tendrá nodos como máximo de nivel $n-1$.

Aplicando un proceso similar, puede obtenerse los conjuntos insatisfacibles F_2, F_3, ..., F_i ..., cuyo árbol semántico tiene nivel máximo decreciente, $n-3$, ..., $n-i$, ..., etc. Finalmente llega a obtenerse F_{n-1}, cuyo árbol semántico es de nivel máximo 1 y, por tanto, tiene la forma:

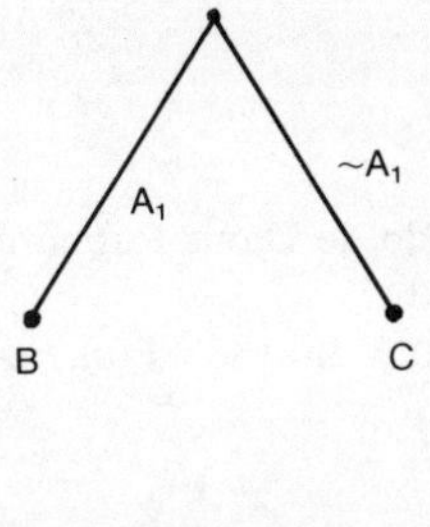

y, aplicando la regla de resolución se obtiene como resolvente la cláusula vacía.

Por tanto, queda demostrado que si el conjunto de instancias de base es insatisfacible, del mismo se deduce la cláusula vacía. De acuerdo con este resultado puede plantearse el proceso de evaluación de un conjunto de instancias:

a) Se aplica la regla de resolución para obtención de cláusulas resolventes a partir del conjunto inicial de instancias de base.
b) Se aplica nuevamente la regla de resolución al conjunto de cláusulas formado por las instancias iniciales y las deducidas del proceso anterior.
c) Se repite el paso b) con los nuevos conjuntos de cláusulas deducidas, hasta que se den las siguientes circunstancias de terminación:

—Se obtiene la cláusula vacía, en cuyo caso el conjunto de instancias inicial es insatisfacible.
—No puede aplicarse la regla de resolución a ninguna pareja de cláusulas, en cuyo caso el conjunto de instancias es satisfacible.

El método anterior en unión del proceso de generación de instancias de base resulta de una eficiencia similar al método de Davis-Putnam, aunque el proceso es menos sofisticado por requerir la aplicación de una regla única.

A continuación se comprueban por este método algunos de los ejemplos estudiados por los otros procedimientos.

Ejemplo 1.

Se utilizan los tres casos del ejemplo 2 del apartado 6.1.

1. $\sim p(a) \vee q(f(a), a), p(a), \sim q(a, a)$

Resolviendo 1.ª y 2.ª resultan $\sim q(a, a)$, $q(f(a), a)$, a las que no puede aplicarse la regla de resolución, por tanto, por no deducirse la cláusula vacía, el conjunto es satisfacible.

2. $\sim p(a) \vee q(f(a), a), p(a), \sim q(a, f(a))$

Análogamente se obtiene como resolvente de las dos primeras $q(f(a), a)$ y, como en el caso anterior no hay resolvente de $q(f(a), a)$ y $q(a, f(a))$, por tanto, este conjunto de instancias de base es satisfacible.

3. $\sim p(a) \vee q(f(a), a), p(a), \sim q(f(a), a)$

Por resolución sobre $p(a)$ se obtiene $q(f(a), a)$ que con $\sim q(f(a), a)$ da lugar a la cláusula vacía, por tanto, este conjunto de instancias es insatisfacible.

Ejemplo 2.

Se utiliza el ejemplo 2 del método de Davis-Putnam:

$$P(a), A(a), \sim B(a) \vee \sim P(a), \sim A(a) \vee B(a)$$

Resolvente de primera y tercera:

$$\sim B(a) \tag{1}$$

Resolvente de segunda y cuarta:

$$B(a) \tag{2}$$

Resolvente de (1) y (2): la cláusula vacía, luego el conjunto es insatisfacible.

Ejemplo 3.

Se toma el tercer ejemplo empleado para Davis-Putnam, las instancias son:

$$p(a) \vee q(b),\ p(a) \vee \sim r(a),\ \sim p(a) \vee r(a),\ \sim p(a) \vee \sim q(b),$$
$$r(a) \vee \sim q(b),\ \sim r(a) \vee q(b)$$

Resolvente de primera y tercera [sobre $p(a)$]:

$$q(b) \vee r(a) \tag{1}$$

Resolvente de la cláusula deducida (1) y la instancia sexta [sobre $r(a)$]:

$$q(b) \vee q(b)$$

esta última por idempotencia se escribe:

$$q(b) \tag{2}$$

Resolvente de segunda y cuarta [sobre $p(a)$]:

$$\sim q(b) \vee \sim r(a) \tag{3}$$

Resolvente de la quinta y (3):

$$\sim q(b) \vee \sim q(b)$$

que se escribe (por idempotencia):

$$\sim q(b) \tag{4}$$

Resolvente de (2) y (4): la cláusula vacía.

Obsérvese que en la deducción de la cláusula vacía en este ejemplo se han utilizado como premisas tanto las instancias de base iniciales como nuevas cláusulas obtenidas previamente por resolución.

Capítulo 12
EL METODO DE RESOLUCION

1. Introducción

Dado un conjunto de cláusulas la aplicación de la regla de resolución puede plantearse como en el capítulo anterior para cada conjunto de instancias generado previamente, o bien planteándose, basado en la consideración conjunta del mecanismo de resolución y generación, qué clases de resolventes pueden esperarse. De acuerdo con ello pueden producirse instancias resolventes de dos cláusulas dadas:

—Si aparece un mismo predicado, en una afirmado y en otra negado.
—Si la formulación de los términos en las plazas de ambos predicados permite afirmar que pueden existir instancias de ambas cláusulas coincidentes.

Por ejemplo, sea el conjunto de cláusulas:

$$\{\sim p(x) \vee q(f(x), x), \sim q(y, z), p(a)\}$$

Al interpretar las variables en el universo de Herbrand las variables libres pueden tomar como valor cualquier elemento del universo, por tanto, puede darse el caso de que y tome el mismo valor que $f(x)$, y z, que es también libre, tome el mismo valor que x, por tanto, hay una clase de instancias que toman la forma:

$$\{\sim p(a) \vee q(f(a), a), p(a), \sim q(f(a), a)\} \qquad (1)$$

elementos de esta clase son:

$$\{\sim p(a) \vee q(f(a), a), p(a), \sim q(f(a))\}$$
$$\{\sim p(f(a)) \vee q(f(f(a)), f(a)), p(a), \sim q(f(f(a)), f(a))\}$$
$$\{\sim p(f(a)) \vee q(f(f(f(a))), f(f(a))), p(a), \sim q(f(f(f(a))), f(f(a)))\}$$

la obtención de la forma (1) es el resultado de hacer las sustituciones z/t, x/t, $y/f(t)$, lo que puede hacerse, ya que por definición t toma valores en el universo de Herbrand y, por tanto, por definición de éste si $t \varepsilon H$ $f(t) \varepsilon H$ y por ser z, x, y variables en H, pueden tomar como valor $f(t) \varepsilon H$.

Con la sustitución anterior se ha conseguido «unificar» los átomos con predicado q en las cláusulas primera y tercera, ya que el predicado q aparece referido a los mismos términos en ambas cláusulas. Sin embargo (1), todavía puede «unificarse» de otra forma ya que al término «t» puede asignársele la letra de constante «a», con lo cual se obtiene la fórmula:

$$\sim p(a) \vee q(f(a), a), p(a), \sim q(f(a), a) \tag{2}$$

que representa una clase de instancias de base de un único elemento pero que presenta también unificados en las cláusulas primera y segunda los átomos con el predicado p, ya que aparece en ambas referidas al mismo término constante.

El conjunto (2) de cláusulas aparece con el máximo de posibilidades para aplicar el método de resolución ya que todas las letras de predicados aparecen referidas a los mismos términos, para ello se han unificado los átomos con letra de predicado p mediante la sustitución $\langle y/f(x), x/a, z/a \rangle$.

Ambas sustituciones son unificadores, y las formas resultantes constituyen representantes de clases de instancias de base que pueden presentarse en el proceso de generación, a partir de las cláusulas, mediante el universo de Herbrand.

La aplicación del método de resolución es inmediata:

—Resolvente de primera y tercera: $\sim p(a)$.
—Resolvente de ésta y la segunda: cláusula vacía.

Luego la fórmula es insatisfacible.

Dadas dos cláusulas, pueden unificarse con distintos grados de especificidad, así, por ejemplo, en:

$$\sim p(x, f(z)) \vee r(z, a)$$
$$p(f(w), t) \vee s(w, t)$$
$$\sim s(y, f(y))$$
$$\sim r(b, a)$$

puede plantearse para unificar los átomos del predicado p, dos formas de sustitución consistentes con el teorema de Herbrand y el proceso de generación de instancias básicas:

$$1: \langle x/f(w) \rangle \langle t/f(z) \rangle$$
$$2: \langle x/f(w) \rangle \langle t/f(a) \rangle \langle z/a \rangle$$

Si se utiliza la segunda se obtiene como resolvente de las dos primeras:

$$r(a, a) \vee s(w, f(a))$$

que puede unificarse y resolverse con la tercera $(\langle w/a\rangle, \langle y/a\rangle)$, produciendo:

$$r(a, a)$$

Esta cláusula no puede resolverse con $\sim r(b, a)$. Como no hay otras opciones de resolución, la clase de instancias que pueden obtenerse mediante el segundo unificador sería satisfacible.

En cambio, si se aplica el primer unificador, la cláusula resolvente de la primera y segunda sería:

$$r(z, a) \vee s(w, f(z))$$

que resuelta con la tercera $(\langle w/y\rangle, \langle z/y\rangle)$ daría como resolvente:

$$r(y, a)$$

que por unificación $(\langle y/b\rangle)$ y resolución con $\sim r(b, a)$ produciría la cláusula vacía.

Por tanto, la validez del método de resolución con unificación como proceso de decisión completo viene condicionada por la forma con que se realice la unificación: debe hacerse de forma que se especifique el número mínimo de variables, de esta forma se mantiene abierta la posibilidad del máximo de resoluciones a intentar, como se ha ilustrado con el ejemplo, ya que la sustitución 1 mantenía la variable z, lo que le permite llegar con posibilidad de unificación con $\sim r(b, a)$, imposible en cambio con la sustitución (2).

2. Algoritmo de unificación

Dado un conjunto de átomos $T = \{A_1, A_2, \ldots A_n\}$, todos con la misma letra de predicado, se definen previamente los conceptos siguientes.

- Sustitución:

Una sustitución es un conjunto de pares del tipo $\langle v_k/t_k\rangle$, en donde v_k es una letra de variable que pertenece al conjunto de términos de T y t_k un término cualquiera del mismo conjunto (constante, variable o función) en el que no aparece la variable v_k.

La justificación de esta regla se basa en el propio proceso de generación de instancias de base. En efecto, al ser v_k una variable, tomará todos los posibles valores en H y por ello, si t_k es constante o variable independiente de v_k siempre puede haber asignaciones coincidentes en v_k y t_k. En cambio, si t_k depende de v_k, la ecuación $v_k = t_k(v_k)$ restringe la generalidad de la interpretación.

- Aplicación de sustituciones a fórmulas.

Dada una fórmula F y una sustitución σ se denomina $F\sigma$ a la fórmula resultante de sustituir cada ocurrencia de v_k en F por t_k, siendo el par $\langle v_k/t_k \rangle$ elemento de σ.

- Producto de sustituciones.

De acuerdo con esta definición si se aplican a F sucesivamente, las sustituciones:

$$\sigma_1 = \{\langle v_1/t_1 \rangle, \langle v_k/t_k \rangle, \dots \langle v_m/t_m \rangle\}$$
$$\sigma_2 = \{\langle u_1/w_1 \rangle, \langle u_1/w_1 \rangle, \dots \langle u_n/w_n \rangle\}$$

pueden presentarse los siguientes casos, para construir la fórmula $\sigma_2(\sigma_1 F)$:

—Para las variables v_i cuyo término sustituto t_i no contiene ninguna variable u_i afectada por σ_2, el resultado es el mismo que si se hubiera aplicado solamente σ_1. Sea φ el subconjunto de σ_1 que contiene estas parejas, es decir:

$$\varphi = \{\langle v_i/t_i \rangle \mid t_i \text{ no contiene ningún } u_i\}$$

—Para las variables v_i cuyo término sustituto t_i contiene alguna u_i afectada por σ_2 el resultado es el mismo que si a esas variables se hubiera aplicado la sustitución:

$$\psi = \{\langle v_i/t_i\,\sigma_2 \rangle \mid t_i \text{ contiene algún } u_i\}$$

siendo $t_i\,\sigma_2$ el término resultante de aplicar a t_i, σ_2.

—Los pares de σ_2, $\langle u_i/w_i \rangle$ en donde u_i coincide con algún v_k son inoperantes, ya que la variable a sustituir ha sido eliminada previamente por la aplicación de σ_1, por tanto, la aplicación de σ_2 equivale a la aplicación de:

$$\varrho = \{\langle u_i/w_i \rangle \mid u_i \neq v_k\ \forall k\}$$

Por tanto, de acuerdo con las consideraciones anteriores la aplicación sucesiva de σ_1 y σ_2 produce el mismo resultado que la aplicación de una sustitución única constituida por $\varphi \cup \psi \cup \varrho$. Esta sustitución se denominará producto de σ_1 y σ_2 y se designará como $\sigma_1 \circ \sigma_2$. Es muy sencillo comprobar que la operación así definida es asociativa pero no conmutativa. A continuación se presenta un ejemplo.

Sea la fórmula:

$$p(a, f(x, g(y)), w)$$

Se definen:

$$\sigma_1 = \{\langle x/a \rangle, \langle w/g(y) \rangle\}$$
$$\sigma_2 = \{\langle y/a \rangle, \langle x/b \rangle\}$$

De acuerdo con la definición de sustitución:

$$\sigma_1\, p = p(a, f(a, g(y)), g(y))$$
$$\sigma_2\,(\sigma_1\, p) = p(a, f(a, g(a)), g(a))$$

Lo que equivale a la aplicación de la sustitución constituida por los siguientes pares:

$\langle x/a \rangle$ Ya que formando parte de σ_1 el sustituto de x no está en la cabecera de ningún par de σ_2.

$\langle w/g(a) \rangle$ Resultante de aplicar al sustituto de w en σ_1 la transformación $\langle y/a \rangle$ perteneciente a σ_2.

$\langle y/a \rangle$ Unico par de σ_2 cuya cabecera no aparece como tal en σ_1 ya que el segundo par de σ_2, $\langle x/b \rangle$ es inoperante al haberse sustituido x al aplicar σ_1.

Es decir:

$$\sigma_1 \circ \sigma_2 = \{\langle x/a \rangle, \langle w/g(a) \rangle, \langle y/a \rangle\}$$

- Unificador.

Dado el conjunto de átomos $T = \{A_1, A_2, \ldots A_n\}$ todos con la misma letra de predicado, una sustitución ω es un unificador de T si se verifica:

$$A_1\omega = A_2\omega = \ldots = A_n\omega.$$

- Conjunto unificable.

Un conjunto de átomos $T = \{A_1, A_2, \ldots A_n\}$ se dice unificable si existe algún unificador para el mismo.

- Unificador de máxima generalidad.

Dado un conjunto unificable se dice que ω es un unificador de especificación mínima o de máxima generalidad (*umg*) si para cualquier otro unificador ω' existe una sustitución σ que aplicada a ω produce ω', es decir, en términos algebraicos:

$$\omega \text{ es } umg \text{ si } \forall \omega' \mid \omega' \text{ es unificador } \exists \sigma \mid \sigma \circ \omega = \omega'$$

El unificador mínimo es, por tanto, el unificador más general ya que contiene el número mínimo de pares y, por tanto, liga el número mínimo de variables. Como se indica al final del párrafo 1 para que el método de resolución sea completo, deben utilizarse este tipo de unificadores.

- Discordancias.

Dado un conjunto de átomos $T = \{A_1, ..., A_n\}$ todos con la misma letra de predicado, se llama *discordancia* de T a todo conjunto de términos que ocupa la misma plaza en el predicado que sirve de base a T. Por tanto, para todo conjunto T puede definirse $D(T)$ = conjunto de discordancias de T, constituido por:

$$D(T) = \{D_1, D_2, ..., D_p\}$$

siendo D_i la discordancia correspondiente a la plaza i en el predicado base de T.

A partir de los conceptos anteriores dado el conjunto T, el algoritmo de unificación construye una sustitución paso a paso que, si el conjunto T es unificable, resulta un unificador de máxima generalidad y si no lo es termina decidiendo la no unificabilidad. El proceso es el siguiente:

- Inicialización:

1. Se obtiene el conjunto de discordancias $D_o(T)$. La sustitución a construir, σ, se inicializa vacía, es decir, si λ es la sustitución vacía:

$$\sigma_o = \lambda$$

- Ciclo K:

2. Si $D_k(t)$ contiene solamente discordancias con un único elemento, el proceso termina, el conjunto T está unificado.
3. Si no ocurre la condición del paso 2 se busca en el conjunto de discordancias una variable, v_k, y se selecciona en la misma discordancia un término t_k que no contenga v_k. Si no puede encontrarse en $D(T)$ un par v_k/t_k, cumpliendo ambas condiciones el proceso termina, el conjunto T no es unificable.
4. Se incluye el par $\langle v_k/t_k \rangle$ en la sustitución σ mediante la operación de composición definida anteriormente, es decir:

$$\sigma_k = \sigma_{k-1} \text{ o } \langle v_k/t_k \rangle \text{ (k índice de etapa).}$$

5. Se aplica la sustitución $\langle v_k/t_k \rangle$ a los átomos de T. Si se presentan átomos iguales después de aplicar la sustitución, se eliminan todos menos uno.
6. Se aplica la sustitución $\langle v_k/t_k \rangle$ al conjunto de discordancias $D(T)$. Para ello se sustituye cada ocurrencia de v_k por t_k y se elimina de cada discordancia todos los términos repetidos menos uno. De acuerdo con el criterio de selección de 3 habrá al menos una repetición.
7. Ir al paso 2.

El proceso antedescrito termina necesariamente ya que en cada ciclo constituido por los pasos 3 a 6 se elimina una letra de variable, y el número de éstas es finito. La forma de terminación puede ser:

—Según el criterio del paso 2; al que puede llegarse por el proceso de reducción de las discordancias realizado en el paso 7. En este caso la sustitución resultante unifica el conjunto de átomos T que habrá quedado reducido a un único elemento, de acuerdo con el proceso de eliminación del paso 6.
—Según el criterio del paso 3; en este caso al no poder encontrar una pareja v_k/t_k y no tener $D(T)$ discordancias de elemento único (paso 2) el conjunto no puede unificarse.

Además la sustitución σ que obviamente, si termina el proceso, es un unificador, es, además un unificador de máxima generalidad. Para comprobarlo basta demostrar que dado otro unificador ω cualquiera, es posible encontrar una sustitución μ tal que:

$$\sigma \circ \mu = \omega \qquad (1)$$

Para demostrarlo se aplicará el método de inducción sobre una iteración del algoritmo.

- Al iniciarse el proceso, σ es la sustitución vacía y, por tanto, se verifica $\sigma_o \circ \omega = \omega$, es decir, en este caso μ es precisamente ω y, por tanto, se verifica (1).
- Para comprobar inductivamente es suficiente demostrar que si al iniciarse el ciclo k se verifica:

$$\sigma_k \circ \mu_k = \omega \qquad (2)$$

al final del ciclo es posible definir una sustitución μ_{k+1}, que compuesta con la sustitución nueva, resultante de aplicar el paso 4, σ_{k+1}, produce ω, es decir:

$$\sigma_{k+1} \circ \mu_{k+1} = \omega \qquad (3)$$

En efecto, si al principio de un ciclo, en el paso 3, se verifica (2) por no ser σ_k un unificador, la sustitución μ_k debe unificar el conjunto de discordancias $D_k(T)$, existente al comienzo del ciclo ya que si no fuera así, ω, no sería un unificador.

Si μ_k es un unificador debe existir en alguna discordancia de $D_k(T)$, un par (v_i/t_i) que verifique la condición de que v_i no aparece en t_i, ya que de otra forma, el conjunto no sería unificable. Además, por ser μ_k un unificador debe ocurrir:

$$v_i\mu_k = t_i\mu_k \qquad (4)$$

puesto que de otra forma la discordancia a la que pertenece v_i, t_i no sería unificable por μ_k, lo que por hipótesis no puede ocurrir.

Por verificarse (4), en μ_k debe aparecer el par $(v_i/t_i\mu_k)$ ya que sólo de esta forma la aplicación a v_i de μ_k puede verificar (4).

Como consecuencia de la existencia del par (v_i/t_i), de acuerdo con la lógica del algoritmo (paso 4) la sustitución al final del ciclo será:

$$\sigma_{k+1} = \sigma_k \circ \langle v_i/t_i \rangle \qquad (5)$$

Se toma como μ_{k+1} la sustitución resultante de prescindir en μ_k del par $(v_i/t_i\mu_k)$. De esta forma, dado que en t_i no aparece v_i, la aplicación de μ_{k+1} a t_i produce el mismo efecto que μ_k ya que ambas sustituciones sólo se diferencian en el par cuya cabecera es v_i, que a efectos de t_i es irrelevante, por tanto:

$$t_i\mu_k = t_i\mu_{k+1} \qquad (6)$$

la composición de σ_{k+1} y μ_{k+1} se calcula en la forma o composición:

$$\sigma_{k+1} \circ \mu_{k+1} = (\sigma_k \circ \langle v_i/t_i \rangle) \circ \mu_{k+1}$$

como la operación de composición es asociativa:

$$\sigma_{k+1} \circ \mu_{k+1} = \sigma_k \circ [(v_i/t_i) \circ \mu_{k+1}] \qquad (7)$$

La sustitución $(v_i/t_i) \circ \mu_{k+1}$ consiste en aplicar a v_i/t_i, la sustitución μ_{k+1}, y de acuerdo con las reglas definidas para ello el resultado será la sustitución constituida por la unión de μ_{k+1} y $\langle v_i/t_i\mu_{k+1} \rangle$, es decir, teniendo en cuenta (6), $(v_i/t_i\mu_k)$. Ahora bien, la unión de μ_{k+1} y $(v_i/t_i\mu_k)$ es precisamente μ_k de acuerdo con la definición dada para μ_{k+1}, luego:

$$\langle v_i/t_i \rangle \circ \mu_{k+1} = \mu_k \qquad (8)$$

sustituyendo en (7):

$$\sigma_{k+1} \circ \mu_{k+1} = \sigma_k \circ \mu_k$$

y, por tanto:

$$\sigma_{k+1} \circ \mu_{k+1} = \omega \qquad \text{(c.q.d.)}$$

Con ello se demuestra que si al principio de una iteración se verifica (2) al final de la misma se verifica (3).

Como se ha comprobado que se verifica (2) para $k = 0$, se verifica (3) para $k = 1$ y así sucesivamente y, por tanto, cuando termine el proceso en el paso 2, se verificará:

$$\sigma \circ \mu = \omega$$

Es decir, el algoritmo produce un unificador de máxima generalidad.

Dados dos unificadores de máxima generalidad σ y ω, por definición debe ocurrir que existan μ y γ tales que:

$$\sigma \circ \mu = \omega \quad \text{y} \quad \omega \circ \gamma = \sigma$$

Por tanto:

$$(\sigma \circ \mu) \circ \gamma = \sigma \circ (\mu \circ \gamma) = \sigma \quad \text{y} \quad (\omega \circ \gamma) \circ \mu = \omega \circ (\gamma \circ \mu) = \omega$$

Luego:

$$\mu \circ \gamma = \gamma \circ \mu = \lambda \tag{9}$$

siendo λ la sustitución vacía.

Para que se verifique (9) puede ocurrir que:

—O bien, μ y γ son λ, en cuyo caso σ y ω son el mismo unificador.

—O bien, μ y γ están formadas exclusivamente por pares:

$$\langle v_i/t_i \rangle \in \mu \quad \text{y} \quad \langle u_k/w_k \rangle \in \gamma$$

tales, que se verifica:

$$\langle v_i/t_i\gamma \rangle = \langle v_i/v_i \rangle \quad \text{y} \quad \langle u_k/w_k\mu \rangle = \langle u_k/u_k \rangle$$

Para ello los términos t_i y w_i deben reducirse a variables simples.

Luego μ y γ están formadas por parejas $\langle v_i/u_i \rangle \in \mu$ y $\langle u_k/v_k \rangle \in \gamma$. Es decir, la diferencia entre σ y ω es el cambio de nombre de las variables.

Por tanto, el unificador de máxima generalidad es único salvo modificación de nombres de variables.

Como consecuencia, aunque la formulación dada del algoritmo de unificación no es determinista por caber diversas opciones de selección del par (v_k, t_k) en el paso 3, si el proceso tiene solución cualquiera que sea la opción elegida se obtendrá el mismo unificador salvo variantes de nomenclatura de variables.

3. Proceso general de resolución

Una vez definido el proceso de unificación, la aplicación del método de resolución se lleva a cabo de la forma siguiente:

1. Se parte de un conjunto de cláusulas en donde las variables libres de cada cláusula tienen nombre distinto. Esto siempre es posible ya que al ser el conjunto de cláusulas parte de la forma normal de Skolem y suponerse en ésta todas las variables cuantificadas universalmente, siempre puede modificarse el

nombre de la variable cuantificada. En efecto, es posible plantear una cadena de equivalencias del tipo:

$$\forall x(C_1(x) \wedge C_2(x)) \leftrightarrow \forall x\, C_1(x) \wedge \forall x\, C_2(x) \leftrightarrow \forall x\, C_1(x) \wedge \forall y\, C_2(y) \leftrightarrow$$
$$\leftrightarrow \forall x[C_1(x) \wedge \forall y\, C_2(y)] \leftrightarrow \forall x\, \forall y(C_1(x) \wedge C_2(y))$$

por tanto, dadas dos cláusulas $C_1(x)$ y $C_2(x)$ puede sustituirse en una de ellas x por y, la fórmula resultante equivale a la inicial. La razón operativa de realizar esta denominación es que, como al generar las instancias de base (de cuyo proceso combinatorio de producción resulta la regla fundamental de sustitución de variables por términos que no las comprenden, en que se basa el algoritmo de unificación) la misma letra de variable en cláusulas distintas toma valores en el universo de Herbrand de manera independiente en cada cláusula, esto se pone en evidencia mejor, a efectos operativos, modificando el nombre de las variables.

2. Se seleccionan parejas de átomos en cláusulas distintas con igual letra de predicado cuya unificación no haya sido tratada previamente. Esto puede hacerse de distintas formas, cada una constituye una estrategia de resolución que se detallará aparte. Si no pueden encontrarse, se termina el proceso, la fórmula es satisfacible.
3. Aplicar el algoritmo de unificación a la pareja de átomos seleccionada.
4. Si resultan unificadas, resolver e incluir la resolvente en el conjunto. Si no ir a 3 para seleccionar nueva pareja de átomos a unificar.
5. Ir a 2.

El proceso termina bien cuando no es posible encontrar cláusulas a unificar o cuando se obtiene la cláusula vacía como resolvente.

Hay, por tanto, un elemento opcional que es la estrategia, primero de selección de cláusulas y, después, de átomos dentro de las mismas, cuando hay varias parejas posibles a unificar. El proceso planteado anteriormente para una estrategia de selección parte de un conjunto de cláusulas F y por aplicación reiterada de unificación y resolución genera nuevos conjuntos F_1, F_2, ... que se añaden al primero, de forma que el conjunto F_2 se obtiene aplicando el proceso anterior al conjunto $F \cup F_1$ y F_3 al $F \cup F_1 \cup F_2$, etc.

A continuación se presentan varios ejemplos. En los apartados que siguen se tratan las distintas estrategias.

Ejemplo 1.

Estudiar si es correcta la deducción:

$$\forall x[\exists y(A(x, y) \wedge B(y)) \rightarrow \exists y(C(y) \wedge D(x, y))] \Rightarrow \forall x \sim C(x) \rightarrow$$
$$\rightarrow \forall x\, \forall y(A(x, y) \rightarrow \sim B(y))$$

La forma de la deducción es:

$$P \Rightarrow Q$$

para demostrar que esta estructura es correcta es preciso comprobar que $P \wedge \sim Q$ es insatisfacible.

Para poner esta fórmula en forma clausular se realizan las siguientes transformaciones (de acuerdo con la metodología unas son equivalentes a la fórmula inicial y otras conservan la insatisfabilidad), se transforma primero P y luego $\sim Q$:

$$P \leftrightarrow \forall x[\sim \exists y(A(x, y) \wedge B(y)) \vee \exists y(C(y) \wedge D(x, y))] \leftrightarrow$$
$$\leftrightarrow \forall x[\forall y(\sim A(x, y) \vee \sim B(y)) \vee \exists z(C(z) \wedge D(x, z))] \leftrightarrow$$
$$\leftrightarrow \forall x\, \exists z\, \forall y[(\sim A(x, y) \vee \sim B(y) \vee C(z)) \wedge (\sim A(x, y) \vee \sim B(y) \vee D(x, z))]$$

$$\sim Q \leftrightarrows \sim [(\forall x \sim C(x)) \rightarrow \forall w\, \forall y(\sim A(w, y) \vee \sim B(y))] \leftrightarrow$$
$$\leftrightarrow [\forall x \sim C(x) \wedge \exists w\, \exists y(A(w, y) \wedge B(y))] \leftrightarrow$$
$$\leftrightarrow [\forall u \sim C(u) \wedge \exists w\, \exists v(A(w, v) \wedge B(v))] \leftrightarrow$$
$$\leftrightarrow [\exists w\, \exists v\, \forall u(\sim C(u) \wedge A(w, v) \wedge B(v))]$$

Se han modificado los nombres de las variables para construir $P \wedge \sim Q$. De esta forma:

$$P \wedge \sim Q \leftrightarrow \sim Q \wedge P \leftrightarrow \exists w\, \exists v\, \forall u\, \forall x\, \exists z\, \forall y[(\sim A(x, y) \vee \sim B(y) \vee C(z)) \wedge$$
$$\wedge (\sim A(x, y) \vee \sim B(y) \vee D(x, z)) \wedge \sim C(u) \wedge A(w, v) \wedge B(v)]$$

Se útiliza la propiedad conmutativa de la conjunción para alterar el orden de aparición de los cuantificadores en cabeza con objeto de simplificar las funciones de Skolem a introducir. En este caso se sustituyen w y v por las constantes a y b y se introduce:

$$z = f(x)$$

Se obtiene la forma clausular:

$$\forall x\, \forall y\, \forall u[(\sim A(x, y) \vee \sim B(y) \vee C(f(x))) \wedge (\sim A(x, y) \vee \sim B(y) \vee$$
$$\vee D(x, f(x)) \wedge \sim C(u) \wedge A(a, b) \wedge B(b))]$$

El conjunto inicial de cláusulas a resolver es, por tanto:

$C_1 \leftrightarrows \sim A(x, y) \vee \sim B(y) \vee C(f(x))$
$C_2 \leftrightarrows \sim A(x, y) \vee \sim B(y) \vee D(x, f(x))$
$C_3 \leftrightarrows \sim C(u)$
$C_4 \leftrightarrows A(a, b)$
$C_5 \leftrightarrows B(b)$

Se unifican: $\sim A(x, y)$ y $A(a, b)$, mediante la sustitución: $\{(x/a), (y/b)\}$ con ello resolviendo C_1, C_4 y C_2, C_4 resultan:

$C_6 \leftrightarrows \sim B(b) \vee C(f(x))$
$C_7 \leftrightarrows \sim B(b) \vee D(a, f(a))$

Resolviendo C_5, C_6 y C_5, C_7 se obtienen:

$C_8 \leftrightarrows C(f(a))$
$C_9 \leftrightarrows D(a, f(a))$

Finalmente, si se hace la sustitución $(u/f(a))$ y se resuelven C_3 y C_8 se obtiene la cláusula vacía; por tanto, la fórmula es insatisfacible y la deducción es correcta.

Ejemplo 2.

$$\exists x(F(x) \wedge \forall y(E(y) \rightarrow A(x, y))), \forall x \, \forall y(F(x) \wedge C(y) \rightarrow \sim A(x, y)) \Rightarrow \forall x(E(x) \rightarrow \sim C(x)).$$

Por consideraciones análogas al ejemplo 1 basta demostrar que es insatisfacible la fórmula:

$$P \leftrightarrows \exists x[F(x) \wedge \forall y(E(y) \rightarrow A(x, y)) \wedge \forall x \, \forall y(F(x) \wedge C(y) \rightarrow \sim A(x, y)) \wedge \\ \wedge \sim \forall x(E(x) \rightarrow \sim C(x))]$$

$$P \leftrightarrow \exists x \, \forall y[F(x) \wedge (\sim E(y) \vee A(x, y)) \wedge \forall z \, \forall w(\sim F(z) \vee \sim C(w) \vee \sim A(z, w)) \wedge \\ \wedge \exists u(E(u) \wedge C(u))]$$

$$\leftrightarrow \exists u \, \exists x \, \forall y \, \forall z \, \forall w[F(x) \wedge (\sim E(y) \vee A(x, y)) \wedge \\ \wedge (\sim F(z) \vee \sim C(w) \vee \sim A(z, w)) \wedge E(u) \wedge C(u)]$$

Expresión de P en forma Prenex. Para pasar a formar cláusulas se sustituye x por la constante a y u por la constante b. La eliminación de las funciones de Skolem es posible debido a que se han aplicado las reglas de paso de cuantificadores sobre conectivas de la forma más conveniente para que queden en cabeza los cuantificadores existenciales, habida cuenta de la conmutatividad de la conjunción. Con ello se obtiene:

$$\forall y \, \forall z \, \forall w[F(a) \wedge (\sim E(y) \vee A(a, y)) \wedge \\ \wedge (\sim F(z) \vee \sim C(w) \vee \sim A(z, w)) \wedge E(b) \wedge C(b)]$$

Con ello las cláusulas componentes son:

$C_1 \rightleftarrows F(a)$
$C_2 \rightleftarrows \sim E(y) \vee A(a, y)$
$C_3 \rightleftarrows \sim F(z) \vee \sim C(w) \vee \sim A(z, w)$
$C_4 \rightleftarrows E(b)$
$C_5 \rightleftarrows C(b)$

Si se unifican $F(z)$ y $F(a)$ con la sustitución (z/a) se obtiene la resolvente:

$C_6 \rightleftarrows \sim C(w) \vee \sim A(a, w)$

Si se unifican C_5 y C_6 mediante la sustitución (w/b) se obtiene resolviendo:

$C_7 \rightleftarrows \sim C(a, b)$

Si se unifica C_2 y C_7 mediante la sustitución (y/b) y se resuelve, se obtiene:

$C_8 \rightleftarrows \sim E(b)$

Y finalmente resolviendo C_8 y C_4 se obtiene la cláusula vacía, por lo que $P \wedge \sim Q$ es insatisfacible y $P \Rightarrow Q$ es una deducción correcta.

Ejemplo 3.

Comprobar la deducción:

$$\forall x\ \forall y[A(y) \wedge B(x, y) \rightarrow C(x)],\ B(a, b) \wedge \sim C(a) \Rightarrow \sim A(b)$$

Análogamente basta comprobar que es insatisfacible:

$$\forall x\ \forall y[A(y) \wedge B(x, y) \rightarrow C(x)] \wedge B(a, b) \wedge \sim C(a) \wedge \sim A(b) \leftrightarrow$$
$$\leftrightarrow \forall x\ \forall y[(\sim A(y) \vee \sim B(x, y) \vee C(x)) \wedge B(a, b) \wedge \sim C(a) \wedge A(b)]$$

Las cláusulas en este caso son:

$C_1 \rightleftarrows \sim A(y) \vee \sim B(x, y) \vee C(x)$
$C_2 \rightleftarrows B(a, b)$
$C_3 \rightleftarrows \sim C(a)$
$C_4 \rightleftarrows A(b)$

Mediante la sustitución (y/b) puede resolverse C_1 y C_4 sobre $A(b)$, se obtiene:

$C_5 \rightleftarrows \sim B(x, b) \vee C(x)$

Mediante la sustitución (x/a) puede resolverse C_2 y C_5 sobre $B(a, b)$:

$C_6 \leftrightarrows C(a)$

Resolviendo C_6 y C_3 se obtiene la cláusula vacía; por tanto, la fórmula es insatisfacible, luego la deducción es correcta.

4. Estrategias de resolución

En el apartado anterior se formuló la aplicación del método de resolución en base a la selección de las parejas a unificar y resolver de todas las formas posibles sin una sistemática aparente; cuando el número de cláusulas de partida es pequeño esto puede hacerse ya que, como se ve en los ejemplos, en pocos pasos se obtiene la cláusula vacía; sin embargo, cuando el número de cláusulas es mayor y coinciden en ellas varias letras de predicado, el número de pasos para llegar a la cláusula vacía puede ser importante y el número de cláusulas a generar por unificación y resolución también. Por ello es preciso aplicar criterios selectivos de manera sistemática que simplifiquen el proceso y al propio tiempo lo hagan abordable por programación evitando la generación de toda la combinatoria posible. Un conjunto de criterios selectivos articulados de forma sistemática constituye una estrategia de resolución. La definición y estudio de los distintos tipos de estrategia pertenece al campo de la inteligencia artificial. Siguiendo a Nilsson las estrategias pueden ser de dos tipos:

—Estrategias de simplificación.
—Estrategias de refinamiento.

En estas últimas, puede definirse un subtipo según se añadan o no criterios de ordenación. A continuación se describen estrategias dentro de cada una de las clases, con ejemplos ilustrativos.

4.1. *Estrategias de simplificación*

Se aplican al conjunto de cláusulas inicial y generadas sucesivamente por resolución tres criterios que permiten disminuir el número de cláusulas a procesar.

—Se eliminan las tautologías. Esta regla es obvia, ya que si se trata de comprobar que el conjunto de cláusulas es insatisfacible, al ser las tautologías cláusulas siempre satisfacibles si el conjunto inicial es insatisfacible también lo será el obtenido prescindiendo de las tautologías.
—Se simplifican por idempotencia las cláusulas que tienen átomos repetidos, dejando un solo átomo representante del conjunto de repetidos.
—Se eliminan las cláusulas que incorporan otras. Se dice que una cláusula D incorpora otra C si existe alguna sustitución que aplicada a C hace que todos sus átomos formen parte de D. Por ejemplo, la cláusula $P(x) \vee Q(x)$ está incorporada por $P(a) \vee Q(a) \vee R(y)$ ya que por aplicación de la sustitución (x/a) se transforma en una parte de la segunda. Esta regla afirma, por tanto, que si existen C y D y existe σ tal que $C\sigma$ forma parte de D, puede prescindirse de D para generar cláusulas por resolución, o puede omitirse D si es el resultado de alguna resolución.

Para poder aplicar la regla tercera es preciso demostrar que si el conjunto de cláusulas resultante de eliminar las cláusulas «incorporantes» de otras es insatisfacible, el inicial también lo es y recíprocamente. A continuación se demuestran ambas propiedades.

Sea Γ un conjunto de cláusulas, C una cláusula y $C\sigma \vee R$ otra cláusula que incorpora C.

a) Si el conjunto $\{\Gamma, C\}$ es insatisfacible (Γ, conjunto de cláusulas), $\{\Gamma, C, C\sigma \vee R\}$ también es insatisfacible. Esto es obvio ya que si no existe ninguna interpretación que satisfaga conjuntamente, Γ, C no puede existir ninguna que además, satisfaga $C\sigma \vee R$.

b) Si Γ, C, $C\sigma \vee R$ es insatisfacible, Γ, C es insatisfacible. En efecto, supóngase que Γ, C fuera satisfacible; en este caso de Γ, C no podría deducirse la cláusula vacía, por tanto, para que Γ, C, $C\sigma \vee R$ fuera insatisfacible (teorema demostrado del método de resolución) debería necesariamente deducirse la cláusula vacía de Γ, $C\sigma \vee R$. Para que esto ocurra sería preciso que, a partir de las cláusulas de Γ se obtengan por resolución $W(\sim C\sigma)$, $V(\sim R)$, siendo W y V fórmulas cualesquiera, tales que aplicando sustitución se obtiene $\sim C\sigma$ y $\sim R$, ya que sólo de esta forma, aplicando unificación y resolución, se obtendría la cláusula vacía. Sin embargo, si esto ocurre, al obtenerse $W(\sim C\sigma)$ a partir de Γ, por sustitución puede obtenerse $\sim C\sigma$ y aplicando σ a C se obtendría $C\sigma$ y, por tanto, también de Γ, C, resultaría la cláusula vacía, como por hipótesis Γ, C es satisfacible esto no puede ocurrir y, por tanto, tampoco Γ, C, $C\sigma \vee R$ sería insatisfacible lo que no puede ser por hipótesis, luego Γ, C no puede ser satisfacible (c.q.d.).

El proceso de resolución, por tanto, debe construirse a partir de un método sistemático que produzca todas las cláusulas resolventes de una dada y el resto del conjunto de cláusulas (existentes y generadas previamente en etapas del mismo proceso) suprimiendo las que cumplan las condiciones indicadas en los criterios de simplificación. En este sentido hay que advertir que si bien es sencillo detectar las tautologías (basta que en una cláusula aparezca el mismo átomo afirmado y negado) no es tan sencilla la decisión de que una cláusula incorpora a otra, ya que se requiere un proceso sistemático primero de identificación de las letras de predicado y luego de búsqueda de una sustitución. Dadas dos cláusulas, el proceso sería el siguiente:

1. Comprobación de que las letras de predicado de C_1, comprenden las de C_2. Si no ocurre que el conjunto de letras de predicado de C_2 está incluido en el de C_1, fin del proceso.
2. Se crea el conjunto de discordancias del conjunto de átomos comunes a ambas cláusulas.
3. Se aplica una versión restringida del algoritmo de unificación consistente en que las sustituciones en cada etapa deben necesariamente construirse con variables que aparezcan como tales en C_2, cláusula que se quiere comprobar si está incorporada en C_1. Si con esta limitación, el algoritmo obtiene un unificador, la cláusula C_1 puede eliminarse.

El proceso general de resolución con simplificación incorporada sería el siguiente. Sea el conjunto inicial:

$$T_0 = \{C_{01}, C_{02}, \ldots C_{0n}\}$$

1.° Ciclo de $i = 1, n-1$ de obtención de todos los resolventes C_{1k} de C_{0i} y C_{0j} ($j = i+1, \ldots n$).

- Para cada resolvente se aplica el test de tautología.

- Para cada resolvente se estudia si ésta incorpora alguna cláusula existente o generada por resolución previamente.
- Si el resultante de ambos test es negativo se incorpora a la lista C_{1i}.
- El conjunto T_1 está constituido por $\{C_{i1}, C_{i2}, ..., C_{1i} ..., C_{1p}\}$.

2.° Se realiza el mismo proceso anterior obteniendo todas las cláusulas resolventes tomando como base las incluidas en $T_0 \cup T_1$, pero estudiando resolventes de cada cláusula en $T_0 \cup T_1$ con todas las de T_1, ya que las resolventes de $T_0 \cup T_1$ están en T_1.

En general:

n.° Ciclo para todas las cláusulas de $T_0 \cup T_1 \cup ... T_{n-1}$: obtención de todos los resolventes respecto de las cláusulas de T_{n-1}, las cláusulas resolventes que no son tautologías ni incorporan cláusulas anteriores forman parte de T_n.

El proceso termina cuando aparece la cláusula vacía, o no es posible obtener más resolventes.

A continuación se presentan algunos ejemplos de análisis de cláusulas incorporadas y de resolución con las reglas de simplificación antedescritas.

Ejemplo 1.

Dadas:

$$C \rightleftarrows P(x, f(y)) \vee R(x, w)$$
$$D \rightleftarrows P(a, b) \vee R(a, w)$$

Decidir si D incorpora a C.

Para que esto ocurra, por definición, debe existir una sustitución que permita obtener una parte de D a partir de C. Como ambas cláusulas tienen dos átomos con letra de predicados comunes debe realizarse una sustitución que cumpla las condiciones siguientes:

—Cada par debe tener como variable una de las contenidas en C.
—Debe unificarse mediante sustitución ambos átomos.

El conjunto de discordancias de P es:

$$\{(x, a), (f(y), b)\}$$

El conjunto de discordancias de R es:

$$\{(x, a)\}$$

Aplicando el algoritmo de unificación se unifica R mediante la sustitución:

$$\sigma = (x/a)$$

con lo que resulta:

$$C\sigma = P(a, f(y)) \vee R(a, w)$$

Cuya única discordancia con D es $(f(y), b)$ que no es unificable por ninguna sustitución. Como $P(a, f(y))$ y $P(a, b)$ no son unificables, D no incorpora a C.

En cambio, si D tuviera la forma:

$$D \leftrightarrows P(a, z) \vee R(a, w)$$

Aplicando σ el conjunto de discordancias restantes sería ahora:

$$\{(f(y), z)\}$$

Esta discordancia es unificable mediante la sustitución $\delta = \langle z/f(y) \rangle$ que daría lugar a que ambas cláusulas $C\sigma$ y D se unificaran, sin embargo, en este caso se verificaría $C(\sigma_o\delta) = D$ o δ, pero *para que una cláusula incorpore a otra no basta que sean unificables, es preciso que una se obtenga por sustitución a partir de la otra,* de ahí la condición de que el unificador tenga solamente variables de una de las cláusulas en la cabecera de cada par.

En cambio, si C tuviera la forma:

$$C \leftrightarrows P(x, y) \vee R(x, w)$$

sí podría obtenerse un unificador:

$$\sigma = \{(x/a), (y/z)\}$$

de forma que $C\sigma = D$.

Se hace observar que cuando dos cláusulas tienen más de una letra de predicado común, el unificador σ debe transformar ambos, por tanto, puede darse el caso de que átomo a átomo sean unificables y no lo sean las cláusulas; tal es el caso de:

$$C \leftrightarrows P(x, y) \vee R(y, x)$$
$$D \leftrightarrows P(a, y) \vee R(z, b)$$

El conjunto de discordancias de P es:

$$\{(x, a)\}$$

El conjunto de discordancias de R es:

$$\{(y, z), (x, b)\}$$

Por tanto, la sustitución $\langle x/a \rangle$ unifica:

$$\{P(x, y), P(a, y)\}$$

y la sustitución $\langle y/z \rangle$, $\langle x/b \rangle$ unifica:

$$\{R(y, x), R(z, b)\}.$$

Sin embargo, no es posible unificar C y D, ya que x no puede sustituirse simultáneamente por a y b: hubiera sido posible si en lugar de aparecer en R la letra de constante b, estuviera una letra de variable w.

$$C \leftrightharpoons P(x, y) \vee R(y, x)$$
$$D \leftrightharpoons P(a, y) \vee R(z, w)$$

en este caso las cláusulas podrían unificarse mediante la sustitución:

$$\sigma = \{\langle x/a \rangle, \langle y/z \rangle, \langle w/a \rangle\}$$

Sin embargo, como en el caso anterior, ninguna cláusula incorpora otra ya que aparecen variables de ambas cláusulas en cabeza de los pares.

Ejemplo 2.

Comprobar que el siguiente conjunto de cláusulas es insatisfacible.

$C_1 \leftrightharpoons p(x, y) \vee q(w, z)$
$C_2 \leftrightharpoons \sim p(a, b) \vee \sim q(b, c) \vee r(f(x), c)$
$C_3 \leftrightharpoons p(a, y) \vee q(f(u), b) \vee r(f(x), y)$
$C_4 \leftrightharpoons \sim p(w, f(y)) \vee q(y, z)$
$C_5 \leftrightharpoons \sim p(b, f(a)) \vee q(a, f(x)) \vee s(a, c)$
$C_6 \leftrightharpoons p(w, f(z)) \vee \sim q(a, b)$
$C_7 \leftrightharpoons \sim p(a, z) \vee \sim q(b, w)$

La cláusula tercera incorpora a la primera:

$$\sigma = \{\langle x/a \rangle, \langle z/b \rangle, \langle w/f(u) \rangle\}$$

La cláusula segunda incorpora a la séptima:

$$\sigma = \{\langle z/b \rangle, \langle w/c \rangle\}$$

La cláusula quinta incorpora a la cuarta:

$$\sigma = \{\langle w/b \rangle, \langle y/a \rangle, \langle z/f(x) \rangle\}$$

Por tanto, el conjunto de cláusulas T_0 se reduce (cambiando nombre de variables en las distintas cláusulas) en la forma:

C_{01} $p(x, y) \vee q(w, z)$
C_{02} $\sim p(w_1, f(y_1)) \vee q(y_1, z_1)$
C_{03} $p(w_1, f(z_2)) \vee \sim q(a, b)$
C_{04} $\sim p(a, z_3) \vee \sim q(b, w_3)$

A continuación se aplica el procedimiento de resolución sistemática especificando las tautologías de que se prescinde (se incluyen pero no se numeran). Al margen se indican las cláusulas de que es resolvente y la sustitución empleada para unificación.

C_{10} $q(y_1, z_1)$ $C_{01}\text{-}C_{02}\{\langle x/w_1\rangle, \langle y/f(y_1)\rangle, \langle w/y_1\rangle, \langle z/z_1\rangle\}$*
(Resolución + idempotencia)
C_{11} $p(w_2, f(z_2))$ $C_{01}\text{-}C_{03}\{\langle x/w_2\rangle, \langle y/f(z_2)\rangle, \langle w/a\rangle, \langle z/b\rangle\}$*
(Resolución + idempotencia)
$p(a, z_3) \vee \sim p(a, z_3)$ $C_{01}\text{-}C_{03}\{\langle x/a\rangle, \langle y/z_3\rangle, \langle w/b\rangle, \langle z/w_3\rangle\}$*
Tautología (no se incluye)
$q(b, w_3) \vee \sim q(b, w_3)$ $C_{01}\text{-}C_{03}\{\langle x/a\rangle, \langle y/z_3\rangle, \langle w/b\rangle, \langle z/w_3\rangle\}$*
Tautología (no se incluye)
$q(a, b) \vee \sim q(a, b)$ $C_{02}\text{-}C_{03}\{\langle w_1/w_2\rangle, \langle z_2/a\rangle, \langle y_1/a\rangle, \langle z_1/b\rangle\}$*
Tautología
$p(w_2, f(a)) \vee \sim p(w_2, f(a))$ $C_{02}\text{-}C_{03}\{\langle w_1/w_2\rangle, \langle z_2/a\rangle, \langle y_1/a\rangle, \langle z_1/b\rangle\}$*
Tautología
C_{12} $\sim p(a, f(b))$ $C_{02}\text{-}C_{04}\{\langle w_1/a\rangle, \langle z_3/f(b)\rangle, \langle y_1/b\rangle, \langle z_1/w_3\rangle\}$*
C_{13} $\sim q(a, b) \vee \sim q(b, w_3)$ $C_{03}\text{-}C_{04}\{\langle w_2/a\rangle, \langle z_3/f(z_2)\rangle\}$

Con ello termina la primera etapa, como puede verse la regla de la tautología ha permitido prescindir de cuatro cláusulas quedando, por tanto, para la segunda etapa incluidas solamente cuatro cláusulas en el conjunto T_1.

En la segunda etapa se analiza para resolución los pares de cláusulas de T_0 con T_1 y de T_1 con T_1.

$q(w, z)$ $C_{01}\text{-}C_{12}\{\langle x/a\rangle, \langle y/f(b)\rangle\}$
No se incluye por incorporar C_{10}
C_{21} $p(x, y) \vee \sim q(b, w_3)$ $C_{01}\text{-}C_{13}\{\langle w/a\rangle, \langle z/b\rangle\}$
C_{22} $p(x, y) \vee \sim q(a, b)$ $C_{01}\text{-}C_{13}\{\langle w/b\rangle, \langle z/w_3\rangle\}$
$q(y_1, z_2)$ $C_{02}\text{-}C_{11}\{\langle w_1/w_2\rangle, \langle y_1/z_2\rangle\}$
No se incluye por incorporar a C_{10}
$\sim p(w_1, f(y_1)) \vee \sim q(b, w_3)$ $C_{02}\text{-}C_{13}\{\langle y_1/a\rangle, \langle z_1/b\rangle\}$
No se incluye por incorporar a C_{21}
$p(w_1, f(y_1)) \vee \sim q(a, b)$ $C_{02}\text{-}C_{13}\{\langle y_1/b\rangle, \langle z_1/w_3\rangle\}$
No se incluye por incorporar a C_{22}
$p(w_2, f(z_2))$ $C_{03}\text{-}C_{10}\{\langle y_1/a\rangle, \langle z_1/b\rangle\}$
No se incluye por incorporar a C_{11}
C_{23} $\sim q(a, b)$ $C_{03}\text{-}C_{12}\{\langle w_2/a\rangle, \langle z_2/b\rangle\}$
C_{24} $\sim p(a, z_3)$ $C_{04}\text{-}C_{10}\{\langle y_1/b\rangle, \langle z_1/w_3\rangle\}$
C_{25} $\sim q(b, w_3)$ $C_{04}\text{-}C_{11}\{\langle w_2/a\rangle, \langle z_3/f(z_2)\rangle\}$
$\sim q(b, w_3)$ $C_{10}\text{-}C_{13}\{\langle y_1/a\rangle, \langle z_1/b\rangle\}$
No se incluye (incorpora a C_{25})
$\sim q(a, b)$ $C_{10}\text{-}C_{13}\{\langle y_1/b\rangle, \langle z_1/w_3\rangle\}$
No se incluye (incorpora a C_{23})
C_{26} Cláusula vacía $C_{11}\text{-}C_{12}\{\langle w_2/a\rangle, \langle z_2/b\rangle\}$

Fin del proceso.

Las reglas de tautología e incorporación han permitido eliminar tres cláusulas iniciales,

* Estos unificadores que se utilizan a efectos ilustrativos de las técnicas de simplificación no son de máxima generalidad, cabe otra línea de resolución utilizando los dos primeros pares.

cuatro en la primera etapa y siete en la segunda, teniendo en cuenta el efecto multiplicador de una simplificación en un paso sobre las etapas sucesivas es evidente la importancia de las mejoras de ambas reglas respecto del proceso sistemático de resolución sin simplificación.

Obsérvese que a efectos ilustrativos de estas técnicas de simplificación se han empleado unificadores de menor generalidad para obtener igualdad de átomos simplificables, una tautología e idempotencia, caso de no haberse obtenido la cláusula vacía, el proceso antedescrito no implicaría la satisfacibilidad del conjunto inicial, sería preciso explorar las opciones de unificación más general en el primer paso.

4.2. *Estrategias de refinamiento*

Este tipo de procesos se basan en la introducción de criterios que limitan la producción de cláusulas en número tan elevado como el que resulta de resolver todas las cláusulas entre sí de todas las formas posibles. Un criterio permite dividir las cláusulas en dos tipos de manera que la resolución sólo se plantea entre cláusulas de tipos distintos, de esta forma, el número de resoluciones disminuye de manera importante. Es posible realizar procesos mixtos de refinamiento y simplificación según lo indicado en el apartado anterior.

Las estrategias pueden ser:

—Completas, en ellas, caso de existir una resolución de la cláusula vacía, la estrategia garantiza que la encuentra.
—Incompletas en caso contrario. Estas últimas aunque menos satisfactorias desde el punto de vista teórico pueden ser más eficientes computacionalmente.

Se han desarrollado distintas estrategias dentro de estas líneas. A título ilustrativo, dado su interés, se describe en el próximo apartado la estrategia de resolución lineal que además de ser de programación sencilla es completa. Chang y Lee (1973) presentan una gama amplia de posibles estrategias completas e incompletas.

5. Resolución lineal

El método de resolución lineal, es uno de los más adecuados para programación ya que permite, como se comprobará a continuación, emplear técnicas de búsqueda clásica en árbol basadas en la estructura del proceso de resolución. Su definición es la siguiente:

Dado un conjunto K de cláusulas, se denomina proceso de resolución lineal al que a partir de una cláusula de cabecera B se construye de la siguiente forma:

- Se resuelve B con una de las cláusulas de K.

- Cada cláusula intermedia R_{i+1} se obtiene por resolución de la obtenida previamente R_i con:
  - Una cláusula de las iniciales $C \subseteq K$.
  - Una cláusula antecedente en el proceso de obtención de R_i.

La segunda de estas condiciones hace que a este tipo de refinamiento del método de resolución se le denomine «filtrado por antecedente» (ancestry filtered).

Un grafo representativo de la estructura del proceso se indica en la figura adjunta.

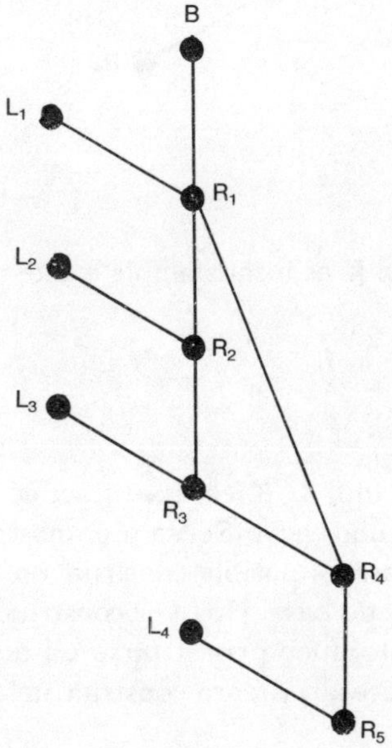

En este gráfico, R_4 se ha obtenido por resolución de R_3 y su antecedente R_1. Las cláusulas L_i laterales, son junto con B, integrantes de K, conjunto inicial. (Evidentemente puede haber varios L_i iguales ya que una cláusula inicial puede utilizarse varias veces en el proceso de resolución.)

Si se acepta la convención a efectos de representación de que las cláusulas laterales puedan ser también alguna de las obtenidas en el proceso de resolución, la representación del proceso podría ser un árbol como el indicado en la figura, en este caso L'_4 es igual a R_1.

Por tanto, la estructura del proceso aparece como un eje principal y una serie de cláusulas laterales. Esta otra forma de presentación hace que también se denomine este proceso de resolución lineal. Luckham (1970) presentó este tipo de refinamiento y demostró que es completo. Es decir, se verifica el siguiente:

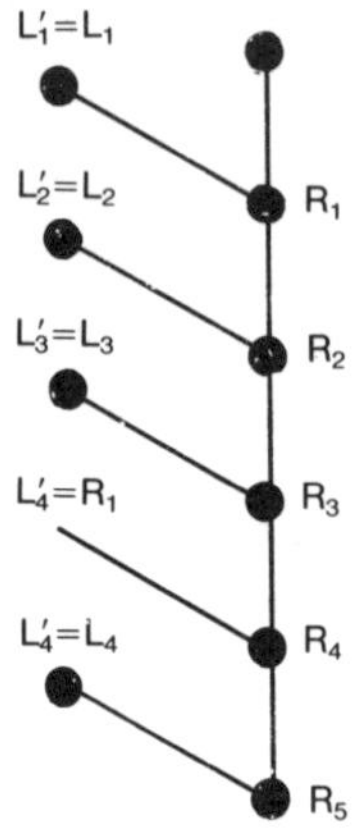

TEOREMA:

Si un conjunto de cláusulas K es insatisfacible existe una deducción por resolución lineal de la cláusula vacía.

DEMOSTRACION:

Por el teorema de Herbrand, si K es insatisfacible existe una resolución sobre instancias de base de la cláusula vacía. Se va a demostrar que si existe un grafo de resolución en instancias de base es posible construir un grafo con estructura lineal a partir de las mismas instancias de base. Una vez construido este árbol de resolución en instancias de base, obviamente puede construirse un árbol similar con las cláusulas realizando las unificaciones necesarias para construir un árbol isomorfo, lo que seguro que es posible.

La demostración referida a instancias de base requiere tres lemas previos.

Lema 1.

Sea $\alpha(C)$ un árbol genérico de resolución de la instancia C. Evidentemente pueden definirse árboles de resolución cuya estructura no responde a las especificaciones de resolución lineal cuyo nodo final es la instancia de base C. Sea B una instancia inicial ($B \varepsilon K$) del árbol, en la que se da la circunstancia de que aparece el literal L sobre el que, en el camino entre B y C no se basa ninguna resolución. Se verifican las siguientes afirmaciones:

- La cláusula C, resolvente del proceso contiene el literal L.
- Si se sustituye la instancia B por B' resultante de prescindir en B del literal L, el árbol $\alpha(C)$ se convierte en $\alpha'(C')$ isomorfo de $\alpha(C)$, pero cuyo conjunto de instancias de base es $K \cup \{B'\}$ y cuya resolvente C' está constituida por literales que forman C, esto se indica con la notación:

$$C' \subseteq C$$

La comprobación de ambas afirmaciones es inmediata.

Lema 2.

Dado un árbol de resolución cualquiera $\alpha(C)$ se definen las siguientes transformaciones:

- Se sustituye una de las instancias iniciales B, por $B \vee A$, siendo A una cláusula cualquiera.
- Cada cláusula descendiente de B, D, en $\alpha(C)$ se sustituye por $D \vee M$, definiéndose M a partir de las cláusulas antecedentes de D en $\alpha(C)$ según el criterio siguiente:
  - Si las cláusulas antecedentes de D en $\alpha(C)$ son E y F, una de las dos y sólo una será descendiente de B. Supóngase que es E. En el árbol modificado como consecuencia de sustituir B por $B \vee A$, E habrá tomado la forma $E \vee A^h$. A^h indica una cláusula añadida por la modificación cuyo superíndice es h. Como valor A^{h+1} para modificar D se toma la cláusula resultante de prescindir en A^h del literal en que se han resuelto E y F para producir D, caso de que A^h contenga este literal. Una vez obtenida A^{h+1} se sustituye D por $D \vee A^{h+1}$. Evidentemente por la forma de construcción se verifica $A^{h+1} \subseteq A^h$ (1).

El enunciado del lema es el siguiente:

Si se aplica esta transformación sucesivamente en cascada por el camino que desde B conduce a C en $\alpha(C)$, se obtiene un árbol $\alpha'(C')$ isomorfo de $\alpha(C)$, cuyo conjunto de base es $K \cup \{B \vee A\}$ y cuya resolvente final es $C' \subseteq C \vee A$.

La justificación de este resultado es una consecuencia de (1), ya que si se denomina A^P la cláusula que modifica C de acuerdo con la norma descrita para D, se verificará:

$$A^P \subseteq A^{P-1} \subseteq \dots \subseteq A'' \subseteq A' \subseteq A$$

y, por tanto:

$$C' = C \vee A^P \subseteq C \vee A$$

Lema 3.

Sea $\alpha(C)$ un árbol de resolución cuyo conjunto de instancias iniciales es K, que produce como resultado la cláusula C. Sea $B \varepsilon K$. El enunciado del lema es el siguiente:

Existe un árbol de resolución lineal $\alpha(C')$ con B como cláusula de cabecera y tal que la instancia resolvente C' forma parte de C:

$$C' \subseteq C$$

La demostración se realizará por inducción sobre el nivel del árbol.

Se denomina nivel de $\alpha(C)$ el número máximo de resoluciones necesarias para alcanzar C desde una instancia inicial.

Evidentemente para el nivel unidad se verifica el lema, ya que $\alpha(C)$ tiene necesariamente estructura lineal.

A continuación se demuestra el paso de inducción:

Si para todo árbol de nivel $\leqslant n$, $\alpha(C)$, puede construirse un árbol con estructura lineal cuyo resolvente forma parte de C, también puede construirse para nivel $n+1$ de $\alpha(C)$.

Demostración:

Si C se ha obtenido en $\alpha(C)$ por resolución sobre el literal p los nodos antecedentes al nodo C corresponderán a instancias de las formas respectivas $M \vee p$ y $N \vee \sim p$, siendo M y N instancias cualesquiera (C será, por tanto, $M \vee N$).

Cada una de las cláusulas $M \vee p$ y $N \vee \sim p$ será resultante de un árbol de resolución parcial. Existirán, por tanto:

$$\alpha_1(M \vee p) \text{ y } \alpha_2(N \vee \sim p)$$

Supóngase que la cláusula B forma parte de $\alpha_1(M \vee p)$, como uno de los nodos iniciales. Como $\alpha(C)$ es por hipótesis de orden $n+1$, α_1 y α_2 son de orden $\leqslant n$ y, por tanto, por hipótesis del paso de inducción existe un árbol $\alpha_3(M_1)$ con nodo de cabecera B y estructura lineal cuya resolvente M_1 verifica:

$$M_1 \subseteq M \vee p$$

Pueden darse dos casos:

a) M_1 no contiene el literal p, en este caso $M_1 \subseteq M$, como a su vez $M \subseteq C$ resulta $M_1 \subseteq C$ y, por tanto, $\alpha_3(M_1)$ verifica el lema, que quedaría inmediatamente demostrado.
b) M_1 contiene el literal p. En este caso M_1 tiene la forma $M_2 \vee p$ (M_2 instancia cualquiera). Para demostrar el lema es preciso realizar una serie de transformaciones en $\alpha_2(N \vee \sim p)$ que se describen a continuación y que están basadas en los lemas 1 y 2.

- Como en $N \vee \sim p$, resolvente de α_2, aparece $\sim p$, debe haber al menos un nodo inicial cuya cláusula $D_i \in K$, contenga $\sim p$, de forma que en el camino hasta la cláusula resolvente no aparezca ninguna resolución sobre $\sim p$. D_i podrá ponerse, por tanto, en la forma $D_i' \vee \sim p$, siendo D_i' una cláusula cualquiera. Según el lema 1 existe un árbol de resolución $\alpha_4(N_1)$ isomorfo con $\alpha_2(N \vee \sim p)$, cuyo conjunto de instancias de base es $K \cup \{D_i'\}$ de forma que se verifica:

$$N_1 \subseteq N \vee \sim p \qquad (1)$$

- Como $\alpha_4(N_1)$ es isomorfo de $\alpha_2(N \vee \sim p)$ y éste es de nivel $\leqslant n$, $\alpha_4(N_1)$ también tendrá nivel $\leqslant n$ y, por tanto, de acuerdo con la hipótesis del paso de inducción que se está demostrando, existe un árbol con estructura lineal $\alpha_5(N_2)$ con cláusula de cabecera D'_i, y tal que:

$$N_2 \subseteq N_1$$

y, por tanto, teniendo en cuenta (1):

$$N_2 \subseteq N \vee \sim p \tag{2}$$

Apoyándose en el lema 2 se realiza la siguiente transformación en $\alpha_5(N_2)$.

—Se identifican los nodos iniciales cuya cláusula asociada sea D'_i (por hipótesis al menos hay uno).
—Para cada nodo de K sucesivamente se asocia en lugar de D'_i, $D'_i \vee M_2$ (M_2 forma parte de M_1) de manera que para cada nodo inicial D'_i se obtienen sucesivamente árboles isomorfos con $\alpha_5(N_2)$, cuyas resolventes son:

$N_2 \vee R_1$
$N_2 \vee R_1 \vee R_2$
$N_2 \vee R_1 \vee R_2 \vee R_3$
....
$N_2 \vee R_1 \ldots \vee R_k$
....
$N_2 \vee R_1 \ldots \vee R_p$

De acuerdo con el lema 2 se verifica:

$$R_k \subseteq M_2$$

y, por tanto:

$$R_1 \vee R_2 \ldots \vee R_p \subseteq M_2$$

es decir, si se denomina M_3 a $R_1 \vee R_2 \ldots \vee R_p$ se obtiene $\alpha_6(N_2 \vee M_3)$ isomorfo de $\alpha_5(N_2)$ y, por tanto, con estructura lineal cuyo conjunto base de cláusulas es $K \cup \{D'_i \vee M_2\}$, y tal que:

$$M_3 \subseteq M_2 \tag{3}$$

y cuya cláusula de cabecera es $D'_i \vee M_2$.

- A partir de los árboles $\alpha_3(M_1)$ y $\alpha_6(N_2 \vee M_3)$ puede construirse un árbol con estructura lineal de la forma siguiente:

—Se construye un árbol $\alpha_7(D_i' \vee M_2)$ a partir de $\alpha_3(M_1)$, añadiendo un escalón de resolución a α_1 con la cláusula $D_i' \vee \sim p$ que forma parte del conjunto inicial de instancias; como M_1 es $M_2 \vee p$ el resolvente es $D_i' \vee M_2$, y como $D_i' \vee \sim p$ es una cláusula inicial y $\alpha_3(M_1)$ tiene estructura lineal $\alpha_7(D_i' \vee M_2)$, también tendrá estructura lineal ya que el escalón asociado cumple las especificaciones de esta estructura. Además como B era cláusula de cabecera en $\alpha_3(M_1)$ también será cláusula de cabecera en $\alpha_7(D_i' \vee M_2)$.

—Dado que el resolvente de α_7 es $D_i' \vee M_2$ y la cabecera de α_6 es esta misma instancia, se sitúa $\alpha_7(D_i' \vee M_2)$ sobre la cabecera de $\alpha_6(N_2 \vee M_3)$ de forma que se obtiene un árbol $\alpha_8(N_2 \vee M_3)$ cuyo conjunto base es ahora K, ya que $D_i' \vee M_2$ ha pasado a ser cláusula resolvente interna, y con cláusula de cabecera B, este árbol cumple las especificaciones de estructura lineal ya que las resoluciones en $\alpha_6(N_2 \vee M_3)$ de $D_i' \vee M_2$ válidas por ser $D_i' \vee M_2$ cláusula inicial, son también válidas en $\alpha_8(N_2 \vee M_3)$ en razón de que ahora $D_i' \vee M_2$ es un antecedente de la cláusula con la que se va a emparejar para producir una resolución.

Por tanto, como las estructuras de α_6 y α_7 son lineales y la conexión vía $D_i' \vee M_2$ cumple las condiciones de estructura lineal tal como se justifica anteriormente, el árbol $\alpha_8(N_2 \vee M_3)$ tiene estructura lineal y tiene como conjunto base el inicial K.

—Sólo falta comprobar que $N_2 \vee M_3 \subseteq C$ para demostrar el paso de inducción. En efecto, de acuerdo con el apartado a):

$$M_1 \subseteq C$$

y al ser M_2 parte de M_1:

$$M_2 \subseteq M_1$$

Si se tiene en cuenta (3) por la propiedad transitiva de la relación de inclusión se verifica:

$$M_3 \subseteq C \qquad (4)$$

por otro lado según (2):

$$N_2 \subseteq N \vee \sim p$$

Pueden presentarse dos casos:

1. N_2 no contiene $\sim p$. Como se verifica (2), ello implicaría:

$$N_2 \subseteq N$$

como a su vez $N \subseteq C$ resulta:

$$N_2 \subseteq C \tag{5}$$

y, por tanto, uniendo (4) y (5):

$$M_3 \vee N_2 \subseteq C$$

luego, el árbol $\alpha_8(N_2 \vee M_3)$ cumpliría las especificaciones del paso de inducción ya que además de tener estructura lineal y la cláusula B de cabecera, su resolvente forma parte de C.

2. N_2 contiene $\sim p$. En este caso puede encontrarse a partir de α_8 otro árbol que cumpla las condiciones del lema. En efecto, si N_2 contiene $\sim p$ puede ponerse en la forma $N_2' \vee \sim p$, siendo N_2' una cláusula y, por tanto, la resolvente de α_8 puede escribirse como:

$$N_2' \vee M_3 \vee \sim p$$

La cláusula M_1 resolvente de $\alpha_3(M_1)$ tiene la forma $M_2 \vee p$ por hipótesis de este caso b), y a su vez es un antecedente de $N_2' \vee M_3 \vee \sim p$ por construcción del árbol α_8, por tanto, es posible resolver $N_2' \vee M_3 \vee \sim p$ y $M_2 \vee p$ dentro de las normas de la resolución lineal obteniéndose, por tanto:

$$N_2' \vee M_3 \vee M_2$$

como por otro lado $M_3 \subseteq M_2$ por idempotencia resulta:

$$N_2' \vee M_2$$

Por tanto, añadiendo este escalón de resolución se obtiene un nuevo árbol $\alpha_9(N_2' \vee M_2)$ con estructura lineal y cláusula de cabecera B. Además, ahora:

$$N_2' \subseteq N \subseteq C$$

y como

$$M_2 \subseteq M_1 \subseteq C$$

entonces

$$N_2' \subseteq M_2 \subseteq C$$

Queda, por tanto, demostrado el paso de inducción. Como, por otro lado, la hipótesis del paso de inducción se verifica para nivel unidad se verificará (aplicando lo demostrado anteriormente) para niveles 2, 3, ..., etc., quedando, por tanto, demostrado el lema 3.

Una vez demostrado el lema 3, el teorema se sigue inmediatamente; en efecto, si un conjunto K de instancias de base es insatisfacible, existe un árbol de resolución $\alpha(\square)$

que produce la cláusula vacía como resolvente (principio de resolución). De acuerdo con el lema 3 debe existir un árbol con estructura lineal que permita obtener $C' \subseteq \square$ y, por tanto, debe ser C' también la cláusula vacía.

La demostración se ha realizado para un conjunto de instancias básicas, lo que no quita generalidad a la conclusión y simplifica la consideración de aspectos de unificación.

Loveland en 1970 presentó también una metodología de resolución lineal cuyas características son similares a la planteada por Luckham, y cuya completud también demostró.

La implementación del proceso de resolución lineal plantea el problema de definición del proceso concreto que conduce, con estructura de resolución lineal, a la cláusula vacía.

En efecto, de este proceso además de su forma genérica, lo único que se sabe es que en cabeza del eje del mismo debe estar la cláusula elegida (normalmente se elige seleccionando una de las cláusulas contenidas en la negación de la conclusión de la deducción que se quiere comprobar) y al final, la cláusula vacía; sin embargo, quedan por decidir todas las cláusulas laterales, y su orden de aparición. Es preciso, por tanto, definir un algoritmo que explore ordenadamente la combinatoria de soluciones posibles. El hecho de que necesariamente deba comenzarse por la cláusula de cabecera y la condición de que toda cláusula descendente de otra por resolución deba obtenerse de acuerdo con las condiciones de unificación y resolución permite definir una forma de llegar a la solución por exploración en árbol. A continuación se describen dos formas de tratar este problema de búsqueda aplicando fundamentalmente técnicas de búsqueda de dos tipos:

- Preferentes en amplitud (breadth first).
- Preferentes en profundidad (depth first).

Para definir estos procesos, es preciso previamente realizar una serie de convenciones que conduzcan a la construcción de estos árboles de búsqueda:

- Cada nodo del árbol corresponde a una cláusula del eje de resolución.
- Cada arista del árbol corresponde a una cláusula lateral al eje del árbol de forma que la cláusula del eje en origen de la arista, resuelta con la cláusula representada por la arista produzca una nueva cláusula en el eje, representada por el nodo extremo de la arista.

Las cláusulas laterales son, por tanto, operadores que generan el siguiente a cada nodo, por resolución.

El árbol de búsqueda se define de la forma siguiente:

—La raíz corresponde a la cláusula de cabecera (puede plantearse un proceso de este tipo, ensayando cada cláusula inicial como cabecera).

—Para cada nodo A se obtienen los nodos siguientes por resolución con cláusulas laterales (representadas, por tanto, por aristas):

- Con las que sea factible la unificación.
- Que sean cláusulas iniciales.
- Que sean resolventes antecesores de A en el camino hasta la raíz.

De acuerdo con las convenciones anteriores, un árbol de resolución lineal se convierte en un camino del tipo indicado en la figura adjunta dentro del árbol definido de la forma anterior. Como en cada nodo del árbol (cláusula en el eje) puede optarse por resolver con una serie de posibles cláusulas laterales, el proceso de encontrar la resolución lineal que produce la cláusula vacía se reduce a encontrar un camino en el árbol que termina en un nodo cuya cláusula asociada sea precisamente la cláusula vacía.

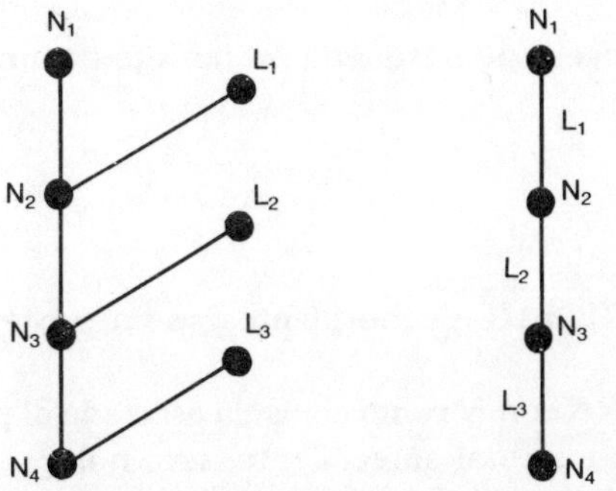

Los métodos para encontrar un nodo final con la cláusula vacía se diferencian fundamentalmente en el orden de construcción del árbol.

Los métodos preferentes en amplitud (breadth first) exploran primeramente todos los nodos descendientes de los nodos de un nivel antes de pasar a generar y explorar los del siguiente nivel, el nivel de un nodo es el número de aristas desde el nodo hasta la raíz (ésta, por tanto, es de nivel 0, los nodos descendientes de la raíz de nivel 1, etc.).

El método preferente en profundidad explora los descendientes en vertical de manera que primero se genera el nodo descendiente más a la izquierda de la raíz, a continuación se explora el primer descendiente de este nodo sin esperar a explorar los del mismo nivel, etc. Si se llega a un nodo en que no hay posibilidad de obtener descendientes (por no poderse aplicar unificación y resolución con ninguna posible cláusula lateral) o bien se alcanza un tope prefijado de máximo nivel de exploración en profundidad, se vuelve al nodo antecedente (backtracking) y se selecciona el nodo siguiente a éste por la derecha. Aplicando este proceso se recorre como en el método preferente en amplitud toda la combinatoria de casos posibles con la única diferencia de que en el método «breadth first» se busca la solución de arriba a abajo, mientras en el método preferente en profundidad se busca la solución de izquierda a derecha dentro de una banda definida por el nivel máximo de profundización.

Para describir estos algoritmos de forma más concreta es preciso introducir unas convenciones de información de base:

- El árbol se describe mediante una lista de nodos, ARBOL, en la que aparece para cada nodo un puntero hacia el nodo de que desciende y la cláusula que representa.

- En la lista ARBOL no se incluyen los nodos para los cuales todavía no se haya definido descendiente, estos nodos que son realmente la frontera por la que avanza el proceso de búsqueda se incluirán en la lista FRONTERA, en ella aparecerá como en ARBOL, el puntero al antecedente y la cláusula que representa el nodo.
- Además debe darse la lista INICIAL que incorpora las cláusulas resultantes y la cláusula *N* vértice superior del árbol. Como ya se ha indicado en otra parte, *N*, puede elegirse entre las cláusulas derivadas de la negación de la conclusión cuya deducibilidad se quiere comprobar.

Sobre esta base el proceso de búsqueda preferente en amplitud puede describirse de la forma siguiente:

* INICIALIZACION:

- Lectura de *N* e INICIAL (puede plantearse un proceso de repetición de éste para distinto *N*).
- Se crea FRONTERA con *N* como cláusula asociada al primer nodo y, por tanto, por ser la raíz su puntero al antecedente, será nulo.

* CICLO DE BUSQUEDA:

1. Se toma el primer nodo *n* de FRONTERA, si está vacío, fin del proceso sin encontrar la cláusula vacía.
2. Se suprime el nodo elegido *n* de la lista FRONTERA y se incluye en la lista ARBOL.
3. Se «expande» el nodo *n*, es decir, se obtienen sus nodos descendientes. Para ello se inspecciona en las cláusulas:

   - De la lista INICIAL.
   - De los nodos antecedentes de *n* (vía la serie de punteros).

   Para cada cláusula inspeccionada, si es viable la unificación y resolución, se genera un nodo descendiente de *n* cuya cláusula asociada será la resolvente correspondiente y cuyo puntero antecedente será precisamente *n*. Si no hay cláusulas que permitan la resolución se pasa a 1.
4. Con los nodos resultantes de la expansión se realizan las operaciones siguientes:

   a) Si la cláusula asociada a uno de ellos es la cláusula vacía: FIN DE PROCESO. Se listará por impresión el camino de resolución.
   b) Si la cláusula asociada no es la cláusula vacía se almacena *al final* de la lista ARBOL.

5. Ir a 1.

El método preferente en profundidad se basa en una lógica similar con dos diferencias:

- Con objeto de avanzar en profundidad, los nodos resultantes de la expansión de un nodo se incluyen (paso 4.b) *al principio* de la lista ARBOL. De esta forma en el paso 1 se eligen siempre los nodos resultantes de la última «expansión».
- Para limitar el avance en profundidad, se introduce un parámetro de nivel máximo de avance PMAX de forma que al final del paso 2 se incluye un control previo a la «expansión» del nodo n del nivel del mismo.

  —Si nivel $(n) \geq$ PMAX ir a 1.
  —Si nivel $(n) \leq$ PMAX ir a 3.

  Esto obliga, bien a incluir un campo más en la descripción de cada nodo, que incluya el nivel o bien a calcular el nivel por recorrido hacia atrás hasta la raíz, apoyándose en los punteros. Dado que este recorrido es preciso hacerlo en la etapa 3 del ciclo para listar las cláusulas antecedentes en el eje de la demostración con vista a posibles resoluciones puede adelantarse este paso y evaluar el nivel del nodo al mismo tiempo.

De acuerdo con la definición anterior, el método preferente en profundidad podría implementarse, sin introducir limitaciones de nivel almacenado exclusivamente, la rama en curso de exploración (almacenada en pila, ya que la formulación sería de tipo recursivo). Esta ventaja tiene el inconveniente de que a pesar de que la estrategia de resolución lineal es completa, podría darse el caso de que su implementación con estrategia en profundidad diera lugar a una rama infinita y por tanto sin solución, cuando sí existe en otro camino del árbol de búsqueda; en este caso la implementación sería incompleta. Puede paliarse este problema si se introduce un criterio de detección de bucles, por ejemplo, si F es una fórmula obtenida en una etapa y aparece en un nodo descendente de la rama otra fórmula G tal que G es una instancia de F (es decir, G es $F\sigma$, siendo σ una sustitución que puede ser vacía si G es F), puede cortarse el desarrollo de la rama ya que si G es una instancia de F cualquier resolución obtenida a partir de G puede obtenerse a partir de F y, por tanto, el árbol de resoluciones posibles con vértice G es un subárbol del obtenido con vértice F y puede prescindirse de él por ser redundante con el de vértice F.

La estrategia preferente en amplitud es completa respecto del concepto de resolución lineal y, por tanto, si existe una decisión por resolución el método en amplitud la encuentra, mientras es posible que en estrategia pura en profundidad no se encuentre.

Otro aspecto a favor del método en amplitud es que la primera solución encontrada por este método es la de mínima longitud, cosa que puede no ocurrir en profundidad. El inconveniente del método en amplitud es la importancia de los recursos que necesita que puede dar lugar a ineficiencia. Esto puede paliarse introduciendo criterios heurísticos que dirijan el proceso de expansión de nodos, en particular, dado que el objeto es alcanzar la cláusula vacía pueden emplearse medidas de la complejidad de la cláusula en cada caso, es decir, se expanden las cláusulas de FRONTERA en orden de menor a mayor número de átomos.

A continuación se estudian varios ejemplos de aplicación.

Ejemplo 1.

Comprobar que el siguiente conjunto de cláusulas es insatisfacible:

$C_1 \rightleftharpoons p(x, f(x), a)$
$C_2 \rightleftharpoons \sim q(x) \vee \sim q(y) \vee q(z) \vee \sim p(x, f(y), z)$
$C_3 \rightleftharpoons q(b)$
$C_4 \rightleftharpoons \sim q(a)$

Se toma como cláusula de cabecera C_4.
A continuación se detallan los distintos niveles de expansión.

1.er nivel de expansión.

C_4 puede resolverse con C_2 dando lugar a C_5, lo que se indica con la notación:

C_5: $(C_4, C_2) \rightleftharpoons \sim q(x) \vee \sim q(y) \vee \sim p(x, f(y), a)$

2.º nivel de expansión.

C_5 puede resolverse con C_3, C_1 y C_2.

C_6: $(C_5, C_1) \rightleftharpoons \sim q(x) \vee \sim q(x) : \sim q(x)$ (por idempotencia)
C_7: $(C_5, C_2) \rightleftharpoons \sim q(x) \vee \sim q(y) \vee \sim p(x, f(y), y) \vee \sim p(x, f(y), a)$
C_8: $(C_5, C_2) \rightleftharpoons \sim q(x) \vee \sim q(y) \vee \sim p(x, f(x), x) \vee \sim p(x, f(y), a)$
C_9: $(C_5, C_3) \rightleftharpoons \sim q(y) \vee \sim p(b, f(y), a)$
C_{10}: $(C_5, C_3) \rightleftharpoons \sim q(x) \vee \sim p(x, f(b), a)$

3.er nivel de expansión.

C_6 puede resolverse con C_3 produciendo la cláusula vacía. El árbol de resolución es muy simple:

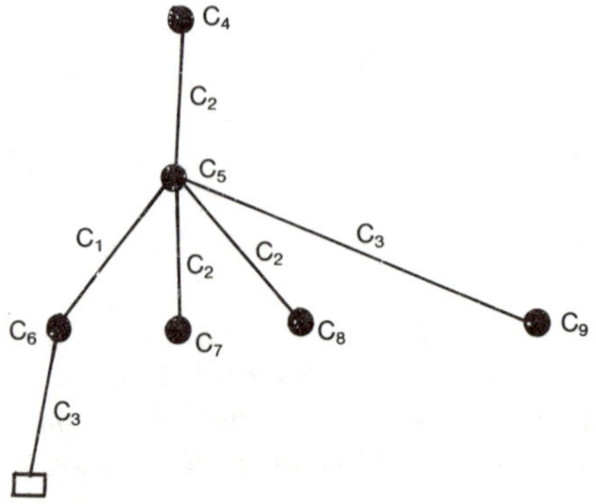

En este caso el método preferente en profundidad produciría un árbol idéntico, ya que en éste sólo se ha expansionado un nodo por nivel.

Ejemplo 2.

Se toma el ejemplo 7 del capítulo 6.

- Premisas:

$A(1, g)$
$\forall x(La(x) \rightarrow A(1, x))$
$La(a)$
$\forall x\ \forall y(La(x) \wedge A(1, y) \rightarrow 0(x, y))$

- Conclusión:

$0(a, g)$

De acuerdo con lo expuesto en ejemplos anteriores si la deducción es correcta, la conjunción de premisas y negación de conclusión debe ser insatisfacible.

Si se ponen las premisas y la negación de la conclusión en forma clausular resulta el conjunto de cláusulas cuya insatisfacibilidad hay que demostrar:

$C_1 \leftrightarrows A(1, g)$
$C_2 \leftrightarrows \sim La(x) \vee A(1, x)$
$C_3 \leftrightarrows La(a)$
$C_4 \leftrightarrows \sim La(x) \vee \sim A(1, y) \vee 0(x, y)$
$C_5 \leftrightarrows \sim 0(a, g)$

Se aplica el método de resolución lineal con cláusula de cabecera $\sim 0(a, g)$.
Se aplica primeramente el método preferente en amplitud.

1.er nivel de expansión.

C_5 sólo puede resolverse con C_4, por tanto, en este nivel sólo resultará un nodo descendiente.

C_6: $(C_5, C_4) \leftrightarrows \sim La(a) \vee \sim A(1, g)$

2.º nivel de expansión.

C_6 puede resolverse con C_3 y C_1.

C_7: $(C_6, C_1) \rightleftarrows \sim La(a)$
C_8: $(C_6, C_3) \rightleftarrows \sim A(1, g)$

3.er nivel de expansión.

C_7 sólo puede resolverse con C_3 y produce como resolvente la cláusula vacía con lo que puede darse por terminado el proceso. Obsérvese que C_8 también produce la cláusula vacía.

El árbol de búsqueda aparece adjunto. Dada la sencillez del ejemplo, en este caso se obtendría la misma estructura de búsqueda mediante el método preferente en profundidad.

Ejemplo 3.

Demostrar que es insatisfacible el conjunto de cláusulas:

$C_1 \rightleftharpoons \sim q(x) \vee t(x)$
$C_2 \rightleftharpoons \sim q(x) \vee s(x)$
$C_3 \rightleftharpoons \sim r(x)$
$C_4 \rightleftharpoons \sim p(x) \vee q(x) \vee r(f(x))$
$C_5 \rightleftharpoons p(g(x)) \vee q(h(x))$
$C_6 \rightleftharpoons \sim s(x) \vee \sim t(x)$

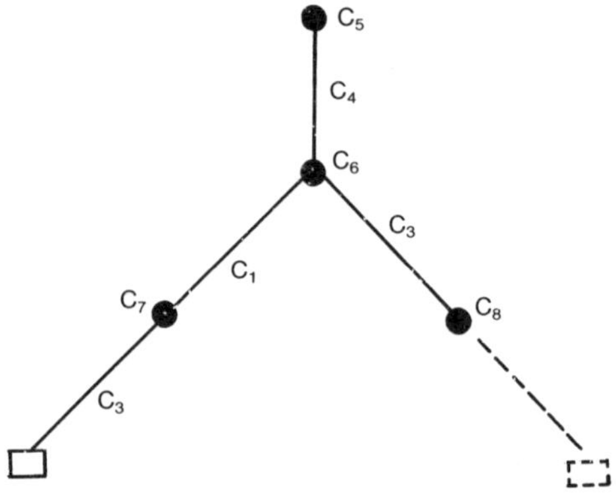

Se toma C_6 como cláusula de cabecera. Se aplica inicialmente una búsqueda preferente en amplitud (aunque aparezca la misma letra x en todas las cláusulas se consideran variables distintas, cuando se resuelve se supone unificadas previamente estas variables).

1.er nivel de expansión.

C_6 puede resolverse con C_1 y C_2.

C_7: $(C_6, C_1) \leftrightharpoons \sim q(x) \vee \sim s(x)$
C_8: $(C_6, C_2) \leftrightharpoons \sim q(x) \vee \sim t(x)$

2.º nivel de expansión.

C_7 puede resolverse con C_4 (en q), C_5 (en q), C_2 (en s).

C_9: $(C_7, C_2) \leftrightharpoons \sim q(x)$
C_{10}: $(C_7, C_4) \leftrightharpoons \sim p(x) \vee \sim s(x) \vee r(f(x))$
C_{11}: $(C_7, C_5) \leftrightharpoons p(g(x)) \vee \sim s(h(x))$

(Se realiza la sustitución $\langle x/h(x) \rangle$ válida por referirse a distintas x, de acuerdo con la observación inicial).

C_8 puede resolverse con C_4 y C_5 (en q) y C_1 (en t).

C_{12}: $(C_8, C_1) \leftrightharpoons \sim q(x)$

C_{13}: $(C_8, C_4) \leftrightarrows \sim p(x) \vee \sim t(x) \vee r(f(x))$
C_{14}: $(C_8, C_5) \leftrightarrows p(g(x)) \vee \sim t(h(x))$

3.er nivel de expansión.

C_9 puede resolverse con C_4 y C_5.

C_{15}: $(C_9, C_4) \leftrightarrows \sim p(x) \vee r(f(x))$
C_{16}: $(C_9, C_5) \leftrightarrows p(g(x))$

C_{10} puede resolverse con C_2, C_3 y C_5.

C_{17}: $(C_{10}, C_2) \leftrightarrows \sim p(x) \vee \sim q(x) \vee r(f(x))$
C_{18}: $(C_{10}, C_3) \rightleftarrows \sim p(x) \vee \sim s(x)$
C_{19}: $(C_{10}, C_5) \rightleftarrows q(h(x)) \vee \sim s(g(x)) \vee r(f(g(x)))$

C_{11} sólo puede resolverse con C_2.

C_{20}: $(C_{11}, C_2) \rightleftarrows p(g(x)) \vee \sim q(h(x))$

C_{12} es igual que C_9 y, por tanto, se obtiene en esa rama:

$C_{21} = C_{15}$
$C_{22} = C_{16}$
C_{13} puede resolverse con C_1, C_3 y C_5.

C_{23}: $(C_{13}, C_1) \rightleftarrows \sim p(x) \vee \sim q(x) \vee r(f(x))$
C_{24}: $(C_{13}, C_3) \rightleftarrows \sim p(x) \vee \sim t(x)$
C_{25}: $(C_{13}, C_5) \rightleftarrows q(h(x)) \vee \sim t(g(x)) \vee r(f(g(x)))$

C_{14} puede resolverse con C_1 (en t) y C_4 (en p).

C_{26}: $(C_{14}, C_1) \rightleftarrows p(g(x)) \vee \sim q(h(x))$
C_{27}: $(C_{14}, C_4) \rightleftarrows \sim t(h(x)) \vee q(g(x)) \vee r(f(g(x)))$

4.º nivel de expansión.

C_{15} puede resolverse con C_3 y C_5.

C_{28}: $(C_{15}, C_3) \rightleftarrows \sim p(x)$
C_{29}: $(C_{15}, C_5) \rightleftarrows r(f(g(x))) \vee q(h(x))$

C_{16} puede resolverse con C_4.

C_{30}: $(C_{16}, C_4) \rightleftarrows q(g(x)) \vee r(f(g(x)))$

C_{17} puede resolverse con C_3, C_4 y C_5 (en p y q).

C_{31}: $(C_{17}, C_3) \rightleftarrows \sim p(x) \vee \sim q(x)$
C_{32}: $(C_{17}, C_4) \rightleftarrows \sim p(x) \vee r(f(x))$
C_{33}: $(C_{17}, C_5) \rightleftarrows q(h(x)) \vee \sim q(g(x)) \vee r(f(g(x)))$
C_{34}: $(C_{17}, C_5) \rightleftarrows p(g(x)) \vee \sim p(h(x)) \vee r(f(h(x)))$

C_{18} puede resolverse con C_2 y C_5.

C_{35}: $(C_{18}, C_2) \rightleftarrows \sim p(x) \vee \sim q(x)$ (idéntica a C_{31})
C_{36}: $(C_{18}, C_5) \rightleftarrows q(h(x)) \vee \sim s(g(x))$

C_{19} puede resolverse con C_1, C_2 (en q y s) y C_3.

C_{37}: $(C_{19}, C_1) \rightleftharpoons t(h(x)) \vee \sim s(g(x)) \vee r(f(g(x)))$
C_{38}: $(C_{19}, C_2) \rightleftharpoons s(h(x)) \vee \sim s(g(x)) \vee r(f(g(x)))$
C_{39}: $(C_{19}, C_2) \rightleftharpoons q(h(x)) \vee \sim q(g(x)) \vee r(f(g(x)))$
C_{40}: $(C_{20}, C_4) \rightleftharpoons \sim q(h(x)) \vee q(g(x)) \vee r(f(g(x)))$
C_{41}: $(C_{20}, C_5) \rightleftharpoons p(g(x))$

C_{21} y C_{22} producen cláusulas iguales a las descendientes de C_{15} y C_{16}.

$C_{42} = C_{28}$
$C_{43} = C_{29}$
$C_{44} = C_{30}$

C_{23} puede resolverse con C_4 y C_5.

C_{45}: $(C_{23}, C_4) \rightleftharpoons \sim p(x) \vee r(f(x))$
C_{46}: $(C_{23}, C_5) \rightleftharpoons q(h(x)) \vee \sim q(g(x)) \vee r(f(g(x)))$
C_{47}: $(C_{23}, C_5) \rightleftharpoons p(g(x)) \vee \sim p(h(x)) \vee r(f(h(x)))$

C_{24} puede resolverse con C_1 y C_5.

C_{48}: $(C_{24}, C_1) \rightleftharpoons \sim p(x) \vee \sim q(x)$
C_{49}: $(C_{24}, C_5) \rightleftharpoons q(h(x)) \vee \sim t(g(x))$

C_{25} puede resolverse con C_1, C_2 y C_3.

C_{50}: $(C_{25}, C_1) \rightleftharpoons t(h(x)) \vee \sim t(g(x)) \vee r(f(g(x)))$
C_{51}: $(C_{25}, C_1) \rightleftharpoons q(h(x)) \vee \sim q(g(x)) \vee r(f(g(x)))$ (idéntica a C_{46})
C_{52}: $(C_{25}, C_2) \rightleftharpoons s(h(x)) \vee \sim t(g(x)) \vee r(f(g(x)))$
C_{53}: $(C_{25}, C_3) \rightleftharpoons q(h(x)) \vee \sim t(g(x))$

C_{26} puede resolverse con C_4, C_5.

C_{54}: $(C_{26}, C_4) \rightleftharpoons \sim q(h(x)) \vee q(g(x)) \vee r(f(g(x)))$ (idéntica a C_{40})
C_{55}: $(C_{26}, C_4) \rightleftharpoons p(g(x)) \vee \sim p(h(x)) \vee r(f(h(x)))$
C_{56}: $(C_{26}, C_5) \rightleftharpoons p(g(x))$

C_{27} puede resolverse con C_1, C_2 y C_3.

C_{57}: $(C_{27}, C_1) \rightleftharpoons t(g(x)) \vee \sim t(h(x)) \vee r(f(g(x)))$
C_{58}: $(C_{27}, C_1) \rightleftharpoons \sim q(h(x)) \vee q(g(x)) \vee r(f(g(x)))$
C_{59}: $(C_{27}, C_2) \rightleftharpoons s(g(x)) \vee \sim t(h(x)) \vee r(f(g(x)))$
C_{60}: $(C_{27}, C_3) \rightleftharpoons \sim t(h(x)) \vee q(g(x))$

5.° nivel de expansión.

El número de cláusulas a generar en este nivel está constituido por los descendientes de las 29 cláusulas generadas en el nivel anterior. El árbol generado hasta el cuarto nivel se indica en la figura adjunta. Con objeto de no hacer excesivamente prolijo el ejemplo se desarrollan ahora los pasos correspondientes a la solución. Para ello se obtiene la resolvente única de C_{28}.

C_{61}: $(C_{28}, C_5) \rightleftharpoons q(h(x))$

esta cláusula descendiente de $C_9 \rightleftharpoons \sim q(x)$, resuelta con ella en el sexto nivel produciría la cláusula vacía, por tanto, si se continúa aplicando el método preferente en amplitud, para llegar a la cláusula vacía es preciso generar alrededor de cincuenta cláusulas más.

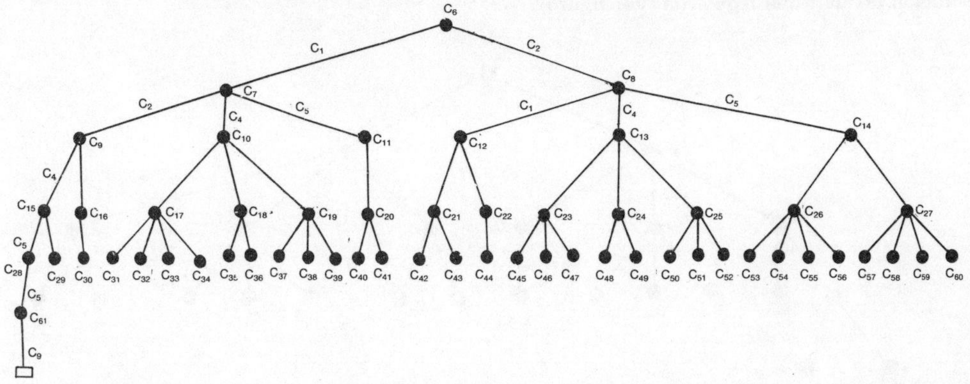

Este ejemplo ilustra bastante bien los inconvenientes del método preferente en amplitud y, quizá, puede dar una imagen excesivamente optimista del preferente en profundidad. En efecto, si se hubiera aplicado este último método en lugar de buscar en cada sucesivo nivel de expansión todos los resolventes, las cláusulas del nivel se hubieran profundizado, obteniendo los resolventes de la rama izquierda, ya que de acuerdo con la estrategia del algoritmo se incluyen en la lista FRONTERA las cláusulas recién obtenidas, por tanto, si el tope de profundización es 6 niveles, el árbol de búsqueda por el método preferente en profundidad sería el de la figura adjunta (se ponen los números de cláusulas empleados en el proceso en amplitud). Como puede verse se generan solamente once resolventes, en vez de ochenta o noventa que se producirían por el método en amplitud (hasta el cuarto nivel se habían producido ya sesenta).

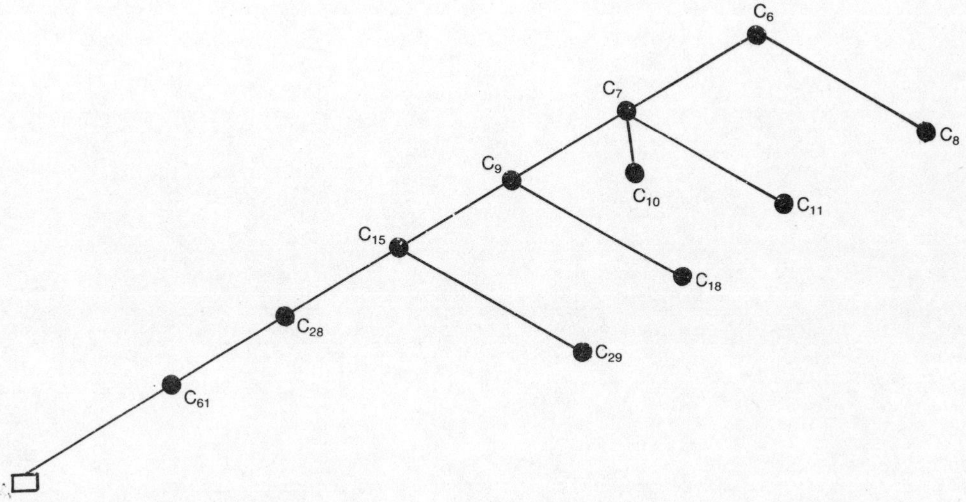

Sin embargo, si el tope de profundización hubiese sido tres niveles, en este caso el método en amplitud habría generado (con otra numeración evidentemente) el mismo árbol que el de amplitud hasta el tercer nivel. En cambio en la segunda etapa de profundización se alcanzaría la solución por la rama izquierda (ver figura).

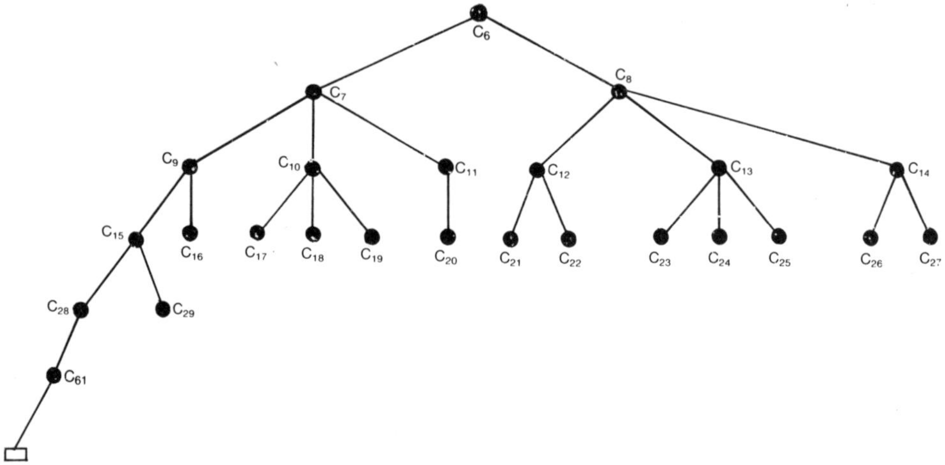

Capítulo 13
PROGRAMACION LOGICA

1. Introducción

El cambio cualitativo producido a primeros de los años setenta en el concepto de la programación introduciendo la metodología de diseño estructurado y la verificación de programas fue un primer paso de replanteamiento del diseño de los procesos: en lugar de basados en cómo computarlos, basados en cómo entenderlos. En efecto, un programa en el que se intercalan afirmaciones para verificación incorpora ambos aspectos:

—Los predicados intercalados y finales reflejan la forma de entender el proceso como conjunto de afirmaciones sobre los estados sucesivos de información generados por el proceso.
—Los bloques de programación entre afirmaciones definen la forma de computar, consistente con el conjunto de afirmaciones.

Los desarrollos en el área de la deducción automática descritos en capítulos anteriores, han dado lugar al inicio de una línea en que se plantea la simple especificación lógica de los procesos prescindiendo de la especificación de procedimientos, quedando la parte procedimental embebida en un *solftware* de interpretación de las especificaciones de la misma forma que los compiladores de los lenguajes tradicionales suponen para el usuario la traducción al lenguaje de máquina.

El origen de estos métodos son las técnicas de extracción de respuestas de los procesos de resolución iniciados por Green en (1969) y seguidos por Colmerauer (1972) y Kowalski (1974), que han dado lugar a la programación lógica, nueva línea de desarrollo de software, válida tanto para la especificación de algoritmos como para modelos de inteligencia artificial, ambivalencia que ha dado lugar a su utilización como base del proyecto de ordenadores de quinta generación.

El presente capítulo trata inicialmente las técnicas de extracción de respuestas y a continuación su forma de concretarse en el lenguaje Prolog, de cuyo uso se presentan varios ejemplos.

2. Método de obtención de respuestas por resolución

El tipo de problemas a resolver es el siguiente: se da un conjunto de afirmaciones y en base a ellas se pide contestar distintos tipos de preguntas:

a) Se propone una frase y se pregunta si en base a las afirmaciones de partida es o no cierta. Por ejemplo, del tipo: ¿está Juan en Madrid? El sistema debe contestar sí o no a la totalidad de la frase.
b) Se pregunta si un determinado término verifica o no un predicado de los involucrados en el conjunto de frases de partida, es decir, son preguntas de tipo ¿quién es el amigo de Juan?

Un problema del primer tipo sería el siguiente:

Sabiendo:

- Algunos estudiantes de informática son enemigos de cualquier biólogo.
- Todos los veterinarios son biólogos.
- Algunos estudiantes de ciencias son biólogos.

Contestar la pregunta:

¿Hay algún estudiante de informática que sea enemigo de todos los veterinarios?

Evidentemente la forma de tratar este problema es proponer como conclusión, bien la afirmación o negación de la conclusión y estudiar si la deducción correspondiente es o no correcta por cualquiera de los procedimientos de refutación planteados en los capítulos anteriores.

Hay un tercer tipo de problema en el que la pregunta a contestar es del tipo ¿qué hay que hacer para conseguir...? Es decir, la respuesta contiene no un término, sino una o varias acciones.

El primer tipo de respuestas es simple deducción automática, y el segundo y el tercero al proponer respuestas concretas posibles constituyen ya una formulación válida para resolución de problemas. A continuación se tratan los tipos segundo y tercero.

2.1. *Respuestas de términos*

Un problema de este tipo es el siguiente, sabiendo:

- Antonio va a los mismos sitios que Juan.
- Juan va al estadio del Manzanares.

Contestar:

¿Adónde va Antonio?

En este caso es preciso definir como base un dominio de personas y lugares y definir el predicado base.

$V(x, y)$: x va al sitio y.

Si se designan por las letras de constante:

a: Antonio.
j: Juan.
m: Estadio del Manzanares.

La información dada se describe en la forma:

$$\forall x(V(j, x) \rightarrow V(a, x))$$

$$V(j, m)$$

La pregunta se refiere a identificar x en $V(a, x)$.

Green en 1969 propuso un procedimiento de obtención de este término-respuesta en base a un proceso de deducción del tipo siguiente:

Si la pregunta es: «¿Adónde va Antonio?» de las premisas anteriores debe ser deducible que «Antonio va a algún sitio». Es decir:

$$\exists y\, V(a, y)$$

Si la deducción es correcta debe existir un proceso de refutación de $\sim\exists x\, V(a, x)$, es decir:

$$\forall x \sim V(a, x)$$

Actuando como en otros ejemplos del capítulo anterior, la fórmula cuya insatisfacibilidad hay que comprobar es:

$$\forall x\, \forall y[(\sim V(j, x) \vee V(a, x)) \wedge V(j, m) \wedge \sim V(a, y)]$$

Es decir, las cláusulas son:

$C_1 \leftrightarrows \sim V(j, x) \vee V(a, x)$
$C_2 \leftrightarrows V(j, m)$
$C_3 \leftrightarrows \sim V(a, y)$

El árbol de resolución es:

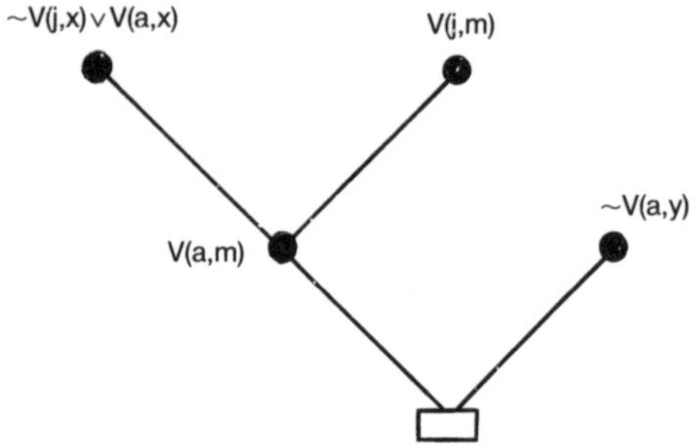

Por tanto, es deducible:

$$\exists y\ V(a, y)$$

La idea de Green consiste en definir el predicado:

$$Res(x) \leftrightarrows x \text{ es la respuesta}$$

y traducir a una fórmula lógica la hipótesis razonable:

Si Antonio va al sitio *s*, *s* es la respuesta

es decir,

$$\forall y(V(a, y) \rightarrow Res(y))$$

equivalente a:

$$\forall y(\sim V(a, y) \vee Res(y))$$

Si se sustituye la conclusión por esta última cláusula puede plantearse la deducción de especificaciones del predicado $Res(-)$ a partir de las cuatro cláusulas. Para ello, dado que la regla de resolución es una regla de inferencia, puede utilizarse para obtener estas afirmaciones. En particular una forma de obtenerlas es apoyarse en el propio árbol de refutación de $\exists y\ V(a, y)$, habida cuenta de que se obtiene la cláusula vacía y que la cláusula correspondiente a $\exists y\ V(a, y)$ es precisamente la primera parte sin $Res(y)$ de la nueva cláusula. Aplicando este criterio, se obtiene el árbol de la figura.

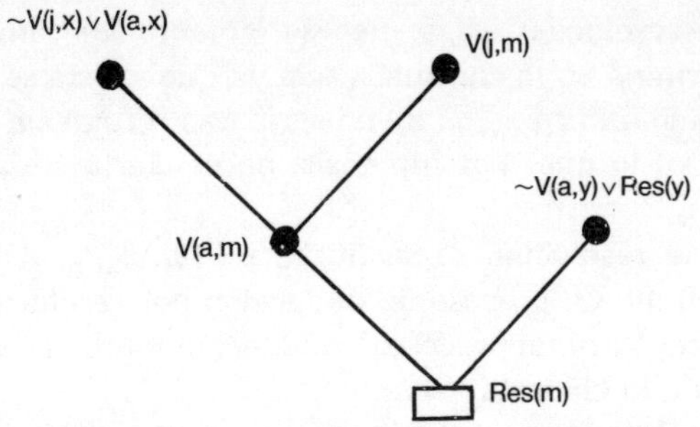

Por tanto: el sitio a donde va Antonio es el estadio Manzanares.

El método propuesto, consiste en añadir a todas las cláusulas que en el proceso de refutación provienen de la negación de la conclusión el átomo *Res*(y); de esta forma como en el proceso de obtención por resolución de la cláusula vacía debe intervenir alguna de las cláusulas procedentes de la negación de la conclusión, necesariamente aparecerá, al añadir *Res*(y), una instancia de este átomo en el nodo de la cláusula vacía.

Desde un punto de vista general el planteamiento es el siguiente:

Dado un conjunto de cláusulas C_1, C_2, ..., C_m, representando la información de partida, una pregunta del tipo que se estudia se plantea formalmente:

Definir a_1, a_2, a_3, ..., a_s tales, que se verifique $p(a_1, a_2, a_3, ..., a_s)$.

El razonamiento presentado en el ejemplo anterior se apoya en las definiciones e hipótesis siguientes:

- Una respuesta a la pregunta se representa por el predicado $Res(\alpha_1, \alpha_2, \alpha_3, ..., \alpha_p)$, siendo α_i constantes o variables.
- Se considera que sólo puede haber una respuesta si $\exists x_1\ \exists x_2\ ...\ \exists x_s\ p(x_1, x_2, ..., x_s)$ es una fórmula deducible de C_1, C_2, ..., C_m. El problema a resolver es de obtención de respuestas deducibles, es decir, se trata de problemas de contestación deductiva, exclusivamente.
- Se define la cláusula adicional $CR \leftrightharpoons \sim p(x_1, x_2, ..., x_s) \vee Res(x_1, x_2, ..., x_s)$.

Se verifica el siguiente teorema:

La condición necesaria y suficiente para que la pregunta pueda contestarse es que exista una deducción de una respuesta de C_1, C_2, ... C_m y CR.

La demostración es la siguiente.

Directo: Si la pregunta puede contestarse existe una deducción de una respuesta a partir de C_1, C_2, ... C_m y CR.

En efecto, por hipótesis si la pregunta puede contestarse $\exists x_1, \exists x_2, ... \exists x_s\ P(x_1, ... x_s)$ es deducible de C_1, ... C_m y, por tanto, por la completud del principio de resolución debe existir un proceso de resolución que termina en la cláusula vacía construido a partir de:

$$C_1, C_2, ... C_m \text{ y } \sim P(x_1, x_2, ... x_s)$$

En este árbol de resolución existe necesariamente un camino que se inicia en $\sim P(x_1, x_2, \dots x_s)$, y termina en la cláusula vacía ya que si ésta se hubiera obtenido sin incluir un nodo asociado a $P(x_1, x_2, \dots x_s)$ no sería una refutación de la conclusión $\exists x_1$, $\exists x_2$, ..., $\exists x_s$ $P(x_1, \dots x_s)$ lo que, por hipótesis, no es cierto (se suponen premisas no contradictorias).

Si en este árbol de resolución se sustituye $\sim P(x_1, x_2, \dots x_s)$ por $\sim P(x_1, x_2, \dots x_s) \vee Res(x_1, \dots x_s)$ se obtiene un proceso de deducción por resolución de una respuesta. Para demostrarlo se empleará un proceso de inducción sobre el camino que conduce en el árbol de resolución a la cláusula vacía.

En efecto la tesis a demostrar por inducción es que toda cláusula CR_k en el camino desde $\sim P(x_1, x_2, \dots x_s)$ hasta la cláusula vacía se transforma en:

$$CR'_k \leftrightarrows CR_k \vee Res(\alpha_1, \dots \alpha_s) \tag{1}$$

Siendo α_i constantes o variables, verificándose además que toda variable libre en CR_k está libre en $Res(y)$ y recíprocamente.

Evidentemente esto ocurre con el primer elemento en que por hipótesis CR_1 se sustituye por:

$$CR'_1 \leftrightarrows CR_1 \vee Res(x_1, \dots x_s)$$

A continuación se demuestra el paso de inducción:

Si CR'_k es $CR_k \vee Res(\alpha_1, \dots \alpha_s)$, su siguiente en el camino hacia la raíz del árbol tiene la forma:

$$CR_{k+1} \vee Res(\beta_1, \dots \beta_s)$$

En efecto, por hipótesis, ninguna de las cláusulas C_1, C_2, ... C_m contiene el predicado *Res*; además CR_{k+1} se obtenía por resolución de CR_k y una cláusula, B, descendiente de C_1, ... C_m.

Por tanto, aplicando la misma sustitución, podrá realizarse la misma resolución entre B y CR_k, lo que dará lugar a:

$$CR_{k+1} \vee Res(\beta_1, \dots \beta_s)$$

siendo, β_i, las variables resultantes de aplicar el unificador a α_i.

Queda, por tanto, demostrado el teorema ya que aplicando el paso de inducción a partir de CR'_1 queda demostrado la propiedad (1) para todos los nodos del camino y en particular para la cláusula vacía en cuyo nodo se obtendrá:

$$Res(\gamma_1, \gamma_2, \dots \gamma_s) \qquad \text{(c.q.d.)}$$

Recíproco: Si existe una deducción por resolución de una respuesta a partir de C_1,

$C_2, \ldots C_m, CR_1 \leftrightarrows \sim P(x_1, x_2, \ldots x_s) \vee Res(x_1, x_2 \ldots x_s)$, la pregunta puede contestarse, es decir, es deducible $\exists x_1, \exists x_2, \ldots \exists x_s\ P(x_1, x_2, \ldots x_s)$ de $C_1, \ldots C_m$.

Si existe una respuesta quiere decir, de acuerdo con la definición, que es deducible $Res(\alpha_1, \ldots \alpha_s)$. Como este predicado sólo aparece en CR_1 necesariamente debe haber un camino hacia la cláusula final desde CR_1. Como Res no aparece en $C_1, C_2, \ldots C_m$, este predicado sólo puede aparecer en este camino. Además como Res no aparece en $C_1, \ldots C_m$, y sólo aparece con un signo único en CR_1 y sus descendientes, las resoluciones en el camino de CR_1 al final deben realizarse sobre predicados distintos de Res.

Por tanto, si se sustituye CR_1 por $\sim P(x_1, x_2, \ldots x_s)$ el árbol de resolución sigue siendo el mismo ya que siguen siendo válidas todas las resoluciones descendientes de CR_1 ya que ninguna se basaba en el predicado Res y, por tanto, si la deducción final era $Res(\alpha_1, \ldots \alpha_s)$ en el árbol inicial, en el nuevo árbol deberá ser la cláusula vacía y, por tanto, el árbol es una refutación de $C_1 \wedge C_2 \ldots \wedge C_m \wedge \sim P(x_1, \ldots x_s)$, es decir, $\exists x_1, \exists x_2, \ldots \exists x_s\ P(x_1, \ldots x_s)$ es deducible de $C_1, \ldots C_m$.

A continuación se estudia un nuevo ejemplo.
Se sabe:

- Antonio, Miguel y Juan son estudiantes de informática.
- A todos los estudiantes de informática o les gusta el fútbol o el ajedrez o ambas cosas.
- A nadie que le guste el fútbol le gusta la lluvia.
- A todos a quienes gusta el ajedrez les gusta la nieve.
- A Miguel le desagrada todo lo que le gusta a Antonio y le gusta todo lo que que desagrada a Antonio.
- A Antonio le gusta la lluvia y la nieve.

Se puede contestar:

¿Quién es estudiante de informática y le gusta el fútbol y no le gusta el ajedrez?

Si se definen los símbolos siguientes:

Términos	*Predicados*
a: Antonio	$I(x)$: es estudiante de informática
m: Miguel	$G(x, y)$: a x le gusta y
j: Juan	
c: ajedrez	
f: fútbol	
l: lluvia	
n: nieve	

La información de partida puede simbolizarse suponiendo como base un dominio de objetos y personas (nieve, lluvia, fútbol, ajedrez, Antonio, etc.) de la forma siguiente:

$$I(a) \wedge I(m) \wedge I(j)$$

$$\forall x[I(x) \rightarrow G(x, f) \vee G(x, c)]$$

$$\forall x[G(x, f) \rightarrow \sim G(x, l)]$$

$$\forall x[G(x, c) \rightarrow G(x, n)]$$

$$\forall x[G(a, x) \rightarrow \sim G(m, x)]$$

$$\forall x[\sim G(a, x) \rightarrow G(m, x)]$$

$$G(a, l) \wedge G(a, n)$$

La pregunta pide la definición de α tal, que:

$$I(\alpha) \wedge G(\alpha, f) \wedge \sim G(\alpha, c)$$

De acuerdo con la hipótesis de contestación deductiva para que exista respuesta debe ocurrir que:

$$\exists x[I(x) \wedge G(x, f) \wedge G(x, c)]$$

Sea deducible del conjunto de premisas.

Operando como en otros ejemplos debe comprobarse la insatisfacibilidad del conjunto de cláusulas.

C_1: $I(a)$
C_2: $I(m)$
C_3: $I(j)$
C_4: $\sim I(x) \vee G(x, f) \vee G(x, c)$
C_5: $\sim G(x, f) \vee \sim G(x, l)$
C_6: $\sim G(x, c) \vee G(x, n)$
C_7: $\sim G(a, x) \vee \sim G(m, x)$
C_8: $G(a, x) \vee G(m, x)$
C_9: $G(a, l)$
C_{10}: $G(a, n)$
CR_1: $\sim I(x) \vee \sim G(x, f) \vee G(x, c)$

El árbol de refutación se incluye en la figura adjunta.

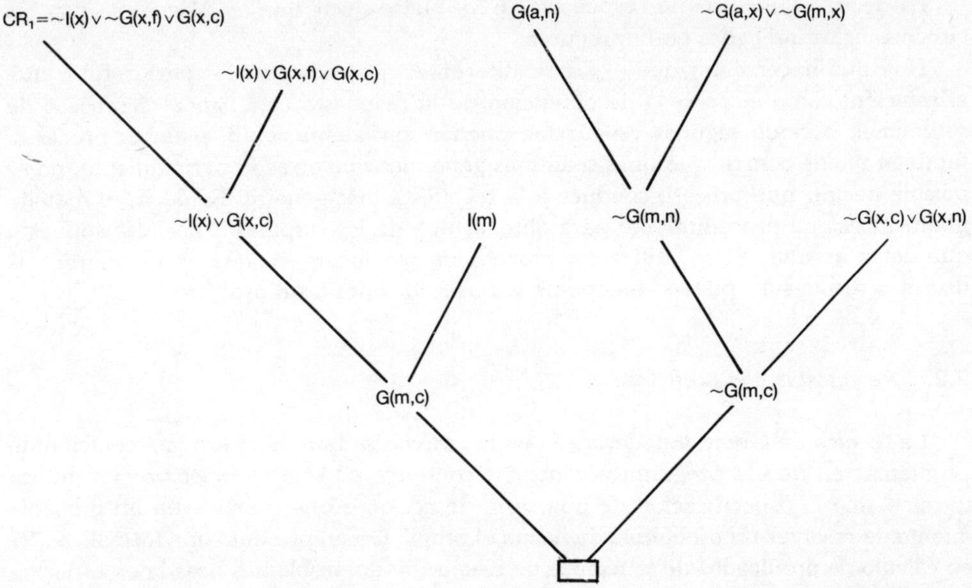

Si en la rama descendiente de CR_1 se sustituye CR_1 por $CR_1 \vee Res(x)$, se obtiene:

$Res(m)$

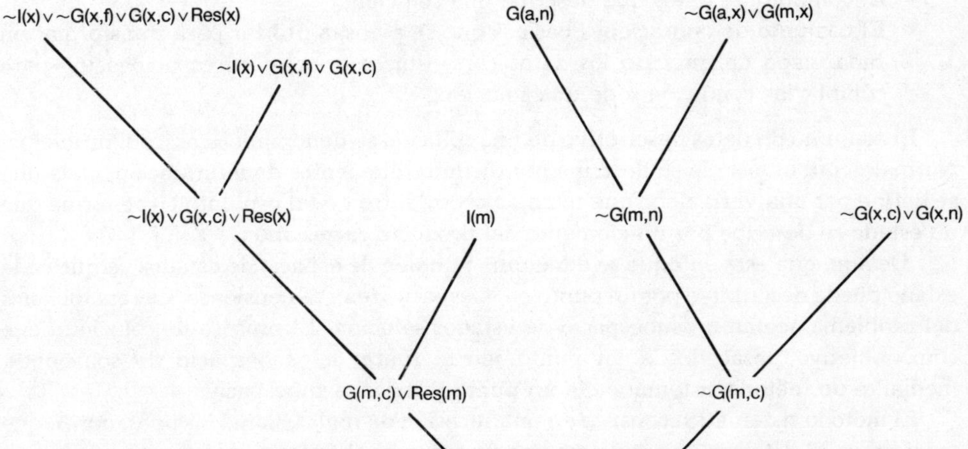

Es decir: «Miguel es la respuesta». Ello quiere decir que en Miguel se dan las circunstancias indicadas en la pregunta.

Hay que hacer notar que al existir diferentes procesos posibles para refutar una afirmación; como el proceso de obtención de la respuesta está ligado al proceso de refutación, aunque algunas respuestas pueden ser idénticas en distintos procesos, también puede ocurrir que unas sean más generales que otras y, normalmente, no es posible decidir qué proceso conduce a la respuesta más general. Es decir, el método planteado es un procedimiento para obtener una de las respuestas posibles supuesto que éstas existan. Si se utiliza un proceso de resolución en que se enumeran las distintas respuestas, pueden obtenerse varias soluciones a un problema.

2.2. *Respuestas con acciones*

La técnica de Green antedescrita puede emplearse también para la resolución de problemas en que la pregunta a contestar contenga no sólo la especificación de un término sino la especificación de una serie de acciones que constituyen un procedimiento de resolver un problema, de hecho el propio Green presentó una formalización en cálculo de predicados de la técnica de resolución de problemas basada en espacios de estados. A continuación se describe este procedimiento.

Un problema se describe por el conjunto de variables que definen una solución del mismo. El proceso de resolución de un problema puede concebirse como la secuencia de transformaciones de un conjunto de valores dado inicialmente como variable hasta conseguir que cumplan las condiciones exigidas a una solución.

De acuerdo con las consideraciones anteriores el proceso de resolución puede formalizarse en base a:

- El conjunto de datos que describe una solución.
- El conjunto de operaciones básicas que se piensan utilizar para transformar en cada etapa del proceso los datos con vistas a orientar su especificación para cumplir las condiciones de una solución.

El conjunto de datos descriptivo de una solución se denomina *estado* del problema. Normalmente un estado se describe por distintos elementos de información, cada uno se define por una variable x_i que toma valores dentro de un conjunto C_i de forma que un estado se describe por un elemento del producto cartesiano $C_1 \times C_2 \times C_3 \times ... \times C_m$. De aquí que este enfoque se denomine también de espacio de estados ya que cada estado puede describirse por un punto en el espacio de m dimensiones. Las condiciones del problema acotan un subespacio de estados solución. El proceso de solución tiene como objetivo pasar desde un punto inicial fuera del subespacio de soluciones, mediante un método sistemático, a un punto interior al subespacio.

El método sistemático consiste en una sucesión de reglas, llamadas *operadores*, que tranforman el estado de partida en otro que, según el criterio algorítmico empleado, está más cerca de las soluciones del problema.

Este planteamiento general ha dado lugar a una línea teórica alternativa de la deducción automática en el campo de la inteligencia artificial constituida por algoritmos de búsqueda de soluciones (heurística). En el capítulo anterior un ejemplo de este tipo de planteamiento se llevó a cabo para encontrar la cláusula vacía por resolución lineal. En ese caso el estado del problema era la cláusula asociada a cada nodo y los operadores a aplicar estaban constituidos por las posibles cláusulas con las que era factible la resolución. La solución del problema era la cláusula vacía; en los algoritmos empleados en el proceso no había un criterio de selección del operador más adecuado con vistas a conseguir la cláusula vacía, por ello se enumeraban todos los operadores posibles; este tipo de búsqueda se denomina ciega; en cambio cuando es posible formular un criterio que permita descartar algunos operadores por no ser adecuados a la consecución de la solución, o bien ordenar los operadores posibles, la búsqueda se denomina heurística.

Green, como ya se ha indicado planteó una formulación del estado del problema mediante un conjunto de predicados y los operadores como funciones, de forma que el paso de un estado a otro se puede describir como una deducción correcta. A continuación se presenta el procedimiento aplicado al problema clásico del mono y la cepa de plátanos.

El problema se enuncia en la forma siguiente:

Un mono se encuentra en una habitación en la posición *a* (*a* es un vector cuyas componentes son las coordenadas de la posición del mono). En la habitación hay una caja situada en la posición *b* y está también una cepa de plátanos colgada del techo en la vertical de la posición *c*, a una altura tal que el mono sólo puede alcanzar sus plátanos si se sube a la caja. El problema pide definir un procedimiento sistemático que genere la secuencia de actuaciones por parte del mono que conducen a que éste tome un plátano, es decir:

—El mono se traslada hasta la caja.
—El mono transporta la caja hasta la posición c.
—El mono se sube a la caja.
—El mono toma un plátano de la cepa.

Los elementos que cambian de posición son el mono y la caja y, asimismo, se modifica la posición relativa entre el mono, la caja y la cepa, por ello, el tratamiento de este problema mediante el enfoque de espacio de estados puede hacerse definiendo un conjunto de cuatro variables x, y, z, t con los siguientes significados:

x: Posición horizontal del mono en la habitación.
y: Indicador de conexión del mono en la caja, valdrá 0, por ejemplo, si el mono no está en la caja y 1 en caso contrario.
z: Posición horizontal de la caja en la habitación.
t: Indicador de conexión del mono y la cepa de plátanos.

Evidentemente la solución corresponde al estado:

$$x = c \quad y = 1 \quad z = c \quad t = 1$$

El estado inicial es:

$$x = a \quad y = 0 \quad z = b \quad t = 0$$

Los operadores para pasar de este estado al correspondiente a la solución son:

- Operador de viaje V aplicable a la variable de posición del mono.
- Operador de transporte T aplicable simultáneamente a las posiciones de la caja y el mono, siempre que las posiciones de partida coincidan.
- Operador E de relación caja-mono, aplicable cuando las posiciones de ambos coinciden.
- Operador P de relación mono-cepa de plátanos, aplicable cuando coinciden las posiciones de la caja, el mono y la cepa, y además el mono está sobre la caja.

El proceso de solución consiste en explorar el árbol de estados posibles obtenidos a partir del estado inicial, empleando para obtener los estados descendientes de uno dado, los operadores aplicables en cada caso según el estado del nodo correspondiente. Los procesos de generación del árbol pueden ser preferentes en amplitud o preferentes en profundidad como ya se indicó al tratar el problema de resolución lineal del capítulo anterior. El camino resultante expresado en función de los operadores es:

$$(a, 0, b, 0) \xrightarrow{T} (b, 0, b, 0) \xrightarrow{V} (c, 0, c, 0) \xrightarrow{E} (c, 1, c, 0) \xrightarrow{P} (c, 1, c, 1)$$

Como ya se ha indicado Green planteó una representación de este problema en cálculo de predicados, para ello introdujo una variable de término que representaba el estado. Para cada estado se definen predicados que expresen la situación de los distintos elementos en la habitación, asimismo se introducen funciones que relacionan estados antes y después de aplicar las acciones representadas por los operadores (la solución que se describe es una variante propuesta por Chang y Lee).

$v(u, t, x)$:	Es la función que con estado inicial x, define el estado resultante al trasladarse el mono de u a t.
$t(u, t, x)$:	Función que describe el estado resultante de transportar el mono la caja de u a t, siendo x el estado inicial.
$e(x)$:	Estado resultante si el mono sube a la caja, siendo x el estado inicial.
$E(x, u, w, t)$:	En el estado x el mono está en u y la caja en w y la cepa en t.
$A(x)$:	En el estado x el mono alcanza la cepa de plátanos.

En este caso $A(x)$ resume las dos condiciones correspondientes a los operadores E y P. Precisamente las reglas de operación deben reflejarse en las fórmulas lógicas.

1. Si el mono está en u en el estado x y la caja en z y la cepa en w y el mono se traslada a z, en el estado resultante el mono está en z y la caja y la cepa continúan en la misma posición:

$$\forall x\ \forall u\ \forall z\ \forall w[E(x, u, z, w) \rightarrow E(v(u, z, x), z, z, w)]$$

2. Si el mono y la caja están en la misma posición en el estado x y el mono transporta la caja a una nueva posición, en el nuevo estado están en idénticas posiciones el mono y la caja.

$$\forall x\ \exists u\ \forall w\ \forall z[E(x, u, u, z) \rightarrow E(t(u, w, x), w, w, z)]$$

3. Si el mono, la caja y la cepa están en la misma posición, el mono alcanza la cepa en el estado resultante de subir a la caja.

$$\forall x\ \forall y[E(x, y, y, y) \rightarrow A(e(x))]$$

4. En el estado inicial, x_0, el mono está en a, la caja en b y la cepa en c.

$$E(x_0, a, b, c)$$

La pregunta a contestar es ¿en qué estado alcanza el mono la cepa?
Para estudiar un proceso de respuesta automática, hay que comprobar que:

$$\exists x\, A(x)$$

es deducible de las cuatro premisas anteriores, lo que conduce a encontrar un proceso de refutación del conjunto de cláusulas.

C_1: $\sim E(x, u', z, r) \lor E(v(u', z, x), z, z, r)$
C_2: $\sim E(x, u, u, z) \lor E(t(u, w, x), w, w, z)$
C_3: $\sim E(x, y, y, y) \lor A(e(x))$
C_4: $E(x_0, a, b, c)$
C_5: $\sim A(x)$

(Como en otros ejemplos se consideran distintas las variables en cada cláusula a efectos de unificación.)

Si se sustituye C_5 por $\sim A(x) \lor Res(x)$, el árbol de resolución que se indica en el gráfico adjunto obtiene la respuesta como término del predicado Res.

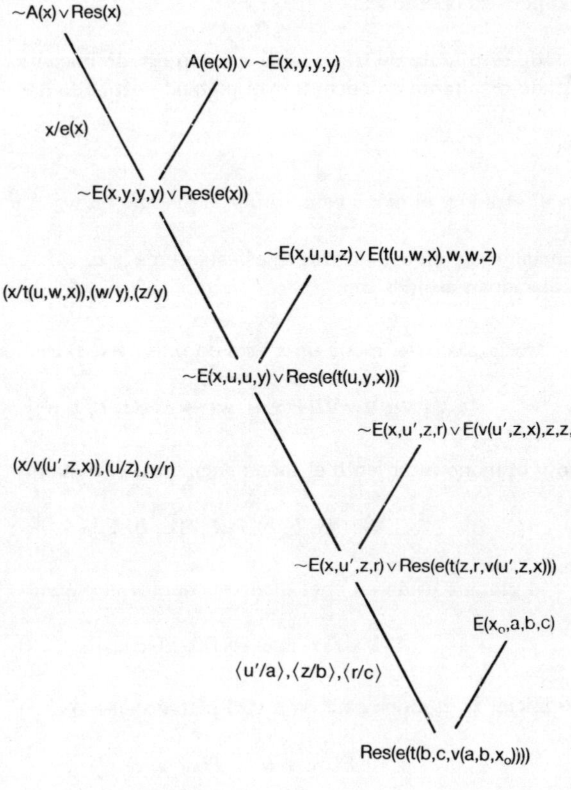

Es decir, el estado respuesta es el que se obtiene a partir del inicial mediante la función:

$$e(t(b, c, v(a, b, x_0)))$$

es decir, primero se obtiene el estado:

$$x_1 = v(a, b, x_0) \text{ (el mono va hasta la caja)}$$

luego:

$$x_2 = t(b, c, x_1) \text{ (el mono traslada la caja hasta c)}$$

y, finalmente:

$$x_3 = e(x_2) \text{ (el mono se sube a la caja).}$$

Sea el problema, planteado por Waldinger y Lee, siguiente:

En una habitación hay un mono y dos cajas. Sólo una de ellas contiene un plátano. El mono puede pasearse libremente por la habitación y no sabe dónde está el plátano. Si coincide con una caja puede mirar en ella y determinar si está o no el plátano en ella.

Se pide definir qué debe hacer el mono para alcanzar el plátano.
Se definen las funciones operador:

$v(x, y)$: Estado resultante de trasladarse *a* y con estado inicial x.
$e(x)$: Estado resultante de encontrar el plátano partiendo del estado x.

Y el predicado:

$P(x, u, w)$: En el estado x el mono está en u y el plátano en w.

El mono está inicialmente en a y las dos cajas están en b y c.
Las leyes que relacionan estados son:

1. Condición de traslación: si el mono en x está en u, en $v(x, t)$ está en t.

$$\forall x\, \forall u\, \forall w\, \forall t[P(x, u, w) \rightarrow P(v(x, t), t, w)]$$

2. Si el plátano y el mono están en b el mono encuentra el plátano.

$$\forall x[P(x, b, b) \rightarrow P(e(x), b, b)]$$

3. Si el mono y el plátano están en c, el mono encuentra el plátano.

$$\forall x[P(x, c, c) \rightarrow P(e(x), c, c)]$$

4. En el estado inicial x_0 el mono está en a y el plátano en b ó c.

$$P(x_0, a, b) \vee P(x_0, a, c)$$

Como en casos anteriores se define el predicado respuesta:

5. Si existe algún estado en que el mono y el plátano coinciden, ese estado es la respuesta a la pregunta.

5. $$\forall x\, \forall y[P(x, y, y) \rightarrow Res(x)]$$

Como antes, es preciso comprobar si 5 es deducible de las cuatro premisas anteriores. Lo que equivale a obtener $Res(x)$ por resolución a partir del grafo de refutación de $\sim P(x, y, y)$.

C_1: $\sim P(x, u, w) \vee \sim P(v(x, t), t, w)$
C_2: $\sim P(x, b, b) \vee P(e(x), b, b)$
C_3: $\sim P(x, c, c) \vee P(e(x), c, c)$
C_4: $P(x_0, a, b) \vee P(x_0, a, c)$
C_5: $\sim P(x, y, y)$

El árbol de refutación es el siguiente:

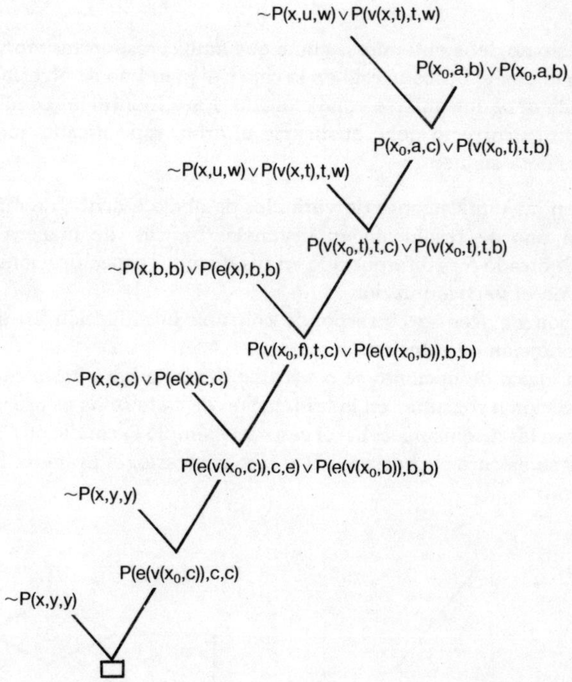

Si en ese árbol se sustituye $\sim P(x, y, y)$ por $\sim P(x, y, y) \vee$ Res(x), la estructura se mantiene hasta el nivel (1), con la sustitución anterior los dos últimos niveles son:

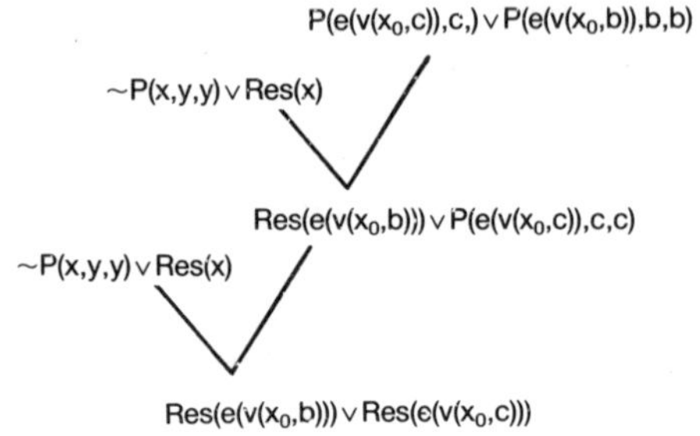

Es decir, en este caso puede haber dos estados respuesta x_2, x'_2 definidos por las secuencias de transformaciones:

I	II
$x_1 = v(x_0, b)$ $x_2 = e(x_1)$	$x'_1 = v(x_0, c)$ $x'_2 = e(x'_1)$

Sin embargo, esto no debe entenderse como que ambas respuestas son válidas aisladamente, así, por ejemplo, si el objeto buscado está en la caja c el plan I no resolvería el problema. El plan de transformaciones debe formularse condicionado. Para identificar condiciones que aseguren que el plan elegido es correcto debe analizarse el árbol especificado que se ha obtenido por resolución de la manera siguiente:

—Se transmiten las unificaciones de variables de abajo a arriba de manera que el árbol se convierte en uno de resolución en instancias básicas, de manera que en los vértices aparece el predicado *Res* diferenciado en sus distintas especificaciones, que posteriormente aparecen en el vértice inferior.

—Cada aparición de *Res* se corresponde con una introducción en un vértice inicial del predicado condición de solución.

—El diagrama lógico de opciones se construye desde la base hasta cada vértice inicial con *Res*. La condición a consultar en la bifurcación de cada rama es precisamente el átomo en que se realizan las resoluciones. En el caso del ejemplo la condición *C* es $P(e(u(x_0, c)), c, c)$. Si es verdad se ejecuta el programa II y caso contrario, el primero. El esquema deducido del árbol sería:

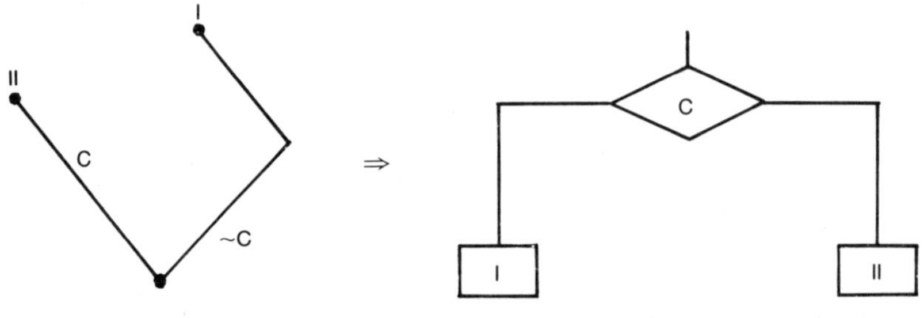

3. El problema del marco de discurso

Uno de los problemas que plantea el tipo de formulación de Green es el llamado del marco de discurso (Frame problem). En efecto, al formular el modelo de acciones tanto para resolver problemas como programas automáticamente se introduce en el método de Green la variable de estado de forma que para que el planteamiento sea riguroso es preciso establecer no sólo los efectos de cada acción en base a los aspectos que se modifican sino también a los que permanecen. Así, aunque en los ejemplos que se han presentado no ha sido preciso utilizarlo, cada vez que se cambia de estado es preciso formular la continuidad de las condiciones que no cambian. Por ejemplo, si existen tres bloques *A*, *B* y *C* en las posiciones respectivas p_a, p_b, p_c, y se verifica en el estado *s* (*En*(*x*, *y*, *z*): en el estado *z*, *x* está en la posición *y*):

$$En(A, p_a, s) \wedge \text{En}(B, p_b, s) \wedge En(c, p_c, s)$$

Si se traslada c a la posición p_n, el modelo de acción de traslado de *c* sería supuesta la función *trasl*(*x*, *y*, *z*, *s*) (estado resultante de partir de *s* y trasladarse el objeto *x* de *y* a *z*), la condición deducida sería:

$$\begin{aligned}&En(A, p_a, s), En(B, p_b, s)\\&libre(p_n, s), En(c, p_s, s) \Rightarrow\\&En(c, p_nd, trasl(c, p_c, p_n, s)) \wedge\\&\wedge\ En(B, p_b, trasl(c, p_c, p_n, p_s)) \wedge\\&\wedge\ En(A, p_a, trasl(c, p_c, p_n, p_s))\end{aligned}$$

(*Libre* (*A*, *s*): en el estado *s* está libre la parte superior de *A* para ser movido por el brazo de traslación.)

Cuando el número de objetos es importante, y se requiere utilizar los objetos no modificados es inevitable una formulación de este tipo, lo que da lugar a cláusulas con muchos átomos y consiguientemente a poca eficiencia en el proceso de resolución.

Para evitar esto se han propuesto diversas alternativas, entre ellas una bastante interesante, por Kowalski que, manejando como términos las afirmaciones descriptivas del mundo, formula con una única cláusula la invariabilidad del marco.

Al tratar en el epígrafe siguiente ejemplos de Prolog se describe este método para un mundo de bloques.

Otra alternativa es la de las listas de inclusión y exclusión utilizadas por Fikes, Hart y Nilsson en el sistema STRIPS que se describe en el próximo capítulo.

4. El lenguaje PROLOG

En 1975 P. Roussel y A. Colmerauer presentaron un sistema de obtención automática de respuestas que, desde un punto de vista lógico es de ámbito restringido, pero que completado con algunas operaciones características constituye un verdadero vehículo de programación en LOGICA y como tal se denominó el mencionado sistema: lenguaje PROLOG (*Pro*gramming in *Log*ic). Kowalski hizo notar que el sistema puede considerarse como un demostrador automático por resolución lineal restringido a un tipo especial de cláusulas, propuestas por Horn en 1951. A continuación se introduce el concepto de este tipo de cláusulas y su forma de interpretación procedural que ha dado origen al lenguaje PROLOG.

4.1. *Cláusulas de Horn*

Una cláusula de Horn es una fórmula clausular en donde aparece, todo lo más, un literal afirmado:

$$\sim A(x) \vee \sim D(x) \vee \sim E(x) \vee F(x, y)$$
$$\sim A(x) \vee \sim R(x, y)$$
$$\sim A(x), F(x, y)$$

son cláusulas de Horn.

Por analogía con la formulación implicativa y deductiva la notación utilizada para este tipo de cláusulas es una lista de literales negados como antecedente y el literal afirmado como consecuente separados por el signo de implicación. Así, los ejemplos anteriores se formulan:

$$A(x), D(x), E(x) \rightarrow F(x, y)$$
$$A(x), R(x, y) \rightarrow$$
$$A(x) \rightarrow$$
$$\rightarrow F(x, y)$$

Con esta notación la regla de resolución tiene el aspecto de la regla de corte empleada en los sistemas de deducción natural. Así la cláusula resolvente de:

$$A(x), D(y) \rightarrow R(x, y) \text{ y } R(x, z), P(z) \rightarrow S(z)$$

es

$$A(x), D(z), P(z) \rightarrow S(z)$$

Se demuestra que todo problema resoluble en cláusulas genéricas tiene un modelo resoluble en cláusulas de Horn por lo que las restricciones de notación no significan una pérdida de capacidad de representación, en cambio facilitan la formulación de técnicas de resolución.

4.2. *Procesos de obtención de respuestas en cláusulas de Horn*

Kowalski en 1976 hizo notar una forma de interpretación de las cláusulas de Horn para resolución de problemas. En efecto, si se tiene un conjunto de cláusulas de Horn representativas del conocimiento sobre un tema, la forma de obtener una respuesta es intentar obtener una instancia de la pregunta deducida de las cláusulas iniciales en la que aparezcan las variables especificadas. En el caso del método de Green esto se hace patente mediante el predicado *Res*, si bien a efectos computacionales basta controlar la serie de especificaciones que se producen por resolución hasta llegar a la cláusula vacía.

En los ejemplos de contestación por el método de Green, el sistema de deducción automática produce una respuesta o varias, todas ellas asociadas al árbol de resolución que se ha encontrado. Sería deseable un procesador que garantizara la obtención de todas las posibles respuestas, ello exigiría contar con un sistema que enumerara todas las posibles formas de resolución de la cláusula vacía para un conjunto dado de cláusulas. En general, esto no es fácil para un conjunto de cláusulas cualesquiera, aunque sí es posible obtener todas las respuestas posibles por resolución lineal (basta con enumerar todas las soluciones en el árbol de búsqueda que se definió en el capítulo anterior). Sin embargo, cuando se trata de encontrar respuesta a una pregunta que está constituida por una conjunción de átomos y las premisas son cláusulas de Horn, es posible plantear un proceso sistemático de obtención de estas respuestas que constituye realmente un caso particular del proceso de resolución lineal.

En efecto, si se hace abstracción del proceso de unificación, la forma de resolver un problema es la siguiente:

—Se introduce el conjunto de cláusulas-premisa ordenadas, *i* en la forma:

$$P_i, Q_i, R_i, S_i \rightarrow T_i$$

—Se introduce el conjunto de objetivos a demostrar en la forma:

$$0_1, 0_2, 0_3, \ldots, 0_n$$

El proceso de resolución consiste en:

a) Seleccionar un objetivo en el orden en que se presentan. Por tanto, en el caso del ejemplo se seleccionaría el primero, 0_1.
b) Se busca en cada etapa, con objetivo 0_i la primera de las premisas en que aparece una instancia del predicado 0_i unificable con él.
   Si aparece:

$$P_k, Q_k, R_k, S_k \rightarrow T_k$$

   y T_k se unifica en 0_i, se incluye en la lista de objetivos las premisas P_k, Q_k, R_k, S_k, una vez aplicada la sustitución unificadora, que ahora son los primeros de la lista.
c) Si se llega a una situación en que un objetivo es no unificable con alguna de las conclusiones de cada cláusula, el proceso termina sin solución en esa rama y vuelve a optar por otra solución de unificación de las existentes en *b* para el último objetivo ensayado.
d) Si se llega a dejar vacía la lista de objetivos, el proceso termina. Una solución se define por los valores de las variables libres existentes en los objetivos.

e) En la etapa b), puede haber diversas opciones de unificación de un operador, el sistema salvo que se especifique algo en contra (lo que puede hacerse utilizando diversos símbolos) vuelve atrás a reconsiderar las opciones pendientes de unificación para generar nuevas ramas, de forma que el proceso lista todas las respuestas posibles.

El proceso antedescrito junto con:

- Un sistema de gestión de archivos de cláusulas.
- Un conjunto de cláusulas implícito que incorpora conocimiento general sobre aritmética y relaciones típicas como =, etc.
- Un conjunto de símbolos o funciones:

—Para cortar o dirigir el proceso de búsqueda (símbolo /, función *freese*, en PROLOG II).
—Para dirigir el proceso de unificación (predicado *dif*).

constituye un sistema PROLOG.

El símbolo / se utiliza en PROLOG para indicar en cada nodo del árbol de búsqueda de soluciones, que se opte exclusivamente por la primera de las ramas con las que potencialmente puede plantearse la resolución y unificación. Así, por ejemplo, si en la lista de objetivos 0_1, 0_2, 0_3 se intercala / después de 0_2: 0_1, 0_2 / 0_3, si en el proceso de demostración se alcanza la situación en que corresponde unificar con 0_2, se unificaría con el primer elemento posible P_1 y se continúa el desarrollo del árbol de resolución. Si una vez tratadas las ramas descendientes se vuelve atrás (bien por no haberse encontrado respuestas o por haberse encontrado y continuar la búsqueda de otras) en el proceso general correspondería ensayar la siguiente unificación de 0_2 (en la figura con P_2), si existe el símbolo / después de 0_2, el proceso se interrumpe, es decir, la

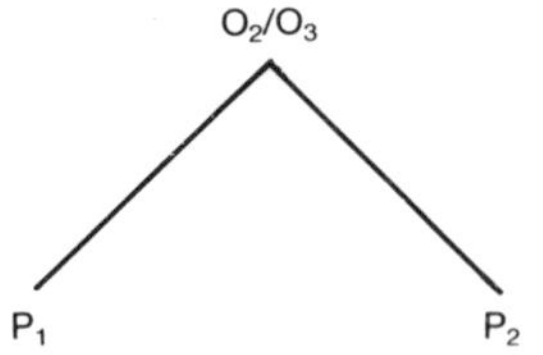

situación del símbolo de corte después de uno de los objetivos debe entenderse como que sólo se ensaya su primera opción de unificación, este símbolo constituye, por tanto, un mecanismo de limitación del proceso de búsqueda aún a costa de recortar las posibilidades de encontrar soluciones, puede usarse en casos en que se pueden esperar muchas respuestas y basta con una aunque en casos de soluciones complejas podría limitar las posibilidades de encontrarlas.

El predicado *dif*(v, t) situado a continuación de un objetivo, una de cuyas variables es v, se satisface sólo si esta variable a unificarse para resolver, lo hace con un término distinto de t. Este predicado permite descartar opciones no deseadas de unificación, y, por tanto, permite introducir restricciones en los valores posibles de las variables. *Freese* es un concepto evolucionado de congelación condicional del proceso de unificación.

Otra forma de justificar el procedimiento PROLOG, no basada en técnicas deductivas, es desde un punto de vista de técnica de resolución de problemas de tipo sistema de reglas de producción que realmente representan procedimientos de descomposición. En efecto, dada una cláusula de Horn

$$A, B, C, D \rightarrow E$$

puede entenderse de una forma deductiva:

Si ocurre A, B, C y D debe ocurrir E

y también puede entenderse de forma procedural: para resolver el problema E es preciso resolver antes los problemas A, B, C y D.

Entendido de esta segunda forma, la orientación de la flecha de la fórmula sería contraria:

$$E \rightarrow A, B, C, D$$

y escrito de esta forma el conjunto de premisas representa los procedimientos básicos de descomposición de los posibles objetivos de un problema en otros, definiéndose las condiciones que se asumen como ciertas, como aquellas que no requieren descomposición:

$$G \rightarrow$$

que es un correlato del concepto de fórmula válida en lógica:

$$\rightarrow G$$

Los sistemas PROLOG optan por este tipo de formulación presentada por Kowalski en 1974, por estar más cerca del concepto clásico de programación y, por tanto, ser más asequible a las personas no habituadas a la lógica.

Al presentar esta propuesta Kowalski hacía notar que la definición de un algoritmo se lleva a efecto mediante dos componentes expresadas convencionalmente por la ecuación:

$$\text{Algoritmo} = \text{lógica} + \text{control}$$

El conjunto de premisas representa la lógica del algoritmo que, como se ha tratado, representa las posibles formas de descomponer una serie de objetivos en otros.

La componente de control constituye la estrategia de selección de opciones de descomposición y de vuelta atrás. En el caso del lenguaje PROLOG esta estrategia se describe en las implementaciones usuales por:

- El orden de las reglas de descomposición de manera que cuando un objetivo se unifica con varias consecuentes, se aplica el primero*.
- La forma de situar los objetivos resultantes de descomposición en la secuencia existente de objetivos pendientes. En PROLOG se sitúan en cabeza y no es posible modificarlo.
- La situación de símbolos de corte y predicados de desigualdad ya descritos, que permiten prescindir de determinadas opciones de unificación.

No obstante, las actuales versiones de PROLOG son sólo el inicio del nuevo concepto de programación denominado precisamente programación lógica, y en este campo la introducción de técnicas de simbolización de criterios de control está comenzando.

4.3. *Comparación de PROLOG con la técnica general de resolución lineal*

El concepto descrito puede entenderse como un caso particular del proceso general de resolución lineal. En efecto, si se pretendiera resolver el mismo problema por resolución lineal se formularía el consecuente negado, lo que equivaldría a introducir la disyunción de las negaciones de sus componentes como cláusula de cabecera.

- La búsqueda en el método general de resolución lineal, de elementos afirmados con el mismo predicado en las cláusulas iniciales unificables, equivale a la búsqueda de consecuentes en las cláusulas de Horn.
- El proceso de sustitución de un objetivo por sus antecedentes en PROLOG, equivale a la aplicación de la regla de resolución. En efecto, la cláusula representativa de la conjunción de objetivos

$$0_1, 0_2, 0_3 \text{ es } \sim 0_1 \vee \sim 0_2 \vee \sim 0_3$$

  Si aparece 0_1 como consecuente unificado en la cláusula $P, Q, R \rightarrow 0_1$, el nuevo conjunto de objetivos «prolog» sería $P, Q, R, 0_2, 0_3$ que se corresponde con la cláusula $\sim P \vee \sim Q \vee \sim R \vee \sim 0_2 \vee \sim 0_3$ que se obtendría resolviendo la versión clausular estándar de $P, Q, R \rightarrow 0_1$ $(\sim P \vee \sim Q \vee \sim R \vee 0_1)$ con la disyunción anterior de objetivos.
- En el proceso estándar de resolución lineal, la cláusula en curso se resuelve con alguno de sus antecesores o con cláusulas iniciales, sin embargo, para las cláusulas que se presentan en la clase de problemas formulados con cláusulas de Horn no puede presentarse el caso de resolución con antecesores, ya que en todos los antecesores aparecen los átomos con el mismo signo, cuando coinciden,

* Al programar, por tanto, puede ser recomendable introducir las reglas en orden de menor a mayor complejidad de manera que aparezcan primero aquellas en que se asumen como correctas una serie de afirmaciones seguidas de aquellas con antecedentes en orden de menor a mayor número.

luego en cada etapa las opciones de resolución, se definen en base a las cláusulas iniciales y, por tanto, el algoritmo estándar de resolución lineal operaría de forma idéntica al intérprete de PROLOG.

Aunque existen variantes en el procedimiento de interpretación de las formulaciones PROLOG, la más frecuente es la búsqueda en profundidad sin control de bucles, por lo que debe cuidarse la forma de especificar para evitar que se presenten ramas infinitas, para ello puede manejarse y formularse el control de bucles en el propio programa.

4.4. *Reglas predefinidas*

Además del procesador general, las implementaciones del lenguaje Prolog aportan una serie de reglas predefinidas para resolver problemas básicos de proceso, tales como las entradas, salidas, control de tipo y estado de variables y de listas aritméticas enteras. Es este otro aspecto en el que en el futuro se producirán desarrollos en PROLOG del tipo de los habidos en LISP, ya que en uno y otro lenguaje, se da la posibilidad sencilla de extensibilidad*, así desde el LISP puro, de las primeras versiones, hasta las actuales que incorporan un catálogo muy potente de funciones, se ha llevado a cabo un enriquecimiento de los sistemas de este tipo que permite su utilización práctica con garantía de eficacia. Los sistemas actuales de PROLOG todavía no han alcanzado esta potencia de los sistemas LISP aunque, en el momento actual, existen líneas de desarrollo con respaldo importante (notablemente el proyecto de quinta generación de computadores se plantea basado en lenguajes de este tipo).

Los predicados estándar de control de tipo y estado de variables usuales son (se incluyen, a título de ejemplo, algunos de los existentes en la implementación PROLOG II de Colmerauer Kanoui y Van Caneghem, 1983):

Var(x): verdad si x es una variable libre
Bound(x) o *nonvar*(x): verdad si es una variable ligada
Ident(x): verdad si x es un identificador
Integer(x): verdad si x es un número entero
Atom(x): verdad si x es un átomo.

arg(e, t_1, t_2) definido en el caso en que el valor de t_1 sea:

- Una cadena de caracteres, en cuyo caso t_2 = longitud de t_1

  si $e = 0$

  y t_2 = carácter n.° n

  si $e \neq 0$

---

* En el primero basta definir nuevos conjuntos de cláusulas referidas a aspectos operativos generales, como en el segundo incorporar nuevas funciones.

- Una lista

  si e = 1 t_2 = cabecera de la lista t_1
  si e $\neq$ 2 t_2 = resto de la lista t_1

- Un n-uplo de objetos

  si e = 0 t_2 = número de argumentos del n-uplo
  si e = 0 t_2 = el argumento n.° n de la n-uplo t_1.

e y t_1 deben tener valor asignado.

Estos predicados se usan por el intérprete PROLOG como reglas sin antecedente, cuando son verdad.

La aritmética se apoya en el predicado $Val(t_1, t_2)$ que afirma que el valor de t_1 es igual a t_2(t_1, t_2 términos), t_2 es el término representativo de la operación, que se formula a partir de funciones predefinidas con operadores:

$add(t_1, t_2)$	Para sumar
$sub(t_1, t_2)$	Para restar
$times(t_1, t_2)$	Para multiplicar
$div(t_1, t_2)$	División
$mod(t_1, t_2)$	Resto t_1, módulo t_2
$eq(t_1, t_2)$	$= 1$ si $t_1 = t_2$
	$= 0$ si $t_1 \neq t_2$
$if(t, t_1, t_2)$	$= t_1$ si $t = 1$
	$= t_2$ si $t = 0$
$inf(t_1, t_2)$	$= t_1$ si $t_1 < t_2$
	$= t_2$ si $t_2 < t_1$

Para asignar valor se emplea una regla clásica en los lenguajes imperativos:

$$assign(i, t)$$

verdad si se asigna el valor de t al identificador i.

A continuación se presentan en el próximo apartado algunos ejemplos de programación PROLOG.

4.5. *Ejemplos de programación PROLOG*

De acuerdo con el planteamiento anterior, la forma de programar en PROLOG es establecer el conjunto de cláusulas que reflejen la lógica del programa e introducir o no elementos de control. En los casos en que el tamaño del problema lo permita, bastará con el conjunto de declaraciones, en otros casos, bien por el tamaño del problema o porque la estrategia estándar del sistema conduce a ramas infinitas de búsqueda, podrán introducirse elementos restrictivos. En los ejemplos que siguen se presentan diversos casos, formulados en la ya mencionada implementación de PROLOG II.

Ejemplo 1. Obtención del máximo común divisor de dos enteros x, y.

El conocimiento de base para resolver este problema puede resumirse en las afirmaciones siguientes:

- El máximo común divisor de dos números iguales es el propio número.
- El máximo común divisor de x, y es:

  igual al de $x-y$, y si $x > y$ ó
  igual al de $y-x$, y si $y > x$

Si se define un predicado:

$$MCD(x, y, z)\text{: } z \text{ es el máximo común divisor de } x, y$$

Las afirmaciones anteriores pueden formularse como cláusulas de Horn de la manera siguiente:

$$\rightarrow MCD(x, x, x)$$
$$x > y,\ MCD(x-y, y, z) \rightarrow MCD(x, y, z)$$
$$x < y,\ MCD(y-x, x, z) \rightarrow MCD(x, y, z)$$

La pregunta a contestar, objetivo a conseguir, por el sistema será:

$$MCD(A, B, T)$$

siendo A y B dos números concretos y T la variable que el sistema debe especificar.

La formulación en PROLOG II debe manejar las funciones aritméticas del Sistema y el predicado VAL, por otro lado, la flecha se cambia de signo para significar reglas de producción (convención de representación en PROLOG II).

La formulación del programa debe hacerse previa reflexión sobre la estrategia de control. La estrategia estándar tiene tres opciones de unificación del predicado objetivo $MCD(A, B, T)$.

En la primera el proceso termina especificando:

$$T = A = B$$

En la segunda se producen dos objetivos secundarios:

$$A > B$$
$$MCD(A-B, B, T)$$

En este caso si $A > B$ se llega a satisfacer este objetivo con lo que finaliza este camino y se hace «backtracking» para pasar a satisfacer $MCD(A-B, B, T)$.

Sin embargo, si $A < B$ se termina la rama sin éxito y también se hace «backtracking», se llega a una situación en que no se satisface una precondición para definir MCD ya que $A-B < 0$; para evitar que esto ocurra, es preciso que en el caso en que $A < B$ no se opte por la rama $MCD(A-B, B, T)$; para ello se emplea el símbolo de corte.

Asimismo, dada la forma de calcular de PROLOG la obtención de las diferencias exige obtener primero $R = A-B$ mediante VAL y, a continuación, $MCD(R, B, T)$.

Las consideraciones anteriores conducen a que la segunda cláusula se formule:

MCD(X, Y, Z) → VAL(INF(Y, X), 1) / VAL(SUB(X, Y), R) MCD(R, Y, Z);

El problema de introducir corte, dado que el PROLOG procesa las reglas en orden no se presenta en la última cláusula que puede formularse

MCD(X, Y, Z) → VAL(SUB(Y, X), R) MCD(X, R, A);

Si cuando se lista la solución se desea imprimir un mensaje puede hacerse incluyendo la orden de escritura. En conjunto el programa junto con ejemplos de respuestas es el siguiente:

```
MCD(X, X, X) → / OUTM(«EL MAXIMO COMUN DIVISOR ES»);
MCD(X, Y, Z) → VAL(INF(Y, X), 1) / VAL(SUB(X, Y), R) MCD(R, Y, Z);
MCD(X, Y, Z) → VAL(SUB(Y, X), R) MCD(X, R, Z);

>MCD(9, 2, Z);                          (pregunta: mcd de 9, 2)
EL MAXIMO COMUN DIVISOR ES Z = 1    (respuesta)

>MCD(184, 48, Z);
EL MAXIMO COMUN DIVISOR ES Z = 8
```

Ejemplo 2. Enumerar los caminos de un grafo.

En este caso el conocimiento está constituido por:

- La definición del grafo.
- El concepto de camino.

La primera puede formularse mediante la afirmación como válida de una relación:

arco(x, y): existe un arco entre x e y

El concepto de camino se formula en base a la afirmación recursiva:

Un camino entre x y z se construye mediante un arco de x a j y un camino de j a z que no contenga a x.

Para la formulación es preciso definir la estructura de una formación descriptiva del camino, como secuencia (lista) de sus elementos, que PROLOG simboliza, separando por puntos sus elementos y terminando por NIL, símbolo de la secuencia vacía, por ejemplo, un camino es 1.3.2.4.NIL.

Los predicados básicos además de *arco(x, y)* son:

Camino(x, y, l): l es un camino con origen x y destino y.
No-elemento(x, l): x no pertenece a la lista l.

Las afirmaciones básicas formuladas como deducciones son:

- → *camino(x, x, x.nil)*: el camino de x a x está formado por este único vértice.
- *arco(x, z), camino(z, y, l), no-elemento(x, l)* → *camino(x, y, x.l)*: esta deducción expresa la definición de camino antedescrita.
- → *no-elemento(x, nil)*: ningún elemento x pertenece a la lista vacía.

- *dif(x, z), no-elemento(x, n)* → *no-elemento(x, z, n)*: si *x* es distinto de *z* y no pertenece a la lista *n* tampoco pertenece a la lista *z.n*.

En el listado adjunto se incluye la formulación en PROLOG para un grafo sencillo, que es prácticamente una transcripción de la formulación en predicados con la única variación del sentido de la flecha y la introducción del símbolo de corte en camino (*x, x, x.nil*) con objeto de que el proceso de búsqueda termine al alcanzar el destino. Se incluyen asimismo la formulación de dos preguntas (caminos entre 1-4 y 4-2).

```
CAMINO(X, X, X.NIL) → /;
CAMINO(X, Y, X.L) → ARCO(X, Z) CAMINO(Z, Y, L) NO-ELEMENTO(X, L);

NO-ELEMENTO(X, NIL) →;
NO-ELEMENTO(X, Z.N) → DIF(X, Z) NO-ELEMENTO(X, N);

ARCO(1, 3) →;
ARCO(1, 2) →;
ARCO(1, 5) →;
ARCO(3, 2) →;
ARCO(2, 4) →;
ARCO(5, 4) →;
ARCO(4, 2) →;
ARCO(4, 3) →;

>CAMINO(1, 4, L);   (pregunta: caminos entre los vértices 1 y 4)
L = 1.3.2.4.NIL
L = 1.2.4.NIL        (respuesta: tres caminos)
L = 1.5.4.NIL

>CAMINO(4, 2, L);   (nueva pregunta)
L = 4.2.NIL
L = 4.3.2.NIL
```

Ejemplo 3. Las torres de Hanoi.

Este problema, clásico, constituye un ejemplo sencillo de planificación automática. Consiste en trasladar un número de discos perforados en su centro y enclavados en una pila en orden de menor a mayor tamaño desde arriba. Hay tres pilas, inicialmente los discos están situados en la primera de la izquierda, se trata de pasar los discos de la primera a la tercera, pudiendo situarse temporalmente en la intermedia pero de tal forma que en ningún caso se sitúa sobre un disco otro de mayor diámetro.

El conocimiento del problema es un principio de descomposición:

Si se mueven *n*-1 discos de la izquierda al centro, apoyándose en la derecha y una vez movido el disco del fondo de la izquierda a la derecha se mueven los *n*-1 discos del centro a la derecha, apoyándose en la izquierda, se habrá conseguido mover los *n* discos de la izquierda a la derecha. Si cada uno de los movimientos parciales de *n*-1 se ha hecho cumpliendo la regla de no superponer disco mayor sobre inferior, el problema de mover *n* también lo satisfará, ya que el movimiento aislado de disco del fondo de la izquierda a la derecha lo satisface.

Con este principio, por tanto, la resolución del problema de mover *n* discos se ha reducido a los de mover *n*-1 y a un movimiento elemental (mover disco del fondo de la izquierda a la derecha). Aplicando el mismo concepto a cada subproblema, el proceso tendrá solución necesariamente por referirse sucesivamente a problemas más simples.

Para programar sobre esta base se define un predicado básico:

move(n, x, y, z): Es verdad que se han trasladado *n* discos de la pila *x* a la *z*, apoyándose en la *y*.

Y un predicado instrumental para facilitar la formulación de preguntas:

Hanoi(n): Está resuelto el problema de las torres de Hanoi con *n* discos.

Sobre esta base pueden formularse las siguientes inferencias, modelo del conocimiento para resolución del problema:

* *move(n, izq, cent, der)* → *Hanoi(n)*

(si es verdad que se han movido los *n* discos de izquierda a derecha se ha resuelto el problema de las torres de Hanoi con *n* discos).

* $m = n\text{-}1$, *move(m, a, c, b)*, *move(m, b, a, c)* → *move(n, a, b, c)*

(principio de descomposición).

* → *move*(0, *x*, *y*, *z*)

(el problema de mover 0 discos está siempre resuelto).

Si se formulan en forma procedimental las anteriores afirmaciones puede resolverse el problema; para ello se introduce corte en la última afirmación con objeto de que termine el proceso de simplificación cuando se encuentra el caso de 0 discos.

Asimismo se ha incluido una programación que produce información intermedia cada vez que se realiza un movimiento mediante los predicados *inform* y *escribe* expresados en función del estándar del sistema *outm*.

El listado del programa con las respuestas para dos y cinco discos es el siguiente:

```
HANOI(N) → MOVE(N, IZQ, CENT, DER);

MOVE(O, X, Y, Z) → /;
MOVE(N, A, B, C) → VAL(SUB(N, 1),M)
                   MOVE(M, A, C, B)
                   INFORM(A, C)
                   MOVE(M, B, A, C);

INFORM(S, T) → ESCRIBE(«MOVER».«UN».«DISCO».«DESDE».«PILA».NIL)OUT(S)
               ESCRIBE(«HASTA».«PILA».NIL) OUT(T) LINE;

ESCRIBE(NIL) →;
ESCRIBE(A, L) → OUTM(A) ESCRIBE(L);

>HANOI(5);
MOVER UN DISCO DESDE PILA IZQ HASTA PILA CENT
MOVER UN DISCO DESDE PILA IZQ HASTA PILA DER
MOVER UN DISCO DESDE PILA CENT HASTA PILA DER

>HANOI(3);
MOVER UN DISCO DESDE PILA IZQ HASTA PILA DER
MOVER UN DISCO DESDE PILA IZQ HASTA PILA CENT
```

MOVER UN DISCO DESDE PILA DER HASTA PILA CENT
MOVER UN DISCO DESDE PILA IZQ HASTA PILA DER
MOVER UN DISCO DESDE PILA CENT HASTA PILA IZQ
MOVER UN DISCO DESDE PILA CENT HASTA PILA DER
MOVER UN DISCO DESDE PILA IZQ HASTA PILA DER
MOVER UN DISCO DESDE PILA IZQ HASTA PILA CENT
MOVER UN DISCO DESDE PILA DER HASTA PILA CENT
MOVER UN DISCO DESDE PILA DER HASTA PILA IZQ
MOVER UN DISCO DESDE PILA CENT HASTA PILA IZQ
MOVER UN DISCO DESDE PILA DER HASTA PILA CENT
MOVER UN DISCO DESDE PILA IZQ HASTA PILA DER
MOVER UN DISCO DESDE PILA IZQ HASTA PILA CENT
MOVER UN DISCO DESDE PILA DER HASTA PILA CENT
MOVER UN DISCO DESDE PILA IZQ HASTA PILA DER
MOVER UN DISCO DESDE PILA CENT HASTA PILA IZQ
MOVER UN DISCO DESDE PILA CENT HASTA PILA DER
MOVER UN DISCO DESDE PILA IZQ HASTA PILA DER
MOVER UN DISCO DESDE PILA CENT HASTA PILA IZQ
MOVER UN DISCO DESDE PILA DER HASTA PILA CENT
MOVER UN DISCO DESDE PILA DER HASTA PILA IZQ
MOVER UN DISCO DESDE PILA CENT HASTA PILA IZQ
MOVER UN DISCO DESDE PILA CENT HASTA PILA DER
MOVER UN DISCO DESDE PILA IZQ HASTA PILA DER
MOVER UN DISCO DESDE PILA IZQ HASTA PILA CENT
MOVER UN DISCO DESDE PILA DER HASTA PILA CENT
MOVER UN DISCO DESDE PILA IZQ HASTA PILA DER
MOVER UN DISCO DESDE PILA CENT HASTA PILA IZQ
MOVER UN DISCO DESDE PILA CENT HASTA PILA DER
MOVER UN DISCO DESDE PILA IZQ HASTA PILA DER

Ejemplo 4. El problema del mono y la cepa de plátanos.

La especificación de este problema en PROLOG es una transcripción muy fiel del planteamiento ya realizado en 2.2, ya que todas las cláusulas obtenidas son cláusulas de Horn, en forma deductiva son:

$E(x, u, w, t) \rightarrow E(v(u, z, x), z, w, t)$
$E(x, u, u, t) \rightarrow E(t(u, w, x), w, w, t)$
$E(x, y, y, y) \rightarrow A(e(x))$
$\rightarrow E(x_0, a, b, c)$

A efectos de representación en PROLOG de forma que se elimine la rama infinita que resultaría si se optara por la segunda regla (es decir, para limitar la producción de bucles en el árbol de búsqueda) se formula el predicado E como:

Espacio(s, x, y, z, l): En el estado s el mono está en x, la caja en y, la cepa en z y la secuencia de reglas aplicada está en l.

Si se denominan las acciones para mayor legibilidad:

e: sobre-caja; *t:* empujar; *v:* ir

y las posiciones *a, b, c, pos*-1, *pos*-2 y *pos*-3, la formulación PROLOG sería:

1. *Coger-plátanos*(*sobre-caja*(*x*)) → *espacio*(*x, pos*-3, *pos*-3, *pos*-3, 0.NIL);

   Es decir, para coger los plátanos colocándose en la caja partiendo del estado *x* es preciso que en *x* estén mono, caja y cepa en *pos*-3 y en la lista de aplicación de reglas se introduce 0 como primer elemento.

2. *Espacio*(0, *pos*-1, *pos*-2, *pos*-3, *x.l*) → /;

Expresión del estado inicial que debe ser terminal de la lista de aplicación de reglas.

3. *Espacio*(*empujar*(*u, t, x*), *t, t, z, n.l*) → *dif*(*n*, 1) *espacio*(*x, u, u, z,* 1.*n.l*);

   Para que en el estado resultante de empujar la caja desde *u* a *t* partiendo del estado *x* se encuentren mono y caja en *t*, habiéndose aplicado últimamente la regla *n*, debe ocurrir que en *x*, mono y caja estén en *u* y la lista de reglas aplicadas se incrementa con la clave 1, indicativo de la aplicación de esta regla. Para controlar que no se produzca un ciclo repetido de aplicación de esta regla se impone *dif*(*n*, 1).

4. *Espacio*(*ir*(*u, z, x*), *z, z, w, n.l*) → *dif*(*u, z*)
   dif(*n*, 2)
   espacio(*x, u, z, w,* 2.*n.l*);

   Como en el caso anterior se impone que el desplazamiento del mono se haga a posiciones distintas de la inicial y se asocia a esta regla la clave 2, imponiéndose que no se repita consecutivamente la aplicación.

El listado de proceso es el siguiente:

```
COGER-PLATANOS(SOBRE-CAJA(X)) → ESPACIO(X,POS-3,POS-3,POS-3,0.NIL);
ESPACIO(0,POS-1,POS-2,POS-3,X.L) → /;
ESPACIO(EMPUJAR(U,T,X),T,T,Z,N.L) → DIF(N,1) ESPACIO(X,U,U,Z,1.N.L);
ESPACIO(IR(U,Z,X),Z,Z,W,N.L) → DIF(U,Z) DIF(N,2) ESPACIO(X,U,Z,W,2.N.L);

>COGER-PLATANOS(W);
W=SOBRE-CAJA(EMPUJAR(POS-2,POS-3,IR(POS-1,POS-2,0)))
```

Ejemplo 5. Se tienen tres bloques simbolizados por *BA, BB* y *BC* apoyados en las posiciones *Pos*-1, *Pos*-2 y *Pos*-3.

Los tres bloques son manipulables por un brazo mecánico, si su superficie superior está libre permite su recogida por un brazo móvil.

Se puede formular la estructura de conocimiento que permita resolver problemas de modificación de las posiciones relativas de los bloques.

La representación se puede hacer de la forma siguiente:

—Se definen dos funciones representativas de operadores:

llevar(x, y, z):	Trasladar el objeto x hasta z desde la posición y.
result(*Op*, w):	Estado resultado de aplicar el operador *op* partiendo del estado w.

—Se define un marco de discernimiento caracterizado por los predicados.

En(x, y):	El objeto x está en y.
Manipulable(x):	El objeto x es manipulable.
Libre(x):	El objeto o posición x está libre para aceptar un objeto encima.
Cierto(u, s):	En el estado s se verifica el predicado u.
Posible(x):	El estado x es posible (es decir, puede alcanzarse mediante las operaciones disponibles).

Obsérvese que se ha utilizado en el predicado *cierto* como término un predicado, con ello se utiliza Prolog para modelizar el lenguaje de discurso y el de representación; esta idea debida a Kowalski que implica un marco constituido por objetos, posiciones, estados y relaciones, permite la formulación del problema del marco de discurso de una manera menos farragosa como se verá a continuación.

Si se suponen los bloques en las posiciones *A* sobre *B*, *B* en *pos*-1 y *C* en *pos*-3, la descripción de las operaciones no precisa hacerse en forma de reglas de producción, por ejemplo, para afirmar el efecto del operador basta escribir:

$$cierto(en(x, z), result(llevar(x, y, z), w)) \rightarrow;$$

(es cierto que x está en la posición z en el estado resultante de llevar x de y a z partiendo del estado w).

El axioma del marco se formula como regla de producción:

$$\begin{aligned} cierto(u, result(llevar(x, y, z), w)) \rightarrow \\ cierto(u, w) \\ dif(u, en(x, y)) \\ dif(u, libre(z)); \end{aligned}$$

que leída como fórmula deductiva afirma que cualquier proposición u cierta, en w continúa como cierta en el estado resultante de llevar x de y a z, siempre que u sea distinto de *en*(x, y) y libre z, ya que estas son las condiciones que realmente cambian al aplicar el operador *llevar*(x, y, z).

La formulación del efecto del operador *llevar* se realiza imponiendo la premisa de que el objeto x a trasladar sea manipulable, sea diferente del destino z del movimiento, y que ambos x, z estén libres.

El conjunto del programa, incluyendo instrucciones para listar el plan de acciones en lenguaje natural, se incluye a continuación además de un ejemplo de respuesta a una pregunta (se pide el plan de acciones para situar los tres bloques apilados en la posición *pos*-3).

```
CIERTO(EN(BLOQUE-A,BLOQUE-B),0) →;
CIERTO(EN(BLOQUE-B,POS-1),0) →;
CIERTO(EN(BLOQUE-C,POS-3),0) →;
CIERTO(LIBRE(BLOQUE-A),0) →;
CIERTO(LIBRE(POS-2),0) →;
```

```
CIERTO(LIBRE(BLOQUE-C),0) →;
CIERTO(EN(X,Z),RESULT(LLEVAR(X,Y,Z),W)) →;
CIERTO(LIBRE(Y),RESULT(LLEVAR(X,Y,Z),W)) →;
CIERTO(U,RESULT(LLEVAR(X,Y,Z),W)) →  CIERTO(U,W)
                                     DIF(U,EN(X,Y))
                                     DIF(U,LIBRE(Z));

POSIBLE(0) →;
POSIBLE(RESULT(LLEVAR(X,Y,Z),W)) →  POSIBLE(W)
                                    MANIPULABLE(X)
                                    DIF(X,Z)
                                    CIERTO(LIBRE(X),W)
                                    CIERTO(LIBRE(Z),W)
                                    CIERTO(EN(X,Y),W);

MANIPULABLE(BLOQUE-A) →;
MANIPULABLE(BLOQUE-B) →;
MANIPULABLE(BLOQUE-C) →;

ESCRIBIR(RESULT(X,O)) → INICIAL SAL(X) LINE /;
ESCRIBIR(RESULT(X,Z)) → ESCRIBIR(Z) SAL(X) LINE;

INICIAL → OUTM(«EN(BLOQUE-A,BLOQ-B)»)
          LINE
          OUTM(«EN(BLOQUE-B,POS-1)»)
          LINE
          OUTM(«EN(BLOQUE-C,POS-3)»)
          LINE;

SAL(LLEVAR(X,Y,Z)) →  OUTM(«LLEVAR»)
                      OUT(X)
                      OUTM(«DESDE»)
                      OUT(Y)
                      OUTM(«HASTA»)
                      OUT(Z);
```

Se formula la pregunta de si es posible un estado *w* en que están los tres bloques *A, B, C* sobre la posición 3.

```
>CIERTO(EN(BLOQUE-A,BLOQUE-B),W) CIERTO(EN(BLOQUE-B,BLOQUE-C),W)
CIERTO(EN(BLOQUE-C,POS-3),W) POSIBLE(W) ESCRIBIR(W);
```

la salida programada es:

```
EN(BLOQUE-A,BLOQ-B)
EN(BLOQUE-B,POS-1)
EN(BLOQUE-C,POS-3)
LLEVAR BLOQUE-A DESDE BLOQUE-B HASTA POS-2
```

LLEVAR BLOQUE-C DESDE POS-3 HASTA POS-2
LLEVAR BLOQUE-C DESDE POS-2 HASTA POS-3
LLEVAR BLOQUE-B DESDE POS-1 HASTA BLOQUE-C
LLEVAR BLOQUE-A DESDE POS-2 HASTA BLOQUE-B

W=RESULT(LLEVAR(BLOQUE-A,POS-2,BLOQUE-3),RESULT(LLEVAR
(BLOQUE-B,POS-1,BLOQUE-C),RESULT(LLEVAR(BLOQUE-C,POS-2,POS-3),
RESULT(LLEVAR(BLOQUE-C,POS-3,POS-2),RESULT(LLEVAR(BLOQUE-A,
BLOQUE-B,POS-2),0)))))

Capítulo 14
TECNICAS DE OBTENCION AUTOMATICA DE PLANES

1. Introducción

En 1969 Ernst, Newell y Simon, presentaron un primer planteamiento general de un algoritmo para resolución de problemas basado en la descomposición sucesiva de un problema en otros.

En 1971-72, E. Fikes, P. Hart y N. J. Nilsson, desarrollaron una implementación de GPS que incorporaba de forma distinta a Green una técnica de deducción automática ligada a una forma también distinta de GPS en la descripción de los problemas, este sistema supera las limitaciones de los métodos GPS y de Green y fue denominado STRIPS (Stanford Research Institute Problem Solver). Este sistema se empleó para la planificación de acciones de un robot y representa una síntesis interesante de la filosofía GPS y de las técnicas de deducción automática.

Estas técnicas aunque no tienen el entorno teórico de la aplicación estricta de la lógica constituyen un ejemplo de síntesis de dos corrientes fundamentales en la inteligencia artificial, técnicas lógicas y heurísticas de cuya integración equilibrada pueden surgir realizaciones importantes, por ello se presentan a título ilustrativo.

2. El método GPS

El método GPS consiste fundamentalmente en descomponer de manera sistemática un problema en otros. Para ello es necesario definir el concepto de problema: Existe un problema cuando en un determinado sistema hay una discrepancia entre una situación de partida y aquella que se quiere alcanzar. La forma de resolver el problema es transformar la situación de partida mediante una secuencia de acciones elementales, posibles para el que lo resuelve, hasta alcanzar la situación deseada. La concreción formal de estas ideas requiere como ya se indicó en el capítulo anterior:

—Una descripción en términos de información de la situación del sistema cuyo estado se quiere alterar para resolver el problema.

—Una descripción del conjunto de acciones elementales en base a las que se va a resolver el problema. Una acción elemental se denomina operador:

- La aplicación de un operador a un estado del sistema produce un nuevo estado.
- Dado un estado del sistema, puede haber operadores que no estén definidos en él, y, por ello no le sean aplicables. Por tanto, los operadores son funciones parciales definidas sobre el conjunto de estados posibles.

De acuerdo con las consideraciones anteriores, un problema se describe por la terna (I, O, F), siendo:

I: Vector de información descriptivo del estado inicial.
O: Conjunto de funciones parciales representativas de los operadores elementales.
F: Vectores de información descriptivos de los estados que son considerados solución del problema. Este conjunto de estados solución puede definirse en lugar de en la forma enumerativa anterior, en forma implícita, mediante un conjunto de condiciones (relaciones) definidas en el conjunto de estados posibles, de manera que es solución todo estado que verifica el conjunto de condiciones.

En base a esta descripción, el método GPS consiste en descomponer el problema inicial en uno o varios problemas. Si por simplificar, se prescinde del conjunto de operadores O, por ser constante para el conjunto de problemas en que se descompone el problema inicial, el problema (I, F) puede descomponerse en las formas:

- Para resolver (I, F) es preciso resolver conjuntamente los problemas (I, A_1), (A_1, A_2) y (A_2, F). Un ejemplo trivial de este tipo de descomposición es el problema de ir de Madrid a Bilbao, descomponibles en los problemas de trasladarse de Madrid a Burgos, de Burgos a Vitoria y de Vitoria a Bilbao.
- Para resolver (I, F) es preciso alternativamente, bien resolver (I, A_1) y (A_1, F), o bien resolver (I, A_2) y (A_2, F). En el caso del ejemplo anterior equivaldría a plantear dos rutas opcionales para hacer Madrid-Bilbao:

  —(Madrid-Burgos) y (Burgos-Bilbao).
  —(Madrid-Salamanca) y (Salamanca-Bilbao).

En el primer caso se plantea una descomposición única de forma que para resolver el problema inicial es preciso tener resueltos todos los problemas en que se descompone. En el segundo caso basta tener resueltos los problemas de una de las opciones. La primera descomposición se denomina conjuntiva y la segunda disyuntiva respecto de cada una de las opciones, si bien cada una de las opciones puede descomponerse a su vez conjuntivamente. Ambos métodos de descomposición pueden alternar al tratar los distintos subproblemas en que se descompone un problema, de forma que el proceso se representa mediante un árbol conjuntivo-disyuntivo (*and/or*). La descomposición disyuntiva en opciones se hace en dos pasos de forma que cada nodo del árbol es conjuntivo (indicado en la forma A) o disyuntivo.

Ahora es preciso para ultimar la definición del método, concretar la forma de realizar la descomposición. Puede plantearse para determinados problemas específicos una técnica de descomposición ligada a la naturaleza del propio problema, tal es el caso del programa SAINT de Slagle (1963), que resolvía el problema de integración simbólica de funciones empleando como reglas de descomposición las definidas como tales en el cálculo integral. Sin embargo, Newell, Ernst y Simon plantearon una estrategia general independiente en principio del problema.

El procedimiento denominado por sus autores análisis de medios-fines (means-ends analysis) tiene las siguientes etapas:

1. Obtención del conjunto «diferencia» entre el estado actual y los posibles estados solución.
2. Selección del operador que tiene mayor incidencia en la disminución (y eventual anulación) del conjunto diferencia.
3. Descomposición del problema en base a este operador.

A continuación se define el contenido de cada una de estas etapas.

El conjunto diferencia está formado por el conjunto de elementos de información que en el estado actual no coinciden con un estado solución, si un estado de este tipo se define implícitamente mediante un conjunto de condiciones, el conjunto diferencia puede definirse también por el conjunto de condiciones insatisfechas por el estado actual.

Por inspección directa del conjunto diferencia y de los operadores puede decidirse qué operador u operadores inciden de forma más positiva en la disminución del conjunto diferencia. Los operadores seleccionados se denominan operadores clave.

La descomposición en base a los operadores clave se hace de la forma siguiente:

- Dado un operador O_i puede definirse en el conjunto de estados posibles, el subconjunto en que está definido O_i, sea éste $E(O_i)$.
- Si se aplica a $E(O_i)$ O_i, se obtiene el conjunto $F(O_i)$.
- De acuerdo con las definiciones anteriores el problema (I, O, F) puede descomponerse en tres problemas:

1. $(I, O, E(O_i))$

   Que plantea el problema de pasar del estado inicial a uno cualquiera en que sea aplicable O_i. Sea O_i^k una solución a este problema.

2. (O_i^k, O_i, F_i^k)

   Problema elemental, consiste en aplicar el operador O_i a la solución resultante del problema anterior, el resultado será un elemento de $F(O_i)$ denominado F_i^k.

3. (F_i^k, O, F)

   Problema en que el nuevo estado inicial es el resultado del problema anterior y los estados finales son los mismos del problema de partida.

Dado que el problema 2 es elemental, el operador clave realmente reduce el problema a dos subproblemas. Evidentemente la descomposición es de tipo conjuntivo para cada operador pero, tal como se indicó, es posible que al seleccionar los operadores claves se planteen varias opciones por aparecer varios posibles operadores en igualdad de condiciones. Las descomposiciones según estos distintos operadores serían disyuntivas.

Para resolver un problema se aplica el proceso antedescrito de reducción hasta alcanzar unos nodos terminales que permitan afirmar una de las dos opciones:

- Que el problema inicial está resuelto.
- Que el problema inicial no es resoluble.

La primera afirmación puede hacerse si, una vez alcanzados determinados subproblemas elementales recorriendo el árbol hacia la raíz, puede afirmarse que el problema asociado a ésta, está resuelto. Para ello es preciso aplicar la siguiente norma sucesivamente:

- Todo nodo conjuntivo está resuelto si los problemas correspondientes a los nodos descendientes inmediatos están resueltos.
- Todo nodo disyuntivo está resuelto si alguno de sus descendientes inmediatos están resueltos.

Para afirmar que el problema es irresoluble es preciso alcanzar un conjunto de problemas que no sea posible descomponer y que no sean elementales [esto podría ocurrir si, para los operadores que reducen el conjunto diferencia, los conjuntos $E(O_i)$ están vacíos]. A partir de estos problemas puede aplicarse un proceso dual del antedescrito, ya que:

- Todo nodo conjuntivo es irresoluble si uno al menos de sus descendientes es irresoluble.
- Todo nodo disyuntivo es irresoluble si todos sus descendientes lo son.

N. J. Nilsson incluye en su libro sobre «Métodos de resolución de problemas en inteligencia artificial» (1971), algoritmos de búsqueda en grafos del tipo de los antedescritos resultantes del proceso de descomposición.

3. El método STRIPS

La técnica antedescrita del GPS exige una descripción del estado del sistema, lo que obliga a definir una estructura de información que represente los objetos y sus relaciones; cuando el sistema cuyo estado se quiere representar es completo, la inclusión detallada de toda la información de estado puede ser excesivamente prolija. Este es el caso que dio origen a la versión STRIPS del GPS, ya que este sistema se planteó con objeto de planificar la operación de robots, en donde la descripción de un estado del sistema se corresponde con el mundo percibido por el robot que puede ser muy complejo y por tanto difícil de enumerar en forma exhaustiva. La idea de STRIPS es representar un estado mediante un conjunto de fórmulas lógicas de primer orden que constituyen los axiomas del estado, cualquier otra afirmación referente a este mismo estado debe ser deducible, por hipótesis, de los axiomas correspondientes.

Los operadores tienen la misma significación que en el planteamiento GPS pero en este caso su incidencia sobre el estado a que se aplican se traduce en la generación de nuevos axiomas, y supresión de algunos de los existentes.

Este enfoque ofrece la ventaja de manejar la deducción automática para un estado exclusivamente, empleándose para la transición entre estados los operadores que transforman el esquema de axiomas, este enfoque es más flexible que el planteado por Green que introducía como variable en los predicados el estado y definía las transiciones entre estados mediante fórmulas, aunque no es mejor que el de Kowalski.

Asimismo, la experiencia en aplicación de secuencia de operadores puede utilizarse mediante su almacenamiento como tabla triangular para la simulación del aprendizaje del propio robot tomando como base secuencias de operadores anteriores para la resolución de nuevos problemas.

A continuación se detalla los aspectos anteriores y se ilustran con un ejemplo propuesto por Fikes, Hart y Nilsson.

3.1. *Planteamiento y forma de representación*

Como ya se ha indicado anteriormente el problema se plantea a partir de:

- Un estado inicial definido por un conjunto de fórmulas básicas, de lógica de primer orden.
- Un conjunto de operadores.
- Una condición descriptiva del objetivo del problema.

La condición descriptiva del objetivo a conseguir se representa también mediante una fórmula de lógica de primer orden. En esta fórmula aparecen variables representativas de variables cuantificadas universalmente, parámetros (que corresponden a variables no cuantificadas) y constantes.

El problema se considera resuelto si se alcanza un estado en el cual es deducible de sus fórmulas básicas una instancia de la fórmula objetivo, constituida por una especificación de sus parámetros.

Así, por ejemplo, puede plantearse como objetivo de resolución reunir tres cajas en un mismo punto, si estas se indican con las letras de constante C_1, C_2 y C_3 y las posiciones por los parámetros P_1, P_2 y P_3 (que pueden a su vez, ser vectores de cordenadas).

Una solución cualquiera viene definida por:

$Estar(C_1, P_1) \wedge Estar(C_2, P_2) \wedge Estar(C_3, P_3) \wedge (P_1 = P_2) \wedge (P_2 = P_3)$
$Estar(C_i, P_i)$: predicado: la caja C_i está en la posición P_i.

Dentro de este objetivo general se considera solución todo proceso que conduzca a un estado en que sea deducible una especificación cualquiera de la fórmula anterior, obtenida, por ejemplo, asignando a los parámetros valores constantes, o variables. Por ejemplo sería solución un estado en que sea deducible, a partir de las fórmulas básicas del mismo, la fórmula:

$$Estar(C_1, a) \wedge Estar(C_2, a) \wedge Estar(C_3, a)$$

Los operadores se definen en función de parámetros, es decir son realmente esquemas de operadores representantes de una familia de operadores, así el operador de desplazamiento del robot puede representarse por *ir*(*m*, *n*) que representa el conjunto de operadores que describen el desplazamiento del robot de una posición cualquiera *m* a otra *n*. Para aplicar un operador es preciso especificar sus parámetros.

La aplicación de un operador produce el paso de un estado a otro. Dada la convención de representación de los estados, la función parcial representada por cada operador se representa en STRIPS mediante:

—Un conjunto de «precondiciones», es decir condiciones que debe cumplir el estado origen para que esté definida en él la función representada por el operador. Estas «precondiciones» o requisitos previos se representan obviamente, por fórmulas de lógica de primer orden en donde aparecen los parámetros del operador (es decir, del esquema de operador). Así, para aplicar *ir*(*m*, *n*) es preciso que el robot esté en *m* y por tanto la precondición sería:

$$robest(m)$$

—Una descripción compatible con la forma de representar los estados de la correspondencia representada por el operador. Hay que definir el nuevo «mundo» (estado) creado al aplicar el operador, ya que hechos que eran ciertos en el estado de partida dejan de serlo en el nuevo. Como, por definición, los hechos ciertos en un estado son deducibles de las fórmulas básicas que lo representan, un operador debe alterar este conjunto de fórmulas básicas de dos formas:

- por eliminación, suprimiendo determinadas fórmulas.
- por adición, añadiendo nuevas fórmulas.

Así por ejemplo el operador *ir*(*m*, *n*) elimina *robest*(*m*) y crea *robest*(*n*).

Por tanto todo operador a efectos de su manejo por STRIPS se define por tres grupos de fórmulas que contienen los parámetros del operador, son por tanto esquemas de fórmulas realmente:

—Lista de precondiciones; en el caso del operador *ir*(*m*, *n*): *robest*(*m*).
—Lista de exclusión, fórmada por las fórmulas a borrar, en el ejemplo: *robest*(*m*).

—Lista de inclusión formada por las fórmulas que se añaden, en el ejemplo: *robest(n)*.

Cuando se suprime una fórmula hay que eliminar todas las deducidas de ella que forman parte del estado, que se estén utilizando.

3.2. *Estrategia de solución*

Consiste fundamentalmente, como en GPS, en identificar operadores clave y dividir el problema en subproblemas en base a ellos. La forma concreta del proceso es la siguiente para un problema dado (I, F).

—Se estudia si una instancia de la condición final F es deducible del conjunto de fórmulas básicas que define el estado inicial I, para ello se utiliza una técnica de resolución automática como las descritas en anteriores capítulos para refutar $\sim F$ a partir del conjunto de cláusulas I.

—Si el proceso anterior es favorable el problema está resuelto: el objetivo F forma parte del estado I.

—Si no es posible refutar $\sim F$ (afirmar esto tropieza con el hecho de que la lógica de primer orden es indecidible de una manera general, si bien en una clase limitada de fórmulas es posible afirmar su decibilidad. Puede adoptarse el criterio de afirmar la imposibilidad de refutar $\sim F$ en función de un tiempo límite de proceso) es preciso aplicar operadores que transformen el estado I.

—La selección de operadores se hace en base a la diferencia, que, para STRIPS, está formada por el proceso incompleto de refutación. En base a él:

- Son más interesantes aquellos operadores que pueden aportar en su lista de inclusión esquemas de fórmula cuya especificación aporte más elementos susceptibles de unificación y resolución con el conjunto de cláusulas generado en el proceso de resolución no terminado.

—El criterio anterior permite seleccionar uno o varios operadores posibles O_i. Si se denomina $P(O_i)$ el conjunto de precondiciones (que, de acuerdo con lo ya indicado, serán realmente esquemas del operador O_i), el problema a resolver es $(I, P(O_i))$. La introdución de $P(O_i)$ puede hacerse especificando en el esquema $P(O_i)$ algunos parámetros ya que la selección de los operadores O_i puede implicar la especificación de estos parámetros con vista a la eficiencia de la introducción del operador O_i en el proceso de resolución.

—Si el conjunto de precondiciones $P(O_i)$ es demostrable en I, se puede aplicar O_i a I con lo que se obtendría I_1, y como nuevo problema a resolver (I_1, F). Si el conjunto de precondiciones $P(O_i)$ no es demostrable en I, se vuelve a investigar qué operadores podrían ser aplicables para obtener esta demostración, lo que plantearía una nueva demostración $(I, P(O_j), P(O_i))$ y así sucesivamente.

—El planteamiento anterior puede representarse mediante un árbol de búsqueda en que cada nodo tiene asociado un estado y una lista de objetivos, el último de los cuales es la condición de solución:

$$(I, P(O_{i_{n-1}}), \ldots, P(O_{i_1}), F)$$

esta notación debe entenderse como que el problema a resolver es:

- Demostrar $P(O_{i_n})$ en I.
- Si se demuestra aplicar a I el operador O_i y en el nuevo estado I_1 demostrar $P(O_{i_{n-1}})$.
- Si $P(O_{i_{n-1}})$ es demostrable a partir de I_1, aplicar $O_{i_{n-1}}$ a I_1 y en el estado resultante intentar demostrar $P(O_{i_{n-2}})$, etc.

Por tanto el proceso consiste en intentar demostrar las condiciones solución. Si en cualquiera de las pruebas de demostración esta no es posible, el tratamiento consistira en seleccionar una serie de operadores que incidan de forma relevante en el proceso de demostración inacabado y plantear subproblemas que incluyan las precondiciones de los nuevos operadores, con lo que se resolvería el mismo problema con otras postcondiciones.

—Las consideraciones anteriores justifican la forma de desarrollar el árbol:

- Si en el nodo $(I, P(O_{i_n}), \ldots, P(O_{i_1}), F)$ es posible demostrar una instancia del esquema $P(O_{i_n})$ a partir de las fórmulas básicas de I, el nodo tendrá como único descendiente:

$$(I_1, P(O_{i_{n+1}}), \ldots, P(O_{i_1}), F)$$

  siendo I_1 el estado resultante de aplicar el operador O_{i_n} a I.
- Si no es posible demostrar $P(O_{i_n})$ en I el nodo tendrá tantos descendientes opcionales como operadores nuevos O_i puedan definirse como relevantes en base a su posible incidencia en la demostración inacabada de $P(O_{i_n})$ a partir de I. Si hay m operadores posibles el nodo tendrá m descendientes disyuntivos del tipo:

$$(I, P(O_{i_{n+1}}), P(O_{i_n}), \ldots, P(O_{i_1}), F)$$

  siendo $O_{i_{n+1}}$ en cada nodo descendiente uno de los m operadores selecionados.

—Obviamente el final del proceso llega cuando se alcanza un problema del tipo (I_k, F) y F es demostrable en I_k.

Como el árbol generado es disyuntivo, la solución estará formada por la secuencia de aplicaciones de operadores asociada al camino desde el nodo inicial hasta este nodo final.

Si en una rama disyuntiva se llega a una situación sin operador aplicable posible se hace vuelta atrás (backtracking) al nodo inmediato anterior para seleccionar otra opción de aplicación de operador.

En la figura se incluye un posible árbol de solución del problema (I, F) con los operadores f, g y h, la descomposición según un operador se indica con la letra del operador y la aplicación del operador con $Ap(f)$, siendo f el operador.

De acuerdo con el árbol parcial indicado, una solución se obtendría al aplicar *h* y *f* en secuencia.

Un procedimiento recursivo podría formularse de la forma general siguiente: STRIPS (*I, F, plan, sol*).

I: estado inicial.
F: estado final, objetivo a conseguir.
plan: lista de acciones que resuelve el problema.
sol: predicado, verdad si se ha obtenido un plan que resuelva el problema.

1. Iniciar *plan* como lista vacía, *sol* como falso.
2. Intentar resolver *F* en el mundo *I*, obtener *LC*, lista de condiciones diferencia cuya inclusión asegura la obtención de *F*.
3. Si *LC* está vacía, *fin*: *plan* es la solución, se asigna verdad a *sol*.
4. Si *LC* no esta vacía se obtiene *LA* lista de acciones cuyas postcondiciones pueden dar lugar, si se especifican a elementos de *LC*.
5. Si *LA* está vacía, fin sin solución.
6. Si *LA* no está vacía:

   Repetir hasta que *sol* = verdad o fin de *LA*:

   6.1. Seleccionar una acción de *LA*: A_i sean *p*(*a*) las precondiciones de A_i.
   6.2. Llamar recursivamente STRIPS (*I, p*(*a*), *PP, s*).
   6.3. Si *s* = verdad, *plan* = $A_i \cup pp$, *sol* = verdad.

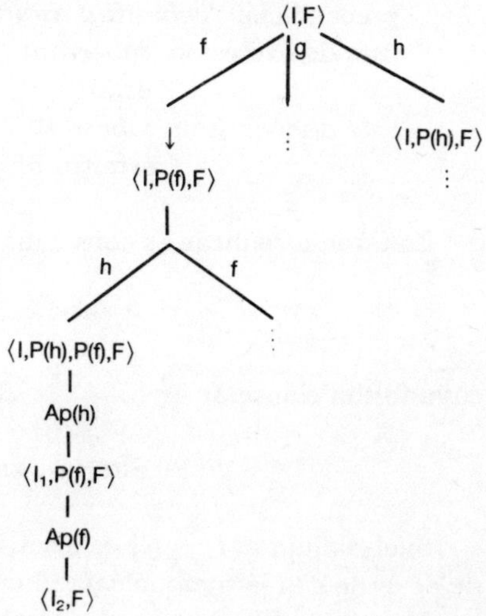

A continuación se ilustra el proceso con un ejemplo, dada la prolijidad del mismo se describe la formalización de una de las líneas de solución. Se trata del problema (descrito por Fikes Hart y Nilsson 1971), a resolver por un robot, de reunir tres objetos.

El estado inicial viene dado por la situación inicial del robot y los objetos. Para la primera se emplea el predicado *Robest*(*n*) y para los segundos se emplea el predicado *Estar*(*x, y*) : (*x* está en *y*). Si los objetos son e_1, e_2, e_3 y están respectivamente en *b, c, d* (que son a su vez pares de coordenadas) y el robot en *a*, el estado inicial se define por las fórmulas básicas:

I:
- *Robest*(*a*)
- *estar*(e_1, *b*)
- *estar*(e_2, *c*)
- *estar*(e_3, *d*)

Los operadores básicos son los de traslado del robot y transporte por el robot de cada caja cuyos nombres son *ir* y *llevar*. A continuación se especifican sus precondiciones y listas de exclusión e inclusión.

- *ir*(m, n) (*ir* el robot de m a n).
  precondición: *robest*(m)
  lista de exclusión: *robest*(m)
  lista de inclusión: *robest*(n)

- Llevar (p, m, n) (llevar el robot el objeto p de m a n).

  precondición: *robest*(m) *estar*(p, m)
  lista de exclusión: *robest*(m)
  estar(p, m)
  lista de inclusión: *robest*(n)
  estar(p, n)

La tarea a realizar es conseguir que se verifique el objetivo F:

$$F\text{: } \exists x[estar(e_1, x) \wedge estar(e_2, x) \wedge (e_3, x)]$$

cuya forma clausular es:

$$\sim F\text{: } \sim estar(e_1, x) \vee \sim estar(e_2, x) \vee \sim estar(e_3, x)$$

Si el conjunto $\langle I, \sim F \rangle$ es insatisfacible el objetivo F sería deducible de I, por tanto de acuerdo con la metodología planteada, el primer paso es comprobar si $\langle I, \sim F \rangle$ es insatisfacible. El proceso de resolución se iniciaría resolviendo F con tres de los axiomas de I.

Una vez obtenidas las tres nuevas cláusulas:

$\sim estar(e_2, b) \vee \sim estar(e_3, b)$
$\sim estar(e_1, c) \vee \sim estar(e_3, c)$
$\sim estar(e_1, d) \vee \sim estar(e_2, d)$

es imposible continuar el proceso de resolución ya que al tener estas sus variables totalmente especificadas no puede unificarse ninguna pareja de átomos, por tanto, por la completud del principio de resolución, a partir de I no es deducible F y por tanto es *preciso transformar I por aplicación de operadores.*

Para decidir los operadores a emplear se utiliza el conjunto de cláusulas existente: deben seleccionarse aquellos operadores que pueden aportar átomos con los que resolver las cláusulas existentes en el proceso no terminado de resolución. De acuerdo con este criterio no es adecuado aplicar el operador *ir*(m, n) y sí, en cambio el operador *llevar*(p, m, n) ya que entre las cláusulas de la lista de inclusión está *estar*(p, n) e instancias de este átomo aparecen negadas en las cláusulas resultantes del proceso de resolución.

Sin embargo dado que el operador *llevar* depende de los parámetros p y n, este operador puede aplicarse en las seis opciones siguientes de especificación.

$$1.\ p = e_1 \begin{cases} n = d \\ n = c \end{cases}$$

$$2.\ p = e_2 \begin{cases} n = b \\ n = d \end{cases}$$

$$3.\ p = e_3 \begin{cases} n = b \\ n = c \end{cases}$$

A continuación se analiza una de ellas, debido a la simetría del problema el tratamiento de las otras es similar. Se adopta la opción $P = e_1$, $n = d$, por tanto el operador será *llevar*(e_1, *m*, *d*). Para aplicar este operador debe pasarse al nodo (I, P_1(*llevar*), F), siendo P_1(*llevar*) el conjunto de precondiciones de *llevar*:

$$robest(m) \wedge estar(e_1, m)$$

cuya negación en forma clausular es:

$$\sim robest(m) \vee \sim estar(e_1, m) \qquad (1)$$

Para aplicar el operador definido debe ser posible deducir una instancia de esta precondición a partir de *I*. Para ello es preciso especificar *m*. Puede tomarse a la vista de los átomos resultantes del proceso de resolución:

$$m = a \quad \text{o bien} \quad m = b$$

Opción 1

Si se emplea la opción $m = a$, (1) toma la forma:

$$\sim robest(a) \vee \sim estar(e_1, a)$$

que resuelta con *robest*(*a*) produce:

$$\sim estar(e_1, a) \qquad (2)$$

que al ser sus términos ambos constantes tampoco permite proseguir el proceso de resolución.

Opción 2

Si se emplea la opción $m = b$, (1) toma la forma:

$$\sim robest(b) \vee estar(e_1, b)$$

lo que por resolución produce:

$$\sim robest(b) \qquad (3)$$

que tampoco permite proseguir el proceso de resolución.

En ambos casos por tanto es precisa la aplicación de un operador. Ambas opciones pueden incluirse en el mismo proceso introduciendo la fórmula (1) con m como variable lo que produciría (2) y (3) en el mismo proceso de resolución. Si se emplea esta última forma, las cláusulas (2) y (3) aparecen además de las obtenidas previamente como elementos para formar criterio sobre el operador a introducir. Teniendo esto en cuenta el más adecuado es, $ir(m, n)$ ya que incluye en su lista de inclusión $robest(n)$ que es opuesta a (3) si se especifica $n = b$. El operador aplicable es, por tanto, $ir(m, b)$.

Del problema $(I, P_1(llevar), F)$ se ha de pasar a $(I, P_2(ir), P_1(llevar), F)$.

La precondición $P_2(ir)$ es: $robest(m)$.

Empleando m como variable e introduciendo la cláusula $robest(m)$ se obtiene la cláusula vacía resolviendo con $robest(a)$, por tanto, especificando $m = a$, la precondición $P(ir)$ es deducible de I y por ello puede aplicarse este operador con lo que aplicando sus listas de inclusión y exclusión se obtiene el nuevo estado:

$$I_1: \begin{array}{l} robest(b) \\ estar(e_1, b) \\ estar(e_2, c) \\ estar(e_2, d) \end{array}$$

en la demostración de F a partir de I_1 valen las cláusulas deducidas en I.

Obsérvese que caso de que alguna de las cláusulas obtenidas por resolución en I tuviera como antecedente la cláusula $robest(a)$, excluida por el operador ir, debería eliminarse también.

El nuevo problema a resolver es $(I_1, P_1(llevar), F)$ pero ahora $P_1(llevar)$ es deducible en I_1, ya que:

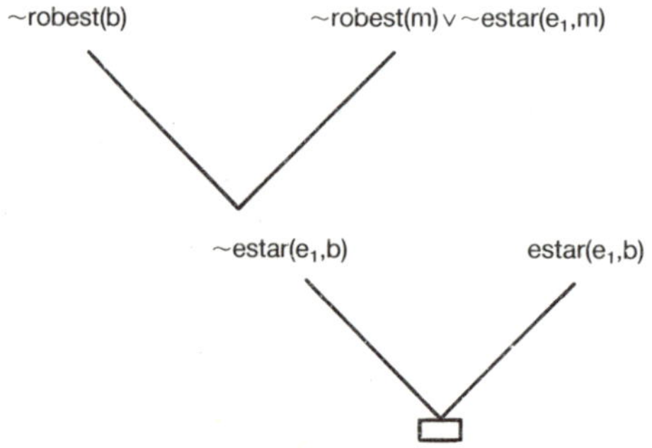

Por tanto ahora es posible aplicar a I_1 el operador $llevar$ especificando $m = b$, es decir en la forma:

$$llevar(e_1, b, d)$$

cuya lista de exclusión es $\begin{cases} robest(b) \\ estar(e_1, b) \end{cases}$

y cuya lista de inclusión es $\begin{cases} robest(d) \\ estar(e_1, d) \end{cases}$

por tanto el nuevo estado es:

$$I_2: \quad \begin{array}{l} robest(d) \\ estar(e_1, d) \\ estar(e_2, c) \\ estar(e_3, d) \end{array}$$

En la demostración de F valen las cláusulas deducidas en I_1 descontando las cláusulas descendientes de *robest*(b) y *estar*(e_1, b), es decir:

$$\{\sim estar(e_1, c) \vee \sim estar(e_3, c)$$
$$\sim estar(e_1, d) \vee \sim estar(e_2, d)\}$$

como el problema a resolver es (I_2, F), en I_2 puede obtenerse por resolución, además:

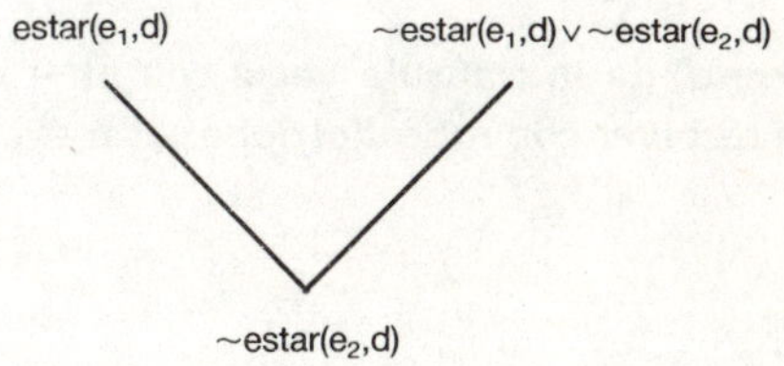

pero no es posible llegar a la cláusula vacía y por tanto es preciso aplicar operadores a I_2. Para identificar estos operadores se sigue un proceso similar al antedescrito que se resume a continuación:

- El operador a incluir de más interés es *llevar* ya que tiene como predicado a incluir *estar*(p, n) e interesa precisamente que $p = e_2$ $n = d$.
- La precondición es *robest*(m) $\wedge$ *estar*(e_2, m), cuya negación es

$$\sim robest(m) \vee \sim estar(e_2, m) \qquad (4)$$

El problema a resolver es (I_2, *P*(*llevar*), F).

- Al intentar resolver (4) con I_2 se obtienen:

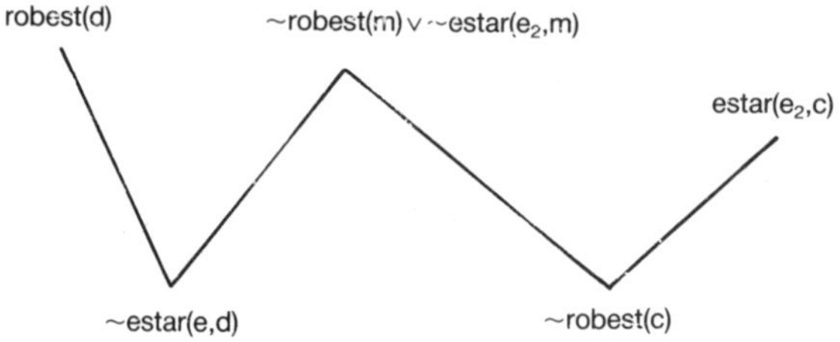

Como estas cláusulas tampoco permiten llegar a la cláusula vacía es preciso aplicar algún operador a I_2. El operador más adecuado es *ir*(*m, n*) ya que *robest*(*n*) está en la lista de inclusión y puede resolverse con ~ *robest*(c). Por tanto el nuevo problema a resolver es:

$$(I_2,\ P(ir),\ P(llevar),\ F)$$

la precondición de *P*(*ir*) es:

$$robest(m)$$

cuya negación es:

$$\sim robest(m)$$

que resuelta con *robest*(*d*) da la cláusula vacía con $m = d$, por tanto puede aplicarse *ir*(*d, n*); como interesa resolver con *robest*(c) debe ser $n = c$, con ello el nuevo estado es:

I_3:

robest(c)
estar(e_1, *d*)
estar(e_2, c)
estar(e_3, *d*)

y el problema a resolver: (I_3, *P*(*llevar*), *F*)

valen las cláusulas deducidas en I_2 prescindiendo de ~ *estar*(e_2, *d*), pero vale ~ *robest*(c). Como esta última permite deducir la cláusula vacía, la cláusula ~ *robest*(*m*) ∨ ~ *estar*(e_2, *m*) es refutable para $m = c$, y por tanto la precondición *robest*(c) ∧ *estar*(e_2, c) es deducible en I_3 y por ello es aplicable llevar(e_2, *c, d*) con lo que se obtiene empleando las listas de este operador:

I_4:

robest(*d*)
estar(e_1, *d*)
estar(e_2, *d*)
estar(e_3, *d*)

Como en las cláusulas de la refutación de F vale ~ *estar*(e_2, *d*) resolviendo con *estar*(e_2, *d*) (premisa de I_4) se obtiene la cláusula vacía luego F es demostrable en I_4 y el proceso termina.

La secuencia de descomposición y resolución es en resumen:

(I, F)
  | *llevar*
$(I, P_1(llevar), F)$
  | *ir*
$(I, P(ir), P_1(llevar), F)$
  | *Ap(ir)*
$(I_1, P_1(llevar), F)$ *Ap(op)*: aplicación del operador *op*.
  | *Ap(llevar)*
(I_2, F)
  | *llevar*
$(I_2, P(llevar), F)$
  | *ir*
$(I_2, P(ir), P(llevar), F)$
  | *Ap(ir)*
$(I_3, P(llevar), F)$
  | *Ap(llevar)*
(I_4, F)

y la secuencia de operaciones para resolver el problema:

- *ir*(*a*, *b*)
- *llevar*(e_1, *b*, *d*)
- *ir*(*d*, *c*)
- *llevar*(e_2, *c*, *d*)

en el proceso planteado, se ha evitado el análisis paralelo de las otras 5 alternativas pero su tratamiento es similar y se obtendrían soluciones simétricas con el robot y los tres objetos en *b* o en *c*.

3.3. *Aprendizaje*

El proceso descrito en los párrafos anteriores es suficientemente complejo como para no repetirlo en la medida de lo posible para resolver problemas similares. El método STRIPS con objeto de aprovechar total o parcialmente procesos desarrollados para resolver anteriores problemas:

- Define una estructura normalizada de almacenamiento de los procesos.
- Define unos criterios para su generalización con vistas a su aplicación a otros problemas.

La estructura de almacenamiento adoptada para la secuencia de operadores que resuelve un problema es una tabla triangular que pone de relieve el efecto de cada operador en el conjunto del proceso. La tabla correspondiente a la aplicación de una secuencia de operadores Op_1, Op_2, Op_3, ..., Op_j, se construye de la siguiente forma:

- Las columnas de la tabla excepto la columna *cero* se etiquetan con los números de los distintos operadores.
- Para cada columna *i*, se incluye en la cuadrícula superior la lista de inclusión I_i correspondiente a la aplicación del operador Op_i.
- Para las cuadrículas inferiores se incluyen aquellos elementos de I_i que la aplicación de los operadores siguientes Op_{i+1}, ..., ha mantenido. Esto se indica con la notación:

$$I_{i/i+1,\ i+2,\ \ldots,\ m}$$

- La organización triangular de la matriz hace que la cuadrícula $j\ i(j > i)$ contenga los elementos de la lista de inclusión aportados por Op_i que todavía se verifican al aplicar Op_j.
- De acuerdo con las definiciones anteriores el contenido de la fila *j*, sin contar la columna *O*, está formado por la lista global de inclusión que produce la aplicación de los $j - 1$ primeros operadores, formada por las partes de las listas de inclusión creadas por los distintos operadores que no han sido excluidas por los siguientes.
- Las precondiciones de cada operador que no han sido generadas por los operadores previos, y que, por tanto, deben aportarse por el estado inicial, se incluyen en la columna cero, y se denominarán PC_i. Los elementos I_k que son precondición del operador de la fila se marcan, por convenio, con asterisco.

O				
PC_1	Op_1			
PC_2	I_1	Op_2		
PC_3	$I_{1/2}$	I_2	Op_3	
PC_4	$I_{1/2,3}$	$I_{2/3}$	I_3	Op_4
PC_5	$I_{1/2,3,4}$	$I_{2/3,4}$	$I_{3/4}$	I_4
0	1	2	3	4

El conjunto de conceptos anteriores se resume en la figura adjunta.

Obsérvese que el conjunto de precondiciones PC_1, ..., PC_5 permite asegurar si son demostrables en el estado inicial, que todo el plan Op_1, Op_2, Op_3, Op_4 es aplicable y por tanto permite manejar toda la secuencia como un macrooperador, por ello interesa la generalización de estas secuencias.

La aplicación en bloque puede plantearse no sólo para la secuencia completa sino para un tramo con origen en algún operador intermedio, por ejemplo:

$$Op_i,\ Op_{i+1},\ ...,\ Op_k$$

Para que pueda aplicarse una secuencia parcial no basta que en el estado inicial sean demostrables las cláusulas PC_i sino también las precondiciones aportadas por los operadores Op_1, ..., Op_{i-1}. En la matriz triangular se correspondería con las cláusulas marcadas con asteriscos contenidas en la zona rayada; este conjunto de cláusulas es el *núcleo* de base para aplicar la secuencia parcial Op_i, ..., Op_k, como un bloque a un estado inicial que contenga a este núcleo.

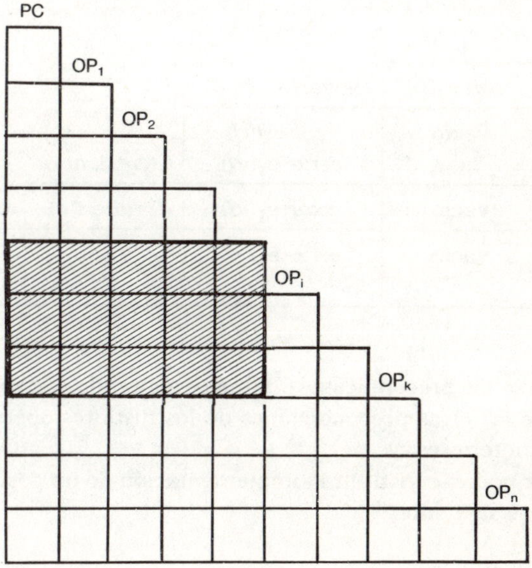

Este núcleo no sólo se emplea en STRIPS para utilización en bloque como pieza para definir nuevos procesos sino que también se emplea como base para el control de la ejecución de las tareas por el robot, ya que en todo momento para ejecutar las operaciones Op_i, ..., Op_n deben ser verdad las condiciones incluidas en el área sombreada y por tanto pueden utilizarse como base del control previo a la ejecución. La utilización en bloque de secuencias de operadores será más eficiente cuanto de más general aplicación sea.

Interesa por tanto analizar las constantes que aparecen en la secuencia, y ver de producir una versión de la misma en que estas aparezcan como parámetros o variables, teniendo en cuenta que:

—El proceso debe seguir siendo correcto, luego las precondiciones de cada fila deben continuar como tales, una vez generalizadas.

—El proceso de partida debe poder producirse como instancia, fruto de adecuadas especificaciones, del proceso a generalizar.

Los autores de STRIPS proponen una metodología para realizar esta generalización, primero sustituyendo por parámetros todas las constantes (incluso distintas ocurrencias de la misma constante se sustituyen por parámetros distintos) posteriormente se producen ajustes de los parámetros de forma que se cumplan las condiciones anteriores.

La comparación entre la columna de precondiciones y la última fila, descriptiva del efecto del plan, permite definir las listas de inclusión y exclusión del plan generado.

En la figura adjunta se incluye la tabla correspondiente al ejemplo del párrafo anterior.

*robest(a)	ir(a, b)			
*estar(e_1, b)	*robest(b)	llevar(e_1, b, d)		
	vacío	*robest(d) estar(e_1, d)	ir(d, c)	
*estar(e_2, c)	vacío	estar(e_1, d)	*robest(c)	llevar(e_2, c, d)
	vacío	estar(e_1, d)	vacío	robest(d) estar(e_2, d)

Como puede verse las precondiciones del plan generado son *robest*(a), *estar*(e_1, b) y *estar*(e_2, c) ya que las otras precondiciones de los distintos operadores son generadas por operadores anteriores.

La tabla anterior podría constituir la implementación de un posible macrooperador con las características siguientes:

Nombre:	*llevar2*(x, o_1, o_2, y, z, t)
Objetivo:	Reunir los objetos o_1 y o_2, situados en las posiciones y, z, en la posición t mediante un robot cuya posición inicial es x.
Precondiciones:	*robest*(x) *estar*(o_1, y) *estar*(o_2, z)
Lista de exclusión:	*robest*(x) *estar*(o_1, y) *estar*(o_2, y)
Lista de inclusión:	*robest*(t) *estar*(o_1, t) *estar*(o_2, t)

En esta formulación se han generalizado las constantes a, b, c, d, e_1, e_2 a las variables x, y, z, t, o_1, o_2 y se han utilizado los lados de la tabla triangular para definir las precondiciones y listas de exclusión e inclusión.

4. Consideraciones finales

La idea de STRIPS constituye la base de un conjunto de planificadores desarrollados en la misma institución (SRI) que fueron mejorando el concepto inicial para dotarle de fiabilidad y eficiencia.

Así, uno de los aspectos problemáticos del STRIPS básico es su decisión de aplicación de acciones en cuanto la precondición se verifica, lo que hace que en algunos casos de resolución conjuntiva de objetivos no se llegue a encontrar soluciones por que la aplicación inmediata de acciones de resolución de un objetivo parcial daba lugar a la destrucción de información necesaria para resolver objetivos subsiguientes, por tanto, en algunos casos debería ser considerada la posibilidad de generación de un nuevo estado por aplicación de operadores a pesar de que el actual sirviera ya para aplicar la acción que se pretendía (este tratamiento lo realizaba la versión RSTRIPS).

La resolución de problemas complejos con operadores elementales condujo a la generación de planificadores jerarquizados que resolvieran el plan operando a distintos niveles de definición de objetivos. Este tipo de análisis era realizado por ABSTRIPS y NOAH (Sacerdoti, 1978).

Finalmente para realizar planes complejos se concibieron sistemas jerarquizados e interactivos que permitieran mezclar la concepción automática con la intervención humana. (Wilkins, 1983; Sistema SIPE.)

Capítulo 15
EL RAZONAMIENTO APROXIMADO EN SISTEMAS EXPERTOS*

1. Introducción

Un sistema experto es un sistema informático:

—Que representa el conocimiento de una persona experta sobre un tema de forma accesible y modificable.
—Que utiliza esta representación mediante un proceso general para:

- producir respuestas sobre los temas objeto del sistema.
- explicar estas respuestas a demanda.

Por tanto, un sistema experto no es simplemente un programa convencional que responde preguntas sobre un tema, ya que su estructura le da capacidad para justificar las respuestas y para modificar el conocimiento que utiliza para producir estas respuestas.

Así, por ejemplo, un programa convencional de diagnóstico médico podría redactarse en la forma:

if temperatura $\neq 36,5$
then if temperatura > 35

* Este capítulo constituye una revisión de una parte del artículo publicado por el autor en el cuaderno 17 del Centro de Desarrollo Tecnológico Industrial (CDTI).

then escribir «normal» y explicar
else if globulos blancos < 5000

then escribir «grave» y explicar
else if globulos rojos $> 4M$
....
....

else escribir «leve» y explicar

Este programa está orientado a responder una pregunta. En el caso de que los conceptos utilizados en él pudieran usarse para contestar otras preguntas, sería preciso programar la obtención de estas contestaciones en otro proceso adecuado.

También en el caso de modificar los conceptos, se requiere modificar todo el programa.

Por otro lado, la forma de razonar se apoya exclusivamente en la lógica clásica, mediante la estructura if-then-else, sin tener en cuenta que en muchos casos la opción entre alternativas no es tan clara como en este tipo de lógicas.

En los casos de conocimiento incierto resulta, por tanto, de interés utilizar una estructura fija de representación del conocimiento sobre la que pueda actuarse, para hacer modificaciones, y un programa general independiente de obtención de respuestas y explicación de las mismas, que no sea preciso modificar cada vez que se quiere añadir una nueva respuesta posible o cambiar los conceptos de análisis y que, por otro lado, pueda incorporar formas no clásicas de razonamiento, más próximas a la forma de hacer conjeturas en el razonamiento natural. De acuerdo con los conceptos anteriores, puede definirse en forma más técnica, un sistema experto por su arquitectura, basada en dos elementos fundamentales:

—*Base de conocimiento* que incorpora una representación de los hechos conocidos y deducibles, descriptivos del tema.
—*Motor inferencial,* procedimiento capaz de responder y explicar preguntas, apoyado en la estructura de la base de conocimiento.

Asociado con ambos elementos hay un subsistema de consulta y modificación de la base de conocimiento, habitualmente planteado con interfaz en *lenguaje natural,* de forma que sea posble a los expertos comunicarse con la base, para su permanente control y mejora.

Todo este conjunto puede articularse con una base de datos desde la que se obtienen los hechos básicos, premisa de las conjeturas razonadas del sistema. Por ejemplo, en el caso del sistema de diagnóstico, la base de datos estaría constituida por las características de los enfermos, que podrían obtenerse automáticamente de archivos o por sensores, operando en tiempo real sobre el enfermo, o bien, proporcionarse directamente por el usuario mediante un sistema convencional de consulta.

El conjunto se resume en el gráfico adjunto:

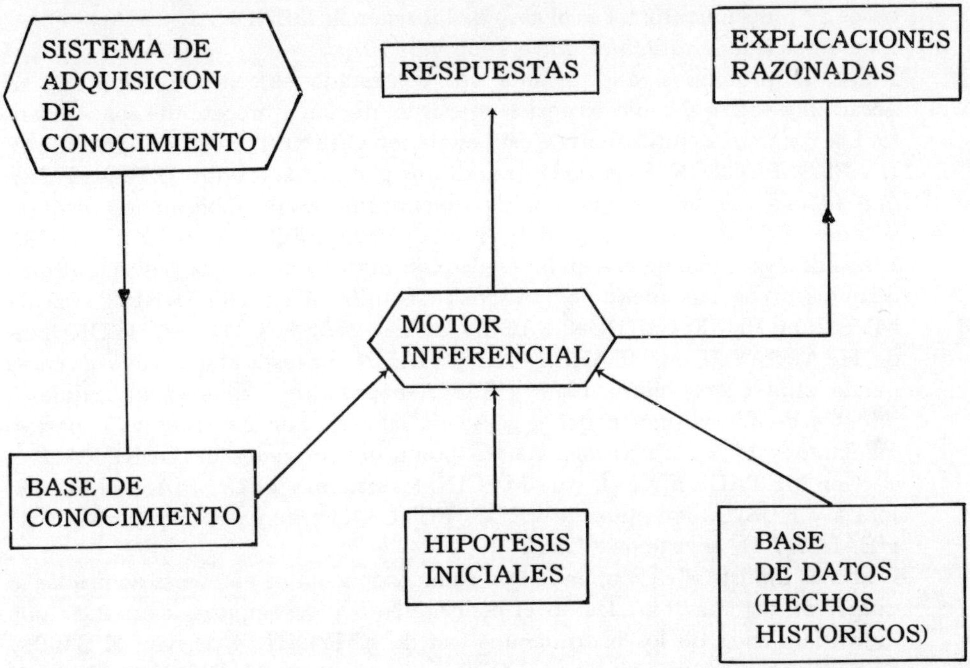

Esta arquitectura de sistema se denomina más propiamente, Sistema Basado en el Conocimiento (SBC), (KBS: Knowledge Based System), denominándose «Sistema Experto» cuando incorpora precisamente el conocimiento de una persona experimentada. Sin embargo, como arquitectura informática, puede emplearse para el tratamiento de problemas tradicionales y constituye una alternativa de metodología de programación y computación.

Esta estructura ofrece la ventaja de separar la lógica del procedimiento de interpretación para resolver problemas, con ello es factible utilizar modelos de razonamiento aproximado acordes con el tipo de conocimiento existente sobre determinados temas.

El concepto de sistemas expertos fue formulado por primera vez por Feigenbaum en el congreso mundial de Inteligencia Artificial de 1977 (IJCAI 77); sin embargo, la producción de este tipo de sistemas arranca de los primeros tiempos de la Inteligencia Artificial, en donde se planteaban técnicas heurísticas para resolución de problemas; en ellos, el conjunto de heurísticos para resolución de una clase de problemas, constituía ya una base de conocimiento, así como los procesos generales de búsqueda pueden considerarse motores inferenciales.

Se consideran tres etapas en el desarrollo de los sistemas expertos:

—Etapa de invención, en la que la complejidad e incrementalidad de los heurísticos desarrollados para algunos sistemas empieza a darles personalidad como bases de conocimiento; tal es el caso de los sistemas DENDRAL y MACSYMA. Esta etapa puede estimarse entre 1965 y 1970.

—Etapa de prototipos, en que una vez constatado el concepto se producen desarrollos según distintos criterios de estructuración y proceso del conocimiento. Los sistemas significativos de esta etapa son CASNET, MYCIN, HEARSAY II y PROSPECTOR. El período de la misma puede fijarse entre 1970 y 1977 en que se produce la presentación de Feigenbaum y se publican los distintos sistemas (MYCIN se publica en 1975 y 76, PROSPECTOR en 1976 y 1978).

—Etapa de experimentación, en la que los conceptos de los prototipos se aplican a distintas áreas (las ideas de CASNET se utilizan en INTERNIST, las de MYCIN en PUFF, GUIDON, SACON, las de PROSPECTOR en HYDRO, las de HEARSAY-II en HEARSAY III y HASP). En esta etapa, cuyo discurso puede establecerse entre 1977 y 1981, se producen, además, los primeros intentos de formalización del proceso de construcción de sistemas expertos, mediante sistemas abstractos. Así se producen derivados de DENDRAL, el sistema METADENDRAL y de MYCIN, los sistemas TEIRESIAS, EMYCIN, RITA y ROSIE, derivados de PROSPECTOR el sistema KAS y derivado de HEARSAY II, el sistema AGE.

—Etapa de industrialización, en la que comienzan a surgir empresas dedicadas al diseño de sistemas basados en el conocimiento y se empieza a producir una industrialización de los instrumentos (así de EMYCIN se derivan K S300 y SYSTEM I). La serie de sistemas OPS, producidos en CARNEGIE MELLON para el tratamiento de reglas de producción, presentan versiones operativas a partir de OPS-5.

Esta etapa, que es la actual en los países más avanzados, puede caracterizarse por los dos sistemas: R1, de configuración de equipos DIGITAL y DRILLING ADVISOR, producido por ELF AQUITAINE para interpretación de sondeos.

Como ya se ha indicado, en esta etapa aparecen nuevas entidades de desarrollo y aplicación de estas técnicas que inicialmente se centraban en el MIT, universidades de PITTSBURGH y CARNEGIE MELLON, universidad de STANFORD (Computer Science Departament, Heuristic Programming Projet), Stanford Research Institute (SRI) y Rand Corporation. En esta etapa, investigadores procedentes de estos centros crean grupos consultores (Teknowledge, Syntelligence, the Carnegie group...) y otras entidades adquieren mayor fuerza (Fairchild, universidad de Rutgers, laboratorio de Xerox...) a la par que organizaciones clásicas crean secciones de inteligencia artificial, de facto dedicadas a sistemas basados en el conocimiento, de manera que en léxico profesional informático aparece una nueva especialidad: *ingeniero de conocimiento.*

Estas etapas, como puede verse, ilustran una evolución localizada en EE.UU. En Europa hasta primeros de los setenta hubo una línea de investigación en inteligencia artificial, basada fundamentalmente en la universidad de Edinburgo. Sin embargo, al llegar la crisis económica en 1973, el informe Lighthill dio lugar a que se redujeran considerablemente los fondos en este área de investigación durante la década de los setenta, lo que ha dado lugar a un retraso importante respecto de América, precisamente del centro que más podría irradiar esta tecnología en Europa. Las razones exhibidas en el informe Lighthill para desautorizar las inversiones en inteligencia artificial, se basaban en la tradición académica-científica europea empeñada en valorar los temas de inteligencia artificial, como si fueran pasos destinados a construir una teoría universal matematizada de la inteligencia, a la que referir los problemas de representación del pensamiento humano, sueño ya acariciado por Leibniz y a primeros de este siglo por Hilbert; como, desde un punto de vista científico, Godel comprobó que no era factible formalizar, en lógica de primer orden, las teorías científicas (proyecto científico de los treinta primeros años de siglo) se juzgó que la investigación en inteligencia artificial era volver a repetir, envuelto en los nuevos conceptos informáticos, una aventura ya fallida.

Sin embargo, la manera de valorar los proyectos de inteligencia artificial por los investigadores americanos, creadores del concepto en 1956, era distinta; buscaban la definición de conceptos y métodos para proyectar sistemas inteligentes; es decir, sistemas que en un determinado tema tuvieran un comportamiento que pudiera considerarse inteligente. No se trata, por tanto, de elaborar una teoría general de la inteligencia, sino de crear bases teóricas y técnicas para construir inteligencias concretas y esto sí que es factible, como lo demuestra la experiencia americana.

El freno a la investigación en inteligencia artificial, en el Reino Unido, hace que la única aportación europea en este campo, en la década de los setenta, proceda de la universidad de Marsella, que construyó el primer lenguaje de programación lógica, PROLOG, vehículo bastante adecuado para la formulación e interpretación de un tipo de bases de conocimiento.

En el presente capítulo se tratan algunas realizaciones clásicas en este importante concepto y se describen las técnicas de inferencia de los sistemas basados en reglas, estructura de representación del conocimiento de uso general en los sistemas expertos construidos hasta la fecha, si bien la novedad de esta técnica hace pensar que se producirán mayores desarrollos.

2. Las realizaciones más características de sistemas expertos

—El sistema MACSYMA (Martín y Fateman 1971), es uno de los sistemas especializados en cálculo integral y diferencial iniciado con SAINT (Slagle 1961) y seguido posteriormente por SIN (Moses 1967). MACSYMA incorpora un conjunto de reglas de manipulación simbólica de expresiones matemáticas, que constituyen la acumulación de toda experiencia en manejo de los anteriores sistemas y en el propio MACSYMA. El sistema identifica el tipo de problema y aplica una cadena de procedimientos de transformación. En el MIT se utiliza ampliamente por los científicos del instituto. Versiones del sistema se emplean, a efectos demostrativos, en las manifestaciones de inteligencia artificial. MACSYMA es un ejemplo de las posibilidades de acumulación del conocimiento que permite este tipo de sistema, ya que desde sus primeras versiones hasta la actual, se han producido extensiones sucesivas, fruto de los casos fallidos experimentados, que han producido un sistema actualmente comparable en su rendimiento con calculistas humanos experimentados.

—El sistema DENDRAL realiza, en el campo de la química, hipótesis de interpretación de estructuras moleculares a partir de datos de densidad espectral y de respuesta a ensayos magnéticos nucleares.

Dado su carácter pionero, su capacidad de explicación es baja y tampoco contiene facilidades de comunicación con el usuario; sin embargo, su rendimiento es comparable con expertos personales. Este sistema es ampliamente utilizado por los investigadores en Estados Unidos.

—MYCIN es el primer sistema en que una vez constatada la arquitectura base de conocimiento-motor inferencial, se emplea para construir un modelo conceptual una red de relaciones causa-efecto y un motor inferencial apoyado en lógica no clásica. Para ello Shortliffe y Buchanan construyeron un cálculo de factores de certeza elaborado «ad hoc» y que constituye un paradigma generalizado para este tipo de sistemas, como lo muestra su utilización para los sistemas PUFF, SACON y GUIDON, y la integración de su técnica inferencial en la instrumentación industrial de este tipo de sistemas (EMYCIN, ROSIE, KS300, SYSTEM I, etc.).

MYCIN es un sistema con una red formada por un número de relaciones próximo a 400, que, a partir de la información básica sobre características de un enfermo (generales y resultados de análisis) produce una serie de diagnósticos verosímiles, ordenados por grado de certeza, sobre enfermedades de tipo bacteriano y meningítico, así como terapias recomendadas.

El sistema no se ha implementado para uso general, aunque han sido validadas sus conclusiones por expertos como equivalentes a las de éstos.

—PROSPECTOR, desarrollado por SRI para establecer hipótesis sobre el grado de certidumbre de existencia de yacimientos minerales a partir de la descripción geológica y geotécnica del área investigada, utiliza un esquema conceptual del tipo de MYCIN, pero con una variante sobre el motor de inferencia, basado en probabilidades subjetivas bayesianas como MYCIN, con otro tipo de parametrización distinta de los factores de certidumbre, incorporando además una red semántica integrada con la red de relaciones causales. El paradigma de inferencia de PROSPECTOR se ha revelado menos eficaz, desde el punto de vista de capacidad de representación, que el de MYCIN, como muestra su menor difusión, por su mayor dificultad de ajuste. No obstante debidamente complementado con modificaciones locales, ha producido un sistema que ha detectado ya un yacimiento, desapercibido por expertos humanos, de molibdeno, valorado en cien millones de dólares y ha colaborado en otros, proporcionando respuestas aceptadas por los expertos. El sistema tiene asociada una interfaz para adquisición del conocimiento (KAS, Knowledge Acquisition System) y tiene un plantemaiento muy operativo, que está en uso por el US Geological Survey.

Con la estructura de PROSPECTOR, se desarrolló el sistema HYDRO destinado a realizar estimaciones de los parámetros de comportamiento de cuencas hidrográficas, a partir de sus características geológicas y morfológicas.

Los sistemas CASNET e INTERNIST son variaciones sobre estos esquemas, basados fundamentalmente en redes causales y tratamiento probabilístico de la incertidumbre.

—CASNET incorpora una red para diagnósis de glaucoma, su esquema conceptual, es similar a MYCIN. Se ha empleado su estructura como base para un instrumento de tipo general denominado EXPERT. Tanto uno como otro tienen una arquitectura avanzada, desde el punto de vista de comunicación con el usuario y posibilidad de modificación y ampliación de la base de conocimiento.

—INTERNIST, incorpora una gama amplia de conocimiento sobre medicina interna que incluye: 350 síntomas, 500 enfermedades y cerca de 10.000 relaciones entre síntomas. El sistema, todavía en fase de desarrollo, incorpora el 90% del conocimiento previsto y tendrá un impacto importante en la diagnosis de medicina interna.

El sistema HEARSAY-II, ofrece la innovación de una arquitectura distinta, del sistema de representación del conocimiento. HEARSAY es un proyecto de identificación de la palabra hablada, en el que ante la complejidad del problema y la variedad de formas posibles de tratamiento, todas ellas insuficientes por sí solas, se optó por un sistema basado en el conocimiento constituido por una serie de subsistemas, que realizan hipótesis que graban sobre un área denominada Pizarra o Agenda. Sobre ésta opera otro sistema denominado planificador o supervisor, que adopta hipótesis alternativas deducidas de las propuestas por cada sub-sistema. Este esquema, denominado de planificación oportunista, constituye una solución ingeniosa para integrar diversas fuentes de conocimiento, aunque no resulta fácil de construir el sistema supervisor. El sistema HEARSAY, cuyos resultados en cuanto a su objetivo primordial de interpretación de la palabra hablada, no han sido muy brillantes, aporta en cambio este nuevo concepto de estructura, que también ha sido utilizado para el sistema HASP, dedicado a fines estratégicos clasificados, cuyo objetivo es producir hipótesis sobre señales de sensores. El concepto de HEARSAY se ha abstraído e instrumentado como el caso de EMYCIN en el sistema AGE.

El sistema R 1 se comenzó a desarrollar en 1979, por acuerdo entre Digital y la universidad de Carnegie Mellon, con el objetivo ya no de experimentación sino de aprovechamiento industrial. El sistema se desarrolló a lo largo de un año, partiendo de un prototipo de 300 reglas, con el objetivo de producir las listas más adecuadas de componentes, para las demandas de equipos VAX. La versión obtenida al cabo de un año, tenía 800 reglas y su rendimiento era 90% aceptable por los vendedores de Digital; en junio de 1983 la base de conocimiento tenía ya 2.500 reglas y el sistema estaba plenamente operativo, siendo significativamente poco distintas en calidad las configuraciones producidas por el sistema de las generadas por los profesionales.

3. Sistemas basados en reglas

Aunque la idea de separar la estructura del conocimiento y su interprete, abre unas posibilidades de desarrollo todavía por explorar en forma exhaustiva, los sistemas de este tipo desarrollados hasta la fecha utilizan el paradigma propuesto por MYCIN:

—Se establecen una serie de conceptos sobre los que razonar, representados por predicados cuyas variables pueden tomar valores en un dominio finito, de manera que se utilizan afirmaciones proposicionales concepto-valor para enumerar los distintos valores de cada variable.

—Se formula el conocimiento mediante reglas deductivas tipo si —entonces— con secuencias antecedentes de afirmaciones concepto-valor y una afirmación consecuente del mismo tipo. Cada regla va afectada de unos parámetros que evalúan el grado de deducibilidad. Un ejemplo de este tipo de reglas, si se razona sobre posibilidades de inundación sería:

Si lluvia-acumulada (zona A, baja, ahora) y nivel-empapamiento-suelo (zona A, humedo, ahora),
entonces hay evidencia sugestiva (0,70). Caudal (barranco C, bajo, una-hora).

Esta regla expresa que en un determinado barranco es esperable caudal bajo dentro de una hora si la lluvia acumulada hasta el momento en la zona A es baja y el nivel de empapamiento del suelo es humedo. En este caso se manejan valores de localización, tiempo y cuantía asociados a los conceptos de lluvia acumulada, nivel de empapamiento y caudal.

Dado que este tipo de conocimiento maneja elementos de medida de evidencia parcial los interpretes de las bases de conocimiento formuladas como reglas incorporan en su motor inferencial un mecanismo de búsqueda bien del tipo de los interpretes de PROLOG, de atrás adelante (de los objetivos a demostrar a las premisas iniciales de la consulta) o de adelante atrás combinados ambos con formulas de acumulación de las medidas de grado de certeza según distintas teorías.

No existe actualmente una tecnica para modelizar el razonamiento aproximado comunmente admitida. Los sistemas ya construidos utilizan una formulación de origen probabilístico bayesiano mezclada con aspectos de lógica difusa. En el diseño de estos procedimientos de modelación del razonamiento hay que tener en cuenta tanto los aspectos teóricos de modelización como los prácticos de implementación, que en este último aspecto tienen dos vertientes:

—eficiencia en el proceso de búsqueda,

—analogía suficiente con la forma de valorar las afirmaciones de reglas por parte de los expertos, ya que de nada serviría un sistema muy sofisticado desde el punto de vista teórico si sus parámetros no son suficientemente correlativos de la forma de entender el tema por los expertos depositarios del conocimiento, como para que estos decidan valores de estos parámetros.

En los epígrafes que siguen se describen las dos técnicas de modelación de tipo probabilístico empleadas en los sistemas pioneros MYCIN y PROSPECTOR y a continuación se tratan aunque someramente, dos enfoques más refinados aunque no se hayan todavía construido modelos sobre los mismos: la teoría de la evidencia y la lógica difusa.

4. Método MYCIN

4.1. *Definiciones*

Este procedimiento fue desarrollado por Shortliffe y Buchanan, para el sistema MYCIN cuyo objetivo era diagnosticar enfermedades bacterianas y proponer tratamientos a partir de información sobre síntomas, análisis clínicos y características somáticas del enfermo.

Dada una regla $e \rightarrow h$ (e, conjunción de premisas se denominará cuerpo de evidencia para justificar *h*) se definen como magnitudes de medida del grado de deducibilidad:

$MC(h, e)$ = medida del incremento de credibilidad de la hipótesis *h* debida a la evidencia e.

$MI(h, e)$ = medida del aumento de incredibilidad de *h* debida a la evidencia e.

El método MYCIN propone una forma de calcular ambas magnitudes de manera que, como consecuencia de la aplicación del proceso, a partir de la introducción de cada nueva evidencia e, se actualizan ambas medidas y se integran en un factor de certeza. El sistema contestará a cada pregunta con la hipótesis *h* que sea una respuesta correcta, o bien, propondrá un conjunto de respuestas ordenadas por factor de certidumbre respecto del conjunto de evidencia de partida.

Para evaluar ambas medidas se parte de:

$P(h/e)$: probabilidad subjetiva de que ocurra *h* supuesto que pasa e.

$P(h)$: probabilidad subjetiva previa (a priori) a e, de que ocurra *h*.

Para evaluar $MC(h, e)$ se hace el razonamiento siguiente:

—Si $P(h)$ mide la probabilidad de ocurrencia de *h*, $1 - P(h)$ mide el grado de desconfianza de que ocurra *h*.

—Por tanto, una medida relativa del grado de credibilidad que aporta e es la relación entre:

- incremento del grado de certeza (= disminución de grado de incredibilidad) respecto del existente a priori: $P(h/e) - P(h)$,
- grado de incredibilidad a priori $1 - P(h)$.

Es decir:

$$MC(h, e) = \frac{P(h/e) - P(h)}{1 - P(h)}$$

Caso de que el numerador sea negativo, e no aporta nada a la credibilidad de *h* sino todo lo contrario. En esta hipótesis, se incrementa el grado de incredibilidad que puede medirse por el cociente entre:

- Disminución de la credibilidad a priori $P(h)$: $P(h) - P(h/e)$.
- Credibilidad a priori: $P(h)$.

Por tanto:

$$MI(h, e) = \frac{P(h) - P(h/e)}{P(h)}$$

Por tanto, la medida adoptada para $MC(h, e)$ evalúa la disminución del grado de incredibilidad previo, y para $MI(h, e)$ evalúa la disminución de la credibilidad.

De acuerdo con la formulación anterior, como una nueva evidencia e sólo puede dar lugar bien a:

$$P(h/e) > P(h) \quad ó$$
$$P(h/e) \leq P(h)$$

Se adopta la hipótesis de que, como consecuencia de e, si $MI(h, e) > 0$ $MC(h, e) = 0$, y recíprocamente.

En el caso $P(h/e) = P(h)$ obviamente:

$$MI(h, e) = MC(h, e) = 0$$

En base a las dos medidas antedescritas se define un factor de certeza *CF* que combina ambas:

$$CF(h, e) = MC(h, e) - MI(h, e)$$

El comportamiento de estos conceptos en los extremos es el siguiente:

—En el caso en que *h* es cierto (supuesto e) $P(h/e) = 1$

$$MC(h, e) = \frac{P(h/e) - P(h)}{1 - P(h)} = \frac{1 - P(h)}{1 - P(h)} = 1$$

Como $P(h) = 1 \geq P(h)$:

$$MI(h, e) = 0$$
$$CF(h, e) = 1$$

—En el caso en que *h* es falso

$$P(\sim h/e) = 1$$
$$P(h/e) = 0$$

$$MI(h, e) = \frac{P(h) - P(h/e)}{P(h)} = 1$$

$$CF(h, e) = -1$$

De acuerdo con las definiciones anteriores, el rango de cada medida es:

$$0 \leq MC \leq 1 \quad 0 \leq MI \leq 1 \quad -1 \leq CF \leq 1$$

Por tanto, el factor de certeza sobre el nivel de implicación de h por e oscila desde -1 en el caso de que la evidencia e incida en forma negativa totalmente, hasta $+1$, cuando se tiene una implicación perfecta a favor.

Los factores de certeza constituyen la medida en que se basará el método de razonamiento y aparte de las ventajas como vehículo teórico de modelización que se describen a continuación, cabe señalar su sencillez a efectos de traslación a ellos de la forma de entender la relación de causalidad por los expertos, ya que tienen que pronunciarse sobre una única medida simétrica en el intervalo $(-1,1)$. Los factores de certeza constituyen una medida distinta de la probabilidad, ya que los grados de certeza de afirmación y negación son opuestos y no suman 1 como en probabilidades. En efecto:

$$CF(h, e) + CF(\sim h/e) = MC(h, e) - MI(h, e) + MC(\sim h, e) - MI(\sim h/e) =$$

$$= \frac{P(h/e) - P(h)}{1 - P(h)} - \frac{P(h) - P(h/e)}{P(h)} + \frac{P(\sim h/e) - P(\sim h)}{1 - P(\sim h)} - \frac{P(\sim h) - P(\sim h/e)}{P(\sim h)} =$$

$$= \frac{P(h/e) - P(h) - 1 + P(h) + 1 - P(h/e)}{1 - P(h)} +$$

$$+ \frac{1 - P(h/e) - 1 + P(h) - P(h) + P(h/e)}{P(h)} = 0$$

ya que:

$$P(\sim h/e) = 1 - P(h/e) \text{ y } P(\sim h) = 1 - P(h)$$

Es importante subrayar este hecho de que los factores de certidumbre de hipótesis opuestas, no son complementarios, sino opuestos. Eso valora este concepto como vehículo adecuado de representación del conocimiento aproximado, ya que en el caso de emplearse probabilidades, si el soporte de una hipótesis es bajo, ello acarrea necesariamente que el soporte de su negación es alto (el complemento a la unidad), lo cual no tiene por qué ser real, ya que el soporte de una y otra debería ser bajo cuando existe un grado importante de ignorancia. La modelación de esta ignorancia es factible con los *CF* que pueden ser igualmente bajos en valor absoluto para la afirmación y negación de una hipótesis, aunque opuestos de signo.

4.2. *Consistencia*

A pesar de las ventajas, ya comentadas, en cuanto a la traslación del conocimiento de los expertos, dado un conjunto de factores, es preciso analizar y modificar los factores iniciales con objeto de que sean coherentes con el planteamiento conceptual antes descrito. Las condiciones a controlar al recibir factores por parte de los expertos son:

—Los factores de certeza deben estar entre -1 y $+1$.
—Una afirmación de certidumbre total sobre una hipótesis acarrea la atribución inmediata de factores -1 a todas las otras hipótesis, que son disjuntas respecto a ella.
—Los factores de certeza positivos atribuidos a hipótesis, mutuamente excluyentes, no pueden sumar más de 1.

Esta última propiedad puede comprobarse de la forma siguiente:

—Sean $h_1, h_2, ..., h_i, ..., h_n$ las hipótesis excluyentes. Al estar confirmadas por e, los factores de certidumbre $CF(h_i/e)$ son en todos los casos iguales a $MC(h_i/e)$.
—De acuerdo con ello, si se denomina S_n la suma de los factores:

$$S_n = \Sigma CF(h_i/e) = \sum_{i=1,\,n} \frac{P(h_i/e) - P(h_i)}{1 - P(h_i)}$$

- Evidentemente, para $n = 1$, $S_i \leq 1$.
- Para $n > 1$.

$$\sum_{i=1,\,n} \frac{P(h_i/e) - P(h_i)}{1 - P(h_i)} \leq \sum_{i=1,\,n} \frac{P(h_i/e) - P(h_i)}{\prod_{j=1,\,n} (1 - P(h_j))}$$

ya que ello equivale a multiplicar cada denominador i por:

$$\prod_{j=1,\,n} (1 - P(h_j)) \; (j \neq i)$$

siendo este producto $\leqslant 1$.

Además

$$\prod_{j=1,\,n} (1 - P(h_j)) > 1 - \Sigma P(h_j)$$

ya que el producto de $\Pi(1 - P(h_i))$ se puede desarrollar operando:

$$1 - \Sigma x + \Sigma\Sigma x_i x_j - \Sigma\Sigma\Sigma x_i x_j x_k + ... =$$
$$= 1 - \Sigma x_i + \Sigma\Sigma x_i x_j (1 - \Sigma x_k) + \Sigma x_i x_j x_k, ..., x_l (1 - \Sigma x_r) + ... > 1 - \Sigma x_i$$

siendo

$$x_i = P(h_i).$$

Y, por tanto, como las h_i son exclusivas: $\Sigma x_k \leq 1$; la suma anterior es:

$$> 1 - \Sigma x_i = 1 - \Sigma P(h_i),$$

y, por tanto:

$$\sum \frac{P(h/e) - P(h_i)}{\prod_j (1 - P(h_j))} < \frac{\Sigma P(h_i/e) - \Sigma P(h_i)}{1 - \Sigma P(h_i)}$$

como $\Sigma P(h_i/e) \leq 1$, este cociente es ≤ 1 y, por tanto:

$$\Sigma CF(h_i/e) = \sum \frac{P(h_i/e) - P(h_i)}{1 - P(h_i)} \leq 1$$

Los criterios antes descritos constituyen una base para plantear una verificación de los valores introducidos por los expertos, que deberán estar entre -1 y 1 y en ningún caso, para conjuntos de hipótesis mutuamente excluyentes, la suma debe rebasar la unidad.

4.3. *Acumulación de evidencia*

En las redes inferenciales, como ya se ha indicado, se produce el soporte de una hipótesis por acumulación de sucesivas evidencias a favor y en contra; por ello, un modelo de razonamiento aproximado debe proponer una forma de acumular la evidencia y de transmisión de ésta a lo largo de la red. Se requiere, por tanto, definir la forma de evaluar $CF(h/e_1 \wedge e_2)$ en base a $CF(h/e_1)$ y $CF(h/e_2)$.

Asimismo, aunque la red inferencial relacione un conjunto de hechos básicos,, el tipo de pregunta puede afectar a composiciones de ellos; para producir respuestas relativas a hechos compuestos, en base al conocimiento sobre hechos básicos, es preciso definir un método de evaluar $CF(h_1 \wedge h_2/e)$ y $CF(h_1 \vee h_2/e)$.

Las propuestas de los autores de *MYCIN* para estos conceptos se basan en el manejo de las medidas *MC* y *MI*; son las siguientes:

$$MC(h, e_1 \wedge e_2) \begin{array}{l} = 0, \text{ si } MI(h, e_1 \wedge e_2) = 1 \\ = MC(h, e_1) + MC(h, e_2) - MC(h, e_1) \cdot MC(h, e_2) \\ = 1 \text{ si } MC(h, e_1) = 1 \text{ ó } MC(h, e_2) = 1 \end{array}$$

$$MI(H, e_1 \wedge e_2) \begin{array}{l} = 0, \text{ si } MC(h, e_1 \wedge e_2) = 1 \\ = MI(h, e_1) + MI(h, e_2) - MI(h, e_1) \cdot MI(h, e_2) \\ = 1 \text{ si } MI(h, e_1) = 1 \text{ ó } MI(h, e_2) = 1 \end{array}$$

Ambas definiciones de composición cumplen la propiedad de que sus resultados son independientes del orden en que se da la evidencia a componer:

$$MC(h,\ e_1 \wedge e_2) = MC(h,\ e_2 \wedge e_1)$$

$$MI(h,\ e_1 \wedge e_2) = MI(h,\ e_2 \wedge e_1)$$

Asimismo, la regla de composición definida es monótona, ya que cuando el nivel de credibilidad aportado por una de las evidencias es nulo, el nivel de credibilidad compuesto resultante es el correspondiente a la otra.

Los valores resultantes de la composición cumplen la propiedad de estar limitados superiormente con la unidad. En efecto,

$$\text{Si } MC(h,\ e_1) \leq 1 \quad \text{y} \quad MC(h,\ e_2) \leq 1$$

el valor de

$$MC(h,\ e_1 \wedge e_2) \leq 1$$

Para ello basta comprobar que $1 - MC(h,\ e_1 \wedge e_2) \geq 0$

$$\begin{aligned} 1 - MC(h,\ e_1 \wedge e_2) &= 1 - MC(h,\ e_1) - MC(h,\ e_2) \cdot (1 - MC(h,\ e_1)) = \\ &= (1 - MC(h,\ e_1)) \cdot (1 - MC(h,\ e_1)) \geq 0 \end{aligned}$$

ya que por hipótesis $MC(h,\ e_1) \leq 1$ y $MC(h,\ e_2) \leq 1$.

Estas propiedades de conmutatividad, monotonía y límite superior, muestran que esta forma de componer medidas de credibilidad produce valores numéricos coherentes con la forma cualitativa de entender la acumulación de evidencia.

Sin embargo, las formas de acumulación prejuzgan la independencia de e_1 y e_2, ya que si $MC(h/e_1) = 0{,}8$ y $MC(h/e_2) = 0{,}6$, pero ocurre por ejemplo que $e_1 \rightarrow e_2$, la acumulación de evidencia por la fórmula sería optimista.

Para acumular las medidas de credibilidad en fórmulas compuestas se define:

$$MC(h_1 \wedge h_2,\ e) = \text{mín. } (MC(h_1,\ e),\ MC(h_2,\ e))$$

$$MI(h_1 \wedge h_2,\ e) = \text{máx. } (MI(h_1,\ e),\ MI(h_2,\ e))$$

Se adopta, por tanto, como nivel de credibilidad para la conjunción el nivel de credibilidad mínimo de sus componentes, para el nivel de incredibilidad se opta por el criterio simétrico tomando la máxima de las incredibilidades de sus componentes.

Esta definición, que puede considerarse acorde con la forma de entender la composición, se ajusta, en el límite, con la definición semántica en lógica bivalente, ya que en ella, en el caso en que cualquiera es falso el significado de la conjunción es falso, lo que es correlativo con el valor nulo atribuido por la fórmula anterior.

—Asimismo, en línea con lo anterior, para la disyunción se define:

$$MC(h_1 \vee h_2, e) = \text{máx.}\ (MC(h_1, e), MC(h_2, e))$$

$$MI(h_1 \vee h_2, e) = \text{mín.}\ (MI(h_1, e), MI(h_2, e))$$

Estas reglas de composición provienen de la lógica difusa.

4.4. *Encadenamiento de niveles de certeza*

En el proceso de obtención de factores de certidumbre, una hipótesis confirmada por una evidencia previa puede figurar a su vez como evidencia confirmativa de otra; sin embargo, hasta ahora las fórmulas definidas presuponen un grado de evidencia unidad en e_i y en el caso de encadenamiento puede ocurrir que la hipótesis que actúa como evidencia para otra tenga factor de certeza distinto de uno. El problema se plantea por tanto de forma siguiente:

—Se trata de obtener $MC(h, s)$ y $MI(h, s)$ supuesto conocido:

- $CF(s, E)$ factor de certidumbre de s como consecuencia de la evidencia global E.
- $MC'(h, s)$ y $MI'(h, s)$ grados de credibilidad a favor y en contra supuesto que s es totalmente cierto.

—La propuesta del modelo *MYCIN* es aplicar a MC' y MI' los factores de certidumbre de s respecto de E siempre que sean positivos para obtener los valores correspondientes de h respecto de s.

$$MC(h, s) = MC'(h, s) \cdot \text{máx.}\ (0, CF(s, e))$$

$$MI(h, s) = MI'(h, s) \cdot \text{máx.}\ (0, CF(s, e))$$

—Este planteamiento multiplicativo de la transmisión de grados de certidumbre es consistente con el concepto de implicación total en el límite, pero implica que al proponer el grafo de relaciones antecedente-consecuente (red inferencial) no existan circuitos que hagan que una afirmación sea a la vez consecuente y antecedente de sí misma, lo que produciría una serie indefinida de valores de *CF* en los nodos afectados por el circuito. Sobre esta base el motor de inferencia puede construirse según distintos procedimientos:

- Hacia adelante: partiendo de la evidencia de los hechos iniciales se avanza ordenadamente en la red inferencial actualizando los factores de certeza. Una vez actualizada toda la red pueden obtenerse las respuestas a las preguntas por simple búsqueda.
- Hacia atrás: partiendo de las preguntas, se investiga en la red mediante un árbol de búsqueda los elementos de evidencia a favor y en contra, hasta que se acumula evidencia suficientemente estable, en cuyo caso se termina el proceso.

  Tanto en un caso como en otro son necesarias estrategias de control que limiten la explosión combinatoria en los procesos de búsqueda:

—Que seleccionen aquellas reglas que aporten previsiblemente mayor variación a la evidencia.
—Que limiten la búsqueda (en *MYCIN* se prescinde de aquellas reglas cuyo *CF* es inferior a 0,2).

En el apartado 7.3 se comenta con más amplitud este motor de inferencia.

5. El método PROSPECTOR

5.1. *Definiciones*

El método de este sistema, propuesto en 1976 por Duda Hart y Nilsson, está en línea con las técnicas bayesianas subjetivas propuestas en *MYCIN* e incluye variantes conceptuales significativas en cuanto a las medidas a proporcionar por los expertos y su forma de proceso.

Como medida del grado de implicación se utiliza la disparidad (odds) de una hipótesis, definida a partir de las probabilidades bayesianas. A continuación se introduce este concepto y sus propiedades.

Por el Teorema de Bayes:

$$P(h/e) = \frac{P(e/h) \cdot P(h)}{P(e)} \tag{1}$$

Siendo como el caso de *MYCIN*;

$P(h/e)$ la probabilidad de que ocurra h supuesta la evidencia e

$P(e/h)$ recíproca

$P(h)$, $P(e)$ probabilidades previas (a priori) de ocurrencia de h y e.

Si se denomina $\sim h$ la hipótesis negación de h, análogamente:

$$P(\sim h/e) = \frac{P(e/\sim h) \cdot P(\sim h)}{P(e)} \tag{2}$$

Duda, Hart y Nilsson utilizan como medida análoga al factor *CF* en *MYCIN* la relación entre probabilidades de ocurrencia a favor y contra h. Esta relación denominada *disparidad* se define como:

$$d(h) = \frac{P(h)}{P(\sim h)} = \frac{P(h)}{1 - P(h)}$$

este valor es la disparidad a priori, la disparidad a posteriori referida a los sucesos condicionados por e es:

$$d(h/e) = \frac{P(h/e)}{P(\sim h/e)} = \frac{P(e/h) \cdot P(h)}{P(e/\sim h) \cdot P(\sim h)} = \lambda_e \, d(h)$$

siendo λ_e una relación que mide el grado relativo de verosimilitud de e en las hipótesis de que ocurra h y $\sim h$

$$\lambda_e = \frac{P(e/h)}{P(e/\sim h)}$$

Por tanto, supuesta conocida la disparidad de una hipótesis, su nuevo valor como consecuencia de la introducción (conocimiento) de nueva evidencia *e* cuya relación con h se valora por λ_e, viene dado por:

$$d(h/e) = \lambda_e \cdot d(h)$$

Esta fórmula aporta, por tanto, un procedimiento sistemático y sencillo de actualización de la disparidad supuesto que *e* se verifica; por tanto, también es sencillo actualizar las probabilidades, ya que por definición:

$$P(h/e) = \frac{d(h/e)}{1 + d(h/e)}$$

De manera similar en el caso de que *e* es falsa:

$$d(h/\sim e) = \overline{\lambda_e} \, d(\sim h)$$

siendo:

$$\overline{\lambda_e} = \frac{P(\sim e/h)}{P(\sim e/\sim h)}$$

Los valores de λ_e y $\overline{\lambda_e}$ son las medidas adoptadas en este sistema del grado de implicación entre *e* y h. En efecto:

—Si λ_e es muy alto, indica que la mayor parte de los casos en que ocurre *e* se producen cuando se verifica h, y, por tanto, hay pocos casos relativamente de ocurrencia de *e* sin que ocurra h, lo que indicaría que *e* es prácticamente suficiente para que ocurra h:

$$\simeq (e \rightarrow h)$$

—En cambio si $\overline{\lambda_e}$ es próximo a cero, indicaría que la mayor parte de los casos en que ocurre $\sim$e coinciden con casos en que ocurre $\sim h$, pudiendo haber casos en que ocurre $\sim$e y h y, por tanto, hay pocos casos de h, siendo falso *e*. En este caso, prácticamente *e* es necesario para h: $\simeq h \rightarrow e$.

Ambos valores deben ser aportados por los expertos, ya que uno mide el grado de implicación de e sobre h y el otro el grado de contra-implicación. Sin embargo, considerando los grados de certidumbre como probabilidades, ambos valores de λ están relacionados y, por tanto, si se da un valor se da implícitamente el otro. En efecto,

$$\overline{\lambda_e} = \frac{P(\sim e/h)}{P(\sim e/\sim h)} = \frac{1 - P(e/h)}{1 - P(e/\sim h)} = \frac{1 - \lambda_e P(e/\sim h)}{1 - P(e/\sim h)}$$

Despejando $P(e/\sim h)$:

$$\overline{\lambda_e} - \overline{\lambda_e} \cdot P(e/\sim h) = 1 - \lambda_e P(e/\sim h)$$
$$P(e/\sim h) \cdot (\lambda_e - \overline{\lambda_\varepsilon}) = 1 - \overline{\lambda_\varepsilon}$$

Por tanto:

$$P(e/\sim h) = \frac{1 - \overline{\lambda_e}}{\lambda_e - \overline{\lambda_e}} \qquad (5)$$

y

$$P(e/h) = \frac{1 - \overline{\lambda_e}}{\lambda_e - \overline{\lambda_e}} \cdot \lambda_e \qquad (6)$$

Las fórmulas (5) y (6) muestran las relaciones entre cuatro datos a proporcionar por los expertos como imagen de su forma de entender e y h. De ellos basta proporcionar dos, ya que los otros resultan como consecuencia. Este es uno de los inconvenientes de utilizar una medida de certeza basada tan directamente en la probabilidad, ya que afirmar algo equivale a negar la fórmula complementaria, lo que en muchos casos del conocimiento real no es cierto. Esto es una desventaja respecto del concepto planteado por *MYCIN*, aunque los valores de λ que oscilan entre 0 e ∞ pueden ser fácilmente correlativos de la forma de entender de los expertos.

5.2. *Acumulación de evidencia*

Cuando en favor de una hipótesis h puede haber distintas evidencias e_1, e_r, e_s, ..., que incidan a favor o en contra, la manera de acumular evidencias es la siguiente:

—Si se suponen independientes respecto de h y $\sim h$ las distintas evidencias e_1, e_2, ..., e_n y con certidumbre total, puede formularse, siguiendo el cálculo de probabilidades:

$$P(e_1, e_2, ..., e_k/h) = \prod_{i=1,k} P(e_i/h)$$

$$P(e_1, e_2, ..., e_k/\sim h) = \prod_{i=1,k} P(e_i/\sim h)$$

De acuerdo con ello, la disparidad puede formularse como:

$$D(h/e_1, e_2, ..., e_n) = \frac{P(e_1, e_2, .../h)}{P(e_1, e_2, .../\sim h)} \cdot D(h) = \frac{P(e_1/h)}{P(e_1/\sim h)} \cdot \frac{P(e_2/h)}{P(e_2/\sim h)} ...$$

$$... \frac{P(e_n/h)}{P(e_n/\sim h)} \cdot D(h) = \prod_{i=1,k} \lambda_i \cdot D(h)$$

siendo

$$\lambda_i = \frac{P(e_i/h)}{P(e_i/\sim h)}$$

la disparidad aislada de cada evidencia.

Por tanto, cuando las evidencias son independientes, la manera de actualizar las λ tanto a favor como en contra es el producto del valor previo y el nuevo, lo que constituye un mecanismo muy operativo.

Para el caso de hipótesis compuestas, los autores de PROSPECTOR proponen combinar las probabilidades mediante las conocidas fórmulas de lógica difusa:

$$P(h_1 \wedge h_2/e) = \text{mín.}\ (P(h_1/e), P(h_2/e))$$

$$P(h_1 \vee h_2/e) = \text{máx.}\ (P(h_1/e), P(h_2/e))$$

Esta definición es criticable desde un punto de vista estrictamente probabilístico, pero no tanto si se considera que el sentido real de las probabilidades subjetivas es el de medida del grado de certidumbre y, por tanto, su combinación, de acuerdo con las fórmulas anteriores, asegura su coherencia, en el límite, con la forma de componer distribuciones bivalentes en cálculo proposicional.

Como ya se ha indicado al tratar el sistema *MYCIN*, la evidencia que soporta una hipótesis no tiene por qué ser completamente cierta; de hecho el nivel de información puede soportar parcialmente la hipótesis e. Se precisa, por ello, definir fórmulas para niveles de certidumbre intermedios en la evidencia de soporte. Cuando la evidencia de e es intermedia respecto de la evidencia total E hay dos grados de certidumbre extremos:

$$P(e/E) \text{ y } P(\sim e/E)$$

Una hipótesis razonable de fijación del grado de certidumbre de h respecto de E sería aplicar la fórmula de probabilidades compuestas:

$$P(h/E) = P(h/e) \cdot P(e/E) + P(h/\sim e) \cdot P(\sim e/E)$$

Si se asume que estos grados de certidumbre son probabilidades, la fórmula anterior define la probabilidad $P(h/E)$ como interpolada linealmente entre los valores extremos correspondientes a e verdadero o falso, de acuerdo con la figura adjunta.

Sin embargo esta relación lineal no tiene por qué cumplirse entre los valores introducidos, por estimación intuitiva de los expertos y usuarios, ya que éstos proporcionan como representación del conocimiento:

—Los valores a priori $P(e_i)$, $P(h_i)$ de todas las afirmaciones iniciales, intermedias y finales consideradas por el sistema.
—Las medidas de suficiencia y necesidad λ_i, $\bar{\lambda}_i$ representativas del nivel de implicación en cada regla i, lo que como se sabe representa $P(h/{\sim}e)$ y $P(h/e)$.

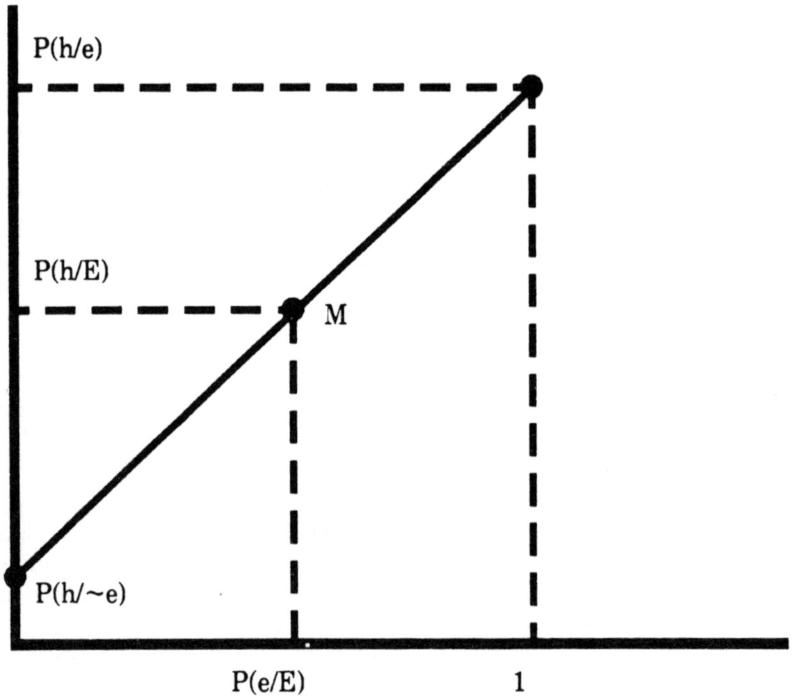

Esto obligaría, cuando E es la evidencia inicial, caso de que se utilizara la fórmula lineal, a que los valores a priori de $P(e/E)$ y $P(h/E)$ coincidieran en M, lo que no tiene por qué ocurrir en el caso general. Esta circunstancia de incoherencia entre probabilidades a priori y grado de deducibilidad de una regla, hace que sea necesario prescindir de la hipótesis de ley lineal, apelando a leyes de tipo poligonal.

Los autores de PROSPECTOR proponen como acciones posibles de ajuste:

—Transformación de la función lineal en una quebrada, de manera que el punto de quiebro coincida con la probabilidad a priori atribuida, tanto a la evidencia como al hecho *h* de partida. Sin embargo, se mantienen los valores *P*(*h*/~*e*) y *P*(*h*/*e*).

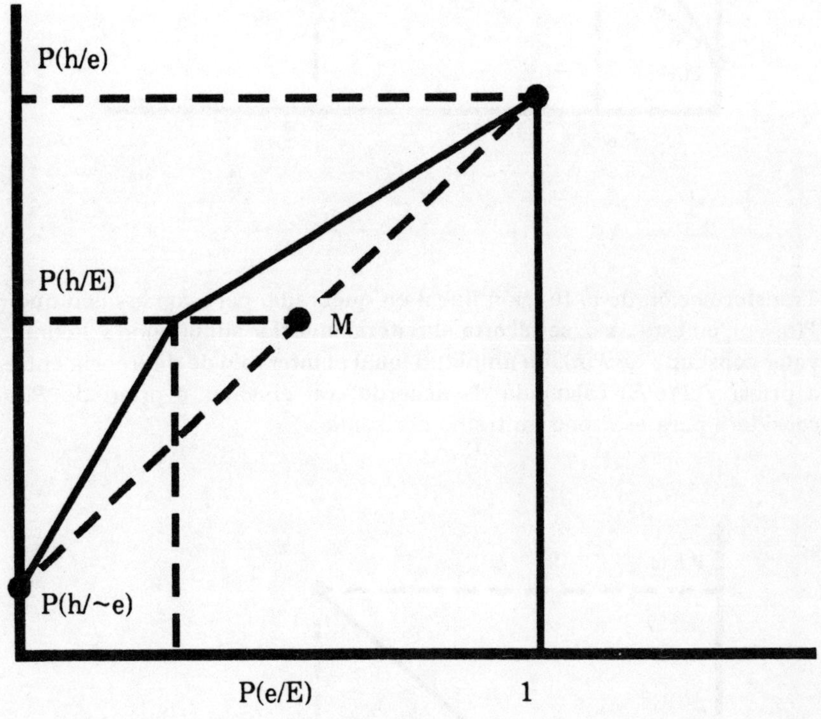

—Transformación de la función lineal en quebrada, pero con escalón constante, que no respeta *P*(*h*/~*e*). Una razón en favor de esta hipótesis sería considerar que si existen discrepancias en el punto *M*, ello implica que el experto no está muy seguro de *P*(*h*/~*e*) y a partir de este punto se mantiene la probabilidad de *h* constante independiente de e.

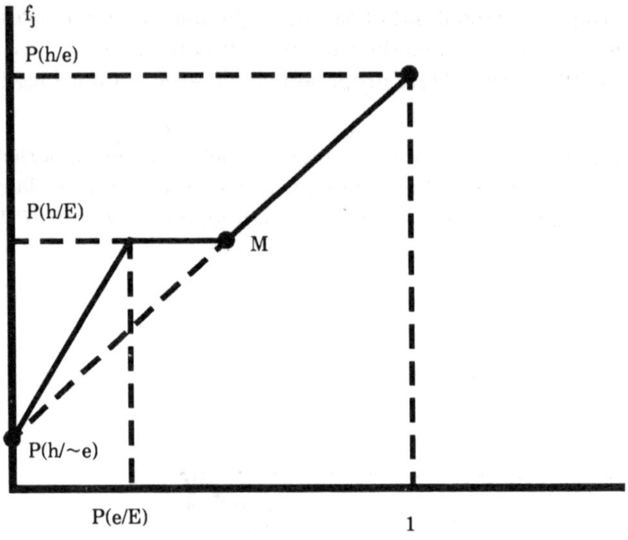

—Transformación de la función lineal en quebrada, pero con escalón que respeta $P(h/{\sim}e)$; en este caso, se recorta el criterio anterior admitiendo sólo una zona de valor constante de $P(h)$, de amplitud igual al intervalo de diferencia entre $P(e/E)$ a priori y $P(e/E)$ calculada de acuerdo con el valor a priori de $P(h/E)$. Se considera para esa zona un tramo horizontal.

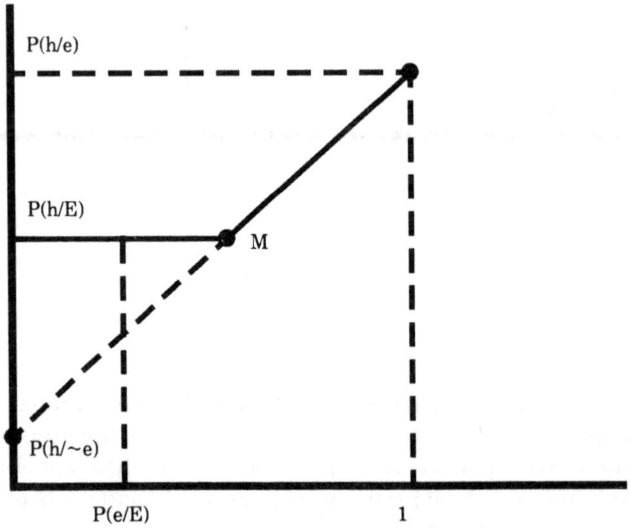

Para las hipótesis no afectadas por estos problemas de inconsistencia con los valores a priori se utiliza la regla de composición lineal bayesiana. Por tanto, una vez realizado este análisis, si se representa el conjunto de reglas por una red (grafo) de relaciones entre antecedentes y consecuentes:

—Es posible, por progreso ordenado en el grafo, obtener la evidencia acumulada a favor y en contra de una hipótesis mediante las fórmulas de 5.2.
—Es posible, mediante las correspondientes reglas de combinación (normal o modificada según los casos), obtener los valores anteriores para valores de evidencia intermedia.

En base a estos conceptos puede, por tanto, propagarse la evidencia en una red mediante el oportuno motor inferencial que tenga en cuenta las conclusiones anteriores.

Cuando la red es compleja, no es conveniente para el motor inferencial un método de propagación generalizada hacia adelante de la evidencia. Los autores de PROSPECTOR plantearon para su sistema un proceso que arrancaba de la pregunta y realizaba una búsqueda en la red hacia atrás hasta que la variación en la evidencia acumulada no era significativa. El procedimiento se basaba en el mantenimiento de una lista de preguntas pendientes de obtener su valoración del grado de certidumbre. Esta lista se inició con la pregunta de partida. Para cada elemento de la lista puede ocurrir:

- que sea de evidencia inicial asignada, por ser un hecho de partida en la pregunta planteada en cuyo caso se quita de la lista y se propaga su efecto en la subred generada por el proceso;
- que sea preguntable; es decir, que pueda demandarse a la persona que ha planteado la pregunta inicial como si se tratara de una aclaración;
- que no esté en los casos anteriores, o bien, estando en el caso segundo, el usuario no la contesta. Entonces debe ser deducible, en cuyo caso se introduce la pregunta en la subred de propagación y se introducen en la lista los nodos antecedentes en la red. Si no tiene nodos antecedentes no existe información en la red para contestar la pregunta y termina el proceso. Si tiene antecedentes, se vuelve al inicio del procedimiento para tratar otro elemento de la lista.

El proceso termina cuando existe algún nodo imposible o cuando, como ya se ha indicado, la variación de evidencia en la pregunta no es considerable.

Este método tiene la ventaja de que se realiza la propagación de evidencia exclusivamente en la subred pertinente a la pregunta planteada, tanto por tener relación con ella como por la importancia de esa relación.

Un factor de economía en el motor de inferencia es la estrategia de control basada en el orden en que se toman las preguntas pendientes de la lista; los autores de PROSPECTOR emplearon un heurístico que evaluaba la incidencia posible de la pregunta elegida en la respuesta a obtener.

5.3. *Consideraciones sobre los problemas de consistencia*

Dada su condición de modelo plausible de razonamiento más que teoría totalmente rigurosa, en el planteamiento inicial de PROSPECTOR existen lagunas que pueden tener impacto desfavorable en sus resultados. La forma de resolverlo en la implementación operativa es con modificaciones que sustituyen los defectos del modelo estándar por procedimientos locales. Tal es el caso ya comentado de la inconsistencia entre los factores λ de implicación y los grados de certidumbre a priori. Otro aspecto criticable, ya comentado, es la composición de probabilidades con fórmulas tomadas de lógica difusa en lugar de las fórmulas conocidas de composición de probabilidades tomadas del álgebra de conjuntos.

Como ya se ha indicado al tratar MYCIN, tanto éste como PROSPECTOR incorporan formulaciones que presuponen la no existencia de circuitos en la red inferencial, ya que ambos procedimientos provocarían acumulaciones no verosímiles de los factores de certidumbre o índices de verosimilitud, en el caso de circuitos.

Asimismo, se presenta también en PROSPECTOR el problema de que la acumulación de evidencia se apoya en la asunción de independencia respecto de la hipótesis estudiada de los elementos de evidencia.

En efecto, la fórmula de acumulación se apoya en presuponer para dos evidencias: e_1 y e_2:

$$P(e_1, e_2/h) = P(e_1/h) \cdot P(e_2/h)$$

$$P(e_1, e_2/{\sim}h) = P(e_1/{\sim}h) \cdot P(e_2/{\sim}h)$$

Partiendo de esto,

$$P(h/e_1, e_2) = \frac{P(e_1, e_2/h) \cdot P(h)}{P(e_1, e_2)} = \frac{P(e_1/h) \cdot P(e_2/h) \cdot P(h)}{P(e_1) \cdot P(e_2)} \cdot$$

$$\cdot \frac{P(e_1) \cdot P(e_2)}{P(e_1, e_2)} = \frac{P(e_1/h) \cdot P(h)}{P(e_1)} \cdot \frac{P(e_2/h) \cdot P(h)}{P(e_2)} \cdot \frac{P(e_1) \cdot P(e_2)}{P(e_1, e_2) \cdot P(h)} =$$

$$= \frac{P(h/e_1) \cdot P(h/e_2)}{P(h)} \cdot \frac{P(e_1) \cdot P(e_2)}{P(e_1, e_2)} \tag{1}$$

ya que

$$P(h/e_i) = \frac{P(e_i/h) \cdot P(h)}{P(e_i)}$$

Por otro lado, habida cuenta de la independencia condicional:

$$P(e_1, e_2) = P(e_1, e_2/h) \cdot P(h) + P(e_1, e_2/{\sim}h)\, P({\sim}h) =$$

$$= P(e_1/h) \cdot P(e_2/h) \cdot P(h) + P(e_1/{\sim}h) \cdot P(e_2/{\sim}h) \cdot P({\sim}h)$$

Por el Teorema de Bayes:

$$P(e_i/h) \cdot P(h) = P(h/e_i) \cdot P(e_i)$$

Sustituyendo resulta:

$$P(e_1, e_2) = \frac{P(h/e_1) \cdot P(e_1) \cdot P(h/e_2) \cdot P(e_2)}{P(h)} +$$

$$+ \frac{P(\sim h/e_1) \cdot P(e_1) \cdot P(\sim h/e_2) \cdot P(e_2)}{P(\sim h)} =$$

$$= P(e_1) \cdot P(e_2) \left[\frac{P(h/e_1) \cdot P(h/e_2)}{P(h)} + \frac{P(\sim h/e_1) \cdot P(\sim h/e_2)}{P(\sim h)} \right]$$

Por tanto,

$$\frac{P(e_1) \cdot P(e_2)}{P(e_1, e_2)} = \frac{1}{\dfrac{P(h/e_1) \cdot P(h/e_2)}{P(h)} + \dfrac{P(\sim h/e_1) \cdot P(\sim h/e_2)}{P(\sim h)}} =$$

Dado que:

$$D(h) = \frac{P(h)}{P(\sim h)}$$

se obtiene:

$$\frac{P(e_1) \cdot P(e_2)}{P(e_1, e_2)} = \frac{P(h)}{P(h/e_1) \cdot P(h/e_2) + D(h) \cdot P(\sim h/e_1) \cdot P(\sim h/e_2)}$$

Sustituyendo en (1):

$$P(h/e_1, e_2) = \frac{P(h/e_1) \cdot P(h/e_2)}{P(h/e_1) \cdot P(h/e_2) + D(h) \cdot P(\sim h/e_1) \cdot P(\sim h/e_2)}$$

Konolige, en base a esta expresión, ponía de relieve los problemas de inconsistencia de la hipótesis de independencia condicional. En efecto, si el experto define $P(h/e_1)$, $P(h/e_2)$ y $P(h)$ ha definido totalmente $P(h/e_1, e_2)$, si con los valores dados el valor resultante es aceptable no hay problema; sin embargo, puede ocurrir que existiendo valores excesivamente altos de $P(h/e_1)$ y $P(h/e_2)$ no tenga que serlo tanto $P(h/e_1, e_2)$ por existir evidencia redundante en (e_1, e_2), por no ser independientes.

Cuando se detecta este caso es preciso hacer modificaciones a la medida, no sencillas, que en algunos casos quitan verosimilitud al modelo bayesiano, aunque localmente. Asimismo, esta hipótesis de independencia condicional produce riesgos cuando se trata de hipótesis exhaustivas y mutuamente excluyentes, es decir, cuando

$$P(h_1) + P(h_2) + P(h_3) = 1$$

$$P(h_i \wedge h_j) = 0 \ \forall_i \ \forall_j$$

Konolige demostró que las probabilidades condicionales

$$P(h_1/e_1, e_2) + P(h_2/e_1, e_2) + P(h_3/e_1, e_2) \neq 1$$

Por tanto, esta hipótesis de independencia condicional es inconsistente en este caso de exhaustividad y exclusividad. Sin embargo, hay que tener en cuenta que los Sistemas Expertos se plantean en dominios complejos y con el objetivo de producir respuestas sobre un número limitado de hipótesis, por tanto, no es fácil que este problema de inconsistencia se plantee en aplicaciones realistas, aunque podría aparecer, en pequeña medida, en forma de error en la estimación de los grados de certeza.

Finalmente hay otro aspecto problemático en el concepto de PROSPECTOR criticado por Konolige. Se trata del mecanismo multiplicativo de acumulación de evidencia, en donde pueden presentarse problemas locales de excesiva sensibilidad.

En efecto, según la fórmula de acumulación de evidencia la disparidad conjunta $D(h/e_1, e_2)$ se formula:

$$D(h/e_1, e_2) = \lambda_1 \lambda_2 D(h)$$

siendo

$$\lambda_i = \frac{D(h/e_i)}{D(h)}$$

Poniendo en forma de probabilidades:

$$P(h/e_1, e_2) = \frac{D(h/e_1, e_2)}{1 + D(h/e_1, e_2)} = \frac{\lambda_1 \, D(h/e_2)}{1 + \lambda_1 \, D(h/e_2)} = \frac{\lambda_1 \, P(h/e_2)}{1 + (\lambda_1 - 1) \, P(h/e_2)} \quad (2)$$

Esta fórmula expresa la variación de la evidencia acumulada $P(h/e_2)$ por introdución de e_1. Si se representa en la forma indicada en la figura, según el valor de λ_n, la curva representativa de (2) puede variar desde formas tipo m (λ_1 alto) a tipo n (λ_1 bajo) pasando por la recta correspondiente a $\lambda_1 = 1$.

Para casos extremos en las zonas indicadas se presentan variaciones excesivas del valor compuesto para pequeñas variaciones de $P(h/e_2)$. Cuando se da esta circunstancia, se adopta otra función de interpolación.

No obstante, las observaciones anteriores, el modelo general debidamente modificado, en aquellos vértices de la red en que las inexactitudes producen valores no admisibles, ha permitido desarrollar un modelo suficientemente complejo y representativo, como lo muestra la experiencia en el uso de este sistema.

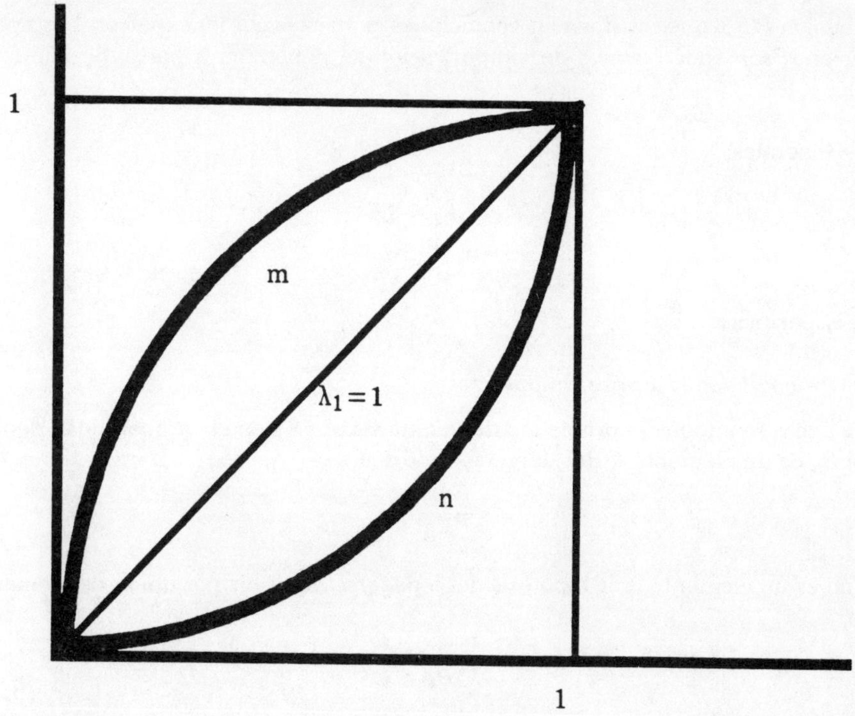

5.4. *Formulación modificada de PROSPECTOR*

En 1979 Konolige propuso una formulación alternativa del mecanismo inferencial de PROSPECTOR que obvia alguno de los inconvenientes detectados en la versión implementada. A continuación se describe el planteamiento de esta nueva formulación.

Se considera el universo de discurso del sistema caracterizado por un conjunto de conceptos básicos C_1, C_2, ..., C_n, de forma que todo acontecimiento pertinente al tema se puede describir por una conjunción de afirmaciones o negaciones de estos conceptos. Existen, por tanto, los sucesos:

$$S_1\text{: } C_1 \wedge C_2 \wedge C_3 \wedge \ldots \wedge C_n$$
$$S_2\text{: } \sim C_1 \wedge C_2 \wedge C_3 \wedge \ldots \wedge C_n$$
$$S_3\text{: } C_1 \wedge \sim C_2 \wedge C_3 \wedge \ldots \wedge C_n$$
$$S_n\text{: } \sim C_1 \wedge \sim C_2 \wedge \sim C_3 \wedge \ldots \wedge \sim C_n$$

Si se conocen las probabilidades $P(S_i)$ será posible, por tanto, por combinación de sus valores en la forma adecuada según el cálculo de probabilidades, obtener las probabilidades de sucesos compuestos (que por hipótesis podrán describirse por unión de los sucesos básicos S_i).

El procedimiento de Konolige consiste en obtener una distribución verosímil de la distribución $P(S_i)$, que satisfaga las condiciones expuestas por los expertos. Los tipos de condiciones son (por razones de simplificación se denomina a partir de ahora P_i a $P(S_i)$):

—Generales:

$$\Sigma P_i = 1 \tag{1}$$

$$P_i \geq 0 \ \forall_i \tag{2}$$

—Específicas:

- *Probabilidades a priori impuestas:*

Es decir, se impone la propiedad de que un suceso S tiene la probabilidad dada C: Si S_k es un elemento k del universo de discurso:

$$P_k = C \tag{3}$$

Si S no es un elemento, por hipótesis debe poderse describir por unión de elementos, luego,

$$\sum_{k \in S} P_k = C \tag{3'}$$

($k \in S$ se refiere a elementos que forman parte del subdominio en que se verifica S).

- *Reglas de inferencia:*

Si el grado de implicación de $A \rightarrow B$ es g, de acuerdo con la forma de representación de PROSPECTOR, ello significa:

$$P(B/A) = g = \frac{P(A \wedge B)}{P(A)}$$

B y A se pueden describir a partir de los elementos del marco del discurso. Por tanto, debe ocurrir:

$$\sum_{i \in A \wedge B} P_i - g \cdot \sum_{k \in A} P_k = 0 \tag{4}$$

Como el denominador no debe ser nulo

$$\sum_{k \in A} P_k > 0 \tag{5}$$

Cualquier distribución de probabilidades que satisfaga las condiciones (1), (2), (3), (3′), (4) y (5) es una distribución consistente, que es coherente con el conocimiento aportado por los expertos. Existen, por tanto, en caso general, varias soluciones posibles de distribución de P_i. Para elegir la más adecuada, Konolige introdujo un criterio: seleccionar aquella que minimiza la cantidad de información introducida respecto del conjunto de condiciones antes descrito, lo que significa, de acuerdo con la teoría de la información, maximizar la entropía:

$$H(p) = -\Sigma P_i \cdot \log P_i \tag{6}$$

El motor inferencial será un procedimiento que halle máx. $H(p)$ con las condiciones antes descritas.

Konolige propone un mecanismo heurístico en dos etapas:

—Obtención de una primera solución que satisfaga el conjunto de condiciones. Esto puede hacerse mediante un algoritmo de programación lineal, ya que el conjunto de restricciones es lineal.

—Optimización de la solución factible obtenida mediante una versión diferencial de algoritmo Simplex de forma que en cada etapa se maximiza la derivada de $H(p)$, de manera que se obtienen las variaciones de los valores de las variables que producen un incremento máximo de $H(p)$. Este proceso garantiza que en cada iteración K, $H^k(p) \geq H^{k-1}(p)$. Sin embargo, no garantiza que se alcance el óptimo absoluto, pudiendo alcanzarse optimos locales.

Cheeseman (1983) ha presentado una alternativa para computar la solución mediante multiplicadores de Lagrange.

El método propuesto obvia todos los inconvenientes de la formulación inicial, ya que una vez obtenida la distribución básica P_i es sencillo obtener las probabilidades de cualquier pregunta descriptible en el marco del discurso, por agregación de las probabilidades básicas de los sucesos elementales que comprende el concepto de la pregunta.

El inconveniente del procedimiento es su prolijidad, que puede hacerlo inoperante cuando los conceptos básicos a manejar son superiores a 10 ó 15 ($2^{10} = 1.024$ sucesos elementales cuyas probabilidades hay que obtener por la técnica algorítmica antes descrita y buscar y componer para producir respuestas a preguntas).

Se ha discutido también, en este planteamiento, el criterio de maximizar la entropía, que constituye realmente una forma de introducir información. Este criterio representa que, si la única condición de un subconjunto de n sucesos es $\Sigma P_i = a$, puede adjudicarse cada uno a/n como valor. Sin embargo, es sencillo durante el proceso de construcción de la base de conocimiento obviar este inconveniente, ya que a medida que se analizan los resultados no deseables que provoca esta hipótesis, pueden neutralizarse de forma adecuada, por introducción de conocimiento adicional en forma de condiciones representativas de reglas.

6. Técnicas avanzadas de formulación de razonamiento aproximado

Los problemas de los modelos de razonamiento aproximado tratados hasta aquí, residen, en gran parte, en el intento de representar el nivel de certeza mediante un único valor; la forma de mejorar la calidad de la representación es aceptar un mayor número de parámetros para evaluar el grado de deducibilidad de una regla. En esta línea está la teoría de la evidencia de Dempster y Shafer, que utiliza dos valores que acotan un intervalo y la teoría de la posibilidad de Zadeh, que asocia una función de distribución de valores de posibilidad a toda proposición.

Asimismo, al margen de esta línea, empieza a desarrollarse una representación del razonamiento aproximado, no basado en la cuantificación del grado de deducibilidad, sino en las lógicas denominadas no monótonas.

En la valoración de estos métodos no debe olvidarse que su idoneidad depende tanto de la capacidad y consistencia de su concepto de representación como de las posibilidades metodológicas de traslación al mismo, del conocimiento de los expertos. En este sentido, el método de Dempster Shafer aparece como un vehículo interesante, ya que aporta un grado de complejidad conceptual no excesiva con relación a los métodos probabilísticos bayesianos, lo que hace que sea manejable e inteligible por personas expertas, aunque resulta de computación compleja. No ocurre lo mismo con el cálculo posibilístico de mayor nivel teórico, pero de más compleja validación, del que quizá podría hacerse una versión restringida que fuera de fácil construcción, como el propuesto por Dubois y Prade (1985).

Hasta el momento no se han desarrollado sistemas expertos basados en esta clase de representaciones (aunque se han hecho aplicaciones del método de Dempster Shafer, no pueden considerarse estrictamente sistemas expertos). No obstante, se hace una descripción sucinta de los criterios que informan tales sistemas, porque pueden constituir una base futura interesante para su construcción.

6.1. *El método Dempster-Shafer*

Este procedimiento parte de un marco de discernimiento U, constituido por el conjunto de descripciones posibles del mundo sobre el que se plantea la representación.

A partir de este marco puede definirse $P(U)$, conjunto de las partes de U, formado por todos los subconjuntos posibles de U entre los que está el conjunto vacío $\emptyset$. Dado que un predicado B definido en U define un subconjunto (el formado por todos aquellos elementos que hacen verdad B), el conjunto $P(U)$ representa, en cierta forma, el conjunto de afirmaciones que pueden hacerse sobre las descripciones incluidas en U.

Sobre esta base, una unidad de evidencia E se define por una distribución probabilística $m(A)$ sobre los elementos de $P(U)$, de tal forma que:

$m(A)$ = Probabilidad de que se verifique la propiedad A (o de otra forma, probabilidad de que se presente un suceso cuya descripción está incluida en A).

Debe ocurrir:

$$\sum_{A \in P(U)} m(A) = 1$$

y la probabilidad del subconjunto vacío debe ser nula:

$$m(\emptyset) = 0$$

Los elementos A tales que $m(A) \neq 0$ se denominan puntos focales de la unidad de evidencia E. En base a la distribución m se definen dos medidas de certeza de cualquier afirmación en U.

La credibilidad de una afirmación A es la suma de probabilidades de todos los subconjuntos incluidos en A:

$$Cr(A) = \sum_{B \subseteq A} m(B)$$

Dado que la propiedad de inclusión es una traducción, en términos de conjuntos, de la condición de implicación, la anterior definición puede expresarse también como:

—La credibilidad de A es la suma de probabilidades m de todas las afirmaciones que implican A.

La plausibilidad de A se define como la suma de probabilidades m de todos los subconjuntos U, cuya intersección con A no es vacía:

$$Pl(A) = \sum_{B \cap A \neq \emptyset} m(B)$$

El concepto de plausibilidad acumula, por tanto, todos los valores m de los elementos que sirven para obtener la credibilidad, ya que en ellos $B \cap A = B$, y, además, todos aquellos que tienen alguna descripción en común con A y, por tanto, tienen un cierto grado de implicación con A. De acuerdo con ello se verifica siempre:

$$Pl(A) \geq Cr(A) \tag{1}$$

Por tanto, dada una evidencia E, se valoran las distintas afirmaciones posibles por dos valores $Pl(A/E)$ y $Cr(A/E)$, obtenidos de la forma antes descrita. Esta es una variación sustancial respecto de la caracterización por único valor, planteado en los métodos probabilísticos. En lo sucesivo se prescindirá de E en la notación de Pl y Cr por razones de simplificación. Además de la propiedad (1) pueden comprobarse fácilmente las siguientes propiedades:

$$Pl(\emptyset) = Cr(\emptyset) = 0 \tag{2}$$

$$Cr(U) = \Sigma m(A) = 1 \tag{3}$$

$$Pl(U) = \sum_{A \cap U \neq \emptyset} m(A) = 1 \tag{4}$$

Además,

$$Cr(A) + Cr(\sim A) = \sum_{B \subseteq A} m(B) + \sum_{B \subseteq \sim A} m(B) \leq 1 \qquad (5)$$

ya que esta suma sólo podría ser la unidad, en el caso en que no existiera ningún B tal que $B \cap A = \varnothing$

$$Pl(A) + Pl(\sim A) = \sum_{B \cap A \neq \varnothing} m(B) + \sum_{B \cap \sim A \neq \varnothing} m(B) \geq 1 \qquad (6)$$

ya que en cuanto exista algún B tal que $B \cap A \neq \varnothing$ y $B \cap \sim A \neq \varnothing$ con $m(B) > 0$, este valor se sumaría dos veces y como $\Sigma m(B) = 1$, la suma antes descrita tiene como límite inferior la unidad.

La propiedad (5) muestra cómo el concepto de credibilidad sirve para modelar el concepto de ignorancia, al propio tiempo que el de certidumbre, ya que en el caso en que la evidencia E aportara exclusivamente valores $m(B) \neq 0$, para elementos tales que $B \cap A \neq \varnothing$ y $B \cap \sim A \neq \varnothing$, tanto la medida $Cr(A)$ como $Cr(\sim A)$ serían nulas, lo que se corresponde con un conocimiento en donde no es posible discernir A; los valores de plausibilidad de ambas serían la unidad. La situación de falta de información respecto de una afirmación, aparece representada por tanto por el par (0,1). En cambio la situación de máxima información respecto de una afirmación A correspondería la caso en que la distribución $m(A)$ incluye como puntos focales precisamente todas las descripciones contenidas en A. En este caso $Cr(A)$ estaría valorada por la suma de probabilidades de los elementos incluidos en A y por tanto sería exactamente la probabilidad de A: $Pr(A)$.

Asimismo, en este caso de máxima información, el valor de plausibilidad sería también la suma de probabilidades de los elementos incluidos en A, ya que dado el carácter de la distribución $m(A)$, referida a conjuntos de un único elemento, no existen conjuntos cuya intersección con A y $\sim A$ sea distinta del vacío.

Por tanto, en el caso de máxima información para discernir A en la evidencia E:

$$Pl(A) = Cr(A) = Pr(A)$$

La representación propuesta por DEMPSTER y SHAFER, aun aceptando que el grado de certidumbre de una información está medido por su probabilidad, incluye una matización que representa el grado de detalle de la evidencia de partida, de forma que como resultado se obtiene el par:

$$(Cr(A), Pl(A))$$

cuyos valores, según el grado de precisión de la distribución de E, oscilan desde la máxima ignorancia correspondiente al por (0,1), a la máxima información definida por el intervalo con un único valor $(Pr(A), Pr(A))$.

Otra propiedad de ambos conceptos es:

$$Cr(A) + Pl(\sim A) = 1 \qquad (7)$$

En efecto,

$$Cr(A) = \sum_{B \subset A} m(B) = \sum_{B \cap \sim A = \varnothing} m(B)$$

$$Pl(\sim A) = \sum_{B \cap \sim A \neq \varnothing} m(B)$$

Por tanto,

$$Cr(A) + Pl(\sim A) = \sum_{B \subset U} m(B) = 1$$

La obtención de los grados de credibilidad y plausibilidad asociados a proposiciones compuestas para un mismo cuerpo de evidencia, se obtienen aplicando la fórmula general. En efecto:

$$Cr(A \vee B) = \sum_{A_i \subset A \vee B} m(A_i)$$

$$Cr(A \wedge B) = \sum_{A_i \subset A \wedge B} m(A_i)$$

$$Pl(A \vee B) = \sum_{A_i \cap (A \vee B) \neq \varnothing} m(A_i)$$

$$Pl(A \wedge B) = \sum_{A_i \cap (A \wedge B) \neq \varnothing} m(A_i)$$

Para negación, las fórmulas ya conocidas:

$$Cr(\sim A) = 1 - Pl(A) \quad Pl(\sim A) = 1 - Cr(A)$$

Ejemplo:

Sea el marco de discernimiento definido por las proposiciones mutuamente exclusivas $P_1, P_2, P_3, ..., P_8$.

Sea una asignación de soporte $m(A_i)$ procedente de un cuerpo de evidencia cuyos puntos focales son:

Punto focal	*Descripción*	$m(A_i)$
A_1	P_1	0.1
A_2	$P_2 \vee P_3$	0.2
A_3	$P_3 \vee P_4$	0.3
A_4	$P_5 \vee P_7 \vee P_8$	0.2
A_5	$P_3 \vee P_6 \vee P_7$	0.2

Para definir el soporte de esta evidencia a la afirmación $B = P_1 \vee P_3 \vee P_6$ se calculará una medida de credibilidad:

$$Cr(B) = \sum_{A_i \subset B} m(A_i) = 0.1$$

ya que la única afirmación focal contenida en B es A_1. En cambio la medida de plausibilidad sería:

$$Pl(B) = \sum_{A_i \cap B \neq 0} m(A_i) = 0.1 + 0.2 + 0.3 + 0.2 = 0.8$$

Por tanto, la afirmación B está valorada por el par (0,1; 0,8).

La afirmación $\sim B = \sim P_1 \wedge \sim P_3 \wedge \sim P_6$ por

$$Cr(\sim B) = \sum_{A_i \subset \sim B} m(A_i) = m(A_4) = 0.2$$

$$Pl(\sim B) = \Sigma m(A_i) = m(A_2) + m(A_3) + m(A_4) + \\ + m(A_5) = 0.2 + 0.3 + 0.2 + 0.2 = 0.9$$

y, por tanto, $\sim B(0.2;\ 0.9)$ lo que a la vez muestra las fórmulas:

$$Cr(B) = 1 - Pl(\sim B)$$

$$Pl(B) = 1 - Cr(\sim B)$$

El motor de inferencia de este tipo de representación debe ser capaz de:

—Componer la evidencia procedente de diversas fuentes E;
—en la distribución resultante evaluar de la forma indicada en el ejemplo, el intervalo de soporte para las distintas cuestiones.

Como regla para componer dos cuerpos de evidencia, Dempster (1967) propuso la formulación:

$$m(C_k) = \sum_{\forall_{ij} A_i \cap B_j = C_k} m_1(A_i) \cdot m_2(B_j) \qquad (8)$$

siendo $m(C_k)$ la distribución resultante y $m_1(A_i)$, $m_2(B_j)$ las distribuciones a componer. La fórmula anterior atribuye a cada afirmación C_k la suma de los productos de las asignaciones m_1 y m_2 correspondientes a las afirmciones cuya conjunción es C_k.

La formulación anterior tiene el inconveniente de que atribuye al conjunto vacío exceso de probabilidad, cuando existen muchos casos de evidencia disjunta entre ambas asignaciones.

Dempster propone asignar valor nulo a $m(\varnothing)$ y redistribuir la probabilidad asignada por la regla a $\emptyset$, proporcionalmente a los $m(C_k)$ obtenidos. Es decir, si k es el valor asignado a $m(\emptyset)$, se hace $m(\emptyset) = 0$ y se afectan a los

$$m(C_k) \text{ de } \frac{1}{1-k}$$

lo que equivale a sustituir (8) por:

$$m(C_k) = \frac{\Sigma m_1(A_i) \cdot m_2(B_j)}{\Sigma m_1(A_i) \cdot m_2(B_j)} \tag{9}$$

$$m(\emptyset) = 0$$

extendida la sumatoria numerador a todos los A_i y B_j cuya intersección es C_k y a todos aquellos tales que $A_i \cap B_j \neq \emptyset$ en el denominador.

Esta propuesta ha sido discutida por Zadeh, el creador de la lógica difusa, ya que constituye una forma de ocultar un aspecto disonante de la teoría. Para ello Zadeh plantea el contraejemplo siguiente:

—Sea un tema de diagnóstico sobre una persona. El primer cuerpo de evidencia es propuesto por el médico *A* cuya distribución es:

- $m(A_1)$: 0.99, siendo A_1: el paciente tiene meningitis.
- $m(A_2)$: 0.01, siendo A_2: el paciente tiene tumor cerebral.

—El segundo médico *B* propone otro cuerpo de evidencia cuyos puntos focales son:

- $m(B_1)$: 0.99, siendo B_1: el paciente tiene una embolia.
- $m(B_2)$: 0.01, siendo B_2: el paciente tiene tumor cerebral.

La composición de ambos cuerpos de evidenciaı mediante la regla de Dempster Shafer, dado que $A_1 \cap B_1$ tiene intersección nula, una vez normalizada daría soporte 1 a la hipótesis de tumor cerebral, siendo nulo el soporte de las otras hipótesis. Evidentemente esta crítica es correcta, sin embargo, cuando se analiza un tema es difícil que dos fuentes de conocimiento produzcan distribuciones m_1 y m_2 con un factor k importante, ya que no ocurre que al estudiar un tema se incluyan conceptos excesivamente heterogéneos. Debe, sin embargo, controlarse que los coeficientes de normalización no sean excesivamente distintos de la unidad.

La distribución resultante se simboliza $m_1 \oplus m_2$.

Se demuestra en forma sencilla:

$$m_1 \oplus m_2 = m_2 \oplus m_1$$

$$m_1 \oplus (m_2 \oplus m_3) = (m_1 \oplus m_2) \oplus m_3$$

La regla de Dempster constituye una generalización de reglas de cálculo de probabilidades. En efecto, si las distribuciones de dos cuerpos de evidencia son distribuciones de probabilidad $P_1(u)$ y $P_2(u)$, como en P_i se atribuyen valores a cada suceso básico necesariamente existe intersección (precisamente para cada descripción elemental) de los elementos a componer por la regla de Dempster, resultando:

$$P(u_1) = \frac{P_1(u_1) \cdot P_2(u_1)}{\Sigma(P_1(u_k) \cdot P_2(u_k))}$$

La regla de combinación de Dempster puede representarse mediante un diagrama en dos dimensiones, donde en cada uno de los ejes se describe cada cuerpo de evidencia elemental a combinar. Así en el ejemplo, una evidencia se distribuye sobre las afirmaciones X, Y, Z y en la otra sobre M, N, P, Q. El cuerpo de evidencia resultante se distribuye sobre $4 \times 3 = 12$ afirmaciones elementales como máximo, cada una constituida por las posibles formas de clasificar cada afirmación en un cuerpo de evidencia según las otras condiciones, siempre que la conjunción no sea vacía; por ello podría ocurrir que de los 12 elementos hubiera sólo 8 en condiciones sobre los que se produciría la distribución del cuerpo de evidencia compuesto, teniendo en cuenta el procedimiento de normalización antes descrito. La distribución resultante serviría de base para, representada sobre un eje, combinarse con otro cuerpo de evidencia basado en los conceptos W, T, S, por ejemplo, en un nuevo diagrama. Esta forma de acumulación de evidencia es la base del procedimiento de inferencia basado en esta teoría (ver figura adjunta), que tiene el inconveniente de precisar la enumeración de todos los subconjuntos de cada categoría conceptual W, T, S cuando no se trata de conceptos básicos.

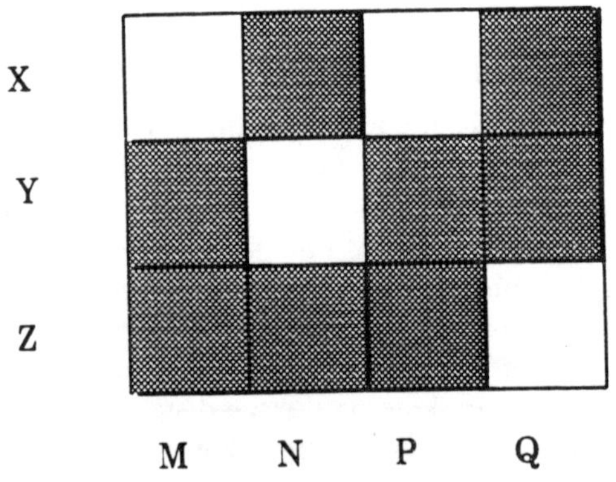

Para el caso de unidades de evidencia formadas por reglas del tipo:

$$A \underset{g_a}{\rightarrow} B$$

siendo g_1 una medida bayesiana del grado de implicación ($g_a = p(B/A)$), puede hacerse un tratamiento del tipo siguiente si el soporte de A es $[C_a, P_a]$ la probabilidad de B oscilará entre:

$$g_a \cdot C_a \leq m(B) \leq g_a \cdot P_a$$

Para acumular evidencia procedente de varias reglas se asume que la distribución m incluye exclusivamente como puntos focales B y U, de forma que si se toma en el caso anterior como probabilidad el límite inferior:

$$m_{ab}(B) = g_a \cdot C_a \qquad m_{ab}(U) = 1 - g_a \cdot C_a$$

será la distribución básica de probabilidad asociada a una regla.

Cuando se acumula la evidencia procedente de varias reglas para establecer el soporte de las distintas afirmaciones se requiere conocer la estructura de sus consecuentes B para obtener la distribuciones producto. Esto cuando los conceptos son complejos puede ser muy prolijo, como ya se ha comentado. Barnett (1981) ha tratado el caso de acumulación de evidencia cuando los consecuentes son conceptos básicos y sus negaciones. A continuación se tratan varios ejemplos en esta línea.

Ejemplo 1. Acumulación de evidencia sobre un mismo concepto básico.

$$A \rightarrow B \qquad g_a \cdot C_a = 0.70$$
$$C \rightarrow B \qquad g_c \cdot C_c = 0.50$$

Las distribuciones a componer son:

$$m_a(B) = 0.70 \qquad m_a(U) = 0.30$$
$$m_c(B) = 0.50 \qquad m_c(U) = 0.50$$

La distribución $m_a \oplus m_c$ tiene cuatro cuadrículas:

$$B \cap B = B \qquad B \cap U = B$$
$$U \cap B = B \qquad U \cap U = U$$

La evidencia acumulada sobre B es:

$$m_a \oplus m_c(B) = 0.70 \times 0.50 + 0.70 \times 0.50 + 0.50 \times 0.30 = 0.85 = 1 - 0.15$$

en general, en estos casos si se tienen n reglas con evidencias a favor del mismo consecuente $m_i(B) = e_i$, la evidencia resultante:

$$m_1 \oplus m_2 \oplus \ldots m_n(B) = 1 - (1 - e_1) \cdot (1 - e_2) \cdot (1 - e_3) \ldots (1 - e_n)$$

Ejemplo 2. Acumulación de evidencia contradictoria.

$$A \rightarrow B \qquad g_a \cdot C_a = 0.70$$
$$C \rightarrow \sim B \qquad g_c \cdot C_c = 0.40$$

En este caso:

$$m_a(B) = 0.70 \qquad m_a(U) = 0.30$$
$$m_c(\sim B) = 0.40 \qquad m_c(U) = 0.60$$

Las cuadrículas son ahora:

$$B \cap \sim B = \emptyset \quad \text{con} \quad m_a \oplus m_c(\emptyset) = 0.28$$
$$B \cap U = B \quad \text{con} \quad m_a \oplus m_c(B) = 0.42$$
$$\sim B \cap U = \sim B \quad \text{con} \quad m_a \oplus m_c(\sim B) = 0.12$$
$$U \cap U = U \quad \text{con} \quad m_a \oplus m_c(U) = 0.18$$

aplicando el factor de corrección:

$$\frac{1}{1 - 0.28} = \frac{1}{0.72}$$

resulta una distribución:

$$m_a \oplus m_c(B) = 0.58$$
$$m_a \oplus m_c(\sim B) = 0.16$$

Aparece en este caso el efecto mutuamente reductor de ambas evidencias contradictorias.

Ejemplo 3. Acumulación de evidencia con conclusiones no disjuntas de conceptos.

$$A \rightarrow B \qquad m_a(B) = 0.70$$
$$C \rightarrow \sim D \qquad m_c(\sim D) = 0.60$$

B y D son conceptos básicos disjuntos, por tanto, B y $\sim D$ no son disjuntos.
La distribución $m_a \oplus m_c$ tiene las siguientes cuadrículas:

$$B \cap \sim D = B \qquad (\text{por ser } B \text{ y } D \text{ básicos } B \cap D = \emptyset)$$
$$m_a \oplus m_c(B) = 0.42$$
$$B \cap U = B \qquad m_a \oplus m_c(B) = 0.28$$
$$\sim D \cap U = \sim D \qquad m_a \oplus m_c(\sim D) = 0.18$$
$$U \cap U = U \qquad m_a \oplus m_c(U) = 0.12$$

Obsérvese que en este caso el soporte de B no se altera ($m(B) = 0.70$), en cambio dado que $B \subseteq \sim D$, la credibilidad de $\sim D$ aumenta ya que:

$$Cr(\sim D) = m_a \oplus m_c(\sim D) + m_a \oplus m_c(B) = 0.12 + 0.70 = 0.82$$

6.2. *La lógica difusa: El método posibilístico*

En 1965 Zadeh introdujo el concepto de conjunto difuso, definiendo una función característica $f(x)$ asociada para evaluar el grado de pertenencia de un elemento x a un conjunto A, de manera que $f(x)$ le asigna un valor en el intervalo cerrado $(0,1)$ que mide su grado de pertenencia al conjunto A. Esto constituye una generalización del concepto clásico, en que la función característica sólo podría tomar valores 0 y 1.

En términos de significado de proposiciones, esto equivale a establecer una gradación continua del valor de verdad desde 0 (totalmente falso) a 1 (totalmente cierto).

Desde el año 1965, en que Zadeh introdujo el concepto, más de un millar de artículos han descrito aplicaciones del mismo a distintos ámbitos de la ciencia y la técnica. No se ha conseguido, sin embargo, una teoría unificada del razonamiento difuso. Recientemente Zadeh (1979, 1981) ha ordenado las distintas propuestas en un sistema integrado de cálculo, con significados difusos de los distintos tipos de afirmaciones en lenguaje natural denominado PRUF (Possibilistic Relational Universal Fuzzy), apoyado en las funciones de posibilidad introducidas por Gaines (1976).

A continuación se describen las características generales del método en los tres aspectos:

—Semántica de fórmulas simples.
—Semántica de fórmulas compuestas por conectivas y cuantificadores.
—Forma de representar la inferencia.

En la exposición se han simplificado algunos de los conceptos utilizados por Zadeh, el lector interesado en profundizar este tema puede consultar (Zadeh, 1981) o (Dubois y Prade, 1985).

6.2.1. Semántica difusa de fórmulas

Dada una fórmula F para definir su significado se le asocia una distribución de posibilidad en un dominio de medidas que evalúa el grado de certidumbre de la misma para distintos valores de la medida.

Por ejemplo, a la afirmación F: «Juan llega tarde», puede asociarse una distribución de posibilidad en un dominio de medidas de retraso,

$$\pi_f(x) \quad 0/0 \quad 0.1/5 \quad 0.25/10 \quad 0.40/15 \quad 0.50/20 \quad 0.60/25 \quad 0.70/30 \quad 1/35$$

x se evalúa en minutos y los pares expresan en segundo lugar la medida del retraso y en primer lugar la posibilidad de que se afirme que Juan llega tarde con esa medida de retraso.

En este caso, la distribución π_f es de tipo discreto, pero cabe también plantear funciones continuas. Las formulaciones más frecuentes para ello son las curvas en S:

$S(u, \alpha, \beta, \gamma)$: distribución en S de la variable u con parámetros α, β, γ, que se calcula de la forma siguiente:

$$= 0 \text{ para } u < \alpha$$

$$= \frac{2(u - \alpha)^2}{(\gamma - \alpha)^2} \quad \alpha \leq u \leq \beta$$

$$S(u, \alpha, \beta, \gamma) = 1 - 2\,\frac{(u-\gamma)^2}{(\gamma-\alpha)^2} \text{ para } \beta \leq u \leq \gamma$$

$$= 1 \text{ para } u > \gamma$$

En la figura se incluye una posible curva en S asociable a la medida de tardanza:

$$S(X, 5, 15, 25)$$

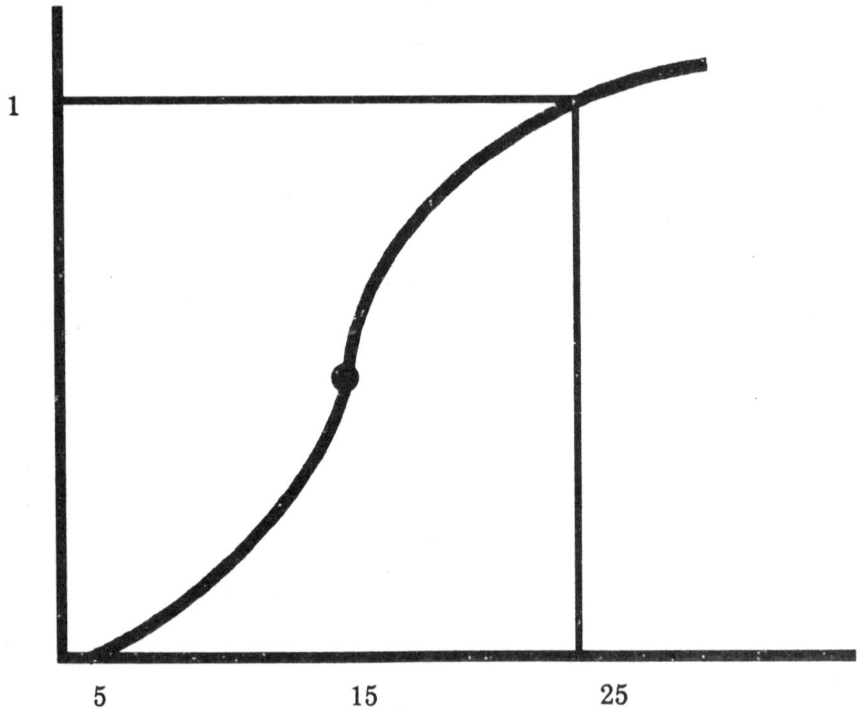

La fijación del universo de medidas no tiene por qué ser correlativo de número de plazas del predicado cuyo valor semántico se modela, así, por ejemplo, la afirmación con dos términos:

F: Juan llega antes que José

puede evaluarse en base a una función posibilística de la diferencia medida en minutos entre horas de llegada de Juan y José:

$$\pi_f(x)\text{: } 0/-15 \;\; 0.4/-10 \;\; 0.6/-5 \;\; 0.8/0 \;\; 1/5$$

6.2.2. Composición de significados

Una vez definida la forma de representar el significado de fórmulas en términos difusos, es preciso definir la forma de obtener el significado de fórmulas compuestas a partir del significado de sus componentes. De esta manera, será posible evaluar fórmulas cualesquiera compuestas de conectivas y cuantificadores.

Para obtener el significado de una fórmula compuesta por conectivas o cuantificadores, basta definir la función de posibilidad resultante a partir de las funciones de los componentes. En el caso de conectivas cabe distinguir dos casos:

—Las funciones de posibilidad de los componentes se definen en el mismo espacio de medidas. En este caso,

$$\pi_{p \wedge q}(x_1, x_2, ..., x_n) = \text{mín.}\ (\pi_p(x_1, x_2, ..., x_n), \pi_q(x_1, x_2, ..., x_n))$$

$$\pi_{p \vee q}(x_1, x_2, ..., x_n) = \text{máx.}\ (\pi_p(x_1, ..., x_n), \pi_q(x_1, ..., x_n))$$

$$\pi_{\sim p}(x_1, x_2, ..., x_n) = 1 - \pi_p(x_1, x_2, ..., x_n)$$

como es sencillo comprobar, estas definiciones son coherentes con la composición de significados bivalentes en lógica clásica.

—Las funciones de posibilidad de los componentes se definen en espacios distintos de medidas.

Este caso sólo afecta a la composición por conjunción y disyunción. Para tratarlo se introduce el concepto de extensión cilíndrica de una distribución de posibilidad.

Si una distribución $\pi(x_1, ..., x_r)$ es independiente de una variable «*y*» se define su extensión cilíndrica a«*y*» en la forma

$$\pi(x_1, x_2, ..., x_r, y) = \pi(x_1, x_2, ..., x_r)$$

es decir, para cada valor de *y* se asigna la misma posibilidad a cada combinación de valores de las otras variables que hay en la función sin extender a«*y*».

De acuerdo con esta definición para obtener la distribución de posibilidad correspondiente a la composición de dos distribuciones, en donde no coinciden las variables de medida, se realizan las extensiones cilíndricas de cada una pertinentes, para hacer que tengan la misma base de medidas y se obtienen las distribuciones compuestas aplicando las definiciones del caso anterior.

A continuación se ilustra la definición con un ejemplo:

Si la proposición *P* tiene la distribución:

$$\pi_p(x){:}\ 0/a\ \ 0.2/b\ \ 0.3/c\ \ 0.6/d\ \ 0.8/e\ \ 1.0/f$$

(La medida es x cuyos valores posibles son a, b, c, d, e, f) y la proposición q tiene la distribución:

$$\pi_q(y)\text{: } 0/m \;\; 0.5/n \;\; 1/s$$

La extensión cilíndrica de π_p es

$$\pi_p(x, y)\text{: } 0/am \;\; 0/an \;\; 0/as \;\; 0.2/bm \;\; 0.2/bn \;\; 0.2/bs \;\; 0.3/cm \;\; 0.3/cn \;\; 0.3/cs \;\; 0.6/dm \;\; 0.6/dn \;\; 0.6/ds \;\; 0.8/em \;\; 0.8/en \;\; 0.8/es \;\; 1/fm \;\; 1/fn \;\; 1/fs$$

La extensión cilíndrica de π_q es

$$\pi_q\text{: } 0/am \;\; 0/bm \;\; 0/cm \;\; 0/dm \;\; 0/em \;\; 0/fm \;\; 0.5/an \;\; 0.5/bn \;\; 0.5/bn \;\; 0.5/en \;\; 0.5/dn \;\; 0.5/en \;\; 0.5/fn \;\; 1/as \;\; 1/bs \;\; 1/cs \;\; 1/ds \;\; 1/es \;\; 1/fs$$

Ambas distribuciones se refieren ahora, al mismo espacio de medidas y, por tanto, puede evaluarse la distribución de posibilidad de $p \wedge q$ de acuerdo con la definición dada:

$$\pi_{p \wedge q}\text{: } 0/am \;\; 0/bm \;\; 0/cm \;\; 0/dm \;\; 0/em \;\; 0/fm \;\; 0/an \;\; 0.2/bn \;\; 0.3/cn \;\; 0.5/dn \;\; 0.5/en \;\; 0.5/fn \;\; 0/as \;\; 0.2/bs \;\; 0.3/cs \;\; 0.6/ds \;\; 0.8/es \;\; 1/fs$$

Se ha dejado para el final la forma de evaluar la conectiva de implicación para lo que se han propuesto distintas fórmulas, todas ellas cumpliendo la condición de ser consistentes con el concepto de esta conectiva en semántica bivalente.

Dos de las definiciones más empleadas son:

$$\pi_{p \to q}(x_1, x_2, \ldots, x_n) = 1 - \pi_p(x_1, x_2, \ldots, x_n) + \pi_q(x_1, x_2, \ldots, x_n)$$

(con la condición suplementaria de que si esta expresión rebasa el valor unidad se asigna valor unidad),

$$\pi'_{p \to q}(x_1, x_2, \ldots, x_n) = \pi_{(p \wedge q)} \vee p'$$

Siendo p' la negación de p.

Zadeh, en lo referente a cuantificadores, propone no sólo los convencionales universal y existencial, sino una gama de ellos tomados del lenguaje usual. Así, si una fórmula cuantificada en la variable x se escribe de manera general: $Q\ x\ H$, Q puede referirse a conceptos como «todos», «algunos», «varios», «muchos», «la mayor parte», «pocos», etcétera.

La modelación de este concepto se realiza entendiendo que una fórmula cuantificada puede considerarse como una proposición difusa sobre la medida de los elementos que satisfacen el predicado H.

De acuerdo con ello, si a cada cuantificador se le asigna una distribución posibilista, π_Q, el significado de una fórmula cuantificada $Q\ x\ H$ vendrá definida por la distribución de posibilidad $\pi_Q(mH)$, siendo mH la medida de los elementos que satisfacen H según la distribución posibilística π_H.

Como medida del número de elementos que satisfacen H, Zadeh propone utilizar la suma de los valores de posibilidad de π_H (integral en el caso de distribución continua) que en cierta forma evalúa la posibilidad total distribuida. De esta forma, de igual manera que a una proposición no cuantificada se le asignaba un conjunto difuso definido a partir de una medida (en el caso de los ejemplos iniciales, para evaluar si alguien llegaba tarde se utilizaba la medida del retraso en minutos) en el caso de las proposiciones cuantificadas, se toma como medida la posibilidad total, de forma que su valor se supone distribuido según la distribución de posibilidad asignada al cuantificador correspondiente.

La posibilidad total (potencia) de una distribución discreta, cuyos valores de medida básica considerados son x_1, x_2, ..., x_n, a los que corresponde pos(x_1), pos(x_2), ..., pos(x_n) se evalúa como Σpos(x_i) extendida al conjunto de x_1, tales que pos(x_i) (0.

Si se tiene una proposición cuantificada del tipo:

«Varios coches son grandes»

Su significado se valora en el sentido de:

—Si se tiene una medida de la «grandeza» de los coches, por ejemplo su longitud, la distribución de posibilidades definitoria del concepto «ser grande» es tal que la posibilidad total Σposx_i(x_i = longitud tipo *i*) se distribuye de acuerdo con la distribución de la medida del cuantificador «varios» y, por tanto, dada una distribución de «ser grande» es posible evaluar su nivel de posibilidad concreta calculando para ella Σpos(x_i) y entrando en la distribución de «varios» para establecer la posibilidad de la fórmula cuantificada. Por ejemplo:

Si «*x* es grande» tiene las posibilidades siguientes (sobre un universo de tamaños de 8 elementos):

3/0.1 3.50/0.2 4/0.40 5/0.70 6/0.90 7/1.00 8/1.00 9/1.00

y «varios» se distribuye como:

2/0.1 3/0.2 4/0.5 5/0.6 6/0.7 7/1.0 8/1.0
9/0.8 10.0.70 11/0.60 12/0.50 13/0.1

la posibilidad total es:

$$0.1 + 0.2 + 0.4 + 0.7 + 0.90 + 1.00 + 1.00 + 1.00 = 5.3$$

que da una posibilidad entre 0.6 y 0.90 en la fórmula cuantificada.

La medida de la extensión de un conjunto puede plantearse en forma relativa de manera que, por ejemplo, «varios» podría entenderse en fracciones del universo total en la distribución siguiente:

0.1/0.1 0.2/0.3 0.3/0.4 0.5/0.6 0.6/1 0.7/1 0.8/0.6 0.9/0.4 1/0.1

En este caso, la medida de la posibilidad total debe hacerse también en forma relativa al máximo, que en el universo de 8 elementos sería precisamente 8 (cada elemento con posibilidad 1), en cuyo caso la potencia relativa del concepto «ser grande» sería $5.3/8 = 0.66$, cuya posibilidad en la distribución de «varios» es 1.

El cuantificador universal tendría una distribución relativa:

0.1/0 0.2/0 0.3/0 0.4/0 0.6/0 0.7/0 0.8/0 0.9/0 1/1

de forma que la afirmación «todos son grandes», con la distribución dada del concepto «grande» tendría la posibilidad nula.

Las fórmulas cuantificadas se entienden en PRUF, por tanto, como afirmaciones difusas sobre las distribuciones de posibilidad de los predicados cuantificados, representadas éstas por su potencia o posibilidad total.

La potencia de una distribución continua se define de una manera análoga mediante la utilización de integrales en el intervalo de valores de la variable de medida.

6.2.3. Inferencia

En base a la semántica antedescrita de las afirmaciones del lenguaje usual, se utiliza una generalización del concepto de deducibilidad de la lógica clásica: Dada una estructura deductiva con premisas $P_1, ..., P_n$ y conclusión Q se dice que es correcta si siempre que las premisas son verdad, la conclusión es verdad.

Esta definición se generaliza en lógica difusa indicando que una estructura deductiva es correcta cuando para los mismos valores de las variables de medida, la posibilidad de las premisas es menor o igual que la de la conclusión. Es decir:

Si la conjunción de las premisas P_i tiene distribución $\pi_p(x_1, ..., x_n)$ y la conclusión $\pi_Q(x_1, x_2, ..., x_n)$ (una vez realizadas las correspondientes extensiones cilíndricas). Si Q es deducible de $P_1, ..., P_n$ debe ocurrir para todo $x_1, ..., x_n$:

$$\pi_p(x_1, ..., x_n) \leq \pi_Q(x_1, ..., x_n)$$

Por tanto, el conjunto de premisas permite definir con esta condición un subespacio en el espacio de medidas en el que se encuentran las distribuciones de las afirmaciones deducibles de las premisas.

El proceso de inferencia, por tanto, consistiría en general en obtener a partir de las afirmaciones premisa su distribución posibilística, de acuerdo con las formas de medida antes descritas y para contestar una pregunta comprobar si su valor posibilístico está en el semiespacio de afirmaciones deducibles de las premisas.

Para ilustrar la mayor capacidad de matización en la acumulación de evidencia de este tipo de modelización, se trata el problema del diagnóstico contraejemplo de Zadeh a la regla de composición de Dempster:

Si un médico asegura un 99% de probabilidad que es meningitis y un 1% tumor, y otro asegura que 99% embolia y 1% turmo, ¿qué puede afirmarse sobre el diagnóstico de tumor?

Si se aceptan las afirmaciones de ambos médicos como premisa y las medidas de probabilidad se toman como medida de posibilidad, si se denominan:

a: tiene meningitis
b: tiene embolia
c: tiene tumor

las distribuciones de posibilidad siendo x variable en (a, b, c) son:

$$P_1\text{: } 0.99/a\ 0/b\ 0{,}01/c$$
$$P_2\text{: } 0/a\ 0{,}99/b\ 0{,}01/c$$

La distribución de $P_1 \wedge P_2$ es: $0/a\ 0/b\ 0.01/c$ y, por tanto son deducibles afirmaciones cuya distribución sea: $\alpha/a\ \beta/b\ \gamma/c$, tales que $1 \geq \alpha \geq 0$, $1 \geq \beta \geq 0$ y $0.01 \leq \gamma \leq 1.00$ y, por tanto, la afirmación «tiene tumor» tiene una posibilidad que puede oscilar entre 0.01 y 1 (con la técnica de composición de Dempster salía solamente 1).

El concepto general antedescrito no puede aplicarse a sistemas basados en reglas si no se plantea de forma que pueda identificarse el efecto de cada regla en las afirmaciones resultantes, ya que así sería posible que el sistema pudiera explicar sus conclusiones y con ello pudieran realizarse las modificaciones oportunas conducentes a la puesta a punto de la base de conocimiento.

Por tanto, una base de conocimiento vendría descrita por:

—Un conjunto de reglas del tipo:

Si p entonces q.

—Un conjunto de distribuciones de posibilidad asociadas:

$\pi_{p \to q}(u, v)$

(siendo u la medida de la afirmación p y v la medida de la afirmación q, por simplificar se supone una única medida asociada a cada proposición aunque los resultados pueden generalizarse fácilmente para el caso de más de una medida).

El razonamiento hacia adelante requeriría obtener la distribución de q conocida la de los posibles antecedentes p y las reglas de la base. Es decir:

$$p, p \to q \Rightarrow q$$

debe ser correcta. Lo que en términos posibilísticos se formularía:

$$\pi_q(v) \geqslant \pi(p \wedge (p \to q)) = mín[\pi_p(u), \pi_{p \to q}(u, v)]$$

Para obtener la distribución resultante del segundo miembro (para cuyo cálculo sería preciso hacer la extensión cilíndrica de $\pi_p(u)$) en función de v exclusivamente, de forma que se cumpla la desigualdad se elimina la u mediante la obtención del máximo respecto de esta variable:

$$\pi_q(v) \geqslant \underset{u}{máx}\ mín[\pi_p(u), \pi_{p\to q}(u, v)] \tag{1}$$

Si existen varias reglas con la misma conclusión q pueden formularse desigualdades tipo (1) para cada una de ellas y definir como distribución de posibilidad de $\pi_q(v)$ aquella igual o superior a la poligonal envolvente de las inecuaciones (1).

Mediante este proceso sería posible establecer los límites de variación de las distribuciones de posibilidad de las conclusiones de la red inferencial en base a cuya composición podrían obtenerse los límites de distribución de posibilidad de las preguntas compuestas que se plantearán al sistema.

Sin embargo, este proceso que es perfectamente riguroso, resulta excesivamente complejo ya que, la propagación de evidencia se hace mediante distribuciones de posibilidad, que pueden, a medida que se avanza sobre la red, tener excesivos parámetros.

Se han planteado por Dubois y Prade formas más simples de manejo de los conceptos anteriores propagando valores de posibilidad y necesidad en lugar de distribuciones de posibilidad. Para ello se supone que el conocimiento de los hechos iniciales p se caracteriza por unos límites de variación de la posibilidad o necesidad, siendo esta última:

$$N(p) = 1 - \pi(\sim p)$$

Los elementos de la base de conocimiento, en línea con las propuestas de Shafer, se caracterizan por dos valores:

$N(p \to q)$: medida de necesidad de la implicación directa*.

$N(q \to p)$: medida de necesidad de la recíproca*.

---

* Dada una proposición p cuya distribución de posibilidad es $\pi_p(u)$, una medida de posibilidad de p se define respecto de esta distribución como:

$$\pi(p) = máx\ \pi_p(u)$$

Una medida de necesidad:

$$N(p) = mín\ \pi_p(u)$$

Dado que

$$\pi_{\sim p}(u) = 1 - \pi_p(u)$$

se verifica:

$$\pi(\sim p) = máx(1 - \pi_p(u)) = 1 - mín\ \pi_p(u) = 1 - N(p)$$

Además debe ocurrir:

$$\pi(p \vee \sim p) = 1 = máx[\pi(p), \pi(\sim p)] = máx[\pi(p), 1 - N(p)]$$

La primera evalúa en qué medida p es suficiente para q y la segunda en qué medida p es necesario para q.

De acuerdo con ello Dubois y Prade obtienen una fórmula general de inferencia aplicando el cálculo posibilístico del tipo siguiente:

$$\frac{\begin{array}{c} N(p \rightarrow q) \geqslant a \\ N(q \rightarrow p) \geqslant a' \\ N(p) \geqslant b \\ \pi(p) \leqslant b' \end{array}}{mín(a, b) \leqslant N(q) \leqslant \pi(q) \leqslant máx(1 - a', b')}$$

Esta fórmula permite pasar, utilizando la base de conocimiento caracterizada por pares (a, a'), del par (b, b') que evalúa la proposición p al par $[mín(a, b)\ máx(1 - a', b')]$ que evalúa la proposición consecuente de la regla, q.

Dubois y Prade proponen el siguiente procedimiento de combinación de evidencia en reglas $p_i \rightarrow q$ con el mismo consecuente q.

Se trata de obtener el par $\pi(q)$, $N(q)$ representativo del grado de credibilidad en q mediante:

$$\pi(q) = mín[\pi_1(q), \ldots \pi_h(q)]$$
$$N(q) = máx[N_1(q), \ldots N_h(q)]$$

Dado que los valores resultantes pueden no ser consistentes con la condición de que $máx[\pi(q), 1 - N(q)] = 1$, que deben verificar las medidas de posibilidad y necesidad, puede plantearse una normalización mediante:

$$\pi'(q) = \frac{\pi(q)}{máx[\pi(q), 1 - N(q)]}$$

$$N'(q) = 1 - \frac{1 - N(q)}{máx[\pi(q), 1 - N(q)]}$$

Incluso en esta forma de composición continúa, como en EMYCIN y PROSPECTOR, pendiente el problema de independencia de los antecedentes p_i, que en el caso de posibilidad se denomina interacción: puede ocurrir que $p_i \rightarrow p_k$ tenga posibilidad significativa para los antecedentes de las reglas i, k, en cuyo caso podría acumularse evidencia redundante en q.

Este enfoque resulta prometedor como vehículo de construcción de motores de inferencia ya que la propagación de evidencia se hace vía operaciones *máx*/*mín*, lo que tiene una menor sensibilidad a las variaciones de los parámetros en caminos largos sobre la red que la acumulación vía producto. López de Mántaras et al. (1985) han desarrollado un motor de inferencia en esta línea.

7. La programación lógica para soporte de sistemas basados en el conocimiento

El soporte de software de los sistemas expertos, como ya se ha indicado, debe incorporar la capacidad de crear y modificar un conjunto de reglas así como la capacidad de identificar las respuestas posibles a problemas y su grado de certeza. Por ello este tipo de soporte constituye realmente una extensión de los sistemas de programación lógica para el tratamiento de los aspectos probabilísticos y de lógica difusa. A continuación se tratan diversos entornos posibles de apoyo a esta «programación lógica generalizada» que representan los sistemas basados en reglas.

7.1. *El lenguaje PROLOG*

La estructura del lenguaje PROLOG resulta muy adecuada para la formulación de sistemas basados en reglas. En efecto tanto los hechos iniciales como las reglas de inferencia pueden formularse como cláusulas PROLOG:

Los hechos iniciales como cláusulas. Sin antecedente:

$$A_1 \rightarrow \quad ; \quad A_2 \rightarrow \quad ; \quad ..., \text{etc.}$$

Las reglas como cláusulas PROLOG típicas

$$x_i \rightarrow c_e,\ c_j,\ c_l,\ ...,\ c_m;$$

Por tanto, el intérprete PROLOG es realmente un motor inferencial de una base de conocimiento modelizada de esta forma.

Los inconvenientes que pueden plantearse a la utilización de PROLOG son:

- la dificultad de introducir meta-conocimiento constituido por reglas que induzcan el control del proceso de búsqueda,
- la dificultad de introducir el razonamiento aproximado.

Sin embargo, ambos problemas son tratables dada la generalidad del concepto de este lenguaje que permite, mediante la creación de variables que acumulen los grados de certidumbre de las afirmaciones y el manejo de predicados en forma similar a la del ejemplo de los bloques del capítulo 13, manejar elementos de control. Mizoguchi (1983) ha construido un motor de inferencia (APLICOT) en Prolog y lo ha comparado con otros entornos más específicos programados en lenguajes más tradicionales (Fortran, Interlisp) y se han obtenido rendimientos comparables con códigos más compactos (600 líneas PROLOG frente a 4.000 líneas en otros lenguajes).

De todas formas se han desarrollado entornos que no pueden considerarse de programación lógica en sentido estricto pero que procesan como PROLOG conjuntos de reglas que han servido de base a la construcción de sistemas expertos. Notablemente dos instrumentos, origen de una serie de entornos comercializados actualmente son los sistemas OPS y EMYCIN, que se tratan a continuación.

7.2. *El sistema OPS 5*

Este sistema soporta un concepto general de sistema de producciones, sus elementos son:

—Una memoria de trabajo cuyos elementos son:

- Listas de números y átomos constituidos éstos por cadenas de símbolos encabezados por una letra.
- Listas de atributos-valores; por ejemplo, podría definirse un elemento persona cuyos atributos son nombre, profesión, edad, número de hijos, etc., que se formulan mediante pares denominación de atributo-valor (por ejemplo: edad 47); para diferenciar el atributo del valor se utiliza un signo especial precediendo el nombre del atributo.

—Una Base de Conocimiento constituida por producciones de las que se codifican:

- Los elementos antecedentes (LHS).
- Los elementos consecuentes (RHS).

  Los elementos LHS constituyen formas abstractas (patterns) de posibles elementos de la memoria de trabajo o condiciones definidas por conjunciones o disyunciones de siete predicados básicos de relación aplicados a elementos de la memoria de trabajo.

  Los elementos RHS son secuencias de llamadas a un conjunto de funciones básicas de modificación de los elementos de la memoria de trabajo: (MAKE, para crear nuevos elementos según diferentes funciones (GENATOM, SUBSTR, ...), MODIFY para cambiar valores, REMOVE para suprimir, etc...). También existen versiones de OPS que permiten modificar dinámicamente la base de reglas (inclusión, supresión y modificación de parámetros de las reglas existentes) lo que proporciona la posibilidad de modelar un proceso simultáneo de aprendizaje y resolución de problemas.

—Una estrategia de control que permita decidir la regla aplicable mediante un proceso consistente en:

Repetir una vez leído un estado inicial de la memoria de trabajo, las dos etapas siguientes:

- Selección de reglas aplicables (pattern matching): se recorre el conjunto de reglas comprobando si el estado corriente de la memoria de trabajo verifica el LHS de cada regla. Si el conjunto de reglas obtenido es vacío, el problema no es resoluble en la rama de búsqueda que se analiza y se realiza vuelta atrás (backtracking). Si el conjunto de reglas aplicables obtenido tiene más de un elemento, es preciso ordenarlas según su idoneidad para lo que se requiere un criterio. OPS5 tiene una serie de criterios implícitos para realizar esta ordenación (según la «antigüedad» de los elementos de la memoria de trabajo que se ajustan al LHS de la regla, el número de estos elementos, etc.).
- Aplicación de la regla seleccionada mediante sus funciones operando sobre elementos de la memoria de trabajo.

Hasta que en la memoria de trabajo se verifican los objetivos a obtener en el proceso.

El sistema OPS5 además de proveer esta mecánica fundamental de operación dispone de facilidades:

—Para manejar (consultar, modificar) la memoria de trabajo.
—Para manejar y validar las reglas de producción y la estrategia de control.
—Para hacer trazas de la ejecución del proceso y listar valores intermedios de elementos específicos de la memoria de trabajo, en la fase de puesta a punto.

OPS5 es un sistema debido a Forgy (1980-81) aunque ya desde los trabajos de Newell y Simon que dieron lugar a PSG a primeros de los 70, se desarrollaron versiones preliminares de OPS.

7.3. *El sistema EMYCIN*

Este sistema es más específico que OPS5 ya que, si bien ambos manejan un sistema de reglas, en OPS5 son genéricas (pueden utilizarse tanto para deducir como para transformar, mediante operadores, la memoria de trabajo) y en EMYCIN están orientados a la acumulación de evidencia de acuerdo con el modelo de razonamiento aproximado descrito en el apartado 4.

El conocimiento se representa por hechos y reglas. Los hechos se representan por ternas contexto-parámetro-valor:

Un contexto es una entidad conceptual sobre la que se basa el análisis, por ejemplo, un paciente en temas de medicina, un coche en temas de mecánica, etc. En cada contexto se agrupan un conjunto de parámetros descriptivos de atributos de la entidad representada, para cada uno de los cuales hay un valor (dentro de un dominio de valores posibles), o un conjunto de valores con distintos grados de credibilidad.

Las reglas se describen por tres elementos cuya estructura general es:

—Premisa: conjunción de disyunciones de afirmaciones sobre valores de parámetros.
—Conclusión: que modifica la base de hechos, bien por introducción de nuevos elementos o por variación de sus factores de certidumbre.
—Factor de deducibilidad: medida del nivel de implicación de la regla.

Sobre esta base el motor de inferencia opera mediante una búsqueda, de atrás adelante, partiendo de la pregunta cuyo grado de evidencia se quiere establecer:

—Si la pregunta está compuesta de distintas afirmaciones elementales, se obtienen por análisis de su estructura las afirmaciones elementales componentes a investigar.
—Para cada afirmación elemental se investiga si está presente en las conclusiones

de las reglas según un determinado criterio (se seleccionan reglas «relevantes»).
—En las reglas en que aparece se investiga su antecedente:

- Si se conoce su grado de certidumbre a partir de la información de hechos básicos, se calcula la variación del factor de certidumbre de la respuesta mediante las fórmulas de razonamiento descritas en el apartado 4.
- Si no se conoce el factor de certidumbre del antecedente, se aplica el mismo proceso recursivamente para éste.
- Si se llega a obtener factor de certidumbre unidad positivo o negativo el proceso termina.
- Si para un determinado objetivo no hay reglas que lo expliquen, el sistema consulta al usuario; si éste no responde, el proceso termina por falta de información.
- Una vez obtenido el factor de certeza de cada afirmación elemental obtiene el de la pregunta compuesta mediante aplicación de las reglas de composición del apartado 4.3.

Sobre esta base operativa EMYCIN ofrece como ayudas principales:

—Un módulo que permite explicar las respuestas a demanda del usuario.
—Un subsistema de consulta y modificación de la Base de Conocimiento, que controla su validez sintáctica y la coherencia entre las distintas reglas.
—Elementos de traza de procesos, para puesta a punto.

Asociado a este tipo de formulación existe además el sistema TEIRESIAS (Davis 1982) que ayuda a la construcción de Bases de Conocimiento. TEIRESIAS a su vez tiene estructura basada en el conocimiento.

BIBLIOGRAFIA

1. *Lógica clásica.*

1.1. Anderson J. M. y Johnstone H. W. *Natural deduction, the logical basis of axiom systems.* Belmont. Wadsworth publishing Co. (1962).

1.2. Boolos G. Jeffrey R. X. *Computability and Logic.* Cambridge University Press (1974).

1.3. Carnap R. *Introduction to symbolic logic and its applications.* N. York. Dover (1958) la v. Alemana es de 1954.

1.4. Chang C. C. y Keisler H. J. *Model theory.* Amsterdam North Holland (1973).

1.5. Chang C. L. y Lee R. C. T. *Symbolic logic and mechanical theorem proving.* N. York. Academic Press (1973).

1.6. Church A. *Introduction to mathematical logic,* vol. I. Priceton, Priceton University Press (1956).

1.7. Deaño A. *Introducción a la lógica formal. La lógica de enunciados* y *la lógica de predicados,* dos tomos publicados en Alianza Universidad 1974 y 1975 y actualmente refundidos en uno solo.

1.8. Enderton H. B. *A mathematical introduction to logic.* N. York Academic Press (1972).

1.9. Ferrater J. Leblanc H. *Lógica matemática.* México, Fondo de Cultura (1955).

1.10. Garrido M. *Lógica Simbólica.* Madrid, Tecnos 1974.

1.11. Gentzen. G. *Collected papers* compilados por M. Szabo. Amsterdam North Holland (1969). En esta publicación aparecen los escritos de este lógico célebre y, en particular, sus «investigaciones sobre la deducción lógica», en donde aparece el concepto de sistema de deducción natural. Este artículo, traducido por M. Garrido y R. Beneyto ha sido publicado en castellano por la revista TEOREMA en 1977.

1.12. Godel K. (1931) *uber formal unentscheidbare Satze der Principia Mathematica und wertwander systeme I.* Monatshefte fur Mathematik und Physik vol. 38 (1931) (sobre proposiciones formaimente indecidibles de los Principia Mathematica y sistemas relacionados I). Traducción castellana de M. Garrido, A. García Suárez y L. M. Valdés en Cuadernos Teorema, 1976 (Valencia).

1.13. Heinejoort J. (ed.) *From Frege to Godel.* Cambridge. Mass. Harvard University Press (1967); recopilación de artículos, clave en el desarrollo de la lógica simbólica.

1.14. Herbrand J. *Recherches sur la theorie de la demonstration* publicado en *Travaux de la Societé des Sciences et des lettres de Varsovie* Varsovia (1928). Aparece recopilada una versión inglesa.

1.15. Hilbert D. y Ackermamn W. *Elementos de lógica teórica*. Madrid. Tecnos (1962). Es traducción de la 4.ª edición alemana (1959) por V. Sánchez Zabala. La primera edición de esta obra data de 1928.

1.16. Hilbert D. y Bernays P. *Grundlagen der Mathematik*. 2 vols. Berlín. Springer Verlag (1934 y 1939, 2.ª edición 1968 y 1970 respectivamente).

1.17. Hodges W. *Logic*. Penguin books (1977).

1.18. Kalish D. y Montaque R. *Logic. Techniques of formal reasoning*. N. York. Vlarcourt (1964).

1.19. Kleene, S. C. *Introducción a la metamatemática*. Madrid. Tecnos 1974, versión castellana de M. Garrido et al. La primera edición de este libro data de 1952 (North Holland).

1.20. Kleene, S. C. *Mathematical logic*. N. York. John Wiley & Sons (1967).

1.21. Kreisel G., Krivine J. L. *Elements of mathematical logic (Model theory)*. Amsterdam. North Holland (1967).

1.22. Largeault J. *Logique mathematique; textes* (textos clásicos de lógica recopilados): Armand Colin (1972).

1.23. Mates B. *Lógica matemática elemental*, versión castellana de C. García Trevijano. Madrid, Tecnos (1970).

1.24. Mendelson E. *Introduction to mathematical logic*. N. York y Londres. Van Nostrand (1964).

1.25. Mosterin J. *Lógica de primer orden*. Barcelona. Ariel 1970.

1.26. Prawitz D. *Natural Deduction: a proof-theoretical study*. Estocolmo. Almquist & Wicksell (1965).

1.27. Prior A. N. *Formal logic*. Oxford. Clarendon Press (1955).

1.28. Prior A. N. *Historia de la lógica*, versión castellana de A. Antón y E. Requena. Madrid, Tecnos (1976).

1.29. Quine W. V. O. *Los métodos de la lógica*, versión castellana de M. Sacristán (1962). La edición original de la obra es de 1950, revisada en 1961.

1.30. Rosser J. B. *Logic for mathematicians*. N. York. McGraw Hill (1953).

1.31. Rogers R. *Mathematical logic and formalized theories*. Amsterdam. North Holland (1971).

1.32. Sacristán M. *Introducción a la lógica y al análisis formal*. Barcelona. Ariel (1964).

1.33. Schoenfield J. R. *Mathematical logic*. Reading Mass. Addison Wesley (1967).

1.34. Smullyan R. M. *First order logic*. Berlín Springer (1968).

1.35. Stoll R. R. *Set theory and logic*. San Francisco. Freeman (1963).

1.36. Suppes P. *Introducción a la lógica simbólica*, versión castellana. C. Aguirre. Méjico CECSA (1966). La versión inglesa es de Van Nostrand (1957).

1.37. Tarski A. *Introducción a la lógica y a la metodología de las ciencias deductivas*, versión castellana. T. R. Bachiller y J. R. Fuentes. Madrid, Espasa Calpe (1951). La versión original en polaco data de 1936.

1.38. Tarski A. *The semantic conception of truth and the foundations of semantics*, Philosophy and phenomena (1944).

1.39. Wang H. *A Survey of mathematical logic*. Amsterdam. North Holland (1962).

1.40. Whitehead A. N. Russell B. *Principia Mathematica*. Cambridge University Press (1910-1913).

1.41. Whitesitt E. J. *Boolean algebra and its applications*. Addison Wesley, 1961. Versión castellana de CECSA 1971.

2. *Lógicas desviadas.*

2.1. Carnap R. *Meaning and necessity. A. study in semantics and modal logic.* Chicago. University Press (1947).
2.2. Chellas B. F. *Modal logic: an introduction.* Londres. Cambridge University Press (1980).
2.3. Feys R. *Modal logics.* Louvain. Neuwelaerts (1965).
2.4. Gaines B. R. *Foundations of fuszy reasoning.* Int journal Man-Machine Studies 8(6) (1976).
2.5. Gupta M. (Ed.) *Fuzzy automata and decision processes* Amsterdam. North Holland (1977).
2.6. Hughes G. E. Cresswell M. J. *An introduction to modal logic.* Londres. Methuen (1968). Revisada (1972). Versión castellana de M. Garrido. Tecnos (1973).
2.7. Kandel A. *Fuzzy switching and automata.* N. York. Crane Russak (1979).
2.8. Kripke S. A. *A completeness theorem in modal logic.* Journal of symbolic logic vol. 24 (1959).
2.9. Kripke, S. A. *Semantical considerations on modal logics.* Acta Philosofica Fennica (1963).
2.10. Kripke, S. A. *Semantical analysis of modal logic II, non normal modal propositional calculi* formando parte de *The theory of models* (ed. J. W. Addison, L. Henkin, A. Tarski). Amsterdam. North Holland (1965).
2.11. Lewis C. I. *A survey of symbolic logic.* Berkeley. University of California Press (1918).
2.12. Lewis C. I., Langford C. H. *Symbolic Logic.* N. York. Dover (1932 y 1959).
2.13. Mamdani E. H. y Gaines B. R. (eds). *Fuzzy reasoning and its applications.* Academic Press (1981).
2.14. Prior A. N. *Time and modality.* Oxford. Clarendon Press (1957).
2.15. Prior A. N. *Past present and future.* Oxford. Clarendon Press (1967).
2.16. Sánchez Mazas M. *Cálculo de las normas.* Barcelona. Ariel (1973).
2.17. Snyden D. P. *Modal logic and its applications.* Princeton. Van Nostrand (1971).
2.18. Trillas E. *Conjuntos borrosos.* Vicens Vives. Barcelona 1980.
2.19. Zadeh L. A. *Fuzzy algorithms* en Information and control (12) (1968).
2.20. Zadeh L. A. *PRUF: a meaning representation language,* formando parte de (2.13).

3. *Verificación de programas.*

3.1. Alagic S. y Arbib, M. *The design of well structured and correct programs.* N. York. Springer Verlag (1978).
3.2. Anderson R. B. *Proving programs correct.* Wiley (1979).
3.3. Banachowski et al *An introduction to algorithmic logic.* Varsovia. Banach Center (1977).
3.4. Bird R. *Programs and machines: an introduction to the theory of computation.* Londres Wiley (1976).
3.5. Boyer R. S. y Moore J. S. *Computational logic.* Academic press (1979).
3.6. Burstall R. M. *Proving properties of programs by structural induction.* Computing J. 12,1 (1969).
3.7. Burstall R. M. *Program proving as hand simulation with a little induction.* Proc. IFIP (1974).
3.8. Clarke E. M. *Programming language H constructs for which it is impossible to obtain good Hoare-like axiom systems.* Proc Symp. Principles of programming languages. Los Angeles (1977).
3.9. Clint M. y Hoare C.A.R. *Program proving: jumps and function.* Acta informática 1 (3) (1972). Este artículo debe leerse conjuntamente con una corrección publicada más tarde por los mismos autores y E. A. Ashcroft en (1976).

3.10. Constable R. L. y O'Donnell M. J. *A programming logic* Reading Mass. Winthrop (1978).
3.11. De Bakker J. *Mathematical theory of program correctness.* Prentice Hall (1981).
3.12. Dijkstra E. W. *A constructive approach to the problem of program correctness.* Bit 8,3 (1968).
3.13. Elspas, B. Levitt. K. Waldinger R. y Waksman A. *An assessment of techniques for proving programs correctness.* ACM computing Surveys 4,2 (1972).
3.14. Floyd R. W. *Assigning meaning to programs.* Proc. Symp. Applied mathematics vol. XIX. American Math. Soc. Providence (1967).
3.15. Mc Getrick A. D. *Program verification usung Ada.* Cambridge University Press. (1982).
3.16. Good D. I. London R. L. y Bleedsoe W. W. *An interactive program verifier* IEEE Transc of software eng. Vol. 1,3 (1975).
3.17. Greibach S. *Theory of program structures: Schemes, Semantics, verification.* N. York Springer Verlag (1975).
3.18. Harel D. Meyer A. R. y Pratt V. *Computability and Completeness in logics of programs.* Proc. 9.° Symp on theory of computing ACM (1977).
3.19. Hoare C.A.R. *An axiomatic basis for computer programming.* Comm ACM 12,10 (1969).
3.20. Hoare C.A.R. *Proof of a program: Find.* Comm ACM 14,1 (1971).
3.21. Hoare C.A.R. *Proof of a structured program: the sieve of Erasthotenes.* Computing J.m 15 (1972).
3.22. Hoare C.A.R. y Wirth N. *An axiomatic definition of the programming language Pascal.* Acta Informática 2 (1973).
3.23. Igarashi S. London R. L. Luckham D. C. *Automatic program verification I: A logical basis and its implementation.* Acta Informática 4 (1975).
3.24. Katz S. M. y Manna Z *Logical analysis of programs.* Comm ACM 19,4 (1976).
3.25. Katz S. M. y Manna Z. *A closer look to termination.* Acta Informática 5 (1975).
3.26. Lukham D. C. *Program verification and verification oriented programming* Proc IFIP (1977).
3.27. Lukham D. C. y Suzuki N. *Verification of array, record and pointer operations in PASCAL* ACM trans. of programming languages and systems. Vol. 1,2 (1979).
3.28. Luckham D. C. y Suzuki N. *Proof of termination within a weak logic of programs.* Acta Informática 8,1 (1977).
3.29. Manna Z. *Mathematical theory of computation.* N. York McGraw Hill (1974).
3.30. Manna Z Waldinger R *Studies in automatic programming logic.* Amsterdam. North Holland (1977).
3.31. McCarthy J. *A basis for a mathematical theory of computation,* formando parte de *Computer programming and formal systems.* Braffort P. y Hirschberg Eds. Amsterdam, North Holland (1963).
3.32. Naur P. *Proof of algorithms by general snapshots.* Bit 6,4 (1966).
3.33. Pratt V. *Semantical considerations on Floyd-Hoare logic.* Proc 17 Symp. Foundations of computer science. Houston (1976).
3.34. Rasiowa H. *Algorithmic logic.* Varsovia. Instituto de Informática. Academia polaca de Ciencias (1977).
3.35. Suzuki N. *Verifying programs by algebraic and logical reduction.* Proc. International Conference on reliable software. Los Angeles (1975).
3.36. Wand M. *Induction, recursion and programming North Holland* (1980).
3.37. Wang A. *An axiomatic basis for proving total correctness of «goto» programs.* Bit 16 (1976).
3.38. Yeh R. T. *Current trends in programming methodology Vol. II: program validation.* Englewood Cliffs. Prentice Hall (1977).

4. *Demostración automática y Programación Lógica.*

4.1. Bibel W. *Automated Theorem proving*. Vieweg (1982).
4.2. Bledsoe W. W. *Non resolution theorem proving*. Artificial Intelligence 9 pp. 153-174 (1977).
4.3. Boyer R. S., Moore J. S. *Computational logic*. Academic Press (1979).
4.4. Campbell J. A. (ed.) *Implementations of Prolog*. Ellis Horwood (1984).
4.5. Chang C. L., Lee R. C. T. *Symbolic logic and mecanical theorem proving*. N. York Academic Press (1973).
4.6. Chang C. L. «DEDUCE: *A deductive query language for relational data bases:* formando parte de *Pattern recognition and Artificial Intelligence* C. H. Chen (Editor) N. York Academic Press (1976).
4.7. Clark K. L. Mc Cabe F. G. *Microprolog: Programming in logic*. Prentice Hall 1984.
4.8. Clocksin W. Mellish C. *Programming in Prolog* Springer Verlag (1981).
4.9. Darlington J. L. *Some theorem proving strategies based on the resolution principle*. Machine intelligence. Vol. 2. N. York. Elsevier (1968).
4.10. Colmerauer A. *Prolog II in ten figures*. Proc. International Joint conference on Artificial Intelligence (IJCAI-83). Karlsruhe (1983).
4.11. Davis M. y Putnam H. *A computer procedure for quantification theory* Journal de la ACM Vol. 7, pp. 201-235 (1960).
4.12. Fikes, R. E. y Nilsson N. J. *STRIPS: a new approach to the application of theorem proving to problem solving*. Artificial Intelligence. Vol. 2 (1971).
4.13. Fikes R. Hart P. E., Nilsson N. J. *Learning and executing robot plans*. Artificial Intelligence. Vol. 3 (1972).
4.14. Gallaire H. Minker J. Nicolas J. (eds) *Logic and databases*. Plenum Press (1978).
4.15. Giannesini F., Kanoui H., Pasero R., Van Caneghem R. *Prolog II*. Intereditions. París (1985).
4.16. Gilmore P. C. *A proof method for quantification theory its justification and realization*. IBM Journal of research and development (1960).
4.17. Green, C. C. *Theorem proving by resolution as a basis for question answering Systems*. Machine Intelligence 4. N. York, Elservier (1969).
4.18. Green C. C. *Application of theorem proving to problem solving*. Proc de la International Joint conference of Artificial Intelligence Washington DC (1969).
4.19. Hogger C. J. *Introduction to Logic programming*. Academic Press (1984).
4.20. Kowalski R. *Predicate logic as programming language*. Proc. IFIP 74 (1974).
4.21. Kowalski R. *Logic for problem Solving*. North Holland (1979).
4.22. Loveland D. W. *Automated Theorem proving: A logical basis*. N. York. Oxford. North Holland (1978).
4.23. Lukham D. *Refinement theorems in resolution theory*. Symposium on automatic Demostration. Versalles (1968).
4.24. Lloyd J. W. *Foundations of logic programming*. Springer Verlag (1984).
4.25. Nilsson N. J. *Principles of artificial intelligence*. Springer Verlag (1981).
4.26. Robinson J. A. *A machine oriented logic based on the resolution principles,* journal de la ACM. Vol. 12,1 pp. 23-41 (1965).
4.27. Robinson J. A. *The generalised resolution principle*. Machine Intelligence 3 (1968).
4.28. Robinson J. A. *Logic, form and function. The Mechanization of deductive reasoning*. N. York-Oxford. North Holland (1979).
4.29. Tarnlund S. A. *Horn clause computability*. BIT. 17 (1977).
4.30. Wang H. *towards mechanical mathematics*. IBM journal of Research and Development (1960).

4.31. Wang H. *Formalization and automatic theorem proving*. Proc. IFIP 65 (1965).

4.32. Warren D. M. *Applied Logic its use and implementation as a programming tool*. Ph. D. Thesis. Edinburgh, 1977. Publicada como TR 290 por SRI international (1983).

4.33. Wos L. Overbeek R., Lusk E., Boyle J. *Automated reasoning*. Prentice Hall (1984).

5. *Sistemas Expertos.*

5.1. Barnett J. A. *Computational methods for a mathematical theory of evidence*. Proc. International Joint Conference on Artificial Intelligence (IJCAI-81). Vancouver (1981).

5.2. Barr A. y Feigenbaum E. (eds.). *The Handbook of artificial intelligence*. Vol. 2. W. Kauffman (1982).

5.3. Buchanan B. y Shortliffe E. *Rulebased Expert Systems. (The MYCIN Experiments)*. Addison Wesley (1984).

5.4. Cheeseman P. *A method of computing generalized Bayesian Probability values for Expert Systems*. Proc 8th International Joint Conference on Artificial Intelligence (IJCAI-83) Karlsruhe (1983).

5.5. Cuena J. *Los sistemas expertos: concepto, realizaciones y técnicas de construcción*. Cuaderno 17 del Centro para el Desarrollo Tecnológico Industrial (CDTI) (1985).

5.6. Davis R. Lenat D. *Knowledge based systems*. McGraw Hill (1982).

5.7. Dubois D. y Prade H. *Theorie des possibilites. Application a la representation des connaissances en informatique*. Masson. París (1985).

5.8. Hayes Roth F. Waterman D. A. Lenat D. (eds.) *Building Expert systems*. Addison Wesley (1983).

5.9. Konolige K. Apendice D en *A computer-based consultant for mineral exploration*. SRI. Report (1979).

5.10. Lindsay R. K., Buchanan B., Feigenbaum E., Lederberg J. *Applications of artificial Intelligence for organic Chemistry: the Dendral Project*. McGraw Hill (1980).

5.11. López de Mántaras R., Cortés U., Plaza E., Sierra G. y Villar A. *MILORD: An essential system for expert systems based on fuzzy reasoning,* formando parte de *Fuzzy logics in Knowledge engineering*. C. V. Negoita y H. Prade (eds.). TUV Rheinland GmbH (a publicar en 1986).

5.12. Michie D. (ed.) *Expert Systems in the microelectronic age*. Edinburgh University Press (1979).

5.13. Mizoguchi F. *Prolog based expert systems*. New generation computing (pp. 99-104) 1983).

5.14. Prade H. *Modeles Mathematiques de l'Imprecis et de l'Incertain en vue d'applications au raisonnement naturel*. These d'etat. Université Paul Sabatier. Toulouse (1982).

5.15. Shafer G. *Mathematical theory of evidence*. Princeton university Press (1976).

5.16. Shortliffe E. *Computer based medical consultations: MYCIN*. Elsevier (1976).

5.17. Waterman D. y Hayes-Roth F. (eds.). *Pattern directed inference systems*. Academic Press (1978).

5.18. Zadeh, L. *PRUF: a meaning representation language for natural language* en *Fuzzy reasoning and its applications*. B. R. Gaines (editor) Academic Press (1981).